DIFICULDADES
DE APRENDIZAGEM DE a-z

AUTORAS

Corinne Smith, Ph.D., Professora na Syracuse University. Especialista em dificuldades de aprendizagem.

Lisa Strick, Especialista em dificuldades de aprendizagem.

S644d   Smith, Corinne.
          Dificuldades de aprendizagem de a-z : guia completo para educadores e pais / Corinne Smith, Lisa Strick ; tradução: Magda França Lopes ; revisão técnica: Beatriz Vargas Dorneles. – Porto Alegre : Penso, 2012.
          368 p. : il. ; 25 cm.

          ISBN 978-85-63899-38-5

          1. Educação. 2. Pedagogia psicológica. 3. Aprendizado.
I. Strick, Lisa. II. Título.

                                                        CDU 37.013.77:159.953.5

Catalogação na publicação: Ana Paula M. Magnus – CRB 10/2052

DIFICULDADES
DE APRENDIZAGEM DE a-z

GUIA COMPLETO PARA EDUCADORES E PAIS

CORINNE SMITH
LISA STRICK

Tradução:
Magda França Lopes

Consultoria, supervisão e revisão técnica desta edição:
Beatriz Vargas Dorneles
*Professora associada na Faculdade de Educação
da Universidade Federal do Rio Grande do Sul*

2012

Obra originalmente publicada sob o título
*Learning Disabilities: A to Z – A Complete Guide to
Learning Disabilities from Preschool to Adulthood*
ISBN 0-684-82738-7

© Corinne Smith e Lisa Strick

Capa
Tatiana Sperhacke

Crédito da imagem
©*iStockphoto.com/Zocha_k*

Preparação do original
Rafael Padilha Ferreira

Leitura final
Aline Pereira de Barros

Editora Sênior – Ciências Humanas
Mônica Ballejo Canto

Editora responsável por esta obra
Carla Rosa Araujo

Projeto e editoração
Armazém Digital® Editoração Eletrônica – Roberto Carlos Moreira Vieira

Reservados todos os direitos, em língua portuguesa, à
PENSO EDITORA LTDA., divisão do Grupo A Educação S.A.
Av. Jerônimo de Ornelas, 670 – Santana
90040-340 Porto Alegre RS
Fone: (51) 3027-7000 Fax: (51) 3027-7070

É proibida a duplicação ou reprodução deste volume, no todo ou em parte,
sob quaisquer formas ou por quaisquer meios (eletrônico, mecânico, gravação,
fotocópia, distribuição na Web e outros), sem permissão expressa da Editora.

SÃO PAULO
Av. Embaixador Macedo Soares, 10.735 – Pavilhão 5
Cond. Espace Center – Vila Anastácio
05095-035 – São Paulo – SP
Fone: (11) 3665-1100 Fax: (11) 3667-1333

SAC 0800 703-3444 – www.grupoa.com.br

IMPRESSO NO BRASIL
PRINTED IN BRAZIL

*Para nossos filhos e netos:
Benjamin, Eli e Rachel,
Juli e Justin, Rachael e Brian,
Arian, Leora, Jed, Caleb e Lincoln*

Agradecimentos

Expressamos nossa gratidão à Learning Disabilities Association, de Nova York, e a alguns dos muitos alunos, pais e professores cujas reflexões nos ensinaram e nos orientaram. Suas histórias enriqueceram nossas próprias perspectivas e aplaudimos sua sabedoria e sua coragem. Em particular, gostaríamos de agradecer a Lesley Bogad, Aggie Glavin, Sarah Dewan Litchfield, Sue Loveland, Rebecca Moldover, Paul DeJong, Margie Boudreau, Mary Aitcheson, Teri Hubler, Jennifer Shulman e Tom Haley.

Produzir um livro como este envolve a ajuda de muitas pessoas. Temos uma dívida de gratidão com nosso editor Sydney Tanigawa, por orientar esta revisão.

Sumário

PARTE I
Entendendo as dificuldades de aprendizagem

1 O que são dificuldades de aprendizagem? 13

2 O que causa as dificuldades de aprendizagem? 20

3 Tipos básicos de dificuldades de aprendizagem 38

PARTE II
Como são identificadas as dificuldades de aprendizagem?

4 Sinais de alerta em casa e na escola 67

5 Avaliação das dificuldades de aprendizagem 84

6 Como se tornar um especialista em seu filho 105

PARTE III
Uma educação apropriada

7 Como se tornar um ativista da educação 127

8 Desenvolvimento de um programa educacional efetivo 145

9 O ABC do sucesso na escola 174

PARTE IV
Uma vida com qualidade

10 Crescimento social e emocional 217

11 Estratégias para a promoção do sucesso pessoal 239

12 Ansiedade em relação ao futuro 290

Apêndice A: Instrumentos comuns de avaliação 326
Dra. Michelle Storie

Apêndice B: Desenvolvimento das habilidades de leitura, escrita, matemática e das estratégias de aprendizagem 339

Apêndice C: Uso das tecnologias assistivas 348
Dr. Jitka Sinecka

Apêndice D: Lista de referências para a obtenção de recursos 356

Índice 361

PARTE I
Entendendo as dificuldades de aprendizagem

1
O que são dificuldades de aprendizagem?

- A professora da 1ª série de Brian descreve-o como "um fliperama humano". Ele jamais caminha; parte feito um raio. Ele sai de sua cadeira a cada instante para apontar o lápis, pegar mais papel, olhar os porquinhos-da-índia da classe. Tem-se a impressão de que ele não resiste à tentação de comentar sobre tudo o que vê. Seus colegas sentem-se perturbados por sua inquietação e interrupções, mas nem punições nem recompensas produziram qualquer mudança duradoura em seu comportamento. Em sua avaliação semestral, a professora de Brian escreve: "Brian é inteligente e entusiástico, mas precisa se acalmar. Suas notas estão caindo porque ele não presta atenção".
- Aisha, de 11 anos, é quieta e tímida. Ela se esforça muito, mas seu progresso na escola sempre foi lento. Agora, na 6ª série, está mais de um ano atrás de seus colegas, tanto em matemática quanto em leitura. Os professores não acreditam que Aisha seja suficientemente inteligente para acompanhar a turma, e suas expectativas em relação à menina foram reduzidas. Os pais de Aisha dizem que em casa ela aprende as ideias rapidamente e estão intrigados com a lentidão do seu progresso na escola. Eles também se mostram preocupados com o fato de Aisha estar se tornando mais tímida a cada dia: ela não tem amigos e passa a maior parte de seu tempo livre sozinha, assistindo à televisão.
- Frank foi avisado de que repetirá o ano caso não comece a entregar suas tarefas e pare de faltar às aulas. Neste ano letivo, ele enfrentou também outros problemas, como brigas e vandalismo, além de ter comparecido ao baile da escola em estado de embriaguez. Frank diz que não se importa se for reprovado – ele planeja abandonar os estudos aos 16 anos, de modo que está apenas "matando o tempo" até lá. Todos, exceto um de seus professores, o consideram hostil e não cooperativo. O professor encarregado do laboratório de informática diz que Frank é atento e capaz; ele chega até mesmo a ajudar outros colegas que não sabem o que fazer.
- Joel é um aluno popular que gosta de esportes desde os primeiros anos de escola. Ele conquistou medalhas no ensino médio em luta livre, corridas de pista e beisebol. Também é ativo no diretório estudantil e vende anúncios para o livro anual da escola. Suas notas, contudo, são muito baixas. Os professores de Joel queixam-se de que suas lições de casa são descuidadas, incompletas e sujas; sua caligrafia é ilegível. "Se ele não estivesse tão envolvido nas atividades extracurriculares talvez conseguisse manter a atenção no trabalho", comenta sua professora de história.

"Ele jamais chegará à universidade se não começar a se esforçar!"

Pode ser fácil fazer suposições sobre estudantes como esses. Brian é imaturo e não possui autocontrole. Aisha é uma criança intelectualmente lenta. Frank apresenta uma "má atitude" e problemas emocionais. Joel precisa superar sua falta de motivação acadêmica. Entretanto, se você observar mais de perto, poderá perceber um quadro bastante diferente:

- A mente dispersiva de Brian e seu impulso para permanecer em movimento frustram mais a ele e à sua família do que ao seu professor, mas tal comportamento está além do controle do menino. Ele não possui a capacidade de planejar suas atividades com antecedência e deixar de lado as distrações, de modo a conseguir se concentrar, não importando o quanto tente. Brian também não consegue regular seus impulsos para investigar e comentar sobre qualquer coisa nova que perceba. Ao final de cada dia, ele está exausto por responder a todos os sinais e sons que o cercam, mas ainda assim não consegue "desligar" até adormecer (o que para ele é muito difícil).
- Uma psicóloga descobriu que Aisha possui uma inteligência privilegiada. Ela precisa se esforçar para acompanhar o ritmo de seus colegas porque tem dificuldade para entender os símbolos escritos. Ela não consegue lembrar-se de como as palavras são e precisa penosamente "sondar" cada palavra que lê. (Aisha também não consegue lembrar-se de mapas, gráficos ou outros materiais visuais, e copiar do quadro é um pesadelo para ela.) A psicóloga disse aos pais de Aisha que a menina tornou-se deprimida por causa de seus problemas na escola. "Ela vê a si mesma como um fracasso total", disse a psicóloga.
- Frank começou a evitar as aulas e as lições de casa para esconder o problema que tem para entender quaisquer instruções verbais ou grande parte do material que lê. Com uma inteligência acima da média, ele tem sucesso em situações de aprendizagem que não exigem o amplo uso da linguagem. O ingresso no ensino médio, entretanto, não lhe dá muitas oportunidades desse tipo. Frank sente que "não se encaixa" e anseia por escapar do interminável fracasso e das críticas que enfrenta na escola.
- O sucesso de Joel no atletismo disfarça sua fraca coordenação motora fina. A dificuldade para controlar as mãos faz com que lhe seja extremamente difícil manipular uma caneta ou um lápis (ele também é "mão frouxa" em atividades como lavar pratos ou pôr a mesa). Joel é um estudante aplicado e compreende o conteúdo das aulas, mas considera praticamente impossível expressar o que sabe quando precisa fazer isso por escrito.

Todos esses alunos possuem *dificuldades de aprendizagem*, problemas neurológicos que afetam a capacidade do cérebro para entender, recordar ou comunicar informações. Consideradas raras no passado, as dificuldades de aprendizagem supostamente afetam, hoje, pelo menos 5% da população americana (ou mais de 15 milhões de pessoas). Muitas autoridades pensam que o número de indivíduos afetados é, na verdade, muito maior, e os especialistas concordam que muitas crianças não estão indo tão bem quanto poderiam na escola em virtude de dificuldades que não foram identificadas. Ano após ano, muitos desses jovens são erroneamente qualificados como pouco inteligentes, insolentes ou preguiçosos. Eles são constantemente instados, por adultos ansiosos e preocupados com seu desempenho acadêmico, a se corrigir ou a se esforçar.

Quando as táticas comuns de recompensa e punição fracassam, os pais e os professores ficam frustrados, mas ninguém sente maior frustração que os próprios estudantes. "As palavras mais deprimentes da língua são 'Esforce-se mais'", diz um aluno cujas dificuldades foram finalmente identificadas no ensino médio. "Eu *estava* me esforçando, mas ninguém acreditava em mim porque eu não estava obtendo *sucesso*."

Embora as dificuldades de aprendizagem tenham se tornado o foco de pesquisas mais intensas nos últimos anos, elas ainda são pouco entendidas pelo público em geral. As informações sobre dificuldades de aprendizagem têm tido uma penetração tão lenta que os enganos são abundantes até mesmo entre professores e outros profissionais da educação. Não é difícil entender a confusão. Para começo de conversa, o termo *dificuldades de aprendizagem* refere-se não a um único distúrbio, mas a uma ampla gama de problemas que podem afetar qualquer área do desempenho acadêmico. Raramente elas podem ser atribuídas a uma única causa: muitos aspectos diferentes podem prejudicar o funcionamento cerebral, e os problemas psicológicos dessas crianças frequentemente são complicados, até certo ponto, por seus ambientes doméstico e escolar, além de por fatores como temperamento e estilo de aprendizagem. As dificuldades de aprendizagem podem ser divididas em tipos gerais, mas uma vez que, com frequência, ocorrem em combinações – e também variam imensamente em gravidade –, pode ser muito difícil perceber o que os estudantes agrupados sob esse rótulo têm em comum.

Na realidade, as dificuldades de aprendizagem são normalmente tão sutis que essas crianças não parecem ter problema algum. Muitas crianças com dificuldades de aprendizagem têm inteligência entre média e superior, e o que em geral é mais óbvio nelas é que são capazes (embora excepcionalmente) em algumas áreas. Como uma criança pode saber tudo o que é possível sobre dinossauros aos 4 anos, mas ainda ser incapaz de aprender o alfabeto? Como um aluno que lê três anos à frente do nível de sua série entrega um trabalho escrito completamente incompreensível? Como uma criança pode ler um parágrafo em voz alta impecavelmente e não recordar seu conteúdo cinco minutos depois? Não nos admira

Leia em voz alta o que está escrito no triângulo abaixo

UMA
AVE NA
NA ÁRVORE

Assim como você pode não ter percebido um *na* a mais na sentença acima, as crianças com dificuldade de aprendizagem frequentemente não processam de maneira correta o que está diante de seus olhos ou a informação que ouvem.

que os estudantes sejam acusados com tanta frequência de serem desatentos, não cooperativos ou desmotivados!

Tal discrepância entre o que parece que a criança deveria ser capaz de fazer e o que ela realmente faz, contudo, é a marca desse tipo de déficit. O que as crianças com dificuldades de aprendizagem têm em comum é o *baixo desempenho inesperado*. Na maior parte do tempo, elas funcionam de um modo consistente com o que seria esperado de sua capacidade intelectual e de sua bagagem familiar e educacional, mas dê-lhes certos tipos de tarefas e seus cérebros parecem "congelar". Como resultado, seu desempenho na escola é inconsistente: acompanham ou mesmo estão à frente de seus colegas de classes em algumas áreas, mas atrás em outras. Embora os prejuízos neurológicos possam afetar qualquer área do funcionamento cerebral, as dificuldades que mais tendem a causar problemas acadêmicos são aquelas que afetam a *percepção visual*, o *processamento da linguagem*, as *habilidades motoras finas* e a *capacidade para focalizar a atenção*. Até mesmo déficits menores nessas áreas (que podem passar completamente despercebidos em casa) podem ter um impacto devastador tão logo a criança entre na escola.

Muitas crianças com dificuldades de aprendizagem também lutam com comportamentos que complicam suas dificuldades na escola. O mais conhecido deles é a hiperatividade, uma inquietação extrema que afeta cerca de 25% das crianças com dificuldades de aprendizagem. Alguns outros comportamentos problemáticos em geral observados em pessoas jovens com dificuldades de aprendizagem são os seguintes:

Fraco alcance da atenção: A criança se distrai com facilidade, perde rapidamente o interesse por novas atividades, pode saltar de uma atividade para outra e, frequentemente, deixa projetos ou trabalhos inacabados.

Dificuldade para seguir instruções: A criança pode pedir ajuda repetidamente, mesmo durante tarefas simples ("Onde é mesmo que eu devia colocar isto?" "Como é mesmo que se faz isto?"). Os enganos são cometidos porque as instruções não são completamente entendidas.

Imaturidade social: A criança age como se fosse mais jovem que sua idade cronológica e pode preferir brincar com crianças menores.

Dificuldade com a conversação: A criança tem dificuldade em encontrar as palavras certas ou fala sem parar.

Inflexibilidade: A criança teima em continuar fazendo as coisas à sua própria maneira, mesmo quando suas tentativas não funcionam; ela resiste a sugestões e a ofertas de ajuda.

Planejamento e habilidades organizacionais deficientes: A criança não parece ter qualquer noção de tempo e, com frequência, chega atrasada ou despreparada. Se várias tarefas são dadas (ou uma tarefa complexa com várias partes), ela não tem a mínima ideia de por onde começar ou como dividir o trabalho em segmentos manejáveis.

Distração: A criança frequentemente perde a lição, as roupas e outros objetos seus; esquece-se de fazer as tarefas e trabalhos e/ou tem dificuldade em lembrar de compromissos ou ocasiões sociais.

Falta de destreza: A criança parece desajeitada e sem coordenação; em geral, deixa cair as coisas, as derrama, ou pega os objetos e depois deixa cair; pode ter uma caligrafia péssima; é vista como completamente inapta para esportes e jogos.

Falta de controle dos impulsos: A criança toca tudo (ou todos) que chama seu interesse, verbaliza suas observações sem pensar, interrompe ou muda abruptamente de assunto em conversas e/ou tem dificuldade para esperar sua vez de falar.

Esses comportamentos surgem a partir das mesmas condições neurológicas que causam problemas de aprendizagem. Infelizmente, quando eles não são compreendidos como tais, só ajudam a convencer os pais e os professores de que a criança não está fazendo um esforço para cooperar ou não está prestando a devida atenção. Até mesmo os estudantes veem comportamentos como esses como defeitos de personalidade. "Eu fiquei muito contente quando descobri que tinha uma dificuldade de aprendizagem", lembra uma adolescente. "Até então eu achava que era apenas uma cabeça de vento imbecil".

Embora muitas crianças com dificuldade de aprendizagem sintam-se felizes e bem-ajustadas, algumas (até metade delas, de acordo com estudos atuais) desenvolvem problemas emocionais relacionados. Esses estudantes ficam tão frustrados tentando fazer coisas que não conseguem que desistem de aprender e começam a desenvolver estratégias para evitar isso. Eles questionam sua própria inteligência e começam a achar que não podem ser ajudados. Muitos se sentem furiosos e põem para fora, fisicamente, tal sensação; outros se tornam ansiosos e deprimidos. De qualquer modo, essas crianças tendem a se isolar socialmente e, com frequência, sofrem de solidão, bem como de baixa autoestima. Por fim, os problemas secundários associados a uma dificuldade de aprendizagem podem tornar-se bem mais óbvios – e mais sérios – que a própria dificuldade. Estudos mostram que adolescentes com dificuldades de aprendizagem não apenas estão mais propensos a abandonar os estudos, mas também apresentam maior risco para abuso de substâncias, atividade criminosa e até mesmo suicídio. Embora a maior parte dos estudantes com dificuldade de aprendizagem não tenha um futuro tão trágico, a história de Cassandra descreve de um modo emocionante a frustração e a insegurança que podem acompanhar esses alunos até a idade adulta.

Os pais de alunos com dificuldades de aprendizagem, em geral, tentam lidar com uma gama imensa de problemas. Seus filhos parecem suficientemente inteligentes, mas enfrentam todo o tipo de obstáculos na escola. Eles podem ser curiosos e ansiar por aprender, mas sua inquietação e incapacidade de prestar atenção tornam difícil explicar-lhes qualquer coisa. Essas crianças têm boas intenções, no que se refere às lições e tarefas de casa, mas no meio do trabalho esquecem as instruções – ou o objetivo. Muitas têm problemas para fazer amizades. Seus altos e baixos emocionais podem levar toda a família a um tumulto. Pior ainda, essas crianças geralmente se sentem infelizes por causa da sua incapacidade de corresponder às expectativas dos pais e conquistar seus próprios objetivos pessoais. Frequentemente, culpam a si mesmas por todas essas dificuldades: "Sou burro", "Sou um caso sem cura" ou "As pessoas não gostam de mim", e podem tornar-se reprimidas e autoderrotistas. Como disse uma mãe: "O que realmente arrasa a gente é a perda da autoconfiança. Pouca coisa pode ser pior do que observar seu filho desistir de si mesmo e de seus sonhos".

Este livro é para ajudar os jovens com dificuldades de aprendizagem a se agarrarem aos seus sonhos. É também para ajudar as mães e os pais a enfrentarem o labirinto de desafios que tão frequentemente deixam os pais e os estudantes sentindo-se perplexos e impotentes. O primeiro ponto importante é que os pais não são impotentes – muito pelo contrário. Está comprovado que os estudantes mais propensos a ter sucesso são aqueles que têm pais informados e incentivadores ao seu lado. Esse fator supera a qualidade do programa escolar ou a gravidade do próprio déficit em importância. Muitos estudos têm demonstrado que "cuidados parentais de qualidade" permitem às crianças crescerem e se tornarem cidadãos felizes e independentes, mesmo quando a saúde ao nascer e as oportunidades educacionais são notavelmente fracas.

Os pais não precisam de um título de Ph.D. em psicologia ou em educação para orientar corretamente seus filhos. Entre os aspectos dos cuidados parentais citados pelos psicólogos como mais preciosos estão os de ensinar as crianças a fazer o máximo com as capacidades que têm, encorajando-as a acreditar que podem superar os obstáculos e ajudando-as a estabelecer objetivos realistas, além de estimular nelas o amor-próprio envolvendo-as em responsabilidades em casa e na comunidade.

Os pais de crianças com dificuldades de aprendizagem realmente precisam aprender como trabalhar de modo efetivo com os professores e os administradores escolares para o desenvolvimento de um programa educacional apropriado – uma perspectiva que muitos consideram assustadora. Contudo, tornar-se um ativista na escola é o melhor modo de garantir que as necessidades educacionais de seu filho sejam plenamente satisfeitas. Uma vez que os programas de licenciatura nos Estados Unidos até recentemente não incluíam quase nada sobre dificuldades de aprendizagem, você não pode presumir que os professores de seu filho estarão bem-informados sobre elas ou serão

Cassandra

Lembro que minha mãe me fazia usar uma letra do alfabeto em volta do pescoço quando eu ia à escola. Acho que era a letra J. Eu sabia que letra era ao sair de casa e tentava com todas as forças não esquecê-la durante o dia inteiro. Imagine uma criança, com 5 anos, saindo de casa e sabendo que é melhor lembrar a letra quando cruzar aquela mesma porta ao voltar.

Eu caminhava para a escola repetindo o tempo todo o nome da letra. Mas sabe de uma coisa? Ao longo do dia eu esquecia que letra era aquela. Depois da escola, eu tentava desesperadamente – quer dizer, eu olhava para a letra, rezando para que uma voz ou algo assim me desse a resposta antes de eu chegar em casa. Eu amo minha mãe e sei que ela me ama, e tudo que ela queria era que eu conhecesse o alfabeto. Ainda assim, eu tinha medo e odiava o fato de não poder lembrar o que ela se esforçava tanto para me ensinar. Lembro que eu chorava e ficava furiosa comigo mesma, porque simplesmente não conseguia aprender. Minha vontade era gritar para ela: "Estou tentando, droga, estou tentando! Será que você não vê que estou tentando? Me ajude, por favor!".

Enquanto eu crescia, ler e soletrar tornaram-se ainda mais difíceis para mim. Os professores, minha família e meus amigos me provocavam o tempo todo. Os professores me culpavam por atrapalhar a turma. Assim, já que todos queriam rir de mim ou me culpar pelas coisas, parei de tentar ler até mesmo sozinha ou em voz alta, e me tornei a palhaça da escola; em casa, ficava isolada.

Quando cheguei ao final do ensino médio, percebi o dano que havia ocorrido. Ir para a faculdade jamais me passara pela cabeça, ou o que eu queria da vida, ou que tipo de emprego poderia obter... Então me senti desapontada, não porque as pessoas das quais eu gostava ou os professores que supostamente deveriam me ensinar haviam me abandonado, mas porque eu própria desistira de lutar. Finalmente, percebi que sempre encontraria pessoas que me considerariam burra, mas eu sabia, e realmente acreditava, que não era burra. Iria concluir o ensino médio sem a ajuda de ninguém, porque eu sabia que não era burra.

Assim, por que é que hoje, com 28 anos, ainda tenho medo de ler e falar com as pessoas que conheço? Acabo conversando apenas com as pessoas que não vão me provocar. Vou lhe dizer por que – é porque minha família e meus professores me fizeram pensar que todos com quem eu falasse iriam sempre implicar comigo. Em outras palavras, cada ser humano na face da Terra era mais esperto que eu. E isso está errado.

Nenhuma criança deveria jamais se sentir assim. Como é que alguém faz isso com uma criança que está dando tudo de si? Cada criança merece o direito de aprender e de falar com sinceridade sem que alguém a interrompa, fazendo-a se sentir incapaz.

Adaptado de Smith, C. R. (1994). *Learning disabilities: The interaction of learner, task and setting* (3. ed.). Boston: Allyn & Bacon.

solidários quanto às necessidades especiais de crianças com problemas neurológicos. Além disso, muitos dos métodos didáticos de sucesso comprovado e dos materiais que funcionam para estudantes típicos são inúteis para crianças com dificuldades de aprendizagem. Os pais de estudantes bem-sucedidos com dificuldades de aprendizagem afirmam que o atento monitoramento e a defesa de direitos é o único modo de garantir que essas crianças sejam consistentemente ensinadas de um modo que torne a aprendizagem possível para elas. Os pais acrescentam que comumente se descobrem na posição de "educar os educadores" sobre dificuldades de aprendizagem e sobre os muitos modos como as crianças podem ser afetadas por elas.

Nosso objetivo é oferecer-lhe tanto as informações quanto o encorajamento necessários para que você se torne um defensor efetivo para seu próprio filho. Examinaremos as causas e os tipos de dificuldades de aprendizagem e discutiremos os modos como elas afetam tanto a educação quanto o crescimento social e educacional. Nós o levaremos, passo a passo, pelo processo de identificação de dificuldades de aprendizagem e mostraremos como trabalhar com os profissionais no desenvolvimento de um programa educacional individualizado. Falaremos também sobre os modos de abordar alguns dos problemas persistentes que podem tornar problemática a vida em casa. Começaremos, entretanto, com o lembrete de que nenhum "especialista" que você encontre jamais saberá tanto quanto você sobre seu próprio filho. E, mais importante, você é a única autoridade da qual o profissional pode depender para observar a criança como um todo. Os profissionais são pagos para se envolver primeiramente com os problemas e as fraquezas de um aluno; os *pais* é que estão mais conscientes de todos os modos como uma pessoa jovem é forte e maravilhosa. Sua tarefa mais vital é lembrar a seu filho que ele é esplêndido e capaz na maior parte do tempo. As crianças que sabem da sua capacidade na maior parte das coisas – e que são completamente amadas – não deixam que esses déficits as perturbem por muito tempo.

2
O que causa as dificuldades de aprendizagem?

Embora os estudantes com dificuldades de aprendizagem sejam, de longe, o grupo com necessidades especiais mais amplo e de mais rápido crescimento na população escolar norte-americana, os pais nem sempre conseguem obter respostas claras para suas questões mais urgentes quando um problema de aprendizagem é identificado: "Como isso aconteceu?", "O que deu errado?", "Será que as crianças podem superar as dificuldades de aprendizagem?", "Existe uma cura para isso?".

Essas questões podem ter uma resposta difícil, porque múltiplos fatores contribuem para as dificuldades de aprendizagem. Nos últimos anos, a importância relativa de tais causas tornou-se uma questão de crescentes pesquisas e debates. Em alguns dos estudos mais recentes, os investigadores têm usado técnicas sofisticadas de imagens para observar cérebros vivos em funcionamento. Esses estudos têm comparado estruturas e níveis de atividade nos cérebros de indivíduos normais e de indivíduos com problemas de aprendizagem durante os processos de leitura, audição e fala. Os cientistas também têm realizado autópsias de cérebros de pacientes falecidos com dificuldades de aprendizagem, buscando diferenças anatômicas, bem como os geneticistas têm buscado (e encontrado) evidências de que algumas espécies de dificuldade de aprendizagem são herdadas.

Contudo, embora essas pesquisas estejam produzindo informações cada vez mais úteis sobre as intrincadas estruturas e sobre o funcionamento complexo do cérebro humano, nem sempre é simples aplicar tais informações a um indivíduo. Além disso, irregularidades no funcionamento cerebral contam apenas parte da história. O desenvolvimento individual das crianças também é maciçamente influenciado por sua família, pela escola e pelo ambiente da comunidade. Embora supostamente as dificuldades de aprendizagem tenham uma base biológica, com frequência é o ambiente da criança que determina a gravidade do impacto da dificuldade. A ciência ainda não oferece muito em termos de tratamento médico, mas a longa experiência tem mostrado que a modificação no ambiente pode fazer uma diferença impressionante no progresso educacional de uma criança.

Os fatores biológicos que contribuem para as dificuldades de aprendizagem podem ser divididos em quatro categorias gerais: *lesão cerebral, erros no desenvolvimento cerebral, desequilíbrios neuroquímicos* e *hereditariedade*. Neste capítulo, revisaremos cada um deles separadamente e discutiremos como uma variedade de fatores ambientais também influencia a aprendizagem e o desenvolvimento. Uma vez que não existem testes neurológicos definitivos para as dificuldades de aprendizagem, a

10 MITOS SOBRE AS DIFICULDADES DE APRENDIZAGEM

Embora nos últimos anos a pesquisa tenha lançado muita luz sobre as dificuldades de aprendizagem, elas ainda são amplamente mal-entendidas. Muitos dos mitos a seguir têm defensores até mesmo na comunidade profissional.

1. **Mito:** *A maioria dos meninos tem dificuldades de aprendizagem.*
   Fato: O risco é o mesmo para meninos e meninas. Os meninos, no entanto, têm uma maior probabilidade de demonstrar quando estão entediados ou frustrados, e por isso são encaminhados para avaliação e serviços mais frequentemente do que as meninas. Os pais de meninas (e de meninos quietos) com problemas de aprendizagem podem precisar ser assertivos para conseguir a ajuda apropriada para seus filhos na escola.

2. **Mito:** *As crianças podem superar as dificuldades de aprendizagem. Se uma criança estiver tendo problemas na escola, é melhor observar e esperar.*
   Fato: As dificuldades de aprendizagem são condições permanentes, de origem biológica. Embora as habilidades dos alunos com dificuldade de aprendizagem melhorem no decorrer do tempo com a instrução apropriada, alguns déficits persistem até a idade adulta. Essas crianças se beneficiam muito da intervenção precoce.

3. **Mito:** *Crianças com dislexia (o termo médico para "dificuldades de leitura") literalmente veem de trás para frente.*
   Fato: A visão desses estudantes não causa seus atrasos de leitura. Problemas como inversão de letras (dizer ou escrever **p** em vez de **b**) ou ler **pro** em vez de **por** surgem do processamento de informações ineficientes em diferentes partes do cérebro. Como não são problemas de visão, as dificuldades de aprendizagem não podem ser curadas por exercícios dos olhos ou por óculos.

4. **Mito:** *As alergias podem causar dificuldades de aprendizagem.*
   Fato: A crianças com DA não têm mais alergias do que as crianças que não têm DA, e as dificuldades não vão embora quando as alergias são tratadas. Embora tossir, coçar e espirrar possam impedir que qualquer criança dê o máximo de si, não há evidências de que as alergias interferem na capacidade de aprender as habilidades básicas.

5. **Mito:** *O açúcar torna as crianças hiperativas.*
   Fato: A pesquisa não corrobora essa ideia. Experiências bem controladas descobriram que as crianças cujos pais declaram que elas se tornam "hiper" depois de comer açúcar não mostram diferenças na aprendizagem ou no comportamento quando elas não consomem açúcar. Os ambientes estimulantes em que são oferecidas guloseimas açucaradas – festas de aniversário, por exemplo – provavelmente contribuem mais para o comportamento superexuberante.

6. **Mito:** *Usar lentes coloridas ou colocar uma cobertura de plástico especial sobre a página pode melhorar a capacidade e a compreensão da leitura.*
   Fato: Não há evidências científicas que corroborem a afirmação de que tais dispositivos produzam melhora substancial ou instantânea nos resultados de leitura. Antes de pagar por qualquer tipo de tratamento de DA, os pais devem perguntar que pesquisa confiável o recomenda. Evidências anedóticas (tais como histórias e comentários de pessoas que juram ter sido ajudadas por um produto ou processo) *não* correspondem a uma prova científica.

7. **Mito:** *Corantes, sabores artificiais e conservantes nos alimentos, como também aspirina e os salicilatos (compostos naturais presentes em frutas e*

(continua)

> ### 10 MITOS SOBRE AS DIFICULDADES DE APRENDIZAGEM
>
> *vegetais), podem causar hiperatividade.*
> **Fato:** Embora qualquer pessoa possa beneficiar-se da melhora da nutrição, apenas um grupo muito pequeno de pré-escolares hiperativos (cerca de 3%) é ajudado pela eliminação dessas substâncias de suas dietas. Para a grande maioria, mudanças na dieta não têm impacto. As vitaminas também não têm efeito sobre as dificuldades de aprendizagem.
>
> 8. **Mito:** *O canhotismo causa problemas de aprendizagem.*
> **Fato:** O canhotismo em si não tem nenhuma relação com a aprendizagem. No entanto, se uma criança torna-se canhota devido a uma lesão cerebral que lhe dificulta *usar* sua mão direita, as áreas cerebrais próximas que interferem nos níveis de aprendizagem mais elevados também podem ser afetadas. Quando não há lesão desse tipo, os canhotos aprendem tão bem quanto os destros.
>
> 9. **Mito:** *As crianças que pulam o estágio do engatinhar terão atrasos de leitura.*
> **Fato:** O engatinhar não tem relação alguma com a leitura. Ensinar uma criança a engatinhar (ou a realizar qualquer outra atividade motora) não melhorará a resposta futura à instrução de leitura.
>
> 10. **Mito:** *Os transtornos de aprendizagem surgem de problemas com a linguagem.*
> **Fato:** Cerca de 60% das crianças que experienciam atrasos de leitura possuem consciência fonológica normal (processamento sonoro) ou algum déficit de linguagem. Os 40% restantes são lentos para ler devido à dificuldade em manter a atenção, a déficits de percepção visual e/ou a problemas com o domínio das estratégias de aprendizagem básicas.

determinação da causa de problemas desse tipo ainda é uma questão de julgamento clínico informado. Quando se examina o lar de uma criança e as situações na escola e uma história detalhada é levantada, um ou mais fatores discutidos neste capítulo normalmente se destacam. Devemos admitir, contudo, que às vezes a única resposta honesta à questão "Por que meu filho tem uma dificuldade de aprendizagem?" é "Nós não sabemos ao certo". Acreditamos que as pesquisas em andamento nesta área de rápido desenvolvimento finalmente nos oferecerão novas maneiras de avaliar essas dificuldades e de localizar a fonte dos problemas individuais de aprendizagem.

LESÃO CEREBRAL

Por muitos anos, supôs-se que todos os estudantes com dificuldades de aprendizagem haviam experienciado alguma espécie de dano cerebral. Hoje sabemos que a maioria das crianças com dificuldades de aprendizagem *não* tem uma história de lesão cerebral. Mesmo quando tem, nem sempre é garantido que esta seja a fonte de suas dificuldades escolares. As pesquisas têm mostrado, por exemplo, que lesões cranianas são quase tão comuns entre alunos típicos quanto entre crianças que têm problemas na escola. Um investigador estima que até 20% de todas as crianças sofrem um sério dano cerebral até os 6 anos, mas, ainda assim, a maioria delas não desenvolve problemas de aprendizagem.

Os esforços para relacionar as dificuldades de aprendizagem de uma criança a um dano cerebral causado por complicações no parto também não encontraram uma conexão conclusiva. Esses fatores estão associados a alguns casos de dificuldades de aprendizagem, mas também podem ser encontrados na história de alunos típicos e naqueles com notas mais altas. Um estudo com jovens de 7 a 15 anos, por exemplo, descobriu que 23% dos estudantes que apresentavam um nível de leitura um ou dois anos inferior ao de sua série tinham uma história de dificuldades no parto. Uma história similar, contudo, foi descoberta para 19% dos alunos que apresentavam um nível de leitura um ou mais anos *superior à* sua série – uma correlação dificilmente convincente!

Não existem dúvidas, entretanto, de que as dificuldades de aprendizagem de algumas crianças realmente surgem a partir de lesões ao cérebro. Entre os tipos de lesões associados a dificuldades de aprendizagem estão traumas cranianos, hemorragias cerebrais e tumores, febres altas e doenças como encefalite e meningite. A desnutrição e a exposição a substâncias químicas tóxicas (como chumbo e pesticidas) também causam danos cerebrais, levando a problemas de aprendizagem. As crianças que recebem tratamentos com radiação e quimioterapia para o câncer ocasionalmente desenvolvem dificuldades de aprendizagem, em especial se a radiação foi aplicada ao crânio. Eventos que causam privação de oxigênio no cérebro podem resultar em dano cerebral irreversível em um período de tempo relativamente curto; incidentes envolvendo sufocação, afogamento, inalação de fumaça, envenenamento por monóxido de carbono e algumas complicações do parto também se enquadram nessa categoria.

Também podem ocorrer lesões cerebrais antes do parto. Sabemos que quando certas doenças ocorrem durante a gravidez – diabete, doença renal, sarampo, entre outras –, o dano cerebral ao feto é, às vezes, o infeliz resultado. A exposição pré-natal a drogas (álcool, nicotina e alguns medicamentos prescritos, bem como drogas de "rua") está claramente associada a uma variedade de dificuldades de aprendizagem, incluindo atrasos cognitivos, déficits da atenção, hiperatividade e problemas de memória. O sistema nervoso de um feto em desenvolvimento é tão frágil que até mesmo danos relativamente menores podem ter efeitos duradouros significativos. O sistema nervoso de bebês prematuros também é vulnerável a lesões, e uma incidência significativamente maior de prematuridade é encontrada entre crianças que têm problemas escolares e comportamentais.

Teddy

Teddy era adorado por seus pais e suas quatro irmãs mais velhas, e não era difícil perceber por quê. Aos 2 anos, ele era uma criança bonita e afetiva que respondia a toda a atenção que lhe davam com abraços e sorrisos. Ele era alto para a sua idade e obviamente brilhante: aprendeu a falar cedo, falava sentenças claras de três e quatro palavras, e já reconhecia algumas letras do alfabeto. Teddy adorava assistir *Vila Sésamo* e olhar livros de gravuras, e também adorava o *playground*. Era tão desenvolto no escorregador e no trepa-trepa que seu pai se vangloriava de que Teddy estava destinado a ser um astro do esporte.

Entretanto, a vida de Teddy mudou como resultado de uma grave doença viral. Ele teve febres muito altas, convulsões e foi levado às pressas ao pronto-socorro local. Foi hospitalizado, mas só depois de vários dias a febre e as convulsões cederam. No fim da semana estava claro que a doença de Teddy havia lhe causado danos cerebrais: o menininho só conseguia

(continua)

andar com ajuda e não conseguia de modo algum falar.

Nos seis meses seguintes, a sua capacidade para caminhar e falar retornou, mas ele não era mais a mesma criança. Em vez de se sentar tranquilamente, absorto com *crayons* ou com um livro de figuras, ele se tornou um furacão humano. Sua coordenação era fraca e ele pisava sobre as coisas, em vez de contorná-las ao andar. Era impulsivo e se frustrava facilmente. Não podia ser levado ao supermercado porque escalava as prateleiras e tirava os produtos do lugar. Quando seus pais tentavam contê-lo, ele reagia com chutes, mordidas e se atirava ao chão, esperneando. Para agravar às coisas, Teddy continuava tendo convulsões, que exigiam frequentes tentativas com diferentes doses de medicamentos.

O comportamento "descontrolado" de Teddy fez com que ele fosse expulso de várias escolas maternais. As professoras queixavam-se de que ele derrubava as torres de blocos de outras crianças, falava durante a hora de ouvir histórias e jogava tinta pela sala toda. Agarrava os brinquedos de outras crianças e se servia à vontade do lanche dos colegas, sem permissão. As professoras concordavam que Teddy era suficientemente inteligente, mas alertavam de que ele teria problemas na educação infantil se não pudesse se controlar e não aprendesse a terminar suas tarefas. Infelizmente, as previsões estavam certas. Os primeiros anos de Teddy na escola foram um desastre; ele não conseguia prestar atenção às lições por muito tempo e era o último da classe a dominar as habilidades básicas. Ao final da 2ª série, era óbvio que a leitura e a escrita seriam muito difíceis para ele. As habilidades de Teddy continuavam se desenvolvendo, mas o seu progresso era tão lento que a diferença entre ele e os estudantes típicos em sua classe tornava-se maior a cada ano. Ao terminar a 6ª série, Teddy lia e escrevia como um aluno da 4ª. Suas convulsões estavam amplamente sob controle e ele deixara de ter ataques de raiva, mas continuava sendo um menino excessivamente ativo e irritado, impopular tanto com os colegas quanto com os professores. No final do ensino fundamental, a contínua dificuldade para aprender e o isolamento social corroeram o senso de autovalor de Teddy. Ele se tornou tão zangado e deprimido que seus pais ficaram realmente alarmados. Após extensas discussões, eles decidiram tentar colocar o garoto em um internato particular para alunos com dificuldades de aprendizagem. Teddy saiu de casa no início do ensino médio

Os pais de Teddy dizem que em sua primeira visita ao filho no dia dos pais já puderam perceber uma mudança. Ele parecia aliviado pela descoberta de que não era o único estudante com o seu tipo de problema. Fizera alguns amigos e entrara no time de futebol americano da escola. Os professores o ajudavam com suas lições, permitindo-lhe trabalhar em curtas sessões espalhadas ao longo do dia. A escola salientava a importância de, sempre que possível, aprender fazendo, e Teddy achou interessantes e divertidos muitos dos projetos sob sua responsabilidade. Ele descobriu que poderia ser um bom aluno se pudesse fazer as coisas à sua própria maneira. Pela primeira vez, desde os 2 anos, Teddy pensava em si mesmo como alguém bem-sucedido.

Ao final do ensino médio, Teddy foi aprovado em todos os testes e declarou que desejava cursar uma universidade. Inicialmente, seus pais entraram em pânico, temendo que as demandas do nível universitário ressuscitassem antigos padrões de frustração e fracasso. Entretanto, diversas sessões com o orientador pedagógico da escola produziram uma solução ideal: após terminar seus estudos, Teddy matriculou-se em um curso de dois anos em um instituto de arte culinária. Demonstrou excelência em seu treinamento, conquistou um grau de assistente e rapidamente encontrou um emprego como *chef* de massas em um *resort*. Recentemente, ficou noivo de uma jovem muito vivaz que trabalha na administração do *resort*. Sua noiva é quem sempre dirige, em razão do transtorno convulsivo de Teddy; ele é quem cozinha, e a noiva diz que este é um arranjo mais que aceitável. Teddy também está criando o bolo para seu casamento, planejado para junho.

Como demonstra a história de Teddy, os efeitos da lesão cerebral podem ser súbitos e dramáticos, mas com a mesma frequência são sutis e postergados. Às vezes as crianças se recuperam suficientemente bem de uma lesão para conseguir lidar com desafios em seus níveis desenvolvimentais ou educacionais atuais, mas os déficits ficam aparentes quando a vida torna-se mais complexa e exigente. Por essa razão, problemas importantes na escola a qualquer momento após uma lesão cerebral necessitam de avaliação imediata. Em geral, quanto mais cedo a criança recebe apoio após uma lesão cerebral, maiores são as chances de ela recuperar – ou aprender a compensar – as habilidades que foram perdidas.

As lesões cerebrais, obviamente, podem causar múltiplos problemas, e as crianças que desenvolvem transtornos convulsivos, paralisia cerebral ou outros déficits físicos como resultado da lesão cerebral às vezes apresentam também dificuldades de aprendizagem. É importante ter isso em mente ao buscar serviços para uma criança após uma lesão cerebral, pois problemas sutis (como dificuldades de aprendizagem) podem ser negligenciados quando há desafios físicos mais óbvios ou mais urgentes a superar. Um programa educacional apropriado para uma criança com lesões cerebrais em geral envolve a coordenação de vários tipos de apoio: por exemplo, uma criança pode precisar de terapia física e fonoaudiológica, assim como de um programa de educação especial. Frequentemente um monitoramento é necessário para garantir que todos os elementos estejam sendo providenciados e mantidos em um equilíbrio razoável.

FALHAS NO DESENVOLVIMENTO CEREBRAL

O desenvolvimento do cérebro humano se inicia na concepção e continua durante toda a idade adulta. Nos nove meses que antecedem o parto, todas as estruturas básicas do cérebro são formadas. O sistema nervoso de um feto cresce em estágios, com as diferentes regiões cerebrais formando-se em diferentes momentos durante a gravidez. Um período desenvolvimental particularmente crítico ocorre entre o quinto e o sétimo mês de gestação, quando as células se posicionam no córtex cerebral. O córtex, uma estrutura de múltiplas camadas que forma a carapaça externa do cérebro, está envolvido em praticamente todos os aspectos da atividade consciente. O funcionamento apropriado do córtex cerebral é essencial para o pensamento e a aprendizagem de nível superior.

Durante a primeira e a segunda infâncias, as regiões do cérebro tornam-se cada vez mais especializadas para apoiar as funções específicas. Também se formam novas conexões entre partes do cérebro para que essas áreas especializadas possam "cooperar" em vários graus durante diferentes tipos de pensamento de nível superior. Este processo contínuo de amadurecimento cerebral explica por que as crianças tornam-se gradualmente capazes de fazer coisas que não conseguiam fazer antes. Os bebês aprendem a falar e a andar, por exemplo, não apenas porque pais zelosos os encorajam a fazer isso, mas porque as conexões neurais necessárias são formadas entre um e dois anos de idade. Em alguns anos, o cérebro se desenvolve a ponto de a criança poder assumir desafios notavelmente sofisticados. A tarefa de ler em voz alta, por exemplo, envolve a atividade coordenada de 14 áreas do córtex cerebral, incluindo aquelas envolvidas na visão, no processamento da linguagem, na audição e na fala.

Se esse processo contínuo de "ativação" neural for perturbado em qualquer ponto, as partes do cérebro responsáveis por diferentes tipos de cognição poderão não se desenvolver normalmente. Os especialistas acreditam que alterações desenvolvimentais dessa espécie são responsáveis por muitas dificuldades de aprendizagem. O apoio a essa crença vem de estudos anatômicos que descobriram uma variedade de anormalidades estruturais no cérebro de indivíduos com dificuldades de aprendizagem, e de pesquisas que demonstram que a atividade elétrica e metabólica do cérebro de estudantes com problemas de aprendizagem é, com frequência, diferente daquela dos estudantes típicos. A pesquisa atual identificou mais de 12 regiões no cérebro que podem contribuir para problemas de aprendizagem quando seu tamanho ou níveis de atividade são diminuídos.

Os tipos de problema produzidos por alterações no desenvolvimento cerebral dependem das regiões do cérebro afetadas. É importante entender, contudo, que uma vez que a aprendizagem e outros comportamentos complexos dependem da ativação de "circuitos" que envolvem diversas áreas do cérebro, o dano em uma região cerebral pode afetar o crescimento e o desempenho em outro ponto do sistema. Por essa razão, é raro um aluno com dificuldades de aprendizagem ter um problema de aprendizagem único e isolado; *padrões* de problemas relacionados são bem mais comuns. Com o uso de tecnologia de imagens para o estudo da atividade no córtex cerebral, os cientistas identificaram três padrões que ocorrem com particular frequência em indivíduos com dificuldades acadêmicas:

1. *O hemisfério esquerdo é hipoativo e o hemisfério direito é hiperativo.* O hemisfério cerebral esquerdo geralmente se especializa nas funções da linguagem, e os jovens que exibem este padrão têm problemas com vários aspectos do processamento da linguagem (leitura, escrita, audição e fala). Eles acham particularmente difícil a tarefa de fragmentar as palavras em sons e sílabas. As habilidades de leitura estão com frequência atrasadas e a compreensão e a memória de materiais verbais podem ser insuficientes. Além disso, normalmente esses alunos têm dificuldade com tarefas que envolvem lógica e análise: eles captam o "quadro amplo", mas são impacientes com os detalhes e podem não entender as sequências de passos específicos necessários para se chegar a um produto ou solução. Essas crianças podem precisar de alguma ajuda na análise de tarefas e ao lidar com material escrito durante todo o seu processo educacional.

2. *O hemisfério direito é hipoativo e o hemisfério esquerdo é hiperativo.* O lado direito do cérebro geralmente organiza e processa informações não verbais. Os indivíduos com déficits no córtex cerebral direito podem ter problemas com a percepção e a memória visuais, com a orientação espacial, com a consciência corporal e com a percepção do tempo. Eles com frequência assumem uma abordagem excessivamente analítica à solução de problemas: são atentos aos detalhes, mas podem ficar tão presos a eles que perdem o ponto mais importante da lição. Isso os coloca em risco de problemas com tarefas acadêmicas de nível superior, tais como a organização de projetos de pesquisa, a redação de textos coerentes e o raciocínio matemático avançado. Como os jovens que exibem este padrão não captam prontamente as "dicas" não verbais (como expressão facial e linguagem corporal), eles são, em geral, considerados insensíveis e socialmente ineptos, o que pode aumentar seus problemas na escola.

3. *Hipoatividade nos lobos frontais.* Os lobos frontais do córtex cerebral governam o comportamento motor e também incluem as regiões envolvidas no planejamento e no julgamento, concentrando a atenção, organizando e avaliando a informação e moderando as emoções. Quando as regiões frontais do cérebro não estão funcionando de maneira eficiente, as crianças podem ter problemas com a coordenação muscular, com a articulação, com o controle do impulso, com o planejamento e organização, e com a manutenção da atenção. Problemas desse tipo afetam a prontidão da criança para a instrução em classe, e elas criam a impressão geral de imaturidade, mesmo quando são capazes de funcionar intelectualmente em um alto nível.

Os indivíduos com erros em sua "ativação" cortical devem desenvolver trajetos neurais alternativos para o processamento de informações. Visto que esses trajetos nem sempre são tão eficientes quanto os circuitos cerebrais normais seriam, os alunos com dificuldades de aprendizagem tendem a processar as informações mais lentamente do que seus companheiros típicos. Como resultado, precisam de mais tempo tanto para entender as tarefas quanto para completá-las. Embora o tempo adicional necessário seja, em geral, de apenas alguns segundos, tal déficit possui um impacto significativo na capacidade dos alunos para competirem na sala de aula. Os atrasos no processamento de informações podem ser devastadores quando os alunos enfrentam situações de "pressão", como testes com tempo marcado ou exercícios de matemática. Em alguns casos, a simples remoção das limitações de tempo é suficiente para ajudar um aluno com dificuldades de aprendizagem a se sair melhor na escola. Porém, com frequência, a necessidade de tempo extra é apenas uma parcela de um padrão maior de problemas de aprendizagem.

Nem todos os problemas de desenvolvimento implicam uma anatomia irregular. Os especialistas acreditam que alguns indivíduos desenvolvem dificuldades de aprendizagem porque partes de seus cérebros simplesmente amadurecem mais devagar que o habitual. Essas crianças nem sempre estão prontas para assumir as tarefas e as responsabilidades apropriadas para sua idade cronológica: elas agem como seus colegas em alguns aspectos, mas em outras áreas seu comportamento e suas necessidades se assemelham mais àqueles de crianças mais jovens. Nesses casos de *atraso maturacional*, as regiões atrasadas do cérebro podem, por fim, alcançar níveis de desenvolvimento normais ou próximos do normal, mas esses alunos tendem a ter passado muitos anos frustrantes em salas de aula nas quais o que aprendiam estava fora de sincronia com o que estavam aptos a aprender. Mesmo depois que seus cérebros amadurecem, esses alunos podem continuar apresentando um desempenho inferior porque não aprenderam habilidades e conceitos que são os blocos básicos da construção de uma educação mais consistente. Com demasiada frequência eles descobrem que suas habilidades jamais estarão à altura das exigências cada vez mais complexas do currículo. Se os seus programas não forem modificados, eles ficarão cada vez mais atrasados na escola e seus problemas aumentarão à medida que a sensação de inadequação for prejudicando sua energia emocional e seu entusiasmo para aprender.

A razão pela qual os erros desenvolvimentais e os atrasos ocorrem nem sempre está clara. Os eventos que perturbam o desenvolvimento cerebral pré-natal são, indubitavelmente, responsáveis por muitas anormalidades. Em outros casos, a hereditariedade parece desempenhar um papel importante. A boa notícia é que a maior parte dos alunos com dificuldades de aprendizagem responde positivamente a um ambiente educacional estimulante e faz um progresso constante se receber uma instrução individualizada e apropriada. Pesquisas animadoras recentes sugerem que os alunos que recebem intervenção intensiva e oportuna podem realmente "religar" seus cérebros e começar a usar trajetos neurais que conduzem a um processamento de informação mais eficiente. À medida que aumenta o nosso entendimento de como o cérebro responde a diferentes tipos de estímulo, devem tornar-se possíveis intervenções educacionais mais direcionadas e eficazes. Nesse meio tempo, os pais devem ter consciência de que a pesquisa apoia fortemente a importância da intervenção precoce e da instrução intensificada para crianças que estão atrasadas na área do desenvolvimento.

Também é importante lembrar que crianças cujos cérebros desenvolvem-se desigualmente, às vezes, desenvolvem qualidades e talentos incomuns. Thomas Edison e Albert Einstein estão entre os gênios que tiveram problemas de aprendizagem; a lista de celebridades nos esportes, nos negócios, na política e nas artes que tiveram sérias dificuldades com a leitura, com a escrita ou

> **Atrasos no processamento das informações e memória**
>
> Quase todos os estudantes com dificuldades de aprendizagem experienciam atrasos no processamento de alguns tipos de informação. Embora os atrasos sejam leves (a pesquisa indica, por exemplo, que essas crianças estão de 1/10 a 1/3 de segundo atrás dos pares típicos no "registro" do que veem ou escutam), eles podem ter um impacto importante na qualidade da retenção dos estudantes daquilo que lhes foi ensinado.
>
> Isso porque a cada momento em que somos expostos a novas informações, temos uma janela de oportunidades muito pequena (apenas alguns segundos) para descobrir uma maneira de recordá-las. Se não tivermos sucesso na criação de uma memória dentro desse período, a informação fica perdida. Embora essa quantidade de tempo seja ampla para os aprendizes cujos cérebros sejam de maneira eficiente programados, as crianças com dificuldades de aprendizagem podem ainda estar lutando para entender e interpretar o que viram ou escutaram quando a janela da memória se fechou.
>
> Imagine um estudante a que muitos fatos estão sendo ensinados. O professor mostra-lhe um cartão em que está escrito 1 + 1 = 2, repete a informação e, depois, passa para outro em que está escrito 1 + 2 = 3. Se o estudante tem uma dificuldade no processamento visual, ele pode não ter tido tempo suficiente para registrar totalmente a série de símbolos que viu, que dirá para entender seu relacionamento um com o outro e se lembrar deles. Seu fracasso futuro em progredir em matemática provavelmente se deve mais a esses problemas de reconhecimento e recordação do que com questões de capacidade intelectual ou de raciocínio.
>
> A pesquisa acha que quando os estudantes com dificuldades de aprendizagem recebem tempo extra eles precisam entrar com a informação correta em seus bancos de memória, e a maioria pode recuperar e usar a informação tão bem quanto os aprendizes típicos. Para ajudar no processo da memória, pode ser necessário apresentar a informação em pequenos fragmentos, para reduzir o passo da instrução, e proporcionar prática extra com novas habilidades. Os professores devem também visar os canais de aprendizagem mais fortes dos estudantes – por exemplo, uma criança com processamentos visuais pode aprender matemática dando-lhe blocos para manipular e encorajando-a a recitar os fatos em voz alta. Os pais vão precisar usar estratégias similares para ajudar as crianças a lembrar novas informações em casa.

com a matemática na escola é longa. Os pais e os educadores observam que as crianças com problemas de aprendizagem são, com frequência, excepcionalmente criativas. Já que as soluções tradicionais nem sempre funcionam para elas, tornam-se inventivas na elaboração de suas próprias soluções. Como os professores que se deparam com um aluno que não consegue ler ou escrever bem não se sentem necessariamente animados com as qualidades de liderança, com a capacidade empresarial ou com o talento musical dessa criança, os pais precisam estar especialmente atentos para notar e encorajar qualidades em áreas não acadêmicas.

DESEQUILÍBRIOS QUÍMICOS

As células cerebrais comunicam-se umas com as outras por meio de "mensageiros" químicos chamados neurotransmissores. Qualquer mudança no clima químico delicadamente equilibrado do cérebro pode interferir nesses neurotransmissores e prejudicar a capacidade do cérebro de funcionar adequadamente. Pessoas intoxicadas com álcool, por exemplo, experienciam uma alteração temporária da química cerebral. Como qualquer policial pode afirmar, as perturbações na fala, na coordenação motora e na capacidade de resolução de problemas são os resultados comuns.

Um grupo crescente de evidências sugere que os desequilíbrios neuroquímicos contribuem para alguns transtornos de aprendizagem, particularmente aqueles que envolvem dificuldade com a atenção, a impulsividade, a hiperatividade, a organização e o planejamento. Isso inclui a síndrome conhecida como *transtorno de déficit de atenção/hiperatividade* (TDAH). As crianças com esse transtorno frequentemente parecem inquietas, descuidadas, dispersivas e desorganizadas; elas podem ser também excessivamente falantes, apresentar problemas de coordenação e ser tão ativas que esgotam seus cuidadores. Elas têm dificuldade em se concentrar nas tarefas, em prestar atenção aos detalhes, em permanecer atentas e concentradas, em considerar soluções e em lidar adequadamente com suas emoções. Ainda que o seu comportamento possa não parecer seriamente diferente em casa ou no *playground*, essas crianças são facilmente identificadas na sala de aula por sua incapacidade de ficar sentadas, quietas, e de manter sua concentração. Embora algumas dessas crianças não sejam mais ativas do que a média, sua tendência a se levantar de suas cadeiras nos momentos errados causa uma impressão ruim tanto em seus professores quanto em seus colegas.

Os investigadores descobriram uma variedade de irregularidades nos cérebros de pessoas com TDAH. Uma visão geral da pesquisa sugere que, nesses indivíduos, os circuitos cerebrais que comandam a atenção, a impulsividade e o controle motor são hipoativos, particularmente nos lobos frontais. Já na década de 1930, foi observado que as medicações estimulantes – que estimulam os níveis dos neurotransmissores que regulam tais circuitos – normalizam temporariamente o comportamento de pessoas que são hiperativas e têm problemas com a concentração. Estudos controlados recentes sugerem que 70 a 80% dos estudantes com TDAH recebem alguns benefícios dos estimulantes. Nos últimos 20 anos, o número de drogas (tanto estimulantes quanto não estimulantes) disponíveis para o tratamento do TDAH aumentou enormemente, assim como o número de crianças e jovens que estão fazendo uso delas. É estimado que mais de dois milhões de crianças – quase um em cada 30 estudantes – toma medicação para TDAH, sendo a Ritalina a mais comum.

A medicação também tem sido utilizada para regular a função cerebral em crianças *hipoativas*. Essas crianças são letárgicas e demasiadamente concentradas nos detalhes; elas ponderam demais sobre os problemas e têm dificuldade para tomar decisões. Na escola, parecem lentas e desmotivadas porque completam seu trabalho vagarosamente e fazem poucas perguntas. É interessante notar que esses estudantes às vezes "acordam" quando tomam sedativos. Os especialistas supõem que os medicamentos sedativos regulam o sistema neurotransmissor hiperativo que está inibindo anormalmente a atividade cerebral, tornando os estudantes alheios a grande parte do que está acontecendo.

Os medicamentos podem produzir efeitos colaterais desagradáveis, de modo que a decisão de utilizá-los deve ser tomada com cautela. Discutiremos mais detalhadamente os prós e os contras dos medicamentos para TDAH no Capítulo 8. Enquanto isso, é importante lembrar que o medicamento raramente é uma solução total para os problemas de uma criança. Em primeiro lugar, ele pode somente melhorar a capacidade de uma criança de tirar proveito das oportunidades educacionais; não é um substituto para uma programação educacional adequada e para o ensino proficiente. Cerca de um terço das crianças com TDAH tem problemas adicionais de aprendizagem que devem ser abordados, e praticamente todas elas precisarão de apoio contínuo em casa e na escola para que desenvolvam estratégias de aprendizagem efetivas e mantenham um comportamento apropriado. Estudos têm mostrado repetidamente que programas de modificação comportamental podem melhorar a eficácia do medicamento, e, em situações em que o medicamento é ineficaz ou indesejável, a intervenção comportamental e educacional por si só pode reduzir de modo significativo o comportamento-problema e melhorar a aprendizagem. Como os estudantes com TDAH em geral têm problemas com relacionamentos interpessoais, o ensino de habilidades sociais também é muito importante. Esse tipo de auxílio tem como recompensa a melhor aceitação por colegas e a capacidade para fazer amigos – que são tão importantes quanto a aprendizagem para a sobrevivência escolar e a autoestima saudável.

HEREDITARIEDADE

As pesquisas conduzidas desde meados da década de 1980 indicam que a hereditariedade exerce um papel bem maior na determinação do desenvolvimento de dificuldades de aprendizagem do que se supunha anteriormente. Estudos sobre famílias com crianças que apresentam dificuldades de aprendizagem descobriram uma incidência mais alta que a média de problemas similares de aprendizagem entre pais, irmãos e outros familiares. As crianças com TDAH estão entre aquelas mais propensas a compartilhar o problema com um ou mais membros da família, sugerindo que os desequilíbrios neuroquímicos que contribuem para esse transtorno podem ter uma origem genética. Existem também evidências substanciais de que a hereditariedade influencia a capacidade para o processamento de sons, a memória visual e a velocidade em que as crianças absorvem novas informações. Os meninos são mais propensos que as meninas de her-

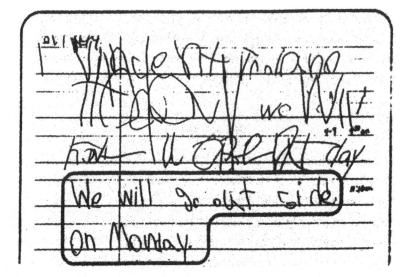

Efeitos do Adderall sobre a escrita à mão

Este menino de 6 anos copiou as três linhas do alto antes de tomar o Adderall (um medicação estimulante para o TDAH). Uma hora e meia mais tarde ele copiou a mesmas linhas com mais sucesso.

Fonte: C.R. Smith, *Learning Disabilities: The Interaction of Students and Their Environments*, 5. ed. Boston: Allyn & Bacon, 2004. Reprodução com permissão da Pearson Education, Inc.

dar deficiências nessas áreas por uma margem de dois para um – embora nem todos os casos sejam tão dramáticos quanto o de Jimmy, relatado a seguir.

Estudos recentes descobriram que cerca de 40% das crianças com dificuldades de aprendizagem têm pais e/ou irmãos com problemas de aprendizagem similares. Um estudo com crianças com dificuldades de leitura descobriu que 88% tinham parentes que haviam apresentado problemas com o processamento da linguagem! Alguns dos dados mais convincentes em apoio à herança de dificuldades de aprendizagem provêm das pesquisas que envolvem gêmeos. Enquanto os gêmeos fraternos têm problemas similares de aprendizagem em cerca de metade das vezes, gêmeos idênticos – que compartilham o mesmo "mapa" genético – têm déficits similares em cerca de 70% das vezes. Como os dois tipos de gêmeos compartilham o mesmo ambiente, a maior incidência de similaridade entre gêmeos idênticos tende a ser causada por fatores genéticos.

Em um novo enfoque das pesquisas, a *análise da ligação*, os cientistas estão tentando localizar os genes responsáveis pelas dificuldades de aprendizagem. Embora venham sendo coletadas evidências implicando vários genes específicos, essa pesquisa sugere que provavelmente há muitas maneiras de as dificuldades de aprendizagem serem herdadas – por exemplo, anatomia cerebral incomum, padrões irregulares de maturação cerebral e suscetibilidade a enfermidades que afetam a função cerebral podem ser transmitidos geneticamente. Os pesquisadores acreditam que alguns genes estão ligados a uma habilidade específica (como distinguir os sons nas palavras), enquanto outros influenciam um espectro mais amplo de habilidades de processamento de informação. A maneira como os genes se combinam com os desencadeantes ambientais também afeta o seu impacto. Os investigadores também notam que a genética jamais é a *única* causa de uma dificuldade de aprendizagem. Por exemplo, os autores de alguns dos mais conhecidos estudos de gêmeos estimam que, quando gêmeos idênticos compartilham déficits de leitura, 54% do déficit de cada criança se deve a problemas genéticos, 40% a influências ambientais compartilhadas e 6% a fatores aleatórios específicos do indivíduo.

Jimmy

Quando a mãe de Jimmy telefonou para uma clínica marcando uma consulta de avaliação para o filho, a primeira sugestão de que as dificuldades de aprendizagem do garoto poderiam ser hereditárias vieram pelo telefone. A mãe de Jimmy expressou sua profunda "flustração" na obtenção de serviços adequados para a "dilequia" do filho. Este erro de pronúncia era inesperado para uma mulher com Ph.D., diretora de um centro de aconselhamento. O pior temor da mãe era que Jimmy tivesse herdado a "dilequia" de ambos os lados da família.

A mãe de Jimmy tinha dois irmãos, e nenhum deles aprendeu a ler até a adolescência. Um deles atualmente é escritor, mas ainda soletra terrivelmente. Uma dificuldade de aprendizagem foi identificada em um dos filhos do irmão mais velho, e a filha mais nova, aluna da pré-escola, está recebendo terapia para fala e linguagem.

O pai de Jimmy possui grau de mestrado em assistência social, Ph.D em filosofia e atualmente passa todo o seu tempo na universidade de direito. Ele jamais está satisfeito com suas conquistas e continua tentando melhorar de novas

(continua)

maneiras a sua competência. Aprendeu a ler muito tarde e, em suas palavras, ainda lê no ritmo de "uma palavra por hora". Entretanto, ele consegue recordar o que lê e é um aluno excelente. Seus professores sempre lhe permitiram usar um dicionário nas provas, para que ele pudesse verificar a ortografia. O pai de Jimmy vem de uma família de cinco filhos, e cada um deles apresenta uma dificuldade de leitura. Todos, exceto um irmão, que sofre de depressão grave, se tornaram profissionais bem-sucedidos. Um dos irmãos apresenta gagueira, e uma irmã "tropeça" em palavras muito simples quando fala. (Suas conversas são pontuadas por referências aos objetos como "essa coisa" e por elaboração ao recontar um evento, acrescentando "ou algo assim".) Um outro irmão é descrito como extremamente desorganizado; ele se perde em supermercados e *shoppings centers* e entra em pânico diante da ideia de andar em uma cidade estranha.

A mãe de Jimmy tinha razões para crer que seu filho de 10 anos poderia não ter sorte suficiente para escapar dessa história genética. Observe sua ortografia e julgue você mesmo o resultado da avaliação do menino.

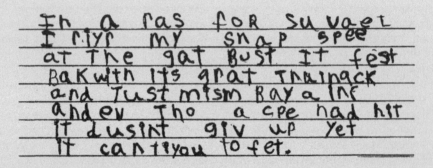

Transcrição: In a race for survival I raised my sharp spear the great beast. It fought back with its great trunk and just missed him by an inch and even though a spear had hit it doesn't give up yet it can tire you to fight.*

Adaptado de C. R. Smith, *Learning Disabilities*, © 2004. Reprodução com permissão de Pearson Education, Inc.

Os médicos que testam dificuldades de aprendizagem observam que, quando os resultados são apresentados aos pais, estes frequentemente comentam: "Mas eu também não consigo fazer isso!". Pais como esses em geral tiveram dificuldades na escola, mas já que estas dificuldades raramente eram identificadas na geração passada, elas podem jamais ter sido suspeitas de ser um problema neurológico. Embora alguns pais pareçam gratos pela existência de outra explicação que a "estupidez" para sua própria história de problemas de aprendizagem, outros consideram insuportável a sugestão de que há algo errado com eles *e* com seu filho. Os pais que sentem que suas próprias vidas foram mais difíceis como um resultado de fracassos educacionais podem sentir-se particularmente perturbados diante da perspectiva de seus filhos enfrentarem obstáculos

---

* N. de R.: Em português, "Em uma luta por sobrevivência, levantei minha faca afiada para o grande monstro. Eu lutei e errei por pouco, apesar de conseguir feri-lo, mas ele não desistiu, e pode conseguir cansá-lo na briga."

semelhantes. A educação sobre dificuldades de aprendizagem – entender que elas são algo muito diferente de retardo mental, por exemplo, e que o auxílio que não existia anos atrás atualmente está disponível – normalmente é necessária para ajudar esses pais a aceitarem os fatos e a avançarem para uma ação apropriada. O incentivo também é importante; ajudar uma criança com tarefas que fizeram os pais sentirem-se derrotados na escola exige um tipo especial de coragem e motivação. Quando existe uma história familiar de dificuldades de aprendizagem, os pais também precisam do mesmo apoio que é oferecido às crianças, tanto por parte dos profissionais quanto por parte de outros membros da família.

INFLUÊNCIAS AMBIENTAIS

Embora as dificuldades de aprendizagem sejam causadas por problemas fisiológicos, a extensão em que as crianças são afetadas por elas frequentemente é decidida pelo ambiente em que vivem. Na verdade, as condições em casa e na escola podem fazer a diferença entre um déficit leve e um problema verdadeiramente incapacitante. Portanto, para entendermos plenamente as dificuldades de aprendizagem é necessário compreendermos como os ambientes doméstico e escolar da criança afetam seu desenvolvimento intelectual e seu potencial para a aprendizagem.

O ambiente doméstico

O ambiente doméstico exerce um papel importante em determinar se uma criança aprende bem ou mal. Um imenso conjunto de pesquisas tem demonstrado que um ambiente estimulante e encorajador em casa produz estudantes com facilidade de adaptação e muito dispostos a aprender, mesmo entre crianças cuja saúde ou inteligência foi de alguma maneira comprometida. Um estudo a longo prazo de órfãos mentalmente retardados, por exemplo, descobriu que o QI de crianças adotadas por famílias de inteligência normal subia notavelmente, enquanto a inteligência daquelas que permaneciam nas instituições na verdade declinava com o passar dos anos. Enquanto o grupo institucionalizado permanecia com uma educação insatisfatória e com subempregos, a maior parte das crianças adotadas terminava o ensino médio (e um terço delas avançava até a universidade). Estudos com animais têm demonstrado que um ambiente enriquecido não apenas tem impacto sobre a aprendizagem, mas também estimula o crescimento e o desenvolvimento cerebrais. Os neurocientistas estão começando a acumular evidências fisiológicas de que o cérebro humano também responde ao "exercício mental".

Além disso, as crianças que recebem um incentivo carinhoso durante toda a vida tendem a ter atitudes positivas, tanto sobre a aprendizagem quanto sobre si mesmas. Seu espírito de "Eu posso fazer isso" as ajuda a enfrentar os desafios e superar os obstáculos. Essas crianças buscam e encontram modos de contornar as dificuldades, mesmo quando estas são graves.

Por outro lado, crianças que foram privadas de um ambiente estimulante nos primeiros anos de vida enfrentam muitos obstáculos desanimadores, mesmo quando não apresentam tais dificuldades. Esses jovens em geral são mais lentos na aquisição das habilidades cognitivas básicas. Eles não usam suas habilidades intelectuais em seu benefício e podem mostrar pouca curiosidade ou interesse em aprender. Tais dificuldades colocam as crianças em risco durante todos os anos de escola. Os estudos têm demonstrado reiteradas vezes que os alunos emocional e academicamente "prontos" ao começarem a pré-escola permanecem próximos ao topo em suas classes até o término da escolarização, enquanto as crianças que entram na escola com atrasos sociais e cognitivos significativos continuam a experienciar dificuldades acadêmicas, mesmo com auxílio especial.

Não nos surpreende que as crianças em desvantagem social e educacional também considerem mais difícil reunir os recur-

O que as crianças precisam aprender e desenvolver?

O psicólogo Erik Erikson acreditava que as atitudes das crianças sobre si mesmas e sobre o mundo à sua volta dependiam amplamente de como são tratadas pelos adultos enquanto crescem. A seguir, apresentamos um resumo do que Erikson considerava mais necessário para as crianças, em suas famílias, em cada estágio do desenvolvimento.

Confiança básica (do nascimento até 1 ano): Os bebês obtêm um senso de confiança básica quando as interações com os adultos são agradáveis e prazerosas. Eles precisam de pais calorosos, receptivos, previsíveis e sensíveis às suas necessidades. Se precisam esperar regularmente um longo tempo para receber conforto ou se são manuseados apressada e insensivelmente, é promovida a desconfiança em relação aos outros.

Autonomia (de 1 a 3 anos): A confiança na capacidade para fazer escolhas e decisões é desenvolvida enquanto as crianças exercitam as habilidades exploratórias de caminhar, de correr, de escalar e de manusear objetos. Os bebês que estão começando a andar precisam de pais que lhes permitam escolher entre uma variedade de atividades seguras. Se as crianças são excessivamente restringidas ou são submetidas a situações constrangedoras pelos erros que cometem enquanto fazem explorações, a autodúvida crescerá, e não a autoconfiança.

Iniciativa (de 3 a 6 anos): As crianças observam de perto e imitam os adultos, mas também começam a fazer suas próprias escolhas sobre questões como o que vestir, o que comer e o que fazer. Os pais que apoiam a tomada de decisão responsável encorajam a ambição e o orgulho na realização. Se os pais são demasiadamente controladores ou exigentes, as crianças podem se tornar culpadas e reprimidas em vez de independentes.

Produtividade (dos 6 anos até a puberdade): As crianças aprendem a trabalhar com os outros e começam a julgar seu desempenho em relação ao que os outros podem fazer. As crianças em idade escolar precisam de pais que encorajem sua competência e seu domínio, dando-lhes responsabilidades e oportunidades para usar e aumentar suas habilidades. As pessoas jovens que são frequentemente criticadas ou não têm essas oportunidades podem ver a si mesmas como inadequadas ou inferiores.

Identidade (adolescência): Os adolescentes integram o que adquiriram nos estágios anteriores em um senso de identidade duradouro; desenvolvem um entendimento do seu lugar na sociedade e formam expectativas para o futuro. Eles necessitam de respeito por sua independência emergente. As crianças que não tiveram suas necessidades satisfeitas neste e em estágios anteriores tendem a se sentir confusas sobre quem são e onde desejam chegar.

---

sos necessários para a superação de déficits neurocognitivos. Os alunos com dificuldades de aprendizagem normalmente usam as áreas em que são mais fortes para compensar áreas em que são mais fracos, mas aqueles que não tiveram níveis adequados de estímulo e apoio em casa têm bem menos áreas de recursos às quais recorrer. Além disso, esses estudantes são menos persistentes que outras crianças quando encontram problemas. Os professores observam que eles antecipam o fracasso, parecendo "desistir antes de começar".

Existem muitos aspectos do ambiente doméstico que podem prejudicar a capacidade de aprendizagem de uma criança. As crianças que não obtêm nutrição alimentar ou sono suficientes obviamente sofrerão em sua capacidade para se concentrar e absorver informações. O mesmo ocorre com crianças que estão frequentemente enfermas devido à pouca higiene ou a cuidados médicos abaixo do aceitável. As crianças criadas por pais ou responsáveis que falam mal o idioma e aquelas que assistem muito à televisão tendem a ter atraso no desenvolvimento da língua; isso afeta a sua capacidade para se expressar e compreender seus professores e também as coloca em situação de risco para problemas de leitura e de escrita. Os alunos cujas famílias não conseguem lhes proporcionar os materiais escolares, um horário previsível para a realização das tarefas em casa e um local relativamente tranquilo para o estudo precisam estar excepcionalmente motivados para aprender; o mesmo ocorre com crianças que vivem com pouco encorajamento e baixas expectativas. Qualquer um desses fatores pode reduzir de modo significativo as chances de uma criança superar uma dificuldade de aprendizagem. A ansiedade com relação a dinheiro, mudança de residência, discórdia familiar ou enfermidade não só pode ser em si uma razão de desvio da atenção, mas com o tempo também pode destruir a disposição de uma criança para confiar, aproveitar oportunidades e ser aberta a novas experiências, todos estes fatores importantes para o sucesso na escola. É um fato trágico que um número crescente de crianças não esteja realmente disponível para aprender porque suas vidas são dominadas pelo medo: perigos em seus lares ou na vizinhança fazem com que precisem dedicar a maior parte de sua energia mental à questão urgente da proteção pessoal. Se a própria escola não for segura, as perspectivas acadêmicas de todo um grupo estudantil poderão ser prejudicadas.

Embora esses problemas possam afligir qualquer criança, aquelas criadas na pobreza encontram uma parcela maior de riscos ambientais. Essas crianças – que também estão mais vulneráveis a alguns tipos de lesões cerebrais e a problemas desenvolvimentais – estão super-representadas em nossa população de educação especial. Como até mesmo a intervenção na educação infantil é muito tardia para remediar todos os efeitos da privação física ou intelectual a longo prazo, a maior esperança para muitas crianças pode estar em tornar a educação acessível e de qualidade disponível aos *pais* em áreas fundamentais como nutrição e estimulação do bebê e da criança pequena. Os programas sociais destinados a reduzir o número chocante de crianças que vivem na pobreza (atualmente uma em cada cinco nos Estados Unidos) também são fundamentais para melhorar o potencial de aprendizagem das crianças. O custo desses programas precisa ser avaliado à luz de perspectivas sombrias enfrentadas pelos estudantes que iniciam a escolarização com déficits cognitivos: eles estão menos propensos que os jovens mais afortunados a se formar, menos propensos a encontrar um emprego satisfatório e mais propensos a terminar na prisão ou necessitar de assistência pública. Quando essas consequências sociais de longo prazo são levadas em consideração, o fracasso em evitar problemas de aprendizagem torna-se realmente muito oneroso.

O ambiente na escola

A fim de obter progresso intelectual, as crianças devem não apenas estar prontas e ser capazes de aprender, mas também devem ter *oportunidades* apropriadas de aprendizagem. Se o sistema educacional não oferece isso, os alunos talvez nunca possam desenvolver todas as suas habilidades, tornando-se efetivamente "deficientes", mesmo que não tenham problemas neurológicos. Infelizmente, muitos alunos precisam lutar para dar o melhor de si sob condições abaixo do ideal nas escolas do nosso país.

É óbvio que salas de aulas abarrotadas, professores sobrecarregados de trabalho ou pouco treinados e a falta de bons materiais didáticos comprometem a capacidade de aprender dos alunos. Mas muitas práticas amplamente aceitas também não oferecem variações normais no estilo de aprendizagem. Por exemplo, um aluno cuja orientação é principalmente visual e exploratória precisa ver e tocar as coisas a fim de entendê-las. Esse estudante não se sairá bem com professores que o tempo todo fazem uso de aulas expositivas, não importando o quanto possam ser brilhantes e interessados em suas matérias. Da mesma forma, uma criança cuja abordagem da aprendizagem é basicamente reflexiva – isto é, que precisa de tempo para considerar todos os aspectos de um problema antes de tentar uma solução – irá se sair muito mal em uma sala de aula onde os alunos são levados apressadamente de uma tarefa para outra de acordo com os ditames de um currículo rígido. E quanto ao imigrante recente que não participa das discussões porque não possui confiança em seu vocabulário na língua do novo país, ou porque suas noções de respeito o proíbem de dar qualquer informação sem ser solicitado? Quando estudantes como esses vão mal na escola, é correto dizer que o problema é exclusivamente deles?

A verdade é que muitos alunos fracos são vítimas da incapacidade de suas escolas de se ajustarem às diferenças individuais e culturais. Apesar do fato de a população nas escolas americanas estar se tornando cada vez mais diversificada, ainda é prática comum em muitas classes "ensinar aos medianos", usando métodos e materiais planejados para alcançar o estudante mediano, branco e de classe média da geração passada. Quando crianças que não se ajustam ao molde não progridem, as autoridades da escola ocasionalmente consideram mais fácil culpar os alunos, em vez de examinarem seus próprios déficits ou as falhas dos programas. É incrível, mas existem escolas nas quais a taxa de reprovação excede a 50%, e os professores e administradores ainda continuam falando em *crianças* problemáticas!

As crianças com dificuldades de aprendizagem não conseguem se adaptar à rigidez na sala de aula. Para progredirem, tais estudantes devem ser encorajados a trabalhar à sua própria maneira. Se forem colocados com um professor inflexível em relação a tarefas e testes, ou que use materiais e métodos inapropriados às suas necessidades, eles serão reprovados. Se forem regularmente envergonhados ou penalizados por seus fracassos ("Jimmy, como você não terminou seu trabalho, terá que permanecer novamente na sala durante o intervalo; você precisa realmente se esforçar mais"), provavelmente não permanecerão motivados por muito tempo. Infelizmente, a perda do interesse pela educação e a falta de autoconfiança podem continuar afligindo essas crianças mesmo quando mudam para arranjos mais favoráveis. Dessa forma, o ambiente escolar inapropriado pode levar até mesmo os mais leves déficits a se tornarem grandes problemas.

Os pais de estudantes com dificuldades de aprendizagem frequentemente observam que seus filhos parecem ser mais "deficientes" em algumas disciplinas do que em outras. Embora isso possa ser um reflexo do tipo de problema de aprendizagem de determinado estudante, também é verdade que os déficits tendem a apresentar uma melhora, ou mesmo a desaparecer, em aulas nas quais professores criativos e flexíveis fazem um esforço para combinar as tarefas com os níveis de prontidão e os estilos de aprendizagem de seus alunos. Uma vez que as crianças típicas também desabrocham nessas aulas, parece justo dizermos que pelo menos parte da solução para a crescente demanda por serviços de educação especial seja uma melhora no planejamento do currículo e no treinamento dos professores. Nesse ínterim, é importante que os pais percebam que a intervenção para crianças com dificuldades de aprendizagem frequentemente exige menos uma "correção" da criança do que a melhora no ambiente no qual ela está sendo educada. A classe certa, o currículo certo e o professor certo são fundamentais para essas crianças, e sua escolha em geral faz a diferença entre o fracasso frustrado e o sucesso sólido. Como indica a triste história de Marcele (p. 37), as escolas nem sempre oferecem uma programação apropriada para os estudantes. Os pais que compreendem plenamente os pontos fortes e fracos do filho em termos de aprendizagem estão em melhor posição para avaliar as opções educacionais disponíveis de ano para ano e para decidir quais apresentam *reais* oportunidades.

Com muita frequência a questão "Por que meu filho tem uma dificuldade

Marcele

Minhas dificuldades de leitura, de escrita e de ortografia me afetaram de duas maneiras. Em primeiro lugar, eu não tinha confiança em mim mesma, e em segundo, tinha medo dentro de mim.

Meu medo era, e ainda é, tão gande [grande] que se alguém me pedisse para ler, soletrar ou escrever instruções, eu irrompia em suor. O medo era divastidor [devastador]. Na escola, eu não me lembro dos meus primeiros anos, porque não acho que tenham me ensinado grande coisa para lembrar sobre a escola. Ainda assim, da 6ª à 7ª série eu sabia que tinha um problema. Eu fui testada e colocada no que era chamado de uma classe de oportunidade – é como a chamam.

Eles me disseram que aquela era uma classe especial para me ajudar. A maior parte da "classe de oportunidade" era formada por homens jovens negros. Tínhamos a "oportunidade" de passar filmes o dia inteiro para outras classes na nossa escola. Esta era nossa oportunidade para aprender. As aulas eram dadas por um professor. Era para ele nos ensinar todas as matérias, matimática [matemática] e inglês, histéria [história], etc. Era legal passar filmes, mas esta foi a única coisa que aprendi. Então, minha educação na 7ª e 8ª séries foi também uma perda. A maioria de nossos testes na aula eram mútipos [múltipla escolha]. Eu tinha boas notas, uns B também. Eu fiquei com pática [prática] em fazer testes. Mesmo nos ditados, eu tinha 75 ou 80% de acertos. Eu conseguia memorar [memorizar] qualquer coisa por um curto tempo, mas em duas semanas esquecia tudo. Porque eu menorizo [memorizo] isso. Não importava a ordem das palavras. Eu aprendia o som de cada palavra, depois as letras. Mas eu não sabia as póprias [próprias] palavras. Eu terminei o ensino médio sabendo que não sabia ler ou escrever mais que na 3ª séri [série]. Quando eu precisava escrever sobre algum livro que lia, a cabeça doía e eu sentia pânico. Eu pegava as palavras importantes de uma frase principal, depois juntava tudo para o meu trabalho. Agora eles dizem que tenho uma dificuldade de aprendizagem. Eu acho é que eles não me ensinaram.

Fonte: Smith, C. R., *ibid*.

de aprendizagem?" traduz-se em "A quem devo culpar?". Como recorda uma mãe: "Meu maior temor era que *eu* fosse responsável de algum modo. Eu questionava tudo, da pizza de anchovas que comi no segundo mês de gravidez à minha decisão de voltar a trabalhar quando meu filho entrou na escola. Enquanto isso, meu marido culpava a todos, desde o obstetra que fez o parto de nosso filho até o psicólogo que aplicou os testes". Reações como essa são normais, mas não são particularmente produtivas. Raiva, ansiedade ou culpa sobre "o que deu errado" nada fazem no sentido de ajudar a criança; essas reações em geral só servem para exaurir a energia emocional dos pais e elevar seu nível de estresse. Afinal, entender como uma criança veio a ter uma dificuldade de aprendizagem é menos importante do que saber como isso afeta a visão de mundo da criança e como descobrir o tipo certo de ajuda.

3
Tipos básicos de dificuldades de aprendizagem

Todos nós temos pontos fortes e fracos na aprendizagem. Como adultos, a maioria de nós confessa suas fraquezas sem relutância: por exemplo, somos ruins em matemática ou um vexame em línguas estrangeiras; não conseguíamos desenhar uma linha reta nas aulas de artes; tínhamos problemas para lembrar datas em história; jamais entendemos bem como deveríamos fazer uma resenha literária; tínhamos um "ouvido ruim" para música ou tropeçávamos em nossos próprios pés nas aulas de ginástica. Podemos nos permitir encarar com bom humor as nossas dificuldades porque conseguimos ter sucesso apesar delas. Nossas fraquezas eram nas áreas que não interferiam seriamente em nosso progresso na escola, ou não eram suficientemente graves para evitar que atingíssemos nossos objetivos mais importantes. Ao longo do caminho desenvolvemos alguns talentos sobre os quais nos sentimos bem e usamos esses pontos fortes para uma definição de nós mesmos.

As crianças com dificuldades de aprendizagem, entretanto, sofrem de uma combinação infeliz: não apenas suas fraquezas são mais nítidas que o normal, mas elas também estão naquelas áreas que mais tendem a interferir na aquisição de habilidades básicas em leitura, escrita ou matemática. Como resultado, seu progresso na escola é repetidamente bloqueado. Essas crianças são com frequência brilhantes, criativas e até mesmo talentosas em outras esferas, mas como estão tendo um mau desempenho nas áreas mais valorizadas em nossa sociedade, seus talentos podem não ser considerados importantes ou ser vistos como irrelevantes. Alguns desses estudantes vêm a se sentir definidos por seus fracassos. Eles não entendem *por que* não conseguem fazer o que outras crianças parecem fazer tão facilmente e acabam vendo a si mesmos como pessoas estúpidas ou anormais.

Na verdade, as crianças com dificuldades de aprendizagem comumente estão lutando em uma ou mais das quatro áreas básicas que evitam o processamento adequado das informações: *atenção, percepção visual, processamento da linguagem* ou *coordenação motora fina*. Até mesmo déficits leves nessas áreas podem criar grandes obstáculos à aprendizagem e à comunicação em salas de aula tradicionais.

Para a superação das dificuldades de aprendizagem, é muito importante que tanto os pais quanto os estudantes compreendam exatamente em quais dessas áreas estão os déficits. Essa informação é essencial para a avaliação do programa educacional da criança e para a determinação dos tipos de mudança necessários. É preciso estabelecer objetivos razoáveis na escola e em casa. Mais importante ainda, esse conhecimento possibilitará que a criança se torne um aluno confiante e independente. Em geral, quanto mais os jovens com problemas de aprendizagem têm conhecimento dos seus próprios pontos fortes e fragilidades, mais propensos estão a se aceitarem, a defenderem o que é melhor para o seu caso e a planejarem estratégias que minimizem suas dificuldades e maximizem suas habilidades e talentos.

A identificação precisa dos problemas de aprendizagem de uma criança envolve uma avaliação abrangente, que discutiremos na Parte II deste livro. Nosso objetivo aqui é introduzir os quatro tipos básicos de dificuldade e descrever como cada um deles afeta o desempenho e o desenvolvimento escolar de uma criança. Contudo, antes de fazermos isso, qualquer adulto envolvido com crianças que têm dificuldades de aprendizagem deve entender os três pontos a seguir.

1. *As crianças com dificuldades de aprendizagem frequentemente têm problemas em mais de uma área.* Por exemplo, a dificuldade primária de uma criança (aquelo que está causando mais problemas na escola) pode envolver problemas com a compreensão da linguagem, mas ela também pode ter problemas com a concentração e estar um pouco atrasada no desenvolvimento de sua coordenação motora fina. Em casos desse tipo, é necessário compreender não apenas cada um das dificuldades, mas também como elas podem agravar umas às outras. Para maximizar as chances de melhora, todas as dificuldades precisam ser abordadas.
2. *As dificuldades de aprendizagem não desaparecem quando uma criança volta para casa após a escola.* Essas condições afetam o modo como uma criança percebe o *mundo*, de forma que influenciam a conduta em casa e os relacionamentos sociais e familiares, bem como seu desempenho na escola. Grande parte do comportamento que parece descuidado ou mesmo propositadamente perturbador (como dificuldade para ser pontual, o fato de perder coisas ou um fracasso crônico para completar tarefas) pode estar relacionado, pelo menos em parte, aos problemas de aprendizagem da criança. Os pais que entendem a natureza da dificuldade dos filhos estão em melhor posição para desenvolver expectativas realistas – e eles também pouparão incômodos e agravamentos.
3. *As dificuldades de aprendizagem podem produzir consequências emocionais.* As razões não são nenhum mistério. Como você se sentiria caso enfrentasse uma exigência diária para fazer algo que não consegue (ler um livro em sânscrito, por exemplo)? Dia após dia você se esforça, sem sucesso. Você ficaria frustrado? Ansioso? Irritado? Agora, suponhamos que você seja o único em um grupo de 25 pessoas que não consegue executar essa tarefa. Todos os seus companheiros já estão no sânscrito intermediário e você não consegue sair da primeira página. Seus professores e aqueles que você ama estão ficando impacientes. *É claro* que você consegue fazer isso, insistem eles – tudo o que tem a fazer é se esforçar!

Praticamente qualquer criança com uma dificuldade de aprendizagem já passou por essa situação, e algumas delas a vivenciaram por anos. Sem o tipo certo de incentivo e de apoio, essas crianças deixam rapidamente de acreditar em si mesmas e em suas possibilidades de sucesso. Convencidas de que fracassarão, não importando o que façam, elas simplesmente param de tentar. Finalmente, a resistência à aprendizagem pode tornar-se a maior parte dos problemas da criança na escola – algo bem pior que a dificuldade de aprendizagem original e mais difícil de ser superado.

Portanto, comecemos nossa exploração dos diferentes tipos de dificuldades de aprendizagem com um lembrete de que, sejam quais forem os muitos problemas que um aluno possa encontrar na escola, a preocupação principal dos pais deve ser sempre o bem-estar emocional da criança. Se você mantém seu foco em proteger a autoestima de seu filho, pode evitar o aspecto mais "debilitante" das dificuldades de aprendizagem: o desejo de desistir. Como um educador especial afirma: "É preciso muita coragem para essas crianças enfrentarem todos os problemas que têm na escola. As crianças cujos pais entendem e acreditam são aquelas que têm sucesso. Mesmo quando tudo dá errado, elas continuam estabelecendo objetivos e encontrando maneiras de alcançar os seus objetivos".

TRANSTORNO DE DÉFICIT DE ATENÇÃO/ HIPERATIVIDADE (TDAH)

As crianças que sofrem de TDAH constituem, aproximadamente, 3 a 5% da população escolar, mas geram uma quantidade desproporcional de preocupação. Difíceis de cuidar em casa e de ensinar na escola, elas estão entre as crianças mais propensas a serem encaminhadas para auxílio pedagógico, ação disciplinar e serviços de saúde mental. Anteriormente, pensava-se que um número bem maior de meninos do que de meninas era afetado pelo TDAH, mas muitos especialistas atualmente acreditam que ambos apresentam o mesmo risco. Entretanto, como os meninos portadores do transtorno tendem a exibir comportamento agressivo ou disruptivo, eles são notados e encaminhados para avaliação e auxílio especial com maior frequência do que as meninas. Alguns especialistas chamam as meninas com TDAH de "a minoria silenciosa": elas compartilham o risco para o desenvolvimento de problemas escolares e sociais, mas, como não chamam a atenção para si mesmas, estão em risco adicional por não obterem o auxílio necessário. Quando os meninos têm déficits de atenção sem hiperatividade, eles também estão menos propensos a ser encaminhados para avaliação e serviços especiais.

Embora muitos sintomas de TDAH sejam observáveis desde muito cedo na infância, eles são mais óbvios em situações que exigem uma atividade mental prolongada (ver a lista de verificação na p. 41). Por esse motivo, muitos casos de TDAH passam despercebidos até a criança ingressar na escola – quando os problemas parecem se multiplicar em uma base diária. Os professores se queixam de que a criança interrompe a aula, não fica quieta, não presta atenção, não termina seus trabalhos ou não escuta o que lhe é dito. Incapaz de planejar ou de aderir a um curso de ação, a criança logo começa a decair em seu desempenho escolar. Talvez ainda mais doloroso, a criança também é socialmente deixada para trás. As crianças portadoras desse transtorno têm dificuldade para aprender regras de jogos e são impacientes quanto ao revezamento. Com frequência, verbalizam impulsivamente qualquer coisa que lhes venha à mente, sem considerar o efeito de suas palavras. Não conseguem controlar suas emoções, o que muitas vezes faz com que obtenham o tipo errado de atenção. Os companheiros tendem a considerá-las rudes, intrometidas e insensíveis. Quando convites de aniversário são distribuídos e os cartões de festas trocados, a criança com TDAH logo percebe o que os companheiros sentem a seu respeito. A rejeição social, juntamente com o baixo desempenho escolar, é uma boa receita para a perda da autoestima. Muitas dessas crianças começam a ver a si mesmas como perdedoras em uma idade precoce.

Infelizmente, as crianças com TDAH também têm o dom de afastar de si os adultos. Muitas eram irritáveis e difíceis mesmo quando bebês; choravam muito e não se acalmavam quando acarinhadas ou levadas ao colo. O período dos "terríveis dois anos" foi mais terrível para elas do que para a maioria das crianças. Seu treinamento para o uso do sanitário foi difícil. Como as crianças com TDAH têm dificuldade para considerar alternativas, elas parecem teimosas e não respondem aos meios comuns de disciplina. Fazem cenas e constrangem os pais em público. Em resumo, elas não só esgotam os pais, como também fazem com que se sintam rejeitados e inadequados. Estudos mostram que mães de filhos com TDAH sentem um estresse incomum e se sentem menos ligadas a esses meninos e meninas do que a seus outros filhos. Se os pais culpam a si mesmos ou um ao outro pelos problemas da criança ("Você deveria parar de mimá-lo e ser mais rígido na disciplina!", "Bem, talvez ele se acalmasse se você passasse mais tempo com ele!"), os fatores de estresse se multiplicam. Pelo fato de os irmãos também terem sentimentos negativos sobre as crianças com TDAH, aquelas portadoras desse transtorno ocasionalmente não encontram em casa um clima muito mais receptivo do que aquele deixado na escola.

Provavelmente, não causa surpresa dizermos que, se seus problemas não são reconhecidos e apropriadamente abordados, essas crianças em geral se transformam em adolescentes revoltados. Estudos desco-

---

Lista de verificação dos sintomas do transtorno de déficit de atenção/hiperatividade

Foram identificados três tipos de TDAH. No tipo **predominantemente desatento** há pouca ou nenhuma hiperatividade. No tipo **predominantemente hiperativo e impulsivo**, há poucos e às vezes nenhum problema de atenção. No **tipo combinado**, a criança exibe todas as características da lista a seguir. Os alunos hiperativos são em geral identificados rapidamente na escola. As crianças que têm problemas de atenção sem hiperatividade chamam menos atenção para si e com frequência enfrentam muitas dificuldades até receberem ajuda.

Segundo o manual mais frequentemente usado pelos profissionais para ajudar a identificar o TDAH, seis ou mais sintomas da lista que se segue sugerem a presença do transtorno.

Desatenção
- frequentemente deixa de prestar atenção a detalhes ou comete erros por descuido nas atividades escolares ou em outras atividades
- geralmente tem dificuldades para manter a atenção nas tarefas ou em atividades lúdicas
- com frequência parece não escutar quando lhe dirigem a palavra
- por vezes não segue instruções e não termina suas lições em casa e na escola
- tem dificuldade para se organizar
- não gosta e reluta em se envolver em tarefas que exijam esforço mental (por exemplo, tarefas escolares ou lições de casa)
- com frequência perde coisas (como brinquedos, tarefas de casa, livros e lápis)
- distrai-se facilmente com visões e sons irrelevantes
- com frequência apresenta esquecimento nas tarefas diárias

Hiperatividade
- com frequência não para com as mãos e os pés e se remexe na cadeira
- frequentemente deixa seu lugar na sala de aula ou em outras situações nas quais se espera que permaneça sentado (como à mesa de jantar)
- frequentemente corre e sobe demasiadamente nos objetos em situações nas quais isso é impróprio (os adolescentes e os adultos são muito inquietos)
- tem grande dificuldade para brincar em silêncio
- com frequência está "a mil" ou age como se "impulsionado por um motor"
- fala excessivamente

Impulsividade
- com frequência dá respostas precipitadas antes de as perguntas terem sido feitas completamente
- tem dificuldade em esperar sua vez
- frequentemente interrompe ou se intromete nos assuntos de outros (intromete-se nas conversas ou nas brincadeiras).

Adaptado com permissão de *Diagnostic and Statistical Manual of Mental Disorders,* Quarta Edição Revisada (1994). Washington, DC. American Psychiatric Association (*copyright* 2000). Publicado pela Artmed Editora S.A.

briram números bastante altos de homens jovens com TDAH entre os delinquentes juvenis, e as pesquisas indicam que os adolescentes com TDAH também podem estar mais propensos do que seus companheiros típicos a se lançarem em comportamentos arriscados em busca de emoções e a abusar de drogas e álcool. Os estudantes com TDAH também apresentam risco de complicações de saúde mental, como ansiedade e depressão. Problemas de conduta, baixa autoestima e fraco desempenho escolar reduzem as chances de tais alunos terminarem a escolarização, buscarem a educação superior e encontrarem um emprego satisfatório.

Como discutimos no capítulo anterior, os problemas com a atenção, o controle dos impulsos e a hiperatividade podem surgir a partir de níveis anormalmente baixos de atividade nas regiões frontais do cérebro. Indicadores neurológicos mostram que essas crianças devem fazer um imenso esforço para se organizar e iniciar as tarefas, prestar atenção aos detalhes, permanecer concentradas e controlar as emoções. Déficits desse tipo não prejudicam a capacidade intelectual (o TDAH pode ser encontrado tanto entre crianças talentosas como entre crianças de inteligência média e abaixo da média), mas tornam difícil a manutenção da atenção por tempo suficiente para aprenderem habilidades e conceitos importantes. Como resultado, as crianças com TDAH frequentemente vão mal nos primeiros anos da escola e, se a intervenção demorar a ocorrer, podem não construir a base sólida de que necessitam para ter sucesso nas séries posteriores.

Os pais desses alunos irrequietos com baixa realização escolar devem ser muito cautelosos quanto a concluírem, talvez apressadamente, que o TDAH é o culpado. Existem muitas outras causas de desatenção crônica na sala de aula. Por exemplo, as crianças que sofrem de doenças ou alergias frequentes ocasionalmente têm problemas para concentrar a atenção, tanto por conta de seus problemas de saúde quanto pelos efeitos colaterais de seus medicamentos. A desatenção também pode ser um sinal de problemas não detectados de visão ou de audição: se as crianças não conseguem ver ou ouvir bem, elas podem não estar plenamente conscientes de que existe algo a que supostamente deveriam prestar atenção. Os estudantes que não comem o suficiente são com frequência inquietos e desatentos (isso se aplica a adolescentes em dietas radicais, bem como a crianças que simplesmente não têm o que comer em casa). As pessoas jovens que convivem com altos níveis de estresse – por exemplo, devido ao abuso de substâncias por parte dos pais ou em consequência da doença grave de um irmão – também consideram difícil se concentrar; as situações vivenciadas por elas geram fatos mais urgentes em que pensar do que exercícios de matemática ou a ortografia das palavras.

A colocação educacional inadequada também pode produzir o comportamento desatento. Um estudante intelectualmente brilhante "empacado" diante de um currículo que privilegia seus colegas medianos pode deixar de prestar atenção e começar a perturbar as aulas por puro tédio. De forma semelhante, alunos imaturos ou de outro modo atrasados em seu desenvolvimento intelectual podem se tornar entediados e desatentos porque não compreendem completamente o que está acontecendo. Às vezes os estudantes têm problemas para manter a atenção porque seus estilos de aprendizagem não combinam com o modo como as informações lhes são apresentadas. Uma criança que se distrai facilmente, por exemplo, considerará quase impossível se concentrar em uma sala onde o professor decorou cada centímetro quadrado da parede com mapas, gráficos, pôsteres e outros auxílios visuais "úteis". Em contraste, alunos cujo estilo preferido de aprendizagem é interativo tendem a descobrir que sua atenção vagueia durante aulas expositivas ou longos períodos de leitura. As crianças que aprendem melhor usando a audição também podem achar difícil manter seu foco enquanto leem, a menos que leiam em voz alta – o que, é claro, não é permitido na maioria das salas de aula. Essas são apenas algumas das muitas incompatibilidades cognitivas que podem produzir problemas de concentração.

Todas as crianças mencionadas nos dois parágrafos anteriores precisam de ajuda para poder dar o melhor de si na escola, mas elas provavelmente não têm transtorno de déficit de atenção/hiperatividade. Os pais jamais devem aceitar um diagnóstico de TDAH ou considerar o uso de medicamentos, a menos que tenham certeza de que seus filhos estão recebendo o trabalho apropriado na escola e de que as outras causas de problemas de atenção foram exploradas e descartadas. Para se ter certeza de um diagnóstico de TDAH, é necessária uma avaliação completa. A *American Psychiatric Association* recomenda que todas as condições a seguir sejam preenchidas antes de ser confirmado um diagnóstico de TDAH:

- Muitos sintomas do transtorno estão presentes.
- Os sintomas são suficientemente graves para prejudicar o funcionamento escolar e/ou social.
- Os sintomas são inconsistentes com o nível de desenvolvimento da criança.
- Os sintomas persistem há seis meses ou mais.
- Os sintomas foram observados antes dos 7 anos.
- Os sintomas são observados tanto na escola quanto em casa.
- Não há evidência de uma condição de saúde ou doença mental que possa causar esse comportamento.

A maioria das crianças com TDAH não necessita de serviços de educação especial. A menos que seus problemas sejam muito graves, esses alunos podem ser bem-sucedidos nas classes de educação geral com a ajuda de boas técnicas de manejo de classe e, às vezes, medicação. Entretanto, cerca de um terço dos alunos com TDAH têm outras dificuldades de aprendizagem. Como o TDAH dificulta lidar com tais dificuldades, essas crianças em geral necessitam de serviços de educação especial.

As pesquisas indicam que as crianças com TDAH geralmente precisam de tempo e de orientação extras para *dominar* as informações: uma vez que tenham aprendido algo, os estudantes com TDAH recordam e usam a informação tão bem quanto qualquer outra pessoa. Por isso, os serviços especiais para crianças com TDAH normalmente envolvem lições de reforço dadas na sala de aula e a prática de novas habilidades. Esses estudantes também podem aprender a monitorar sua própria atenção e a voltar por si mesmos à tarefa quando suas mentes começam a vagar. É muito importante ensinar-lhes bons hábitos de estudo e estratégias de memorização, tais como rimas, truques mnemônicos e visualização. (As crianças com problemas de aprendizagem quase nunca pensam em táticas como essas sozinhas.) A tecnologia de apoio também oferece uma série de ferramentas cada vez mais sofisticadas para ajudar as crianças com TDAH a lidar com suas tarefas. Por exemplo, os alunos podem aprender a usar agendas e horários computadorizados para se manterem a par das atividades, enquanto programas de aprimoramento de habilidades na forma de jogos podem manter a atenção mais tempo do que os métodos da prática tradicional. Quando a tecnologia de apoio não está disponível na sala de aula, em geral a educação especial pode proporcioná-la.

O apoio e informação aos pais é outro ingrediente fundamental para ajudar uma criança com TDAH. Muitas mães afirmam que tanto sua sanidade quanto sua própria autoestima foram salvas por grupos de apoio, publicações e *sites* direcionados para os pais de crianças com TDAH (ver o Apêndice D para algumas sugestões). O aconselhamento familiar também é útil: a terapia pode ter importância decisiva se uma criança parece deprimida ou zangada, ou se muita negatividade foi acumulada dentro da família. Aulas e publicações para os pais podem ajudá-los a aprender como usar o reforço positivo para recompensar o comportamento desejável, como ignorar estrategicamente o comportamento inadequado e como desenvolver métodos de disciplina apropriados e efetivos. Repouso e recreação para as mães e pais também são importantes! Cuidar de crianças com TDAH é uma tarefa exigente e em geral exaustiva; a maioria dos pais acha que pode lidar melhor com elas se fizer uma "pausa" de vez em quando.

As crianças com TDAH com frequência mostram uma melhora significativa quando chegam à adolescência. Elas tendem a continuar sendo pessoas cheias de energia, mas não são mais "descontroladas". Se aprenderem estratégias apropriadas de aprendizagem e habilidades sociais, podem se sair bem na escola e no trabalho. Alguns indivíduos que usaram medicamento podem eventualmente descontinuá-lo. Entretanto, muitos daqueles que obtêm benefícios dos medicamentos quando crianças continuam precisando deles para darem o melhor de si quando adultos. "Ei, eu acho que não sou pior do que o cara que precisa usar óculos", diz um veterano na universidade que toma ritalina todos os dias. "Ninguém gosta de tomar remédio, mas sem eles eu não teria passado da 4ª série e muito menos teria feito o ensino médio e quatro anos de universidade."

A identificação e a intervenção precoces são decisivas para crianças com TDAH. Quanto antes o problema for descoberto, menor a probabilidade de se desenvolver um comportamento antissocial ou problemas emocionais. Também será menos provável que os pais culpem a si mesmos pelo comportamento difícil da criança. Como recorda uma mãe:

> Durante sete anos pareceu que todos achavam que eu deveria controlar este menino. Meu marido, minha mãe, meus amigos, todos pareciam pensar que eu deveria ser capaz de controlá-lo, porque eu era a mãe. As pessoas davam sugestões "úteis", mais ou menos indicando onde achavam que eu errava: "Você não lhe dá muitos alimentos processados? Ele dorme o suficiente? Talvez se você não trabalhasse e pudesse passar mais tempo com ele...". Eu me sentia como se carregasse um cartaz: "Sou uma boa mãe! Amamentei-o no peito! Leio para ele todos os dias". Mas no fundo eu me sentia responsável. Scott estava repetindo a primeira série quando eu soube que ele tinha TDAH. A primeira coisa que pensei quando me contaram foi: "Graças a Deus! Não é tudo culpa minha!". O TDAH não é a coisa mais fácil com a qual precisamos conviver, mas acho que posso lidar com isso muito melhor desde que me informei sobre o transtorno e deixei de me culpar por tudo.

DIFICULDADES DE PERCEPÇÃO VISUAL

Os estudantes com dificuldades de percepção visual têm problemas em entender o que enxergam. O problema não é com a sua visão, mas com o modo como seus cérebros processam as informações visuais. Essas crianças têm dificuldade para entender, interpretar, organizar e/ou recordar todo tipo de informações não verbais. Na escola, todo o mundo dos símbolos escritos – não apenas letras e palavras, mas também números e símbolos matemáticos, diagramas, mapas, quadros, gráficos e tabelas – podem se tornar um problema para elas.

Como em geral são muito sutis, os déficits na percepção visual raramente são descobertos até que a criança comece a ter problemas na escola. Mesmo assim, a fonte do problema pode ser um mistério. Como recorda uma mãe:

> Durante toda a educação infantil, as professoras de Seth diziam-me que ele era extraordinariamente inteligente. Isso também era óbvio para mim. Ele aprendera a falar cedo e, aos 5 anos, possuía um vocabulário próximo ao de um adulto. E era muito curioso e adorava que lessem para ele. Seth tornou-se uma enciclopédia ambulante sobre tudo o que o entusiasmava: pássaros, dinossauros, mitologia grega. Ele mal podia esperar para entrar na escola e estava excitadíssimo para aprender a ler.
>
> Seth adorava a pré-escola, mas sua atitude quanto à escola mudou completamente na primeira série do ensino fundamental. Ele começou a se queixar das ta-

Quantos Fs têm na sentença abaixo?

FINISHED FILES ARE THE RESULT OF YEARS OF SCIENTIFIC STUDY COMBINED WITH THE EXPERIENCE OF YEARS*

Você viu três? Conte novamente.

Há *seis* Fs na sentença. A maior parte das pessoas tende a não ver os *F*s que têm um som de *V* (como na palavra *of*). Este é um exemplo de como o seu sistema de processamento da linguagem (que era a busca de letras que soam como *f*) pode dominar o seu sistema de processamento visual, tornando-o "cego" para o que está bem diante de seus olhos. É com esse tipo de desequilíbrio na atividade cerebral que as crianças portadoras de déficits perceptuais lutam todos os dias.

Fonte: Adaptado em http://wiki.answers.com.

---

refas, da professora e das outras crianças. No final de outubro, disse que detestava a escola e não queria mais frequentá-la. Alarmada, marquei uma conversa com sua professora para ver o que estava acontecendo. Ela disse que Seth se dava bem com as outras crianças, mas estava indo mal em todas as matérias. Ele não conseguia acompanhar sequer o grupo mais lento de leitura. Eu fiquei perplexa! Será que estávamos falando sobre o mesmo garoto? Durante toda essa conversa, tive a sensação de que havia algum engano, que a professora achava que eu fosse a mãe de uma outra criança. Quando ela sugeriu que eu trabalhasse com Seth em casa para ajudá-lo a recuperar suas notas, concordei ansiosamente. Imaginei que o problema devia ser culpa da professora. Eu podia ajudar Seth; tudo o que ele precisava era de um pouco de incentivo e atenção extra.

A professora deu-me cartões com 30 palavras que desejava que Seth aprendesse para que ele pudesse iniciar a cartilha de leitura da primeira série. Escolhi três cartões para começar – acho que as palavras eram *menino*, *o* e *gato*. Trabalhamos com essas palavras durante uma semana. Havia uma atmosfera tranquila, muitos elogios, muito incentivo. No final da semana, Seth não conseguia reconhecer uma única palavra. Também não reconhecia qualquer palavra ao final da segunda semana; e, na terceira semana, recusou-se a continuar praticando esses exercícios. Além disso, começou a dizer que não queria mais que eu lesse para ele. Parecia não querer ter mais nenhum contato com livros ou com a palavra impressa.

Em novembro, Seth praticamente não fizera nenhum progresso em leitura ou aritmética e começou a se queixar de dores no estômago: quase todas as manhãs ele chorava e pedia para não ir à escola e ficar em casa. Fizemos várias consultas ao pediatra, mas os testes não revelaram nenhum problema. O estado emocional deteriorado de Seth me preocupava ainda mais do que o seu mau desempenho na escola – três meses na primeira série haviam transformado meu menininho de 6 anos feliz e extrovertido em um trapo! Finalmente, já que eu não sabia mais o que fazer, pedi à escola para que testassem Seth, para ver se podiam encontrar qualquer coisa que pudesse estar contribuindo para todos esses problemas. No

---

*N. de R.T.: No Brasil poderíamos trabalhar com as frases: "Pesquisas são o resultado de anos de estudo científicos combinados com anos de experiência." ou então "As casas azuis estão prontas."

final do semestre, tínhamos uma explicação: Seth possuía um QI acima da média e uma dificuldade de aprendizagem. Seu problema principal era a memória visual; ele compreendia as coisas muito bem quando olhava para elas, mas não conseguia fixar qualquer espécie de imagem mental. Pobre Seth! Praticamente todo o currículo da primeira série envolvia a memorização de imagens visuais – letras, palavras e números. Não era de admirar que ele não estivesse fazendo progresso!

Embora seja raro uma dificuldade de aprendizagem ser identificada tão cedo, os problemas com a percepção visual realmente começam a aparecer nas séries iniciais do ensino fundamental, quando podem interferir no progresso em quase todas as matérias. Para entendermos o porquê disso, observemos os tipos de processamento de informações que essa categoria inclui. As habilidades de percepção visual incluem a capacidade para reconhecer imagens que já vimos antes e vincular-lhes significados (como um pré-escolar reconhecer um símbolo do McDonald's e dizer que está faminto), discriminar entre imagens similares (como as letras *b* e *d* ou as palavras *ataca* e *acata*), separar figuras significativas de detalhes de

---

Lista de verificação dos sintomas de déficit na percepção visual

É normal que as crianças exibam alguns dos sintomas desta lista. Uma dificuldade de aprendizagem pode ser possível se muitos desses comportamentos estiverem presentes e se persistirem além da idade em que esses erros são típicos.

Escrita
- não gosta da escrita e evita aprendê-la
- escrita lenta e descuidada
- atrasos na aprendizagem da escrita
- os trabalhos escolares são sujos e incompletos, com muitas rasuras e apagamentos
- dificuldade para recordar as formas das letras e dos números
- frequentes inversões de letras e números
- espaçamento desigual entre as letras e as palavras
- omissão de letras nas palavras e de palavras nas sentenças
- cópia imprecisa
- ortografia falha (escreve foneticamente)
- não consegue localizar erros no próprio trabalho
- dificuldade em preparar esboços gerais e organizar o trabalho escrito

- esquece as letras maiúsculas e as regras de pontuação
- planejamento ruim do espaço nos trabalhos escritos

Leitura
- confunde letras de aparência similar (*b* e *d*, *p* e *q*)
- tem dificuldade para reconhecer e recordar as palavras que vê (mas consegue pronunciá-las foneticamente)
- com frequência se perde durante a leitura
- confunde palavras de aparência similar (*preto* e *perto*)
- inverte as palavras (lê *mala* por *lama*)
- tem problemas para encontrar letras em palavras ou palavras em sentenças; não consegue extrair as palavras-chave
- memória falha para a palavra impressa (também para sequências de números, diagramas, ilustrações, etc.)
- compreensão ruim das ideias e dos temas principais; pode ser incapaz de explicar a que se refere um parágrafo ou uma história

(continua)

Lista de verificação dos sintomas de déficit na percepção visual

Matemática
- não consegue alinhar os números nos problemas, o que resulta em erros de cálculo
- dificuldade para memorização de fatos da matemática, tabelas de multiplicação, fórmulas e equações
- tem problemas para interpretar gráficos, diagramas e tabelas
- tem dificuldade com conceitos matemáticos de nível superior

Problemas relacionados
- confunde esquerda e direita
- exibe julgamento espacial falho (O espaço no estacionamento é grande o bastante para o meu carro?)
- tem dificuldade para estimar a hora, para ser pontual
- tem um senso de direção problemático; demora para aprender o caminho certo para chegar a um lugar novo
- tem dificuldade para julgar velocidade e distância (isso interfere nos esportes; pode ser um problema ao dirigir um veículo)
- tem dificuldade para interpretar mapas e realizar quebra-cabeças
- tem problemas para identificar imagens visuais (não consegue imaginar como ficará um quebra-cabeça ou um projeto acabado); acha difícil detectar os objetos em uma pilha (isto é, diferenciar os marca-textos dos lápis) ou identificar uma pessoa em uma multidão
- tem dificuldade para "chegar ao ponto"; perde-se em detalhes
- não capta o humor e os sentimentos de outras pessoas (frequentemente acaba dizendo as coisas erradas no momento errado)
- tem dificuldade para perceber a linguagem corporal e as sutilezas na comunicação social
- carece de habilidades de planejamento e de organização
- frequentemente perde as coisas; não consegue localizar objetos "bem à sua frente"
- tem dificuldade para perceber estratégias que garantam o sucesso em jogos (pode não compreender o objetivo)
- é desajeitado devido ao seu julgamento espacial problemático (esbarra em móveis e portas)
- é lento nas reações às informações visuais (grita "bingo" tarde demais; é atrasado para reconhecer e chamar um táxi)

segundo plano (por exemplo, identificar o próprio nome em uma página impressa) e reconhecer o mesmo símbolo em diferentes formas (reconhecer que um A é um A, mesmo quando aparece em diferentes tamanhos, cores ou fontes). Reconhecer sequências é uma outra importante habilidade de percepção visual: as pessoas com problemas na sequência visual ignoram a ordem da informação, e por isso podem não ver diferença entre as palavras *via* e *vai* e ter problemas para copiar corretamente até mesmo uma série curta de letras ou números. Não é de surpreender que os estudantes com esse tipo de problema em geral tenham dificuldade com a aprendizagem de letras e números. Seus livros de exercícios e trabalhos escolares são cheios de inversões, omissões e outros erros frequentemente atribuídos a "relaxamento" (ver a ilustração a seguir).

Além disso, os estudantes com problemas de percepção visual normalmente têm dificuldades com a *memória visual*. A recordação de qualquer informação apresentada primeiramente em forma visual pode ser, na melhor das hipóteses, inconsistente. Essas crianças são tipicamente aprendizes de leitura extremamente lentos, porque não conseguem reconhecer facilmente as palavras à sua frente e precisam "pronunciá-las" enquanto leem. Não se lembram como soletrar palavras irregulares (*yacht, pneumonia*),

Cópia cursiva e cálculo matemático de um menino de 8 anos com inteligência mediana e dificuldades de percepção visual

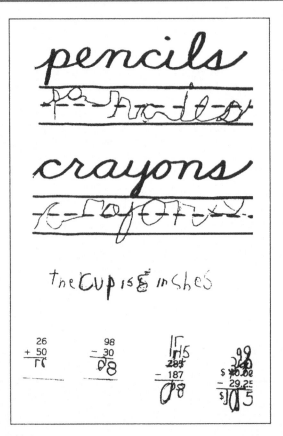

Fonte: Smith, C. R., op. cit.

embora consigam escrevê-las foneticamente (ver o quadro que mostra a escrita fonética). Tarefas de rotina, como cópia da lousa, podem ser um pesadelo: no tempo que demoram para olhar para a lousa e novamente para suas folhas, essas crianças perdem partes importantes da imagem, ou perdem-na completamente. Os estudantes com dificuldades na memória visual também têm dificuldade para corrigir ou verificar seu próprio trabalho porque, quando buscam os erros, simplesmente não conseguem recordar qual seria a forma correta. Demonstrações "Faça como eu faço" podem deixá-los totalmente perdidos – eles não conseguem se lembrar o que lhes foi mostrado (a menos que sejam ajudados a "codificar" a informação verbalmente). Apesar desses problemas, essas crianças com frequência têm habilidades muito boas na linguagem falada e sua memória para o que ouvem (as letras de canções populares, por exemplo) pode ser excelente. Às vezes seu potencial nessas áreas só ajuda a convencer os adultos que sua lição de casa descuidada e incompleta se deve à desatenção ou falta de motivação.

As dificuldades de processamento visual em geral se originam no córtex cerebral direito, e tem sido observado que as crianças com problemas de processamento visual com frequência exibem déficits adicionais no "hemisfério direito" (às vezes chamados de dificuldades de aprendizagem não verbal). Essas deficiências incluem:

- *Problemas com a consciência espacial.* Estes alunos acham difícil lidar com conceitos de forma, tamanho, velocidade e distância, e entender como partes relacionadas se encaixam para formar um todo. Como resultado, os estudantes com esse tipo de déficit podem ter dificuldade para entender mapas, gráficos, quadros e diagramas. Isso pode interferir com a aprendizagem em qualquer matéria, mas esses alunos tendem especialmente a ter problemas particulares com níveis superiores de matemática. Muitos deles têm dificuldade para diferenciar a esquerda da direita, e com frequência têm um senso de direção falho (eles não criam "mapas mentais" e precisam aprender a usar dicas verbais para evitar se perderem). As dificuldades espaciais também podem ser percebidas no comportamento social. Os professores observam que os estudantes com esse tipo de déficit estão sempre "na sua cara", falando com eles a uma distância de apenas alguns centímetros. Essas crianças também podem ser

---

Escrita fonética de um menino brilhante de 13 anos com dificuldades de percepção visual

Palavras conhecidas	Palavras desconhecidas
Known Words	Unknown Words
opstract	destuted
misconduct	rumedeul (remedial)
optumistic	insinuate
sublime	cunedic (kinetic)
verify	orthodocs
gushur (geyser)	caos
garitey (guarantee)	oncore
norishing	ismis (isthmus)
pursowt (pursuit)	busum
cutasturfey (catastrophe)	shampane (champagne)

Fonte: Smith, C. R., *Learning Disabilities*, © 2004. Reproduzido com permissão de Pearson Education, Inc.

deixadas de fora das brincadeiras no pátio da escola porque a sua incapacidade para estimar com precisão a velocidade e a distância as torna ineptas para quase qualquer atividade que envolva uma bola.

- *Problemas com o tempo.* Estas crianças chamam a atenção por sua incapacidade de estimar com precisão o tempo. Estão cronicamente atrasadas e seus pais se queixam de que nunca estão prontas para ir a lugar algum, mesmo quando lhes são dadas frequentes advertências. Na escola, a percepção falha do tempo se manifesta como fracasso em terminar as tarefas e as provas no tempo marcado, e dificuldade para estimar quanto tempo vão demorar para serem feitas as lições de casa ou outros projetos. Os atrasos e os trabalhos inacabados contribuem para a impressão de que o aluno é descuidado e desmotivado.
- *Problemas com o planejamento e a organização.* Desenvolver estratégias para abordar as tarefas com eficiência pode ser um impedimento importante para essas crianças – impedimento este que se torna cada vez mais óbvio à medida que elas progridem na escola e o trabalho que se espera que elas realizem independentemente se torna cada vez mais difícil. Se lhes é dada uma atribuição complexa (como preparar uma pesquisa ou preparar uma experiência para a feira de ciências), esses alunos com frequência não têm ideia de como fragmentá-la em uma série de passos mais fáceis de lidar. Como resultado, a tarefa pode parecer tão devastadora que eles a abandonam antes mesmo de a iniciarem. Durante todo o seu processo educacional, é provável que esses alunos tenham necessidade de alguma ajuda para organizar o seu tempo e estruturar suas atribuições.
- *Problemas com a captação da ideia principal.* Estas crianças com frequência têm problemas para enxergar o "quadro global"; podem estar tão orientadas para os detalhes que não conseguem distinguir as informações importantes das triviais. (Ouvir uma dessas crianças descrever um filme com frequência envolve sentar-se e escutar um longo e incoerente monólogo em que toda cena é descrita, mas o enredo principal nunca fica claro.) Muitas pensam literalmente e têm dificuldade para raciocinar além das informações que estão diretamente à sua frente. Essas crianças se beneficiam do ensino direto dos fatos e conceitos e precisam de ajuda para aprender a identificar as informações mais importantes em suas lições. Expor claramente as expectativas e as orientações também as ajuda a ter um melhor desempenho.
- *Questões de percepção social.* Estas crianças não se "sintonizam" com informações não verbais. Com frequência ignoram o ambiente que as cerca (se lhes é dito "Limpe essa bagunça", elas podem replicar, "Que bagunça?"). Muitas não registram mudanças na expressão facial ou na linguagem corporal que assinalam como os outros estão pensando ou sentindo; como resultado, podem ser percebidas como insensíveis ou rudes. "Em geral, essas crianças parecem ao observador bastante autoabsortas e desligadas", diz uma professora de educação especial. "Elas em geral são as últimas a aderir a uma moda ou tendência na escola. Quando percebem que as listras estão na moda, todos já estão usando bolinhas. Isso não prejudica suas notas, mas pode, na verdade, lhe custar muito socialmente. O que temos de fazer é *ensinar* a consciência social a essas crianças – como prestar atenção ao que as outras crianças vestem, ao que gostam de fazer. Não presuma que elas poderão aprender esse tipo de coisas por si mesmas. Isso não acontecerá."

O tipo de apoio escolar necessário para os estudantes com déficits na percepção visual varia, dependendo da gravidade de seus problemas. A maior parte desses alunos aprende a ler melhor com os ouvidos – eles precisam de instrução de leitura solidamente baseada na audição e, se esta não estiver disponível na sala de aula, programas de educação especial devem oferecê-la. As crianças com déficits de memória visual precisam ter pronto acesso a materiais que elas têm dificuldade para memorizar, como tabelas de multiplicação, fórmulas de matemática e mapas. Além disso, o que muitos desses estudantes parecem realmente necessitar é de um tempo extra. Embora o cérebro dessas crianças processe as informações visuais de um modo extremamente lento, muitas podem lidar com tarefas visuais de forma competente se lhes for permitido trabalhar dentro do seu próprio ritmo. Algumas crianças, contudo, não conseguem executar tarefas que envolvam a percepção visual, não importando o quanto tentem; é simplesmente muito difícil para elas montar os elementos visuais em um padrão significativo. De todo modo, a intervenção é importante: os programas de educação especial podem oferecer tanto o tempo extra quanto os métodos alternativos para o ensino e a avaliação quando estes forem necessários.

Esses alunos também podem se beneficiar enormemente de uma tecnologia de apoio. "Eu mal posso crer na diferença que um computador fez em minha vida", diz um aluno da 9ª série. "Ele aponta todas as minhas letras para a direção certa, endireita minhas margens – e até corrige a minha ortografia. Eu ainda cometo erros, mas, quando os corrijo, não preciso copiar a tarefa inteira. Eu detestava escrever; era tão difícil fazer com que tudo ficasse certo no papel que eu só queria abreviar tudo e acabar logo com aquilo. Agora estou tendo as notas mais altas em inglês e escrevo histórias e poemas em meu próprio ritmo."

Estudantes com dificuldades na percepção visual geralmente precisam de maior apoio no ensino fundamental, quando a demanda por dominar sistemas de símbolos visuais é maior. Em geral, precisam de menos auxílio à medida que vão ficando mais velhos e começam a usar diferentes áreas de recursos para compensar suas dificuldades de processamento visual. Com bastante frequência, essas pessoas "desabrocham" no ensino médio, quando seu desempenho é ocasionalmente espetacular. Os estudos têm descoberto que as habilidades do "cérebro esquerdo" envolvendo linguagem, lógica e análise são aquelas mais estreitamente associadas com a aprendizagem efetiva no ensino médio. Os estudantes com déficits no processamento visual, mas fortes nessas áreas, geralmente se tornam alunos bem-sucedidos na maior parte das matérias (embora a matemática de nível superior possa continuar sendo um problema).

DIFICULDADES NO PROCESSAMENTO DA LINGUAGEM

De longe, o maior número de estudantes identificados com problemas de aprendizagem são aqueles com problemas de processamento da linguagem. Essas crianças podem ter problemas com qualquer aspecto da linguagem: ouvir as palavras corretamente, entender seu significado, recordar materiais verbais e se comunicar com clareza. As dificuldades dessas crianças começam com a palavra falada e tipicamente interferem na leitura e/ou na escrita quando a criança ingressa na escola. A gravidade de tais déficits vai de leve a tão profunda que a maioria dos indivíduos afetados considera o uso da língua inglesa quase tão difícil quanto o restante de nós poderia considerar em relação a línguas como russo ou japonês.

Os pais frequentemente têm consciência de que seus filhos têm alguns problemas com a linguagem antes de começarem a escolarização (ver a lista de verificação de sintomas na página seguinte). As crianças com dificuldades de processamento da linguagem podem ser lentas na aprendizagem da fala e podem usar sentenças mais curtas, vocabulários menores e uma gramática mais pobre do que seus irmãos e irmãs em uma idade similar. Pode haver sinais de que elas nem sempre compreendem o que lhes é dito. Suas respostas às perguntas podem ser inadequadas ou elas podem não ser capazes de seguir instruções de uma forma confiável. Sua memória

Lista de verificação de sintomas para dificuldades no processamento da linguagem

É normal as crianças exibirem alguns comportamentos desta lista. Contudo, um padrão persistente de muitos desses sintomas pode indicar uma dificuldade de aprendizagem.

Compreensão da fala e da linguagem
- atraso para aprender a falar
- não modula o tom de voz apropriadamente; fala em tom monótono ou muito alto
- tem problemas para citar nomes de objetos ou de pessoas
- utiliza uma linguagem vaga e imprecisa; possui um vocabulário pequeno
- sua fala é lenta ou sofre interrupções; usa mecanismos de "adiamento" verbal ("hã", "hmm", "você sabe", "né?")
- usa uma gramática pobre e sentenças simples
- com frequência pronuncia mal as palavras
- confunde palavras com sons similares (como *frustrar* e *flutuar*; pode produzir híbridos, como *flustrar*)
- com frequência usa gestos com as mãos ou a linguagem corporal para ajudar a transmitir sua mensagem
- evita falar (especialmente na frente de estranhos, figuras representativas de autoridade ou grupos)
- é insensível às rimas; não consegue distinguir as palavras que começam ou terminam com os mesmos sons
- demonstra pouco interesse por livros ou histórias;
- não responde apropriadamente às perguntas (responde "segunda-feira", quando lhe perguntam "Onde você estuda?")
- com frequência, não compreende ou não recorda palavras, sentenças, instruções
- tem dificuldade para discriminar as palavras de quem está falando em um local barulhento

- tem dificuldade com a articulação

Leitura
- tem atrasos significativos na aprendizagem da leitura
- tem dificuldade para dizer os nomes de letras
- tem problemas para associar letras a sons, discriminar os sons nas palavras, mesclar os sons para formar palavras
- tem dificuldade para analisar sequências de sons; comete erros frequentes de sequência (como ler *sabe* em vez de *base*)
- tenta "adivinhar" palavras estranhas, em vez de usar habilidades de análise da palavra;
- lê muito lentamente; a leitura oral se deteriora após algumas sentenças (devido ao declínio na capacidade para recuperar rapidamente sons da memória)
- a compreensão para o que está sendo lido é consistentemente fraca ou se deteriora quando as sentenças tornam-se mais longas e mais complexas;
- fraca retenção de novas palavras no vocabulário
- antipatiza com a leitura, evitando-a

Escrita
- as tarefas escritas são curtas ou incompletas, frequentemente caracterizadas por sentenças breves e vocabulário limitado
- persistem os problemas com a gramática;
- erros bizarros de ortografia (não fonéticos); o estudante pode ser incapaz de decifrar a própria escrita
- as ideias nas tarefas escritas são mal-organizadas e não apresentadas de forma lógica
- pouco desenvolvimento do tema; os estudantes são mais propensos a escrever listas rápidas de pontos ou eventos do que a oferecer detalhes ou desenvolver ideias, personagens ou trama

(continua)

> **Lista de verificação de sintomas para dificuldades no processamento da linguagem**
>
> - nos testes, é mais bem sucedido em questões de múltipla escolha do que em ensaios ou preenchimento de espaços em branco
>
> **Matemática**
> - resposta lenta durante exercícios de matemática devido a problemas com a recuperação de números da memória
> - tem dificuldade com problemas apresentados com palavras devido à fraca compreensão da linguagem
> - tem problemas com matemática de nível superior devido a dificuldades com análise e raciocínio lógico
>
> **Problemas relacionados**
> - faz uma "salada" com as mensagens telefônicas; entende mal o que é ouvido no rádio ou na TV
> - tem dificuldade com o raciocínio verbal; pode entender todas as palavras no provérbio "Pedra que rola não cria limo", mas ser incapaz de explicar o que isso significa; pode considerar difícil extrair conclusões lógicas
> - tem problemas para entender trocadilhos e piadas; pode não detectar zombarias
> - tem dificuldade para fazer comparações e classificar objetos ou ideias
> - tem dificuldade para recordar informações ou produzir fatos ou ideias quando solicitado
> - tem dificuldade para apresentar uma história ou instruções em uma ordem lógica
> - os tipos de problemas encontrados na aprendizagem da língua materna tendem a ser repetidos ao estudar uma língua estrangeira
> - tem dificuldade para iniciar ou manter uma conversa
> - não faz uso de ênfases, alteração do tom da voz ou pausas para auxiliar a compreensão

para as instruções também pode ser fraca, e isso acaba sendo uma fonte de constante irritação ("Eu já não lhe pedi duas vezes para guardar essa roupa? Por que eu preciso estar sempre repetindo as coisas para você?"). Os problemas com a compreensão tendem a piorar quando a linguagem que está sendo usada é complexa: uma criança que consegue lidar sem dificuldade com uma ordem como "Traga-me a mistura de bolo", pode sentir-se completamente confusa ao ser-lhe solicitado: "Por favor, tire as compras da sacola e traga-me a mistura de bolo depois de guardar o leite na geladeira". Os problemas também podem ser especialmente óbvios quando as instruções são gritadas para uma criança que está em outro aposento. Muitas crianças que têm problemas para entender as palavras usam sugestões visuais para ajudá-las a compensar suas dificuldades; elas buscam o significado na linguagem corporal e na expressão facial e, ocasionalmente, tornam-se bons leitores de lábios.

Muitos jovens com dificuldades de processamento da linguagem também falam de um modo confuso. Às vezes seus cérebros têm problemas para organizar sequências nos sons que ouvem, de modo que pronunciam mal as palavras – dizendo "pisquet" em vez de *espaguete*, ou "efelante" em vez de *elefante*, muito depois da idade na qual esses erros seriam normais. Essas crianças também são fracas na consciência gramatical e têm problemas com a sequência das palavras: por exemplo, elas podem não entender que existe uma diferença entre as sentenças *bloquear um golpe* e *golpear um bloco*. É comum confundirem palavras com som similar: elas podem dizer que uma resposta é "oblíqua", quando a palavra que pretendem dizer é *óbvia*, ou afirmar que alguém é "vegetariano" quando pretendem dizer que ele é *sagitariano*. Erros como esses – que tendem a piorar sob a pressão de falar perante grupos ou figuras representativas de autoridade – deixam esses estudantes dolorosamente expostos ao ridículo, e alguns jovens sensíveis farão o impossível para evitar falar na frente dos outros.

Existem também crianças que entendem e usam as palavras corretamente, mas têm grande dificuldade na produção das palavras que desejam usar em sua memória. Peça-lhes para separar a fotografia de um cavalo e elas farão isso sem hesitar; mas mostre-lhes a fotografia do cavalo e peça-lhes que digam o nome do animal e as mentes dessas crianças sofrerão uma "pane". Problemas para encontrar palavras apropriadas levam alguns alunos frustrados ao silêncio, mas outros fazem uma ginástica com as palavras da língua em um esforço para encontrar a palavra que estão procurando. Essas são as crianças que tagarelam: "Ei, sabe quem eu vi na escola, foi o, você sabe, o cara com o boné, o que usa aquela camisa com seu nome escrito, ele é alto e tem aquela coisa comprida e fina que ele coloca no motor..." Finalmente você tem indicadores suficientes para dar um palpite: "Você quer dizer o Joe, do posto de gasolina?", e a criança responde com alívio: "É, ele mesmo". As crianças com dificuldades para encontrar as palavras também usam mecanismos de adiamento verbal para darem a si mesmas um tempo adicional para encontrar as palavras. Suas sentenças com frequência são pontuadas com pausas irritantes. "Sally perdeu... hmm, você sabe... aquela coisa..." é uma comunicação típica de uma criança com um déficit desse tipo.

Na escola, muitas crianças com déficits no processamento da linguagem continuam tendo problemas para entender e seguir instruções verbais, uma dificuldade que frequentemente é atribuída à desatenção, à preguiça ou à desobediência ("Quantas vezes eu já não lhe disse para entrar na fila alfabeticamente pelo último nome, Johnny? Talvez se você ficar na sala hoje durante o recreio consiga aprender a ouvir"). Os esforços para o uso de habilidades visuais para melhorar a compreensão também são, via de regra, incompreendidos ("Mantenha os olhos em sua própria folha, Johnny! Se você ficar olhando para a folha da Susy vou lhe tirar a prova!"). Padrões problemáticos de fala podem não ser considerados um déficit na sala de aula, onde geralmente se espera que os alunos permaneçam em silêncio, mas as dificuldades que essas crianças têm para aprender a ler e a escrever eventualmente chamam a atenção. Os problemas que os estudantes experienciam com essas habilidades refletem os problemas que têm para processar a linguagem falada. Por exemplo:

- Os alunos com dificuldades no processamento dos sons têm problemas para aprender a associar as letras com os sons e acham difícil dividir as palavras em sequências de unidades sonoras. Mesmo que com o tempo aprendam a dizer como é o som da letra *t*, ainda podem ser incapazes de dizer se esse som ocorre no começo ou no final da palavra *abacate*, ou mesmo se chega a ocorrer na palavra. Têm dificuldade para dominar o processo da "pronúncia" das palavras e cometem erros bizarros de ortografia, os quais refletem o modo confuso como seus cérebros interpretam o que escutam (ver o Quadro da p. 56).
- Os alunos com problemas de compreensão podem aprender a decodificar satisfatoriamente as palavras, mas as palavras que leem não fazem mais sentido para eles do que as palavras que escutam. Podem ter dificuldade para associar as palavras individuais aos seus significados corretos, ou ter tais problemas com as regras ou a estrutura da linguagem, de modo que as combinações de palavras os confundem. Com maior frequência, esses estudantes podem lidar com a linguagem em pequenos segmentos, mas ficam perplexos quando o material com o qual devem lidar é mais longo e mais complexo. Esses alunos tipicamente têm um vocabulário pequeno, problemas

para dominar o básico da gramática e frequentemente usam palavras inapropriadas quando escrevem. A memória para o que foi lido (mas não realmente entendido) também tende a ser fraca.

- Os estudantes que têm problemas para encontrar palavras para se expressar na fala não se saem melhor com lápis e papel. A produção da palavras que necessitam para descrever o que sabem pode ser um problema, mesmo quando o vocabulário é vasto e o conhecimento do tema em questão é abrangente. Mesmo que esses estudantes leiam bem, eles podem descobrir que a sua dificuldade para falar e escrever é um déficit grave em aulas nas quais os esforços dos alunos são julgados principalmente por discussões e textos (não nos surpreende que essas pessoas prefiram os testes com questões de múltipla escolha).

Como todos os estudantes com dificuldades de aprendizagem, as crianças com déficits de linguagem tendem a processar as informações mais lentamente que o normal. Seus problemas tendem a ser ampliados na sala de aula, onde geralmente são exigidas respostas rápidas. Muitas vezes esses alunos sabem a resposta de uma questão, mas hesitam quando chamados porque precisam de tempo para encontrar e arranjar as palavras necessárias para formar uma resposta coerente. Entretanto, não ouvindo uma resposta imediata, é provável que a professora suponha que o aluno não fez o seu trabalho e chame outro aluno. Essas crianças estão entre aquelas mais propensas a serem acusadas de baixa motivação. Com demasiada frequência tal acusação torna-se realidade, à medida que crescentes problemas na escola corroem sua autoestima e seu entusiasmo natural para a aprendizagem.

Além de criar problemas de leitura e de escrita, as dificuldades de processamento da linguagem também podem ter um impacto sobre a maneira de pensar dos alunos. Grande parte da nossa capacidade para recordar e organizar informações depende da nossa habilidade para dar nomes e descrever as coisas, e precisamos da linguagem para fazer isso. Por exemplo, nosso novo vizinho pode começar como nada mais do que uma vaga impressão visual, mas com o tempo usamos palavras para construir um "arquivo" sobre ele em nossas mentes. Seu nome é Bob, ele tem uma esposa bonita e dois filhos pequenos, dirige um caminhão vermelho, trabalha na companhia telefônica, gosta de assar churrasco em seu quintal, etc. Podemos fazer associações com outros "arquivos" que criamos no passado – talvez o nosso vizinho use um chapéu de caubói como o astro *country* Kenny Chesney, e seu entusiasmo pelo beisebol nos recorde outro vizinho que também adora beisebol. Quanto maior se torna o nosso arquivo, mais podemos dizer que "conhecemos" o nosso vizinho e mais certos estaremos de reconhecê-lo, se o virmos em um local inesperado. Assim é com tudo o que aprendemos. Usamos as palavras para formar as informações e as guardamos de uma forma a nos facilitar seu uso posterior.

As pesquisas mostram que, quanto maior o comando que os estudantes têm da linguagem, melhor eles se desempenham na recordação de informações, na organização de suas ideias, na formação de associações entre fatos e conceitos e no manejo de abstrações. Os estudantes com dificuldades de linguagem com frequência se veem lutando em todas essas áreas. Um professor observa: "A mente dessas crianças é como uma gaveta repleta de pastas de arquivos sem rótulos. Pode haver muita informação lá, mas está tudo tão desorganizado que não lhes serve de muita coisa". Quando as dificuldades de processamento da linguagem são leves, a memória fraca e a falta de organização podem, na verdade, ser os aspectos mais óbvios do problema.

O desenvolvimento social também é influenciado pelos déficits de linguagem. As crianças que têm problemas para entender palavras ou que cometem erros quando falam, às vezes sentem tanto medo de expor suas fraquezas que se tornam silenciosas, reservadas e tímidas. Existem também aquelas que vão para o extremo oposto, lidando com sua incapacidade para compreender o *input* dos outros por meio de provocações e insistência para que todos façam as coisas ao seu modo! Nenhuma delas tende a achar fácil fazer amizades. As crianças com déficits no processamento da linguagem podem ser comumente encontradas à margem dos grupos, ou seja, "acompanhando a multidão". Algumas preferem passar seu tempo com crianças mais jovens, cuja linguagem mais simples é também mais fácil de compreender. Os pais observam que essas crianças com frequência se sentem mais confortáveis compartilhando atividades com um ou dois amigos: sua capacidade para entender o que está sendo dito rapidamente se dissolve à medida que o grupo cresce. Elas também podem se sentir mais felizes em situações estruturadas, nas quais as regras são claramente compreendidas de antemão, de modo que não se sentirão constrangidas por instruções que podem ser difíceis para elas entenderem.

Muitas áreas do cérebro devem funcionar juntas para o processamento eficiente da linguagem, e os déficits podem resultar de colapsos em diversos pontos diferentes do sistema. A dificuldade com o uso e a compreensão geralmente está ligada a áreas com hipofuncionamento no córtex cerebral esquerdo. Os estudantes com graves problemas de compreensão mostram oca-

---

Padrões de ortografia de um menino inteligente da 7ª série com dificuldades de processamento da linguagem

Palavras conhecidas	Palavras desconhecidas
friendship	badge
remember	democrat
important	quotation
comb	source
unless	justice
flower	honorable
whole	hasten

Ele recorda as palavras "conhecidas" pela aparência delas, mas tem dificuldade para compreender foneticamente a ortografia de palavras "desconhecidas" que ainda não aprendeu a ler.

Fonte: Smith, C. R., *Learning Disabilities,* © 2004. Reproduzido com permissão de Pearson Education, Inc.

sionalmente evidências de outras fraquezas no "cérebro esquerdo", como dificuldade para dispor fatos ou ideias em sequências lógicas. Os déficits no processamento da linguagem também podem surgir de "redes" neurais ineficientes: diferentes partes do cérebro simplesmente não cooperam tão bem quanto poderiam. Como resultado, algumas regiões do cérebro ficam subativas enquanto outras ficam sobrecarregadas. Indivíduos pouco "ligados" com frequência terminam tentando ler usando áreas do cérebro mal-adaptadas para essa tarefa. Processos complexos como extrair informação da linguagem, avaliar e categorizar essa informação e codificar a informação verbal na memória são também difíceis para eles executarem com facilidade.

Em outras áreas de pesquisas, os geneticistas têm tentado determinar por que os distúrbios de processamento da linguagem ocorrem com tanta frequência dentro das famílias. Um dia talvez seja possível testar um "gene da dislexia" e identificar as crianças em risco que precisarão de auxílio extra muito antes de ingressarem na escola. Atualmente, entretanto, a maior esperança para as crianças com dificuldades de processamento da linguagem são o reconhecimento e as intervenções precoces. Há evidências de que com a instrução apropriada e intensa, os padrões cerebrais começam a se normalizar e a aprendizagem melhora.

O apoio com educação especial é essencial. Muitas crianças com dificuldades de processamento da linguagem não conseguem aprender a ler e a escrever pelos métodos convencionais; para dominarem tais habilidades, elas necessitam de materiais especiais e de professores experientes no trabalho com problemas da linguagem. O progresso na leitura pode ser lento, e meios alternativos de obtenção de informações (como livros gravados em áudio) também devem ser oferecidos para ajudar essas crianças a acompanhar o currículo.

Como os estudantes com frequência necessitam de auxílio para segmentar os materiais didáticos em pequenas partes da linguagem que eles possam manejar, às vezes é preciso reescrever seus textos básicos em uma linguagem mais simples e lhes proporcionar um tempo extra para terminarem os testes e outros trabalhos. Se os estudantes leem e escrevem muito mal, podem precisar que outros leiam as questões dos testes para eles, além de lhes permitirem respondê-las oralmente. Muitos estudantes com transtornos da linguagem também precisam aprender estratégias específicas para a organização e a recordação de materiais escritos e verbais. Além disso, os professores precisam estar informados sobre a importância de falar lenta e claramente com esses alunos e estar conscientes do quanto é difícil para essas crianças processarem as palavras caso exista outra "confusão de sons". Por exemplo, dizer aos estudantes que haverá um teste de matemática na terça-feira, exatamente no momento em que a campainha soa em meio a um ruído geral de papéis e cadeiras arrastadas, coloca em desvantagem a criança com um déficit de linguagem. O mesmo ocorre com o ato de "soterrar" essa informação em uma longa lista de outros anúncios. Os pais acham que a linguagem simples é, em geral, fundamental para a melhora da memória das crianças também em casa. "Por favor, leve o lixo para fora esta noite", claramente articulado, frente a frente, está bem mais propenso a gerar resultados do que "Querido, não se esqueça de que quero que você leve o lixo para fora depois que passear com o cachorro e fazer a sua lição de casa", dito às pressas, enquanto você sai da sala.

Com um apoio apropriado, os estudantes com dificuldades de processamento da linguagem podem ser bem-sucedidos na escola. Contudo, pessoas jovens cujas dificuldades são muito graves, talvez nunca progridam muito além do "nível de sobrevivência" na leitura e na escrita. É muito importante que esses estudantes encontrem modos alternativos de aprender e se comunicar para poderem desenvolver seus outros recursos e talentos. Se permanecerem motivados, a dificuldade com a leitura e a escrita não os impedirá de atingir seus objetivos. Muitos leitores não eficazes não apenas chegaram à universidade, mas também realizaram coisas notáveis lá (o apoio da educação especial está disponível em muitas boas faculdades e universidades). Essas pessoas tiveram sucesso em praticamente todos os tipos de negócios e profissões. Como demonstra a história de Jason, leitores ineficazes inteligentes e ativos também podem ter sucesso na operação de seus próprios negócios – um método de garantir a você mesmo a flexibilidade para fazer as coisas à sua própria maneira! Esses estudantes às vezes têm um desempenho excepcional em áreas profissionais nas quais as habilidades da linguagem são relativamente pouco importantes: tecnologia médica, arquitetura, finanças, fotografia, engenharia, mecânica, produção de televisão, belas artes e programação de computadores, para citar apenas algumas. Assim, o maior temor da maioria dos pais – que a falta de capacidade para a leitura impossibilite seus filhos de completarem sua educação e se tornarem independentes e autossuficientes financeiramente – não tem uma base real. Essas crianças, contudo, realmente precisam de compreensão e incentivos extras para manterem sua autoconfiança e algum entusiasmo pela educação. É muito importante para elas a obtenção de muitas oportunidades para fazerem as coisas que fazem bem, para equilibrarem a batalha "contra a correnteza" que enfrentam com os trabalhos escritos na escola.

Nos últimos anos, um forte apoio tecnológico foi disponibilizado para indivíduos

Jason

Jason, que se formou em engenharia e possui seu próprio negócio de consertos de calefação, explica como suas dificuldades para encontrar as palavras apropriadas afetaram sua vida. Ele nunca teve problemas para recordar conceitos, mas jamais conseguia se lembrar de nomes, de locais, de datas, de médias de pontos no beisebol, etc. Consequentemente, passou a acreditar que pouco podia contribuir para as conversas. Ele diz que hoje entra nas conversas "pelas beiradas", aguardando que as pessoas avancem da troca de fatos para o nível das ideias.

Jason teve dificuldades com a leitura e a escrita durante todos os anos de escola, e estas continuaram até a idade adulta. Durante a vida inteira ele leu apenas um livro e jamais lê jornais. A TV é sua principal fonte de informações. Quando escreve, Jason só consegue detectar seus erros de ortografia depois que termina de escrever cada palavra e a inspeciona para ver se "parece certa". Inversões de números ocorrem continuamente em seus pedidos comerciais, mas ele consegue detectá-los quando as somas não fazem sentido e os números do pedido não correspondem àqueles do catálogo. Jason aprendeu a verificar e a reexaminar duas vezes cada trabalho escrito.

Jason é um rapaz alto, atlético e simpático que tem usado seus recursos em matemática e engenharia para se tornar vocacionalmente bem-sucedido. Sempre buscou parceiros que pudessem fazer o trabalho na linha de frente nas vendas, "bons de conversa" para lidar com os clientes. Por outro lado, ele é o gênio da mecânica em cujas habilidades todos confiam e sem o qual não haveria negócios. Ele descreve a si mesmo como uma pessoa apaziguadora, honesta e confiável, sempre pontual e solícito com os outros. "Já que não posso ensinar qualquer coisa nova às pessoas, exceto engenharia, tornei-me o 'cara legal'. Quando eu tinha 16 anos, fui a primeira pessoa a tirar carteira de motorista e, então, dava carona para todo mundo. O que mais eu posso fazer? Eu quero que gostem de mim."

Adaptado de Smith, C. R., *Learning Disabilities*, © 2004. Reproduzido com permissão de Pearson Education, Inc.

com déficits de linguagem. Por exemplo, alguns computadores podem examinar materiais impressos e "lê-los" em voz alta; alguns estão programados para destacar as palavras à medida que aparecem. (Até mesmo páginas da internet podem ser escutadas!) Os estudantes também podem "escrever", ditando em processadores de texto ativados por voz, e há *softwares* disponíveis para ajudar com a gramática, o uso e a soletração. Uma discussão mais completa de como os computadores e outros dispositivos de tecnologia de ajuda podem facilitar a aprendizagem pode ser encontrada no Capítulo 9 e no fim deste livro, no Apêndice C. Os pais devem entender, porém, que até mesmo a tecnologia mais sofisticada não eliminará a necessidade de uma instrução competente. As crianças podem passar sem os computadores, mas não podem ter sucesso sem professores experientes e qualificados; a localização desses professores deve ser a preocupação primordial dos pais.

Embora as dificuldades de processamento da linguagem sejam problemas permanentes, às vezes as crianças chegam a ter saltos desenvolvimentais que produzem uma melhora acentuada. O cérebro continua formando novas conexões até o início da idade adulta, e existem casos em que os "circuitos" necessários para a leitura finalmente se completaram na adolescência ou mesmo depois. O lema para o ensino de habilidades de leitura, portanto, é "Jamais desista". É necessário deixar as portas da educação abertas por tanto tempo quanto possível para que aqueles que amadurecem tarde tenham a oportunidade de alcançar seu pleno potencial.

DIFICULDADES MOTORAS FINAS

Para ter uma ideia de como é possuir uma dificuldade na coordenação motora fina, tente posicionar um espelho em um pedaço simples de papel sobre uma mesa de tal modo que você possa ver o papel no espelho. Agora, tente escrever seu nome no papel enquanto olha apenas o reflexo no espelho. Você acha isso difícil? Confuso pela imagem do espelho, seu cérebro "esqueceu" como guiar sua mão. Se você achou difícil escrever seu nome, tente imaginar que o professor acabou de lhe entregar 25 palavras novas do vocabulário para copiar!

Os indivíduos com dificuldades motoras finas não conseguem controlar plenamente grupos de pequenos músculos em suas mãos. Essa dificuldade não tem impacto sobre a capacidade intelectual, mas interfere no desempenho escolar, porque prejudica a capacidade para se comunicar por meio da escrita. As crianças com esse tipo de dificuldade não conseguem escrever bem, não importando o quanto tentem. Suas letras são malformadas e suas frases escapam das linhas. Sua caligrafia pode ser tão ilegível que é impossível até mesmo adivinhar se as palavras estão corretas. É necessária uma intensa concentração para que esses estudantes produzam um trabalho escrito aceitável até mesmo em relação às margens; quando estão lutando para escrever de forma legível, eles trabalham lentamente e resta-lhes pouca energia para considerações sobre o conteúdo ou o estilo. Não nos surpreende que muitos desses alunos detestem escrever e, portanto, evitem isso tanto quanto possível. Já os textos curtos e desleixados dificilmente impressionam os professores, essas crianças não tiram muitas notas altas. Nas classes em que os esforços dos alunos são julgados fundamentalmente pelo trabalho escrito, frequentemente se presume que esses estudantes têm baixa inteligência, são preguiçosos ou ambos.

Os estudantes com dificuldades motoras finas sentem dificuldade com uma surpreendente variedade de tarefas na escola. Qualquer atividade que envolva desenho ou escrita é um sacrifício, desde a cópia de diagramas no quadro até anotações em uma palestra. Erros são cometidos em cálculos porque os números são ilegíveis ou não estão alinhados apropriadamente. No laboratório de ciências, esses estudantes estragam as dissecações e derramam ácido em suas roupas. Esforços nas artes – como em sua caligrafia – parecem embaraçosamente

> **Lista de verificação de sintomas para dificuldade motora fina**
>
> Não raro, as crianças pequenas exibem muitos comportamentos desta lista. Porém, se os sintomas persistem ao longo das séries escolares, um déficit pode ser o responsável.
>
> **Em casa**
> - parece desajeitado e atrapalhado; com frequência, deixa cair ou derramar as coisas, derruba os objetos
> - tem dificuldade para pegar e usar pequenos objetos, como peças de quebra-cabeças ou blocos de construção
> - tem problemas com botões, presilhas e zíperes ao vestir-se; considera muito difícil amarrar os sapatos
> - não tem sucesso em jogos e atividades que envolvem habilidades com as mãos (cama de gato, lições de piano, basquete)
> - apresenta fraca capacidade para colorir; não consegue manter-se dentro dos contornos do desenho
> - seus trabalhos de arte parecem imaturos para a sua idade (desenhos criados a partir da imaginação geralmente são melhores que esforços para copiar desenhos)
> - tem dificuldade com o uso de tesouras
> - é desajeitado ao segurar o lápis (pode segurá-lo de modo muito apertado ou muito frouxo)
> - atrasos para aprender a escrever; a caligrafia é grande e imatura, as letras e os números são malfeitos
> - pode ter problemas de articulação
>
> **Na escola**
> - caligrafia ruim (desleixada, ilegível, pouco espaçamento, tamanho irregular das letras, nenhum estilo consistente, escapamento das linhas no papel)
> - os trabalhos são descuidados (rasgados e amassados, com muitas rasuras, manchas e apagamentos incompletos)
> - lentidão acentuada, esforço excepcional e frustração notados durante as tarefas escritas
> - não gosta das atividades de escrever ou desenhar, evitando-as
> - os esforços de escrita são curtos e com frequência incompletos
> - o conteúdo/estilo das tarefas escritas é fraco (seu foco principal é conseguir legibilidade)
> - os erros de cálculo são comuns, devido a numerais ilegíveis, amontoados e pouco alinhados
> - em casos graves, dificuldade para adquirir habilidades com o teclado

imaturos. Também se sentem constrangidos por sua falta de destreza em contextos não escolares: derramam leite durante o lanche, jogam a bola para fora da quadra no ginásio de esportes e derrubam os livros e as mochilas dos colegas no chão. Enquanto outras crianças conseguem encobrir suas fraquezas, os problemas motores finos estão sempre à mostra, com consequências previsíveis para a aceitação social e a autoestima. A raiva que essas crianças sentem por sua incapacidade de "fazer certo as coisas" pode ser intensa e, com frequência, é dirigida para si mesmas. A raiva é evidente no trabalho de colorir de Nathan, e as observações comoventes de sua mãe registram como pode ser exaustivo tentar controlar suas próprias mãos.

As áreas cerebrais que controlam os movimentos das mãos e da boca estão relativamente próximas do córtex cerebral, e as crianças que têm problemas com a coordenação das mãos também têm às vezes problemas de articulação. Elas são duplamente frustradas em seus esforços para se comunicarem e enfrentam um risco duplo de serem subestimadas intelectualmente. Os estudantes com dificuldades motoras finas, no entanto, frequentemente descobrem que o seu

> **Quando Nathan colore**
>
> Quando Nathan colore seus lápis tornam-se
> uma arma contra o papel em branco.
> É sua missão colorir em cada
> pedaço de fundo disponível.
> Sua capacidade para colorir vem de seus
> dedos dos pés e toma todo o seu corpo,
> direcionando o seu poder para seus
> poderosos dedos da mão.
> Ele baba à medida que sua concentração aumenta.
>
> Quando Nathan colore seus lápis fazem um
> som de disparo à medida que arma após
> arma são destruídas pelo inimigo papel.
> Em 26 de dezembro, a caixa de lápis de cor
> de Nathan está repleta de novos soldados brilhantes.
> Em janeiro, seu exército está destruído e
> transformado em pequenos combatentes em miniatura.
> Sua mãe assiste enquanto ele pressiona seus
> tocos no papel com suas poderosas extremidades.
>
> Quando Nathan colore seu mundo se perde na
> missão de acabar com o branco. Este não é um
> passatempo calmo e passivo como pode ser
> para outras crianças.
> Para ele, colorir é exaustivo e às vezes deve ser
> acompanhado por uma pausa para um lanche ou,
> nos dias chuvosos, um cochilo na poltrona.
>
> *Fonte:* Debra Morse-Little, Penn Yan, NY (1996).

sistema motor amplo não foi afetado. Atividades como dança, corridas, lançamentos e saltos em geral não são um problema, e essas crianças podem ser até mesmo atletas talentosos em eventos que não exijam habilidades manuais.

Ocasionalmente, os estudantes chegam a mostrar melhora nas habilidades motoras com o correr do tempo, embora possam estar bem avançados em sua escolarização antes de um progresso significativo ser observado. O apoio para crianças com dificuldades motoras finas geralmente é dirigido à melhora na caligrafia (orientação e prática fazem a diferença). Contudo, existem alguns estudantes que têm tamanha dificuldade com a expressão escrita que devem receber um meio alternativo para o registro de informações e a expressão de si mesmos. Pode-se permitir que eles ditem suas redações ou as expressem oralmente; podem gravar as lições de casa em áudio e receber cópias de anotações dos professores ou de outros alunos. Deve-se tomar cuidado para não penalizar esses alunos por suas limitações nos testes – eles têm um desempenho muito melhor em arguição oral ou perguntas com respostas curtas do que em textos escritos à mão. A digitação é uma habilidade real de sobrevivência para essas pessoas jovens, e os processadores de textos podem ser uma bênção – especialmente para os estudantes que tentam enfrentar as crescentes demandas por comunicação no ensino médio. Teclados especiais com teclas maiores e coloridas podem ser úteis, assim como teclados portáteis para tomar notas e escrever na sala de aula.

As crianças com dificuldades motoras finas podem também precisar de ajuda para exibir uma aparência arrumada (sem isso, elas podem aparecer na escola desabotoadas, com o zíper aberto e com os sapatos desamarrados) – mocassins e pulôvers podem tornar a vida muito mais fácil. Com esses tipos de apoio, pode-se esperar que as crianças com problemas motores finos não complicados façam um bom progresso, tanto academicamente quanto em suas posições sociais.

É importante ter em mente que todos os tipos de dificuldades de aprendizagem podem variar imensamente em termos de gravidade. Enquanto algumas têm um impacto razoavelmente global sobre a aquisição escolar, muitos déficits são tão sutis e específicos que interferem apenas em uma faixa muito estreita de atividades. Também é importante lembrar que as dificuldades de aprendizagem frequentemente se sobrepõem e ocorrem em combinações quase intermináveis: um aluno com dificuldade de processamento da linguagem (compreensão) complicada pelo TDAH pode parecer ter pouco em comum com um estudante que tem dificuldade de processamento da linguagem (recuperação de palavras) complicada por déficits motores finos. Na verdade, cada estudante com dificuldades de aprendizagem é praticamente único – uma realidade que pode tornar a identificação e a intervenção um desafio.

Ainda assim, é possível fazermos alguns comentários gerais sobre os efeitos a longo prazo de diferentes tipos de dificuldades de aprendizagem. Em primeiro lugar, todas estas são problemas permanentes; embora possam mostrar uma melhora considerável com o tempo, não podem ser completamente superadas ou "curadas". Elas têm uma maneira desanimadora de se apresentarem de diferentes formas à medida que um estudante progride em sua escolarização. Por exemplo, podemos dar um suspiro de alívio porque Susie finalmente aprendeu a ler, apenas para percebermos que sua ortografia é terrível. Quando a ortografia melhora, a professora de inglês da 8ª série pode expressar desgosto por suas críticas literárias incoerentes. E, tão logo Susie aprende a escrever uma resenha decente, espera-se que ela o faça em espanhol – e memorize a tabela periódica, além de uma longa lista de datas da história americana. Dessa forma, os estudantes com dificuldades de aprendizagem geralmente necessitam de alguma espécie de auxílio durante todos os seus anos na escola, embora o tipo de auxílio necessário possa mudar.

Durante o ensino fundamental, o apoio normalmente se focaliza sobre a oferta de tempo e as instruções extras necessárias para o domínio das habilidades básicas de leitura, escrita e matemática. Os estudantes com leves problemas de linguagem, percepção visual não complicada ou dificuldades motoras finas geralmente podem atingir níveis aceitáveis de habilidades básicas durante esse período. As pesquisas mostram, contudo, que as habilidades de percepção visual de uma criança de 10 anos são suficientemente boas para o manejo da maior parte dos desafios da vida. Se as crianças com dificuldades da percepção visual podem chegar a tal nível de habilidades, seus déficits tendem a não ser mais que um incômodo moderado no ensino médio e após sua conclusão. Se elas são capazes de manter sua motivação e autoconfiança, aprendem rapidamente a compensar o que restou de suas dificuldades, e o auxílio que precisam no ensino médio normalmente é mínimo.

Os estudantes com déficits mais amplos no processamento da linguagem, TDAH grave ou múltiplas dificuldades estão menos propensos a alcançar níveis satisfatórios de habilidades básicas no ensino fundamental. Embora os esforços para o ensino de habilidades básicas possam continuar, as estratégias de apoio no ensino médio geralmente mudam para o ensino de habilidades compensatórias e para a oferta de meios alternativos de comunicação e acompanhamento do currículo. É muito importante que os estudantes que tenham dificuldades para aprender a ler e/ou a escrever sejam auxiliados a desenvolver o máximo possível outros recursos e talentos e que sejam encorajados a deixar que essas áreas de capacidade orientem seu planejamento escolar pós--secundário. A busca persistente por oportunidades e direitos pode ser necessária para garantirmos que esses alunos não se tornem uma "oportunidade perdida" em função de seus déficits nas habilidades básicas.

Problemas graves de linguagem e atenção também tendem a ter um impacto maior do que outras dificuldades nas vidas dos adultos. Os indivíduos com déficits de percepção visual ou dificuldades motoras finas enfrentarão durante toda a vida lembretes sobre seus problemas (por exemplo, eles podem continuar deixando cair as coisas, esquecer onde colocaram seus pertences, virar à direita quando lhes dizem para virar à esquerda e ter uma caligrafia horrível), mas esses problemas não os isolarão socialmente nem interferirão de forma substancial em sua capacidade produtiva no trabalho. Em contraste, dificuldades de compreensão, fala e sustentação da concentração podem representar obstáculos persistentes ao crescimento social e ocupacional, mesmo quando a vida de um indivíduo foi organizada de modo que a leitura e a escrita não constituam problemas significativos.

Porém, mesmo aqueles afetados mais profundamente pelas dificuldades de aprendizagem podem esperar ter uma vida produtiva e satisfatória, caso sintam-se amados e aceitos, apesar de seus problemas, e se forem encorajados a extrair o máximo de suas qualidades positivas e a investir tempo em atividades que lhes deem prazer. Isso pode exigir que os pais ajustem suas expectativas. Como recorda uma mãe que fez isso com sucesso:

Inicialmente fiquei amargamente desapontada porque meu filho não iria para a universidade, apesar de, após todos os anos de frustração por que ele passou sem rumo na escola, eu não tivesse qualquer dificuldade para entender sua opção. Até eu conseguia ver que a sua compreensão para o material verbal era tão falha que a universidade não seria uma opção realista. Andy adora carros e encontrou um emprego fixo no qual está aprendendo sua função na prática. Ele joga regularmente em uma liga de softball, e com essa atividade conquistou muitos amigos. Também tem tido uma imensa satisfação em seu trabalho como "irmão mais velho" de um menino de 11 anos com síndrome de Down; eles fazem todo tipo de coisas juntos – acampamento, jogos de futebol, passeios ao zoológico. Será que esta é a vida que eu teria escolhido para Andy? Não. Porém meus planos teriam lhe causado sofrimentos e hoje ele está tão feliz que só posso me sentir grata pelo modo como as coisas aconteceram.

PARTE II
Como são identificadas as dificuldades de aprendizagem?

4
Sinais de alerta em casa e na escola

Uma vez que as dificuldades de aprendizagem são definidas como problemas que interferem no domínio de habilidades escolares básicas, elas só podem ser formalmente identificadas quando uma criança começa a ter problemas na escola. Muitas escolas não considerarão uma avaliação para dificuldades de aprendizagem até que um aluno esteja atrasado um ou mais anos, em uma ou mais disciplinas, em relação ao nível da sua série. Esse tipo de política faz sentido do ponto de vista da escola. Identificar dificuldades de aprendizagem envolve horas de observação, entrevistas e avaliações individuais. Isso consome tempo, trabalho e, portanto, é um processo caro. As escolas com recursos limitados – em outras palavras, a maioria das escolas atualmente – não desejam desperdiçar tempo nem dinheiro avaliando alunos com pouca probabilidade de se qualificarem para serviços de educação especial. Por isso, quando um aluno começa a se atrasar em relação aos colegas, as escolas com frequência recomendam uma abordagem de "esperar e ver", tentando durante um ano ou dois meios tradicionais de "ajuda extra" antes de decidir sobre a ação futura.

Entretanto, o que tal prática significa na realidade é que as crianças com dificuldades de aprendizagem geralmente precisam enfrentar suas dificuldades durante anos antes de ser feito um esforço intensivo para se descobrir o melhor meio de ajudá-las. Infelizmente, quanto mais tempo uma dificuldade de aprendizagem permanece não reconhecida, maior a probabilidade que os problemas de um aluno comecem a aumentar. A lacuna entre o desempenho da criança e aquele de seus pares tipicamente aumenta a cada ano – o currículo avança tão rapidamente que o aluno com problemas para processar as informações nunca consegue acompanhar a classe. A frustração e o constrangimento por causa do fraco desempenho começam a destruir a motivação e a autoconfiança da criança. As expectativas são reduzidas, e o entusiasmo pela educação é perdido. Por isso é de fundamental importância que os pais investiguem imediatamente quando começam a ter preocupações com relação ao progresso de um filho na escola.

Felizmente, os pais não precisam esperar que o pessoal da escola recomende avaliações para dificuldades de aprendizagem; os distritos escolares americanos devem, por força de lei, oferecer avaliações quando os *pais* as solicitam (ver quadro sobre Respostas à Intervenção nas p. 71-73). Como pagantes de impostos, os pais de crianças matriculadas em escolas públicas ou religiosas também têm o direito a avaliações sem custo em seus distritos escolares. Também é possível providenciar para que os problemas de aprendizagem de uma criança sejam avaliados por um profissional particular. No próximo capítulo, discutiremos como obter essa avaliação e o que ela deve incluir.

Nossa finalidade aqui é discutir os mais precoces sinais de alerta de dificuldades de aprendizagem, de modo que você saiba quando uma avaliação é necessária. Alguns problemas nas áreas descritas a seguir podem ser observados bem antes do início da escolarização, enquanto outros se tornarão mais óbvios depois que a criança ingressar na escola. Ocasionalmente esses comportamentos podem indicar outro problema que não uma dificuldade de aprendizagem. No entanto, todos devem ser considerados como um sinal de que algo está errado – e, se existirem problemas em diversas das áreas discutidas aqui, uma avaliação para dificuldades de aprendizagem não deverá ser adiada.

ATRASOS DESENVOLVIMENTAIS

Conforme discutimos no Capítulo 2, as dificuldades de aprendizagem podem ser causadas por um desenvolvimento cerebral desigual. Quando este é o caso, a criança quase sempre terá atraso em alguns aspectos do desenvolvimento. Por exemplo, os pais podem notar que o bebê compreende as palavras ou fala significativamente mais tarde que as outras crianças da mesma idade, ou demora muito para rolar, ficar de pé e caminhar. Uma criança da pré-escola pode apresentar dificuldade incomum para entender ordens, pronunciar palavras, montar quebra-cabeças, lidar com os talheres, reconhecer formas e letras ou contar. Durante exames físicos, o pediatra da criança também pode perceber sinais sutis de atraso no desenvolvimento neurológico, como uma coordenação fraca. As crianças com dificuldades de aprendizagem tipicamente demonstram atrasos apenas em algumas áreas; em outras, seu desenvolvimento será normal ou até mesmo avançado. (O atraso em todas as áreas do desenvolvimento em geral é sinal de uma deficiência mais séria.)

É importante lembrar que um atraso nem sempre indica um déficit. As crianças não se desenvolvem de acordo com calendários rígidos e, na maioria das áreas do desenvolvimento, existe uma ampla gama de comportamentos considerados normais. Por exemplo, a maior parte das crianças começa a falar palavras entre um e dois anos de idade, e uma pequena porcentagem das crianças normais começa a falar ainda mais tarde. O desenvolvimento também pode ser afetado por fatores externos. As crianças que são criadas por pessoas que não falam seu idioma tendem a ter um atraso no desenvolvimento da linguagem, mas não têm uma deficiência. Do mesmo modo, as crianças que não têm acesso a materiais lúdicos, como brinquedos didáticos, lápis de cor, quebra-cabeças e tesouras podem ter o desenvolvimento das habilidades motoras finas e da coordenação olho-mão atrasados, mas, se tiverem uma oportunidade, alcançarão os demais nessas habilidades. Contudo, se não existem preocupações ambientais desse tipo, atrasos significativos podem sinalizar irregularidades no cérebro. Em geral, quanto mais tempo uma criança está atrasada na conquista desses estágios do desenvolvimento, mais os pais precisam se preocupar.

Os pais devem estar especialmente atentos para atrasos desenvolvimentais à medida que a criança se aproxima da idade escolar. As pesquisas demonstram que as crianças que iniciam a escola com atrasos desenvolvimentais frequentemente progridem em um ritmo mais lento que o habitual; como resultado, a lacuna entre elas e seus companheiros que estão dentro da média cresce a cada ano. Estudos que têm acompanhado essas crianças de baixo progresso ao longo de seus anos na escola descobriram que elas apresentam uma taxa muito maior que a comum de retenção e fracasso para completar a escolarização. Portanto, é importante abordar atrasos desenvolvimentais antes que as crianças comecem a educação infantil por meio de um programa de pré-escola enriquecido. A lei federal norte-americana exige que os

Seu filho está pronto para a escola?

Se o seu filho pode executar muitas das tarefas apresentadas na lista a seguir *antes* de iniciar a pré-escola, ele está preparado para o sucesso na escola. As habilidades restantes precisarão ser desenvolvidas durante a pré-escola, para que o sucesso na 1ª série aconteça.

- canta a musiquinha do alfabeto
- reconhece e nomeia as letras do alfabeto
- identifica palavras que rimam, acrescenta uma palavra que rima no lugar apropriado em uma história
- identifica se as palavras ditadas começam com o mesmo som ou com um som diferente
- bate palmas de acordo com o número de sílabas ouvido em uma palavra
- une as sílabas ditadas em palavras
- substitui os sons iniciais e finais nas palavras
- reconhece e dá nomes a cores, objetos e partes comuns do corpo
- diz seu nome completo, idade, endereço, número de telefone e data de aniversário
- compreende as histórias apropriadas à sua idade
- recita rimas infantis familiares
completa sequências (por exemplo, café da manhã, almoço, ____; ontem, hoje, ____)
- completa analogias (por exemplo, de dia é claro, de noite é ____; os passarinhos voam, os peixes ____)
- consegue responder a várias formas de perguntas, tais como **quanto** ("Quantos olhos você tem?"); **qual** ("Qual é mais lento [mais comprido]?); **onde** ("Onde as pessoas compram gasolina?"); **a quem** ("A quem você procura quando está doente?"); **o que** ("O que você faz quando está com fome?"); **por que** ("Por que temos fogão?"); **o que...se** ("O que acontece se esquentamos o seu sorvete?")
- expressa relacionamentos opostos ("De que modo uma colher e um copo são diferentes?")
- conta histórias simples que contêm diversos personagens interagindo
- obedece a instruções simples de duas ou três etapas, como "Calce suas botas, pegue sua jaqueta e entre no carro"
- consegue participar de jogos simples que exigem concentração e combinação de figuras por meio da memória
- reconhece o seu próprio nome escrito
- reconhece alguns sinais comuns ou rótulos por suas formas (McDonald's, Coca-Cola)
- seleciona e cita nomes de objetos por categoria: alimentos, vestuário, animais
- recita e reconhece números até 10
- conta grupos de objetos, até 10 ou mais
- combina conjuntos iguais de objetos, como três triângulos e a mesma quantidade de círculos
- aponta para posições em uma série: começo, meio, fim; primeiro, segundo, último
- reconhece e cita nomes de formas comuns, como círculos, quadrados e triângulos
- copia desenhos: círculo, cruz, quadrado, X, triângulo
- copia letras e palavras simples
- escreve o próprio nome
- desenha casa, pessoa, árvore, reconhecíveis como tais
- recorta uma figura razoavelmente perto da borda
- completa quebra-cabeças próprios para sua idade
- constrói "prédios" complexos ou projetos com blocos
- cumpre uma tarefa durante um período de tempo razoável até que ela fique pronta (colorir uma figura, cantar uma canção, jogar damas)
- veste-se com razoável independência
- amarra seus sapatos
- usa o garfo e a colher adequadamente; corta alimentos macios com uma faca
- geralmente conclui atividades próprias da sua idade (tais como montar um quebra-cabeças, escutar uma história curta, fazer um objeto com argila), em vez de abandonar a atividades pela metade
- desenvolve amizades e brinca cooperativamente com outras crianças

distritos escolares ofereçam esses programas sem custos para as crianças identificadas com atraso desenvolvimental após os 3 anos. Em alguns Estados também estão disponíveis serviços gratuitos para ajudar bebês e crianças menores com esses atrasos. Seu pediatra ou o departamento de educação especial do seu distrito escolar local pode encaminhá-lo a um programa de triagem que identifica as crianças que necessitam desses serviços.

Que habilidades são mais importantes para um início bem-sucedido na escola? A lista de verificação apresentada na página 69 relaciona alguns indicadores básicos da prontidão para a escola. As crianças que não estão confortáveis com a maior parte dessas habilidades aos 4,6 anos quase certamente se beneficiarão de um ano de programa pré-escolar antes do início do jardim de infância. Mesmo quando as crianças possuem tais habilidades, pode não ser conveniente colocá-las na escola antes dos 5 anos (para as meninas) ou 5 anos e meio (para os meninos, que amadurecem mais tarde que as meninas). Muitas das aulas atuais de jardim de infância apresentam informações em um ritmo muito rápido, e as crianças que iniciam a escola em idades menores com frequência têm problemas para acompanhar esse ritmo, mesmo quando não apresentam atrasos desenvolvimentais ou dificuldades de aprendizagem. As pesquisas sugerem que iniciar uma criança na escola aos 4 anos só é aconselhável se ela domina a maioria das habilidades da lista e quando está disponível um programa flexível e individualizado de educação infantil e 1ª série.

Se os atrasos persistirem após o ingresso na escola, os pais não deverão hesitar em solicitar uma intervenção precoce. O primeiro passo é ajudar a professora da criança a identificar as habilidades que apresentam atraso. Marque uma entrevista com a professora na primeira oportunidade – antes do início da escola, se possível. Descreva suas preocupações e pergunte-lhe o que pode ser feito para ajudar seu filho a sanar as áreas com problemas. Basicamente, a professora tem três opções:

1. *Intensificar a instrução.* A professora pode providenciar auxílio adicional em áreas nas quais a criança está apresentando atraso. A instrução adicional pode ser oferecida por uma professora, uma auxiliar de classe, um pai ou mãe voluntário, ou um professor particular – até mesmo por um computador, em alguns casos.
2. *Tentar diferentes métodos e materiais didáticos.* A professora pode ver se o aluno responde a atividades ou a materiais diferentes daqueles que estão sendo usados pelo restante da classe. Um aluno que não se saiu bem na aprendizagem de letras e números em um caderno, por exemplo, poderá ter sucesso se lhe pedirem para recortar esses números ou letras e colá-los em folhas de papel.
3. *Reduzir a carga escolar.* Se a criança parece sobrecarregada por grandes demandas de informação muito cedo, a professora pode tornar mais lento o ritmo da instrução e manter seu foco nas habilidades mais importantes para o sucesso na 1ª série do ensino fundamental (em geral, habilidades de pré-leitura, de contagem e de escrita). Por exemplo, em vez de aprender a contar dez números de uma vez, um aluno pode se concentrar em reconhecer apenas um ou dois. Essa forma de intervenção dá aos alunos um espaço para a construção de uma sólida base escolar em seu próprio ritmo.

Se for necessário, essas estratégias podem ser continuadas na 1ª série. Entretanto, se o aluno não respondeu a esses métodos no meio da 1ª série, pode ser necessária uma avaliação para dificuldades de aprendizagem. Qualquer discussão sobre a retenção deve ocorrer com os resultados de uma avaliação sobre a mesa. Uma criança que tem problemas com o processamento de informações geralmente não se beneficiará da repetição de lições que não funcionaram antes. Programas individualizados que abordam as dificuldades específicas são necessários à medida que a criança avança com os colegas para a série seguinte. (Para mais informações sobre a retenção, ver o Capítulo 9.)

DESEMPENHO INCONSISTENTE

Um dos aspectos mais difíceis (e, às vezes, enlouquecedores) da vida com crianças que têm dificuldades de aprendizagem é que o seu comportamento é irregular. Em alguns momentos, elas são competentes – até mesmo excepcionalmente capazes –, mas em outros parecem totalmente perdidas. A memória é uma área na qual a inconsistência normalmente é mais óbvia; as crianças com dificuldades de aprendizagem recordam alguns tipos de informações muito melhor do que outros. Isso é bastante fácil de compreender se você souber que seu filho tem uma dificuldade de aprendizagem, mas antes disso os pais enlouquecem tentando imaginar como uma criança pode recordar toda a letra de cada canção popular que já ouviu, mas não onde deixou sua jaqueta nova; ou como um aluno que se lembrou de fazer as lições de casa (e passou três horas nisso) pode depois se esquecer de levá-las para a aula!

A inconsistência pode aparecer em qualquer aspecto das atividades de uma criança. Por exemplo, uma criança com dificuldades de aprendizagem pode ser capaz de desenhar bem, mas não de escrever claramente, ou pode ser muito boa em corridas, saltos e escaladas, mas ser incapaz de quicar uma bola. Uma criança que aprende a ler sozinha antes de ingressar na escola pode ter problemas para contar quatro garfos ou colheres, ou pode falar de forma brilhante, mas achar impossível colocar as palavras no papel. Discrepâncias como essas confundem os pais e às vezes os convencem de que as crianças estão sendo desatentas ou não estão cooperando. Entretanto, esse tipo de comportamento é típico das crianças que têm dificuldade no processamento das informações.

Quando uma criança com dificuldades de aprendizagem começa a estudar, o padrão intrigante de desempenho errático prossegue. Embora muitas crianças típicas sejam melhores em matemática do que nas habilidades de linguagem (ou vice-versa), a criança com dificuldades de aprendizagem pode ser boa em matemática na terça-feira e ser incapaz de compreender a matemática

---

O que é resposta à intervenção (RI)?

Até 2004, a única maneira de se identificar legalmente uma dificuldade de aprendizagem era demonstrar que havia uma "discrepância grave" entre o potencial intelectual de um aluno (medido por um teste de QI) e o seu desempenho acadêmico. Havia dois problemas importantes nesse método de identificação. Em primeiro lugar, os alunos com dificuldades com frequência tinham de suportar anos de luta com métodos e materiais inadequados antes de falhar o suficiente para satisfazer os critérios de discrepância. Como resultado, muitos desenvolviam problemas secundários que tornavam mais difícil ainda lidar com suas dificuldades. Em segundo lugar, alguns alunos que não tinham déficits satisfaziam os critérios: seu desempenho inferior devia-se principalmente ao fato de não terem recebido o ensino adequado. Essas crianças (muitas delas criadas na pobreza) precisavam de ajuda, mas o encaminhamento à educação especial não era realmente apropriado.

Os legisladores federais recearam que os dois grupos de crianças estivessem demorando muito a receber a atenção de que necessitavam. Como resultado, em 2004 uma nova linguagem foi adicionada ao Individuals with Disabilities Education Act (Ato para a Educação de Indivíduos com Deficiências – IDEA) (um grande pacote de

(continua)

O que é resposta à intervenção (RI)?

legislação federal americana que regula os direitos dos alunos com todos os tipos de dificuldades). A lei agora especifica que "uma agência educacional local *pode usar um processo que determina se a criança responde à intervenção científica, baseada nas pesquisas*" (itálico acrescentado) como um meio de determinar se os serviços de educação especial são ou não necessários.

O que a lei atualmente propõe é que os alunos que têm um mau desempenho na escola por qualquer razão sejam rapidamente identificados e recebam apoio instrucional intensificado baseado em materiais e métodos que a pesquisa tem demonstrado serem efetivos, com professores competentes e experientes no uso de tais materiais. Embora não haja um modelo único para a prestação desses serviços, muitos Estados têm adotado uma abordagem de vários níveis para acelerar a aprendizagem das crianças com mau desempenho. Por exemplo:

Nível 1: Instrução em grupo grande
Programas de alta qualidade em leitura e outras habilidades são administrados a grandes grupos – com frequência à classe toda. O progresso individual na aprendizagem do currículo escolar é monitorado várias vezes por ano. Os alunos que não acompanham a classe passam para o Nível 2.

Nível 2: Instrução direcionada para pequeno grupo
Os alunos que estão com dificuldade para acompanhar a classe recebem instrução em pequeno grupo em áreas de habilidades fundamentais além de suas aulas regulares. O progresso individual é monitorado para ver se eles começam a ter um progresso mais rápido. Se os alunos não respondem à instrução mais intensiva no Nível 2 em um tempo razoável, eles passam para o Nível 3.

Nível 3: Instrução individual
O aluno recebe uma instrução mais intensa usando métodos e materiais que visam os déficits nas habilidades específicas da criança. Os esforços de ensino são especificamente adaptados para o padrão dos recursos e fraquezas de aprendizagem individuais da criança. O progresso da criança é medido frequentemente e aquelas que não respondem satisfatoriamente a este nível de intervenção são encaminhadas a uma equipe de avaliação multidisciplinar para determinar a elegibilidade da criança para serviços de educação especial.

Espera-se que as crianças que não tenham dificuldades melhorem com a intervenção intensiva. Mas as crianças que não respondem – ou que em geral respondem de forma lenta – provavelmente precisam de um tipo ou intensidade de instrução que pode ser mais adequadamente proporcionada pela educação especial. Elas requerem uma avaliação adicional para localizar a natureza específica dos seus problemas de aprendizagem, mas a lei agora determina que a documentação da sua "resposta à intervenção" pode ser uma parte importante do processo diagnóstico (ela essencialmente descarta o ensino deficiente como fonte dos problemas escolares do aluno). A lei federal não mais requer uma avaliação para encontrar uma "discrepância grave" entre o desempenho intelectual e o potencial acadêmico para identificar uma dificuldade de aprendizagem (embora muitos Estados continuem a usar fórmulas de discrepância).

A RI pode melhorar a instrução no programa de educação geral, prevenir o fracasso e agilizar o processo para a identificação das dificuldades – uma situação de ganho mútuo. Entretanto, a implementação da RI é um processo complexo. As autoridades educacionais locais devem estabelecer métodos para a identificação de uma criança que necessita de ajuda. Elas precisam selecionar currículos "cientificamente provados" para ensinar as habilidades básicas a essas crianças e educar

(continua)

> ### O que é resposta à intervenção (RI)?
>
> os professores no uso desses currículos. O progresso do aluno deve ser cuidadosamente documentado utilizando métodos de avaliação confiáveis, baseados na pesquisa. Alguns Estados fizeram mais progressos do que outros no desenvolvimento de programas de RI.
>
> Qualquer pai ou mãe com um filho com desempenho insuficiente deve descobrir que programas de RI estão disponíveis. Seguem-se 10 perguntas sobre a RI a serem feitas ao diretor da sua escola, ao superintendente do distrito ou ao diretor dos serviços de educação especial:
>
> 1. O distrito escolar está atualmente usando um processo de RI para dar apoio aos estudantes que apresentam dificuldades? Caso não esteja, está desenvolvendo algum?
> 2. Que procedimentos de avaliação são utilizados para identificar os alunos que necessitam de ajuda?
> 3. Que intervenções e programas de ensino estão sendo usados? Que pesquisa apoia sua eficácia?
> 4. Que processo é utilizado para selecionar as intervenções que serão proporcionadas?
> 5. Quanto tempo demora até se determinar se um aluno está "respondendo à intervenção"?
> 6. Que estratégia é utilizada para monitorar o progresso? Que tipos de dados serão coletados?
> 7. Um plano de intervenção por escrito é fornecido aos pais como parte do processo da RI?
> 8. Os professores que ministram as intervenções são treinados no seu uso?
> 9. Como são apresentadas aos pais as informações sobre o progresso de um aluno?
> 10. Em que ponto do processo da RI os alunos suspeitos de apresentarem uma dificuldade de aprendizagem são encaminhados para uma avaliação adicional?
>
> Dez Perguntas adaptadas com permissão de *A Parent's Guide to Response to Intervention*, de Candace Cortiella, National Center for Learning Disabilities, © 2010.

na quinta-feira (isso é bastante provável, se a criança tiver uma dificuldade de processamento da linguagem e a professora tiver acabado de introduzir problemas com palavras). Essas crianças podem adorar história em uma determinada semana e odiá-la na semana seguinte porque precisam entregar um trabalho escrito; ou achar que a sua melhor matéria na 3ª série torna-se seu pior pesadelo na 4ª, porque há mais material a ser memorizado. O desempenho pode ser inconsistente até mesmo dentro de determinada tarefa ou atribuição. Um estudante pode ler uma palavra corretamente no título de um capítulo, mas não reconhecê-la no primeiro parágrafo; ou pode escrever perfeitamente nas duas primeiras linhas e depois sua escrita deteriorar até a ilegibilidade. Às vezes, os pais culpam os professores por esses problemas, enquanto os professores (que podem se sentir igualmente confusos com esse comportamento irregular) começam a usar expressões como "desmotivado" e "precisa se esforçar mais". Todos os tipos de incentivos, punições e recompensas podem ser empregados para tornar o desempenho mais consistente. No entanto, como não abordam a causa subjacente do problema, tais estratégias raramente têm sucesso por muito tempo.

Alguns pais percebem que as crianças com dificuldades de aprendizagem se desempenham melhor em casa do que na escola. Este é, provavelmente, o caso de crianças que precisam de um tempo adicional para processar as informações (a mãe e o pai em geral não tocam uma campainha nem obrigam uma criança a iniciar uma nova atividade), ou que se beneficiam da instrução individualizada. Se uma criança está constantemente tendo problemas para realizar testes ou trabalhos escolares no tempo alocado, se necessita com frequência que as instruções sejam reformuladas ou repetidas, ou se tem dificuldades para explicar o que sabe, estes também são indicadores de que pode haver uma dificuldade de aprendizagem e de que é hora de buscar uma avaliação.

PERDA DO INTERESSE PELA APRENDIZAGEM

A maioria das crianças pequenas, incluindo aquelas com dificuldades de aprendizagem, adora aprender (é claro que elas pensam nisso como explorar, em vez de aprender). É maravilhoso observar o otimismo determinado de bebês que estão aprendendo a subir degraus ou a caminhar: o fracasso repetido dificilmente os desencoraja. Alguns de nós não consegue resistir a mimar nossos pequenos com brinquedos em demasia, porque adoramos o brilho em seus olhos quando têm a chance de descobrir algo novo. Quantos de nós já caímos na cama exaustos por tentar responder a perguntas para uma criança com um sério caso de "por quês?". (Um pai que conhecemos recorda que, certa vez, seu filho de 5 anos – um garotinho muito inteligente que posteriormente recebeu o diagnóstico de dificuldade de aprendizagem – estava na cama e semiadormecido quando fez a centésima pergunta do dia: Por que a América entrou na Segunda Guerra Mundial?) Embora possa ser difícil enfrentar a curiosidade infantil incessante, a maior parte dos pais considera esse prazer explícito por aprender um dos aspectos mais atraentes da infância.

Do mesmo modo, não há nada mais triste do que assistir à erosão do entusiasmo por aprender, o que pode ocorrer depois que uma criança com dificuldades de aprendizagem ingressa na escola. Alguns pais recordam que esse processo ocorreu quase da noite para o dia – que seus filhos passaram de pré-escolares felizes, ansiosos por aprender qualquer coisa, a crianças que, em uma questão de semanas, declaravam "Eu detesto a escola e qualquer coisa ligada a ela". Outros estudantes tornaram-se gradativamente desencantados com matérias que antes os interessavam. Por exemplo, um estudante que tinha dificuldades com a compreensão da leitura pode gostar de ciências no ensino fundamental (quando o currículo inclui muitas atividades práticas), mas começa a perder o interesse por essa matéria no ensino médio, quando aumentam as exigências de leituras científicas. É muito comum estudantes com dificuldades de aprendizagem desenvolverem antipatia por matérias que exigem pesquisas e escrita, que são as áreas mais problemáticas para a maior parte dos alunos com dificuldades no processamento das informações. Os estudantes com dificuldades relativamente leves e que têm sucesso no ensino fundamental podem se tornar desanimados e desinteressados no ensino médio, quando enfrentam o desafio de organizar e recordar quantidades maiores de informações e expectativas de terminarem o trabalho independentemente.

Se as dificuldades de aprendizagem dos estudantes não são identificadas e um apoio apropriado não é oferecido, o desinteresse pela aprendizagem geralmente progride para a franca evitação. As crianças começam a desenvolver estratégias para pouparem a si mesmas da frustração de tentar realizar tarefas que lhes são dolorosamente difíceis ou impossíveis. Elas se tornam especialistas em procrastinação; levam a vida inteira para começar a fazer as lições de casa. Com frequência realizam suas tarefas com pressa, deixando-as incompletas ou afirmando que "Eu fiz a lição de casa na escola". Algumas crianças se queixam cronicamente de fadiga, de dores de estômago ou outros incômodos, e pedem para abandonar as lições ou permanecer em casa e sair da escola em definitivo – e não estão necessariamente fingindo tudo isso, já que os desconfortos relacionados ao estresse podem ser muito reais. Se os pais permitem que a situação se deteriore até o final do ensino

> **Crianças com dificuldades de aprendizagem geralmente têm problemas de memória**
>
>
>
> NANCY Reimpresso com a permissão de United Feature Syndicate, Inc.

fundamental ou início do ensino médio, os adolescentes podem começar a faltar às aulas, gazeteá-las ou até mesmo abandonar completamente a escola.

Existem outras causas além das dificuldades de aprendizagem para a perda do interesse por aprender. Problemas familiares, preocupações com a saúde e uma professora ineficiente, ou um ajuste inadequado entre o estudante e o currículo podem afetar o entusiasmo pela educação. E, naturalmente, na época da puberdade, toda a população escolar tem dificuldade para se concentrar na aprendizagem, como qualquer professor de ensino fundamental sabe. Em geral, contudo, uma perda inesperada do interesse por aprender – seja súbita ou gradual – é um sinal de que *alguma* espécie de intervenção é necessária. Uma abordagem de "esperar para ver" pode ter sérias consequências: uma vez que um aluno tenha deixado de sentir prazer e começado a evitar a escola, pode ser muito difícil restaurar a motivação.

A seguir, relacionamos alguns sinais precoces e comuns de que o interesse de um estudante pela aprendizagem está declinando:

- *Queixas gerais da escola.* Às vezes, um estudante com problemas escolares lançará um amontoado de queixas que parecem nada ter a ver com a aprendizagem: a professora é injusta, os colegas são chatos, o *playground* fica muito lotado, a comida da cantina é péssima. Quando as crianças dizem repetidamente que detestam a escola, é melhor os pais verificarem com as professoras como as coisas estão indo lá.

- *Queixas persistentes de que as lições são muito difíceis.* As crianças com dificuldades de aprendizagem com frequência sentem que "as coisas estão fugindo do controle" em algumas aulas ou matérias. Esse tipo de queixa precisa ser investigado de imediato, pois os alunos que não conseguem realizar rapidamente os trabalhos necessários perdem a confiança em si e param de tentar realizá-los.

- *Queixas de tédio.* As crianças que têm dificuldade para entender o trabalho escolar estão tão propensas a se queixar de que as aulas são "burras" ou entediantes quanto a dizer que é difícil entendê-las (queixas persistentes de tédio também podem indicar que os estudantes não estão recebendo trabalhos apropriados para seus níveis intelectuais; este é um problema frequente para alunos com inteligência superior).

- *Recusa em falar sobre a escola.* Quando crianças pequenas que anteriormente tagarelavam o tempo todo sobre o que haviam feito na escola começam a dar respostas monossilábicas ("O que aconteceu na escola hoje?", "Nada." "Como foi o ditado?", "Tudo bem."), é uma boa ideia descobrir o que está arrefecendo o seu entusiasmo. Essa espécie de resposta é, naturalmente, mais ou menos normal para adolescentes.

- *Perda do orgulho pelo trabalho escolar.* As crianças com problemas de aprendizagem em geral se envergonham do seu trabalho escrito, que tende a ser confuso, incompleto e literalmente rabiscado com a caneta vermelha da professora. Os pais devem se preocupar se seus filhos param de lhes mostrar o trabalho escolar ou de trazê-lo para casa.

BAIXO DESEMPENHO INESPERADO

A característica definitiva de uma dificuldade de aprendizagem é o baixo desempenho inesperado – o estudante simplesmente não está mais indo tão bem na escola quanto o esperado, dada a sua inteligência, sua saúde e suas oportunidades. Considerado isoladamente, contudo, o baixo desempenho não é um indicador particularmente poderoso. Como demonstra a história de Alexander (p. 77), múltiplos fatores podem influenciar o desempenho escolar. A maioria dos alunos que apresenta problemas para atingir seu pleno potencial no trabalho escolar *não* tem dificuldades de aprendizagem; porém, como Alexander, eles podem necessitar de alguma forma de ajuda para melhorar.

Os pais precisam se preocupar particularmente quando as crianças têm dificuldades para aprender a ler, a escrever, a realizar cálculos elementares ou a manter a atenção o suficiente para absorverem uma lição de dificuldade média. As pesquisas sugerem que quanto mais tempo as crianças lutam nessas áreas básicas sem o auxílio apropriado, menores são suas chances de alcançar os colegas típicos, independentemente da raiz do problema. É importante, portanto, que os pais monitorem cuidadosamente o desenvolvimento de habilidades básicas e solicitem intervenção se as crianças estiverem atrasadas em qualquer disciplina básica. Observe que, segundo a lei federal, os distritos escolares podem proporcionar serviços de educação especial a qualquer criança de 3 a 9 anos que esteja experienciando atrasos significativos nas habilidades de comunicação (ou no desenvolvimento físico, cognitivo, adaptativo, emocional ou social) sem a identificação de um déficit específico. (O aluno será temporariamente identificado como apresentando um "atraso desenvolvimental".) Se uma criança não responde prontamente à intervenção educacional – ou requerer serviços continuados após os 9 anos – o próximo passo será uma avaliação para educação especial, com o propósito de determinar uma condição de dificuldade específica.

Existem momentos em que os pais precisam se preocupar, mesmo quando as crianças estão tendo um desempenho médio. O nível esperado de desempenho para crianças com inteligência superior é melhor que o da média: por exemplo, um aluno da 4ª série, com 9 anos, com uma inteligência 2 a 3% superior ao grupo etário, deve ser capaz de ler livros de 5ª e 6ª séries. O desempenho escolar médio merece investigação quando uma criança fala, desenha ou entende conceitos excepcionalmente bem, ou está realizando um trabalho muito avançado em outras áreas escolares. O trabalho escolar mediano também deverá ser investigado quando for acompanhado por lentidão acentuada ou esforço extraordinário – particularmente se outros sinais de alerta discutidos neste capítulo estiverem presentes.

Os pais também devem se preocupar com *quedas* inesperadas no desempenho escolar. As dificuldades de aprendizagem com frequência se apresentam em "pontos de estresse" previsíveis no processo educacional. As crianças com leves problemas no processamento de informações podem aprender a ler satisfatoriamente, por exemplo, mas desenvolvem dificuldades na escola por volta da 4ª série, quando as demandas pela compreensão da leitura normalmente aumentam bastante. A necessidade de organizar horários e quantidades maiores de informações no início do ensino médio, bem como novas expectativas envolvendo a escrita, as pesquisas e a capacidade para o trabalho independente nessa etapa também podem fazer com que os estudantes com problemas de aprendizagem se sintam sobrecarregados. Os estudantes típicos normalmente experienciam quedas temporárias no rendimento nesses pontos de intersecção, mas se uma criança não "volta à linha" em um ano de escola, os pais devem investigar as causas sem mais demora.

Alexander

A mãe e a psicóloga escolar de Alexander o encaminharam a uma clínica universitária para avaliação. Como ele era um menino de 10 anos, aluno da 4ª série, que apresentava dificuldades persistentes com a linguagem escrita, elas cogitaram se seria apropriado identificá-lo como portador de "déficit de aprendizagem".

A história de Alexander era muito tumultuada. Seus pais haviam mudado de residência 17 vezes, e ele frequentou quatro escolas diferentes. Seus pais se divorciaram quando ele tinha 3 anos. Sua mãe havia tornado a se casar recentemente e Alexander estava tendo dificuldade para aceitar outra figura de autoridade em casa. Para complicar mais as questões familiares, era aparente que o pai biológico não gostava de Alexander e o evitava, enquanto distribuía afeto ilimitado à irmã mais nova do menino. Alexander dizia que não tinha amigos chegados entre seus companheiros e parecia ser um menino bastante solitário e isolado.

Os testes mostraram que Alexander era uma criança incrivelmente bem dotada. Seu vocabulário e sua capacidade de raciocínio eram iguais àqueles da maioria dos adultos. Sua pontuação nos testes estava no nível do ensino médio em todas as áreas escolares, com a exceção da expressão escrita, na qual apresentava um desempenho médio para sua idade e série. A ortografia, a estrutura frasal e a pontuação de Alexander eram perfeitas, mas ele levava um tempo demasiadamente longo para colocar as palavras no papel. Ele também desenvolvia suas ideias de um modo tão orientado para os detalhes que era impossível perceber o pensamento principal que tentava transmitir. Também nas conversas Alexander incluía muitos detalhes desnecessários e tinha problemas para chegar ao ponto principal.

A avaliação revelou uma criança cativante, mas que enfrentava muitos problemas pessoais. As dificuldades de escrita de Alexander deviam-se, principalmente, a um planejamento motor muito fraco. Ele não conseguia escrever uma palavra sem realmente pensar em dizer à sua mão como se mover. Também tinha muita dificuldade para tocar seu polegar em cada dedo sucessivamente e para imaginar como saltar ou cruzar uma porta sem se chocar com suas laterais. Segundo sua mãe, Alexander deixava cair as louças com frequência quando punha a mesa, e tinha muita dificuldade para colocar uma ficha na abertura de uma máquina automática. Contudo, se tivesse tempo disponível, Alexander conseguia executar todas essas tarefas com sucesso.

Seu estilo pessoal demasiadamente analítico complicava as dificuldades de escrita. O menino se preocupava tanto em explicar questões menores e citar detalhes que se esquecia das ideias principais. Após receber instrução sobre como planejar e

(continua)

esboçar um texto, como começar um parágrafo com uma sentença do tema e ser encorajado a ditar ou a gravar em fita suas tarefas, em vez de escrevê-las, Alexander rapidamente começou a produzir um trabalho muito superior para sua idade e série escolar.

Os psicólogos da escola de Alexander e seus pais achavam que ele podia ser identificado como alguém com "dificuldades de aprendizagem". Sem esse rótulo, temiam ser incapazes de convencer os professores do menino a lhe conceder um tempo adicional para realizar seus trabalhos escritos ou lhe permitir usar o gravador em suas tarefas. Entretanto, Alexander objetou, acrescentando que se sentiria burro pedindo ajuda a um professor especial se podia obtê-la em sua sala de aula. Sugeriu que poderia gravar em fita a maior parte de suas tarefas em casa e transcrevê-las antes de entregá-las.

Alexander tinha razão. A criança que realmente apresenta uma "dificuldade de aprendizagem" exige uma qualidade ou uma intensidade de instrução que não pode ser oferecida em uma sala de aula comum. Embora Alexander tivesse problemas significativos, ajustes simples em seu programa educacional seriam suficientes para que ele obtivesse sucesso. Em seu relatório, a equipe de avaliação recomendou que essas pequenas modificações fossem feitas no programa de Alexander. Os profissionais também sugeriram aconselhamento semanal para questões emocionais e encorajaram os pais de Alexander a buscarem e envolverem seu filho nos mesmos programas para crianças superdotadas. Além disso, a equipe explicou ao garoto as dificuldades e descreveu como o menino podia evitá-las.

Felizmente, a escola de Alexander cooperou e seus professores implementaram as recomendações da avaliação. Se isso não tivesse ocorrido, atribuir a Alexander o rótulo de "deficiente" teria sido o único modo de obter ajuda. É assim que sistemas educacionais rígidos podem *criar* dificuldades, em vez de minimizá-los. Sempre existem menos estudantes "deficientes" nas salas de aulas nas quais os professores são flexíveis e habilidosos na individualização da instrução.

Adaptado de Smith, C. R., *op. cit.*

PROBLEMAS COMPORTAMENTAIS OU EMOCIONAIS PERSISTENTES

As crianças com dificuldades de aprendizagem podem ter uma ampla variedade de problemas comportamentais. Em alguns casos, estes serão evidentes desde cedo. Por exemplo, as crianças com transtorno de déficit de atenção/hiperatividade frequentemente são inquietas e irritáveis mesmo quando bebês, e a convivência com elas é notoriamente difícil quando são pré-escolares (estudos mostram que o estresse vivido por pais de crianças com TDAH atinge um ápice quando elas estão com idades entre 3 e 6 anos). Os problemas que as crianças com dificuldades na percepção visual e no processamento da linguagem enfrentam para entender e recordar informações também podem criar uma impressão de que elas são rudes ou desobedientes, embora esses comportamentos tenham muito mais a ver com a neurologia do que com escolhas conscientes feitas pelas crianças.

Quando as crianças com dificuldades de aprendizagem iniciam a escolarização, os problemas de comportamento começam a se multiplicar. Como a história de Joe ilustra de um modo pungente, a frustração e a ansiedade com o trabalho escolar combinadas com a falta dolorosa de sucesso nos relacionamentos sociais podem ter um impacto poderoso sobre o estado emocional de um estudante. O modo como as crianças reagem a esse estresse depende de circunstâncias precisas e do seu temperamento.

Embora algumas sejam capazes de superar a desilusão acadêmica, outras se tornam zangadas, hostis, retraídas ou deprimidas. A explosão emocional nem sempre é óbvia na escola, mas em geral é aparente nela. Uma mãe recorda: "Quando minha filha entrou na escola, parecia que havia desenvolvido uma personalidade dividida. Ela se esforçava muito para ser boa na sala de aula e obter relatos entusiasmados das professoras sobre o seu comportamento. Então, chegava em casa e chutava os móveis e gritava com todos da família pelo resto do dia."

Os problemas de comportamento na sala de aula ou uma mudança no humor em casa podem ser os primeiros sinais de um problema de aprendizagem. Infelizmente, eles não são reconhecidos dessa forma; em vez disso, podem ser percebidos como defeitos no caráter ou na personalidade da criança. O resultado infeliz é que os adultos – tanto os professores quanto os pais – podem ver os problemas escolares como resultantes de um comportamento indesejável, em vez do contrário. Os jovens com dificuldades de aprendizagem são eternamente acusados de serem teimosos, insensíveis, irresponsáveis, descuidados, não cooperativos e preguiçosos. Seu baixo rendimento é atribuído à indiferença aos desejos de seus pais e professores de um maior esforço. Esses erros de percepção – não somente os conflitos com os adultos com relação a esses problemas – aumentam os níveis de estresse das crianças, mas também, na ausência de outra explicação, os estudantes acabam aceitando muito rapidamente como corretas essas visões negativas de si mesmos. Como as crianças que decidiram que "não são boas" via de regra acham mais fácil se conformar com essas expectativas negativas do que se colocar acima delas, uma espiral descendente viciosa pode ser criada.

Para evitar essa espécie de derrota autoperpetuante, os pais precisam reconhecer os problemas de comportamento como o que normalmente são – pedidos de ajuda. O mau comportamento persistente em geral indica que as necessidades das crianças estão fora de sincronia com seus ambientes em algum aspecto importante (uma dificuldade de aprendizagem é apenas uma de muitas possibilidades). Problemas emocionais, como medo ou raiva excessivos, também sugerem que uma criança está sob alguma espécie de estresse e que uma intervenção é necessária. Raramente é sensato adiar a abordagem de problemas emocionais ou comportamentais na esperança de que a criança esteja "passando por uma fase" e irá superá-la. Problemas nas áreas descritas a seguir dificilmente se resolvem sozinhos, com maior frequência pioram ao longo do tempo. As crianças que desenvolvem problemas emocionais ou comportamentais podem precisar de um programa que combine o aconselhamento profissional com a intervenção na escola.

Problemas persistentes nas áreas relacionadas a seguir, associados a um desempenho escolar abaixo do esperado, devem ser abordados por uma avaliação psicológica *e* educacional:

- ***Raiva ou hostilidade excessivas:*** Essas emoções podem ser expressadas verbal (sarcasmo, palavrões) ou fisicamente (destruição de propriedades, provocações, lutas físicas, ataques de raiva e fúria).
- ***Ansiedade excessiva:*** Os temores podem não parecer estar conectados com a escola: uma criança pode desenvolver ansiedade excessiva com relação aos estranhos ou à separação dos pais, por exemplo.
- ***Depressão:*** Os sintomas podem incluir isolamento, sentimentos de tristeza e vazio; perda do interesse por atividades que anteriormente lhe causavam prazer; mudanças nos padrões de sono; mudanças no apetite; sentimentos de culpa ou de desvalorização; fadiga; inquietação e irritabilidade; dificuldade para se concentrar ou tomar decisões e ideias suicidas. Nos adolescentes, sinais de advertência também incluem apatia, uma queda repentina nas notas, comportamento rebelde e/ou uso de álcool e drogas. *Não buscar ajuda para a depressão pode ser uma ameaça à vida.*

Joe

Eu sempre terminava na seção de leitura para os garotos mais burros. Todos os meus amigos estavam do outro lado e eu ficava com esses "outros". Eu detestava estar lá com esses outros meninos. Eles eram os meninos que os caras "legais" gostavam de ridicularizar. Para mim, era horrível ficar com eles. Eu realmente tinha medo de que a estupidez deles passasse para mim, e agora tenho certeza de que eles sentiam a mesma coisa a meu respeito.

Era engraçado, mas eu sempre soube que tinha um problema de aprendizagem como os outros garotos, mas sempre soube que não era burro. Eu tinha medo o tempo todo de ser considerado burro, mas em meu coração eu sabia que não era. Detestava ser posto de lado. Isso me deixava muito tenso.

Assim como muitas crianças com dificuldades de aprendizagem, eu estava começando a minha carreira de garoto esquisito, diferente. Eu era barulhento, não porque desejasse a atenção negativa que conquistava, mas porque precisava e desejava a aceitação dos meus colegas e não podia imaginar como ser um deles.

Sentia-me tão diferente dos meus colegas que o estresse se somava a outros estresses. Logo, eu já não conseguia confiar em mais nada. Se um professor perguntasse em que parte do país eu vivia, eu podia pensar "No Condado de Gallatin", mas, mesmo assim, dizia apressadamente "América". Isso ocorria com frequência. Toda a turma caía na risada e a professora ficava furiosa. Eu não queria bancar o espertinho, mas a professora achava que sim, e meus colegas também. Se o diretor era chamado, ele achava que eu estava me fazendo de bobo e – que droga! – até meus pais começaram a pensar do mesmo modo.

Às vezes, eu fazia ou dizia alguma coisa e meus amigos olhavam para mim como se eu fosse de outro planeta. Isso acontecia principalmente quando eu me aproximava de um grupo de amigos em algum lugar e tentava entrar na conversa. Eu ouvia os outros e então apresentava minhas ideias. Quando fazia isso, a conversa morria e todos ficavam olhando para mim. Isso me matou de vergonha centenas de vezes. Eu achava que as pessoas estavam rindo de mim e talvez até mesmo me chamando de burro ou retardado. Não tinha certeza, mas acho que isso acontecia, e comecei a reagir contra esses sentimentos. Então comecei a ficar completamente louco de raiva sempre que *burro* ou um sinônimo de burro era associado a mim. Eu batia nas pessoas até mesmo por pensarem que eu era burro.

Um amigo muito chegado chamou-me um dia e me disse que muitas pessoas estavam com medo de mim e perguntou se era isso que eu queria. A resposta era fácil: "Não, eu não quero que ninguém tenha medo de mim". Então, criei outra reação e foi assim por muito tempo. Simplesmente ficava quieto e apenas não participava mais tanto. Eu odiava essa parte de mim que eu parecia não conseguir controlar.

Estava totalmente perdido. Entrava cada vez mais fundo em um caminho que não gostava e cada vez tinha mais problemas. Comecei a faltar às aulas, e meus pais não estavam contentes comigo. Sentia-me mais zangado a cada dia e não tinha muito jeito para expressar isso. Eu ficava na classe, tentava ouvir a professora e não causar incômodos, e algo – qualquer coisa – acontecia e eu ficava furioso. Ficava andando pelo corredor após a aula, e a raiva começava a se acumular em mim. Então, eu andava mais um pouco, dava um soco no armário e machucava meus dedos.

As pessoas à minha volta me olhavam como se eu fosse completamente doido. O triste nisso é que eu me sentia louco. Estava me afastando cada vez mais das pessoas à minha volta e não falava mais com ninguém. Não falar estava me deixando louco, mas eu tinha medo de falar com qualquer pessoa.

Algumas pessoas se aproximavam e tentavam me ajudar, mas eu as repelia o mais rápido possível.

Adaptado de *Cookie and I*, de Joe Lair, Bozeman, MT, 1996.

- *Comportamento escapista:* Este pode incluir excessivas fantasias e devaneios, ou envolvimento obsessivo com televisão, vídeo e jogos de aventura; posteriormente, pode incluir abuso de drogas ou álcool e atividade sexual promíscua.
- *Comportamento de busca de emoções:* Estas crianças gostam de estar em perigo e "viver no limite". Podem ser atraídas por alturas, velocidade, violência ou atividades ilegais.
- *Comportamento antissocial e de oposição:* Esta é uma recusa voluntária a obedecer regras ou respeitar as figuras de autoridade (o que não deve ser confundido com *incapacidade* para entender o que a autoridade deseja). Esse tipo de comportamento envolve conflitos repetidos com adultos e faltas voluntárias às aulas; também pode incluir abuso de substâncias e atividades criminais, como iniciar incêndios, roubar e praticar vandalismo.

DECLÍNIO NA CONFIANÇA E NA AUTOESTIMA

A perda da confiança e da autoestima talvez seja o "efeito colateral" mais comum de uma dificuldade de aprendizagem. Com demasiada frequência, as crianças atribuem a si mesmas os problemas associados a tais dificuldades (baixo desempenho escolar, fracasso em corresponder às expectativas dos pais, falta de aceitação por parte dos colegas). Elas presumem que são "burras" porque não se saem bem na escola, e que não podem ser apreciadas porque não têm uma multidão de amigos. Pode ser terrivelmente doloroso ouvir o modo inclemente como essas crianças veem a si mesmas. Uma mãe recorda a conclusão de seu filho na 1ª série: "Mamãe, até os garotos burros da classe conseguem fazer isso; então, eu devo ser ainda *mais burro* do que eles, se isso é possível". Mesmo depois de os problemas de aprendizagem serem identificados, as crianças podem continuar diminuindo a si mesmas por necessitarem de ajuda adicional e por serem "diferentes". Provavelmente nenhuma sociedade valoriza tanto o conformismo quanto uma sala de aula. As crianças definem com muita facilidade o "ser diferente" com ser um desajustado ou um perdedor.

Se essas autoimpressões negativas não forem abordadas, o bem-estar emocional da criança tende a ser afetado, como está descrito na seção anterior. A baixa autoestima também prejudica rapidamente a motivação escolar. As crianças com dificuldades de aprendizagem são extremamente vulneráveis a uma condição conhecida como *desamparo aprendido*. Este termo foi criado pelo renomado psicólogo Martin Seligman. Em estudos realizados com animais, Seligman demonstrou que, quando a experiência ensina uma criatura que seus esforços têm pouco impacto sobre suas circunstâncias, a criatura se torna passiva e deixa de tentar influenciar os eventos. Em um experimento, cães foram treinados para evitar um choque elétrico desconfortável saltando sobre uma barreira. A maioria aprendia a escapar prontamente do choque, mas os cães que anteriormente haviam recebido choques dos quais não podiam escapar eram incapazes de aprender essa tarefa. Convencidos de que estavam impotentes, esses animais faziam pouco esforço para se salvarem, mesmo quando recebiam uma oportunidade.

Estudos que examinam as atitudes dos estudantes revelam que o mesmo fenômeno se aplica na sala de aula. Os alunos com baixo desempenho escolar a longo prazo tendem a ver a si mesmos como *incapazes* de aprender; eles antecipam o fracasso e são bem menos persistentes do que os alunos que acreditam na existência de uma relação entre o trabalho duro e o sucesso. Uma vez que um estudante desista de tentar, o fracasso está praticamente garantido. Assim, a crença na própria capacidade para ter sucesso é essencial para qualquer espécie de conquista. Um estudo de alunos com dificuldades de aprendizagem determinou que o autoconceito e a motivação eram prognósticos bem mais poderosos de progresso escolar do que a inteligência!

Portanto, os pais precisam se preocupar quando ouvem referências da criança a si mesma em termos negativos: "Sou burro", "Não tenho jeito", "Ninguém gosta de mim", "Não consigo fazer nada direito", etc. Os alarmes também devem soar se uma criança faz uso frequente de "Eu não consigo", quer com relação à sua capacidade para somar, dançar, praticar esportes ou falar com o sexo oposto (uma professora inteligente que conhecemos encoraja os alunos que dizem "Não consigo" a acrescentarem "ainda" no final da frase). Se os estudantes parecem ficar desencorajados com os trabalhos escolares, é importante chamar a atenção dos professores para o problema tão cedo quanto possível e ver o que pode ser feito sobre a reestruturação das tarefas de modo que os alunos possam começar a ter algum sucesso. A longo prazo, mostrar aos alunos que espécie de esforço produz resultados ("Veja, você praticou o novo método e conseguiu tirar um B em matemática!") é um motivador bem mais eficaz do que incentivos externos e recompensas ("Ok, você ganha cinco dólares se conseguir tirar um B e dez dólares se conseguir tirar um A"). Quando os alunos começam a ter sucesso, este se torna a sua própria recompensa e induções externas podem ser desnecessárias.

Também é importante lembrar que as atitudes dos pais têm um impacto importante sobre a autoestima das crianças. Infelizmente, alguns pais de crianças com dificuldades de aprendizagem promovem a impotência com suas baixas expectativas. Estudos mostram que esses pais tendem a considerar os fracassos como indicativos da real capacidade de seus filhos, enquanto veem o sucesso como resultante de fatores além do controle da criança. Por exemplo, se uma criança chega em casa com uma nota A em um teste, esses pais podem dizer: "Bem, você deve ter adivinhado as respostas certas!" ou "Acho que a professora estava num dia de ótimo humor". As crianças expostas a tal atitude veem pouca relação entre o esforço pessoal e a conquista. Portanto, trabalhar duro para solucionar problemas não faz sentido para elas.

Pais positivos, por outro lado, veem seus filhos como essencialmente capazes e competentes – mesmo quando estão tendo problemas na escola. Frente a uma nota F, eles podem dizer: "Você pode se sair melhor da próxima vez se dormir bem na noite anterior" ou "Aposto que você se sai melhor se estudar um pouquinho cada dia em vez de tentar estudar tudo na véspera da prova". As crianças expostas a esse modo de ver as coisas compreendem que há coisas que elas podem fazer para influenciar os eventos e trazer mudanças positivas. Elas geralmente são estimuladas a se concentrar nos problemas e obtêm uma satisfação pessoal ao superá-los.

Portanto, é extremamente importante que os pais de crianças com problemas de aprendizagem mantenham uma atitude positiva e incentivadora. Sua tarefa mais importante como pai ou mãe é transmitir a seus filhos a ideia de que eles *podem* ser bem-sucedidos; ajudá-los a descobrir os meios para isso vem em segundo lugar. O fato é que o ensino mais habilidoso do mundo não ajudará muito a criança que não tiver vontade de se esforçar. "A autoconfiança é o ingrediente mágico que nem sempre podemos oferecer", diz uma professora. "As crianças que a possuem normalmente aprendem isso em casa – e sempre chegam ao topo."

Um sinal de alerta final não deve ser ignorado: o *instinto dos pais*. Com muita frequência, quando estudantes com dificuldades de aprendizagem são identificados, ouvimos os pais (principalmente a mãe da criança) dizerem: "Eu *sabia* que algo estava errado. Eu tinha certeza de que era mais do que imaturidade" (ou "falta de familiaridade com a nova professora", "o novo livro", "prestar mais atenção" ou "se esforçar mais"). Os pais em geral são convencidos de que estão enganados quanto a essas intuições por profissionais que supostamente sabem mais do que eles sobre o desenvolvimento infantil ou sobre a educação. Nosso desejo humano natural para achar que nossos filhos são perfeitos (ou pelo menos normais) às vezes contribui para esse processo. Quando o professor diz que um aluno que está tendo problemas pode superar a dificuldade, ou que não existe qualquer coisa errada que não possa ser superada com um pouco de esforço adicional, quem não preferiria acreditar nisso em vez de aceitar a possibilidade de a criança poder ter um déficit ou outro problema sério?

Nossa experiência, entretanto, é que "a intuição" é digna de confiança. O conhecimento de seu filho, sua percepção sobre a felicidade e o bem-estar dele e seus sentimentos sobre o que a criança deveria ser capaz de fazer são tão preciosos quanto quaisquer outros tipos de informações discutidas neste capítulo. Em termos práticos, isso significa que, se as explicações da escola sobre a falta de progresso de seu filho não parecem fazer sentido para você – ou se você não confia nas soluções que estão sendo propostas –, deve confiar em seu julgamento e continuar buscando outras respostas. Para fazer isso, pode ter de aprender a ser assertivo com os profissionais que acham que você está exagerando, que é superprotetor, demasiadamente emocional ou superenvolvido. Achamos que a melhor maneira de combater tais opiniões é estar sempre bem-informado e ser persistente; esta é uma combinação praticamente irresistível.

Se o seu instinto está lhe dizendo que seu filho necessita de mais ajuda do que está recebendo em uma sala de aula típica, não espere para lidar com o problema. As pesquisas mostram consistentemente que as crianças com dificuldades se beneficiam da intervenção mais precoce possível, e a lei federal americana também está do seu lado: nos últimos anos, os legisladores têm colocado uma ênfase cada vez maior em *prevenir* que as crianças experienciem períodos prolongados de fracasso. Seja ou não identificada uma dificuldade de aprendizagem, a atenção imediata a quedas no desempenho escolar pode estabelecer os métodos e os materiais que vão ajudar seu filho a aprender melhor e capacitá-lo para enfrentar o futuro com real confiança e entusiasmo.

5
Avaliação das dificuldades de aprendizagem

Para obter sucesso na escola, a maioria das crianças com dificuldades de aprendizagem vão necessitar de alguns serviços de educação especial e acomodações. Para obter tais serviços, uma avaliação formal deve demonstrar que os problemas de aprendizagem de uma criança correspondem àqueles descritos no Individuals with Disabilities Education Act (IDEA, 2004 [Ato para a Educação de Indivíduos com Deficiências]). Este pacote complexo da legislação federal norte-americana especifica os tipos de déficits para os quais deve ser proporcionada educação especial, regulamenta os métodos utilizados para identificá-los e estabelece detalhadamente os direitos das crianças que os apresentam.

O IDEA reconhece 13 categorias: atraso desenvolvimental, retardo mental, autismo, surdez/deficiência auditiva, deficiência visual (incluindo cegueira), deficiência ortopédica, deficiência da fala ou da linguagem, surdez/cegueira, perturbação emocional, lesão cerebral traumática, dificuldade de aprendizagem específica, dificuldades múltiplas e outras dificuldades de saúde (que incluem o TDAH). O *déficit de aprendizagem específico* é assim definido:

> Um transtorno em um ou mais dos processos psicológicos básicos envolvidos na compreensão ou no uso da linguagem, falada ou escrita, que pode se manifestar em uma capacidade imperfeita para ouvir, pensar, falar, ler, escrever, soletrar ou realizar cálculos matemáticos, incluindo condições como dificuldades de percepção, lesão cerebral, disfunção cerebral mínima, dislexia e afasia desenvolvimental. O termo não inclui problemas de aprendizagem que são principalmente o resultado de déficits visuais, auditivos ou motores; retardo mental; perturbação emocional; ou desvantagens ambientais, culturais ou econômicas.

Além de definir o *déficit de aprendizagem*, o IDEA especifica como devem ser conduzidas as avaliações das dificuldades de aprendizagem. Em geral, a lei requer que as avaliações para as dificuldades de aprendizagem sejam suficientemente abrangentes para satisfazer quatro padrões:

- A avaliação deve documentar que uma criança está tendo um desempenho bem abaixo do potencial em uma ou mais disciplinas acadêmicas *ou* que o aluno tem demonstrado uma resposta muito fraca à intervenção educacional (para mais informações sobre a Resposta à Intervenção, ver o Capítulo 4).
- A avaliação deve mostrar que as dificuldades da criança são suficientemente graves para requerer serviços de educação especial. (Os serviços podem não ser oferecidos se a dificuldade de uma criança é considerada leve o bastante para ser

tratada pelos professores de educação geral em uma sala de aula típica.)
- A avaliação deve demonstrar que a criança teve oportunidades de aprendizagem adequadas e apropriadas.
- A avaliação deve descartar outras causas de desempenho inferior, tais como problemas de saúde, problemas emocionais, preocupações culturais e outros tipos de transtornos.

Evidentemente, não se pode esperar que nenhum teste – e nenhum indivíduo – forneça todas essas informações. Por isso, a lei requer que os distritos escolares usem *equipes multidisciplinares* de profissionais no processo de identificação. Além disso, essas equipes devem usar *várias estratégias de avaliação* para coletar informações sobre um aluno (por exemplo, entrevistas e observação em classe, e também testes). As avaliações devem também ser realizadas em tempo hábil. A lei federal requer que uma avaliação de dificuldades de aprendizagem ocorra dentro de 60 dias após o consentimento dos pais (a menos que um prazo diferente seja especificado pelo Estado). Se a escola solicita uma avaliação e os pais não consentem, a escola fica isenta da responsabilidade de oferecer educação especial e serviços relacionados à criança.

Os membros das equipes de avaliação têm várias ferramentas e técnicas disponíveis para a coleta de informações. O objetivo é usar todos os métodos necessários para desenvolver uma visão completa do aluno. Uma avaliação abrangente vai muito além da identificação das dificuldades de aprendizagem de uma criança; ela deve também identificar as potencialidades do aluno e determinar como o seu desempenho é afetado pelas diferentes abordagens e ambientes de ensino. Embora a seleção dos métodos de avaliação varie de acordo com a natureza dos problemas de um aluno, uma avaliação completa das dificuldades de aprendizagem deve incluir o seguinte:

- uma inspeção dos registros escolares e um exame dos trabalhos do aluno;
- a preparação de um histórico médico e social cobrindo os principais aspectos do crescimento e do desenvolvimento do aluno;
- a observação do aluno na sala de aula (em alguns casos, pode também ser desejável observar a criança em casa);
- entrevistas com o aluno e com adultos importantes em sua vida (pais, professores, outras pessoas que passam uma quantidade de tempo significativa com o aluno);
- testes e outras medidas de avaliação para determinar o potencial de aprendizagem, os níveis de desempenho escolar e as habilidades de processamento de informações;
- um exame do currículo e do ambiente da sala de aula do aluno, e uma análise dos métodos e materiais de ensino que foram utilizados até agora com a criança.

Este trabalho é, em geral, realizado por especialistas em aprendizagem, psicólogos e assistentes sociais empregados pelo sistema educacional. Quando se considera que avaliar uma criança com relação às dificuldades de aprendizagem pode ocupar quatro ou mais profissionais e normalmente se estende por várias semanas, fica mais fácil entender por que os distritos escolares são relutantes em realizar avaliações sem um motivo claro. Tem sido estimado que até 40% do custo de educar alunos com dificuldades de aprendizagem estão relacionados aos procedimentos meticulosos que devem ser seguidos tanto para identificar os alunos quanto para monitorar o seu progresso.

Entretanto, se a avaliação não tiver uma abordagem abrangente e multidisciplinar, os problemas de aprendizagem dos alunos podem ser mal-interpretados. Considere os alunos cujas histórias aparecem neste capítulo. Jessica e Maria foram ambas incorretamente identificadas até que as visitas e entrevistas domiciliares com seus pais colocaram em perspectiva suas dificuldades de aprendizagem. Os hábitos de escrita confusos de Rachel nunca teriam sido explicados pelos testes (estranhamente, os adultos com frequência se esquecem de perguntar aos alunos por que eles fazem o que fazem; este passo produziu informações fundamentais no caso de Rachel). Em contraste, a capacidade de Casey para compensar sua dificuldade nos testes mascarou seus problemas de percepção visual que eram bastante sérios. À medida que as populações de estudantes em todo o país tornam-se progressivamente mais diversas, é cada vez mais importante que as equipes de avaliação entendam como as circunstâncias sociais e econômicas afetam a aprendizagem e sejam sensíveis às diferenças culturais. Muitos instrumentos de avaliação são ajustados à cultura tradicional da maioria; as equipes devem estar suficientemente informadas para escolher estratégias alternativas quando esses instrumentos não forem apropriados.

Os fatores mais importantes que afetam a qualidade de uma avaliação das dificuldades de aprendizagem são, portanto,

- a experiência e a habilidade dos membros da equipe de avaliação,
- a variedade e a relevância das abordagens que eles empregam e
- a qualidade dos testes específicos e outros instrumentos de avaliação que eles selecionam.

O resultado de uma avaliação é também influenciado pela maneira como diferentes locais interpretam a lei federal. Por exemplo, o IDEA especifica que a documentação de uma resposta fraca à intervenção ou o estabelecimento de uma discrepância grave entre o potencial intelectual e a realização acadêmica (ou uma combinação de ambos) pode ser usado para identificar uma dificuldade de aprendizagem, mas cabe a cada Estado definir o que significam os termos *discrepância grave* e *resposta à intervenção*. Alguns Estados fazem isso de uma maneira destinada a incluir o maior número de estudantes com problemas de aprendizagem, enquanto outros parecem determinados a proporcionar serviços de educação especial apenas àqueles mais gravemente afetados. Isso ajuda a explicar por que, nos últimos anos, mais de 9% dos estudantes de Massachusetts foram identificados como tendo dificuldades de aprendizagem, enquanto o Kentucky identificou 2%.

As políticas locais de educação especial são às vezes motivadas na mesma extensão por interesses econômicos e por interesses pelo bem-estar do aluno? Alguns especialistas acham que sim. Custa significativamente mais educar alunos com dificuldades, e o reembolso federal só indeniza uma pequena parte do gasto aumentado. Por isso, restringir o número de alunos que recebem educação especial (ou limitar os tipos de ajuda que estes alunos recebem) pode servir como uma medida de contenção de gastos. Tem sido argumentado que as chances de um estudante conseguir ajuda para uma dificuldade de aprendizagem são maiores nos Estados relativamente "ricos" do que naqueles em que a renda familiar média é mais baixa e os distritos escolares têm menos recursos. Seja isso verdade ou não, as políticas locais de educação especial têm um impacto importante na determinação de quem se torna elegível para os serviços.

Dadas todas essas considerações, o que um pai ou mãe pode fazer para assegurar que uma avaliação das dificuldades de aprendizagem seja completa e justa? Seguir os passos a seguir vai ajudá-lo a obter o máximo do processo de avaliação.

INFORME-SE SOBRE A LEGISLAÇÃO FEDERAL E LOCAL

Informações sobre o acesso a serviços de educação especial estão disponíveis no seu distrito escolar (solicite-as ao Departamento de Educação Especial) ou na Secretaria de Educação do seu Estado. A publicação que você recebe deve explicar que diretrizes o seu Estado usa para documentar a existência de uma dificuldade de aprendizagem. Será que uma criança deve estar apresentando um desempenho um ou mais anos abaixo do nível de sua série em alguma matéria

Jessica

Jessica foi levada a uma clínica universitária de ensino psicoeducacional por sua mãe, que se recusou a aceitar os resultados de uma avaliação escolar que determinou que Jessica era mentalmente retardada. A menina de 7 anos quase não apresentou progressos na 1ª série e teve um desempenho extremamente insuficiente em um teste padronizado de QI Além disso, a psicóloga que administrou o teste indicou que as respostas de Jessica pareciam aleatórias em muitas tarefas. Era como se ela sequer compreendesse o que deveria fazer.

A mãe de Jessica disse à equipe da clínica que o pai da criança havia morrido cinco meses atrás. Ele lutou contra o câncer por cinco anos, e durante esse período as atividades da família haviam girado em torno de suas necessidades. A família manteve-se com o auxílio da previdência social. Mal tinham dinheiro para cobrir as necessidades mais básicas; não havia dinheiro "extra" para Jessica e seus dois irmãos menores. Nenhum dos filhos recebeu cuidados dentários e médicos regulares ou frequentou programas de pré-escola.

Uma visita à casa de Jessica revelou ausência total de livros, jogos infantis ou brinquedos. Os irmãos da menina se divertiam jogando-se contra a parede e vendo quem "ricocheteava" mais longe. A mãe de Jessica confirmou que as crianças jamais haviam possuído blocos de montar, passatempos, livros de figuras ou lápis de cor. Parecia possível que o fraco desempenho da garota no teste de QI tivesse ocorrido, pelo menos em parte, porque ela não estava familiarizada com o tipo de tarefas que deveria executar no teste.

O pessoal da clínica decidiu administrar-lhe um outro teste de inteligência. Antes disso, porém, passaram algum tempo brincando com Jessica, usando "jogos" similares às tarefas do teste; por exemplo, a menina foi encorajada a apontar semelhanças entre os objetos, a copiar desenhos e criar sequências a partir dos eventos retratados. Antes de realizar o teste, Jessica foi lembrada de que deveria abordar as questões da mesma maneira como fizera ao brincar. Dessa vez, a menina teve uma pontuação completamente dentro da faixa normal. O primeiro teste havia revelado a experiência cultural relativamente vazia de Jessica, não suas capacidades cognitivas.

A clínica começou a buscar outras explicações para o seu fraco desempenho na escola. Finalmente, foi descoberto que ela possuía dificuldades de processamento da linguagem que exigiam serviços especiais de um fonoaudiólogo e de um especialista em déficits de aprendizagem. Quando esses serviços foram oferecidos, seu trabalho escolar apresentou melhora. A equipe da clínica ajudou a mãe de Jessica a encontrar programas pré-escolares gratuitos para seus dois outros filhos e a encaminhou a uma oficina de pais, onde poderia aprender mais sobre as necessidades de seus filhos e desenvolver suas próprias habilidades para o cuidado deles.

Adaptado de Smith, C. R., *Learning Disabilities*, © 2004. Reproduzido com permissão de Pearson Education, Inc.

---

para se qualificar para a ajuda da educação especial? O Estado usa uma "fórmula de discrepância" que compara o desempenho com as pontuações em testes de inteligência e decreta uma lacuna específica? (O Quadro da página 88 explica o uso de desvios padrão para a determinação da discrepância – o método mais comum.) Os programas de Resposta à Intervenção (RI) são adequados e usados como parte do processo diagnóstico? Embora todas as equações para estabelecer uma dificuldade de aprendizagem sejam arbitrárias, imperfeitas e até certo ponto injustas, estas são as regras com as

Cálculo de discrepâncias graves

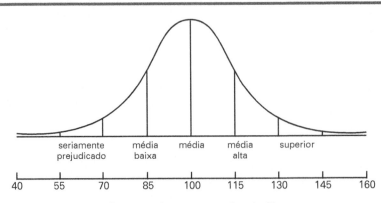

Uma maneira de identificar uma dificuldade de aprendizagem é estabelecer que há uma "discrepância grave" entre a capacidade de um aluno (julgada por um teste de QI) e o seu desempenho (julgado por um ou mais testes de desempenho). Os Estados que usam as fórmulas de discrepância em geral requerem que o QI e o desempenho tenham um intervalo de 1½ a 2 *desvios padrão* para uma discrepância ser considerada grave. Cada seção do gráfico apresentado representa um desvio padrão. Por exemplo:

Ryan tem um QI de 100 e uma pontuação de 70 em leitura. Essas pontuações têm dois desvios padrão de diferença – o suficiente para se identificar uma dificuldade de aprendizagem em muitos Estados americanos.

Jennifer tem um QI de 100 e uma pontuação de 85 em matemática. Embora esteja atrasada, a diferença de um desvio padrão está dentro da faixa normal. Ela precisará de auxílio extra na sala de aula, mas provavelmente não será identificada como uma aluna com "déficit de leitura".

Darryl tem um QI de 130 e pontuação na escrita é de 105. Embora seu desempenho seja mediano, ele não reflete sua inteligência, a qual é muito superior. A discrepância de Darryl de 1½ desvio padrão identificará uma dificuldade de leitura em alguns Estados.

Alana tem um QI de 70 e é considerada mentalmente retardada. Sua pontuação na compreensão da leitura é 40, o que sugere que ela também tem uma dificuldade de aprendizagem específica. Embora nem todos os Estados reconheçam um estudante mentalmente retardado como sendo também portador de um "déficit de aprendizagem", deve-se reconhecer que Alana precisará de uma instrução extremamente intensa na compreensão da leitura, além de outros serviços educacionais especiais.

quais você vai ter de trabalhar – portanto, faça tudo para entendê-las.

É também essencial entender que durante cada estágio da avaliação e do processo de educação especial, a lei garante às crianças com dificuldades e a seus pais importantes direitos e proteções. Muitos destes estão resumidos em um documento chamado *Parent's Notice of Procedural Safeguards* (Orientações aos Pais sobre Procedimentos de Proteção). Esse documento está disponível em seis línguas, incluindo espanhol, russo, chinês, vietnamita e árabe. A escola de seu filho deve lhe dar uma cópia deste documento assim que uma avaliação for solicitada. Os direitos descritos nele (que variam de Estado para Estado, mas devem satisfazer aos padrões federais estabelecidos no IDEA) destinam aos pais um papel poderoso no planejamento da educação de uma criança que necessita de serviços especiais. Entretanto, cabe a você se informar sobre suas opções e exercer esse papel.

INVESTIGUE OS INVESTIGADORES

Ao buscar uma avaliação para dificuldades de aprendizagem, você tem duas opções: pedir uma avaliação gratuita ao seu distrito escolar (tal solicitação deve ser feita por escrito e dirigida ao departamento de educação especial ou ao diretor da escola do seu filho) ou pagar uma avaliação independente. De qualquer modo, descubra exatamente quem seu filho verá no decorrer da avaliação. Quais são suas qualificações e áreas de especialização? Eles têm experiência específica na área suspeita de déficits? Os membros da equipe são sensíveis às questões culturais que você considera importantes e às questões sociais ou emocionais que podem estar afetando o desempenho de seu filho? Quem coordenará as atividades dos diferentes membros da equipe, acompanhará os resultados dos testes e fará as recomendações finais? Com quem você deve entrar em contato se tiver dúvidas?

Se você estiver buscando uma avaliação gratuita do distrito escolar, poderá não ter muita escolha em relação a quem será designado para a equipe de avaliação do seu filho. No entanto, os pais experientes observam que pode valer a pena perguntar aos pais de alunos com dificuldades de aprendizagem se eles conhecem algum membro do distrito escolar que seja particularmente sensível e habilidoso nas avaliações. Um psicólogo de uma escola diferente pode ter uma boa reputação no trabalho com crianças de determinados grupos de minorias, por exemplo, ou pode haver um professor de educação especial que tenha muita experiência na detecção de problemas de leitura. Se esse for o caso, você poderá solicitar que esse profissional seja designado para a avaliação do seu filho. O departamento de educação especial do seu distrito escolar deve encaminhá-lo para organizações de apoio para pais de alunos com déficits em sua área. Essas organizações são um excelente ponto de partida quando se busca informações sobre as avaliações.

Será que uma avaliação particular é melhor do que aquela realizada gratuitamente pelo distrito escolar? Não necessariamente. As diretrizes federais referentes às avaliações se aplicam apenas às agências que recebem recursos públicos. As agências particulares podem realizar (e frequentemente realizam) avaliações rápidas que ignoram fatores significativos que contribuem para os problemas de aprendizagem de um estudante. Se a avaliação for completa, provavelmente ela também será cara; os honorários para as avaliações particulares podem ser muito dispendiosos, dependendo do número de especialistas envolvidos. (Os seguros de saúde norte-americanos podem cobrir partes desses custos, e algumas agências chegam a oferecer tabelas de honorários baseadas nos rendimentos dos pais). Além disso, as políticas do distrito escolar variam: seu distrito pode aceitar uma avaliação particular em vez da sua própria avaliação, ou também pode insistir em realizar sua própria avaliação antes de oferecer os serviços. Por todos esses motivos, a maioria dos pais prefere começar com uma avaliação do distrito escolar, reservando-se o direito de buscar uma avaliação particular se discordarem dos resultados do distrito escolar.

Uma avaliação particular, no entanto, realmente pode lhe dar um maior controle sobre o processo de avaliação. Você não apenas pode selecionar os profissionais que vão estar envolvidos, mas também pode escolher se compartilhará ou não as informações que a equipe obtiver com seu distrito escolar. Começar com uma avaliação particular poderá ser sensato se você tiver razões para desconfiar do departamento de educação especial do seu distrito escolar, ou se estiver considerando a busca de auxílio particular para a criança, em vez de obter serviços de educação especial na escola. Os profissionais que conduzem as avaliações podem ser encontrados na prática particular ou podem estar ligados a universidades, hospitais e clínicas de saúde mental. O departamento de educação especial do seu distrito escolar pode lhe oferecer uma lista de pessoas da sua comunidade que realizam esse tipo de trabalho (é obrigação deste oferecer informações aos pais que buscam uma segunda opinião). Os grupos de apoio para os pais também são uma boa fonte de informações sobre avaliações independentes.

PERGUNTE SOBRE OS TESTES

A lei federal oferece diretrizes muito claras sobre o modo de testagem para dificuldades de aprendizagem. Os testes devem ser conduzidos em uma base individualizada (aqueles anteriormente realizados em grupo não são aceitáveis para fins de avaliação). Várias medidas devem ser administradas, e quatro domínios devem ser avaliados: cognitivo, comportamental, físico e desenvolvimental. Os testes devem ser aplicados na língua nativa do aluno. A equipe também deve usar testes isentos de "tendências culturais", o que significa que não devem colocar crianças de grupos racial ou culturalmente sub-representados em uma situação de desvantagem (é muito mais fácil dizer do que fazer isso, como veremos a seguir). Contudo, dentro dessas diretrizes, as equipes de avaliação têm uma vasta série de diferentes instrumentos de avaliação dentre os quais escolher.

É importante compreender que cada teste vem com seu próprio conjunto de pontos fortes e fracos – não existe um teste isolado ou um conjunto de testes que funcione melhor para todos os estudantes em todas as situações. Portanto, estes devem ser selecionados com cuidado, em uma base de caso a caso. O coordenador da equipe deve ser capaz de responder às seguintes perguntas sobre os testes propostos para o seu filho:

- *Que testes você planeja usar e o que eles visam a medir?* As equipes de avaliação com frequência administram testes de QI para estimar o potencial de aprendizagem, assim como testes para estabelecer os níveis de desempenho em leitura, escrita e/ou matemática. Se a RI faz parte do processo de avaliação, medidas extraídas do currículo serão necessárias para documentar como o estudante responde à instrução intensificada. A equipe deve então acompanhar as medidas destinadas a identificar que tarefas requerem mais esforço do aluno nas áreas fracas. Em uma avaliação cuidadosa, várias estratégias serão usadas para avaliar as capacidades dos estudantes. (As tarefas apenas de lápis e papel, por exemplo, não identificariam os problemas que um aluno poderia ter na produção ou entendimento da fala.) No Apêndice A você vai encontrar um resumo de algumas medidas de avaliação frequentemente usadas para as dificuldades de aprendizagem. Se a equipe de avaliação propõe testes diferentes daqueles da nossa lista (existem literalmente centenas de testes dentre os quais escolher, e não poderíamos descrevê-los todos), pergunte como o teste funciona e que espécie de informações ele oferece.

- *Por que estes testes particulares foram escolhidos?* "Nós sempre usamos estes testes" ou "Estes são os testes que o nosso pessoal está treinado a usar" não são respostas satisfatórias a esta pergunta. A equipe de avaliação deve ser capaz de explicar por que o conteúdo ou o objetivo do teste é apropriado para a idade, a experiência, a origem e/ou os padrões de aprendizagem do seu filho. Além disso, a equipe deve usar os testes que são reconhecidamente *confiáveis* (significando que o teste oferece resultados consistentes quando é aplicado em ocasiões diferentes ou por avaliadores diferentes) e *válidos* (significando que ele tem de-

monstrado que mede realmente o que os autores afirmam que ele medirá).
- *Os problemas de aprendizagem do meu filho interferem com a aplicação de algum dos testes?* Um teste escrito colocará um estudante com habilidades de escrita insuficientes em uma situação de desvantagem em todas as áreas que estão sendo testadas, e os resultados de um teste desse tipo podem não ser considerados válidos ou justos. Do mesmo modo, um teste de inteligência fundamentalmente verbal não refletiria a real capacidade de pensar de um aluno que tem dificuldades de vocabulário ou para encontrar palavras. As equipes de avaliação precisam ser suficientemente hábeis e flexíveis para encontrar medidas que não dependam de áreas de processamento de informação deficientes para se obter um quadro real das habilidades e do conhecimento de um aluno.
- *Os conteúdos do teste são apropriados para a origem cultural do meu filho?* Muitos especialistas acham que o excesso de dependência de testes padronizados culturalmente tendenciosos é extremamente responsável pelo fato de as crianças pertencentes aos grupos de minorias raciais e culturais serem super-representados na população de educação especial. Como há poucos testes confiáveis destinados às culturas das minorias, o uso de métodos alternativos para a coleta de informações é muito importante quando se avalia os alunos pertencentes a grupos minoritários. É importante que a equipe inclua profissionais que estão familiarizados com essas técnicas alternativas e com a cultura da criança que está sendo avaliada. Se o inglês não é a primeira língua do aluno, os testes devem ser conduzidos na língua em que o aluno é mais fluente. (Observe que os imigrantes nos Estados Unidos tipicamente precisam de cinco a sete anos para absorver plenamente as nuances culturais e de linguagem americanas.) Os departamentos de educação do Estado em geral mantêm listas de profissionais qualificados para aplicar testes em outras línguas que não o inglês e podem fornecer essa informação aos distritos escolares locais.
- *Se um teste compara o trabalho do meu filho com aquele de um grupo maior de alunos, como é esse grupo maior?* Os testes com frequência avaliam o desempenho de uma criança comparando-o com aquele de crianças da mesma idade em um grupo maior. Para muitos testes padronizados, o grupo de comparação é composto principalmente de estudantes brancos de renda média. Se a criança que está sendo testada é um aluno branco, de renda média, que tem tido oportunidades educacionais medianas, o teste pode proporcionar informações úteis. Entretanto, se a criança vem de uma origem diferente, os resultados do teste podem não ser acurados. Um estudante que estudou em casa e foi criado em um rancho rural, por exemplo, pode ter conhecimentos e habilidades muito diferentes daqueles testados em muitos testes padronizados. Sempre que possível, o desempenho de uma criança deve ser comparado àquele de estudantes de origens similares. No mínimo deve ser levado em conta a disparidade entre as experiências da criança e aquelas do grupo de comparação.
- *Até que ponto os problemas apresentados no teste são similares àqueles encontrados na sala de aula?* Os testes mais úteis estão intimamente relacionados ao que tem sido ensinado aos alunos. Infelizmente, às vezes os estudantes são submetidos a testes padronizados que têm pouco ou nada a ver com o currículo da escola. Por exemplo, um teste pode avaliar a ortografia pedindo aos alunos para identificarem as palavras escritas corretamente em uma lista, quando na classe os alunos escrevem palavras ditadas pela professora (uma tarefa que envolve um conjunto de habilidades muito diferente). Quando o teste está mal relacionado com o currículo, os "problemas" identificados por ele podem simplesmen-

Maria

Maria, de 5 anos, teve um mau desempenho em seu teste de avaliação na educação infantil e foi encaminhada para testes adicionais. Um teste de QI administrado na escola descobriu que ela teve um desempenho na faixa de retardo mental. Foi recomendada uma classe separada para crianças com déficits intelectuais. Muito perturbado, o pai de Maria insistiu em uma segunda opinião.

Uma visita domiciliar descobriu que a mãe de Maria só falava italiano. Seu pai, um ítalo-americano, até um ano antes só falava italiano em casa, quando percebeu que Maria precisava começar a aprender inglês. Entretanto, um ano de inglês não foi o suficiente para permitir que Maria tivesse um bom desempenho nos testes de inteligência altamente verbais que lhe haviam sido aplicados. Além disso, a mãe da criança – admitindo que era um pouco superprotetora – explicou que Maria levava uma vida muito resguardada. A criança nunca havia usado uma tesoura ou uma faca, só brincava sob supervisão, e não ajudava na cozinha ou em outras tarefas domésticas. A mãe de Maria tinha orgulho da maneira como administrava a causa e se vangloriava de que Maria não precisava fazer nada – nem mesmo se vestir sozinha! Não tinham televisão em casa porque temiam que ela deturpasse a mente de Maria. Como resultado, o entendimento de Maria da cultura americana era limitado; ela não tinha as mesmas informações gerais das outras crianças da sua idade. Por exemplo, ela conseguia identificar os personagens das histórias infantis italianas, mas não George Washington, Cinderela ou Tom & Jerry.

Era óbvio que o teste de QI aplicado a Maria havia sido culturalmente inadequado. Foi sugerido que Maria continuasse na pré-escola e também tivesse permissão para assistir alguns programas infantis de qualidade na televisão para ajudá-la a desenvolver suas habilidades de linguagem. Seus pais foram estimulados a ler para ela livros infantis em inglês e também envolvê-la em atividades fora de casa (idas a museus, teatro infantil ou zoológico) para aumentar a sua exposição à cultura americana. Tais medidas trouxeram alguma melhora ao seu inglês, mas no final da 1ª série as habilidades de linguagem de Maria ainda eram insuficientes e lhe foi recomendada terapia de linguagem. Maria está agora na 3ª série e realizando seus trabalhos dentro da média; sua terapia de linguagem será encerrada no próximo ano. Seus pais continuam a apoiá-la e, graças em grande parte ao seu amor e ao seu encorajamento, ela é uma menina feliz, bem adaptada e encantadora.

Adaptado de C.R. Smith, *Learning Disabilities*, © 2004. Reproduzido com permissão de Pearson Education, Inc.

te indicar que o aluno não teve experiência com a área que está sendo testada. Para evitar esse risco, algumas equipes usam uma *medida baseada no currículo* (MBC), que avalia o desempenho tendo em vista o quanto um aluno dominou o conteúdo real da classe em comparação com outros alunos da mesma classe ou série. Como a MBC mede a qualidade da aprendizagem da criança do que lhe tem sido ensinado (em oposição a alguma ideia do idealizador do teste do que os estudantes de uma determinada idade devem saber) e compara o seu desempenho com aquele de outros estudantes aos quais foi ensinado a mesma coisa, seus resultados podem ser mais precisos e de maior valor na identificação das dificuldades de aprendizagem do que aqueles dos testes padronizados. (A medida baseada no currículo também é útil para observar de perto o progresso de uma

criança na escola a intervalos semanais. Para mais informações sobre a MBC, ver o Capítulo 8.)
- *É necessário um treinamento especial para administrar, pontuar ou interpretar algum destes testes?* Se for, os membros da equipe de avaliação têm o treinamento requerido? É importante entender que a interpretação das pontuações de *qualquer* teste requer experiência e julgamento. Os profissionais responsáveis pela interpretação das pontuações do teste precisam ter um entendimento completo das vantagens e desvantagens de cada teste. Além disso, os examinadores devem ter a habilidade e a sensibilidade para interpretar as pontuações à luz da experiência educacional, herança cultural, origem familiar, estado emocional e nível de motivação de cada aluno. As conclusões baseadas apenas nos números raramente são válidas.
- *Onde, quando e como serão aplicados os testes?* A criança será testada na escola ou levada a outro local? A maioria dos testes será aplicada pelo mesmo indivíduo ou muitas pessoas diferentes estarão envolvidas? Os testes serão aplicados durante um período de tempo razoável para que a criança não fique cansada? As crianças precisam de tempo para se acostumarem a novos ambientes e novas pessoas; não se pode esperar que elas façam o máximo se não estão familiarizadas com a pessoa que as está testando, com o ambiente do teste, ou se forem testadas durante quatro ou cinco horas seguidas. Sempre que possível, deve-se providenciar que a criança conheça a pessoa que vai conduzir a avaliação e visite o local do teste antecipadamente. E embora todos possam estar ansiosos para saber o resultado da avaliação, em geral é melhor que a aplicação dos testes seja realizada durante um período de várias semanas.

A aplicação do teste é uma questão complexa e controvertida, em relação à qual os especialistas com frequência discordam. Entretanto, é conveniente que desde o início se saiba como os testes são selecionados e usados. Os testes não são apenas uma parte importante do processo de identificação, mas também ajudam a guiar o planejamento educacional. Quando se descobre que uma criança tem uma dificuldade, o reteste será requerido a cada três anos para avaliar o progresso (a menos que os pais e o distrito escolar concordem que a reavaliação é desnecessária). Por isso, descobrir como seu filho reage a diferentes situações de teste e quais testes refletem com maior precisão seus pontos fortes e fracos proporciona benefícios de longo prazo.

DESCUBRA QUE OUTROS TIPOS DE INFORMAÇÃO SERÃO COLETADOS

Nunca se pode confiar que os testes irão apresentar o quadro global em uma avaliação das dificuldades de aprendizagem. Por exemplo, os testes não conseguem estabelecer se enfermidades ou outros problemas comprometeram as oportunidades de aprendizagem de uma criança, determinar se os materiais ou métodos utilizados por um certo professor estão contribuindo para os problemas de uma criança ou avaliar que papel os problemas emocionais podem estar desempenhando para impedir que uma criança desenvolva o seu potencial. As equipes de avaliação normalmente usam entrevistas com os alunos, com os pais e com os professores, observação da criança no estudo e nas brincadeiras e análises dos registros escolares e médicos para avaliar tais preocupações. A equipe pode também usar métodos informais, como o ensino experimental (um processo de experimentar sistematicamente técnicas de ensino diferentes) para ter uma ideia mais precisa de como uma criança pensa e lida com as tarefas escolares.

Um entendimento da origem familiar e do ambiente doméstico de uma criança também é importante para a interpretação dos padrões de aprendizagem. Para isso,

Rachel

Rachel fez 5 anos pouco antes de ingressar na educação infantil. No início do ano ela conseguia escrever seu nome em letra de imprensa, mas às vezes invertia as letras – o que é muito comum nesta faixa etária. A professora de Rachel notou que a capacidade para desenho da menina estava bem além das expectativas para a sua idade: ela demonstrava uma excelente atenção aos detalhes e à apreciação das relações espaciais. Rachel era também bem coordenada e tinha boas habilidades motoras finas.

Após cerca de dois meses na escola, Rachel começou a escrever seu nome da direita para a esquerda, invertendo todas as letras. Quando sua professora a corrigia, ela respondia irritada, "Eu sei". No dia seguinte escrevia seu nome corretamente em uma folha e ao contrário em outra. A professora ficou confusa e começou a ponderar se Rachel podia ter uma dificuldade de aprendizagem. Mas o fato de Raquel *conseguir* escrever seu nome corretamente – associado às suas excelentes habilidades para o desenho – levaram a professora a acreditar que não havia nada de errado com a sua capacidade de percepção visual. Rachel também sabia a diferença entre direita e esquerda e conseguia indicar cada direção corretamente. Intrigada, a professora continuou a monitorar a situação e a lembrar a Rachel que ela devia escrever da esquerda para a direita.

Logo Rachel começou a escrever outras palavras na escrita "espelhada". Exasperada, a professora finalmente perguntou à menina por que ela escrevia desta maneira. Rachel respondeu, "Esta é a maneira como eu *devo* escrever em hebraico!"

Um telefonema para os pais de Rachel esclareceu a questão. Rachel havia iniciado a sua aprendizagem de hebraico em uma escola religiosa mais ou menos ao mesmo tempo em que iniciou a educação infantil. Aparentemente, ela decidiu fazer com que o inglês se adaptasse às regras do hebraico (o hebraico é escrito da direita para a esquerda). Como Raquel tinha excelentes habilidades de percepção visual e um senso de direção aguçado, fazia sentido para ela que se você inverte a direção de uma palavra deve também inverter a direção de todas as letras!

Foi discutida a possibilidade de adiar o ensino do hebraico até que Rachel dominasse os princípios básicos do inglês, mas no fim tudo o que essa criança brilhante precisava era uma explicação de que línguas diferentes tinham regras diferentes. Em janeiro, a escrita de Rachel (tanto em inglês quanto em hebraico) era perfeita.

Adaptado de C.R. Smith, *Learning Disabilities*, © 2004. Reproduzido com permissão de Pearson Education, Inc.

---

a equipe necessitará da sua cooperação; compartilhe o máximo de informações que puder sobre o crescimento e o comportamento de seu filho. Se você tiver alguma preocupação sobre o desenvolvimento físico, social ou emocional da criança, informe imediatamente os membros da equipe. Eles também vão querer saber se há algumas preocupações atuais de saúde, ou se há circunstâncias familiares (como uma mudança de endereço, conflitos entre irmãos ou a perda de um ente querido) que possa estar afetando o desempenho na escola. Podem também fazer perguntas sobre sua família em geral: por exemplo, o que vocês gostam de fazer para se divertir ou como dividem as responsabilidades da casa e lidam com a disciplina. Provavelmente estarão interessados em saber se outros membros da família experienciaram alguma dificuldade na escola. Embora essas perguntas possam parecer intrometidas, a intenção deles não é violar sua privacidade ou culpá-lo pelas dificuldades escolares de seu filho. Lembre-

-se de que o processo de identificação das dificuldades de aprendizagem inclui *descartar* quaisquer outras causas possíveis de problemas de aprendizagem. Investigar o ambiente doméstico é um procedimento padrão.

A equipe deve ser igualmente criteriosa na investigação do ambiente da criança na escola. Infelizmente, isso nem sempre acontece. Algumas equipes de avaliação operam baseadas na suposição de que como há "algo de errado" com o aluno, ele deve ser o foco exclusivo da avaliação. Entretanto, como explicamos anteriormente, o ambiente da escola e as práticas educacionais podem contribuir de maneira significativa para os problemas de aprendizagem. Se a equipe de avaliação não parece consciente disso, pergunte como ela pretende determinar se a realização dos ajustes que se seguem teria um impacto no desempenho escolar do seu filho:

Mudança do ambiente: O desempenho do aluno melhora em uma sala de aula mais quieta ou em uma que tenha menos distrações visuais? A criança se desempenha melhor quando se senta mais perto da professora ou da lousa?

Mudança nos métodos de apresentação: O aluno se desempenha melhor se recebe mais sugestões visuais ou se a professora usa uma linguagem mais simples?

Mudança no currículo: A leitura melhora se o aluno utilizar um livro que dê mais ênfase à fonética? Um programa que encoraje a contagem real dos objetos facilitará a aprendizagem dos números?

Mudança na tarefa: A criança realiza melhor a tarefa se as atribuições complexas forem fragmentadas em etapas? Se as informações lhe são apresentadas oralmente em vez de por escrito? Se encorajada a trabalhar com um colega?

Mudança nas técnicas de motivação: Ajuda oferecer *feedback* à criança durante toda uma tarefa, em vez de esperar até que toda tarefa seja concluída? Uma tarefa sem nota reduz a ansiedade e ajuda o aluno a manter maior foco no trabalho?

Mudança nas restrições do tempo: A criança consegue realizar a tarefa satisfatoriamente se lhe for permitido um tempo adicional?

Se a realização de ajustes como estes melhora significativamente o desempenho de uma criança, os serviços de educação especial podem ser desnecessários. As crianças não devem ser descritas como portadoras de "déficits de aprendizagem" se suas necessidades podem ser satisfeitas fazendo-se mudanças razoáveis no programa de educação geral.

Você também vai querer saber se a equipe prevê encaminhar seu filho a algum especialista para informações adicionais. A visão, a audição ou a fala de seu filho precisam ser avaliadas? É sugerida terapia física, ocupacional ou de fala? É recomendado um exame psicológico? Se esse tipo de informação for considerado essencial para a avaliação, tais serviços serão realizados sem nenhum custo para você. Na conclusão da avaliação, a equipe também pode sugerir que você consulte especialistas como um otorrinolaringologista, um oftalmologista, um pediatra, um neurologista ou um alergista. Nesses casos, cabe a você seguir as recomendações, assim como arcar com os custos.

PREPARE SEU FILHO PARA A AVALIAÇÃO

Antes da avaliação, dê a seu filho o máximo de informações que puder sobre o que vai acontecer; não fazê-lo só produzirá estresse, confusão e ansiedade (e tudo isso pode afetar os resultados da avaliação). A abordagem direta em geral funciona melhor. Diga à criança que vai ser feito um esforço para descobrir por que ela está tendo dificuldades na escola, e que algumas pessoas vão querer conversar com ela, envolvê-la em algumas atividades educacionais diferentes e lhe aplicar alguns testes. Explique que esses testes *não* são como os testes da escola – a criança não vai ser aprovada ou reprovada, porque os testes destinam-se apenas a proporcionar informações sobre a maneira com que a criança aprende. Encoraje a criança a se comunicar com os adultos durante todo o processo de avaliação: os avaliadores vão querer saber que tarefas a criança acha fáceis ou difíceis, e vão apreciar qualquer informação que recebam sobre como ela aborda e resolve os problemas. Pode ajudar assegurar à criança que se algum teste lhe parecer difícil demais ou frustrante, os avaliadores irão interrompê-lo e passar para outra coisa.

Diga também à criança o máximo que puder sobre onde e quando ocorrerão os diferentes estágios da avaliação, e sobre os profissionais que estarão envolvidos no processo. As crianças pequenas podem precisar da garantia que os adultos envolvidos na avaliação serão amigáveis e bondosos. Evite explicações que culpem ou envergonhem a criança, tais como "Queremos descobrir por que você está indo mal" ou "Vamos descobrir o que há de errado com você". Uma explicação melhor seria "Estes testes vão ajudar a escola a encontrar maneiras melhores de ensiná-lo".

Crianças mais velhas e adolescentes podem querer saber muito mais sobre o processo de avaliação. Achamos melhor ser o mais honesto e aberto possível ao responder suas perguntas; em geral, quanto melhor os jovens entenderem por que algo está sendo feito, mais cooperativos eles tendem a ser. A melhor abordagem é conseguir um encontro prévio à avaliação com o coordenador da equipe para que a criança possa lhe fazer as perguntas diretamente. *Nunca* tente usar de truques para a criança participar de uma avaliação, ou mentir sobre o que vai acontecer – mesmo que possa ser desagradável. Fazer isso não protegerá de modo algum a criança e poderá resultar na destruição da confiança que seu filho tem em você.

COMECE *AGORA* A GUARDAR OS REGISTROS

As avaliações das dificuldades de aprendizagem geram enormes quantidades de papel, grande parte dos quais lhe serão entregues. Haverá papéis solicitando a sua permissão para avaliar seu filho; papeis lhe notificando dos encontros e explicando seus direitos; resultados dos testes e relatórios dos vários profissionais que examinam a criança (solicite cópias destes, caso não lhe sejam entregues); e um relatório final com recomendações. Como cada estágio de identificação e educação de uma criança com dificuldades é regulamentado por lei federal e estadual, alguns desses papéis são realmente documentos legais; eles se destinam não apenas a lhe dar informações, mas também a proteger seus direitos e demonstrar que o distrito escolar está operando de acordo com os regulamentos. Por isso, as comunicações da educação especial precisam ser preservadas com o mesmo cuidado que você daria a quaisquer outros registros legais importantes. Alguns pais gostam de usar um fichário de folhas soltas para reunir seus papéis, enquanto outros usam pastas ou arquivos sanfonados. Patricia McGill Smith, ex-diretora da National Parent Network on Disabilities (e mãe de uma criança com dificuldades), sugere: "Se você não for uma pessoa naturalmente organizada, arranje uma caixa e coloque nela todos os papéis. Quando você realmente precisar deles, estarão ali".

Quando você poderá precisar deles? A documentação será importante no caso de qualquer tipo de disputa com o distrito escolar – se você acha que uma avaliação foi inadequada, por exemplo, terá de documentar suas preocupações (isso pode envolver juntar até mais papéis de especialistas de fora). A documentação também pode ser necessária para fazer cumprir a programação. (Se o departamento de educação especial determina que seu filho tem o direito de ter as perguntas do teste lidas em voz alta, por exemplo, essa decisão abrange *todos* os professores da criança – um fato que pode ter de ser explicado ao professor de química do ensino médio alguns anos mais tarde.) Você também terá de documentar a presença de uma dificuldade de aprendizagem para qualificar seu filho para acomodações especiais (extensão dos limites de tempo, por exemplo) nos testes nacionais, como exames para o ingresso na faculdade, e para provar que a criança tem direito aos serviços além do ensino médio (os indivíduos com dificuldades são elegíveis para programas vocacionais especiais, acomodações razoáveis em seus empregos e ajuda educacional na faculdade). Caso você mude de cidade, precisará dos registros para mostrar que seu filho tem direito aos serviços em sua nova escola.

Uma razão igualmente importante para manter esses registros é que eles serão a base de seus próprios esforços para entender como seu filho aprende. Os relatórios e outros documentos são o ponto de partida para fazer perguntas aos educadores, psicó-

Casey

A mãe de Casey insistia que ele não sabia efetuar as operações de adição e subtração. Sua professora da 2ª série ficou surpresa em ouvir isso. Casey foi lento para aprender a ler e tinha uma ortografia ruim, mas sempre teve um bom desempenho em aritmética. Mesmo nos "testes relâmpago" ele em geral acertava pelo menos 80% dos problemas.

Entretanto, alertada pelas preocupações da mãe, a professora observou Casey durante os testes de matemática das duas semanas seguintes. Ela percebeu que Casey abordava os testes de uma maneira pouco comum. Ele respondia as perguntas fora de ordem, começando pelo meio e depois indo para um problema e outro até todos estarem resolvidos. Como sempre, suas notas estavam na faixa entre B e B+.

Intrigada, a professora chamou Casey e lhe perguntou por que ele fazia os testes daquela maneira. Um pouco constrangido, Casey admitiu que ele não conseguia memorizar as operações de adição e subtração como as outras crianças da classe, mas criou um sistema para resolver os testes de matemática. "Primeiro eu encontro o problema mais fácil", explicou ele. "Como aqui, é 7 + 1, e então é fácil descobrir que o resultado e 8. Então eu sei que 7 + 2 tem de ser um mais que 8, e então eu procuro o 7 + 2 e escrevo 9. Depois encontro 7 + 3 e escrevo 10, e em seguida procuro o 7 + 4 e escrevo 11, e continuo assim até o tempo terminar."

Casey descobriu que as operações de subtração também seguiam uma sequência, e então usava o mesmo método para os testes de subtração. Entretanto, quando era arguido oralmente em matemática, era óbvio que não havia memorizado nenhuma das operações – embora conseguisse somar e subtrair mentalmente muito bem a ponto de produzir respostas corretas se lhe fosse dado um pouco de tempo.

Casey era obviamente um garoto brilhante e engenhoso. Entretanto, o fato de ele não reter as operações de aritmética, associado às suas dificuldades acadêmicas, sugeriu à sua professora que ele podia ter uma dificuldade de aprendizagem. A mãe de Casey concordou com uma avaliação. Como veio a se comprovar, Casey realmente tinha déficits de percepção visual que lhe dificultavam lembrar muitos tipos de informação. Casey era incapaz de retratar as coisas em sua mente, o que lhe dificultava particularmente resolver as tarefas que envolviam memorização automática. Ele lia devagar porque não conseguia colocar as imagens das palavras em sua cabeça, e por isso não reconhecia facilmente palavras que ele havia visto antes. Imaginar a ortografia de palavras irregulares também estava fora do seu alcance. Embora ele usasse sua inteligência superior para compensar esses problemas e fosse aprovado em todas as matérias, a avaliação de Casey sugeriu que com apoio de educação especial ele poderia ter notas muito melhores do que os Bs e Cs que vinha obtendo.

logos e especialistas. Eles também podem ajudar com a resolução de problemas e servem como inspiração para novas ideias. (O relatório do psicólogo diz que sua filha sofre de baixa autoestima, embora esteja escrito em outro local que suas habilidades motoras são excepcionais? Talvez ela se beneficie do envolvimento em atividades após a escola em que provavelmente se destacaria, como esportes ou dança.) Portanto, mesmo que os papéis que você receba às vezes pareçam densos, repetitivos e repletos de jargões que você nem sabe direito o que significam, tenha o hábito de guardá-los. Você nunca sabe de quais irá necessitar.

RESERVE UM TEMPO PARA EXAMINAR OS RESULTADOS DA AVALIAÇÃO

Quando a avaliação tiver terminado, você será convidado para uma reunião para discutir os achados da equipe. Se uma dificuldade foi documentada, as recomendações para serviços de educação especial podem também ser feitas neste momento. (Se foi descoberto que uma criança tem um déficit, a lei requer que os serviços sejam iniciados o mais rápido possível após determinada a sua necessidade. Se os serviços específicos não forem discutidos em sua primeira reunião, uma segunda reunião sobre a implantação deverá ser marcada imediatamente.) Em seu primeiro encontro, um membro da equipe da avaliação deve estar preparado para compartilhar com você os resultados da avaliação, explicar os pontos fortes e fracos da aprendizagem de seu filho, e descrever as dificuldades específicas, caso alguma tiver sido identificada.

Qualquer discussão do local da educação deve incluir uma explicação de todas as opções possíveis. Segundo a lei, seu filho deve ser educado no "ambiente menos restritivo" em que suas necessidades possam ser tratadas. Como resultado, a grande maioria das crianças com dificuldades de aprendizagem na maioria das vezes permanece nas salas de aula regulares, com níveis variados de apoio de educação especial. (Para mais informações sobre as opções educacionais, ver a Parte III, onde estão discutidos detalhadamente o local e a programação.)

O distrito escolar *não pode* iniciar os serviços ou designar seu filho para um programa de educação especial sem a sua permissão (a menos que estejam dispostos a ir aos tribunais, uma ação que em geral é reservada para a proteção do bem-estar das crianças em casos extremos). Por isso, antes do início dos serviços você será solicitado a aprovar um Programa de Educação Individualizada (PEI) que especifica os objetivos educacionais para seu filho, explica os métodos que serão utilizados para atingir esses objetivos, determina o local da escola e especifica as acomodações e os serviços de educação especial que serão prestados. O PEI é, na verdade, um contrato legal: uma vez aprovado, o distrito escolar *deve* fornecer todos os serviços descritos (se alguns serviços tiverem de ser adicionados ou modificados, o PEI deve ser formalmente corrigido). Por isso, o PEI precisa ser preparado e lido atentamente. Entretanto, os pais às vezes se queixam de que se sentem pressionados a aprovar o PEI antes de entenderem plenamente a natureza da dificuldade do seu filho, os tipos de programas de educação especial disponíveis ou seus direitos com respeito ao planejamento do programa de educação especial. "Na minha primeira reunião, me entregaram um grosso relatório de avaliação, um manual mais grosso ainda dos direitos e regulamentos e um PEI proposto", recorda uma mãe. "Eram muitas informações novas, grande parte delas legais e técnicas. Eu me senti tão oprimida e intimidada, que achei melhor concordar com os profissionais. Concordei com suas recomendações, esperando que mais tarde eu pudesse extrair sentido de tudo aquilo."

Os distritos escolares em geral não pretendem confundir os pais e apressá-los na tomada de decisão, mas os profissionais às vezes se esquecem de que os pais não estão tão familiarizados quanto eles com a lei e com a linguagem da educação especial.

Para o bem do seu filho, é importante que você tenha o tempo necessário para entender os resultados e recomendações da avaliação. Se você já se informou sobre as leis que governam a identificação e a educação dos alunos com dificuldades de aprendizagem, estará numa posição vantajosa. É também razoável solicitar uma cópia do relatório de avaliação antecipadamente para que você possa examiná-lo, compartilhá-lo com outras pessoas que estejam interessadas no bem-estar do seu filho e preparar as perguntas antes da primeira reunião. Se o tempo determinado para a reunião acabar antes que todas as suas perguntas tenham sido respondidas, solicite outra reunião. A lei protege o seu direito de pensar nas recomendações antes de tomar uma decisão, buscar uma segunda opinião e participar de todos os aspectos do planejamento da educação (inclusive da preparação do PEI). Por isso, não há razão para se sentir pressionado a tomar uma resolução precipitada. Alguns pais acham conveniente levar uma terceira pessoa à reunião com a escola, alguém que possa ouvir objetivamente e fazer perguntas. Sua divisão local da Learning Disabilities Association of America (Associação Americana de Dificuldades de Aprendizagem) pode ter advogados em sua equipe que possam acompanhá-lo, ajudá-lo na interpretação de todas as informações que chegam até você e auxiliá-lo na escolha de suas opções e prioridades.

Você pode descobrir que também precisa de tempo para lidar com o impacto emocional de uma avaliação. Muitos pais dizem que a notícia de que seu filho tem um déficit lhes atingiu profundamente – mesmo quando este era comparativamente leve ou quando eles já estavam com fortes suspeitas de que havia algo de errado. As semanas que seguem a identificação de uma dificuldade de aprendizagem podem ser uma montanha-russa emocional em que quaisquer das seguintes reações podem ser experienciadas:

Negação: "Eles cometeram um erro! Afinal, os testes não são perfeitos... Eles simplesmente não percebem que ela é sensível/que ele precisa de mais encorajamento e compreensão/que tudo o que ela precisa é de um pouco de ajuda extra... Tenho certeza de que ele vai superar isso se lhe dermos tempo."

Raiva e responsabilização: "Estes chamados especialistas não sabem o que estão falando! Essa professora sempre implicou com meu filho! É culpa da escola! É culpa da babá! É culpa do livro! Ele não puxou a ninguém do lado da *minha* família!"

Barganha: "Talvez isso desapareça se passarmos mais tempo com ela (ajudá-la mais com sua lição de casa, arranjar-lhe um professor particular, mandá-la para uma escola particular)... Vou parar de trabalhar... Vamos experimentar outro programa de leitura... Vou levá-la a outro especialista."

Culpa: "É culpa minha... Eu não cuidei bem de mim quando estava grávida... Quem sabe aquela babá de 12 anos o tenha deixado cair e nunca me contou... Eu permiti que ele comesse muita porcaria... Eu mereço isso; Deus está me castigando."

Medo: "Ela conseguirá fazer uma faculdade? Ele conseguirá se sustentar? Uma pessoa 'normal' vai querer namorar o meu filho? Quem vai cuidar dela quando eu morrer? Será que eu vou conseguir amá-lo da mesma maneira que o amava quando achava que ele era 'perfeito'?"

Tristeza e perda: "Nosso futuro foi destruído... Todos os meus sonhos estão abalados... Parte o meu coração pensar no que poderia ter sido... Eu me sinto como se alguém tivesse morrido."

Embora com frequência intensas e profundamente perturbadoras, todas essas reações são normais. Como acontece com outros tipos de perda, aceitar a realidade de uma dificuldade pode requerer um período de luto, durante o qual você pode precisar de um entendimento e um apoio extras. Na lista de verificação destas páginas os pais compartilham conselhos sobre o que mais os ajudou quando enfrentaram as consequências emocionais de descobrir que seus filhos tinham dificuldades. Entretanto, não há re-

Buscando apoio

Receber a notícia de que uma criança tem uma dificuldade pode ter um impacto emocional poderoso. Aqui, os pais que passaram por isso compartilham o que os ajudou a enfrentar:

Busque a ajuda de pais experientes. Nada como o apoio de pessoas que "passaram pela mesma situação". Eles podem não apenas oferecer informações práticas, mas também entender o medo, a confusão e o sofrimento que os pais de crianças com dificuldades com frequência sentem. Muitas comunidades têm organizações e grupos de apoio para pais de crianças com diferentes tipos de déficits, e há também grupos de apoio *online*. Os pais envolvidos nesses grupos estão ansiosos para se comunicar e ajudar.

Compartilhe seus sentimentos com outras pessoas importantes na sua vida. Muitas pessoas acham mais fácil compartilhar fatos do que sentimentos: por exemplo, uma mãe que está acostumada a ser uma fonte de força para a sua família pode se sentir pouco à vontade em admitir que se sente desamparada e perdida. Embora a tentação de guardar seu sofrimento para si possa ser grande, compartilhar o que sente com seu companheiro/a, seus amigos e outras pessoas próximas de você pode aliviar a sua carga. O pior tipo de dor é aquela que é sentida na solidão.

Busque os aspectos positivos. Às vezes as más notícias podem parecer tão opressoras que obscurecem tudo; nós nos esquecemos que ainda há muita coisa boa em nossas vidas – e nas vidas de nossos filhos. Por exemplo, a criança que ainda não consegue ler pode ser excepcionalmente sensível para os sentimentos dos outros, ou pode exibir coragem e perseverança admiráveis. Se você não é um otimista por natureza, concentrar-se nos aspectos positivos pode requerer um grande esforço. Pode ajudar buscar a companhia de pessoas positivas, deixando que elas o ajudem a ver o lado claro da vida.

Busque informações. Muitos pais dizem que a cura para o medo é o conhecimento – quanto mais eles se informaram sobre as dificuldades de seus filhos, menos ameaçadores eles lhe pareceram. As informações estão disponíveis em muitas fontes: os professores de seu filho, os membros da equipe de avaliação, organizações de apoio para pais, publicações e a internet. "Faça as pessoas falarem com você em 'português' claro", aconselha uma mãe. "Os especialistas têm mania de usar uma terminologia que não é familiar aos leigos. Quando começam a falar o seu jargão eu os interrompo e pergunto o que eles estão querendo dizer. Dessa maneira, você também acaba aprendendo a terminologia."

Aprenda a reconhecer e lidar com a raiva. É quase impossível evitar a amargura e a raiva quando se é obrigado a abandonar suas esperanças e sonhos acalentados. Alguns pais se veem agredindo todo mundo quando descobrem que seu filho tem uma dificuldade – inclusive a própria criança. Você terá de reconhecer a sua raiva e ser honesto com relação a ela antes de poder se livrar dela. Tanto os amigos íntimos (e não julgadores) quanto os orientadores profissionais podem ser muito úteis nesse processo.

Permita que os outros tenham seus próprios sentimentos. Durante algum tempo, sua família pode parecer emocionalmente "fora de sincronia", pois todos estão se esforçando para encontrar a sua própria maneira de se adaptar a uma nova realidade. Tente ser paciente com aqueles cujas reações são diferentes da sua. Se houver outras crianças na família, encoraje-as a falar sobre os seus sentimentos e medos. Suas preocupações podem surpreendê-lo: "Meu filho de 5 anos queria sair do quarto do seu

(continua)

> **Buscando apoio**
>
> irmão porque tinha medo que a dislexia fosse contagiosa", recorda uma mãe.
>
> *Cuide de você.* Quando você está sob estresse e preocupado com os outros, é fácil negligenciar suas próprias necessidades. No entanto, não há vantagem nenhuma em se esgotar emocionalmente. Tente repousar o suficiente, alimentar-se adequadamente e reservar um tempo para o seu lazer (nós sabemos que é difícil, mas de todo modo tente). Pedir apoio é outra parte importante do cuidado de si. Se você se sente oprimido pela depressão, pela raiva ou pela ansiedade, não hesite em buscar a ajuda de um terapeuta ou orientador qualificado.
>
> *Viva um dia de cada vez.* Se você acabou de saber que o seu filho de 7 anos tem uma dificuldade de aprendizagem, não tem que se preocupar hoje se ele vai conseguir frequentar uma universidade ou ter uma carreira – preocupe-se apenas com os desafios da próxima série (que podem ser muitos). Se você resolver se preocupar com todo o futuro incerto, isso vai esgotar a força que vai precisar para lidar com o que está diante de você agora. "Lamentações sobre o ontem e ansiedades sobre o amanhã não vão fazer nada por seu filho hoje", diz uma mãe. "Em geral, eu descobri que a melhor maneira de lidar com o futuro é prestar atenção no que está bem na minha frente."

médios milagrosos; o processo de aceitação requer tempo.

Lembre-se de que todas as pessoas próximas do seu filho – pais, irmãos, avós – provavelmente experienciarão alguma reação emocional à notícia de que a criança tem uma dificuldade. Entretanto, nem todos vão reagir da mesma maneira ao mesmo tempo. Por exemplo, a mãe pode ficar devastada pela culpa, enquanto o pai vai ficar furioso e acusar todos que estiverem à sua frente; enquanto isso a avó (que nunca ouviu falar em dificuldades de aprendizagem e teme que a criança seja retardada) está profundamente triste não apenas por sua neta, mas também por você e pela dor que você está sentindo. Como resultado, a comunicação pode ficar difícil durante esse período – um fato que pode complicar a tomada de decisões. O potencial para um trabalho em equipe eficiente é em geral bastante melhorado quando todos os adultos que são normalmente responsáveis pelo cuidado da criança comparecem às reuniões de educação especial, para que todos comecem com as mesmas informações e tenham ampla oportunidade de fazer perguntas e expressar suas preocupações. Se houver um desacordo continuado sobre o que deve ser feito pela criança, obter a opinião de um segundo profissional pode ajudar a resolver a dificuldade.

SE TIVER DÚVIDA, BUSQUE UMA SEGUNDA OPINIÃO

Se você discorda dos resultados da avaliação realizada por seu distrito escolar, a lei federal lhe dá o direito de obter uma Avaliação Educacional Independente – ou seja, uma avaliação feita por especialistas não empregados pelo sistema escolar. Você pode pagar por essa avaliação ou pode solicitar ao distrito escolar que pague por ela. Para receber o pagamento do distrito você pode ter de apresentar o seu caso a um mediador ou se apresentar a um auditor independente (não empregado pelo sistema escolar) que decidirá se a avaliação original foi ou não adequada. Independente de quem pague por ela, o distrito é obrigado a considerar a Avaliação Educacional Independente na determinação da elegibilidade para os serviços de educação especial.

A Avaliação Independente deve usar os mesmos critérios estaduais e federais para determinar se uma dificuldade existe ou não, mas a equipe de avaliação pode usar testes diferentes e outros métodos em suas investigações. (É importante dizer aos profissionais que estiverem conduzindo uma Avaliação Independente que testes já foram usados, pois repetir os mesmos testes em um curto período de tempo pode prejudicar a precisão dos resultados.) Se os resultados da avaliação de fora não coincidirem com aqueles da avaliação do distrito escolar, o distrito tem duas opções: aceitar a Avaliação Independente e agir em conformidade com seus resultados ou defender sua própria avaliação. Esse processo, em geral, requer uma mediação formal ou uma audiência com um auditor independente, que vai determinar qual avaliação é válida.

Diante de avaliações não coincidentes, os distritos escolares com frequência preferem evitar a mediação, que consome muito tempo. Ou aceitam de imediato a Avaliação Independente ou se dispõem a negociar sobre os serviços. Por exemplo, podem sugerir proporcionar alguns serviços em uma base experimental, e avaliar o progresso depois de um período de tempo especificado, após o qual os serviços podem ser aumentados ou diminuídos. Em geral, é melhor para as crianças se os pais e as autoridades escolares puderem cooperar dessa maneira do que se ficarem determinados em seus papéis de adversários.

Lembre-se de que se os problemas de aprendizagem de um aluno não forem considerados suficientemente graves para necessitar de serviços de educação especial, uma avaliação ainda pode ser usada como uma base para solicitar outros tipos de ajuda na escola. Muitos tipos de assistência educacional – por exemplo, proporcionar tutoria, permitir o acesso a um computador e tempo extra para algumas atribuições, alterar os métodos de ensino e fazer modificações no currículo – podem ser negociados informalmente com os professores. Os pais de crianças cujas pontuações no teste "não satisfazem" os critérios para as dificuldades de aprendizagem precisam ser especialmente assertivos na defesa das necessidades de seus filhos na escola. As pesquisas sugerem que estes alunos estão entre os mais prováveis de não conseguir nada do sistema educacional público.

Se você está convencido de que seu filho necessita de serviços de educação especial e o distrito escolar se recusa a proporcioná-los – ou se você acha que os serviços que estão sendo oferecidos são inadequados – o próximo passo é requerer a medicação ou (se isso falhar) um *processo de auditoria*. Você tem o direito de ser representado por um advogado durante esses procedimentos, e o distrito escolar é solicitado a lhe dar informações sobre como encontrar assistência legal se esta for necessária. Se você vencer o caso, o distrito pode ser obrigado a pagar seus custos legais. Mas se a sua disputa for resolvida em favor do distrito, você será responsável por suas próprias despesas legais.

O que acontece se você discordar das conclusões do distrito escolar? Isso às vezes acontece, e a lei deixa aos pais a última palavra sobre a educação especial: você é livre para rejeitar as recomendações do distrito escolar nas questões da educação do seu filho. Entretanto, antes de rejeitar as recomendações da escola, pode convir realizar um sério exame de consciência. Sua decisão é baseada nas necessidades de seu filho ou a negação e o pensamento desejoso podem estar influenciando suas ações? Alguns pais estão tão preocupados em ter os filhos "perfeitos" que não conseguem tolerar a ideia de uma dificuldade; isso faz muito mal ao seu orgulho. A maioria dos profissionais de educação especial também tem encontrado pais que insistem que seus filhos têm dificuldades de aprendizagem porque não conseguem aceitar a ideia de que têm um filho mentalmente retardado, emocionalmente perturbado, autista ou intelectualmente incapaz de realizar uma atividade acima da média. Às vezes esses pais levam seus filhos de um especialista para outro em busca de alguém que lhes diga o que eles querem ouvir. É claro que quem perde mais nessas situações são sempre as crianças, que con-

> ## Bem-vindo à Holanda
>
> Sou com frequência solicitada a descrever a experiência de criar um filho portador de um déficit – para tentar ajudar pessoas que não compartilharam essa experiência singular a entendê-la, para imaginar como ela será. É assim...
>
> Quando você vai ter um bebê, é como planejar uma fabulosa viagem de férias – para a Itália. Você compra uma série de guias de viagem e faz seus planos maravilhosos. O Coliseu. O *Davi* de Michelangelo. As gôndolas em Veneza. Você pode aprender algumas frases fáceis em italiano. É tudo muito excitante.
>
> Após meses de ansiosa antecipação, finalmente chega o dia. Você fecha suas malas e parte. Várias horas depois, o avião aterrissa. A aeromoça se aproxima e diz: "Bem-vindo à Holanda".
>
> "Holanda?!", diz você. "O que quer dizer com Holanda? Meu destino era a Itália! Eu devia estar na Itália! A minha vida toda o meu sonho foi conhecer a Itália."
>
> Mas houve uma mudança no plano de voo. Eles aterrissaram na Holanda e aqui você precisava ficar.
>
> O importante é que eles não lhe levaram para um lugar horrível, nojento, sujo, cheio de doenças, fome e pobreza. Era só um lugar diferente.
>
> Então, você precisa sair e comprar outros guias. E precisa aprender uma língua nova. E vai encontrar um novo grupo de pessoas que nunca viu antes.
>
> É apenas um lugar diferente. Seu ritmo é mais lento do que o da Itália, menos impressionante do que a Itália. Mas depois de andar um pouco por ali e retomar o seu fôlego, você olha em volta... e começa a perceber que a Holanda tem moinhos de vento... e a Holanda tem tulipas. A Holanda tem até Rembrandts.
>
> Mas todas as pessoas que você conhece estão ocupadas indo e vindo da Itália... e todas estão alardeando a temporada maravilhosa que passaram lá. E, pelo resto da sua vida, você vai dizer: "Sim, era onde eu devia ir. Era o que eu tinha planejado".
>
> E o sofrimento daquilo nunca, nunca, jamais desaparece... porque a perda daquele sonho é uma perda muito importante.
>
> Mas... se você passar a sua vida lamentando o fato de que não conseguiu ir à Itália, pode jamais se libertar para desfrutar as coisas muito especiais, as coisas adoráveis... da Holanda.
>
> Emily Perl Kingsley © 1987. Reproduzido com permissão de Health Communication Inc. "Welcome to Holland", de *Chicken Soup for the Mother's Soul*, editado por Jack Canfield, Mark Victor Hansen, Jennifer Read Hawthorne & Marci Shimoff.

seguem muita atenção, mas muito pouca assistência educacional útil.

Os pais podem também resistir em aceitar um encaminhamento para educação especial porque temem que seus filhos fiquem estigmatizados. Tais preocupações são, às vezes, desencadeadas por comentários das crianças, que podem afirmar vigorosamente que todas as crianças que estão nos programas de educação especial da escola são considerados rejeitados sociais. A sensibilidade com que as crianças portadoras de dificuldades são tratadas tanto pelos professores quanto pelos outros alunos nas escolas locais é certamente uma área de preocupação legítima – que vamos discutir extensamente nos próximos capítulos. No entanto, as desvantagens de um rótulo de educação especial devem ser sempre pesadas em contraposição aos riscos de não se proporcionar a ajuda apropriada. Como diz um educador especial: "Os pais com frequência se preocupam de que receber serviços de educação especial vai identificar seus filhos como 'diferentes'. Acredite em mim, as crianças com dificuldades de aprendizagem já *sabem* que elas são diferentes. O que elas mais precisam é, para variar, se sentirem entendidas, e terem uma chance de ser bem-sucedidas. Em geral, sua melhor oportunidade nessas coisas é mediante algum tipo de intervenção de educação especial".

Lembre-se de que as atitudes de seu filho com respeito à sua dificuldade de aprendizagem serão fortemente influenciadas por suas atitudes. Se você estiver confortável com a intervenção e considerá-la como uma oportunidade para o crescimento, seu filho provavelmente irá encará-la positivamente. Por isso, uma das maneiras mais importantes de você cuidar de seu filho é lidar de modo consistente com suas próprias preocupações e temores. Nunca se sinta constrangido em fazer perguntas nem se desculpe por querer mais informações. Quanto mais informações você tiver – e quanto mais ativamente participar dos processos de planejamento da educação – maior a probabilidade de seu filho conseguir obter exatamente o tipo de ajuda que ele necessita.

6
Como se tornar um especialista em seu filho

Você não precisa se tornar uma autoridade em educação para ajudar uma criança com dificuldades de aprendizagem. Porém, é necessário se tornar um "especialista" em seu filho e desenvolver um entendimento profundo sobre o que ele necessita para conseguir aprender. Isso nem sempre é fácil. As dificuldades que as crianças com dificuldades de aprendizagem encontram na escola raramente se devem a um único problema de fácil entendimento. Com mais frequência, elas surgem de agrupamentos de problemas sobrepostos; por exemplo, problemas neurológicos, um ambiente educacional inflexível, carência de habilidades sociais e uma variedade de preocupações com a saúde e as emoções podem estar contribuindo para a dificuldade da criança para acompanhar os colegas na sala de aula.

As crianças com dificuldades precisam de um apoio em múltiplos níveis que aborde *todas* as suas várias necessidades. O problema é que o pessoal da escola nem sempre é capaz de observar além dos interesses escolares mais urgentes. Se for este o caso, o apoio oferecido pode ser apenas parcialmente útil ou até mesmo prejudicial aos interesses do aluno. Por exemplo, uma mãe descobriu que sua filha, na 6ª série – uma artista talentosa –, estava sendo regularmente retirada das aulas de arte para obter auxílio extra em leitura. "Acho que isso fazia sentido do ponto de vista da escola", diz ela. "Eles viam a arte como uma matéria não essencial. O que não entendiam é que, para Linda, a arte é a matéria *mais* essencial. A aula de arte é o momento em que ela consegue brilhar, angariar respeito e se sentir bem consigo mesma. Que sentido faz tirá-la dessa aula para ela poder passar mais tempo fazendo o que faz tão mal?" A mãe conversou com o diretor e decidiram que Linda poderia obter auxílio para a leitura durante a aula de estudos sociais, usando os materiais daquela matéria para aumentar as habilidades tanto de compreensão quanto de leitura.

Linda tem o que as crianças com dificuldades de aprendizagem mais precisam: uma mãe que entende suas necessidades, monitora o seu programa educacional e se dispõe a falar em favor dela na escola. Entretanto, quando a dificuldade de aprendizagem de uma criança é identificada não são muitos os pais que se sentem aptos para assumir esse papel. Frente a uma rede emaranhada de problemas interligados (sem mencionar um relatório de avaliação cheio de termos estranhos), a maioria se sente perplexa e insegura sobre o que fazer em seguida. Poucos têm confiança suficiente para ir até a escola, avaliar o programa e o ambiente em sala de aula e fazer sugestões de mudanças! Os pais experientes dizem que desenvolveram essa confiança à medida que se tornavam mais conscientes de como os filhos percebiam o mundo à sua volta e interagiam com ele. Segundo afirma uma mãe: "Quanto mais eu entendia meu filho, mais fácil era reconhecer as condições que podiam lhe permitir fazer o melhor possível e evitar situações que apenas o frustrariam e resultariam em fracasso".

De que modo você pode dar o primeiro passo para se tornar um especialista em seu próprio filho? A seguir, apresentamos sete perguntas básicas que os pais devem fazer para compreenderem o que as pessoas jovens com dificuldades de aprendizagem necessitam para ter sucesso na escola. As respostas virão de várias fontes: da avaliação das dificuldades de aprendizagem, dos professores da criança, da própria criança e da sua própria observação. Embora algumas dessas perguntas possam ser respondidas rapidamente, outras podem exigir uma investigação paciente. Mas achamos que à medida que você for se acostumando com essas questões, sua confiança e capacidade para tomar decisões sensatas em favor de seu filho aumentarão. Após ter respondido a essas perguntas, você deverá estar bem preparado para tornar-se um parceiro poderoso na educação do seu filho.

PRECISAMOS LIDAR COM PROBLEMAS FÍSICOS OU DE SAÚDE?

As avaliações para dificuldades de aprendizagem às vezes suscitam dúvidas sobre questões relativas à saúde que podem estar contribuindo para os problemas de um aluno na escola. Por exemplo, o aluno pode ter problemas de fadiga, visão ou audição que exigem atenção. As dificuldades de aprendizagem também podem ser acompanhadas de atrasos desenvolvimentais ou físicos que exigem uma terapia contínua e/ou transtornos convulsivos que exigem o uso de medicamentos. Os estudantes que estão enfermos têm com frequência alergias não tratadas ou outras condições crônicas de saúde, como asma e diabetes, além de suas dificuldades de aprendizagem, e estão em dupla desvantagem na sala de aula. Se a saúde da criança não está estabilizada, é difícil cuidar adequadamente das dificuldades de aprendizagem. Os pais e professores também precisam estar a par dos efeitos colaterais de medicamentos que podem afetar o estado de alerta, a memória, o nível de atividade e o humor.

Uma avaliação das dificuldades de aprendizagem em geral indicará se há suspeita de problemas físicos ou de saúde, ou atrasos no desenvolvimento. Se tais problemas forem observados, será importante determinar os serviços terapêuticos (caso existam) que serão oferecidos pelo distrito escolar além dos serviços educacionais. Embora os distritos escolares tenham os recursos para a oferta de assistência nas áreas de terapia física e ocupacional, e possam também fornecer dispositivos para melhorar a visão e a audição, tais serviços normalmente só são oferecidos se os problemas de uma criança forem considerados graves o bastante para interferir significativamente no desempenho em sala de aula. Se você acha que seu filho necessita desse tipo de ajuda, solicite ao distrito que considere o impacto total ou *acumulado* das dificuldades da criança. Por exemplo, um leve atraso na compreensão somado a uma leve perda auditiva pode constituir um sério obstáculo à aprendizagem, mesmo que nenhum problema isolado tenha sido considerado extremamente sério.

Também é muito importante estar consciente da influência das questões cotidianas no desempenho escolar. Crianças que saltam refeições, sofrem de resfriados frequentes ou não obtêm horas de sono suficientes raramente dão o melhor de si na escola. O impacto de hábitos de saúde não saudáveis sobre crianças que também enfrentam dificuldades pode ser devastador. Refeições balanceadas, exercícios adequados, repouso suficiente e cuidados médicos e odontológicos regulares são, portanto, uma parte crucial do tratamento bem-sucedido de dificuldades de aprendizagem.

Entretanto, não espere que uma dificuldade de aprendizagem seja "curada" apenas com dieta, medicamentos ou terapia física. As "soluções rápidas" para dificuldades de aprendizagem – por exemplo, dietas livres de açúcar e de substâncias químicas, suplementos vitamínicos, medicamentos para enjoo de viagem, exercícios visuais e lentes especiais para leitura – são propostas de tempos em tempos e, ocasionalmente, são oferecidas de forma agressiva (por um alto preço) aos pais ansiosos para ajudar seus filhos. Até o momento, nenhum desses métodos provou ter um valor amplo ou duradouro. Atualmente, o tratamento mais efetivo para as dificuldades de aprendizagem ainda é um programa de educação apropriado, planejado para se adequar às necessidades individuais da criança.

QUAL É O POTENCIAL GERAL DE APRENDIZAGEM DO MEU FILHO?

A maioria das dificuldades de aprendizagem tenta estabelecer a capacidade da criança para aprender, a fim de determinar se as expectativas escolares são realistas. Um teste de inteligência (ou QI) é normalmente usado para medir o potencial intelectual. Em geral, pode-se esperar que os estudantes com altas pontuações nos testes de QI progridam mais rápido na escola do que os alunos com pontuações mais baixas; pontuações em diferentes partes do teste também indicam áreas intelectuais fortes ou fracas. Alguns tipos de decisões quanto ao programa são amplamente baseados nas pontuações do QI (por exemplo, se um aluno é candidato a programas para crianças superdotadas). Uma pontuação muito baixa em um teste de QI pode levar à identificação de uma criança mentalmente retardada. Suspeita-se de dificuldade de aprendizagem quando um teste de QI sugere que o desempenho escolar de uma criança deveria ser muito melhor do que realmente é.

Um teste de QI adequadamente administrado pode ajudar muito, no sentido de medir a capacidade para a solução de problemas, a descoberta de conhecimentos acumulados e a habilidade em tarefas que envolvem a percepção visual, os números e a lógica. Como estes são os elementos que tendem a ajudar as crianças em seu progresso na escola, os testes de QI são os melhore prognósticos que temos da capacidade de uma criança para lidar com o trabalho escolar rotineiro. Por isso, é importante examinar atentamente os resultados dos testes de QI, de preferência com a pessoa que aplicou o teste em seu filho. Não se contente em receber um número e uma explicação rápida ("O QI de seu filho é 98, e está na faixa da normalidade" ou "O QI de Kim é 125, o que significa que ela uma menina muitíssimo inteligente"). Insista em ver as pontuações dos subtestes (isto é, as pontuações obtidas em diferentes partes do teste) e peça para que os tipos de tarefas e problemas incluídos em cada um dos subtestes lhes sejam demonstrados e explicados. As crianças com dificuldades de aprendizagem com frequência têm um desempenho muito melhor em algumas partes dos testes de QI do que em outras. É importante você saber exatamente que tipos de tarefas foram mais difíceis para o seu filho, bem como as tarefas em que seu desempenho foi melhor. Não se apresse ao examinar essas informações. Quanto melhor você entendê-las, mais precisamente poderá prever que tipos de atividades e tarefas serão difíceis para seu filho na escola e que tipos conduzirão ao sucesso.

Entretanto, não cometa o erro de achar que os testes de QI medem a inteligência real. Há muitos aspectos da inteligência que eles não abordam, como criatividade, "esperteza" ou bom julgamento sobre as pessoas (quantos de nós chamaríamos de "inteligente" uma pessoa que sabe tudo o que há nos livros, mas não tem nenhum bom-senso?). Estes testes também não abordam a aptidão de uma criança para o êxito em áreas não escolares.

Nos últimos anos, muitos especialistas endossaram o conceito de *inteligências múltiplas*, proposto por Howard Gardner, psicólogo de Harvard. Gardner sugeriu que existem pelo menos oito tipos diferentes de inteligência que contribuem para o po-

Mais de um tipo de inteligência

A maior parte dos "testes de inteligência" mede a capacidade para a linguagem, a percepção visual e a aptidão para matemática e lógica. No entanto, o psicólogo Howard Gardner acredita que há oito tipos de inteligência que contribuem significativamente para o potencial de aquisição escolar de um indivíduo.

Inteligência linguística: As crianças muito capazes nessa área são sensíveis à palavra falada e escrita e usam a linguagem para recordar as informações e resolver problemas. (Mnemônicas como "Minha Vó Tem Muitas Jóias, Sempre Usa Nunca Perde", para ensinar a ordem dos planetas do sistema solar, foram criadas por pensadores linguísticos) Como alunos, elas são competentes em leitura, escrita, narração de histórias, discussão e debate – todas habilidades altamente valorizadas na sala de aula.

Inteligência lógico-matemática: Estas crianças assumem a vida de maneira organizada e sistemática. Adoram separar e organizar objetos; sentem-se intrigadas com padrões e relações; criam experimentos para checar suas observações e ideias. Em geral, são boas em jogos que exigem lógica e estratégia, como xadrez e Batalha Naval. Como alunos, são fascinados por conceitos abstratos e fazem perguntas "profundas" como "O tempo é real?". Sua facilidade para lidar com ideias complexas é cada vez mais apreciada à medida que a sua educação progride.

Inteligência espacial: As crianças com um alto nível de inteligência espacial são excelentes na visualização e manipulação mental de objetos. Algumas são fascinadas por construção e/ou máquinas; podem criar inventos em suas mentes ou construir estruturas complexas a partir daquilo que têm à mão. Outras são atraídas por belas artes ou desenho. Muitos desses alunos são mais competentes em expressar as informações visualmente (desenhando, diagramando ou filmando suas ideias) do que descrevendo ou escrevendo seus pensamentos.

Inteligência musical: A aptidão para a música é em geral óbvia quando as crianças são muito pequenas. As crianças com talentos nessa área são sensíveis aos sons e ritmos em seus ambientes e recordam facilmente melodias. Algumas delas são fortemente motivadas para tocar instrumentos musicais, enquanto outras parecem se contentar em ter grandes coleções de CDs. Elas podem afirmar que não conseguem se concentrar se não estiverem ouvindo música. (Isso é verdade; deixe que liguem o som.)

Inteligência corporal-cinestésica: Pessoas jovens que se salientam nessa área têm uma capacidade incomum para controlar o corpo e se expressar por meio do movimento. Podem ser atletas, atores ou dançarinos de talento. Também usam as sensações corporais para processar informações, aprendendo pelo toque, manipulando objetos e interagindo fisicamente com o mundo que as cerca. Essas crianças *precisam* se movimentar; se não puderem fazê-lo, ocupam-se com bobagens, exploram o que as cerca e ficam se mexendo na cadeira.

Inteligência naturalística: Estas crianças têm uma consciência elevada do ambiente natural que as cerca e podem ser particularmente atraídas para o crescimento das plantas e para o trato com animais. São extremamente observadoras do mundo que as cerca, algumas delas sendo muito sensíveis ao tempo e a outras mudanças no ambiente natural. O ar livre é sua sala de aula preferida.

Inteligência interpessoal: As crianças com fortes habilidades interpessoais se relacionam excepcionalmente bem com outras pessoas. São muito bem-sucedidas no contato social. Como possuem uma consciência aguçadíssima dos pensamentos e dos sentimentos de outros, em geral são esco-

(continua)

> **Mais de um tipo de inteligência**
>
> lhidas para liderar grupos ou mediar conflitos. Vendedoras natas, elas dedicam grande tempo e energia a projetos da comunidade e atividades extracurriculares e têm muita facilidade para envolver outras pessoas nos empreendimentos que assumem.
>
> *Inteligência intrapessoal:* A expressão "marchando em um ritmo diferente" descreve perfeitamente as crianças com um alto grau de inteligência intrapessoal. Elas têm uma forte percepção de quem são e não estão particularmente preocupadas com o que os outros pensam a seu respeito. Suas vidas são guiadas por sentimentos e ideias internos; valorizam a privacidade e normalmente preferem empreendimentos solitários a atividades em grupo. Embora possam não ser "populares", no sentido convencional, a autoconfiança e o senso de propósito dessas crianças são admirados e até mesmo invejados.

tencial de sucesso de um indivíduo, e que a avaliação de apenas algumas delas (como ocorre com a maioria dos testes de QI) não pode produzir uma estimativa realista da capacidade geral de um indivíduo. Os oito tipos de inteligência de Gardner estão resumidos no quadro das p[aginas 108 e 109. Se você acredita que seu filho possui um potencial significativo em qualquer dessas áreas, pode desejar garantir que o pessoal da escola tenha conhecimento disso e se comprometa totalmente com o incentivo de tais talentos. Além disso, pode ser importante oferecer oportunidades apropriadas para o crescimento (como o envolvimento em ligas esportivas, trabalho voluntário ou aulas de música) após a escola.

EXATAMENTE ONDE ESTÃO AS ÁREAS PROBLEMÁTICAS?

Com bastante frequência, os pais recebem apenas descrições vagas das dificuldades de aprendizagem de seus filhos. Por exemplo, podem lhe dizer que seu filho tem uma "dificuldade na expressão escrita" ou que é "moderadamente disléxico" (o que significa simplesmente que a criança tem alguma dificuldade de leitura). O problema de termos como esses é que eles não lhe dão absolutamente nenhuma ideia do que um aluno consegue ou não fazer. *Por que* a criança tem dificuldade para escrever – será que é uma questão de falta de talento? Dificuldade em recuperar palavras da memória? Incapacidade para organizar as ideias? Será que o seu progresso na leitura está sendo bloqueado por uma incapacidade para reconhecer a forma das letras e das palavras? Ou a criança tem dificuldade para perceber adequadamente as sequências de sons? Ou será que a compreensão é o real problema (isto é, a criança lê as palavras sem entendê-las)? Será que déficits de atenção estão contribuindo para o problema? As dificuldades são leves ou graves?

Como explicamos no Capítulo 3, há quatro tipos de dificuldades de processamento de informações que podem causar uma dificuldade de aprendizagem: aquelas que afetam a atenção, a percepção visual, o processamento da linguagem e as habilidades motoras finas. É de vital importância que você compreenda a natureza precisa das dificuldades de seu filho (lembre-se, é possível apresentar déficits em mais de uma área). Por exemplo, pode ser óbvio que a criança tenha problemas para recordar instruções verbais, mas até você saber se o problema é com o processamento dos sons, a compreensão do vocabulário ou a dificuldade de concentração no que está sendo dito (entre outras possibilidades), será difícil planejar estratégias de intervenção efetivas.

O ideal é que a avaliação de déficits de aprendizagem explore áreas de dificuldade em alguns detalhes, mas nem sempre isso acontece. Para identificar uma dificuldade de aprendizagem, a avaliação deve apenas estabelecer que um aluno está se desempenhando abaixo do esperado, dadas as suas oportunidades de aprendizagem e a sua inteligência, ou que mesmo com um ensino intensificado e individualizado houve pouco progresso. Algumas avaliações determinam que uma criança está tendo muita dificuldade para aprender, ou tem uma inteligência média ou superior, mas também está significativamente atrasada em alguma área de habilidade, e deixam tudo mais ou menos por aí. Se a avaliação não lhe oferecer informações detalhadas sobre as dificuldades de seu filho você poderá desejar falar com o departamento de educação especial de seu distrito escolar sobre medidas de avaliação adicionais, ou investir em uma avaliação mais completa, realizada externamente.

Os professores de seu filho podem também ser capazes de localizar áreas de dificuldade. Professores experientes em educação especial são particularmente competentes para esclarecer problemas de aprendizagem. Esses professores também possuem um talento para explicar as dificuldades de aprendizagem de um modo compreensível, e os pais acham que eles podem ser uma rica fonte de conselhos práticos para problemas comumente encontrados (como a melhor forma de motivar um aluno que detesta as lições de casa ou tem dificuldade para se organizar). A maior parte dos professores recebe bem a oportunidade de trabalhar com os pais. Conforme diz uma professora: "Os pais que consideramos problemáticos são aqueles que *não* se envolvem com seus filhos – aqueles que nunca vemos".

Suas próprias observações também podem ser uma importante fonte de informações – na verdade, você provavelmente já sabe mais do que imaginava saber sobre o funcionamento do cérebro de seu próprio filho. Pense em como você se comunica com ele, quando é *realmente* importante fazê-lo atentar para algo (por exemplo, quando você precisa lhe transmitir informações sobre segurança). Você usa menos palavras ou fala mais devagar? Desliga a televisão e faz a criança olhar para seu rosto? Usa muita linguagem corporal? Escreve a mensagem ou desenha um diagrama? Pede que a criança repita várias vezes a mensagem para você? Qualquer que seja sua resposta, isso mostra que você instintivamente reconhece algo sobre o modo como seu filho aprende e age rotineiramente a essa informação. A professora do seu filho terá de usar métodos similares para obter a atenção dele na sala de aula.

Você pode aprender ainda mais sobre como seu filho pensa se treinar observá-lo de maneira sistemática. Para isso, precisa começar limpando a sua mente de suposições sobre o comportamento da criança, que frequentemente assumem a forma de julgamentos ("Essa menina é tão distraída que perderia a cabeça se não a tivesse grudada no pescoço!", "Ele é um menino teimoso, que precisa de uma mão firme; é só esse o problema"). Depois, selecione um tipo de comportamento no qual manterá o foco de cada vez. Você pode começar, por exemplo, observando que tipos de atividade prendem mais a atenção de seu filho. Tão objetivamente quanto possível, observe-o enquanto trabalha e brinca por uma semana. No final desse período de observação, junte suas observações (isso será mais fácil, se você anotá-las) e veja o que lhe parecem. A criança esteve grudada na televisão, mas inquieta, quando o pai tentou ler para ela? Ela adere a qualquer tipo de projeto artístico, mas parece entediada com música? Ela comete erros quando você lhe dá algumas instruções, mas compreende quando você demonstra? Consideradas juntas, essas observações sugerem uma criança que precisa usar os olhos para auxiliar os ouvidos. De que maneira isso poderia afetar seu desempenho na escola?

Deixadas por conta própria, as crianças com dificuldades geralmente gravitarão para situações que as façam se sentir confortáveis e competentes e evitarão aquelas que consideram difíceis e frustrantes. Tente observar os seguintes comportamentos e pense sobre o impacto que eles podem ter sobre o desempenho e a adaptação do seu filho na escola:

- Como a criança se comporta em grupos de pessoas? Em que tipo de grupo a criança fica mais tranquila e confortável?
- Que tipo de atividades a criança escolhe no seu tempo livre (presumindo-se que a televisão não esteja disponível)? Que tipos de brinquedos ou jogos ela considera frustrantes ou evita?
- Como a criança interage com os adultos? Como ela reage a orientações ou críticas de figuras representativas de autoridade?
- Em que tipos de contextos a criança parece mais feliz e relaxada? Seu comportamento é afetado por uma mudança de ambiente?

Não esqueça de que seu filho também é uma fonte importante de informações. *Pergunte* à criança por que algumas tarefas de casa são fáceis e algumas são difíceis, ou por que certas atividades são frustrantes e algumas até mesmo impossíveis. Às vezes suas explicações são extremamente lúcidas. "Após meses de insistência, finalmente perguntei ao meu filho por que ele demorava tanto para arrumar seu quarto", recorda uma mãe. "Ele disse, 'É porque eu não sei por onde começar, mamãe. Parece uma bagunça muito grande e eu não consigo imaginar o que devo fazer primeiro'. Nós nos sentamos e fizemos uma lista de etapas na limpeza – recolher as roupas sujas e colocá-las no cesto, jogar o lixo na lixeira, etc. – e colamos a lista atrás da porta do seu quarto. Consultando-a enquanto prosseguíamos, ele arrumou o quarto em uma fração do tempo que levava antes".

Como as dificuldades de aprendizagem podem ser muito sutis, pode levar tempo e ser necessário o *input* de diversas fontes para se chegar a uma compreensão plena sobre elas. No entanto, a persistência compensa – e não há nada mais importante para o planejamento de estratégias educacionais do que saber exatamente como seu filho pensa e entende o mundo.

QUAIS SÃO OS PONTOS FORTES DO MEU FILHO?

Cada criança, independentemente do seu nível de inteligência ou do grau de dificuldade, possui áreas de relativa capacidade. Entre as crianças com dificuldades de aprendizagem, o desempenho em áreas de competência em geral vai de um nível médio até extremamente alto. Por exemplo, um aluno no início do ensino médio que lê como uma criança de 2ª série pode funcionar na média ou acima da média de sua série no que se refere a cálculos matemáticos. Uma criança cujas dificuldades de compreensão da linguagem interferem no seu progresso em muitas outras matérias pode, ainda assim, demonstrar uma habilidade excepcional com computadores ou eletrônica.

Uma avaliação das dificuldades de aprendizagem identifica os pontos fortes, bem como as dificuldades escolares, mas muito frequentemente são as dificuldades que assumem um lugar central. Isso tende a ser verdade, sobretudo se a dificuldade de uma criança interfere na leitura. A habilidade de leitura é percebida como tão essencial para a sobrevivência que os educadores (e, muitas vezes, os pais) tendem a considerar tudo o mais como relativamente sem importância. O resultado infeliz é que os estudantes com problemas de leitura podem descobrir que seus dons e talentos foram ignorados ou desvalorizados.

É muito importante identificar os pontos fortes dos estudantes com dificuldades de aprendizagem por várias razões. Em primeiro lugar, eles precisam usar seus pontos fortes para compensar as áreas fracas. Embora façam isso até certo ponto instintivamente, o processo de aprendizagem pode ser bastante simplificado se todos (em especial o aluno) entenderem de forma clara quais *são* seus pontos fortes. (Pode rapidamente ficar claro, por exemplo, que um aluno que tem dificuldades com a escrita, mas fala bem, deva começar ditando seus primeiros rascunhos das lições a alguém que escreva bem, a um gravador ou a um computador.) Em segundo lugar, a fim de manterem sua autoestima, é importante que os estudantes com dificuldades obtenham amplas oportunidades de fazer o que conseguem fazer bem. A escola geralmente lhes dá muito tempo para a prática do que fazem mal, e, sem algum equilíbrio, essas crianças tendem a acabar se sentindo fracassadas. Finalmente, os estudantes que trabalham da maneira que se sentem mais confortáveis são mais produtivos e estão bem menos propensos a sofrer o estresse e a perda de motivação experienciados por crianças que lutam com um trabalho "fora de suas características". A parábola do quadro que se segue (*A escola de animais*) ilustra o quanto é ridículo ignorar as qualidades individuais na educação. O que não é tão engraçado é que, em muitas salas de aula reais, os professores continuam forçando as crianças a se ajustarem a moldes padronizados e depois as culpam caso elas não se encaixem.

A avaliação de dificuldades de aprendizagem deve lhe dar uma ideia clara dos pontos fortes de seu filho na escola. Não se esqueça, contudo, de observar além das matérias escolares. O envolvimento em atletismo e artes salva a sanidade de muitos alunos com dificuldades. Essas crianças também podem ter modos curiosamente incomuns de

A escola de animais

Era uma vez um grupo de animais que decidiu fazer algo heróico para enfrentar os problemas de "um novo mundo". Então, organizaram uma escola.

Adotaram um currículo de atividades que consistia em correr, escalar, nadar e voar. Para facilitar a administração do currículo, todos os animais estudavam todas as matérias.

O pato era excelente em natação, na verdade melhor que o seu instrutor; mas tinha notas apenas razoáveis em voo e era muito ruim em corridas. Como ele era ruim nas corridas, precisava ficar depois das aulas e também deixar de nadar para praticar corridas. Isso foi mantido até que seus pés palmados ficaram seriamente feridos e ele continuava a apresentar uma natação apenas mediana. Porém, a média era algo aceito na escola, de modo que ninguém se preocupou com isso, exceto o pato.

O coelho começou no topo da classe nas corridas, mas teve um esgotamento nervoso em virtude de um esforço demasiado na natação.

O esquilo era excelente em escaladas, até que desenvolveu a frustração na aula de voo, na qual seu professor fazia com que ele começasse do chão, em vez de do alto de uma árvore. Ele também desenvolveu cãibras por esforço excessivo, e então obteve nota C em escalada e D em corrida.

A águia era uma aluna-problema e foi severamente disciplinada. Na aula de escalada, ela batia todos os outros até o topo de uma árvore, mas insistia em usar seus próprios métodos para chegar lá.

No final do ano, uma enguia anormal, que podia nadar extremamente bem e também correr, escalar e voar um pouco teve a maior média e foi a oradora oficial da turma.

Os coiotes ficaram fora da escola e combateram a coleta de impostos porque a administração não acrescentara cavar e enterrar ossos ao currículo. Colocaram seus filhotes sob a tutela de um texugo e, posteriormente, juntaram-se às doninhas e a outros roedores e deram início a uma conceituada escola particular.

Fonte: G. H. Reavis, *The Animal School, Educational Forum*, volume 17 no. 2 (1953), p. 141.

solucionar problemas e algumas desenvolvem notáveis habilidades de comunicação, uma sensibilidade rara em relação aos outros e uma personalidade dinâmica. "Meus alunos ganharam prêmios de serviços à comunidade em fotografia, teatro e dança", disse uma professora de educação especial. "Muitos têm interesses que exploraram por meio de empregos e trabalhos voluntários, e alguns iniciaram empreendimentos caseiros de sucesso. O que estou dizendo é que se seus alunos têm problemas de leitura, mas tiveram um lucro de 400% com sua banquinha de venda de limonada, continue encorajando a leitura – mas também apoie a próxima ideia 'empresarial' que eles tiverem."

DE QUE TIPO DE APOIO ESCOLAR MEU FILHO PRECISA?

As avaliações de dificuldades de aprendizagem documentam a situação escolar de um aluno em um grau considerável de detalhes. Deve ficar claro, pela avaliação, como as conquistas de seu filho em leitura, escrita e aritmética se comparam àquelas de outras crianças da mesma série. A avaliação também deve indicar as habilidades específicas dentro dessas áreas amplas que apresentam problemas: por exemplo, ela poderia indicar que uma criança entende conceitos matemáticos, mas tem dificuldade para realizar cálculos em virtude de problemas para recordar fatos e fórmulas de matemática. Entretanto, o que o relatório da avaliação provavelmente *não* lhe dirá é o quanto os problemas escolares de seu filho têm a ver com uma dificuldade de aprendizagem, em oposição a fatores outros, como o uso de estratégias de aprendizagem ineficientes ou inapropriadas, a falta de adaptação ao estilo didático do professor ou ao currículo, ou o fracasso em dominar o conteúdo das aulas em estágios anteriores da educação. Na maior parte dos casos, uma *combinação* de problemas como esses – não uma dificuldade de aprendizagem isolada – é a responsável pelo atraso de um aluno na escola. Para ter sucesso, um programa educacional para crianças com dificuldades de aprendizagem precisa abordar a dificuldade de aprendizagem *e* reconhecer essas outras preocupações escolares.

Observemos a questão das estratégias de aprendizagem. Os estudos mostram que as crianças com dificuldades de aprendizagem, em geral, abordam a aprendizagem de uma forma ineficiente e desorganizada. Elas não analisam as tarefas nem abordam os problemas sistematicamente. Parecem não ter consciência de que existem técnicas que podem ser usadas para melhorar a memória. Não sabem como usar esboços ou fazer anotações úteis. Dada uma tarefa complexa, como um relatório ou uma pesquisa, muitas dessas crianças parecem perdidas em relação ao ponto de partida. Às vezes, estratégias de aprendizagem (os educadores as denominam de *habilidades metacognitivas*) deficientes têm um impacto tão grande sobre o desempenho escolar quanto a dificuldade de aprendizagem de um aluno.

As habilidades metacognitivas podem ser ensinadas, mas em salas de aula normais isso quase nunca acontece, pois a maioria das crianças aprende esses truques por conta própria. No entanto, o ensino dessas habilidades pode ser dado pela educação especial. A lista com as habilidades metacognitivas das páginas 114-115 apresenta algumas técnicas de autoajuda frequentemente ignoradas pelas crianças com dificuldades de aprendizagem. Se o seu filho não faz uso dessas estratégias com regularidade, pode convir você perguntar ao departamento de educação especial sobre o ensino da estratégia de aprendizagem.

O estilo de aprendizagem pessoal de seu filho também pode estar contribuindo para sua falta de progresso na escola. As pesquisas revelam que alguns estudantes simplesmente respondem melhor do que outros aos métodos tradicionais de educação. Por exemplo, a maior parte do sistema escolar recompensa aprendizes reflexivos (alunos que consideram o material em sua totalidade, prestam atenção aos detalhes e empregam muito planejamento em uma resposta).

Os aprendizes impulsivos (que conseguem captar rapidamente uma visão geral da situação, mas podem reagir sem ponderação, porque não consideram os detalhes importantes) obtêm menos respeito e podem até ser considerados descuidados e despreparados. Do mesmo modo, as lições e as tarefas externas à escola fundamental favorecem de um modo progressivo os estudantes que são bons na organização independente de materiais, no manejo de abstrações, na extração de inferências e na descoberta de coisas por conta própria. Os pensadores concretos (que preferem orientações explícitas, tarefas estruturadas e ensino direto de fatos e conceitos fundamentais) se deparam com dificuldades cada vez maiores à medida que ficam mais velhos. As pesquisas sugerem que algumas crianças identificadas como "portadoras de déficits de aprendizagem" são aprendizes impulsivos e concretos cujo principal problema é que se adaptam mal aos métodos de ensino aos quais têm sido expostos. Quando o material é organizado e apresentado a elas de um modo que possam utilizá-lo, essas crianças fazem um progresso consistente.

Os estudantes também podem ser vítimas do currículo escolar. Embora há décadas sejam travadas batalhas na comunidade educacional sobre o melhor modo de ensinar leitura, escrita e aritmética, a verdade é que não existe um programa para qualquer uma dessas matérias que funcione para todos os alunos o tempo todo. Mesmo entre os estudantes típicos, qualquer currículo determinado de leitura ou matemática funcionará melhor para alguns do que para outros. As

---

Habilidades metacognitivas

As habilidades metacognitivas são estratégias informais que os bons alunos usam para aprender, armazenar e recordar informações mais facilmente. A maior parte desses alunos concebe tais métodos sozinhos, tornando-se cada vez mais habilidosos em seu uso à medida que crescem. Os estudantes com dificuldades de aprendizagem, no entanto, podem não usar estratégias como as listadas a seguir, a menos que *aprendam especificamente* quando e como usá-las.

Habilidades de organização e manejo do tempo
- Manter uma caderneta para anotação das lições de casa.
- Registrar as datas de entrega em um calendário.
- Fazer listas das tarefas a fazer.
- Estimar o tempo que um projeto ou tarefa levará.
- Estabelecer prazos (O que precisa ser feito hoje, amanhã, até o final da semana?).
- Estabelecer um horário para o estudo.
- Organizar um caderno com partes e divisões.
- Desenvolver um sistema de arquivamento para itens que precisam ser guardados.
- Manter um espaço livre para o trabalho.
- Usar ferramentas como despertadores, *smartphones* e computadores para lidar com os horários, as atribuições e outras obrigações.

Habilidades de estudo
- Monitorar a compreensão (olhar todo o material; quando não estiver claro, ler mais devagar).
- Ler as instruções.

(continua)

Habilidades metacognitivas

- Fazer anotações de palestras e livros com suas próprias palavras.
- Expressar com suas próprias palavras a ideia principal de um parágrafo ou página.
- Fazer uma pré-leitura do texto (observar as introduções, os cabeçalhos, os itálicos, as ilustrações e os resumos para se familiarizar com o material antes de ler o texto inteiro).
- Destacar ou sublinhar as informações importantes.
- Reorganizar ou reagrupar as informações (por exemplo, colocar palavras-chave ou fatos em cartões de referência; criar gráficos ou listas de fatos e conceitos relacionados).
- Fazer um rascunho.
- Escrever e revisar um esboço.
- Ler novamente o trabalho para fins de correção e acabamento.
- Recompensar a si mesmo pelas tarefas ou estágios de uma tarefa finalizada.

Habilidades de realização de testes
- Perguntar que material será cobrado no teste, que formato será usado (por exemplo, verdadeiro/falso, múltipla escolha, dissertação).
- Revisar as anotações e o texto regularmente (em vez de juntar tudo na última hora).
- Reservar um tempo adicional para o estudo do material mais difícil.
- Encontrar um colega para estudar ou formar um grupo de estudos.
- Examinar o teste e planejar uma estratégia para sua realização (como deixar a maior parte do tempo para as dissertações ou responder primeiro às questões mais fáceis).
- Ler todas as respostas antes de escolher uma resposta; pensar em uma resposta antes de olhar as opções.
- Traçar um diagrama se isso puder ajudá-lo na organização da resposta.
- Responder ou abandonar (não se deter nas questões difíceis – voltar a elas depois).
- Determinar quando vale a pena (e quando não vale a pena) "adivinhar" a resposta.

Habilidades de memória
- Usar o ensaio verbal (repetir "8 vezes 8 igual a 64" até ter aprendido; repetir "Não tocarei no piano da vovó" baixinho ou silenciosamente durante toda a visita).
- Inventar ou usar versinhos ("Trinta dias tem setembro...").
- Estudar listas de informações nas categorias (grupos, religiões, etnias), em vez de item por item.
- Usar acrônimos e recursos mnemônicos.
- Usar a visualização: associar "dicas de um desenho" a informações importantes ou fazer "quadros mentais" de gráficos, diagramas ou um rascunho feito anteriormente.
- Criar associações (por exemplo, para capitais dos Estados: As pessoas são *alegres* no Rio Grande do Sul [Porto Alegre]; as pessoas *veem bem* em Roraima [Boa Vista]; elas têm u*m belo horizonte* em Minas Gerais...).

Habilidades de solução de problemas e tomada de decisões
- Identificar o objetivo a ser alcançado ou o principal problema a ser resolvido (separar os objetivos principais dos temas menos importantes).
- Coletar informações usando diferentes técnicas (debates, entrevistas, pesquisas em bibliotecas).
- Fazer listas de possíveis cursos de ação e soluções.
- Avaliar e eliminar opções, usando fatores como praticidade, riscos envolvidos e tempo necessário.
- Testar soluções para ver se funcionarão.

crianças com dificuldades de aprendizagem (que são menos adaptáveis do que os outros alunos) tendem a ter momentos particularmente difíceis em salas de aula onde existe pouca flexibilidade do currículo. Uma mãe relatou que seu filho, que foi considerado disléxico até a 3ª série, aprendeu a ler quase da noite para o dia ao receber instrução fônica aos 9 anos. Ele não tinha um déficit de leitura, mas suas habilidades de percepção visual relativamente fracas lhe tornavam quase impossível se beneficiar do currículo de leitura adotado pela escola, que enfatizava o reconhecimento da palavra como um todo.

Quando as crianças se adaptam mal aos métodos de ensino ou ao currículo – ou quando têm dificuldade para acompanhar a velocidade em que os professores apresentam novas informações –, elas podem não dominar todo o conteúdo de classe necessário para obter sucesso no próximo nível acadêmico. Por exemplo, você não pode esperar que os alunos realizem bem frações ou álgebra se eles não conseguiram captar os princípios básicos da adição e da subtração. Para os alunos com dificuldades de aprendizagem, o problema da perda de conteúdo com frequência aumenta suas dificuldades na escola. "Quando as regras básicas de pontuação e uso de maiúsculas foram ensinadas na 3ª série, minha filha ainda estava lutando para manter as letras sobre as linhas", recorda uma mãe. "Toda aquela história de quando usar uma vírgula e quando usar maiúsculas 'passou batido' por ela. Consequentemente, durante anos Sheena perdeu pontos por erros no emprego de maiúsculas e de pontuação em seus trabalhos escritos. Não que ela não conseguisse entender esse material; o problema é que ela perdeu a *oportunidade* de aprendê-lo." Esta família finalmente contratou um tutor para ensinar a Sheena as regras da língua escrita antes de ela entrar no ensino médio, e ela as aprendeu muito rapidamente.

Na próxima seção deste livro, vamos discutir como compensar uma dificuldade, desenvolver melhores estratégias de aprendizagem e rever o conteúdo da classe estão mesclados em um programa educacional bem-sucedido. Nesse meio tempo, é importante que os pais reconheçam que são os *professores de educação geral* (e não os professores de educação especial) que carregam a maior parte da responsabilidade no ensino dos alunos com problemas de aprendizagem. (A maioria dos estudantes com dificuldades de aprendizagem passam pelo menos 80% dos seus dias letivos em classes regulares, assistindo as aulas junto com aprendizes típicos.) Para se certificar de que seus filhos estão recebendo aulas adequadas em um ritmo que consigam tolerar, os pais das crianças com dificuldades de aprendizagem precisam monitorar atentamente o ambiente da sala de aula. No final deste capítulo, apresentamos uma lista detalhada das qualidades que distinguem o bom ensino. Durante toda a educação de seu filho, você vai querer prestar atenção se os professores das salas de aula regulares de seu filho estão satisfazendo tais padrões.

DE QUE TIPO DE APOIO SOCIAL MEU FILHO PRECISA?

Várias características de dificuldades de aprendizagem podem interferir no sucesso social, incluindo problemas com a comunicação verbal, dificuldade para interpretar as expressões faciais ou a "linguagem corporal", dificuldade para entender as regras dos jogos e comportamento impulsivo (tais como interromper, fazer comentários irrelevantes ou explosões de atividade inapropriada). Como resultado, as crianças com dificuldades de aprendizagem às vezes têm problemas para iniciar e manter relacionamentos sociais. As crianças com TDAH (que tendem a ser impulsivas) e aquelas com dificuldades importantes na percepção visual (que frequentemente interpretam incorretamente o momento certo e o ritmo do interjogo social) têm muita dificuldade para fazer amigos, mas até mesmo crianças com dificuldades menos sérias podem se ver colocadas à margem das relações sociais. A rejeição social pode ter um impacto ainda maior do que o fracasso na escola na auto-estima das crianças. Como um aluno de 4ª série lhe dirá, é muito mais importante ser popular do que ser inteligente.

A confiança social também afeta o sucesso na escola. As crianças com boas habilidades interpessoais se relacionam positivamente tanto com os professores quanto com seus pares. Estes alunos têm maior probabilidade de mostrar seu desempenho quando estão indo bem e de pedir ajuda quando estão tendo problemas. Não só estas crianças expressivas e agradáveis obtêm mais aprovação e encorajamento dos professores, mas as pesquisas indicam que elas também obtêm mais "agrados" de seus pais. O apoio que elas recebem dos adultos as ajuda a apostar alto quando estabelecem objetivos e a continuar tentando quando passam por dificuldades.

A maioria das crianças adquire habilidades sociais imitando o comportamento das pessoas que as cercam. Os alunos com dificuldades de aprendizagem, no entanto, podem necessitar que essas habilidades lhes sejam ensinadas de maneira mais direta. Alguns distritos escolares usam atividades em pequeno grupo para ensinar e praticar fundamentos sociais como iniciar uma conversa, responder adequadamente aos outros e expressar os sentimentos. Tipicamente, essas lições são muito práticas e detalhadas. O quadro que se segue apresenta instruções para pedir ajuda.

Há também muitas coisas que os pais podem fazer para encorajar o crescimento social. Por exemplo, as pesquisas mostram que a aparência contribui significativamente para a popularidade, e por isso as crianças devem ser encorajadas a prestar atenção à postura, à aparência pessoal e à limpeza. "Nós ensinamos nossos filhos que um sorriso amável e expressar interesse nos outros também pode contribuir muito para obter aceitação", sugere um educador especial. "O fato é que as pessoas tendem a gostar das pessoas que elas acham que gostam *delas*." Fazer um esforço para entender o temperamento e os padrões de comportamento do seu filho pode ajudá-lo a organizar eventos

---

Como conseguir ajuda

Habilidades básicas
Encare a pessoa.
Faça contato visual.
Use um tom de voz sério.
Mantenha uma expressão facial séria.
Mantenha uma postura ereta.

Outras etapas nesta habilidade
Diga o nome da pessoa.
Pergunte se a pessoa tem tempo para ajudá-lo.
Explique o seu problema.
Peça conselho.
Escute atentamente o conselho da pessoa.
Faça perguntas, se não entender.
Se necessário, realize a tarefa enquanto a pessoa observa.
Peça *feedback*, se necessário.
Agradeça à pessoa.

Reproduzido com permissão. J.B. Shumaker. Social performance of individuals with learning disabilities: Through the looking glass of KU-IRLD research. *School Psychology Review* 21 (1992), p. 389.

sociais que mostrem o melhor da personalidade da criança e evite situações que a coloquem em uma posição de desvantagem. "Eu fiquei uma pilha de nervos depois da festa do aniversário de 7 anos do meu filho", recorda uma mãe. "Tony ficou tão frenético e superestimulado que eu não acho que ele tenha gostado muito da festa. Dada a sua tendência para a excentricidade, eu não sei o que me fez pensar que seria uma boa ideia convidar seis menininhos enérgicos para passar a noite em minha casa. No oitavo aniversário de Tony, resolvi levá-lo e a *um* amigo a um parque de diversões. Os passeios e o tobogã aquático davam-lhe muitas saídas para sua energia e no fim do dia estávamos todos cansados – mas felizes."

As crianças não precisam de muitos amigos para se sentirem socialmente bem-sucedidas – aquelas que têm um ou dois amigos para compartilhar interesses e atividades em geral se sentem bem. No entanto, as crianças que aos 9 anos não conseguem estabelecer conexões significativas com seus pares têm um risco aumentado de apresentar problemas emocionais ou comportamentais. Por isso, o isolamento social é um sinal vermelho que deve chamar a atenção dos pais. (No Capítulo 11 temos mais a dizer sobre as maneiras como os pais podem ajudar a promover o sucesso social.)

DE QUE TIPO DE APOIO EMOCIONAL MEU FILHO PRECISA?

As crianças com dificuldades de aprendizagem enfrentam às vezes um longo curso de obstáculos assustadores ao ingressarem na escola: professores que não as entendem, livros e deveres que não fazem sentido, alunos cruéis com qualquer um que seja "diferente" e, ocasionalmente, pais que os culpam ou os repreendem por seu fracasso em corresponder às expectativas. Portanto, não deve nos surpreender que as crianças que têm dificuldades de aprendizagem sofram com uma grande carga de problemas emocionais. Até mesmo estudantes cujas dificuldades foram identificados e cujas famílias os apoiam podem sentir níveis superiores aos normais de frustração e estresse, como o início do diário de Nick (mostrado na página 119) ilustra com uma clareza tocante.

Essas crianças precisam, no mínimo, de incentivo adicional e compreensão de suas famílias para manterem sua coragem e autoestima. Alguns alunos, porém, precisam mais do que isso. Com frequência, sensações prolongadas de raiva, ansiedade ou impotência são mais bem abordadas por conselheiros profissionais. A intervenção profissional deve ser buscada sem demora se um aluno desenvolver tendências destrutivas (incluindo autodestrutivas) ou estiver exibindo sintomas de depressão. Uma vez que esses padrões tenham se desenvolvido, é improvável que o aluno faça um progresso escolar significativo até que as questões emocionais tenham sido resolvidas.

Orientação profissional também pode ser necessária para que os membros da família lidem apropriadamente com os problemas de aprendizagem e de comportamento de uma criança. Além disso, os pais desenvolvem padrões autoderrotistas: estabelecer expectativas irreais, ser inconsistente com relação às regras, tornar-se superprotetor e ajudar exageradamente são alguns dos padrões mais comuns. Um conselheiro familiar habilidoso pode ajudá-lo a identificar esses hábitos improdutivos e sugerir modos de interagir com seu filho que sejam mais confortáveis e tragam melhores resultados. Os conselheiros também podem ajudá-lo a trabalhar os sentimentos de culpa, raiva ou ansiedade que possam estar interferindo em sua eficácia como pai ou mãe. No Capítulo 10, falaremos mais sobre a dinâmica familiar de viver com uma dificuldade de aprendizagem e posteriormente discutiremos como encontrar um bom terapeuta familiar.

Os pais às vezes não sabem quanto devem contar aos filhos sobre suas dificuldades. Será que as crianças ficarão traumatizadas pela descoberta de que têm um déficit? Achamos que *não* falar às crianças sobre suas dificuldades de aprendizagem re-

Nick

A mãe de Nick nos conta o seguinte na introdução ao diário do filho: "Nick estava na 5ª série quando escreveu isso, em completo desespero frente à sua incapacidade de entender qualquer coisa na sala de aula. A sua professora de classe parecia ter certeza de que podia lidar com o lento ritmo de trabalho de Nick e com sua fraca compreensão das tarefas, fazendo-o ficar sentado em um banco durante o recreio. De início, Nick não me contou sobre essa coisa de ficar no banco, aparentemente por se sentir triste pelo ano letivo começar tão mal".

A coisa mais difícil que já tive que fazer foi obter uma boa nota em meu teste de vocabulário, porque tenho muita dificuldade em lembrar as coisas. Estudo muito e não consigo aprender. Me esforço muito, mas preciso de mais tempo. Minha mãe tem me ajudado muito. Agora, eu tenho que escrever um poema. Eu não consigo fazer isso, entende? Já lhe falei que preciso me sentar no banco. Gostaria de poder dar uma bofetada em mim mesmo e me livrar dos meus problemas de aprendizagem, mas a Sra. Saunders não entende. Minha mãe e meu pai vão falar com ela, e meu pai tem me ajudado muito também. Há duas semanas tenho ficado sentado no banco. Isso está me deixando louco. Meus amigos dizem que sabem por que a Sra. Saunders não entende. Espero ser aprovado no final do ano. Estou com muito medo. Alguém me ajude. Tudo o que a Sra. Saunders faz é colocar as pessoas sentadas no banco. Ela grita com todo mundo... Não estou me divertindo muito este ano. Eu me odeio. A vida é injusta. Não estou feliz. Mas, quando estou em casa, o papai realmente faz com que eu me sinta bem. Eu o amo muito...

Eu me sinto como se estivesse na cadeia e jamais fosse sair. Quero dizer a ela como me sinto, mas ela só grita comigo. Acho que vou juntar coragem para dizer a ela. Estou muito triste mesmo, com um "T" maiúsculo... Estou na biblioteca agora. Talvez eu fale com a Sra. Saunders.

Reproduzido com permissão de Rita Ter Sarkissoff, Sebastopol, CA, 1996.

---

presenta uma ameaça bem maior à sua saúde emocional. Lembre-se de que as crianças que têm problemas de aprendizagem quase sempre percebem que de algum modo são diferentes. Contudo, as explicações que imaginam para serem diferentes são, geralmente, bem piores que a verdade. "Eu não conseguia fazer coisa alguma direito, e era tão difícil me relacionar com alguém que simplesmente imaginei que eu era uma má pessoa", diz um homem cujo TDAH só foi identificado na idade adulta. "Quando garoto, eu passava muito tempo me preocupando em ir para o inferno. Se naquela época alguém tivesse me dito que eu tinha um cérebro diferente, teria me sentido muito grato."

"É *muito* importante passar a essas crianças a mensagem de que elas não são burras", diz uma educadora especial. "Geralmente, a estupidez é a única explicação que essas crianças podem dar para seus problemas em sala de aula. Além disso, elas precisam entender que há mais do que um modo de solucionar problemas e que o sucesso vem da descoberta da abordagem certa – não apenas de 'esforçar-se mais', como tantas vezes insistiram que fizessem."

Os pais experientes acrescentam que os estudantes que entendem suas dificuldades (e como contorná-las) sentem-se bem mais motivados e são mais propensos a estabelecer objetivos desafiadores para si mesmos do que os alunos que se sentem confusos sobre suas dificuldades e se envergonham delas. "Eu me senti muito triste no dia em que meu filho, que estava na 4ª série, perguntou se um dia superaria sua dificuldade e eu tive de lhe dizer que isso não aconteceria", recorda uma mãe, "mas ele recebeu essa notícia com muita naturalidade. Ele disse: 'Bom, mãe, se eu não posso superar isso, terei de aprender a conviver com o problema, não é?'" Esse estudante (atualmente na lista dos melhores alunos de uma seleta universidade), da 5ª série em diante, participou de todos os encontros de educação especial do seu programa. "No ensino médio eu costumava explicar aos meus professores como eles deveriam me explicar as coisas", ele diz. "Na maior parte do tempo, eles apreciavam essa ajuda."

Esse jovem descobriu que a autoconfiança provinha de aprender a lidar com uma dificuldade – não de escondê-la ou fingir não possuí-la. Quando lhe perguntaram como desenvolveu uma atitude tão positiva, ele explicou da seguinte maneira:

> Bem, para início de conversa, eu sempre soube que meus pais estavam do meu lado. Lembro-me que certa vez, no ensino fundamental, uma professora recusou-se a me colocar no grupo de leitura avançada porque minhas habilidades de escrita ainda eram muito ruins, e os alunos avançados precisavam escrever resenhas de livros. No dia seguinte, minha mãe foi lá com minhas pontuações de leitura em uma das mãos e uma cópia das leis estaduais que se aplicavam às dificuldades de aprendizagem na outra. Elas tiveram uma discussão educada e eu fui colocado no grupo de leitura avançada. Minhas resenhas literárias foram apresentadas oralmente.
>
> Na maior parte do tempo, no entanto, meus pais agiam como se ter uma dificuldade de aprendizagem não fosse grande coisa. Era apenas algo com que tínhamos de lidar, mas não algo para nos entristecer, entendeu? Assim, acho que simplesmente cresci achando que, basicamente, eu estava bem.

Os estudantes com dificuldades de aprendizagem basicamente *estão* bem. Se os problemas escolares começam a parecer assustadores, é importante relembrar isso. Inspire profundamente, leve a criança para um passeio e faça algo divertido. Em determinado dia, a coisa mais útil que você pode fazer como pai ou mãe "especialista" é ter prazer e apreciar seu filho como um ser humano único. Para a maioria das crianças a autoestima depende amplamente de como elas se sentem com relação à pessoa que veem refletida nos olhos de seus pais.

O que devo esperar do professor do meu filho?

A grande maioria dos alunos com dificuldades de aprendizagem são incluídos para muitas de suas aulas com aprendizes típicos em salas de aula regulares. Embora a experiência e a habilidade do professor afete o desempenho de todas as crianças da classe, aquelas com dificuldades de aprendizagem têm uma necessidade maior de clareza, flexibilidade e estrutura do que a maioria.

As perguntas que se seguem se concentram nas qualidades que distinguem o ensino e o manejo de classe excelentes. Você pode observar muitas delas durante uma curta visita à classe (30 minutos). Você vai desenvolver um "faro" para os outros à medida que interage com o professor de seu filho no decorrer do ano letivo. Embora os pais nem sempre escolham o professor de seus filhos, você deve ter consciência de

(continua)

O que devo esperar do professor do meu filho?

que quando um professor não consegue satisfazer muitos destes padrões, os alunos com dificuldades de aprendizagem podem precisar de mais ajuda do que o habitual (de educação especial ou fora da escola) para realizar um progresso satisfatório.

Expectativas de alto desempenho
- Os objetivos do professor são altos, mas possíveis de serem atingidos? O professor *espera* que seu filho aprenda e está muito determinado a ensinar o seu filho?
- A lição de casa diária tem por objetivo reforçar a aprendizagem em sala de aula?
- O professor inquire igualmente as crianças de todos os níveis de habilidade e lhes dá igual *feedback*?
- O professor espera até cinco segundos pelas respostas, reformula as perguntas se necessário, dá "dicas" e explicações para os alunos que demoram a responder às perguntas?

Ênfase nas habilidades básicas
- As crianças passam tempo suficiente todos os dias lendo (em voz alta ou silenciosamente) e escrevendo, para estimular o progresso?
- As habilidades básicas são ensinadas até o nível de domínio, para construir uma base sólida para habilidades de nível mais elevado?
- Próximo de 80% do dia é destinado à tarefa de aprendizagem acadêmica (distribuição de textos, tempo livre, organização do material, recreio, movimentação entre as classes, etc.)?

Monitoramento sistemático do desempenho do aluno
- O professor usa perguntas, lições de casa, ensaios, testes-relâmpago, apresentações e projetos para monitorar se as crianças estão aprendendo o que se espera que aprendam?
- As crianças obtêm um *feedback* corretivo rápido?
- O progresso do aluno é colocado em um gráfico, para que os alunos tenham um objetivo rumo ao qual trabalhem e sintam prazer em atingi-lo?
- Enquanto os alunos estão trabalhando individualmente, o professor circula pela sala para manter as crianças engajadas, checar o trabalho, responder perguntas e lhes dar *feedback*?

Clima escolar ordenado e positivo
- A sala de aula é agradável, positiva, amigável, segura e ordenada?
- O professor comunica que todos são bem-vindos e valorizados?
- Os professores estão "ligados", têm consciência e reagem o tempo todo ao que acontece em sua classe, conseguem prever e lidar com os problemas antes que eles aumentem sua proporção?
- O professor comunica entusiasmo usando humor, expressividade, exibindo suas emoções claramente?
- O esforço é reforçado? ("Você se esforçou bastante para usar mais palavras na sua dissertação; estou orgulhosa de você!")
- O orgulho está relacionado ao conteúdo? ("Muito bem, um triângulo tem três lados" é melhor do que "Você é ótimo!") As atividades preferidas (como algum tempo no computador) são usadas para reforçar o sucesso na escola, e reforçadores intercambiáveis (como pontos, marcações feitas em um cartão) são utilizados para aumentar a motivação?
- O elogio é usado com parcimônia (não efusivamente, porque assim ele perde o significado) e para constatar um esforço *real*? (Elogiar respostas fáceis é constrangedor, invasivo, desvia a atenção e envergonha o aluno.)
- O professor evita crítica e sarcasmo?
- A aprendizagem inclui altos níveis de interação dos alunos, como em projetos

(continua)

O que devo esperar do professor do meu filho?

em grupo que são recompensados após serem concluídos?
- Os exercícios são corrigidos marcando-se as respostas certas e esperando que os alunos corrijam aquelas que estão incorretas?
- Os professores incorporam as ideias e os interesses das crianças em suas aulas, comunicando desse modo que as ideias das crianças são respeitadas?
- As atividades de aprendizagem são criativas, variadas e desafiadoras?
- Os alunos recebem papéis de liderança na classe (por exemplo, monitorar a lição de casa, ser capitão da equipe) para estimular a responsabilidade e o envolvimento?
- São construídos entre os alunos orgulho e identificação com a escola?
- O envolvimento dos pais é encorajado?

Ensino organizado
- Regras de conduta e rotinas razoáveis são estabelecidas e ensinadas?
- A classe tem um tamanho razoável (menos de 20 alunos) e as crianças ficam sentadas em grupos em vez de em filas para promover a aprendizagem e a socialização dos colegas? Há disponibilidade de centros de atividade para os projetos em grupo?
- A classe é composta de um misto de alunos, com menos de um terço deles constituído de aprendizes esforçados?
- O professor usa ensino em pequeno grupo e individualizado, como também ensino para todo o grupo?
- A velocidade do ensino é suficientemente rápida para manter a atenção dos alunos, mas lenta o bastante para responder às necessidades de aprendizagem das crianças?
- É destinado tempo suficiente para as áreas prioritárias de ensino? Matérias importantes devem ser ensinadas tanto de manhã quanto à tarde.

- Meu filho é 90% ou mais bem-sucedido nas tarefas antes de passar para algo mais difícil?
- As tarefas não são fáceis demais nem difíceis demais, para que os alunos permaneçam concentrados e engajados?
- O professor usa agrupamentos diferentes para os diferentes indivíduos (às vezes os mesmos níveis de habilidades básicas, mas mais frequentemente níveis mistos para a compreensão e o ensino da área de conteúdo; o professor agrupa pelos interesses)? Os aprendizes com mais dificuldade se beneficiam das explicações e da orientação dos colegas em grupos de aprendizagem heterogêneos?
- O professor mantém o tamanho do grupo pequeno? (As crianças aprendem mais com um professor em grupos de três ou quatro do que de cinco a sete.)
- O professor incorpora aprendizagem experiencial, tutoria dos colegas e aprendizagem cooperativa? Aprender fazendo é mais instrutivo do que realizar sozinho exercícios individuais, que nunca devem constituir mais de 50% do dia letivo.
- Há compartimentos menores para crianças que se distraem facilmente, e as distrações são mantidas a um mínimo (por exemplo, quadros de boletins, barulho)? A criança que precisa ser redirecionada à tarefa senta-se perto da professora?
- As crianças que necessitam de ajuda da educação especial a obtêm em horários em que *não* estão perdendo ensino essencial na classe?

Estratégias de ensino eficazes
- O ensino direcionado pela professora ocupa uma parcela maior do dia letivo do que o trabalho independente ou a tutoria dos colegas?
- O professor assume um papel ativo e direto na transmissão do conteúdo ao aluno, em vez de se basear apenas

(continua)

O que devo esperar do professor do meu filho?

- em livros didáticos para ensinar? As apresentações do professor devem ser acompanhadas de perguntas, respostas dos alunos e aplicação de oportunidades.
- O professor checa o entendimento de novo conteúdo a intervalos regulares por meio de *feedback* por escrito e repetição do que foi ensinado? A redundância reforça a nova aprendizagem, com frequência sendo necessárias até 50 repetições.
- O professor corrige imediatamente os erros do aluno, mantendo as correções em 30 segundos ou menos para evitar que a classe desvie a atenção da tarefa?
- O professor explicitamente ensina estratégias mnemônicas e organizacionais e orienta os alunos para um nível de raciocínio mais elevado?
- O professor usa várias estratégias de ensino e avaliação adequadas às diferentes modalidades para que as crianças com diferentes estilos e habilidades de aprendizagem possam aprender a matéria?
- Os alunos têm escolhas em relação à maneira de realizar uma tarefa? Suas sugestões são ouvidas?
- A lição de casa é iniciada na classe, para que a professora possa ajudar com as questões?
- O novo conteúdo acadêmico é relacionado à própria vida e aprendizagem prévia do aluno para torná-lo mais significativo?
- O professor usa muitas explicações diferentes para um conceito, incluindo extrair exemplos da vida cotidiana?
- O professor desenvolve a fluência na leitura proporcionando oportunidades diárias para a leitura de material fácil (96% ou mais de acurácia)?
- Exceto ao introduzir um novo conceito, o objetivo da aprendizagem se aproxima de 80% de acurácia (90% para a lição de casa e o trabalho realizado pelo aluno em classe)? A aprendizagem deve requerer esforço e ponderação, mas não deve ser tão difícil a ponto de o aluno evitá-lo e cometer erros (senão ele "aprende" os erros).
- O professor dá instruções claras, demonstra com frequência e explica as transições de uma ideia para outra?
- As respostas dos alunos são ativamente solicitadas e discutidas?
- São usados jogos e atividades com um formato de alto nível de resposta *versus* atividades que requerem que as crianças sentem, escutem e esperem a sua vez?
- O professor faz perguntas com intervalos de alguns minutos e chama para respondê-las tanto voluntários quanto não voluntários? O professor formula perguntas de um nível de conhecimento menor e perguntas que requerem compreensão, assim como aquelas que requerem uma aplicação de alto nível, análise e avaliação, para que todos os alunos possam participar?

PARTE III
Uma educação apropriada

7

Como se tornar um ativista da educação

Para muitos pais, a identificação de uma dificuldade de aprendizagem é acompanhada de algum alívio – finalmente, a causa de todos aqueles problemas enigmáticos na escola foi descoberta! Embora ninguém possa se sentir excitado com ideia da educação especial, pelo menos é bom saber que existem especialistas que entendem as dificuldades de aprendizagem e sabem como lidar com elas. Quando esses especialistas assumirem o controle, certamente o estudante começará a fazer progressos e tudo correrá bem.

Às vezes, as coisas realmente acontecem assim. Em outros momentos, as famílias se descobrem enfrentando situações como a seguinte:

> Susie, 9 anos, recebeu recentemente o diagnóstico de dificuldade de processamento da linguagem, que está comprometendo seus esforços para a leitura. Embora ela tenha um desempenho dentro da média em matemática e na maioria das outras matérias, lê em um nível de 2ª série. Espera-se que a leitura de Susie melhore com uma hora de instrução em educação especial por dia. Portanto, foi recomendado que ela permaneça em sua classe regular da 4ª série, mas frequente uma classe especial da escola durante uma hora toda tarde, para trabalhar suas habilidades de leitura com uma professora de educação especial.

Esse tipo de arranjo (que é comum para alunos com dificuldades de aprendizagem e consistente com a exigência legal de que esses alunos sejam educados no "ambiente menos restritivo possível") parece satisfatório para todos. Os pais de Susie estão satisfeitos, porque ela finalmente obterá o auxílio especializado de que necessita. Susie está contente, porque poderá permanecer com seus amigos da 4ª série na maior parte do tempo. Os administradores da escola estão satisfeitos, porque esse sistema faz um uso eficiente do professor de educação especial: trabalhando com pequenos grupos uma hora por vez, um especialista na aprendizagem pode atender 20 ou mais alunos por dia. Como a escola de Susie identificou relativamente poucos estudantes com dificuldades, está trabalhando com "meio professor" (um professor de educação especial atende duas escolas, uma pela manhã e outra à tarde).

Porém, em dois meses, torna-se óbvio que o programa de Susie não está funcionando. A menina não apenas não está mostrando sinais de melhora, mas seu desempenho, na verdade, está piorando em algumas áreas. Ela está decaindo em estudos sociais, e suas notas em matemática e ciências também caíram. Precisa realizar um volume assustador de lições de casa – duas a três horas de trabalho todas as noites – e seus pais agora passam a maior parte das noites durante a semana na mesa da cozinha, ajudando a filha em suas tarefas. Essas sessões são pontuadas, com frequência, por ataques de raiva e lágrimas, já que Susie insiste em que não pode fazer o que esperam que ela faça. O nível de ansiedade que a menina está sofrendo na escola é pior do que qualquer coisa que ela já viveu antes. Para tornar tudo ainda mais doloroso, a carga de trabalho de Susie deixa-lhe pouco tempo e energia para a recreação. Seus amigos não a incluem mais em atividades após a escola, porque ela sempre tem "muita lição de casa para fazer".

O que deu errado? O pai de Susie suspeita que os professores da filha são incompetentes, enquanto a mãe se preocupa com a possibilidade de a dificuldade ser muito mais grave do que se supunha inicialmente. A verdade é que Susie é uma vítima de demandas curriculares aumentadas e fraca coordenação entre seus programas de educação regular e especial. Observemos o que realmente está ocorrendo na escola da menina:

> Susie é retirada de sua sala de aula regular para auxílio com a leitura entre uma e duas da tarde. Durante esse período, seus colegas recebem aulas de estudos sociais (às segundas, quartas e sextas-feiras) e ciências (terças e quintas-feiras). Embora fosse mais sensato retirá-la de sua sala pela manhã, durante o período de leitura da 4ª série, isso não é possível, porque a professora de educação especial só chega à escola após o almoço. Susie, portanto, passa a maior parte de suas manhãs envolvida em atividades de leitura completamente inapropriadas para ela. A menina perde totalmente as aulas de ciências e estudos sociais. A matemática – anteriormente a matéria preferida da menina – é ensinada de manhã, mas este ano a disciplina não está fazendo muito sentido para Susie. Os problemas verbais foram introduzidos, e a aluna não consegue entendê-los suficientemente bem para descobrir qual de suas habilidades matemáticas deve aplicar.

> O Sr. Jones, o professor regular de Susie, é um instrutor experiente e seguro, mas jamais recebeu qualquer treinamento em dificuldades de aprendizagem na faculdade em que estudou, há 20 anos, ou desde então. Como resultado disso, o Sr. Jones não sabe quase nada sobre essas dificuldades e como os estudantes são afetados por eles. Disseram-lhe que Susie tem uma dificuldade de aprendizagem, mas ele não teve oportunidade de se reunir com a professora de educação especial e examinar o plano de educação de Susie, e por isso não entende os problemas dela. De qualquer modo, a visão do Sr. Jones é que lidar com a dificuldade de aprendizagem de Susie é tarefa da professora de educação especial. Ele tem consciência de que a menina está se esforçando em seus estudos, mas o mesmo ocorre com outros 10 alunos em sua classe de 27. Ele já tem muito com que se preocupar e se sente grato por outra pessoa se preocupar com os problemas de Susie.

> Ninguém disse ao Sr. Jones que ele precisa fazer algo pela aluna, de modo ele que presume que ela precisa realizar o mesmo trabalho que os outros estudantes da 4ª série. Como Susie está perdendo as aulas de estudos sociais e ciências, o Sr. Jones lhe envia os trabalhos dessas duas matérias para que ela os realize em casa, além de suas tarefas regulares. Os textos de ciências e história, bem como as folhas de exercícios que Susie recebe, são muito mais longos e mais complicados do que qualquer coisa que ela tenha recebido no ano anterior (na maioria das escolas, as demandas por compreensão da leitura aumentam muito nas 4ª e 5ª séries). Além disso, Susie está tentando realizar esse trabalho sem o benefício da instrução e das atividades – discussões, filmes, experiências, etc. – que outros alunos da 4ª série recebem na sala de aula. Na verdade, ela tem mais trabalho (a instrução especial em leitura foi sobreposta ao seu currículo normal da quarta série) com menos ajuda que qualquer um de seus colegas. Não espanta que esteja se queixando disso!

E quanto à professora de educação especial? Será que ela não deveria se coordenar com o professor da classe de Susie e atentar para o programa educacional da menina? Tecnicamente, sim, mas observemos o dia dessa professora. Este ano, a Srta. Smith recebeu 25 alunos da 1ª à 6ª série. A lei exige que ela implemente um programa individualizado para cada um deles. Cada minuto de seu tempo é dedicado à instrução direta, exceto pelo horário do almoço, que ela passa se locomovendo de uma escola para outra. A Srta. Smith é uma professora competente e interessada; ela gostaria de se reunir com os professores de classe de cada um de seus alunos (entre as duas escolas, eles são mais de 15) e lhes contar mais sobre os estudantes e suas dificuldades de aprendizagem. Onde, porém, está o tempo para fazer isso? Ela não tem nenhum período livre. Mal tem tempo para comparecer às reuniões da equipe de educadores especiais no escritório central do distrito escolar. A Srta. Smith se esforça para ajudar quando tem conhecimento de que um de seus alunos está tendo um problema na classe, mas raramente tem tempo para fazer mais do que isso.

Como Susie é uma aluna nova para ela, a Srta. Smith passou várias semanas pesquisando os materiais de leitura que provavelmente a ajudariam mais. Esse processo exploratório é importante para o sucesso do programa, mas, enquanto isso, Susie não parece ter feito muito progresso. Como a menina vê a Srta. Smith como uma professora de leitura que nada tem a ver com o Sr. Jones, nada lhe disse sobre seus problemas com as lições de casa ou na classe. Como os pais de Susie acham que as dificuldades da filha se devem principalmente às suas dificuldades de aprendizagem, não contataram qualquer pessoa na escola para transmitir suas preocupações; eles estão simplesmente tentando ajudar Susie a fazer o melhor possível. Como resultado, a Srta. Smith não sabe que o programa geral da menina é extremamente injusto. A menos que alguém – o professor da sala de aula, Susie ou seus pais – fale com ela, provavelmente continuará sem saber do problema, até que o boletim de Susie, com notas cada vez mais baixas, a alerte.

Será que a coordenação e a comunicação entre os profissionais podem ser realmente tão ruins? Infelizmente, sim. Em quase todas as reuniões dos pais de alunos com dificuldades de aprendizagem, pesadelos educacionais como o de Susie são compartilhados. Existem histórias de alunos que não conseguem soletrar e que são humilhados por serem convidados a participar de concursos em que devem fazer isso; de alunos que não conseguem ler e recebem textos de nível universitário; e de alunos que não conseguem escrever e recebem nota zero por um trabalho escrito incompleto ou descuidado. Os pais com frequência afirmam que só foram informados dos problemas enfrentados por seus filhos meses ou até anos depois do fato ocorrido. "Quando estava no ensino médio, meu filho me contou que sua professora da 6ª série o fazia sentar-se em uma cadeira de pré-escola, porque sua escrita se parecia com os trabalhos das crianças pequenas", recorda uma mãe. "Quando perguntei a Sean por que ele nunca havia me contado isso, ele me disse que sentia muita vergonha – depois acrescentou que ia tão mal naquele ano que lá pelas tantas imaginou que merecia essa punição."

Para entendermos como problemas desse tipo podem ocorrer, é necessário sabermos algo sobre a evolução do programa de educação especial. Em primeiro lugar, devemos reconhecer como é este novo campo. Só em meados da década de 1970 os Estados foram obrigados pelo governo federal a educar crianças com dificuldades. Antes disso, as escolas públicas podiam – e, às vezes, exerciam esse direito – rejeitar alunos com déficits, afirmando que não possuíam instalações apropriadas ou uma equipe para lidar com suas necessidades especiais. Em 1975, o Congresso norte-americano aprovou a Lei Pública 94-142, o Education for All Handicapped Children Act ([Ato para a Educação

Os pais falam...

Minha filha adora ciências e saiu-se muito bem nas aulas de ciência do ensino fundamental, apesar da sua dislexia. Contudo, ao final da 8ª série, seu professor não a recomendou para a classe avançada de ciências da escola. Quando lhe perguntei o porquê disso, ele disse que não tinha dúvidas de que Karen podia manejar conceitos, mas achava que seu ritmo lento de trabalho a colocaria em uma imensa desvantagem na classe avançada. Argumentei que a colocação de Karen deveria ser determinada por suas *habilidades* – não por suas *dificuldades* – e acrescentei que a colocação da minha filha abaixo de seu nível intelectual prejudicaria sua motivação. Ofereci-me para falar com o professor de ciências avançadas e lhe explicar as adaptações de que Karen necessitaria para ter sucesso – tempo extra para seus testes e atribuições, por exemplo, e alguns ajustes na lista de leituras. Muitos professores não sabem muito sobre dificuldades de aprendizagem, e as pessoas têm medo do que não entendem. Quando o professor de ciências avançadas compreendeu que o trabalho com Karen não prejudicaria todo o seu currículo, a menina foi bem recebida na turma.

de Todas as Crianças Portadoras de Deficiências] PL 94-142, que, desde então, já sofreu várias emendas e, em 1990, recebeu o novo nome de Individuals with Disabilities Education Act [Ato para a Educação de Indivíduos com Dificuldades de Aprendizagem] ou IDEA). Essa legislação exigia que cada Estado oferecesse uma "educação pública gratuita e apropriada" para as crianças em idade escolar com qualquer das 13 condições diferentes causadoras de déficits, incluindo os alunos com "dificuldades específicas de aprendizagem".* A lei afirma também que esses alunos devem receber *programas individualizados de educação,* visando a atender às suas necessidades específicas.

A lei federal determina que a instrução em educação especial pode ser oferecida em vários ambientes (incluindo salas de aula normais, salas de aula especiais, escolas especiais, casa do aluno, hospitais e outras instituições), mas acrescenta que deveria ser feito um esforço para educar os alunos no *ambiente menos restritivo possível.* As crianças com dificuldades devem ser educadas em suas escolas, junto com os colegas sem dificuldades. A colocação em salas de aulas regulares, com apoios e acomodações apropriadas, é considerada preferível à colocação em classes separadas de educação especial. De acordo com a lei, a remoção do ambiente educacional regular só é aceitável "quando a natureza e a gravidade da dificuldade são tais que a educação em classes regulares com o uso de auxílios e serviços complementares não pode ser realizada satisfatoriamente". Onde quer que sejam colocados, os alunos devem ter o maior acesso possível ao currículo regular.

A ênfase da lei no ambiente menos restritivo resultou, em parte, da defesa incisiva de grupos que representam os pais de crianças com déficits. Esses pais estavam muito familiarizados com a tendência dos educadores de isolarem estudantes com necessidades especiais, colocando-os fora das vistas e longe das mentes da população escolar típica. Os pais achavam que tal prática estigmatizava seus filhos desnecessariamente, roubava-lhes a oportunidade de obter apoio

---

* Para a definição das dificuldades específicas de aprendizagem, ver o Capítulo 5. As outras dificuldades reconhecidos pelo IDEA 2004 são retardo mental, déficits auditivos (incluindo surdez), déficits de fala ou de linguagem, déficits visuais (incluindo cegueira), transtorno emocional, déficits ortopédicos, autismo, lesão cerebral traumática, atrasos desenvolvimentais devido a déficits múltiplos, surdez/cegueira e outros déficits de saúde (que incluem o TDAH).

social e resultava em menores expectativas e em uma educação de segunda linha. A colocação de crianças com necessidades especiais na educação geral – isto é, sua inclusão nas atividades regulares de educação durante parte do dia escolar – foi proposta como uma forma importante de melhorar suas oportunidades.

Após essa legislação, as crianças com dificuldades de aprendizagem rapidamente emergiram como o maior grupo com necessidades especiais dos Estados Unidos (em termos nacionais, os estudantes com dificuldades de aprendizagem abrangem atualmente cerca de 50% da população total de educação especial). Esse fato gerou uma intensa demanda por professores especializados em dificuldades de aprendizagem e uma exploração de programas universitários visando preparar tais professores. Ainda assim, muitas escolas identificaram estudantes com déficits em uma taxa muito mais rápida do que podiam encontrar especialistas para trabalhar com essas crianças. Combinada com as limitações orçamentárias cronicamente enfrentadas por muitos distritos escolares, essa escassez forçou o desenvolvimento de programas que permitiam que especialistas em aprendizagem disponíveis atendessem o maior número possível de alunos. Os assim chamados "programas de retirada" (que colocavam os estudantes com dificuldades em salas de aulas regulares, mas os removiam para a instrução em um pequeno grupo com um professor de educação especial por uma ou duas horas por dia) fizeram um uso eficiente do tempo dos especialistas em aprendizagem e também cumpriram a exigência do ambiente menos restritivo possível. No momento, a maior parte dos estudantes com dificuldades de aprendizagem é educada em alguma variação desse modelo.

E quanto aos professores de classes regulares? Quando o IDEA foi aprovado, poucos professores possuíam qualquer treinamento em educação especial (atualmente, a maior parte dos programas de licenciatura oferece alguma informação sobre dificuldades de aprendizagem, mas isso frequentemente ocorre de uma forma mínima). Contudo, os estudantes com déficits eram colocados em suas classes regulares. Embora alguns sistemas escolares fizessem esforços para oferecer serviços de treinamento em dificuldades de aprendizagem para os professores, outros simplesmente encaminhavam os alunos e esperavam que os professores lidassem o melhor possível com eles – uma prática que os críticos chamam de "jogue e espere" (isto é, jogue as crianças nas salas de aulas sem apoio e espere que isso de algum modo funcione). Com frequência eram oferecidas aos professores oficinas sobre dificuldades, mas em caráter opcional. Compreensivelmente, muitos professores de classes regulares estavam inseguros sobre as suas responsabilidades para com alunos com dificuldades de aprendizagem. Será que eles eram responsáveis pelo ensino de habilidades básicas, ou isso cabia ao professor de educação especial? Será que deveriam oferecer materiais diferentes, ou usar métodos de instrução diferentes para os estudantes com necessidades especiais? Será que deveriam modificar o currículo, ou graduar as práticas para essas crianças? Será que a oferta de um "tratamento especial" aos estudantes com dificuldades seria justa para as crianças normais da classe?

A confusão criada por uma ausência de diretrizes claras foi aumentada pelas necessidades diversificadas, mas, ainda assim, altamente específicas dos estudantes com dificuldades de aprendizagem – assim como pelo fato de muitos estudantes com problemas de processamento de informações não parecerem sofrer alguma dificuldade. Já que a maior parte das crianças com dificuldades de aprendizagem passa mais da metade de seu tempo com professores que não têm muita certeza do que esses alunos precisam, ou de quem supostamente deveria suprir tais necessidades. Não nos surpreende que a qualidade dos programas para dificuldades de aprendizagem variasse muito de escola para escola e, até mesmo, de uma classe para outra.

Atualmente, sabemos bem que a educação e o apoio ao professor são as chaves para a inclusão bem-sucedida dos estudan-

> ### Será que a escola particular é a resposta?
>
> Os pais que se sentem frustrados com a experiência de sua escola pública imaginam às vezes se seus filhos não estariam melhor em instituições particulares. Será que as crianças com dificuldades tendem a se sair melhor em uma escola particular? A resposta é... talvez sim e talvez não.
>
> As crianças com problemas leves de processamento de informações podem se sair melhor na escola particular se esta oferecer turmas menores, mais atenção individual, limites de tempo mais flexíveis e maior flexibilidade tanto no currículo quanto no estilo de instrução que a escola pública. No entanto, se um aluno precisa de instrução especializada para dominar habilidades básicas de leitura, matemática ou escrita, tais vantagens sozinhas não produzirão melhora – a criança também deve ter o auxílio de um especialista em dificuldades de aprendizagem. Os pais também devem ter consciência de que os professores das escolas particulares e religiosas não são, necessariamente, mais bem informados sobre dificuldades de aprendizagem do que os professores das escolas públicas. Ainda é preciso um trabalho em estreita colaboração com eles para assegurar que os materiais, as lições e as atividades sejam apropriados e atendam às necessidades das crianças.
>
> No outro extremo do espectro, os estudantes cujos déficits e/ou problemas de atenção sejam tão graves que lhes seja muito difícil funcionar em uma sala de aula tradicional podem se beneficiar do comparecimento a uma escola particular exclusivamente para crianças com dificuldades de aprendizagem. Essas escolas têm em sua equipe especialistas em aprendizagem e oferecem uma gama de oportunidades e serviços além da abrangência da maioria das instituições públicas. Uma importante desvantagem é que as escolas desse tipo, atendendo apenas durante o dia, praticamente não existem na maioria das comunidades; muitas são internatos, cujas mensalidades rivalizam com aquelas de algumas universidades. Os estudantes também se sentem ambivalentes em relação às escolas "especiais". Alguns se sentem felizes e aliviados ao descobrir que existem outros alunos com problemas semelhantes (e que existem professores que podem ensiná-los), mas outros veem a colocação nessas escolas como um sinal de inadequação e fracasso. Os estudantes com atitudes positivas geralmente têm mais sucesso neste ambiente.
>
> Muitos pais lidam com a questão de escola pública/privada suplementando a educação em escola pública com aulas particulares. Tal abordagem pode funcionar bem se os professores forem escolhidos com cuidado e se o trabalho for planejado de forma a evitar uma sobrecarga para o aluno. Também é importante coordenar as atividades dos professores da escola e dos professores particulares a fim de evitar uma confusão desnecessária (por exemplo, se o professor de um aluno está trabalhando com um tipo de programa de leitura, e o professor particular está usando um sistema completamente diferente, a criança pode terminar se sentindo ainda mais confusa). Os grupos de apoio para pais geralmente são uma boa fonte de informações sobre professores particulares para estudantes com diferentes tipos de problemas de aprendizagem.

tes com déficits em classes normais. A National Education Association, por exemplo, afirma que para o bom funcionamento da inclusão, esta deve ser acompanhada dos seguintes aspectos:

- toda uma série de colocações e serviços educacionais para os estudantes (de modo que esses não sejam colocados inapropriadamente por falta de alternativas viáveis),

> ## Os pais falam...
>
> Meu filho tem talento para as artes e adorava teatro. Esses foram os dois motivos principais para mantê-lo interessado na escola. Houve um ano em que eu tive de ir falar cautelosamente com o diretor da escola de ensino médio, que disse que Randy não poderia atuar na peça teatral da escola porque estava prestes a ser reprovado em matemática naquele período letivo. O diretor me deu atenção quando eu disse que Randy começou a tirar notas baixas no momento em que a classe de matemática mudou de uma unidade de geometria para uma unidade de álgebra.
>
> Randy é bastante capaz em geometria porque esta possui um forte elemento visual, mas tem problemas para formar sequências e para memorizar, de modo que a álgebra é muito difícil para ele. Sugeri que a professora tornasse os conceitos de álgebra mais visuais e concretos – e, felizmente, após essa mudança, Randy começou a melhorar. Enquanto isso, ele criou em seu computador um cenário fantástico, com múltiplos níveis, para a peça teatral... Hoje, ele trabalha com animações no computador e está considerando uma oferta de trabalho da Disney.

- desenvolvimento profissional para a equipe,
- tempo adequado para os professores planejarem e colaborarem uns com os outros,
- turmas com um tamanho que responda às necessidades dos alunos,
- profissionais e auxílio técnico apropriados.

Muitos grupos que representam famílias de estudantes com dificuldades apoiam entusiasticamente a satisfação das necessidades dessas crianças dentro da sala de aula regular, e alguns deles trabalham ativamente com os distritos escolares visando o desenvolvimento de novas políticas e a melhoria dos programas locais. Ainda assim, mesmo quando existe um amplo apoio administrativo para a inclusão, a falta de recursos adequados pode impedir o desenvolvimento apropriado de uma equipe, novos serviços e reduções no tamanho da turma. Como resultado, os serviços regulares e especiais continuarão lutando para realizar o seu trabalho sob condições difíceis, e a qualidade dos programas disponíveis às crianças com dificuldades de aprendizagem permanece extremamente variada.

Por isso, a opinião coletiva de pais informados é que as *crianças com dificuldades de aprendizagem precisam de defesa* para garantir que a educação que recebem é realmente apropriada e efetiva. Sem uma supervisão ativa, esses estudantes estão muito propensos a ficar arrasados e desassistidos. Muitos pais afirmam que assumiram o papel de defensores porque não havia qualquer outra pessoa disponível para desempenhá-lo; em outras palavras, eles se tornaram ativistas educacionais. "Eu não sabia coisa alguma sobre educação quando comecei", diz uma mãe. "Eu sabia apenas que o que meu filho recebia na escola não o ajudava. Descobri que quase não havia comunicação entre os professores regulares e a equipe de educação especial na sua escola. Tornei-me uma espécie de intermediária não oficial, isto é, explicando as dificuldades de aprendizagem à professora regular e explicando o currículo da 5ª série à professora de educação especial; fiz o mesmo na 6ª série e novamente na 7ª. Durante esse período aprendi muito sobre a educação e também aprendi como transpor barreiras e lidar com a burocracia." Os pais não apenas gostam de garantir uma melhor educação para seus filhos, mas às vezes são também os instrumentos para a

> **Uma palavra sobre ser justo...**
>
> "Não é justo esperar que todas as outras crianças escrevam suas resenhas literárias, mas permitir que Jane apresente a sua oralmente. Ela deveria realizar o mesmo trabalho que os outros."
>
> "Por que Johnny deveria poder usar uma calculadora nos testes, quando isso não é permitido às outras crianças? Isso lhe dá uma vantagem injusta."
>
> "Se tiro pontos de todos os outros alunos por erros de ortografia, deveria fazer o mesmo com Sue. De outro modo, não estarei sendo justo."
>
> Algumas vezes, os professores resistem a fazer modificações nas tarefas, nos materiais ou nas práticas de pontuação para acomodar alunos com dificuldades de aprendizagem, porque acham que fazer tais ajustes não é justo para com os outros estudantes. Ser justo, insistem esses professores, significa tratar todos da mesma forma.
>
> Contudo, tais professores jamais exigiriam que um aluno com uma perna quebrada fosse privado de suas muletas e participasse dos exercícios no ginásio de esportes, nem sugeririam que alunos com problemas de audição participassem das aulas sem seus dispositivos auditivos, ou que estudantes cegos utilizassem livros normais, em vez daqueles escritos em braille. Talvez seja necessário fazermos algumas considerações adicionais sobre o que realmente significa *justiça*.
>
> Em primeiro lugar, a maioria de nós concordaria que ser justo significa não pedir a ninguém o impossível. Se você não espera que alunos de 2ª série realizem problemas de álgebra, ou que uma criança com paralisia cerebral grave dê altos saltos, não deve esperar que uma criança com habilidades de leitura de 4ª série leia livros do ensino médio sem auxílio. Também não deve esperar que crianças lentas no processamento de informações tenham um desempenho satisfatório em testes com tempo marcado, ou pedir que crianças com TDAH permaneçam sentadas por três horas a fio.
>
> Em segundo lugar, ser justo significa não punir as crianças por terem dificuldades. Se a lição de casa, que leva 40 minutos para ser realizada pela maior parte dos alunos, leva três horas para ser feita por um aluno com dificuldades de aprendizagem – deixando-lhe pouco tempo de folga para a recreação – *isso* não é justo. Essas situações tornam a aprendizagem muito mais difícil para os estudantes com déficits e os privam de oportunidades para ter um crescimento social e emocional normal.
>
> Em terceiro lugar, ser justo significa não privar as crianças com dificuldades dos meios para fazerem o que as crianças típicas podem fazer sozinhas. Se você não faz objeções a dar uma cadeira de rodas a um aluno com lesão na coluna espinhal, não deve objetar a oferecer uma calculadora a um aluno que não consegue memorizar ou a permitir que o aluno com problemas de escrita demonstre seu conhecimento ditando algumas tarefas. Essas modificações igualam as oportunidades dos estudantes; elas não dão "vantagens" aos alunos com dificuldades.
>
> Em resumo, tratar os estudantes com justiça significa que, às vezes, você precisa tratá-los de maneira diferente. Justiça significa dar às crianças igual acesso a uma educação igualitária – não insistir que todos façam tudo exatamente da mesma maneira.

criação de novos programas e serviços onde antes eles não existiam. Grupos de pais e profissionais, tais como a Learning Disabilities Association of America (LDA) e a Children and Adults with Attention Deficit Disorder (CHADD) oferecem informações e apoio às famílias e trabalham intensamente em prol de uma legislação que apoie estudantes com dificuldades de aprendizagem e proteja seus direitos nos níveis local, estadual e nacional. (Para obter os endereços destes e de outros grupos de defensoria, veja o Apêndice D.)

O que, exatamente, os pais precisam saber para oferecer aos filhos um apoio adequado e evitar problemas? As mães e os pais experientes afirmam que existem três áreas básicas nas quais o envolvimento e o apoio dos pais fazem uma grande diferença.

PREPARAÇÃO DE PROGRAMAS EDUCACIONAIS INDIVIDUALIZADOS

De acordo com a lei federal, a identificação de uma dificuldade de aprendizagem deve ser imediatamente seguida da preparação de um Programa Educacional Individualizado (PEI) para o aluno. Um documento do PEI enuncia objetivos anuais, especifica todos os serviços, apoios e acomodações que deverão estar disponíveis, e identifica o tipo de classes às quais a criança será encaminhada. O PEI é revisado e atualizado pelo menos uma vez ao ano (embora a revisão possa ser dispensada se os pais e os distritos escolares julgarem que são desnecessárias mudanças significativas). O consentimento dos pais é necessário para o encaminhamento inicial a serviços de educação especial e para mudanças na colocação. Uma vez que um aluno tenha sido encaminhado para a educação especial, os distritos escolares podem fazer outras alterações no programa do aluno sem o consentimento dos pais, mas só podem fazê-lo depois de uma tentativa razoável para a obtenção de *input* e aprovação destes (os distritos escolares têm uma certa liberdade para agir em benefício dos alunos cujos pais preferem não participar do processo do PEI).

Como mencionamos no Capítulo 5, o PEI é, na verdade, um contrato: o distrito escolar é legalmente obrigado a oferecer o auxílio e os serviços descritos nesse documento. O fato de os serviços e equipamentos especificados não existirem atualmente não pode ser usado como desculpa para seu não oferecimento (em outras palavras, se o PEI de um aluno afirma que ele precisa ter acesso a um computador na sala de aula e no momento não há computadores lá, a escola deve adquirir um). Além disso, o PEI desempenha diversas outras funções importantes:

- As reuniões do PEI oferecem uma oportunidade para que pais e educadores compartilhem suas percepções sobre as necessidades da criança, resolvam conflitos, discutam opções, priorizem objetivos e tomem decisões sobre o programa educacional da criança. Essas reuniões são necessárias após a identificação inicial de uma dificuldade de aprendizagem e, daí em diante, em geral uma vez por ano. Os pais também podem solicitar uma reunião para revisar ou rever os PEIs se os alunos não estiverem realizando um progresso satisfatório ou se surgirem novas preocupações.
- O PEI atua como uma ferramenta de manejo. Ele é usado pelos distritos escolares para garantir que as crianças com dificuldades recebam educação e serviços de acordo com as diretrizes federais e estaduais. Os monitores das agências governamentais podem rever os PEIs para garantir que as escolas estão cumprindo suas obrigações legais.
- O PEI atua como um dispositivo para o acompanhamento e a avaliação do progresso de um aluno de um ano para o outro. O PEI não é um "contrato de desempenho" – isto é, as escolas e os professores não podem ser considerados legalmente responsáveis se um estudante não atingir os objetos do PEI. No entanto, a dificuldade para progredir rumo aos objetivos especificados em um PEI sugere fortemente que há necessidade de modificações no programa de um estudante.

No próximo capítulo discutiremos algumas das questões mais importantes que precisam ser resolvidas na preparação de um PEI. Nosso propósito aqui é salientar a importância da plena participação nas reuniões do PEI. A lei federal norte-americana exige que as agências públicas notifiquem os pais com muita antecedência sobre a hora e o local dessas reuniões. Se você não puder comparecer a uma reunião marcada, é ra-

Os pais falam...

Eu tive de lutar até mesmo para que meu filho fosse *testado*. A escola dizia: "Ele é tão inteligente, e não está tendo notas ruins; portanto, não pode ter uma dificuldade de aprendizagem". Eu *sabia* que ele era inteligente – por isso mesmo não podia entender por que alguns tipos de trabalhos escolares eram tão difíceis para ele. Finalmente, insisti para que fosse feita uma avaliação. Esta mostrou que ele possuía tanto uma dificuldade de aprendizagem quanto um alto QI.. Muitas pessoas acham que "inteligência" e "dificuldades de aprendizagem" não podem andar juntas – até mesmo professores que julguei que soubessem das coisas. Caleb realmente se sentiu aliviado ao descobrir que tinha uma dificuldade de aprendizagem. Ele estudava feito louco para tirar apenas uma nota C – o que estava bom para a escola, mas não para ele. Depois que o seu programa foi modificado, ele entrou para o quadro de honra da escola. Conquistou um daqueles adesivos de carro dizendo: "Meu filho é um estudante de honra!" – você deveria ter visto o enorme sorriso em seu rosto, quando o colocamos no carro!

---

zoável pedir que a mesma seja remarcada para um horário ou dia mais conveniente. Se for impossível seu comparecimento a uma reunião do PEI de seu filho, então o distrito escolar deve se esforçar para garantir sua participação por outros meios, como conversas pelo telefone. O distrito escolar também tem a obrigação de providenciar intérpretes se os pais tiverem dificuldades auditivas ou falarem outro idioma. Apesar dessas medidas para a proteção dos direitos dos pais, um número surpreendentemente alto de pais jamais participa da preparação dos Programas de Educação Individualizada. "Acho que muitos pais simplesmente não percebem a importância de um documento como o PEI", diz um educador especial. "Se fosse com meu filho, eu tiraria o dia de folga – chegaria mesmo a perder um dia de salário – para garantir que suas necessidades estivessem sendo corretamente abordadas."

MONITORAMENTO DO PROGRESSO DO ALUNO

Como demonstra a história de Susie, a preparação de um PEI apropriado não garante que o programa de um aluno seguirá sem problemas. Muitas coisas podem interferir na implementação de um PEI, incluindo objetivos irreais ou incorretamente declarados, comunicação deficiente entre a equipe, classe muito grande, problemas com horários e escassez de espaço, materiais e pessoal de apoio. A resistência do aluno também pode ser um problema, particularmente entre crianças que passaram por longos períodos de fracasso ou frustração antes da identificação de suas dificuldades. Essas crianças com frequência não acreditam em si mesmas, e muitas desenvolveram comportamentos que contribuem para seus problemas escolares. Devaneios, procrastinação, mau comportamento para chamar a atenção e manipulação dos outros para a redução de expectativas ou para que sintam pena são uma amostra das estratégias contraproducentes de enfrentamento bastante usadas por crianças com dificuldades de aprendizagem na escola e em casa.

Como muitas delas perderam o entusiasmo, é importante que comecem a experimentar algum sucesso tão logo seja possível. Assim que percebem que estão avançando, sua motivação e seu nível de compromisso com as tarefas escolares geralmente melhoram. Para manterem seu entusiasmo, preci-

Diretrizes para parcerias entre pais e professores

Os professores das salas de aula regulares não são treinados em educação especial e não se pode esperar que atuem como tal. No entanto, pode-se esperar que respeitem os direitos humanos dos alunos e que façam acomodações razoáveis para uma dificuldade (para uma discussão das acomodações, ver o Capítulo 8). As diretrizes que se seguem estabelecem o que os pais de crianças com dificuldades de aprendizagem devem esperar de qualquer professor (básico), o que um bom professor pode prover (melhor) e o comportamento que identifica o professor realmente excepcional (excelente).

BÁSICO	MELHOR	EXCELENTE
1. As crianças não serão criticadas, envergonhadas, repreendidas, humilhadas ou constrangidas a se sentir culpadas por suas dificuldades de aprendizagem. O professor não lhes dirá que elas são preguiçosas, burras, teimosas ou inúteis.	Os alunos serão encorajados a trabalhar seus problemas de aprendizagem. Os professores serão sensíveis às questões sociais e emocionais associadas às dificuldades de aprendizagem e protegerão os alunos com necessidades especiais de crianças que implicam com eles ou tentam fazê-los se sentirem inferiores.	Os professores vão ajudar a classe a ter um melhor entendimento das dificuldades de aprendizagem. Serão designadas atividades às quais os alunos com necessidades especiais possam dar contribuições reais.
2. As crianças nunca serão solicitadas a realizar um trabalho que sejam totalmente incapazes de fazer.	As crianças serão solicitadas a fazer o máximo possível do trabalho regular da classe. Quando necessário, lhes serão dadas quantidades menores do trabalho regular ou atribuições alternativas.	O professor vai trabalhar com a equipe de educação especial para ver que materiais de classe serão consistentemente adaptados para os níveis de capacidade e estilos de aprendizagem dos alunos, ou que materiais especiais podem ser incluídos para ensinar os mesmos conceitos em níveis que os alunos possam lidar.
3. Na leitura, na escrita e em matemática, as crianças receberão instrução apropriada ao seu nível de capacidade. (Por exemplo, nenhuma criança que lê no nível de segunda série será solicitada a realizar um trabalho individual de um livro de leitura de 5ª série.)	Além de entender os pontos fracos dos alunos, os professores vão estimular os pontos fortes. (Por exemplo, uma criança com uma escrita deficiente, mas com boas habilidades de desenho, pode ser solicitada a ilustrar uma história escrita por outro aluno para a revista literária da escola.)	As crianças serão ensinadas a se organizar, a desenvolver boas habilidades de estudo e a usar estratégias educacionais apropriadas para poderem ser bem-sucedidas nesses aspectos.

(continua)

Diretrizes para parcerias entre pais e professores

BÁSICO	MELHOR	EXCELENTE
4. Os alunos serão testados com justiça. Não será permitido que as dificuldades interfiram na demonstração de conhecimento. (Por exemplo, os conhecimentos de um aluno com problemas de escrita não serão julgados tendo por base os ensaios apresentados por escrito.)	Os professores serão flexíveis com relação aos limites de tempo impostos para os testes e para os ambientes dos testes (por exemplo, salas silenciosas serão disponibilizadas para os alunos dispersivos).	Os professores usarão vários métodos de avaliação para acomodar diferentes estilos de aprendizagem (por exemplo, os estudantes devem poder escolher entre escrever um trabalho final e realizar um teste de respostas curtas).
5. As crianças não serão proibidas de participar de atividades enriquecedoras como punição pelo mal desempenho no trabalho escolar. Aulas de arte, música, educação física, recreio ou viagens de campo não serão restringidas porque o trabalho não foi concluído ou porque o aluno deixou de realizar uma determinada tarefa. (É claro que essas atividades podem ser restringidas por mau comportamento.)	As viagens de campo, projetos especiais, teatro, artes, música e esportes serão encarados como elementos importantes do programa do aluno. O desempenho nessas áreas será reconhecido e valorizado.	Os professores ajudarão as crianças a descobrir saídas para seus talentos e energia, e encorajarão ativamente sua participação nas atividades extracurriculares.
6. A criança não terá permissão para perturbar a aula. O professor não tolerará ataques de raiva, falta de respeito, grosseria, linguagem chula, agressão física ou danos à propriedade.	Os problemas de comportamento serão evitados pelo bom manejo da classe. O professor encorajará as crianças a expressar a raiva e a frustração de maneiras que não prejudiquem a si mesmos, aos outros ou à propriedade. As crianças serão reconhecidas e recompensadas por seus sucessos para aprenderem a encontrar satisfação no bom comportamento.	O professor vai planejar atividades que permitam aos alunos serem bem-sucedidos para ajudá-los a melhorar seu autoconceito e desenvolver a autoestima.

(continua)

> ### Diretrizes para parcerias entre pais e professores
>
> | BÁSICO | MELHOR | EXCELENTE |
> |---|---|---|
> | 7. O professor vai cooperar com os pais e proporcionar informações sobre o progresso das crianças quando necessário. | O professor vai assumir a liderança para providenciar que a escola e os pais trabalhem juntos no melhor interesse da criança. Os professores vão sugerir as maneiras em que os pais podem ajudar a apoiar a criança nas tarefas da escola e permanecerão flexíveis e abertos a sugestões dos pais e de outros profissionais. | O professor também tentará coordenar o planejamento do ensino com psicólogos, assistentes sociais, professores de educação especial, terapeutas e outros profissionais interessados no bem-estar da criança. |
>
> Adaptado de Suzanne H. Stevens, *The Learning Disabled Child: Ways that Parents Can Help*. (Winston-Salem, NC: John F. Blair, 1980).

sam ser capazes de se ver fazendo progresso em uma base regular. Muitas são muito sensíveis a contratempos: até mesmo curtos períodos de frustração podem ser suficientes para fazer com que desistam e revertam a padrões de comportamento indesejáveis.

Por esse motivo, os pais sensatos não esperam pelos boletins ou por revisões do PEI para verem como seus filhos estão indo na escola. Em vez disso, monitoram com muito mais frequência o progresso do aluno – em geral semanalmente. Ao detectarem problemas (com o progresso escolar ou com o bem-estar emocional), esses pais entram em contato com a escola e buscam a intervenção imediata. Tal posição ativa protege as crianças da experiência de períodos extensos e prejudiciais de derrota, e muitas vezes leva a importantes ajustes no programa didático.

A fim de monitorar efetivamente o progresso de um estudante, é essencial desenvolver relacionamentos cooperativos com os professores da criança – e às vezes também com os administradores escolares. Essa é uma perspectiva que alguns pais consideram intimidadora, pois existe algo em relação a se encontrar com um professor (ou, pior, com um diretor de escola) que faz com que a maioria de nós nos sintamos novamente como estudantes. Se fomos bons estudantes, este em geral não é um grande obstáculo para a comunicação. No entanto, os pais que não se saíram bem na escola podem sentir temor e impotência no momento em que põem os pés na escola. Os pais que acham que foram tratados injustamente lá (este grupo inclui muitos pais que tiveram, eles mesmos, problemas de processamento das informações) podem também sentir certa hostilidade com relação aos professores e a outras autoridades da área educacional. Eles podem ter problemas para lidar com os professores em virtude de uma falta de assertividade ou de uma atitude de constrangimento total.

No Capítulo 9, falaremos mais sobre o estabelecimento de relacionamentos com os professores de seu filho e sobre o desenvolvimento de métodos para o monitoramento do progresso do aluno. Contudo, é útil começarmos com uma ideia realista do que você pode esperar dessas pessoas importantes na vida de seu filho. As diretrizes para parcerias entre pais e professores no quadro das páginas 137-139 irão ajudá-lo a identificar o que você pode esperar de um professor de uma classe regular. Essas diretrizes também podem ser usadas para avaliar a eficácia do trabalho dos professores com estudantes que apresentam problemas de aprendizagem ou comportamentais.

OFERTA DE APOIO APROPRIADO EM CASA

A palavra-chave aqui é *apropriado*. Os dedicados pais de Susie acharam que estavam apoiando sua filha, quando a ajudavam noite após noite a fazer suas lições de casa. A verdade, contudo, é que eles podiam estar fazendo à filha mais mal do que bem. É possível que seu auxílio tenha feito com que Susie se sentisse dependente deles e tenha reforçado a sua certeza de que não podia ter êxito sozinha. Ao obedecerem submissos às demandas escolares impossíveis (nenhum aluno de 4ª série deveria passar três horas por noite fazendo suas lições de casa!), esses pais também colocaram em risco o seu relacionamento pessoal com a menina. Em vez de sentir o que o pai e a mãe faziam como uma oferta de apoio, Susie percebia o casal como feitores de escravos sem qualquer solidariedade!

Será que isso significa que os pais não devem ajudar as crianças com problemas de aprendizagem em suas lições de casa? É claro que não! Essas crianças precisam de ajuda com as tarefas em uma base razoavelmente regular. Os pais não aprendem a distinguir, contudo, entre os tipos de ajuda que sabotam a autoestima e os tipos que aumentam a autoconfiança, a independência e os bons hábitos de estudo. Por exemplo, Susie não teria tido tantos problemas se seus pais tivessem se reunido com seus professores e conversado com eles sobre a redução em sua carga irracional de tarefas e sobre a reestruturação em seus horários, de modo que ela pudesse fazer uma parte maior das suas lições sozinha. Os pais de Susie poderiam contribuir para o seu sucesso ajudando-a a dividir as tarefas e estabelecer prazos realistas, estabelecendo um horário estruturado e um local para a realização das lições de casa, e oferecendo elogios ou recompensas previamente combinados para segmentos completos do trabalho. Além disso, poderiam concordar em ler alguns textos para Susie (os mate-

Os pais falam...

A dificuldade da minha filha é no processamento auditivo – ela precisa de um tempo adicional para compreender o que escuta. Na 3ª série, havia uma professora que, se Jenny não cumprisse *imediatamente* suas instruções, ela simplesmente se postava à sua frente e começava a gritar. Isso apenas confundia Jenny ainda mais. Quando ela é bombardeada com muito ruído, acaba se fechando – como um soldado com trauma de guerra. Aprendi sobre a importância de me reunir com os professores que gritavam desde o início. Eu explicava que Jenny precisava de mais tempo para processar as instruções verbais. Explicava-lhes que ela se saía bem com materiais visuais e sugeria modos como eles poderiam lhe dar as informações que a ajudariam a ter sucesso. Depois, eu falava sobre a reação de Jenny a vozes altas, de modo que, mesmo se não a ajudassem, pelo menos não gritariam com ela. Felizmente não nos deparamos com muitas professoras como aquela – mas, sabe de uma coisa, o primeiro supervisor profissional de Jenny era alguém que gritava muito. Ela, porém, lidou muito bem com a situação: encontrou-se com ele e pediu-lhe que lhe entregasse as solicitações de serviço por escrito...

riais de ciências e estudos sociais que estão além de seu nível de leitura, por exemplo) e obter o consentimento da professora para permitirem que ela ditasse algumas tarefas em um gravador, para que a quantidade de escrita que ela precisasse realizar não se tornasse tão volumosa. Esse tipo de apoio facilitaria a Susie contornar suas dificuldades, permitindo-lhe, ao mesmo tempo, continuar sendo responsável pelo trabalho real de aprender e recordar informações, interpretar conceitos e responder as questões. A vida de Susie em casa tenderia a tornar-se muito mais tranquila e, ao perceber que conquistou algum sucesso, ela saberia que isso ocorreu devido aos seus próprios méritos intelectuais.

Mais importante ainda do que oferecer auxílio escolar são as tarefas de oferta de apoio emocional para crianças com dificuldades no processamento de informações e o esforço para que essas crianças sintam que são valorizadas e funcionais em uma família. Muitos estudos mostram que um senso de autovalor e de pertencer a um grupo são mais fundamentais para o sucesso futuro de uma criança do que suas habilidades na escola. Por esse motivo, os seguintes tipos de atividades podem ser tão úteis para seu filho quanto às lições de casa:

- assumir uma parcela justa das responsabilidades domésticas;
- participar de passatempos e atividades recreativas (como esportes, coleções, música, artes e trabalhos manuais);
- participar de atividades de grupo (como escotismo ou clubes infantis);
- envolver-se em projetos de serviços comunitários (limpeza ambiental, ajuda para os sem-teto, trabalho voluntário em campanhas políticas, etc.);
- envolver-se em cerimônias e tradições religiosas;
- participar de viagens e passeios da família.

Tente evitar tornar a participação nessas atividades ou nos passeios da família condicionais ao sucesso na escola. Todas as crianças precisam acreditar que pertencem a um grupo e que têm valor independentemente da sua capacidade para um bom desempenho escolar. Isso é especialmente importante para estudantes com dificuldades de aprendizagem cujo progresso na escola com frequência é lento ou errático. "Um foco demasiado no desempenho escolar é uma armadilha em que caem muitos pais de crianças com dificuldades de aprendizagem", diz um professor de educação especial. "Muitos tentam assumir a tarefa de tentar ensinar a seus filhos o que estes não conseguiram aprender na escola. O que isso pode significar, contudo, é que as crianças jamais têm uma folga. O que as crianças geralmente mais precisam ao chegar em casa é de amor, de aceitação e de uma redução do estresse. Estes são presentes que só os pais podem dar."

Nos dois capítulos que se seguem, discutiremos atividades construtivas que os pais podem realizar para proporcionar um apoio escolar a seus filhos. Na Parte IV falaremos mais sobre o apoio emocional e também observaremos como diferentes estilos de criação dos filhos afetam o progresso das crianças na escola. Enquanto isso, se os seus instintos lhe disseram que seu filho já realizou trabalho suficiente para um dia, confie em sua intuição e providencie algo divertido. No final, sua compreensão e seu incentivo ("Você é um batalhador, e estou orgulhoso porque você não desistiu de fazer aqueles exercícios difíceis!") farão tão bem ao seu filho quanto terminar aquelas últimas três palavras do vocabulário ou os três últimos problemas de matemática.

Ao se envolverem com a escola, muitos pais acabam expandindo seus interesses e seu ativismo além das necessidades imediatas de seus filhos. Alguns se oferecem como voluntários em salas de aula e se tornam atuantes em organizações de pais e mestres, enquanto outros trabalham em comitês administrativos que supervisionam a educação de alunos com dificuldades ou planejam novos programas e serviços. Quando uma mãe descobriu que o número de computadores existentes na escola de seu filho era tão pequeno que ele tinha problemas para obter o acesso a um deles de forma regular, ela se reuniu com outra mãe e redigiu uma série de solicitações que, no final, resultaram em 40 computadores para a escola! Trabalhando com organizações como a Learning Disabilities Association of America, os pais também têm sido fundamentais para a criação de políticas estaduais e nacionais que envolvam os direitos dos alunos com dificuldades e suas famílias. Na verdade, sem pais ativistas, é improvável que os estudantes com dificuldades de aprendizagem tivessem muita proteção e serviços aos quais têm direito legal atualmente.

Entretanto, ainda existe muito trabalho a ser feito. Em muitas escolas, a falta de consciência sobre as necessidades de estudantes com déficits, o apoio inadequado para os professores, os horários inflexíveis e as exigências do currículo, a escassez de equipamentos e de materiais apropriados e a ausência de uma clara filosofia educacional continuam impedindo programas de qualidade. Essas questões precisam ser abordadas "caso a caso". As escolas nas quais tais questões são resolvidas com sucesso quase certamente serão aquelas nas quais os pais se envolveram ativamente, solicitando mudanças e trabalhando para que elas ocorressem.

O que é Projeto Universal para a Aprendizagem (PUA)

Uma das tendências mais animadoras atualmente na educação é o reconhecimento crescente de que muitas crianças que *não* têm dificuldades e beneficiam dos mesmos tipos de currículo e modificações do ensino que são tradicionalmente usados com as populações de educação especial. Os professores estão sendo cada vez mais encorajados a aplicar essas estratégias nas salas de aula como um meio de tornar a instrução mais acessível a estudantes com uma ampla série de habilidades e estilos de aprendizagem. Esta abordagem – chamada Projeto Universal para a Aprendizagem (PUA) – pode melhorar enormemente as oportunidades educacionais em quase todas as salas de aula. Quando a instrução é universalmente projetada, a necessidade de acomodações e modificações para os alunos com dificuldades é reduzida. Ao mesmo tempo, a flexibilidade nas atividades em classe auxilia outros alunos que podem estar tendo dificuldades e proporciona um ambiente em que os estudantes típicos e os bem-dotados prosperam.

O Projeto Universal para a Aprendizagem está centrado em três princípios importantes:

1. *O conteúdo a ser aprendido deve ser apresentado de muitas maneiras e em muitos níveis, para que todos os alunos consigam entendê-lo.* Para uma unidade sobre mitologia grega, por exemplo, podem ser oferecidos livros de diferentes níveis de leitura, pode ser assistido um filme baseado nos mitos gregos e o professor pode ler alguns mitos em voz alta para a classe.
2. *Cada aluno deve ser encorajado a se envolver com o material segundo a maneira em que aprende melhor.* Os alunos podem ter a opção de trabalhar individualmente ou em grupos para escrever e ilustrar um mito de sua própria escolha. Aos alunos que trabalham em grupos seriam oferecidas várias maneiras de contribuição (por exemplo, alguns alunos podem ditar as ideias de uma história para um "escriba" que as coloca no papel; outros podem planejar e executar as ilustrações).
3. *Os alunos devem poder escolher entre várias maneiras como demonstrar o que aprenderam.* Em vez de usar um único teste para avaliar todos os alunos, o professor oferece opções: por exem-

(continua)

O que é Projeto Universal para a Aprendizagem (PUA)

plo, ensaios, testes de múltipla escolha, apresentações gráficas e orais e um esquete ou peça teatral podem ser maneiras aceitáveis de demonstrar o conhecimento dos mitos gregos.

Os professores de classe que implementam o PUA também fazem uso frequente de estratégias de "educação especial" como

- *Ajudar com a organização da tarefa*: Os alunos com dificuldades de aprendizagem se beneficiam quando os professores os ajudam a fragmentar tarefas complexas (como experiências de ciências ou projetos de pesquisa) em uma sequência de subtarefas a serem concluídas, mas isso também beneficia muitos outros alunos – e nenhum aluno é prejudicado por essa prática. Todos os alunos são beneficiados quando os professores lhes mostram como organizar as informações segundo seus canais de aprendizagem mais fortes (fazer gráficos, listas, esboços, desenhos; ditar perguntas e respostas em um gravador...). Apresentar instruções e prazos claros para a conclusão dos estágios do trabalho ajuda todos os alunos a organizar o seu tempo.
- *Apresentar instruções diretas*: Estabelecer o ponto principal de uma lição antecipadamente, destacar os pontos-chave subordinados e resumir as informações mais importantes para lembrar no fim de uma lição ajuda quase todos os alunos a se concentrar melhor no novo material. Ensinar o uso de "truques" de memória (como versinhos ou desenhos com as novas informações) permite aos alunos que não pensam por si mesmos nessas estratégias a reter melhor as informações.
- *Usar atividades multimodais*: Muitas crianças se desempenham melhor quando os professores os encorajam a usar seus olhos, seus ouvidos e suas mãos para aprender. Como os objetos tridimensionais chamam a atenção, o uso de objetos concretos ajuda os alunos a se envolverem em suas aulas (assim como quando as crianças são encorajadas a contar fichas de pôquer quando estão aprendendo a somar e a subtrair, ou experimentos práticos são usados para demonstrar princípios de ciências). A instrução baseada nas atividades (como usar conceitos de álgebra para construir uma rampa) oferece às crianças que têm dificuldade com os exercícios tradicionais com lápis e papel outro caminho para o sucesso.
- *Ajustar a velocidade do processamento das informações*: Poucos estudantes obtêm algum ganho com as atribuições e os testes com tempo marcado. Oferecer opções que removem a pressão do tempo (por exemplo, realizar um teste de múltipla escolha em uma sessão longa ou duas curtas, ou escrever em casa um ensaio sobre um livro, podendo consultá-lo) proporciona aos alunos que processam as informações mais devagar a oportunidade de demonstrar plenamente o que sabem. Falar devagar ajuda as crianças que têm dificuldades no processamento auditivo, mas não vai entediar o aprendiz rápido. (Esperar de três a cinco segundos depois de fazer uma pergunta dá à maioria das crianças tempo para formular uma resposta.)
- *Corresponder as tarefas aos pontos fortes, às necessidades e aos estilos cognitivos dos alunos*: Nenhum princípio educacional válido apoia a ideia de que todas as crianças em uma classe devem receber a mesma lição de casa. Em uma classe onde o PUA está sendo implementado, alguns alunos vão ler os livros designados, enquanto outros vão ouvi-los em CD ou usar audiolivros na internet. (Os relatos sobre os livros podem ser escritos ou apresentados oral-

(continua)

O que é Projeto Universal para a Aprendizagem

mente, ou até feitos por meio da criação de um mural ou peça.) Os alunos vão praticar novas habilidades em uma proporção que não sobrecarrega sua capacidade cognitiva (alguns alunos podem aprender 25 palavras de vocabulário em uma noite, mas aqueles que aprendem melhor com porções menores de informações serão instruídos a aprender cinco por noite). Os alunos que trabalham bem sozinhos serão encorajados a fazê-lo, mas àqueles que têm dificuldade com isso serão oferecidas alternativas (os alunos com déficits de atenção receberão tarefas em pequenos lotes, com recompensas apropriadas quando cada lote for completado; os "companheiros de estudo" serão encorajados a rever o material juntos e a fazer perguntas uns aos outros sobre as novas informações).

- *Remover as distrações*: Às vezes os próprios materiais de ensino da sala de aula desviam a atenção das crianças daquilo que elas devem estar aprendendo. Reduzir a quantidade de "coisas" penduradas por toda a sala, separar os alunos com estantes de livros para reduzir a conversa barulhenta, e cobrir as gravuras de uma página para ajudar os alunos a se concentrar no texto são apenas algumas das técnicas que podem ajudar os alunos a concentrar sua atenção. As estratégias que ajudem os alunos a localizar as informações-chave – como codificar em cores, os sinais em matemática ou em diferentes categorias de informação (papel vermelho para a lista de democracias, papel azul para a lista dos regimes autoritários) – podem ajudar todos os alunos a se concentrarem melhor.

Usar o PUA torna mais árduo o trabalho do professor? Não necessariamente – mas ele envolve uma importante "mudança de paradigma" da maneira como a maioria dos professores está acostumada a realizar o seu trabalho. As escolas interessadas em implementar o PUA precisam proporcionar educação e apoio ao professor para fazê-lo funcionar. Entretanto, muitos professores que investem na implementação do PUA dizem que ficam tão impressionados com os ganhos no desempenho e no entusiasmo dos alunos pela educação que jamais voltariam aos métodos de instrução tradicionais.

Os pais são, com frequência, fundamentais na introdução dos conceitos do Projeto Universal da Aprendizagem nas escolas de seus filhos. Mesmo que o PUA não seja usado em toda a escola, você pode conseguir convencer os professores de seu filho a adotar elementos dele (oferecendo a todos os alunos da classe uma escolha de procedimentos alternativos de testagem, por exemplo). No mínimo, os princípios do PUA vão ser uma réplica mortal ao professor que insiste que permitir que seu filho use uma calculadora (ou qualquer outra acomodação) seja injusto: "Você pode estar certo", você pode dizer. "E se disponibilizarmos calculadoras (ou acomodações) para todos?"

8
Desenvolvimento de um programa educacional efetivo

Uma vez que uma dificuldade de aprendizagem tenha sido identificada, a lei federal norte-americana exige que um Programa de Educação Individualizada (PEI) seja desenvolvido no prazo de 30 dias. A lei também exige que os distritos escolares se esforcem para incluir os pais no processo de planejamento do programa.[*] Por isso, logo após a determinação da elegibilidade para serviços de educação especial, você receberá um convite por escrito para participar da reunião do PEI. A finalidade dessa reunião é apresentar as opiniões dos profissionais sobre os problemas de aprendizagem de seu filho, informá-lo sobre as opções educacionais disponíveis, ouvir suas ideias sobre o que seu filho precisa e obter o seu consentimento para os serviços de educação especial. Na reunião do PEI, o distrito escolar será representado por um comitê que inclui um ou mais representantes do departamento de educação especial, pelo menos um dos professores de educação geral do seu filho, um representante da escola informado sobre as crianças portadoras de dificuldades e os recursos do distrito escolar (com frequência o diretor da educação especial ou um diretor de escola); e um indivíduo que pode interpretar as implicações educacionais dos resultados da avaliação. Você tem o direito de trazer à reunião qualquer pessoa que desejar ter presente para apoiá-lo ou ao seu filho (amigos, familiares ou profissionais de fora).

Entre as questões específicas que serão abordadas em uma reunião do PEI estão as seguintes:

- Quais são os níveis atuais de desempenho da criança?
- Como os problemas de aprendizagem da criança afetam a participação e o progresso no currículo de educação geral?
- De que serviços especiais o aluno necessita? (Resumos dos serviço devem incluir informações sobre a frequência e a duração – por exemplo, quantas sessões de leitura por semana, quantos minutos por sessão.)
- Quem prestará estes serviços e onde eles serão prestados?
- Que objetivos específicos para o desempenho escolar e comportamental devem ser estabelecidos para o próximo ano?

---

[*] As regulamentações federais se aplicam apenas às instituições que recebem recursos públicos. As escolas particulares e religiosas não observam necessariamente estes procedimentos. Entretanto, os pais devem estar conscientes de que os alunos com necessidades especiais matriculados em escolas privadas e religiosas têm o direito a muitos serviços gratuitos de seus distritos escolares públicos, incluindo terapia de fala, terapias físicas e ocupacionais, e educação especial. Para informações adicionais, entre em contato com o departamento de educação do seu distrito escolar.

- Como o progresso rumo a esses objetivos será medido e relatado?
- Se a criança não participar com colegas sem dificuldades na classe regular ou nas atividades extracurriculares, por que é necessária uma colocação alternativa?
- Que métodos e materiais especiais serão usados para ensinar a criança? (Esta discussão deve incluir informações sobre por que estes materiais foram escolhidos.)
- Que equipamento ou apoio técnico (se houver algum) será proporcionado?
- Que tipo de acomodações e/ou modificações serão permitidas no programa da criança?
- Como a criança participará nos testes estaduais e federais obrigatórios?

O resultado das decisões tomadas na reunião do PEI é resumido por escrito em um documento. Este documento se torna o plano para a educação do seu filho no próximo ano. Uma vez completado o documento do PEI, a lei federal exige que o programa descrito seja aplicado o mais cedo possível. O PEI deve ser revisto e (se necessário) revisado pelo menos uma vez por ano.

Os pais experientes observam que vale a pena ir preparado às reuniões do PEI. "Não espere que o distrito escolar faça um trabalho completo, lendo todos os seus direitos ou explicando como funciona o sistema de educação especial", alerta uma mãe. "Geralmente não há tempo para isso. Nosso distrito marca as reuniões de PEI com duração de 30 a 45 minutos – que mal são suficientes para a discussão de recomendações específicas para a criança." Pais despreparados também tendem a se sentir intimidados diante dos profissionais nas reuniões do PEI; muitos dizem que, como iniciantes, eles se viram concordando com as recomendações sem entenderem plenamente as implicações de suas decisões. Embora os programas possam, é claro, ser modificados caso se mostrem ineficazes ou inapropriados, é muito melhor se um aluno puder ser colocado solidamente, desde o início, na estrada para o sucesso.

O que você precisa saber para planejar um programa didático efetivo? O primeiro passo é determinar exatamente os tipos de auxílio de que seu filho precisa. Embora os PEIs devam ser altamente individualizados, para satisfazerem as combinações das necessidades específicas de cada aluno, quase todos os programas para crianças com dificuldades de aprendizagem devem incluir quatro componentes básicos para serem bem-sucedidos. Uma das responsabilidades mais importantes dos pais é garantir que o distrito escolar cubra todos esses quatro elementos, que estão listados a seguir.

O PROGRAMA DEVE ENSINAR E REFORÇAR AS HABILIDADES BÁSICAS

Os estudantes com dificuldades de aprendizagem geralmente precisam tanto de instrução individualizada quanto de muita prática adicional, a fim de dominarem as habilidades básicas (decodificação da leitura, compreensão da leitura, expressão escrita, raciocínio matemático e/ou execução de cálculos aritméticos). Textos e materiais didáticos especializados também podem ser necessários. O programa da criança deve oferecer tanto um ensino apropriado ao nível de habilidades básicas do estudante quanto oportunidades adequadas para a prática de novas habilidades enquanto ele se desenvolve. Em geral, esse tipo de ensino precisa ser oferecido individualmente ou em um contexto de pequeno grupo. O ensino das habilidades básicas pode exigir uma parcela substancial de tempo nos primeiros estágios do programa de educação especial. À medida que os estudantes progridem, o tempo alocado para esse trabalho normalmente diminui.

A maioria dos estudantes com dificuldades de aprendizagem é beneficiado com uma abordagem "de volta ao básico" do desenvolvimento das habilidades, especialmente no que se refere à leitura. As pesquisas indicam que quase todos esses alunos necessitam de um trabalho de base completo (isto é, aprender a decodificar as palavras pronunciando-as) a fim de aprenderem a ler bem. Independentemente dos métodos e materiais usados, o progresso nas habilidades básicas precisa ser monitorado de perto para garantir que os programas sejam realmente efetivos. Se um aluno não começa a mostrar melhora em três meses após o início de um novo currículo de leitura ou de outras habilidades básicas, então o programa provavelmente deverá ser reavaliado.

O ensino das habilidades básicas também deve ser regido por expectativas realistas. Nem todas as crianças com dificuldades de aprendizagem conseguem alcançar níveis médios de leitura, de escrita e de aritmética, mesmo com anos de ajuda adicional. Para um aluno com graves dificuldades de processamento da linguagem, a alfabetização básica (definida em geral como leitura em um nível de 3ª ou 4ª série) pode ser o mais alto nível capaz de ser atingido. Muitos estudantes com dificuldades de aprendizagem jamais poderão soletrar bem, e a matemática de nível avançado sempre será um mistério para alguns. Em casos assim, é muito importante ensinar aos estudantes *habilidades compensatórias* – maneiras de contornar o que permanece de suas dificuldades – para que eles possam atingir alguns de seus objetivos pessoais. "Existe uma grande diferença entre ser analfabeto e ser subeducado", explica uma professora de educação especial. "Até mesmo uma pessoa que não consegue ler ou escrever pode ser educada se conhecer outras maneiras de obter e dar informações. Parte da tarefa do sistema escolar é ensinar ao aluno com dificuldades exatamente quais são essas outras maneiras."

Observe que os alunos que estão tendo dificuldades com as habilidades básicas correm o risco de ser "retrocedidos" para classes mais atrasadas em *todas* as matérias escolares, uma prática que contribui para o subdesempenho e reduz consistentemente a autoestima desses estudantes. Para os estudantes com dificuldades de aprendizagem, a seleção das classes e das atividades deve ser guiada pela capacidade intelectual, não pelo nível das habilidades básicas. Um aluno brilhante com habilidades de leitura insuficientes pode ter sucesso nas aulas de inglês avançado e história se receber as adaptações e os apoios apropriados. Os pais podem ter de lutar por colocações em classes que permitam às crianças explorar todas as suas capacidades e talentos.

O PROGRAMA DEVE AJUDAR O ALUNO A ACOMPANHAR O CONTEÚDO DA CLASSE

Os alunos com dificuldades de aprendizagem muitas vezes têm dificuldade para acompanhar matérias como saúde, ciências e estudos sociais, seja porque o material é apresentado de um modo que lhes é inacessível (por exemplo, os textos estão além de sua capacidade de leitura ou o ritmo das exposições e demonstrações é rápido demais para que eles possam acompanhar), ou porque a obtenção de ajuda especial lhes ausenta da sala de aula por períodos de tempo consideráveis. Para evitar esses problemas, pode ser necessário modificar em certa medida as tarefas escolares dos estudantes com dificuldades no processamento das informações. Por exemplo, se uma criança tem dificuldade para acompanhar as tarefas de leitura prescritas, pode-se ler para ela, pode-se usar um livro mais simples ou – se o texto não for essencial para a compreensão de um assunto – o material de leitura pode ser reduzido ou eliminado. Os estudantes que têm problemas de escrita podem receber cópias de anotações de aula, ter permissão para fazer algumas provas oralmente e poder ditar relatos mais longos. Também é possível (e uma boa ideia) reformular algumas tarefas de modo que os alunos possam trabalhar de uma forma em se sintam mais preparados. Por exemplo, em vez de escrever sobre um país da América do Sul, pode-se pedir ao aluno que desenhe um mapa geofísico da América do Sul para o grupo, ou que crie um cartaz ilustrando suas principais exportações.

Modificações e adaptações para alunos com dificuldades de aprendizagem

As modificações e as adaptações como as relacionadas a seguir podem ser formalmente especificadas nos Programas de Educação Individualizada (PEIs) dos alunos ou elaboradas informalmente com professores e administradores escolares. Quando especificadas em um PEI, todos os professores da criança têm a obrigação legal de cumpri-las. Na maior parte dos casos, tais medidas especificadas em um PEI do ensino médio continuarão sendo honradas por universidades e programas vocacionais, contanto que a avaliação nas quais estão baseadas seja bastante recente. Os estudantes com dificuldades documentadas também têm direito a algumas acomodações em exames pré-vestibulares (SATs e ACTs) e em testes de competência nacionais e estaduais. (Para o SAT e os ACTs, é requerida documentação dos últimos cinco anos quando forem requeridas adaptações.)

Observe que o termo *modificações* em geral se refere a fazer mudanças (em textos, no conteúdo do curso, nas estratégias de ensino e nos métodos de testagem, por exemplo) que podem alterar e/ou baixar as expectativas para uma determinada criança. As *adaptações* são apoios que permitem que os alunos contornem as dificuldades (leitura lenta ou escrita trabalhada) para que possam satisfazer os mesmos padrões de todas as outras crianças da classe.

Na sala de aula:
- Permitir assentos preferenciais (próximo ao professor, próximo à lousa).
- Permitir tempo extra para a resposta às questões e para completar os trabalhos escritos.
- Providenciar cópias de anotações de laboratório ou de aulas expositivas (as anotações podem ser oferecidas pelo professor ou por outro aluno).
- Permitir o uso de um gravador para registro das aulas expositivas.
- Permitir o uso de uma calculadora.
- Providenciar o acesso a um computador e/ou permitir o uso de um teclado portátil para a escrita.
- Permitir atividades alternativas (por exemplo, pedir que um aluno prepare um vídeo ou apresente uma bibliografia anotada em vez de um relato por escrito).
- Fazer destaques nos textos e nas folhas de exercícios para que o aluno se concentre no material mais importante.
- Oferecer instruções tanto oralmente quanto por escrito.
- Oferecer mais ou menos auxílios visuais (dependendo das necessidades da criança).
- Oferecer fácil acesso a tabelas de matemática, listas de fórmulas, mapas, etc. (em vez de exigir que o aluno memorize esses materiais).
- Designar parceiros de estudo ou no laboratório para ajudar com determinadas tarefas ou matérias.
- Realizar pré-leitura do material escrito (discutir previamente o conteúdo dos textos distribuídos); ensinar previamente as palavras essenciais do vocabulário.
- Dispensar o aluno de determinadas exigências ou atividades (por exemplo, memorização de tabelas periódicas, exercícios orais de matemática).
- Oferecer versões mais fáceis do material de leitura (por exemplo, um texto de história que contenha menos fatos para memorizar).
- Usar "colegas de estudo" para ler materiais difíceis para a criança.

Testes:
- Permitir ambientes alternativos (o aluno pode realizar os testes na biblioteca, no laboratório ou em casa).
- Permitir horários flexíveis (o aluno pode realizar os testes após a escola, na sala de estudos, durante o intervalo ou en-

(continua)

Modificações e adaptações para alunos com dificuldades de aprendizagem

quanto os outros vão para a biblioteca; os testes podem ser realizados em duas ou mais sessões).
- Estender ou eliminar limites de tempo.
- Permitir que as instruções e as questões do teste sejam lidas para o aluno.
- Reformular as questões dos testes em uma linguagem mais simples, se necessário.
- Permitir que o estudante responda as questões oralmente, em vez de por escrito.
- Elaborar testes apenas com respostas curtas (verdadeiro/falso, múltipla escolha).
- Elaborar testes apenas por escrito.
- Permitir o uso de uma calculadora ou de tabelas de matemática.
- Se o aluno for incapaz de memorizar, permitir o acesso a datas/fatos/fórmulas em "cola" para os testes.
- Permitir que os testes sejam realizados em um computador (na escola ou em casa).
- Permitir que o aluno faça círculos para as respostas corretas diretamente no livreto de testes, em vez de usar uma folha de respostas computadorizada.
- Reduzir o número de questões ou problemas dos testes (o aluno recebe 10 problemas de divisão ou palavras de vocabulário, em vez de 25).
- Permitir métodos de avaliação alternativos (portfólio, apresentações orais ou em vídeo, peças).

Lições de casa:
- Dar as tarefas de casa por escrito com regularidade diária ou semanal (em vez de distribuir as tarefas oralmente ou esperar que sejam copiadas da lousa).
- Dar assistência na organização e no planejamento do trabalho designado.
- Providenciar livros-texto gravados em fita, audiolivros na internet ou em MP3.

- Permitir que todo o texto ou partes dele sejam lidas para o aluno.
- Permitir o uso de computadores para escanear ou "ler em voz alta" o material escrito.
- Reduzir a quantidade total do material a ser lido (por exemplo, o professor destaca as passagens mais importantes).
- Oferecer textos reescritos em uma linguagem mais simples.
- Oferecer alternativas ao texto (permitir que os alunos assistam a uma versão em filme de *Romeu e Julieta* de Shakespeare, em vez de o lerem).
- Permitir que os alunos gravem as tarefas em CD, em vez de escrevê-las.
- Permitir que os estudantes ditem seus trabalhos a um "escriba" (com frequência, um dos pais) ou que apresentem os relatos oralmente.
- Reduzir o número de questões a serem respondidas e/ou a extensão das tarefas escritas (responder a cinco questões de compreensão em vez de 10; escrever um relato de três páginas em vez de cinco).
- Não reduzir a nota ou tirar pontos por erros de ortografia.
- Permitir o auxílio de um corretor para localizar e corrigir erros de ortografia e/ou de pontuação.
- Permitir o uso de um revisor ortográfico computadorizado.
- Permitir o uso de fichas ou esboços preparados para pré-leitura, organização e revisão do material do texto.
- Proporcionar à criança um CD no qual o professor gravou o material do texto (substituindo por linguagem mais fácil se necessário, omitindo os detalhes desnecessários, enfatizando o conteúdo mais importante (por exemplo, aqui está o tema dominante) ou organizando o conteúdo (os três principais fatores para a deflagração da guerra foram...).

(continua)

> **Modificações e adaptações para alunos com dificuldades de aprendizagem**
>
> **Planejamento geral do programa:**
> - Considerar um tempo maior para o término do programa educacional (por exemplo, cinco anos para completar o ensino médio), a fim de reduzir a carga horária do curso para níveis mais manejáveis cada ano. Os alunos de escolas públicas norte-americanas têm o direito legal de permanecer na escola até os 21 anos. Eles têm conseguido negociar com as universidades para prolongarem seus cursos, fazendo-os em cinco anos em vez de quatro, sem incorrerem em pagamentos extras.
> - Liberar o aluno da cadeira de língua estrangeira. (Se a graduação na universidade requerer uma proficiência em língua estrangeira, a linguagem de sinais com frequência é uma alternativa aceitável.)
> - Encorajar o aluno a realizar alguns cursos de verão na escola para reduzir a carga durante o ano letivo.
> - Permitir a substituição de cursos de matemática de nível superior por cursos de tecnologia da informática.
> - Planejar estudo ou cursos de trabalho/estudo independentes, para atender a algumas exigências.

A lista de modificações e adaptações para alunos com dificuldades de aprendizagem frequentemente é utilizada para ajudar os alunos a compensarem algumas deficiências (p. 148-150). É fundamental utilizá-los tanto quanto necessário para permitir que a criança acompanhe o ritmo da classe. Também é importante dar especial atenção aos horários para que elementos importantes do programa de uma criança não entrem em conflito. Por exemplo, se o aluno precisa sair da classe para receber auxílio especial em leitura, deve-se fazer todo o possível para programar que esse auxílio seja dado durante o período de leitura da turma, em vez de em um período que obrigue a criança a perder atividades de enriquecimento ou ensino em outras áreas de conteúdo. Quando uma criança precisa perder as atividades em uma área de conteúdo para receber aulas especiais, pode ser necessário liberá-la de algumas obrigações acadêmicas para não sobrecarregá-la. (Por exemplo, um aluno de 5ª série que precisa de três horas de educação especial por dia em habilidades básicas pode ser dispensado das aulas de educação para saúde e história local, nenhuma das quais é essencial para o seu êxito na 6ª série.) Sempre que possível, a educação em habilidades básicas e o trabalho do curso regular devem ser combinados – como quando um especialista em aprendizagem utiliza uma versão simplificada do texto de história para ensinar leitura ou uma aula de ciências para reforçar princípios de matemática.

Um programa de educação especial bem-planejado proporciona o apoio que uma criança precisa para participar o mais integralmente possível do currículo da educação geral. Cuidado, no entanto, com os perigos do excesso de acomodação. "Não deixe que o sistema escolar escapar da responsabilidade, dizendo, 'Johnny recebeu todos os livros em fita, assim não precisamos ensiná-lo a ler'", adverte um educador especial. "Esses apoios visam a ajudar os alunos a acompanhar o conteúdo de aula – não a permitir que a escola se esquive da sua tarefa." A acomodação excessiva também pode roubar dos estudantes as oportunidades que necessitam para praticar o que lhes foi ensinado; se você deixar que Johnny dite *todas* as tarefas, suas habilidades de escrita jamais serão aperfeiçoadas. O excesso de modificação do programa acadêmico também pode deixar um aluno mal equipado para ser aprovado em testes que podem ter um impacto importante no seu futuro (ver Testes de Alto Risco, na página 152). "Você não quer que seu filho fique sobrecarregado", adverte uma mãe, "mas você quer que ele seja responsável pelo mais alto nível de trabalho que seja capaz de realizar. Os professores tendem a subestimar essas crianças. A aceitação de adaptações não deve ser acompanhada de uma desnecessária baixa das expectativas."

O PROGRAMA DEVE AJUDAR O ALUNO A APRENDER AS ESTRATÉGIAS EDUCACIONAIS APROPRIADAS

Os esforços mais heroicos para se manter um aluno em dia com o currículo não contarão muito se produzirem um adulto que não consegue ler independentemente. Contudo, é isso que pode acontecer se as crianças com dificuldades de aprendizagem não aprenderem habilidades de organização e de manejo do tempo, hábitos efetivos de estudo, métodos para melhorar a memória, estratégias para a solução de problemas e tomada de decisões, e habilidades de autodefesa. Para a maioria dos estudantes, essas habilidades são essenciais para a sobrevivência na escola; fracassos nos testes e nas lições de casa podem ter tanto a ver com esquecimento de prazos, esquecimento de livros na escola e deixar de pedir ajuda quanto com déficits nas habilidades básicas ou problemas no processamento das informações.

A lista de verificação das Habilidades Metacognitivas, apresentada no Capítulo 6, relaciona as áreas nas quais as crianças com dificuldades tendem a precisar de educação especial. O auxílio deve ser oferecido em um nível apropriado à idade do aluno. Por exemplo, embora as crianças possam começar a aprender habilidades básicas de organização (tais como manter os livros e suprimentos escolares em um local especial e ter um horário regular para a realização das tarefas domésticas ou das lições da escola) já aos 5 ou 6 anos, não são muitas as que estão prontas para trabalhar com estratégias de memorização ou solução de problemas antes da 4ª ou 5ª séries. (Treine também em casa as habilidades de memória das crianças.) A maioria dos alunos de 1ª série terá de ser lembrada de realizar as tarefas. Crianças de 10 e 11 anos, contudo, podem aprender estratégias que as ajudem a lembrar, como colocar lembretes em um mural ou marcar as tarefas em um calendário. A importância das habilidades metacognitivas aumenta consideravelmente quando os estudantes ingressam no ensino médio. Por esse motivo, a introdução da instrução de estratégias de ensino não deve ser adiada além da 7ª série, se isso for possível.

A autodefesa está entre as habilidades mais importantes que um aluno com dificuldades de aprendizagem pode dominar, mas ainda assim o ensino de tais habilidades é com frequência negligenciado. Às vezes tanto os pais quanto os professores ficam tão acostumados a "administrar" o programa de um estudante que esquecem que, em determinado momento, devem ficar de lado para que o aluno assuma a iniciativa. As crianças precisam ser auxiliadas a compreender seus próprios pontos fortes e fracos na aprendizagem, quando e como pedir auxílio, e incentivadas a se comunicar e negociar com os professores em seu próprio benefício. Elas também devem aprender os usos apropriados da autodefesa: por exemplo, buscar uma acomodação razoável como um tempo adicional para terminar um exame é algo adequado, mas usar a dificuldade como desculpa para evitar totalmente a realização do exame não é possível.

A *autodeterminação*, saber o que quer – e descobrir como conseguir – é outra importante habilidade para a vida. Tanto em casa quanto na escola, os alunos com dificuldades de aprendizagem precisam de encorajamento e orientação para identificar questões importantes nas suas vidas, estabelecer objetivos, reconhecer problemas ou obstáculos, e encontrar soluções ou saídas alternativas. A prática dessas habilidades torna-se especialmente importante quando os alunos se aproximam da transição da escola para o mundo do trabalho ou da educa-

Testes de alto risco

Antes da aprovação do No Child Left Behind Act (Ato "Nenhuma Criança Deixada para Trás" – NCLB), de 2001, as crianças portadoras de dificuldades eram com frequência isentadas dos testes padronizados compulsórios do Estado. Os testes de desempenho do aluno são usados, em parte, para julgar o desempenho das *escolas*. Os educadores estavam receosos de que a inclusão das pontuações dos alunos com dificuldades pudesse abaixar muito as médias de desempenho da escola.

Entretanto, o NCLB requer que *todos* os alunos participem dos testes de proficiência em leitura/artes da linguagem e matemática (aplicados anualmente da 3ª à 8ª série e uma vez durante o 1º e o 3º ano do ensino médio) e em ciências (aplicados uma vez entre a 3ª e a 5ª série, uma vez entre a 6ª e a 9ª série e uma vez durante o 1º e o 3º ano do ensino médio). Embora avaliações alternadas sejam disponibilizadas para alunos com múltiplas ou graves dificuldades (e aqueles novos que estão aprendendo o inglês como uma segunda língua), a grande maioria dos alunos com dificuldades de aprendizagem realiza esses testes junto com colegas típicos nas salas de aula regulares, às vezes com adaptações (o que deve ser permitido por lei).

A inclusão de alunos com dificuldades de aprendizagem nessas avaliações produziu alguns ganhos significativos. Pela primeira vez, tanto os pais quanto as escolas têm um meio objetivo de medir exatamente a eficácia com que os alunos com dificuldades de aprendizagem estão sendo ensinados. Em muitas escolas, isso tem resultado em um esforço aumentado para ensiná-los. Como segundo o NCLB espera-se que os alunos com dificuldades atinjam os mesmos padrões de proficiência que os aprendizes típicos, não mais beneficia a escola isolar esses alunos ou oferecer-lhes uma versão "reduzida" do currículo. As expectativas para esses estudantes foram aumentadas e eles têm respondido: estão participando do currículo da educação geral e sendo aprovados nos testes de desempenho padronizados em números maiores a cada ano.

No entanto, nem todos os alunos com dificuldades estão se beneficiando. Segundo o NCLB, aqueles que estão significativamente atrasados em leitura ou matemática ainda precisam fazer testes do nível da série nestas matérias, e a experiência pode ser desencorajadora para eles. Se o Estado associou *riscos* aos testes padronizados, as consequências do fracasso na sua realização podem ser sérios. Por exemplo, 26 Estados atualmente têm ou planejam implementar "exames finais", nos quais os alunos precisam ser aprovados para receber um diploma do ensino médio. Dezessete Estados atualmente requerem que os alunos sejam aprovados em algum momento nos testes padronizados para serem aprovados para a próxima série. Em alguns casos, tais políticas têm sido implantadas pelas autoridades educacionais locais mesmo quando o Estado não as requer. (O próprio NCLB não adiciona penalidades ao fracasso nos testes requeridos, mas algumas autoridades educacionais estaduais e locais usam os mesmos testes para decisões de promoção e graduação e satisfação das exigências do NCLB.)

Os alunos com dificuldades de aprendizagem são desproporcionalmente impactados pelos testes de alto risco. Estas crianças fracassam nesses testes em proporções mais elevadas do que os aprendizes típicos, e correm um risco aumentado de repetência (embora a repetência em geral não os beneficie) e de não conseguirem se graduar (quer porque acabam saindo da escola ou porque lhes são concedidos diplomas ou certificados alternativos que não são reconhecidos pela maioria das universidades e dos empregadores). Por isso, é importante que os pais se informem sobre os testes e as exigências de proficiência estaduais e lo-

(continua)

> ## Testes de alto risco
>
> cais. (O NCLB requer testes de proficiência, mas cada Estado estabelece seus próprios padrões de proficiência.) Entre as perguntas a serem formuladas estão as seguintes:
>
> - Que testes padronizados se espera que meu filho faça? Quais são aqueles que o Estado e o município exige e quais são os requeridos pelo NCLB? Há avaliações alternativas disponíveis para os alunos com dificuldades de aprendizagem?
> - Quais são as consequências da reprovação nesses testes? As pontuações impactam a promoção e a graduação? Observe que, segundo o NCLB, as escolas públicas devem oferecer apoio adicional aos alunos que são reprovados nos testes requeridos; se seu filho tem um mau desempenho, é razoável indagar que instrução adicional ou outra programação será oferecida para ajudá-lo a melhorar.
> - Os alunos estão recebendo as mesmas informações em que estão sendo testados? Os professores regulares e de educação especial têm conhecimento dos padrões do Estado tanto para as habilidades quanto para o conteúdo? A maioria dos professores das classes regulares tem (pelo menos para os níveis da sua própria série), mas pesquisas recentes sugerem que muitos professores de educação especial não têm. O que o distrito escolar está fazendo para melhorar as habilidades dos educadores especiais para ajudar os alunos a atingir os padrões de proficiência?
> - Que adaptações podem ser usadas durante esses testes? O NCLB permite adaptações nos testes requeridos para as crianças com dificuldades. Contudo, as adaptações permitidas para os testes não são necessariamente as mesmas permitidas na sala de aula. Peça ao seu departamento de educação especial uma lista das adaptações aprovadas pelo seu Estado para os testes padronizados e certifique-se de aquelas que seu filho vai necessitar estão listadas no seu PEI. Convém praticar com a adaptação permitida (prática de ditado ou de ouvir um leitor, por exemplo) para que a criança esteja acostumada com o seu uso bem antes do teste. (Observe que as adaptações não podem fugir do objetivo que está sendo medido. Quando a própria capacidade de leitura está sendo avaliada, por exemplo, o material não pode ser lido para o aluno.)
> - Como podemos conectar os objetivos do PEI aos padrões de proficiência? Alguns distritos escolares usam atualmente *PEIs Baseados em Padrões*, em que os níveis de desempenho de uma criança são descritos em relação às exigências para a série em que o aluno está matriculado, e os objetivos são estabelecidos especificamente para avaliar como as habilidades e o conhecimento de conteúdo de um aluno podem se aproximar dos padrões do nível da série. Quer sua escola use ou não este sistema, os comitês do PEI devem demonstrar conhecimento das expectativas de proficiência do Estado para o nível de cada série e estar preparados para reduzir quaisquer lacunas entre esse padrão e o atual nível de desempenho do seu filho.

ção superior. Aqueles que são competentes nesses processos têm um potencial maior para se tornarem adultos independentes.

Observe que é apropriado para os estudantes de ensino médio (e para crianças mais jovens já amadurecidas) comparecer a reuniões do PEI e participar do estabelecimento dos objetivos educacionais. Os adolescentes, principalmente, tornam-se mais cooperativos e entusiásticos em seus programas se estiverem envolvidos no processo de planejamento.

O PROGRAMA DEVE AJUDAR O ALUNO A LIDAR COM COMPORTAMENTOS PROBLEMÁTICOS

Os estudantes com dificuldades de aprendizagem em geral precisam de ajuda para aprender a modificar comportamentos que interferem no seu funcionamento em sala de aula. Entre estes, os mais comuns são as dificuldades para concentrar a atenção, persistir na tarefa, controlar o comportamento impulsivo e lidar com a raiva. Alguns estudantes tímidos precisam de ajuda para aprender a se tornar mais assertivos ao pedir ajuda e/ou participar das atividades da classe. A aprendizagem das habilidades sociais adequadas, um elemento importante (mas com frequência ignorado) de sobrevivência na escola, também pode ser recompensada por uma melhor aceitação dos estudantes com dificuldades de aprendizagem por parte dos colegas.

Os professores usam muitos métodos de manejo comportamental, mas os mais bem-sucedidos tendem a empregar *reforço positivo*. Isso envolve um esforço para "flagrar quando a criança é boa" e recompensar o comportamento desejável, em vez de dar atenção à criança principalmente quando esta demonstra mau comportamento ou sai da linha. Os métodos centrados na punição raramente têm sucesso para mudanças de comportamento a longo prazo; sarcasmo, ridicularização e humilhação são ruins para todas as crianças e jamais devem ser usados como métodos de "motivação". Para serem mais eficazes, os sistemas de modificação comportamental precisam ser praticados por todos os professores da criança – e também precisam ser reforçados em casa. A cooperação entre pais e professores em geral é a chave para uma real melhora. (Se os pais e os professores concordarem em reconhecer e elogiar os esforços para uma melhora na caligrafia, por exemplo, as crianças provavelmente melhorarão mais rapidamente do que quando os pais ou os professores lidam isoladamente com a questão). Observe que o processo do PEI requer que a equipe planeje intervenções comportamentais positivas para lidar com qualquer comportamento que impeça a aprendizagem de uma criança. No caso de comportamento seriamente perturbador ou violento, as escolas devem seguir as diretrizes estabelecidas no âmbito federal na imposição de disciplina aos alunos com déficits, caso a dificuldade contribua substancialmente para violações da regra (ver o quadro a seguir).

Para as crianças que sofrem de transtorno de déficit de atenção/hiperatividade (TDAH), os medicamentos (mais comumente estimulantes como o Ritalina) também podem exercer um papel no manejo do comportamento. Entretanto, a decisão de usar medicamentos deve ser tomada com muita cautela. Alguns especialistas acham que o Ritalina tem sido exageradamente prescrito e é dado com muita frequência a crianças normais, com altos níveis de energia, por médicos que sabem pouco sobre o TDAH. Deve ser notado também que medicamentos estimulantes podem ter efeitos colaterais que precisam ser pesados contra seus benefícios potenciais. No quadro das páginas 156-158 são discutidos os prós e os contras dos medicamentos para TDAH para que você possa fazer uma escolha informada sobre essa questão. Tenha em mente, porém, que os medicamentos devem ser vistos como apenas um dos elementos em um programa de apoio de múltiplos níveis. O melhor que uma medicação pode fazer é melhorar o foco e ajudar as crianças a ficarem mais bem preparadas para aprender; ainda há a necessidade de instrutores habilitados para a realização do ensino.

Nas reuniões do PEI, os pais podem ter de defender medidas que abordem as necessidades individuais de um aluno em cada uma das quatro áreas fundamentais descritas anteriormente. "Os comitês de educação especial com frequência têm uma visão estreita", comenta uma mãe. "Eles mantêm seu foco nos objetivos escolares, ocasionalmente preterindo todo o resto. A modificação comportamental poderia ser

Disciplina para os estudantes com dificuldades de aprendizagem

As escolas têm uma responsabilidade de oferecer um ambiente seguro e agir quando os alunos violarem os códigos de conduta estabelecidos. Entretanto, se uma conduta perturbadora ou desordeira for substancialmente causada pela dificuldade de um aluno ou por um PEI inadequadamente implementado, a escola deve seguir as diretrizes estabelecidas no âmbito federal ao considerar a suspensão ou expulsão para evitar penalizar injustamente o aluno.

Suspensão: Os alunos com dificuldades que violam regras podem ser suspensos por até 10 dias. Se o comportamento do aluno requer um período de suspensão mais longo do que isso (ou se o estudante tem recebido suspensões repetidas), a lei requer uma reunião especial do PEI para:

- avaliar o comportamento problemático e identificar suas razões;
- desenvolver um Plano de Intervenção Comportamental que inclua estratégias, modificações do programa e apoios que ajudem a melhorar o comportamento do aluno; e
- estabelecer um Local de Educação Alternativo Provisório em que o aluno continue a receber tanto instrução regular quanto de educação especial enquanto os problemas de comportamento estiverem sendo tratados. Deve-se oferecer aos alunos os meios para realizarem um progresso satisfatório rumo aos objetivos do PEI, mesmo que eles não estejam em suas classes regulares.

Expulsão: Um aluno não pode ser expulso por problemas de comportamento que estiverem relacionados a uma dificuldade específica. No entanto, as escolas podem transferir um aluno para um local alternativo por até 45 dias letivos quando as violações de conduta envolverem qualquer das seguintes:

- armas: se aplica se os alunos levarem armas para a escola ou para atividades da escola realizadas fora do espaço escolar.
- drogas: se aplica à posse, uso ou venda de drogas ilegais na escola ou em uma atividade da escola.
- lesão corporal grave: se aplica se um aluno inflige dano grave a outra pessoa dentro dos limites da escola ou em uma atividade da escola.

Observe que as diretrizes federais não se aplicam quando o comportamento problemático não estiver relacionado a uma dificuldade do aluno. Por exemplo, um aluno impulsivo com TDAH que danifique a propriedade em um acesso de raiva por ter sido escolhido em último lugar para a equipe de revezamento provavelmente estará inserido dentro da lei. Se um aluno com atrasos no processamento da linguagem se comporta da mesma maneira, o comportamento provavelmente será considerado não relacionado à sua dificuldade e ele será disciplinado como qualquer outro aluno.

---

sugerida se uma criança realmente apresenta descontrole, mas e para uma criança calma e que não fala o suficiente? Provavelmente, não." O treinamento das habilidades sociais e o ensino de estratégias de aprendizagem também podem não ser oferecidos, a menos que especificamente solicitados pelos pais. Mesmo quando abordam os interesses escolares, os comitês podem exagerar o foco. "Os problemas de leitura de meu filho sempre chamavam a atenção nas reuniões do PEI", recorda outra mãe, "mas eu geralmente tinha de lembrar ao comitê que ele precisava também de alguma ajuda com a sua escrita".

Como o programa de um aluno deve ser descrito em termos das metas e dos objetivos escritos no documento do PEI, convém

Medicação para déficits de atenção/hiperatividade

Por mais de 50 anos, medicamentos estimulantes, como o metilfenidato (Ritalina®), a dextroanfetamina (Dexedrine®) e a pemolina (Cylert) têm sido usados para "normalizar" o comportamento de crianças que exibem sintomas de transtorno de déficit de atenção/hiperatividade (TDAH, descrito no Capítulo 2). Mais recentemente os estimulantes introduzidos incluem o Adderall e o Concerta. Acredita-se que esses medicamentos estimulam o sistema nervoso central subestimulado da criança, aumentando a quantidade ou a eficiência dos neurotransmissores que regulam a atenção, a concentração, a organização e o planejamento. Os estudos indicam que até 80% dos estudantes com TDAH respondem positivamente aos estimulantes.

As pesquisas indicam que o uso de estimulantes para melhorar a disponibilidade para aprendizagem pode conduzir a notáveis ganhos no aproveitamento escolar. Diversos estudos encontraram melhora nas pontuações dos testes e na precisão das respostas, bem como na quantidade e na velocidade do término das tarefas diárias, na memória de curto prazo, na resolução de problemas e na escrita depois que os estudantes com TDAH começaram a tomar estimulantes. São comumente relatados coordenação motora e relações sociais melhoradas, intensificação dos comportamentos apropriados e do controle emocional e redução do comportamento perturbador (violação de regras, ficar saindo do lugar, falar fora da sua vez). Embora o medicamento sozinho seja muito eficaz, muitos estudos descobrem que quando a intervenção para modificação do comportamento e educação especial acompanham a medicação, a aprendizagem, o comportamento e a autoestima podem melhorar ainda mais e a dosagem do medicamento pode ser reduzida. A pesquisa mostra que os alunos que recebem muitas intervenções são aqueles com maior probabilidade de obter ganhos de longo prazo em seu comportamento e no desempenho educacional.

Os efeitos colaterais mais comuns associados ao uso de medicamentos estimulantes são redução do apetite, perda de peso e dificuldade para dormir. Às vezes esses problemas desaparecem depois que as crianças se acostumam com o medicamento; se persistirem, uma mudança na dosagem ou no tipo de droga pode trazer melhora. (Alguns médicos recomendam medicar os alunos apenas durante o horário escolar, para que os estimulantes não interfiram no jantar e na hora de dormir. Outros dizem que o uso de Ritalina na hora de dormir pode ajudar as crianças a se acalmarem para o sono). As pesquisas também indicam que o crescimento de crianças que tomam estimulantes geralmente é mais lento ou sofre atrasos, embora o crescimento das crianças que tomam doses de baixas a moderadas de Ritalina se recupere após o primeiro ano. O crescimento de crianças que tomam Dexedrina ou doses mais altas de Ritalina pode ser lento, enquanto elas permanecem medicadas, mas os estudos indicam que esses alunos também voltam aos padrões de crescimento normal após o término da terapia com drogas. Alguns especialistas aconselham "férias das drogas" durante o período de férias, para permitir o reinício do crescimento das crianças. Outros observam que, como nem toda a educação ocorre durante o horário escolar, pode ser melhor deixar as crianças medicadas para que elas possam obter plena vantagem de suas oportunidades de aprendizagem.

Efeitos menos comuns dos estimulantes incluem dores de cabeça, tonturas, dores de estômago, letargia, irritabilidade, loquacidade, náusea, euforia, depressão, pesadelos, boca seca, constipação, ansiedade, alucinações, tiques nervosos e tremores. Se uma criança parece deprimida, ou se a personalidade da criança parece embotada, a dosagem pode precisar ser baixada ou uma

(continua)

Medicação para déficits de atenção/hiperatividade

mudança da medicação ser considerada. Os pais devem estar informados de que o Cylert tem sido ocasionalmente associados a problemas hepáticos. Algumas pesquisas indicam que os estimulantes podem provocar sintomas de síndrome de Tourette ou piorar os tiques; por isso, o tratamento com estimulantes deve ser evitados para crianças que são ansiosas, tensas ou correm o risco de contrair transtornos de tiques.

Os estudantes que estão interessados em esportes competitivos, carreiras militares ou empregos que requeiram testes de drogas precisam entender que as medicações estimulantes vão ser registrados como uma substância controlada nos testes de urina. Quando esses testes são requeridos, é importante alertar os treinadores e os empregadores que o estudante usa medicamento estimulante legitimamente prescrito.

Se o ajuste da dose não elimina os efeitos colaterais adversos ou não melhora a atenção e a concentração, os pais podem querer discutir com seus médicos alternativas aos estimulantes. A clonodina (uma medicação normalmente usada para tratar hipertensão) tem ajudado algumas pessoas que têm tanto TDAH quanto síndrome de Tourette. Drogas antidepressivas, como a imipramina, também têm sido consideradas úteis para ajudar algumas crianças que não conseguem tolerar ou não respondem aos estimulantes. O Strattera, outro não estimulante, também tem se mostrado útil para muitas crianças com TDAH, mas esse medicamento tem sido associado a um aumento nos problemas hepáticos e a pensamentos suicidas em algumas crianças. Como as pesquisas sobre a segurança e a eficácia dos não estimulantes são escassas, tais medicamentos em geral só são considerados quando os estimulantes têm se mostrado ineficazes.

As preocupações em relação ao fato de que o uso de estimulantes leva à dependência não são até o momento apoiadas pelas pesquisas. Embora alguns estimulantes (principalmente as anfetaminas) possam causar dependência se usados abusivamente por adolescentes ou adultos, doses terapêuticas baixas parecem ser seguras para crianças. As crianças não se tornam dependentes desses medicamentos nem estão mais propensas a abusar de outras drogas posteriormente. Em contraste, alguns estudos sugerem que as crianças com TDAH *não tratadas* podem apresentar maior risco de abuso de álcool e drogas na adolescência. As autoridades relacionam o abuso de substâncias com a alta taxa de fracasso na escola e a baixa autoestima encontradas com frequência nessa população.

As terapias efetivas com drogas dependem de se encontrar o medicamento certo, bem como da menor dosagem eficaz para cada criança. Como a dosagem ótima não pode ser calculada pelo peso de uma criança, as crianças precisam ser testadas em uma série de dosagens para determinar aquela que mais melhora a atenção e o envolvimento na escola. Como as crianças com frequência respondem favoravelmente a um estimulante, mas não a outro, pode ser necessário experimentar duas ou três drogas diferentes antes de encontrar uma que funcione. (Observe que as crianças podem permanecer cheias de energia e um pouco impulsivas, mesmo depois de começarem a ser medicadas; o objetivo é apenas melhorar sua atenção, não drogá-las para se tornarem zumbis.) Como as respostas às drogas são altamente individuais, o monitoramento constante e frequentes ajustes na dosagem podem ser necessários no início do tratamento. Este processo envolve coletar dos professores e dos pais avaliações de atenção, hiperatividade, impulsividade e funcionamento na escola e nas relações sociais. Ajustes adicionais periódicos também tendem a ser necessários à medida que as crianças crescem. Além disso, os pais devem estar atentos para potenciais

(continua)

> ### Medicação para déficits de atenção/hiperatividade
>
> interações de drogas (os anti-histamínicos, presentes em alguns medicamentos para alergias e resfriados, por exemplo, podem neutralizar os efeitos dos estimulantes). Observe que os estimulantes são apresentados em dosagens de ação curta (desaparece em cinco horas) e de ação prolongada (desaparece entre 8 e 12 horas). Os agentes de ação prolongada estão se tornando mais populares, pois evitam os altos e baixos da atenção dos agentes de ação curta e também aliviam o pessoal da escola da responsabilidade de distribuir e monitorar as medicações do aluno.
>
> É importante ter consciência de que a medicação é um tratamento de longo prazo. O National Institute of Mental Health (NIMH – [Instituto Nacional de Saúde Mental]) estima que 80% dos indivíduos que precisam de medicamentos para TDAH quando crianças continuam precisando deles na adolescência; 50% obterão benefícios do consumo de estimulantes quando adultos. (Observe que os estimulantes não são aprovados para o uso por crianças de menos de 6 anos.)
>
> Os especialistas do NIMH também aconselham os pais a "lembrarem que muitas coisas, incluindo ansiedade, depressão, alergias, convulsões ou problemas com o ambiente doméstico ou escolar, podem fazer com que as crianças pareçam hiperativas, impulsivas ou desatentas". Além de encontrar um médico que conheça a fundo o tratamento para o TDAH (este pode ser um neurologista, um psiquiatra ou um pediatra), é importante conduzir uma avaliação educacional completa para que todos os fatores que contribuem para os problemas de comportamento e de aprendizagem do estudante possam ser compreendidos. Cerca de um terço dos estudantes com TDAH também têm dificuldades de aprendizagem adicionais que exigem intervenção educacional especial. Psicoterapia, treinamento de habilidades sociais e aconselhamento vocacional podem ser necessários para lidar com questões sociais, emocionais e ocupacionais. Algumas vezes, o manejo efetivo dessas questões torna desnecessário o uso de medicamentos.

que você chegue à reunião preparado para declarar nos termos mais claros possíveis o que você quer para o seu filho. As metas e objetivos finais devem ter as seguintes características:

Realistas: Os objetivos devem levar em consideração os níveis atuais de desempenho da criança e devem descrever os ganhos que podem ser feitos em um ano. "Tim vai tirar notas dentro da média em cálculos matemáticos" não é um objetivo realista se Tim for um aluno de 6ª série que está começando com habilidades matemáticas da 2ª série. "Tim vai realizar problemas de adição e subtração de três colunas com 90% de acertos e aprender a usar uma calculadora para problemas que envolvem multiplicação e divisão" é mais realista.

Específicos: "Darnell vai melhorar sua autoestima" descreve um objetivo importante, mas como Darnell vai atingi-lo? "Darnell vai ter responsabilidades de liderança como guarda do cruzamento" e "Darnell vai usar suas habilidades artísticas avançadas para fazer pôsteres para as atividades escolares" são objetivos concretos focados na autoestima.

Mensuráveis: "Nicole vai melhorar suas habilidade vocacionais" é um objetivo demasiado vago para ser útil na orientação da instrução. "Nicole vai realizar um programa de explorações de carreiras, escolher uma área de interesse e participar de um estágio curto" é uma declaração que descreve expectativas que podem ser mensuradas.

Todas as modificações, adaptações e exceções a que a criança tem direito também devem ser incluídas no documento do PEI. (Lembre-se de que as modificações e as adaptações registradas em um PEI são obrigatórias para todos os professores da criança, a menos que especificado de outro modo. "Pode fazer testes oralmente" significa que um aluno do ensino médio pode realizar exames orais em qualquer classe ou matéria.) Se o aluno necessitar de acesso a algum tipo de tecnologia de ajuda, como computador, calculadora ou gravador, isso também deve ser incluído no PEI. Quando um dispositivo de ajuda está listado no PEI, cabe ao distrito escolar a responsabilidade de adquirir o equipamento. No entanto, o uso do equipamento pode ser restrito à propriedade da escola – os alunos não terão necessariamente permissão para levá-los para casa. (Para uma discussão mais ampla da tecnologia de ajuda, ver o Capítulo 9.)

Se o aluno necessita de serviços além daqueles oferecidos pelos professores regulares ou de educação especial, o documento do PEI deve especificá-los também. Por exemplo, uma criança pode receber ajuda direta ou indireta dos seguintes especialistas escolares:

Especialistas em leitura ou matemática oferecem ensino de reforço para alunos sem dificuldades com baixo aproveitamento escolar e também ajudam a organizar e avaliar os currículos de leitura e matemática na escola. Embora a lei exija que os alunos com dificuldades de aprendizagem recebam educação nas habilidades básicas de professores de educação especial, especialistas em leitura e em matemática ocasionalmente são chamados para ajudar a localizar problemas e a aconselhar os educadores especiais sobre materiais e métodos.

Patologistas da fala e da linguagem são treinados para trabalhar com alunos que têm transtornos do desenvolvimento da articulação, voz, fluência (tartamudez) ou transtornos do desenvolvimento da linguagem. Eles também ajudam na triagem dos estudantes recém-chegados com atrasos desenvolvimentais.

Psicólogos escolares participam de equipes que avaliam os alunos com dificuldades de aprendizagem. Eles também aconselham os alunos sobre uma ampla variedade de problemas não escolares e oferecem conselhos aos professores sobre o manejo do comportamento e as técnicas de ensino.

Fisioterapeutas e terapeutas ocupacionais podem ajudar os alunos que têm dificuldades persistentes de coordenação, além de oferecerem serviços para alunos com déficits físicos.

Fonoaudiólogos podem determinar se os problemas de processamento sonoro ou déficits auditivos estão contribuindo para as dificuldades de aprendizagem. Esses achados podem ser usados para modificar as abordagens didáticas (por exemplo, os professores precisam olhar para os alunos, em vez de para a lousa, quando falam) ou os lugares onde os alunos se sentam na sala de aula. O fonoaudiólogo pode também recomendar auxílios auditivos ou outros dispositivos de ajuda.

Assistentes sociais e orientadores educacionais estão disponíveis para ajudar as famílias a resolver questões que podem estar tendo um impacto sobre a aprendizagem do aluno. Esses profissionais com frequência ajudam na conexão entre as famílias e os serviços de apoio ou recursos da comunidade (como serviços de saúde ou treinamento para a alfabetização de adultos).

Educadores vocacionais auxiliam os alunos na exploração de carreiras e também os ajudam a aprender habilidades ocupacionais específicas. Às vezes eles podem colocar os estudantes em posições de treinamento em serviço na comunidade.

Para que a criança receba serviços diretos, a duração de cada serviço deve ser especificada no PEI, além dos objetivos específicos (pode ser determinado, por exemplo, que a criança receberá terapia da fala em três sessões de meia hora por semana e que o objetivo disso é aumentar a inteligibilidade de 60 para 85%). Uma vez que os serviços tenham sido especificados no PEI, o distrito escolar deve oferecê-los o mais rápido possível (atrasos curtos são permitidos, se necessários, para serem feitos arranjos de transporte, pessoal ou novos equipamentos).

Se for recomendado o auxílio de diversos especialistas diferentes (por exemplo, um patologista da fala, um terapeuta ocupacional e um psicólogo, pergunte quem será responsável pela coordenação desses serviços e pelo monitoramento do programa geral do aluno). Com demasiada frequência, descobre-se que não há um responsável. Quando isso acontece, os serviços podem entrar em conflito com o tipo de instrução, com a recreação e uns com os outros, e as crianças podem se tornar cada vez mais confusas em virtude de toda a "ajuda" que estão obtendo! Para que um programa seja bem-integrado, alguém precisa cuidar dos interesses da criança como um todo – e os pais frequentemente herdam esse papel.

Esteja consciente, portanto, de que a oferta de muitos serviços pode ser tão problemática quanto a provisão de serviços insuficientes. Quando as crianças têm múltiplos problemas ou dificuldades, a priorização de objetivos e o manejo de alguns problemas de cada vez geralmente é melhor do que tentar abordar tudo de uma só vez (se um aluno fica muito deprimido na escola, por exemplo, faça com que o programa escolar seja ajustado, envolva a criança em atividades gratificantes e satisfatórias e busque aconselhamento primeiro; a terapia da fala e a terapia ocupacional podem esperar até que a criança tenha readquirido alguma autoconfiança e entusiasmo pela educação.

Uma questão de interesse urgente para a maior parte dos pais nas reuniões do PEI é "Em que tipo de classe meu filho deve ser educado?". Os distritos escolares têm a obrigação de oferecer uma ampla gama de opções educacionais para alunos com necessidades especiais. As mais comuns – organizadas da menos à mais restritiva – estão descritas a seguir (as opções reais em seu próprio distrito podem ser maiores ou mais limitadas do que aquelas aqui apresentadas).

- A criança é colocada em uma classe regular em tempo integral. O professor da classe individualiza o ambiente e modifica o currículo para o estudante com a ajuda de um especialista em dificuldades de aprendizagem (o modelo "professor-consultor").
- A criança é colocada em uma classe regular em tempo integral. Um especialista em aprendizagem visita a classe regularmente para ajudar os estudantes com necessidades especiais (o modelo de "estímulo"). Às vezes o especialista em aprendizagem também trabalhará com alguns estudantes sem dificuldades (com os leitores avançados, por exemplo), a fim de evitar colocar em evidência ou discriminar as crianças que necessitam de educação especial.
- A criança é colocada em tempo integral em um programa no qual existem tanto professores de educação especial quanto de educação regular. Em geral haverá várias crianças com necessidades especiais nessa classe, e diversos tipos de dificuldades podem estar representadas (por exemplo, a classe pode incluir crianças com um retardo leve e/ou crianças com problemas emocionais, e também crianças normais e crianças com dificuldades de aprendizagem).
- A criança é colocada em uma sala de aula regular, mas sai para obter auxílio de um educador especial em uma *sala de recursos* por um a três períodos por dia. (Este – o modelo de "afastamento" – é atualmente o arranjo mais comum para os estudantes com dificuldades de aprendizagem.) O ensino na sala de recursos é ministrado individualmente ou em pequenos grupos.
- A criança é colocada em uma classe de educação especial exclusiva (uma classe menor, com maior apoio para o ensino; todos os alunos têm necessidades especiais), mas vai para salas de aulas regulares para estudar matérias nas quais

sua dificuldade não interfere muito (por exemplo, ciências, arte, música e educação física).
- A criança é colocada em uma classe de educação especial em tempo integral. O ideal é que esta classe funcione na escola do aluno, mas pode ser necessário transportar a criança para outro local. Este pode ser uma escola comum que está mais no caminho da equipe, e onde haja espaço, equipamento ou serviços, ou uma escola em que todos os estudantes têm necessidades especiais. (Os distritos escolares nos Estados Unidos podem fazer contratos com escolas particulares ou com indivíduos para prestar serviços ao aluno em vez de prestá-los diretamente. Um distrito *deve* buscar um local ou apoio privado se não puder fornecer os serviços apropriados para um aluno de educação especial de um modo conveniente. Nestes casos, o distrito escolar paga a instrução e os encargos relacionados. Não há ônus para a família.)
- A criança é colocada em uma escola residencial. Esta opção provavelmente só será exercida se a criança tem necessidades tão incomuns ou severas que não possam ser atendidas localmente, ou tenha problemas de comportamento sérios o bastante para ter envolvido o sistema de justiça criminal.
- A criança recebe sua instrução em casa ou em uma instituição como um hospital. Esta opção está disponível para crianças que têm doenças graves, que foram suspensas por infrações disciplinares ou têm outros problemas que impedem o seu comparecimento à escola por períodos prolongados. Os professores vão à sua casa diariamente para realizar um ensino individualizado. Alguns pais também optam por ensinar seus próprios filhos em casa (ver o quadro nas páginas 162-163).

Ao longo da educação de uma criança, mais de uma dessas opções pode ser utilizada. Por exemplo, um não leitor da 3ª série, com uma história de problemas de comportamento, pode precisar da estrutura e de uma baixa proporção de alunos por professor de uma classe de educação especial restringida. Quando o seu comportamento se estabilizar, ele pode ser incluído em classes que não requeiram demais em termos de leitura. Quando suas habilidades de leitura chegarem a um nível de "sobrevivência", ele poderá ser colocado em uma sala de aula regular, com algumas adaptações, e poderá receber instrução contínua de leitura na sala de recursos. Se aprender estratégias de autodefesa e compensatórias apropriadas, este aluno poderá chegar a um funcionamento efetivo em salas de aulas regulares, com um auxílio externo mínimo.

Os especialistas em educação e os pais concordam que o tipo de classe na qual uma criança é colocada é, em última análise, menos importante do que aquilo que ocorre *dentro* dessa classe. "Atribuir demasiada importância ao tipo de programa ao qual uma criança comparece pode desviar os pais de questões que poderiam ter um impacto bem maior sobre o sucesso da criança", diz o diretor de uma clínica universitária para a aprendizagem. "O fato é que o 'local' em que os serviços são oferecidos não é um fator decisivo. O que realmente conta são fatores como a habilidade e as atitudes do professor, e a atmosfera na sala de aula. O ambiente da aprendizagem é agradável e tranquilo ou ruidoso e perturbador? Os estudantes respeitam uns aos outros ou perturbam e vivem em conflito entre si? O professor é organizado ou desorganizado? Rígido ou flexível? O estilo de ensino do professor e o estilo de aprendizagem do aluno são compatíveis? Todas essas considerações são mais importantes do que uma classe ser chamada de regular ou de educação especial." Os pais experientes fazem eco a essa visão enfaticamente: "O importante é você localizar os melhores professores", resume um pai de duas crianças com dificuldades de aprendizagem. "Nove em dez vezes, é o professor que faz ou rompe o programa."

Lembre-se de que o IDEA requer que seu filho seja colocado no "ambiente menos restritivo possível", o mais aproximado

Será que estudar em casa é a resposta?

"Michael nasceu prematuro de sete meses e possui várias dificuldades", explica sua mãe, Mary. "Sua coordenação motora fina é muito fraca e afeta sua escrita e sua capacidade para cuidar de si mesmo; durante todo o ensino fundamental ele precisou de ajuda em tarefas como amarrar os sapatos e abotoar o casaco. Também tem problemas com a consciência espacial, alguns problemas com a compreensão da leitura e déficits de atenção – é muito difícil para ele concluir as tarefas." Em seus nove anos de escola, Michael foi encaminhado a diversos tipos de programas de educação especial. Classes reservadas ofereciam a estrutura e a supervisão necessárias, mas nem sempre incentivavam Michael a utilizar seu pleno potencial intelectual. "Seu progresso nessas classes era tão lento que acabei contratando professores particulares após a escola para ensiná-lo a ler e a escrever apropriadamente", diz Mary. As classes regulares, no entanto, não proporcionaram a Michael atenção e orientação suficientes para promover seu progresso. "Quando tentamos a educação regular, Michael simplesmente desmoronou", recorda Mary. "Seu comportamento degringolou, como se eu de repente tivesse de lidar com um diabinho."

No final do ensino fundamental, Michael foi colocado em um programa integrado de ensino conjunto ministrado por professores regulares e de educação especial. Ele se saiu razoavelmente bem nesse ambiente, e um programa similar foi recomendado para a 9ª série. Infelizmente, o programa não estava disponível na escola de Michael; ele teria de atravessar toda a cidade de ônibus. "Não acho seguros o bairro e a escola onde esse programa está disponível", explica Mary, "especialmente para um garoto como Michael, que sempre foi muito protegido e não conhece muita coisa das ruas. Eu também não queria separá-lo de seus amigos do nosso bairro – acho que ter um sistema de apoio social é muito importante". Como nada que o distrito escolar podia oferecer parecia apropriado para Michael, Mary decidiu-se por educá-lo em casa na 9ª série.

Mary e Michael fazem parte de uma tendência crescente nos Estados Unidos. Na última década, o número de alunos educados em casa mais do que triplicou, e se estima que quase 3% das crianças em idade escolar nos Estados Unidos (1,5 milhão de estudantes) estão sendo atualmente educados em casa. Esta é uma opção que vem conquistando uma aceitação crescente por parte do sistema educacional. Alguns distritos escolares possuem políticas explícitas de cooperação com educadores domiciliares, fornecendo livros, acesso a bibliotecas, testes e outros serviços de apoio para pais que desejam educar seus próprios filhos. Algumas escolas permitem que as crianças educadas em casa participem de esportes, atividades extracurriculares e outras atividades de enriquecimento. Além disso, os pais que educam seus filhos em casa podem, agora, recorrer a uma rede de organizações locais, estaduais e nacionais para manter as famílias informadas sobre os recursos, as pesquisas e as novidades legais. Embora muitos Estados não regulamentem o ensino domiciliar, pelo menos 21 deles oferecem apoio de educação *online* para as famílias que educam seus filhos em casa.

Os pais que educam seus filhos em casa apontam muitas vantagens para o seu modo de vida, incluindo sua capacidade de assegurar altos padrões escolares, segurança física, educação moral e educação adaptada para os talentos, as necessidades e os interesses individuais da criança. A maioria admite, contudo, que há um lado negativo na escolarização domiciliar. O isolamento social é uma dificuldade amplamente reconhecida. Alguns pais notam que o acesso a materiais e recursos educacionais também pode ser um problema, e outros dizem que

(continua)

> ### Será que estudar em casa é a resposta?
>
> apreciariam ajuda na escolha de atividades educacionais e testes. Os pais que têm o apoio de seus sistemas escolares, igrejas, famílias e/ou comunidades têm menos queixas do que aqueles que tentam "fazer tudo sozinhos". Em um levantamento, 92% dos pais que educavam seus filhos em casa indicaram que tal apoio era integral ao processo. Uma tendência atual é que os pais que educam seus filhos em casa se unam em cooperativas para que os filhos sejam educados em grupos, com diferentes pais assumindo a responsabilidade por diferentes partes do currículo. Algumas cooperativas também contratam professores para cursos especializados (como química, física, cálculo ou línguas estrangeiras), realizam *shows*, fazem viagens de campo, desenvolvem equipes esportivas competitivas e até montam bibliotecas para empréstimo de livros. Muitos destes pais estão realizando um trabalho excelente: pesquisas recentes descobriram que as crianças educadas em casa têm uma pontuação mais alta do que a média nacional nos testes de desempenho padronizados.
>
> Os pais interessados em fazer o sério investimento de tempo e energia exigido pela escolarização doméstica devem começar contatando o superintendente das escolas, a fim de obterem informações sobre as políticas estaduais e locais. Todos os Estados permitem o ensino domiciliar e alguns não fazem restrições às crianças que estudam em casa. Outros mantêm os pais mais sob controle, supervisionando e regulamentando o ensino domiciliar: testagem padronizada obrigatória, qualificação específica dos pais para o ensino, podendo ser requeridas visitas domiciliares por pessoal qualificado. Tenha em mente que a lei federal garante o acesso a serviços de educação especial para crianças com dificuldades que são educadas em casa (bem como para aquelas educadas em escolas particulares e religiosas). Os serviços disponíveis incluem testes para identificação de dificuldades; terapia da fala, fisioterapia e terapia ocupacional; e auxílio individualizado de aritmética, leitura e escrita.
>
> Atualmente, a escolarização doméstica está dando certo para Michael e Mary. Ela cita duas coisas que ajudaram no sucesso do programa: sua tia (uma professora) preparou programas de matemática e de leitura no computador para Michael ("Eu não tenho bagagem de conhecimentos para ensinar leitura ou matemática do ensino médio", admite Mary) e Michael participa regularmente de atividades esportivas em um centro de recreação local ("É lá que ele se exercita e entra em contato com seus amigos", explica sua mãe). Mas Mary está indecisa se continuará educando seu filho em casa no próximo ano. "Michael está com quase 16 anos e temos que começar a pensar em como ele irá se sustentar", ela diz. "Espero continuar ajudando-o com as habilidades escolares, mas estamos buscando opções para a educação vocacional."

do ambiente educacional regular. Antes de você dar sua aprovação final a *qualquer* lugar para colocar seus filhos é uma boa ideia visitar a escola, falar com os professores que vão trabalhar com seus filhos e observar esses professores no trabalho em suas salas de aula. Embora isso envolva um compromisso de tempo e esforço, é de longe o melhor modo de se determinar se um local proposto tende ou não a atender às necessidades de seu filho. Nós discutimos no Capítulo 6 as qualidades que distinguem o ensino excelente. Entre estas, as 10 características de um ambiente de classe eficaz de particular benefício para as crianças com dificuldades de aprendizagem são:

Uma classe de tamanho razoável. As pesquisas revelam uma relação consistente entre o tamanho da turma e o aproveitamento escolar. Os professores não apenas estão mais propensos a individualizar o ensino em classes menores, mas também tendem a ter atitudes mais positivas com os estudantes quando a proporção de alunos para cada professor é baixa. Tal fato se traduz em maior participação e maior autoestima dos alunos. Quando o tamanho da classe excede a 25 alunos, a qualidade da educação declina nitidamente.

Distrações limitadas. Ruídos de fundo excessivos e/ou salas abarrotadas podem comprometer o potencial de aprendizagem de toda uma classe. Estudos mostram que todos os alunos – não apenas aqueles com dificuldades de aprendizagem – se saem melhor em ambientes relativamente calmos, com distrações visuais limitadas. Alguns professores tentam limitar ainda mais as distrações para crianças com dificuldades de aprendizagem, colocando-as em cantos isolados da sala de aula, mas essa prática é contraproducente (geralmente, resulta em menor supervisão e encorajamento por parte do professor). As pesquisas indicam que os estudantes com dificuldades trabalham melhor quando estão sentados próximos ao professor, nas primeiras fileiras da sala de aula.

Um professor que ofereça orientações efetivas. Cuidado com professores que dão uma tarefa à classe e se retiram para suas mesas para corrigir trabalhos. Os melhores professores para crianças com dificuldades de aprendizagem (e também para os alunos típicos) são aqueles que assumem um papel ativo na educação e passam boa parte do seu tempo envolvidos diretamente com os estudantes. Quando os alunos estão trabalhando independentemente, os bons professores podem ser vistos em movimento pela sala, monitorando o progresso individual, ajudando os alunos a persistirem na tarefa, verificando se entenderam o que lhes foi pedido e oferecendo incentivo. Os professores eficientes também exemplificam e reforçam o respeito pelos outros e os bons modos sociais na sala de aula.

Uma atmosfera não competitiva. Muitos professores usam "torneios" como feiras de ciências, competições de matemática e concursos de ortografia para estimular as crianças a estudar. Os melhores alunos da classe também podem receber recompensas, tais como adesivos, estrelinhas douradas ou privilégios especiais. Esse tipo de técnica de motivação, porém, tende a *desencorajar* as crianças com problemas de aprendizagem. Elas sentem que não podem competir e, além disso, podem se sentir envergonhadas e traídas porque suas limitações foram expostas publicamente. Em geral, as crianças com dificuldades de aprendizagem se saem melhor em salas de aula nas quais os alunos trabalham cooperativamente para atingir objetivos compartilhados. As tarefas realizadas em equipe podem transformar o aluno em um participante útil, apesar das suas dificuldades (por exemplo, um aluno que não lê bem, mas tem talento para a matemática, pode preparar as estatísticas para um relatório de ciências do grupo). Tenha cuidado também com professores que valorizam o progresso pessoal pelas notas altas; a criança que progride de um D para um C em ortografia deve ter o mesmo reconhecimento e aprovação que a criança que vai de um B para um A.

Uma abordagem organizada da aprendizagem. Quase todos os estudantes com dificuldades de aprendizagem precisam de estrutura. Eles dão o melhor de si em classes que apresentam uma rotina consistente, regras e procedimentos claros e horários previsíveis. Um professor desorganizado dificultará muito a esses alunos darem o melhor de si, assim como um quadro de horários que exige muitas mudanças de classe e a necessidade de absorver diversos conjuntos de regras e exigências (frequentemente, a transição para a escola de ensino médio é difícil por essa razão). A ineficiência na sala de aula não apenas compromete a capacidade do aluno para um bom desempenho, mas também rouba um tempo precioso do ensino. Um estudo de classes de ensino fundamental descobriu que os alunos passam *um terço* de seus dias letivos simplesmente esperando os professores lhes darem instruções, pegarem e distribuírem materiais, e se organizarem e passarem a outras atividades. O tempo despendido na tarefa está estreitamente ligado ao aproveitamento escolar; por isso, busque um professor que mantenha num mínimo as tarefas não ligadas ao ensino.

Um foco nas habilidades básicas. "Atividades de enriquecimento", como passeios, música, arte e teatro, são componentes preciosos do currículo e com frequência oferecem oportunidades de destaque aos alunos com dificuldades de aprendizagem. Contudo, em algumas escolas, existem tantas atividades de enriquecimento ocorrendo que a instrução das habilidades básicas fica comprometida. Uma mãe descobriu que o currículo de 6ª série de seu filho fora organizado em torno de um tema da descoberta de outras culturas. "Cada mês eles enfocavam um diferente grupo étnico", ela recorda. "Eles realmente iam fundo nisso – assistiam filmes, preparavam pratos étnicos, vestiam-se com trajes típicos. Achei isso era interessante até perceber que, no ano todo, meu filho não havia trazido para casa uma só folha de lição para fazer. Posteriormente, descobri que também não ocorria muita leitura nessa classe." Os estudantes com dificuldades de aprendizagem precisam de instrução e reforço contínuo de suas habilidades básicas. Objetivos úteis, como aprender sobre outras culturas, devem estar vinculados a atividades de construção de habilidades, como leitura de histórias relacionadas à cultura que está sendo estudada, uso de um computador para descobrir mais informações sobre ela, escrita de redações relacionadas ao tema e/ou troca de correspondência com estudantes de outras partes do mundo.

Flexibilidade do ensino. Como já dissemos mais de uma vez, a rigidez na sala de aula é prejudicial aos alunos com dificuldades de aprendizagem. Estes alunos são limitados no modo como entendem, recordam e/ou comunicam informações; se não se ajustam aos estilos de ensino e aos materiais do currículo que tenham como alvo seus pontos fortes, eles fazem muito pouco progresso. Além disso, pelo fato de o cérebro dessas crianças com frequência processar as informações mais lentamente do que aqueles dos estudantes típicos, elas precisam de um tempo adicional para entender o material e realizar com sucesso as tarefas. Quando limites de tempo inflexíveis são impostos ao ensino e aos testes, os estudantes com dificuldades de aprendizagem acham difícil fazer bem suas tarefas. Um modo de avaliar a flexibilidade é perguntar aos professores sobre os currículos das habilidades básicas. O professor adere a um programa de leitura e matemática ou (bem melhor) seleciona materiais de diversos programas diferentes, de acordo com as necessidades dos alunos? Busque também as classes que agrupam os alunos por níveis de habilidades (os grupos podem incluir estudantes de diferentes idades) e que mudam os agrupamentos para diferentes matérias (um aluno que lê mal, mas tem grandes habilidades para matemática, deve estar no grupo avançado de matemática e pode participar de um grupo heterogêneo de ciências sociais). Os agrupamentos para o ensino não devem obedecer a moldes rígidos; os estudantes devem ser capazes de se mover facilmente de um grupo para outro à medida que suas habilidades melhoram. Abordagens criativas, como designar colegas que atuam como tutores, parceiros de estudo ou "mentores" voluntários para alunos que precisam de ajuda extra, também podem melhorar as opções dos estudantes com dificuldades de aprendizagem.

Claras expectativas para o aproveitamento escolar. Muitos estudos mostram que as crianças se saem melhor quando os professores esperam que elas tenham sucesso. Infelizmente, altas expectativas nem sempre são estendidas aos estudantes com dificuldades de aprendizagem. Os professores de classes regulares ocasionalmente presumem que alguns alunos de educação especial irão se sair mal; como resultado, alguns investem menos esforço nesses alunos, aplicam parâmetros mais baixos e até mesmo evitam lhes dar lições de casa (embora isso não soe de maneira agradável aos ouvidos das crianças, fazer as lições de casa *está* claramente relacionado ao sucesso na escola). "Não permita que o professor aceite nada menos do que os melhores esforços do seu filho", aconselha um pai. "Se você acha que o seu filho é capaz de fazer melhor do que o trabalho que está vindo para casa, marque uma reunião para conversar com o professor sobre uma elevação nos parâmetros." Os estudantes com dificuldades de aprendizagem se beneficiam mais quando os objetivos para o aproveitamento na escola são claros, possíveis de serem atingidos em um período razoável de tempo e estão vinculados a práticas específicas de aprendizagem. "Você pode se sair melhor em espanhol" não motiva tanto quanto "Se você praticar com os cartões audiovisuais durante 15 minutos por dia, poderá acertar 80% ou mais das questões no teste de espanhol da próxima semana".

Monitoramento efetivo do desempenho do aluno. "Meu filho trouxe para casa boas notas em matemática o ano todo, de modo que eu estava esperando uma melhora real nos testes padronizados de final de ano", recorda a mãe de um aluno de 4ª série com dificuldades de aprendizagem. "Contudo, esses testes mostraram que ele ainda estava um ano atrasado em suas habilidades matemáticas e que fizera muito pouco progresso. Fiquei desapontada e zangada. O que aconteceu?" O que aconteceu é que esse estudante conquistou boas notas no trabalho de matemática de 2ª série que recebeu, mas não foi suficientemente desafiado a fechar a lacuna entre o seu desempenho em matemática e aquele de seus colegas típicos. As notas "A" em seu boletim eram, portanto, um pouco enganosas. Isso significa que o aluno deveria ter tirado "Ds" e "Fs"? É claro que não; os estudantes com dificuldades de aprendizagem devem ter notas justas no nível mais elevado de trabalho que podem realizar. Entretanto, as comparações com o aproveitamento dos alunos típicos não devem ser deixadas para o final do ano. Se o aproveitamento desse aluno em matemática tivesse sido analisado antes, ele poderia ter sido colocado em um programa de matemática mais difícil e progredido mais rapidamente. A *avaliação baseada no currículo* (descrita no quadro da página 167) é um modo efetivo de monitorar o progresso do aluno continuamente. Sejam quais forem os métodos de monitoramento utilizados, é importante que os professores mantenham os pais informados sobre o desempenho nas lições atuais *e* sobre o progresso em relação aos objetivos anuais (conforme estão listados no PEI).

Amplo feedback. As pesquisas mostram que todos os estudantes se beneficiam do recebimento de *feedback* frequente e contínuo. Testes e textos devolvidos prontamente, relatórios de progresso semanais ou mensais e gráficos que ilustram o progresso em relação aos objetivos declarados têm um efeito comprovadamente positivo sobre a aprendizagem. Entretanto, os estudantes com dificuldades de aprendizagem geralmente precisam de *feedback* e incentivo extras. Como essas crianças muitas vezes avançam aos tropeços (dois passos para a frente e um passo para trás), muitas têm dificuldade para perceber que realmente estão fazendo progresso. "Essas crianças ficam desanimadas com muita facilidade", diz uma professora de educação especial. "Temos de *provar* continuamente a elas que estão chegando a algum lugar. Elas precisam de 'torcedores' animando-as, fazendo-as persistir na tarefa, evitando que abandonem tudo." Esses "torcedores" devem se lembrar de que os estudantes com dificuldades de aprendizagem podem ser muito sensíveis ao *feedback* que não é justo ou honesto. Como ilustra a história de Jeff (p. 168), essas crianças desejam aplausos pelas conquistas reais; elas precisam de professores que reconheçam, valorizem e validem pequenos passos adiante e o trabalho real feito de um jeito diferente.

Avaliação baseada no currículo

Os professores monitoram diariamente a aprendizagem na classe de uma infinidade de maneiras. Eles dão testes-relâmpago e provas, conduzem discussões, fazem perguntas, dão notas às lições de casa, observam a qualidade das apresentações e dos projetos ou simplesmente pedem às crianças para anotar e lhe entregar três coisas que aprenderam antes de sair da sala. Tais métodos usam material de classe autêntico para avaliar se uma criança está aprendendo o conteúdo que está sendo ensinado. Também ajudam os professores a observar os tipos de erros que requerem um reforço do que foi ensinado. Entretanto, essas medidas de avaliação não informam aos professores se seus métodos e materiais estão ajudando uma determinada criança a realizar um progresso satisfatório nas habilidades básicas.

Para ajudar os professores a julgar o índice de melhora de determinados alunos nas habilidades básicas em comparação com seus colegas, um sistema de avaliação baseada no currículo (ABC) tornou-se popular nos últimos anos. A ABC oferece aos professores um método rápido e fácil de manter tabelas sobre o progresso individual de um aluno, usando os materiais de classe cotidianos.

Se a equipe docente de sua escola não está familiarizada com a ABC, os livros mais recentes sobre a avaliação descrevem como ela é feita. A seguir, citamos breves exemplos de como ela pode ser usada para avaliar o aproveitamento escolar em matérias específicas. Esses exercícios podem ser repetidos a cada três a quatro semanas. Se o progresso não tiver sido suficientemente rápido, é requerida uma mudança nos materiais ou nas estratégias de ensino.

Leitura: O número de palavras que seu filho lê em voz alta corretamente em um minuto é comparado com aquele de colegas que leem a mesma passagem (às crianças é dita a palavra correta se hesitam ou têm dificuldade por três segundos). Como a compreensão da leitura está estreitamente ligada à taxa de leitura, esse teste simples prevê com precisão os níveis de compreensão da leitura para a maioria das crianças.

Matemática: A classe tem três minutos para trabalhar em uma série de problemas representativos do que foi ensinado naquele ano, ou do que as crianças de sua idade supostamente devem saber. O número de dígitos corretos nas respostas oferecidas por seu filho é comparado com o número nas respostas dadas pelos outros estudantes. A porcentagem de dígitos corretos subirá à medida que a compreensão de conceitos e a capacidade para calcular melhorarem.

Ortografia: Vinte palavras são ditadas à classe; os estudantes têm sete segundos para escrever cada palavra, antes de a próxima ser ditada. O número de sequências corretas de duas letras é contado, bem como a primeira e a última letras corretas. Como nas outras áreas, a repetição desse teste pode dizer ao professor se as habilidades de ortografia do seu filho estão se desenvolvendo e se o desenvolvimento é mais lento ou mais rápido do que o das outras crianças na classe.

Escrita: O "preâmbulo de uma história" é oferecido; as crianças, então, devem escrever durante três minutos. A extensão da passagem (o número total de palavras) que seu filho escreveu é comparada com a dos colegas. Em geral, a extensão da passagem e a qualidade do texto escrito (sofisticação de pensamentos expressos) melhoram juntos. Os professores também podem analisar os elementos da história (temas, sequência, desenvolvimento, ideias de apoio, coesão) e da mecânica (ortografia, caligrafia, gramática, pontuação e uso de letras maiúsculas).

As recomendações sobre como fazer com que um aluno seja colocado em um ambiente privilegiado variam. "Ouvi dizer que algumas escolas são sensíveis às solicitações dos pais de uma determinada classe, mas isso não ocorria em nossa escola", diz uma mãe que admite que fez uma "manipulação descarada" para conseguir que seu filho fosse colocado com os melhores professores da escola. "Descobri que os *professo-*

Jeff

Criador autônomo de programas para computador, Jeff lutou com a dislexia durante seus anos de escola e de faculdade.

Minha mãe se lembra de mim chegando em casa da escola e dizendo. "Eu sou muito mais inteligente do que aqueles caras. Por que eles são tão burros e conseguem ler e eu não?" Sempre tive um pouco dessa arrogância construtiva, sabe? Nunca achei realmente que eu fosse burro, e acho que isso foi bom pra mim. Mas lembro-me de me sentir oprimido e muito obstinado em relação às coisas que fazia... Uma coisa em relação à qual eu sempre fui muito sensível durante o ensino fundamental era aquela história, sabe, quero que me avaliem pelo que eu *faço*; não diga: "Bom, 9 das 10 palavras que você escreveu contêm erros de ortografia, mas você fez um bom trabalho nesta palavra aqui e então eu vou te dar um 100 com duas estrelinhas em cima". Quer dizer, não minta para mim em relação ao meu desempenho. Eu sempre soube como estava indo, e também sempre soube como todo o restante da turma estava indo. Sempre tive consciência disso.

Lembro-me de que na 5ª série tínhamos de fazer um relatório. O assunto que escolhi foi "Armas e Armaduras na Idade Média". Meu pai me levou ao Museu Metropolitano de Nova York e eu mexi em todas as peças do acervo. Compramos montes de livros e meu pai leu todos esses livros para mim. Depois eu praticamente criei meu próprio livro. Eu recortei todos os livros que papai comprou para mim – eu recortei figuras e palavras e criei esse relatório. Não datilografei nem escrevi nada, mas peguei todas as coisas que queria dizer de todos os diversos livros e as colei juntas. Ficou um ótimo trabalho, e era evidente que para fazê-lo eu tive que me esforçar muito, isto é, nem consigo lhe dizer, foram horas e horas. Aí eu entreguei esse trabalho como se não fosse nada, como qualquer pessoa entrega seu trabalho, e era assim que eu queria que fosse tratado. Quer dizer, só o que eu queria saber era: se eu desse duro e me esforçasse ao máximo, como me sairia? Nessa escola, as notas eram E para excelente, depois B, C, D e F. Não sei por que não se usava A, mas não se usava. Todo mundo na turma que ganhou E em seu trabalho ganhou E de excelente, menos eu. A professora me deu E de *esforço*. Eu fiquei tão furioso nessa ocasião; quer dizer, furioso é pouco. Meus pais tinham essa medicação para me dar quando eu perdesse o controle e naquele dia, depois da escola, todo mundo teve que me agarrar para fazer com que eu engolisse um desses comprimidos. Mas eu estava me comportando assim por causa dessas tremendas *injustiças*. Era a coisa mais ultrajante que poderia acontecer naquele momento. Eu teria ficado feliz com um B ou um C, mas em vez disso ganhei um E de *esforço*...

Depois disso, decidi que não ia deixar que aquilo e aquelas pessoas controlassem a minha vida. Aí comecei a controlar a vida de todo mundo. Eu incomodava tanto as pessoas que um dia, no início do outono, meu professor da 6ª série saiu da sala de aula sem dizer uma palavra. Depois fiquei sabendo que ele tinha ido até a casa de meus pais e acabou chorando e dizendo: "Eu não aguento esse menino na minha aula. Ele tem que sair".

Entrevista realizada por Jennifer Kagan.

res podiam recomendar determinada classe para um aluno e, assim, todos os anos eu recrutava a ajuda dos professores do meu filho para escolher a melhor classe para o ano seguinte. Os professores em geral ficavam felizes em cooperar porque eu fiz um grande esforço para ser útil a eles – sempre podiam contar comigo para costurar os trajes da peça da classe, ou assar quatro dúzias de *brownies* para a escola vender e angariar recursos para alguma instituição de caridade." Outros pais descobriram que *sugerir* um professor para um filho (e fundamentar a sugestão com razões lógicas para essa colocação) às vezes funciona onde uma solicitação direta não funcionaria. "Nossa escola tinha uma política contra solicitações dos pais para professores individuais", recorda uma mãe, "mas se eu dissesse 'A Srta. Smith é tão calma e paciente – acho que Rashaan realmente se daria bem com ela, o senhor não acha?', o diretor em geral concordava". Muitos pais adotam a abordagem de "água mole em pedra dura" ou "disco arranhado". "Eu simplesmente ficava ali, pedindo educadamente aquilo que eu queria, até me darem", explica uma mãe. "Acho que a coisa chegou a um ponto em que o diretor já sentia dor de cabeça assim que me via chegando." "Sempre me recebiam melhor quando eu ia à escola vestida como profissional", acrescenta outra mãe. "Meu conselho? Não vá às reuniões da escola de *jeans*!"

Mais de uma mãe notou que as solicitações feitas pelos pais – ou pelas mães e pais juntos – têm mais peso do que aquelas feitas apenas pelas mães. "É preconceituoso e revoltante, mas é a realidade", diz uma mãe. "Quando um homem entra na reunião, as pessoas se sentam e prestam atenção. Use isso para sua própria vantagem, se puder." Com ou sem o papai a tiracolo, muitas mães afirmam que o conhecimento dos seus direitos legais e um entendimento das opções educacionais disponíveis as ajudaram a ser assertivas no processo de planejamento do programa, quando precisavam sê-lo. "Quando eles lhe enviarem essa publicação enfadonha sobre seus direitos como pai ou mãe na educação especial, *leia-a*", aconselha uma mãe. "Foi assim que aprendi o que poderia pedir. Solicitar o que você deseja é importante. Francamente, acho que obtive mais do nosso distrito escolar na maior parte dos anos do que eles planejavam me conceder."

Como discutimos no Capítulo 7, o distrito escolar não pode iniciar os serviços de educação especial ou mudar a colocação de seu filho sem a sua permissão. Se você acha que o programa oferecido ao seu filho é inapropriado ou inadequado, tem o direito de desafiar as decisões do distrito em uma audiência, perante um mediador independente (isto é, uma autoridade não empregada pelo distrito escolar), que pesará ambos os lados do caso e determinará o que deve ser feito. Esses procedimentos não podem resolver todas as disputas – você não pode pedir uma audiência porque não gosta do professor de seu filho, por exemplo –, mas a lei realmente protege o seu direito de ser ouvido nos seguintes casos:

- Você acha que seu filho foi incorretamente identificado. (*Exemplo*: Você acha que a criança tem dificuldades de aprendizagem; a equipe de avaliação diz que ela tem retardo mental limítrofe.)
- Você acha que seu filho precisa de mais serviços do que aqueles oferecidos. (*Exemplo*: Você acha que seu filho precisa de terapia da fala. O distrito alega que os problemas da fala não são suficientemente graves para interferirem no desempenho escolar.)
- Você acha que a colocação em uma escola ou classe recomendada para seu filho é inapropriada. (*Exemplo*: Você acha que os problemas de seu filho com TDAH justificam a colocação em uma classe pequena com estrutura e atenta supervisão; o distrito recomenda a inclusão em uma classe regular com modificação comportamental.)
- Você acha que o programa descrito no PEI não está sendo efetivamente implementado. (*Exemplo*: O PEI exige que o aluno aprenda habilidades de digitação. Devido a uma falta de equipamento, está

sendo oferecido apenas um período por semana de tempo no computador, e pouco progresso tem sido feito.)
- Você acha que os direitos de seu filho foram violados. (*Exemplo*: Embora um PEI tenha sido elaborado três meses atrás, os serviços ainda não foram iniciados.)

Tenha em mente que é melhor recorrer às audiências apenas depois que tentativas razoáveis de negociação fracassarem. Uma vez que as audiências consomem tempo e são caras para o distrito escolar – um caso deve ser preparado e a representação legal geralmente está envolvida –, o interesse do distrito é evitar tal audiência e cooperar com você se puder. Tente obter compromissos para a maior parte do que você deseja. Se o distrito não providencia um computador pessoal para o seu filho, por exemplo, será que garantirá a existência de um computador que ele possa usar conforme for necessário em sua sala de aula? Sugira mudanças em caráter temporário ou "experimental", tal como a colocação do aluno em uma classe regular por três meses, e veja se suas habilidades e o seu comportamento melhoraram ao final desse período.

Entretanto, não permita que uma visão estreita, frivolidades ou preocupação quanto aos custos por parte do distrito escolar resultem em meias-medidas que comprometam seriamente o direito de seu filho à "educação pública livre e apropriada", legalmente garantida. Se você acha que seu filho deve estar em um nível superior ou desfrutar de maior qualidade de apoio, a fim de atingir seu pleno potencial, lute por isso. "Comecei presumindo que o distrito escolar saberia e faria o que fosse melhor para o meu filho", diz a mãe de um menino com múltiplas dificuldades de aprendizagem, "mas logo descobri que não era assim. Parece que na metade do tempo o distrito não sabe o que Ryan necessita e, na outra metade, eles argumentam que não podem arcar com os custos daquilo que ele precisa. Os pais de crianças com dificuldades precisam estar preparados para batalhar por elas. O planejamento da educação de um filho é um assunto muito importante para ser deixado a cargo dos educadores".

Uma vez que o tempo das reuniões do PEI é limitado, vale a pena preparar-se antecipadamente tanto quanto possível. O quadro a seguir deve ajudá-lo a se organizar.

Preparando-se para a sua Reunião do PEI

Antes da reunião
- Examine seus direitos. Antes da sua primeira reunião do PEI, o distrito escolar deve lhe entregar uma notificação (*Procedural Safeguards Notice*) que lhe informa os direitos, baseados em lei federal, dos pais e dos alunos que recebem educação especial. (Esta informação também está disponível nos *websites* de várias organizações de dificuldades de aprendizagem: ver o Apêndice D.) Reserve um tempo para ler atentamente essas informações; é pouco provável que o comitê do PEI lhe explique seus direitos.

- Reúna informações sobre as políticas estaduais e locais. Para uma primeira reunião para discutir uma avaliação, certifique-se de que entende os critérios utilizados pelo seu Estado para identificar os estudantes com dificuldades de aprendizagem. Você também precisa de informações sobre as avaliações distritais ou estaduais que afetarão o seu filho (ver Testes de Alto Risco, p. 152-153). Peça uma cópia dos formulários que o seu distrito escolar usa para os documentos do PEI; eles vão ajudá-lo a entender que informações específicas têm de ser incluídas. Todas essas infor-

(continua)

Preparando-se para a sua Reunião do PEI

mações devem ser disponibilizadas pelo departamento de educação especial do seu distrito escolar.
- Reúna e examine os registros do nível atual de desempenho do seu filho. Estes podem incluir os últimos PEIs (se aplicável), boletins, pontuações em testes estaduais ou distritais e exemplos de trabalhos do seu filho. Estes últimos podem ser particularmente úteis: as pontuações nos testes identificam problemas de leitura e matemática, mas amostras do trabalho destacam melhor muitas outras questões (como potencialidades em desenho ou dificuldades na escrita).
- Solicite previamente uma cópia dos relatórios de avaliação do seu filho. Ler esse material antes da reunião do PEI vai ajudá-lo a entender como a equipe de avaliação "enxerga" o seu filho e as intervenções que consideram mais importantes. Se você precisar de mais explicações, marque uma reunião privada com o membro mais importante da equipe de avaliação para examinar os resultados antes da reunião do PEI. Se você tiver uma perspectiva diferente sobre quaisquer dos resultados, esteja preparado para compartilhar suas percepções com os avaliadores.
- Organize seus pensamentos sobre os talentos, interesses e necessidades do seu filho. Prepare um esboço ou anotações resumindo sua visão de como seu filho está indo na escola, como você vê os pontos fortes e fracos do seu filho; que tipos de materiais e estratégias de ensino funcionam melhor e pior para seu filho; e que tipos de assistência (incluindo assistência de tecnologia) você acha que poderiam ajudar seu filho a melhorar. Não limite suas preocupações às questões escolares: muitos estudantes com dificuldades de aprendizagem necessitam de ajuda para aprender comportamento, habilidades sociais, habilidades de organização e habilidades de autodeterminação e autodefesa apropriados. O comitê do PEI deve cuidar também dessas necessidades.
- Decida quem vai comparecer à reunião do PEI. Você tem o direito de levar qualquer pessoa à reunião do PEI que possa contribuir para o processo, incluindo familiares, especialistas de fora e a própria criança. É uma cortesia informar previamente ao comitê do PEI quem irá comparecer. A lei federal requer que o comitê do PEI inclua pelo menos um dos professores de classe do seu filho, um professor qualificado em educação especial, um indivíduo que possa interpretar os resultados da avaliação (se a identificação inicial for discutida) e um representante do distrito escolar que esteja a par do currículo de educação geral, dos recursos do distrito escolar e especialmente do ensino programado. Os membros da equipe podem ser dispensados de participar da reunião em algumas circunstâncias, *mas apenas com a permissão dos pais*. Se o seu distrito escolar propõe dispensar um membro do comitê (a professora da classe de seu filho, por exemplo), e você acha que essa pessoa deve participar, notifique previamente por escrito ao distrito escolar que você prefere que este membro da equipe do PEI de seu filho *não* seja dispensado.
- Solicite uma cópia do rascunho do PEI. É ilegal preparar um documento do PEI antes de uma reunião, mas muitos distritos economizam tempo preparando rascunhos dos PEIs cobrindo questões como avaliação, colocação, serviços, metas e objetivos, relatórios de progresso e adaptações. Se o seu distrito faz isso, examinar esse rascunho antes da reunião vai lhe dar uma oportunidade de ver como o comitê do PEI está pensando. Lembre-se de que este do-

(continua)

Preparando-se para a sua Reunião do PEI

cumento é apenas um rascunho; no decorrer da reunião ele pode sofrer muitas alterações.

Na reunião
- Chegue no horário e vestido para obter êxito. Embora não haja nenhum "código de vestuário" oficial para as reuniões do PEI, muitos pais observam que você obtém mais respeito se comparecer vestido para uma entrevista profissional ou de emprego.
- Solicite ser apresentado às pessoas presentes. Reserve um momento para guardar os nomes e os cargos de qualquer pessoa da equipe do PEI que você não conheça (se seu filho vai receber serviços de educação especial, você provavelmente vai encontrá-los novamente). Se tiver levado alguém com você, apresente-o à equipe.
- Permaneça calmo. Embora as discussões nas reuniões do PEI às vezes tratem de questões emocionalmente pesadas, vozes alteradas, acusações e palavras de baixo calão nunca ajudam. É do maior interesse do seu filho que você evite assumir uma posição de adversário. Tenha em mente que todos querem que a criança seja bem-sucedida. Tente permanecer positivo e cooperativo. A negociação polida em geral funciona melhor do que fazer exigências.
- Faça anotações. Grande parte das informações detalhadas é apresentada nas reuniões do PEI; se não fizer anotações, é improvável que se lembre de tudo. Se preferir permanecer concentrado na discussão, leve alguém com você para fazer as anotações ou peça para gravar a reunião.
- Não deixe que a reunião se concentre em excesso nos pontos fracos do seu filho. Você pode ter de lembrar à equipe que seu filho tem pontos fortes que você quer encorajar, ou que podem ser usados para ajudar a resolver problemas ("Meu filho se dá muito bem com os outros e se beneficia de uma abordagem de trabalho em grupo." "Embora minha filha necessite de ajuda com a leitura, ela adora matemática e eu gostaria de ter certeza de que ela terá muito encorajamento nessa área.").
- Certifique-se de que todas as bases sejam cobertas. Se o tempo acabar antes que todas as suas opiniões sejam ouvidas, todas as suas preocupações tenham sido tratadas e/ou todos os componentes do PEI tenham sido satisfatoriamente desenvolvidos (incluindo os serviços específicos a serem oferecidos, objetivos e metas individualizados, diretrizes para o monitoramento e o relato do progresso, determinação de participação na avaliação, e acomodações disponíveis), solicite um prolongamento do tempo ou outra reunião. Se for inconveniente para você se reunir pessoalmente, o distrito deve lhe oferecer opções como videoconferência e conferências por telefone.
- Finalize o documento do PEI. Ou, se tiver dúvidas a respeito, não o faça. Os serviços de educação especial não podem ter início até que um pai/mãe consintam (com frequência assinando o documento do PEI). É razoável perguntar se você pode levar o documento final para casa para examiná-lo e compartilhá-lo com outros membros da família, adiar o consentimento até que você tenha tido uma chance de visitar as classes propostas para seu filho ou prorrogue a aprovação até que obtenha uma segunda opinião ou reúna informações de profissionais de fora. Quando os pais e as equipes do PEI não conseguem concordar sobre componentes importantes de um PEI, o próximo passo é a mediação. (Seus direitos à mediação e a audiências estão descritos em seu Procedural Safeguards

(continua)

Preparando-se para a sua Reunião do PEI

Notice.) Observe que uma vez dado, o consentimento para um PEI pode ser retirado a qualquer momento. Os pais podem também solicitar reuniões para rever e modificar um PEI sempre que tiverem preocupações de que o programa de uma criança não esteja funcionando ou se novas questões surgirem.

Depois da reunião
- Visite as classes que foram propostas para seu filho, conheça os professores e tente observá-las por pelo menos uma hora. Use as diretrizes apresentadas no Capítulo 6, "O que devo esperar do professor do meu filho?, p. 120-123, para ajudar a avaliar se seu filho vai se dar bem nesses ambientes.
- Explique ao seu filho que mudanças ele deve esperar. Se seu filho não comparecer à reunião do PEI (a presença dele não é recomendada se ele não estiver no ensino médio), explique por que seu programa foi alterado em termos encorajadores ("Nós sabemos que você está tendo dificuldades com a leitura, e a escola tem alguns professores especialistas que vão ajudá-lo."). Examinar as mudanças específicas no horário e visitar os novos professores pode ajudar a reduzir a ansiedade do aluno.
- Monitore de perto o progresso do seu filho. Embora o distrito escolar seja obrigado a relatar várias vezes por ano o progresso do estudante, muitos pais trabalham com os professores de seus filhos para checar mais frequentemente o seu progresso nas habilidades básicas – em geral semanalmente. Uma vez implementado um PEI, as habilidades de seu filho devem começar a melhorar dentro de três meses. Uma substancial ausência de progresso rumo aos objetivos do PEI após seis meses requer um exame e uma revisão do pelanejamento.

9
O ABC do sucesso na escola

Não é segredo que as crianças com dificuldades de aprendizagem devem se esforçar mais do que as outras para avançar na escola. Essas crianças com frequência precisam ser motivadas, ser mais dedicadas e passar mais tempo envolvidas com as tarefas escolares do que seus colegas, apenas para sobreviverem. "Eu ficava maluco quando os professores criticavam minha escrita e diziam para eu me esforçar mais", recorda uma aluna do ensino médio com déficits de percepção visual e de coordenação motora fina. "Na 3ª série, eu levava quase uma hora para realizar uma simples folha de exercícios. Suava durante duas ou três horas todas as noites em casa, enquanto minhas irmãs assistiam TV. Quantas crianças de 8 anos meus professores conheciam que se esforçavam mais do que eu?"

Não se pode esperar que as crianças mantenham esse nível de disciplina e motivação por muito tempo, a menos que seus esforços encontrem algum grau de sucesso. Não é difícil entender por quê. Apenas imagine que você mesmo está tentando aprender uma nova habilidade em seu emprego e não está chegando a lugar algum. Quanto tempo você insistiria até desistir? Um mês? Dois meses? Talvez você seja teimoso e esteja fazendo algum progresso, e então continua tentando mais um pouco. Mas será que tentaria por 13 *anos* (o período que desejamos que as crianças permaneçam motivadas, a fim de terminarem o ensino médio)? Não são muitos os que conseguiriam isso. Se não temos sucesso em nosso trabalho, imaginamos rapidamente que estamos na profissão errada. É exatamente isso que ocorre com nossas crianças; se elas tentam e não têm sucesso na escola, decidem que não foram feitas para essa história de educação.

Infelizmente, a dificuldade para acreditarmos em nossa própria capacidade para aprender é o tipo de dificuldade de aprendizagem mais sério que existe. Os alunos que não acreditam ser capazes de ter sucesso raramente empenham o esforço necessário para consegui-lo, tornando o mau desempenho contínuo algo inevitável. Entretanto, a experiência prova que, se você pode mostrar às crianças com problemas de aprendizagem que elas *podem* ter sucesso na escola, seu nível de interesse e motivação melhora acentuadamente. Embora o reforço positivo e as recompensas possam ajudar no avanço das crianças, o sucesso é o único incentivo que funciona a longo prazo. Assim como o esforço sem recompensas pode estabelecer um ciclo de fracasso ("Não sou bom em leitura, não sou bom na escola, não adianta nem tentar"), a conquista estabelece um ciclo de sucesso. Ela cria autoconfiança e expectativas positivas, o que, por sua vez, apoia um sucesso ainda maior.

Portanto, a tarefa fundamental para os adultos que se importam com as crianças com dificuldades de aprendizagem é preparar o terreno para que elas possam experienciar o sucesso de forma regular. Sem essa experiência, você não pode esperar que uma criança mantenha a energia e as atitudes necessárias para a superação de problemas de processamento de informações. Felizmente, um pouco de sucesso pode fazer muito. As crianças não precisam ser bem-sucedidas em tudo o que fazem para continuar tentando, nem devem ser "o melhor dos melhores" para se sentirem assim. Mas todas as crianças precisam de *algumas* áreas de sucesso que possam apontar com orgulho, dizendo: "Eu fiz isso! Trabalhei duro e fiz isso acontecer!" Dessas experiências capacitantes vem a fé de que o esforço pode influenciar os eventos, de que os obstáculos podem ser superados e as esperanças e os sonhos, realizados.

Neste capítulo, discutiremos sete pontos importantes que podem ser implementados pelos pais para ajudar a melhorar o nível de conquistas dos filhos na escola. Enquanto os examina, tenha em mente algumas diretrizes gerais:

Às vezes, é melhor trabalhar nos bastidores. Você perceberá que nem todas essas sugestões envolvem a oferta de ajuda direta à criança. Sempre que possível, o objetivo é estruturar as circunstâncias para que as crianças possam ter sucesso por conta própria, usando seus pontos fortes e suas capacidades. O melhor tipo de ajuda é aquela que encoraja as crianças a assumirem responsabilidade por si mesmas e por seu trabalho.

Esqueça o velho ditado: "Se não conseguir, continue tentando". A perseverança pode ser uma virtude, mas uma fonte importante de frustração para crianças com dificuldades de aprendizagem é o fato de elas, com frequência, serem incitadas a "tentar mais", usando métodos ou materiais inapropriados. Quando objetivos razoáveis não estão sendo cumpridos, uma mudança na abordagem pode ser bem mais efetiva do que mais esforço.

Seja sensível ao definir o sucesso. Se a sua ideia de conquista escolar são as notas mais altas e conseguir ingressar na melhor universidade, é hora de ajustar suas expectativas. As crianças que se tornaram desanimadas na escola precisam ter seus sucessos alardeados e mantidos com objetivos de curto prazo e de fácil conquista. Como mostra a tira a seguir, pequenas vitórias podem significar muito. Aprenda a reconhecê-las (e ajude seu filho a reconhecê-las também).

Com esses princípios em mente, observemos algumas estratégias que podem apoiar o sucesso.

ORGANIZE-SE

A maioria das crianças com dificuldades de aprendizagem tem alguma dificuldade para organizar objetos e informações; muitas também têm problemas com conceitos en-

Aprendendo a reconhecer pequenas vitórias

PEANUTS é reimpresso com permissão do United Feature Syndicate, Inc. No Brasil, publicado como Snoopy.

volvendo espaço e tempo. Como resultado, os problemas dessas crianças com habilidades básicas são, frequentemente, aumentados por uma gama de dificuldades com os procedimentos educacionais. "Estas são as crianças que se esquecem de copiar a tarefa do quadro", diz uma professora de educação especial, "ou a copiam, mas errado. Ou a copiam certo, mas se esquecem de levá-la para casa. Ou levam o livro para casa e fazem suas lições, mas o deixam na mesa da cozinha, quando saem para a escola... As crianças com dificuldades de aprendizagem em geral perdem pontos por esse tipo de coisa, mesmo quando sabem muito bem suas lições".

À medida que os estudantes crescem e as demandas pela capacidade de organização aumentam (em razão de mais matérias, mais professores e tarefas mais complexas),

David

Os pais podem ser muito criativos para permitirem o sucesso de seus filhos, como mostra a história de David:

A 5ª série foi uma nuvem negra na vida de David, uma criança de 11 anos com leves dificuldades de processamento da linguagem. Embora ele tivesse recebido ajuda especial para a leitura durante dois anos, ainda lia lentamente e tinha problemas para manter em dia as suas lições. Seu trabalho escrito geralmente era devolvido com muitas correções. Em aritmética era praticamente a mesma coisa; David tinha dificuldade com o raciocínio matemático e, durante grande parte da aula de matemática, sentia-se totalmente perdido.

"Acho que a única matéria na qual David ia bem era a educação artística, mas esta só era dada uma vez por semana", recorda a mãe do garoto. "Ele estava progredindo na escola, e a professora especial nos garantiu que ele estaria bem se conseguisse chegar ao máximo de suas habilidades básicas; porém, enquanto isso, sua autoestima estava baixa. Ele se sentia incompetente para tudo."

A família de David gostava de visitar galerias de arte e, em um desses passeios, David viu uma exibição de aquarelas de paisagens. Ele se apaixonou pelas delicadas pinturas e disse à mãe: "Quero aprender a fazer isso!". "Fiquei tão contente por ver David motivado para fazer *alguma coisa* que decidi encontrar alguém que pudesse ensiná-lo", diz sua mãe. "Mas não tive sorte – a professora de artes da escola disse que a pintura com aquarela era muito difícil e 'sofisticada' para crianças da idade de David, e as pessoas que operavam o programa de artes infantis na comunidade disseram mais ou menos a mesma coisa. Então, vi um anúncio para um curso noturno de introdução à aquarela, oferecido por um centro local de idosos. Entrei em contato com a instrutora, expliquei nossa situação e perguntei se ela consideraria a inclusão de um menino de 11 anos nas aulas. Ela disse que, se David não se importasse de ficar com uma turma de aposentados, ela estaria disposta a tentar."

"Que bênção essas aulas se revelaram!", continua a mãe de David. "David não apenas aprendeu os fundamentos da pintura com aquarela – algo que ninguém mais em sua sala de aula sabia fazer –, como também se tornou o queridinho de seus 'colegas'. Foi como se ele subitamente herdasse uma dúzia a mais de avós que achavam que tudo o que ele fazia era maravilhoso. Ele desabrochou. Quando a professora colocou algumas de suas obras em exposição na escola foi como a coroação de seus esforços."

O sucesso de David com a aquarela também ajudou a mantê-lo motivado para a prática das habilidades básicas. "Ele não se sente mais um perdedor completo", diz sua mãe. "Essa injeção em sua autoconfiança afetou tudo o que ele faz."

as crianças com dificuldades de aprendizagem tendem a se perceber em uma crescente desvantagem. Transições para novas escolas podem ser especialmente difíceis, e muitos alunos se lembram disso como um ponto negativo em suas carreiras na escola. "Levei uma eternidade para me achar naquele prédio novo", recorda um aluno. "Não conseguia lembrar a combinação para abrir meu armário. Tinha sete professores e todos possuíam regras diferentes. Perdia pontos por entrar atrasado na sala, por não ter o tipo certo de caderno, por não estar de tênis no dia da educação física... Tinha certeza de que os outros garotos riam de mim por eu ser tão desatento."

Como a organização não é um talento que lhes vem naturalmente, as crianças com dificuldades de aprendizagem se beneficiam da estrutura externa. Quatro áreas gerais nas quais o auxílio é particularmente útil estão descritas a seguir.

Oferecimento de um espaço de trabalho organizado

Os alunos com dificuldades de aprendizagem normalmente consideram difícil se sentar para trabalhar, e interrupções frequentes para buscar papel, lápis, calculadora e outras ferramentas ou suprimentos não ajudam em nada sua concentração. Um espaço de trabalho bem iluminado e livre, com subsídios adequados, ajudará a maior parte dos estudantes a aproveitar o máximo do seu tempo nas lições de casa. No planejamento desse espaço, tenha em mente que muitas crianças com dificuldades de aprendizagem se distraem facilmente por causa de movimentos ou ruídos de fundo. Lembre-se também de que elas precisam de alguma ajuda e supervisão em suas tarefas. "Não torne a área de trabalho de seus filhos tão isolada que você não possa ir até ela facilmente várias vezes por dia", alerta uma mãe.

As crianças que estão no ensino fundamental normalmente preferem estar próximas de onde ocorre a "ação" na família quando trabalham em seus projetos escolares. A cozinha ou a sala de jantar podem ser ótimos locais para as sessões das lições de casa, desde que o ruído à volta seja controlado (alguns alunos acham que a música os ajuda a se concentrar, de modo que um rádio ou CD tocando baixinho podem ser úteis) e um local permanente possa ser estabelecido para os livros e suprimentos da criança. "Reservamos uma parte do armário da cozinha para as coisas da escola", diz uma mãe. "Afinal de contas, com que frequência precisamos da louça chinesa?"

Manejo do tempo

Nenhum espaço de trabalho para um estudante com dificuldades de aprendizagem está completo sem um calendário com grandes espaços para o registro de eventos escolares, atividades e tarefas (algumas famílias gostam de incluir também eventos familiares e tarefas domésticas). Nos primeiros estágios da organização, manter esse calendário provavelmente terá de ser tarefa dos pais (se o aluno não consegue se lembrar de onde deve estar e do que supostamente deve fazer, não se pode esperar que se lembre de anotar isso, não é mesmo?). "O principal é fazer com que a criança adquira o hábito de *olhar* o calendário", explica um pai experiente. "Verifique o calendário com seu filho todas as noites, de modo que ele possa ver o que vai acontecer amanhã e o que deve levar para a escola. Olhe mais adiante para ver se há algo depois, na semana, que exija preparação prévia. Não presuma que seu filho vai saber quanto tempo levará para concluir uma tarefa ou um projeto – as crianças com dificuldades de aprendizagem são notoriamente ruins em termos de estimativas de tempo." Posteriormente, as próprias crianças podem registrar tarefas e eventos no calendário. Elas geralmente são mais responsáveis para fazer isso depois que se acostumaram a trabalhar com um calendário e estão convencidas de seu valor.

As crianças com dificuldades de aprendizagem também prezam a rotina. A maior parte delas obtém benefícios de horários previsíveis para as refeições, a recreação, as lições de casa e a hora de dormir. "Essas crianças geralmente têm problemas com transições", explica uma professora. "Podem ter dificuldade para abandonar uma atividade e começar outra. Rotinas consistentes facilitam as transições. Depois de algum tempo, as crianças sabem que podem brincar após as aulas, mas devem fazer suas lições depois do jantar, e não lutam contra isso."

Além de ajudar os filhos a manejarem o tempo em casa, os pais devem alertar os professores e outros membros da escola para o fato de que as crianças com dificuldades de aprendizagem podem precisar de ajuda extra para cumprir os horários na escola. "Quando seu filho está para começar um novo horário escolar, acompanhe-o algumas vezes ou faça com que outro aluno o acompanhe durante alguns dias, quando o prédio estiver silencioso e vazio", sugere uma família. "Pense em todos os horários, de modo a poder dizer: 'Em seu caminho da aula de ciências para a de estudos sociais, você passa por seu armário e pode, então, pegar seus livros para o período da tarde'. Planeje tudo com antecedência para que a criança não precise ficar imaginando o que fazer quando os corredores estão lotados, a campainha está soando e os avisos chegam dos alto-falantes." Esses ensaios são especialmente importantes sempre que uma criança ingressa em uma nova escola. Muitos alunos com dificuldades de aprendizagem têm problemas com mapas mentais; diversos ensaios e uma atenção extra a itens característicos ("Veja, a escada que você deve subir é aquela *depois* do banheiro") podem ser necessários para ajudá-los a se familiarizarem com um prédio estranho.

Observe que alguns alunos respondem melhor a lembretes visuais do que verbais. Fotos do cão e de uma lata de lixo colocadas na geladeira podem lembrar um estudante que passear com o cachorro e colocar o lixo para fora são suas tarefas para a noite (as fotos podem ser viradas ao contrário quando a tarefa tiver sido feita). Um quadro de avisos com imagens geradas por computador ilustrando as atividades após a escola (treino de futebol, jantar, lição de matemática, relatório de estudos sociais, assistir TV; relógios de pulso podem ser anexados aos símbolos para cada atividade) pode ajudar um estudante a organizar o seu tempo melhor do que um calendário simples.

Estruturação das tarefas

Muitas crianças com dificuldades de aprendizagem têm dificuldades com o sequenciamento, isto é, colocar segmentos de informações em uma ordem lógica ou significativa. Por isso, normalmente têm problemas para dividir tarefas complexas em componentes mais simples e para imaginar quais dessas subtarefas realizar primeiro. Isso também se aplica ao trabalho escolar e às tarefas domésticas. "Você não pode simplesmente dizer às crianças com problemas de sequenciamento para pôr a mesa ou lavar os pratos", diz uma mãe. "Você precisa dividir a maioria das tarefas e repassá-las muitas vezes antes que as crianças finalmente as entendam." Embora seja necessário ter tempo e paciência para ensinar as tarefas domésticas às crianças com dificuldades de aprendizagem (muitos pais irritados concluem: "Seria mais rápido eu mesmo fazer isso!"), os especialistas afirmam que a longo prazo o esforço vale a pena. Assumir a responsabilidade por uma parte do trabalho da família pode ajudar a aumentar a independência e criar uma sensação de "fazer parte" e ser importante. Ambos são necessários para a autoestima da criança.

Os estudantes também precisam de ajuda para estruturar as tarefas escolares. Quando solicitadas a planejar um projeto para a feira de ciências, criar uma colagem ou preparar um trabalho sobre o Uruguai, as crianças podem declarar "Eu não consigo fazer isso!", porque o projeto parece muito complicado em sua totalidade – e não porque isso realmente esteja além da sua capacidade. Quando você as ajuda a dividir uma tarefa em etapas ou fases, esta parece muito mais fácil. Para organizar um projeto para a feira de ciências, por exemplo, você pode explicar à criança: "Primeiro, vamos à biblioteca procurar alguns livros para termos algumas ideias. Depois você vai escolher um projeto que possa ser realizado em quatro semanas. Em seguida, você fará uma lista dos materiais que vamos precisar comprar. Depois vamos fazer um roteiro para a experiência e pegar um caderno para registrar os resultados".

Lembre-se de que *o mais importante na reestruturação das tarefas é criar um conjunto de tarefas mais simples que possam ser manejadas pelo aluno principalmente por conta própria*. Se os estudantes tiverem problemas para acompanhar as etapas mesmo depois que um trabalho foi dividido em segmentos, pode ser necessária uma estratégia alternativa. Uma criança que ainda não consegue lidar com um projeto de ciências independentemente, por exemplo, pode precisar de uma modificação na tarefa (uma experiência simples com instruções precisas, talvez), ou trabalhar com um parceiro ou uma equipe. "A flexibilidade é a chave para o sucesso na sala de aula e em casa", diz uma professora de educação especial. "Se a criança tem problemas de coordenação motora fina, ensiná-la a pôr a mesa ou a lavar os pratos pode ser tempo perdido. Contudo, essa criança pode lidar com um aspirador de pó. Você precisa escolher as tarefas que possam permitir à criança dar suas melhores contribuições."

Localização do material escolar

É fato bastante conhecido que as crianças com dificuldades de aprendizagem perdem as coisas. Todavia, quando começam a perder seus materiais escolares isso pode se traduzir em notas desnecessariamente rebaixadas (sem mencionarmos pais frustrados, professores irritados e alunos com menor autoestima). Por isso é importante elaborar um sistema para que o aluno se mantenha em dia com o material que vai e volta da escola. Os pais dizem que é importante verificar, acima de tudo, a localização desses itens principais:

Atribuições. Será que a criança realmente sabe o que se espera que ela faça? Às vezes as crianças com dificuldades de aprendizagem não sabem, porque não conseguiram interpretar o que estava na lousa, perderam o rápido aviso dado enquanto a campainha tocava, copiaram errado a tarefa ou confiaram em sua memória para recordar, em vez de anotar o que deveriam fazer (a memória de curto prazo nem sempre é digna de confiança para essas crianças). Para garantir que todas as tarefas sejam entendidas, pode ser necessário pedir que os professores deem aos alunos as tarefas por escrito, ou que o coloquem com um companheiro de estudos, o qual anotará de forma confiável as datas dos testes e as tarefas de casa.

Livros. "Deixei o livro na escola" é um refrão familiar para pais de crianças com dificuldades de aprendizagem (e vem apenas depois de "Deixei a lição em casa"). Se este for um problema para seu filho, peça ou compre um segundo conjunto de livros para manter em casa ("Tal medida poupa muitos incômodos", diz uma mãe).

Lições de casa. "Sempre que um professor dizia a meu filho que ele perdeu a data de entrega de um trabalho ou lição de casa, ele parecia muito surpreso", recorda uma mãe. "Ele insistia: 'Eu fiz aquele trabalho'! Então, esvaziava sua mochila ou seu armário, e lá estava a lição, junto com antigos ditados, meias de ginástica e embalagens de chocolates." Para evitar essa cena familiar, tente oferecer a seu filho uma pasta grande, com envelopes plásticos para cada matéria da escola (algumas possuem informações úteis impressas nas contracapas). Cole uma etiqueta na primeira metade da pasta com os dizeres "Coisas para Entregar", e na outra metade "Coisas para Trazer para Casa". Certifique-se de que as lições de casa feitas – e também itens como bilhetes para o professor e autorizações assinadas – estão nos envelopes corretos antes de o aluno sair para a escola todos os dias e ensine-o a checar seus envelopes para ver se estão lá os trabalhos que devem ser entregues assim que ele chegar na escola (você pode precisar da colaboração do professor para isso). Verifique o envelope de "Trazer para Casa" da pasta diariamente para ver se há lições de casa, trabalhos corrigidos e avisos da escola. "Se a pasta tiver esses envelopes plásticos presos em ganchos centrais, será mais difícil perdê-los", aconselha uma professora de educação especial. "Se isso deixar a pasta muito volumosa, tente duas pastas mais finas, uma para as aulas da manhã e outra para as da tarde. Uma das mães que conheci coordenava com cores as pastas e os livros – vermelho para leitura, azul para matemática e assim por diante." Se as crianças têm problemas crônicos para saber exatamente o que e quando entregar, é uma boa ideia encorajá-las a verificar com os professores uma vez por semana todo o trabalho que precisava ser entregue. Desse modo, elas podem entregar o que está faltando antes que a carga de assuntos inacabados se torne demasiadamente complexa.

Pais experientes acrescentam que também é uma boa ideia limpar os armários e as mochilas uma vez por semana ou a cada 15 dias. Como diz uma mãe: "Isso melhora imensamente suas chances de achar o bilhete sobre o passeio da classe antes da turma já ter partido".

Não nos surpreende que os pais que têm mais dificuldade para ajudar seus filhos a se organizarem sejam, eles mesmos, desorganizados. Para eles, porém, os esforços para a oferta de apoio apropriado para seus filhos pode produzir benefícios inesperados. "Estabilizar nossas rotinas e anotar tudo em um calendário me ajudou a ser mais eficiente e organizada em meu próprio trabalho", diz uma mãe. "Não adio tanto as coisas quanto costumava fazer e me sinto com maior controle de tudo."

AJUDE AS CRIANÇAS A DESCOBRIR SEUS ESTILOS DE APRENDIZAGEM PREFERIDOS

Todos têm um estilo de aprendizagem preferido, incluindo as autoras deste livro. Lisa aprende melhor com livros e materiais visuais, pois não capta muita informação de fitas ou palestras, a menos que faça toneladas de anotações. Ela busca o "quadro completo" – os detalhes a aborrecem – e lida bem com conceitos abstratos. Também é uma pessoa introvertida, que prefere trabalhar sozinha. Corinne, por sua vez, aprende melhor ouvindo e falando; ela aprecia palestras e discussões, mas se aborrece com leituras. É ótima na organização de informações e para cuidar de detalhes. É expansiva e se desempenha maravilhosamente na interação com outras pessoas.

Obviamente, nossos estilos de aprendizagem são distintos e muito diferentes (achamos que, juntando as duas, temos um cérebro completo). A única coisa que nos distingue de um indivíduo com uma dificuldade de aprendizagem é que temos um pouco mais de flexibilidade – Corinne realmente vive entre montanhas de materiais impressos, e Lisa consegue lidar com os detalhes quando precisa fazer isso. Contudo, as crianças com dificuldades de aprendizagem devem se manter firmes em seus estilos de aprendizagem preferidos, porque outros meios de manejo de informações são ineficientes ou estão bloqueados para elas. Entretanto, muitas não sabem quais são seus estilos de aprendizagem preferidos; apenas entendem que não respondem aos métodos promovidos na escola.

Para ajudar as crianças a compreender seus estilos preferidos de aprendizagem, você precisa considerar três áreas distintas:

Que sentidos fazem mais sentido?

Alguns indivíduos aprendem melhor com os olhos. Eles estão mais propensos a reter informações apresentadas na forma de materiais visuais (como fotografias, mapas, gráficos e diagramas) ou demonstrações. Os aprendizes auditivos, por outro lado, confiam mais em seus ouvidos. As técnicas didáticas que funcionam para eles incluem discussões, palestras e leituras em voz alta.

Há também crianças que aprendem melhor tocando e manipulando os objetos; a experiência prática é sua melhor professora.

Embora qualquer aluno possa se sair melhor quando educado de acordo com seu canal sensorial mais ativo, as pesquisas sugerem que uma *abordagem multissensorial* da educação pode ser ainda melhor para muitos. Um aluno de 1ª série que enfrentou dificuldades para reconhecer as letras, por exemplo, pode ser capaz de aprendê-las pronunciando-as em voz alta, ao traçá-las na areia ou recortá-las em papel colorido. Um aluno de ensino médio que retém pouco do que lê pode se beneficiar da criação de gráficos, listas e outros "organizadores gráficos" e/ou da formação de um grupo de estudos para discutir o material do texto. Muitos bons professores usam técnicas multissensoriais na classe (especialmente nas séries mais iniciais) e os educadores especiais às vezes usam currículos multissensoriais especiais para ensinar leitura e matemática. Entretanto, mesmo quando os professores são bitolados em seus métodos, os alunos podem aprender a variar suas próprias abordagens das tarefas escolares, acrescentando diferentes dimensões sensoriais.

Pensamento abstrato *versus* concreto

Albert Einstein disse certa vez que a fantasia e a imaginação significavam mais para ele do que sua capacidade para lidar com fatos. Este físico famoso foi o suprassumo do pensador abstrato ou conceitual. Ele se sentia à vontade em um mundo de teorias e ideias e não precisava ver ou tocar as coisas para entendê-las (Einstein, por falar nisso, só aprendeu a ler aos 9 anos. Ele também foi reprovado na disciplina de linguagem para a admissão na escola técnica). Os pensadores abstratos em geral conseguem facilmente visualizar e manipular informações em suas mentes. Muitos gostam de passar o tempo considerando diferentes aspectos de um problema; podem se ressentir se forem apressados ou pressionados por respostas enquanto ainda estão elaborando as coisas mentalmente.

Os pensadores concretos, ao contrário, sentem-se mais confortáveis com o conhecimento prático ou aplicado. Preferem lidar com objetos e situações reais e aprendem explorando o mundo físico, tendendo a se entediar com teorias e ideias abstratas. Um pensador concreto talentoso foi o inventor Thomas Edison, que, mesmo quando criança, possuía uma necessidade arrebatadora de imaginar como as coisas funcionavam (Edison era tão mal-ajustado aos métodos tradicionais de educação que sua mãe o retirou de sua escola pública depois de apenas três meses e o ensinou em casa). Hoje, naturalmente, Edison é conhecido por sua inteligência brilhante e sua criatividade.

Quase todas as crianças pequenas pensam concretamente; a capacidade para lidar com abstrações se desenvolve com o tempo. Os métodos tradicionais de educação refletem esse padrão normal de desenvolvimento. Em geral existem diversas atividades multissensoriais e práticas na escola de ensino fundamental, mas se espera que os estudantes construam mais e mais "em suas mentes" à medida que crescem. No ensino médio, os alunos que se tornam pensadores abstratos podem esperar se sair bem na maioria das matérias. Alunos que continuam como pensadores concretos, porém, podem descobrir que as únicas matérias ensinadas do *seu* jeito são laboratório, economia doméstica e ginástica. Esses estudantes estão em desvantagem educacional. Não importa o quanto sejam inteligentes, seu estilo de aprendizagem limita suas oportunidades em um ambiente didático convencional.

Pesquisas sugerem que muitos alunos com dificuldades de aprendizagem são pensadores concretos. É necessário descobrir modos de relacionar a educação dessas crianças à realidade. Os métodos de ensino que mais funcionam para elas incluem demonstrações interativas, experiências práticas, passeios, oferta de estudos de casos, ilustrações e exemplos, além da colocação de habilidades e informações em um contexto prático (por exemplo, você usa frações e habilidades de medição quando segue uma receita ou constrói uma casa). Quando os professores não oferecem uma ponte entre os conceitos abstratos e o mundo real, os pais podem construir uma. As atividades cotidianas, como planejamento de refeições, culinária e compras fornecem muitas oportunidades boas para os pensadores concretos (ou "experienciais") aprenderem e recordarem melhor as informações.

As crianças que pensam concretamente também se beneficiam de tarefas estruturadas e instruções precisas. Deve-se tomar cuidado para ajudá-las a entender a finalidade de suas lições e tarefas. "Jamais presuma que essas crianças entendem a finalidade do trabalho que estão realizando", alerta uma educadora especial. "Com frequência elas não têm qualquer ideia – o que facilmente prejudica sua motivação. É necessário explicar os objetivos com cuidado e chamar a atenção dessas crianças para fatos e conceitos fundamentais enquanto elas avançam. Não espere que façam inferências ou cheguem a conclusões por conta própria; se for importante, enuncie essas conclusões para elas."

Referências frequentes aos objetivos de uma lição também não fazem mal algum ao pensador abstrato. Algumas dessas crianças analisam em excesso os problemas e se perdem em questões secundárias. Uma criança que sente a necessidade de entender *tudo* em um livro é boa candidata para um desgaste precoce na escola. (Um estudante que tentou memorizar todos os três mil termos do seu livro de ciências começou a ter um desempenho muito melhor quando foi ensinado a se concentrar apenas nos termos mencionados pelo professor na classe.) A explicação explícita do que é mais importante ajuda alunos desse tipo a fazer um uso mais eficiente do seu tempo e da sua energia intelectual.

Processamento sequencial *versus* global

Muitos professores são *processadores sequenciais*. Eles assumem uma abordagem lógica do ensino, selecionando informações em sequências lineares e apresentando-as de uma forma metódica, passo a passo. Gostam de manter as coisas sistemáticas e organizadas. São bons em esboçar, categorizar e analisar. Prestam atenção aos detalhes. Não nos surpreende, portanto, que recompensem os alunos que processam e apresentam as informações da mesma maneira.

Todavia, nem todas as pessoas pensam de um modo linear ou lógico. Alguns indiví-

---

Jamais presuma...

Um professor de educação especial oferece essas palavras de bom-senso aos pais...

Nesses 25 anos em que tenho ensinado crianças com dificuldades de aprendizagem, aprendi a esperar sempre pelo inesperado e nunca, NUNCA presumir que um aluno tem conhecimento prévio sobre um assunto, não importando a sua idade, a sua inteligência ou a sua "esperteza"... Lembro-me de um aluno do ensino médio que estava aprendendo como planejar e preparar uma refeição na classe de habilidades de vida. Depois que a turma selecionou hambúrgueres com fritas como prato principal, eles precisavam elaborar uma lista de compras – pães, hambúrguer, batatas...

– Batatas? – um jovem perguntou. – E para que vocês precisam de batatas? – Para as fritas! – veio a resposta.

– Tá falando sério? – perguntou ele. – Fritas são feitas de batatas?.

Mary Ann Coppola, 1996.

duos são *processadores globais*. Essas pessoas não aprendem passo a passo; elas aprendem por saltos mentais. Por exemplo, apreendem as informações intuitivamente (como resultado, podem ter problemas para explicar aos outros como sabem o que sabem). Como não selecionam ou categorizam os dados de um modo convencional, podem perceber ligações entre diferentes tipos de informações que não são óbvias para outras pessoas. Os processadores globais anseiam por *insight* e tendem a ser impacientes com os detalhes (os quais não consideram importantes). Com frequência, são vistos como pessoas que "tiram conclusões apressadas". Ainda assim, suas conclusões são suficientemente corretas – e, mesmo quando são erradas, as opiniões desses estudantes normalmente são criativas e interessantes.

Do mesmo modo que os pensadores concretos, os processadores globais podem estar em desvantagem na escola porque o seu estilo preferido de aprendizagem está fora de sincronia com o estilo dominante de ensino. Quando essas crianças não entendem algo, os professores que pensam de maneira lógica geralmente repetem tudo, diminuem o ritmo e se tornam ainda mais sistemáticos; por exemplo, reorganizam uma tarefa em seis passos, em vez de três. Isso frustra ainda mais o processador global, que deseja apenas saber aonde tal explicação o levará. Para atingir esses estudantes, é importante resumir os principais pontos de uma lição *antes* de esta ser ensinada. Como uma professora de educação especial coloca: "Você lhes dá as respostas e percorre o caminho inverso até as perguntas. Uma vez que tenham o 'quadro completo', esses estudantes geralmente se dispõem mais a prestar atenção aos detalhes e a seguir os procedimentos".

Esta professora acrescenta: "Não encontramos muitos estudantes com dificuldades de aprendizagem que sejam pensadores sequenciais". Os alunos com os quais ela trabalha frequentemente têm estilos abstratos/globais ("Eles são acusados de ser cabeças de vento", diz ela) ou concretos/globais ("Eles parecem bagunceiros, inquietos; seu lema é *'Preparar, apontar, fogo!'*"). "É importante ensinar essas crianças apropriadamente – e também garantir-lhes que seu estilo de aprendizagem é legítimo", conclui a professora. "Eu sempre lembro a eles que a agenda da vida é muito mais flexível do que o currículo da escola. Depois que se formarem, terão mais liberdade para fazer as coisas à sua própria maneira."

Três fatores adicionais que afetam o estilo de aprendizagem estão descritos a seguir:

Alcance da atenção. Algumas crianças precisam se esforçar tanto para concentrar sua atenção que se cansam após um curto intervalo de tempo. Se permanecem tentando trabalhar além desse ponto, suas habilidades se deterioram rapidamente. Os problemas de atenção são mais óbvios quando as crianças estão tentando dominar novas habilidades ou quando precisam fazer algo que consideram tedioso (a motivação aumenta a atenção, de modo que níveis de atenção podem ser bons para empreendimentos criativos ou para projetos dos quais a criança realmente deseja participar). Para estudantes com dificuldades de atenção, o trabalho precisa ser dividido, de modo a poder ser realizado em sessões curtas. Por exemplo, uma lista de 20 palavras ditadas poderia ser demais para realizar de uma só vez; assim, limite as palavras ditadas a cinco por dia. Para trabalhos difíceis, 10 ou 15 minutos de concentração podem ser o máximo com que as crianças podem lidar sem um intervalo. A extensão de tempo na tarefa pode com frequência ser aumentada à medida que o trabalho se torna mais familiar. Estratégias de captação da atenção – como deixar que as crianças pratiquem "escrever" letras e números com creme de barbear ou usando marcadores coloridos para identificar informações novas ou importantes no texto – também podem aumentar o tempo despendido nas tarefas da escola.

Sociabilidade. Algumas pessoas gostam de trabalhar sozinhas, enquanto outras preferem interagir com as demais. Os "solitários" bem-sucedidos tendem a ser internamente motivados, autodisciplinados e orientados para o objetivo. Se isso não descreve o seu filho, busque oportunidades de aprendizagem cooperativa, como projetos em equipe, grupos de discussão e parceiros de estudo. Os aprendizes socialmente orientados podem ter dificuldade para manter sua motivação sem frequente *input, feedback* e incentivo dos outros.

Velocidade do processamento das informações. Algumas pessoas captam as informações rapidamente; suas mentes podem absorver grandes "amontoados" de informações ao mesmo tempo. Elas parecem capazes de manter diversas linhas de pensamento simultaneamente, o que torna possível realizarem tarefas mentais como comparar, contrastar e analisar com muita rapidez. Entretanto, muitos indivíduos igualmente inteligentes processam as informações de forma mais lenta. Essas pessoas em geral lidam melhor com as informações em pequenos agrupamentos e preferem focalizar uma coisa de cada vez. É importante evitar lançar muitas informações sobre esses estudantes muito rapidamente, porque a "sobrecarga de dados" produz confusão e solapa a memória. O melhor modo de apoiá-los é reduzindo ou eliminando materiais estranhos e simplesmente... ir... mais... devagar. Lembre-se de que muitos estudantes com dificuldade de aprendizagem leem e escrevem mais de 30% mais devagar do que seus colegas. Às vezes, mudanças simples na estratégia – como copiar da lousa as lições de casa no início da aula, em vez de apressadamente no final – podem fazer maravilhas para o aluno cujo trabalho tem sido cronicamente atrasado ou incompleto.

Quanta informação é demais? As pesquisas têm descoberto que cerca de sete fragmentos de informação é o que os aprendizes típicos conseguem lidar de cada vez, antes de se tornarem sobrecarregados. Reduzir esse número – ou agrupar as informações em uma quantidade pequena de categorias que "englobem" as informações a serem lembradas – vai ajudar a maioria dos alunos com dificuldades de aprendizagem.

Além de prestarem atenção ao estilo de aprendizagem de seus filhos, os pais precisam entender o seu próprio estilo. Se você é um pensador sequencial, concreto e visualmente orientado, por exemplo, seu modo natural de explicar as coisas pode ser completamente inapropriado para seu filho abstrato, global e auditivo. "Sempre que meu filho tinha dificuldade para memorizar algo no ensino fundamental, meu primeiro pensamento era *fazer cartões audiovisuais*", diz uma mãe. "Eu jamais teria conseguido passar pela escola sem esses cartões. Terry, contudo, aprende melhor pela audição e pelas mãos. O ensaio verbal funcionava melhor para ele – aprendia suas tabelas recitando-as repetidas vezes, enquanto quicava sua bola de basquete."

MANTENHA-SE INFORMADO SOBRE O CURRÍCULO

Muitos pais não têm consciência de que existem vários programas diferentes para o ensino de leitura, escrita, matemática, ciências e estudos sociais. Os editores desses programas (que incluem textos de estudantes, guias de professores e, ocasionalmente, livros de exercícios, filmes, fitas de áudio, pôsteres e outros auxílios didáticos) competem intensamente uns com os outros pelos dólares do sistema escolar norte-americano. Cada distrito escolar tem algum tipo de comitê responsável pela revisão periódica de materiais de currículo desenvolvidos recentemente e por sua comparação com os materiais em uso. Novos materiais podem ser escolhidos porque abordam melhor as necessidades dos alunos ou porque foram promovidos de forma maciça pelos editores e/ou refletem alguma tendência atualmente popular na educação.

Como dissemos anteriormente, na verdade não existe um programa ou tipo de programa melhor para todas as crianças. Os bons professores sabem disso e muitos usam materiais de diversos programas didáticos diferentes (bem como projetam currículos por conta própria) em um esforço para atingir o maior número possível de estudantes. Professores menos experientes ou menos talentosos, ao contrário, geralmente tentam ensinar "de acordo com o manual", não importando as necessidades individuais dos alunos. Se os materiais do currículo não são apropriados para alguns estudantes, frequentemente são estes – e não os editores ou os professores – que são culpados pelos problemas resultantes.

Como os estudantes com problemas de aprendizagem são menos adaptáveis do que os outros na manifestação de como assimilam as informações, os programas usados em suas salas de aulas podem acelerar ou prejudicar seu progresso. Portanto, é importante que os pais investiguem os materiais e os métodos e avaliem até que ponto eles atendem às necessidades das crianças. Duas boas maneiras de se fazer isso são revisar os livros-texto e de exercícios e pedir para ver os "mapas de sequência e abrangência" oferecidos aos professores pelos editores de diferentes currículos. Esses mapas descrevem as habilidades e os conteúdos cobertos no decorrer do semestre ou do ano (a *abrangência* do currículo), bem como a ordem (ou *sequência*) na qual as habilidades e as informações serão ensinadas.

Quando você examina o currículo, pode prever – e evitar – muitos tipos de problemas. Deve estar claro desde o início, por exemplo, se os materiais dos textos são apropriados para o nível de leitura da criança. Os materiais serão apropriados se a criança conseguir ler 95% das palavras automaticamente (isto é, sem "tropeçar" ou parar para pronunciá-las em voz alta); se forem muito difíceis, discuta modificações, substitua textos ou planeje com o professor encontrar um parceiro de leitura. Se você estiver familiarizado com os pontos fortes e fracos de seu filho na aprendizagem, também será capaz de localizar áreas problemáticas (por exemplo, a aula de matemática está trabalhando uma unidade com problemas enunciados verbalmente, e o material de história exige memorização de nomes e datas) e elaborar métodos para ajudar a criança a se preparar previamente (os estudantes podem precisar receber menos problemas nas lições de casa a cada noite, quando o material de matemática for difícil. Ensaios discursivos podem ser substituídos por testes de respostas curtas em história). Se as habilidades do professor de educação especial forem necessárias para ajudar o aluno a cobrir o material, você pode chamar a atenção dos dois professores para isso, a fim de que possam coordenar seus esforços.

É particularmente importante investigar como as habilidades básicas estão sendo ensinadas na escola de seu filho. Alguns métodos de ensino de leitura, escrita e aritmética são reconhecidamente problemáticos para alunos com dificuldades de aprendizagem. Alguns dos métodos que devem ser mantidos em mente estão discutidos a seguir.

Programas de leitura da "linguagem integral"

Estes se tornaram muito populares nos últimos anos. Os currículos de linguagem integral salientam o reconhecimento de palavras inteiras e o significado textual. Existe pouca ou nenhuma instrução de fonética; presume-se que os alunos associarão letras a sons "naturalmente", à medida que avançam em sua educação. Os defensores do sistema dizem que ele promove a compreensão da linguagem complexa e a apreciação da literatura (os alunos são introduzidos à boa literatura em uma idade precoce) e é menos entediante que outros métodos de ensino da leitura. Tais unidades são ensinadas frequentemente em conjunção com currículos de escrita da linguagem integral, os quais encorajam os alunos a se expressarem livremente no papel sem preocupações com ortografia, pontuação ou outras convenções.

Os estudantes que apresentam problemas de percepção visual são muito fracos no reconhecimento das palavras como um todo, e as crianças com dificuldades no processamento da linguagem tendem a não conectar sequências de sons com palavras escritas naturalmente. Os programas de linguagem integral não oferecem a esses alunos estratégias alternativas para decifrarem as palavras que não reconhecem. As crianças com ambos os tipos de dificuldades precisam de instrução em fonética (decodificação de palavras por sua pronúncia) a fim de lerem com sucesso. Alguns alunos necessitam de exercícios especiais para ajudá-los a reconhecer as posições de sons individuais nas palavras antes de se tentar a abordagem fonética. Os estudantes com dificuldades graves podem precisar de uma abordagem multissensorial da fonética que combine ver, ouvir, pronunciar e, eventualmente, tocar (recortar letras ou segui-las com os dedos, por exemplo). Esse tipo de instrução geralmente está disponível apenas por meio de programas de leitura especializados. Observe que a construção da habilidade de leitura requer um investimento de tempo substancial: as estratégias mais bem-sucedidas requerem 30 minutos ou mais de instrução de leitura todos os dias. Como a velocidade de leitura das crianças com dificuldades é com frequência muito mais lenta do que a dos leitores típicos, trabalhar especificamente a *fluência* (reconhecimento cada vez mais rápido das palavras) é de fundamental importância. Quanto mais rápida e facilmente as crianças conseguirem reconhecer as palavras, mais atenção e tempo elas poderão dar ao entendimento do material e a tentar recordá-lo.

O principal da leitura, finalmente, é a compreensão. Enriquecer o vocabulário e melhorar a qualidade do conhecimento básico dos alunos ajudam a tornar o novo material mais significativo e memorável para as crianças. Os alunos com dificuldade também precisam aprender estratégias explícitas para usar quando a compreensão falha (como, ao relerem, pararem para expressar o que leram com outras palavras ou imaginarem mentalmente o que acabaram de ler e o esquadrinharem para esclarecimento). As habilidades de compreensão de nível mais elevado (que se tornam importantes no ensino médio) incluem avaliar, comparar e sintetizar informações de diferentes fontes, aplicando o que foi aprendido a novas situações, e desenvolver a percepção do personagem, do tema e do desenvolvimento do enredo. Uma parte importante do trabalho do professor é ajudar seu filho a pensar nestes aspectos de maneiras cada vez mais sofisticadas, além de construir vocabulário e melhorar a fluência da leitura.

Planejamento de programas que enfatizam excessivamente a mecânica

Um pesquisador descobriu que se você perguntar aos alunos com dificuldades de aprendizagem como se tornar um bom escritor, você terá respostas como "pratique, tenha esperança e segure seu lápis corretamente". Para muitos desses alunos, escrever significa lutar com a legibilidade, a ortografia e a gramática. Estas questões podem ser tão desgastantes que as crianças dedicam pouco do seu pensamento ao conteúdo. Os estudos mostram que os alunos com dificuldades de aprendizagem raramente planejam o que escrevem; muitos acham que um texto bem escrito simplesmente significa um texto sem muitos erros de ortografia e pontuação.

Para esses jovens (assim como para muitos estudantes típicos), exercícios mecânicos são bem menos importantes do que ensinar-lhes como se comunicar efetivamente. Os programas que salientam o planejamento, a revisão e a reescrita do trabalho escrito (geralmente chamados de currículos do *processo de escrita*) são melhores; eles focalizam a atenção do aluno no que se deseja dizer e em como dizê-lo claramente. (Observe que a ênfase no conteúdo *não* significa que o ensino de ortografia e gramática pode ser menosprezado. Às vezes isso ocorre quando os professores insistem para que as crianças sejam criativas ao se expressarem, mas não as ajudam a revisar e corrigir os resultados.) Características de um bom currículo de processamento da escrita incluem *atividades de pré-escrita* nas quais os alunos selecionam tópicos, debatem ideias para abordar o tópico selecionado e organizam essas ideias logicamente; *conferências* nas quais os alunos leem seus primeiros esboços para o professor ou para outro aluno e recebem *feedback*; uma *fase de revisão* na qual as redações são retrabalhadas para uma melhora do estilo, da clareza e da eficácia; e uma *fase de edição* final, na qual a ortografia, a gramática, a pontuação, etc., são corrigidas. Tais programas com frequência se encerram com a produção de publicações dos esforços dos alunos.

A cada passo ao longo do caminho, é necessária uma instrução explícita. Por exemplo, para desenvolver o tópico de uma redação, é preciso ensinar aos alunos a fazer perguntas como "Eu introduzi o problema?", "Eu sugeri várias maneiras para resolver o problema?", "Eu incluí referência a quem, o quê, onde, quando, por que?", "Eu usei tópicos e sentenças conclusivas para ajudar a guiar o leitor?" "As sentenças e os parágrafos apresentam uma transição lógica de um para o outro?". A verificação da ortografia, da gramática e da pontuação vem no fim desse processo.

Observe que as crianças que têm problemas de caligrafia (incluindo alguns alunos com dificuldades de percepção visual, e também aqueles com problemas de coordenação motora fina) podem achar impossível se concentrar no que querem dizer na escrita até serem aliviadas da carga de tentar escrever letras legíveis. O ato de escrever é tão lento e árduo que eles produzem bem menos do que pretendiam.* Permitir que elas ditem para um "escriba" ou ensiná-las a usar um gravador como uma ferramenta de pré-escrita às vezes melhora consideravelmente o conteúdo da sua escrita. Muitos alunos também descobrem que os processadores de texto (que facilitam a revisão e a correção) reduzem bastante as dificuldades envolvidas na escrita. Para as crianças com dificuldades de escrita, a digitação é uma habilidade de sobrevivência que não deve ser adiada até o ensino médio; tente fazer com que a digitação seja incluída no programa didático do aluno em torno da 5ª ou 6ª série. (Muitas escolas hoje ensinam rotineiramente as habilidades básicas de informática para todos os alunos, mas pode ser necessário você conseguir uma introdução mais precoce ao processamento das palavras mediante a educação especial.) Se as habilidades motoras finas do aluno não atenderem às exigências da digitação, há programas de computador ativados por voz que recebem ditado. (Os alunos podem então "catar milho" para editar o seu trabalho.)

Aritmética pela memorização

A abordagem tradicional de memorização da aritmética não é muito boa para qualquer estudante. Os estudos indicam que a memorização de fatos, regras e fórmulas na preparação para os testes não habilita os alunos para lidar com o raciocínio matemático ou com a solução de problemas de ordem superior. As crianças com dificuldades de aprendizagem nem mesmo conseguem aprender a lidar com cálculos básicos usando esse sistema. Muitos desses estudantes têm problemas com tarefas que envolvem a memorização (os métodos que outros alunos usam para memorizar geralmente não funcionam para eles). Não obstante, a pressão para memorizar os fatos matemáticos pode se tornar intensa no ensino fundamental. Quando a mãe de um aluno de 3ª série que não havia aprendido suas tabelas de multiplicação sugeriu que ele recebesse uma calculadora para poder ir adiante no currículo de matemática, a professora res-

---

* Às vezes surgem questões sobre se uma criança que tem se esforçado para aperfeiçoar a letra de imprensa deve fazer a transição para a letra cursiva (em geral em torno da 3ª série). Alguns especialistas acham que os alunos deveriam permanecer na letra de imprensa, pois esta requer movimentos menos complexos e evita a confusão de se tentar aprender dois sistemas. Outros argumentam que a escrita cursiva é mais rápida e mais rítmica, torna o espaçamento mais fácil (pois as letras são conectadas) e torna as inversões menos prováveis. Como acontece com outros aspectos da programação para a criança com dificuldades de aprendizagem, é necessária uma abordagem individualizada: a decisão deve ser tomada segundo o que funciona melhor para cada criança.

pondeu: "Na 3ª série, a memorização de fatos da multiplicação *é* o currículo de matemática". (Esta mãe obteve permissão para o uso da calculadora do comitê de educação especial do distrito escolar e também pediu que a classe de seu filho recebesse materiais concretos – tais como moedas, fichas de pôquer ou palitos de picolé – que pudessem ser usados para demonstrar conceitos matemáticos básicos).

Outro problema que pode interferir na educação da matemática é que alguns alunos com dificuldades de aprendizagem têm dificuldades com ideias abstratas. As crianças pequenas podem não ser capazes sequer de entender que números no papel representam coisas reais. Até que a relação entre os números e os objetos esteja clara, esses alunos veem pouco sentido em exercícios de adição e de subtração com lápis e papel. Atividades práticas que envolvem contar e manipular objetos reais (como blocos de madeira ou bastões) geralmente são essenciais para o entendimento de conceitos e relações numéricas básicas. (As crianças devem também ser encorajadas a usar seus dedos para "contar" enquanto necessitarem deles; as pesquisas descobriram que contar com os dedos ajuda as crianças a aprender mais depressa os fatos matemáticos.) Uma abordagem explícita e tangível também pode ser necessária para ajudar esses alunos a aprender sobre dinheiro, medição, frações, gráficos e tempo. Durante toda a sua educação matemática, os estudantes com dificuldades de aprendizagem precisam de uma instrução que enfatize o entendimento de conceitos e do raciocínio (os passos na resolução de problemas). Estas são as coisas que, no fim, definem a competência em matemática. Afinal, qual a utilidade de se memorizar as tabelas de subtração se a criança não consegue avaliar se tem dinheiro suficiente para fazer uma compra ou se recebeu o troco certo?

Nos últimos anos, os currículos baseados em problemas tornaram-se populares e são úteis para todos os estudantes. As atividades envolvem fazer os alunos trabalharem juntos, em grupo, para resolverem problemas reais. Por exemplo, a velocidade em que um *kart* precisa correr até a linha de chegada vai depender de variáveis como o ângulo de descida, o ângulo de largada e o ângulo da curva na estrada. Os alunos usam computadores ou constroem modelos para calcular as respostas. Tudo isso é divertido e motivador, mas as crianças com dificuldades de aprendizagem em geral necessitam de uma orientação explícita do professor durante o processo de resolução de problemas: formular perguntas de sondagem, oferecer o conhecimento de pré-requisitos, demonstrar e oferecer prática guiada e *feedback* e fazer os alunos raciocinarem em voz alta durante sua resolução de problemas são estratégias úteis.

Os professores do ensino fundamental às vezes não estão habilitados para explicar conceitos matemáticos porque eles próprios não entendem muito bem a matemática. Muitos admitem sinceramente que ensinam matemática pela memorização, pois a aprenderam assim e não conhecem outro modo de lidar com informações matemáticas. "Se seu filho tiver um desses professores, procure a ajuda do pessoal da educação especial, ou consiga um bom professor particular de matemática para que a criança possa construir uma base conceitual sólida", sugere uma mãe. "Você pode descobrir – como aconteceu conosco – que o aluno realmente se sai melhor em matemática no ensino médio, onde os professores explicam melhor o como e o porquê de tudo e a memorização é menos importante."

Algumas vezes, o modo mais prático de manter o controle de qualquer currículo é simplesmente ler um capítulo ou dois à frente no livro-texto do aluno. Os pais dizem que essa prática os ajuda a localizar problemas e a planejar atividades suplementares ou de enriquecimento que oferecem alguma vantagem aos estudantes. "Quando vi que meu filho tinha pela frente uma introdução às frações, fiz questão de envolvê-lo em algumas atividades culinárias", recorda uma mãe. "Ele fez todas as medições, as quais o ajudaram a entender conceitos como metade e um terço." Outra mãe aumentou o interes-

A escola do seu filho está falhando?

Em 2001, o No Child Left Behind Act (Ato de Educação Elementar e Secundária de 2001) foi aprovado pelo Congresso para garantir que todas as crianças tenham uma oportunidade justa e igual para obter uma educação de alta qualidade e atingir um nível mínimo de proficiência no desafio aos padrões de aproveitamento escolar do Estado. Entre as exigências do NCLB estão as seguintes:

- Os Estados vão definir o conteúdo escolar para cada série em leitura/linguagem, matemática e ciências.
- Os Estados vão estabelecer padrões desafiadores para a proficiência em cada uma dessas matérias.
- As escolas vão contratar professores altamente qualificados (graduados ou com competência demonstrada em cada área de conteúdo que ensinem) para todas as classes; estes professores vão oferecer uma instrução cientificamente validada.
- As necessidades educacionais de todas as crianças serão satisfeitas.
- Os Estados vão avaliar a qualidade do ensino oferecido pelas escolas públicas nessas matérias a todos os alunos e tornar essa informação disponível ao público. Os Estados devem relatar anualmente o desempenho dos alunos de escola pública fragmentado em subgrupos – incluindo gênero, raça/etnia, nível de pobreza, aprendizes de língua nacional e situação da dificuldade.

O NCLB requer que, em 2014, os Estados coloquem 95% dos estudantes nos padrões de proficiência em leitura e matemática. (Os alunos com as dificuldades mais significantes e aqueles que são novos falantes do inglês terão permissão de receber avaliações alternativas usando padrões diferentes.) Todos os anos, o Estado determinará se cada escola realizou ou não o progresso anualmente adequado (PAA) rumo a esse objetivo.

Embora o NCLB tenha sido criticado por várias razões, esta lei responsabiliza as escolas pelo desempenho de *todos* os alunos – incluindo os alunos com dificuldades. Como resultado, as expectativas para as crianças portadoras de dificuldades foram elevadas, e o seu acesso ao currículo de educação geral foi melhorado. O NCLB também proporciona aos pais informações que eram difíceis (se não impossíveis) de serem conseguidas antes; os pais devem agora receber relatórios anuais medindo a eficácia de todas as escolas públicas de seus distritos. Quando uma escola falha em satisfazer as exigências de PAA, as famílias têm direitos importantes, incluindo os seguintes:

- *O direito a mudar de escola*: Se uma escola falha no cumprimento dos padrões de PAA durante dois anos seguidos, os pais podem optar por matricular seu filho em uma escola diferente que esteja cumprindo tais padrões. É exigido que o distrito escolar pague o transporte da criança para a nova escola.
- *O direito a Serviços Educacionais Suplementares (SES)*. Se uma escola falha no cumprimento dos padrões de PAA durante três anos ou mais, as crianças têm o direito de receber instrução adicional para acelerar sua aprendizagem. Os serviços suplementares incluem tutoria livre, programas após as aulas e cursos de verão. Os Estados devem desenvolver uma lista dos provedores aprovados nestes serviços. (Os provedores de SES podem incluir agências e indivíduos de fora do distrito escolar.)

Ao considerar uma mudança de escola, os pais dos alunos com dificuldades de aprendizagem precisam formular algumas perguntas fundamentais:

(continua)

> **A escola do seu filho está falhando?**
>
> *Como estão se desempenhando os alunos com dificuldades de aprendizagem?* Observe o desempenho do subgrupo de educação especial nas escolas que você está considerando. A maioria dos estudantes com dificuldades estão satisfazendo as expectativas das suas séries e sendo aprovados nos testes de competência? (Para mais informações sobre os testes, ver Testes de Alto Risco)
>
> *Como estão sendo ensinados os alunos com necessidades de educação especial?* As pesquisas têm descoberto que quanto mais isolados são os alunos com necessidades especiais, menor o acesso que têm ao currículo geral. Os alunos com necessidades especiais devem ser totalmente integrados no ambiente da escola, incluindo as atividades extracurriculares.
>
> *Qual a qualificação dos professores?* Todos os professores e especialistas em aprendizagem satisfazem os novos padrões estabelecidos pelo NCLB? Os professores de educação especial têm especialização tanto em educação especial quanto nas matérias que ensinam? Os professores de educação geral receberam capacitação profissional na área do trabalho com alunos com dificuldades de aprendizagem?
>
> *Há disponibilidade de pessoal especializado?* Se seu filho necessita dos serviços de ajuda, um terapeuta da fala, um psicólogo ou outro profissional, o pessoal da nova escola inclui estas pessoas? A escola pode implementar tudo que consta no PEI atual do aluno?
>
> *O aluno está se sentindo à vontade com uma mudança de escola?* Se a criança estiver se sentindo pouco à vontade em ter que ir de ônibus para a escola, ou infeliz por ser separada de seus amigos, uma mudança de escola pode ser inconveniente – alunos infelizes em geral não são alunos bem-sucedidos. Os alunos que permanecerem nas escolas com um desempenho insatisfatório provavelmente necessitarão de ajuda adicional para cumprir os padrões de desempenho do Estado, seja na forma de Serviços Educacionais Suplementares ou instrução privada.
>
> Adaptado com permissão de *No Child Left Behind: Making the Most of Options for IDEA-Eligible Students*, de Candace Cortielle © 2010, National Center for Learning Disabilities.

se da filha por uma unidade sobre história romana que estava por vir (e literalmente ensaiou a matéria) visitando um museu para ver esculturas e artefatos da Roma Antiga. No final deste livro, o Apêndice B examina os ganhos escolares em leitura, escrita, matemática e habilidades de raciocínio que são tipicamente esperados nas diferentes séries. Você pode usar esta informação para ajudar a determinar se seu filho está sendo desafiado na velocidade e no nível adequados.

Uma palavra final importante sobre o currículo: *não* presuma que o professor de educação especial de seu filho esteja familiarizado com os programas que estão sendo usados nas aulas regulares. Muitos desses professores não têm tempo para acompanhar como todas as matérias são ensinadas em cada uma das aulas de seus alunos. Se você estiver preocupado com os métodos ou materiais usados por um determinado professor, alerte o professor de educação especial imediatamente e peça auxílio com a intervenção.

Desde a aprovação do No Child Left Behind Act (NCLB), os pais têm algumas novas maneiras de avaliar como a matemática e a linguagem são ensinadas nas escolas públicas do seu distrito (ver o quadro das páginas 189-190). Esta lei federal aumentou substancialmente o nível de expectativas para as escolas de ensino fundamental do país. De acordo com o NCLB, espera-se que a maioria dos alunos com dificuldades satisfaçam os mesmos padrões de aproveitamento que os aprendizes típicos. Os pais precisam se certificar de que os alunos com dificuldades de aprendizagem estão recebendo suficiente exposição aos currículos de educação geral para satisfazer esses padrões.

PRESTE ATENÇÃO ÀS HABILIDADES BÁSICAS

As pesquisas indicam que atrasos significativos em leitura, escrita e aritmética aumentam o risco de fracasso escolar e abandono da escola. Por isso, às vezes as crianças que estão fazendo um progresso escolar lento são encorajadas a repetir a pré-escola ou a 1ª série. Os educadores desejam se certificar de que as crianças obtenham a melhor base possível das habilidades básicas antes de avançarem para matérias mais complexas.

Portanto, a aquisição de habilidades básicas é, obviamente, uma questão de interesse para qualquer pai ou mãe. O que muitos pais não percebem, porém, é que as escolas oferecem uma "janela de oportunidades" relativamente pequena para a aprendizagem dessas habilidades. Em uma escola típica, as habilidades básicas são, fundamentalmente, o que forma o currículo da educação infantil até a 3ª série (tudo o mais se encaixa na categoria de "enriquecimento"). Contudo, da 4ª à 6ª séries, quantidades crescentes de matérias adicionais (ciências, saúde, estudos sociais, etc.) são introduzidas, e a instrução explícita em leitura é diminuída. A matemática começa a focalizar as operações complexas (como trabalho com frações e decimais, longas divisões e problemas com palavras) para os quais é necessário o conhecimento da aritmética básica. O ensino da escrita muda para temas de composição, e a competência na gramática básica e o seu uso (pontuação, maiúsculas, etc.) são cada vez mais esperados do que ensinados. Isso significa que as crianças que não dominaram os fundamentos de escrita, leitura e aritmética na 4ª série perderam substancialmente o barco da educação. Aos 9 ou 10 anos, Johnny pode estar pronto para aprender as habilidades básicas, apenas para descobrir que seus professores não estão mais ensinando isso.

Embora a instrução contínua de habilidades básicas geralmente esteja disponível por meio de programas de educação de reforço e especial, esses programas nem sempre oferecem instrução com a intensidade que os alunos necessitam, ou o tempo e as oportunidades de que precisam para a prática de novas habilidades. Se não oferecem isso, a lacuna entre as habilidades de Johnny e aquelas de seus colegas típicos começará a aumentar. Como resultado, à medida que os anos passam, Johnny irá se tornar cada vez menos preparado para lidar com as matérias e achará cada vez mais difícil manter o interesse pela escola. Esse cenário é a triste experiência de um grande número de estudantes com dificuldades de aprendizagem. Para evitar esse tipo de catástrofe educacional, os pais podem tomar algumas providências.

Monitorar o progresso com frequência

A maior parte das escolas administra testes uma vez ao ano para estabelecer como os alunos estão se desempenhando nas habilidades básicas. Todavia, o progresso dos alunos com dificuldades de aprendizagem precisa ser verificado com maior frequência. O fracasso para um avanço em leitura, escrita ou aritmética é um sinal vermelho que sinaliza a necessidade de intervenção, e as crianças não devem precisar esperar um ano – ou mesmo meio ano – antes que lhes seja oferecido o auxílio apropriado. Compreender o estado das habilidades básicas de seu filho com relação aos outros estudantes também o ajudará a determinar os tipos de apoio necessários para ajudá-lo a acompanhar os trabalhos na sala de aula. Um aluno de 6ª série que está um ano atrasado em leitura pode precisar apenas de um pouco de tempo extra para lidar com os textos da classe, enquanto um aluno que

E quanto à retenção na série?

A retenção é frequentemente recomendada para alunos da educação infantil ou 1ª série que não fizeram um progresso satisfatório nas habilidades de pré-leitura, escrita e contagem. A repetição de um ano também pode ser aconselhada para alunos que não passaram em testes de competência para habilidades básicas em vários "pontos de virada" educacionais, como a 3ª, a 5ª e/ou a 8ª séries. Será que a retenção realmente ajuda as crianças?

As pesquisas sugerem que a retenção é útil apenas em circunstâncias limitadas. A repetição da educação infantil ou da 1ª série pode dar às crianças que não estavam prontas para começar a escola ou que "desabrocharam tarde" o tempo de que precisam para compensar suas habilidades escolares. A retenção, nesses casos, é uma opção viável para alunos que começaram a escola muito jovens e para as crianças com atrasos desenvolvimentais relativamente leves. As crianças que foram privadas de *oportunidades* para aprender (devido a doença, mudanças frequentes ou sofrimento emocional, por exemplo) também podem se beneficiar da repetição de ano – recebendo a oportunidade de aprender aquilo a que não foram expostas, elas prosperam. A pesquisa mostra que os melhores candidatos para a retenção são crianças que têm inteligência média, mostram ajuste social e emocional normal e têm déficits moderados na escola. Em todos os casos, a retenção só tende a ter sucesso se os pais das crianças apoiarem completamente a ideia e as próprias crianças não se opuserem a ela. É importante que elas compreendam a diferença entre o fracasso e a necessidade de tempo extra para crescer. Quando as crianças acham que estão repetindo o ano porque fracassaram ou porque são burras, o colapso em sua autoestima tende a eliminar qualquer benefício que um ano extra de educação poderia proporcionar. Uma alternativa à retenção para essas crianças são classes de transição entre a educação infantil e a 1ª série, quando as habilidades de aprendizagem das crianças têm a oportunidade de amadurecer.

Os estudos mostram que as crianças com déficits mais graves e os estudantes com inteligência abaixo da média se beneficiam menos da retenção. Embora possam obter alguns ganhos durante um ano repetido, seu progresso normalmente permanece lento e, assim, a lacuna entre suas habilidades e aquelas das crianças medianas em geral aumenta. As evidências sugerem que o fracasso no progresso desses estudantes se deve à sua necessidade de um tipo ou intensidade diferente de ensino, não uma necessidade de mais tempo. Em vez de fazê-los repetir o que não funcionou para eles antes, é melhor encaminhá-los para programas de reforço ou intervenção de educação especial o mais cedo possível.

As pesquisas indicam que, após a 6ª série, os efeitos da retenção são quase inteiramente negativos. Repetir um ano no final do ensino fundamental ou no início do ensino médio está associado a maiores taxas de repetência, a faltas injustificadas à escola e a problemas de comportamento. Os alunos que foram retidos em séries posteriores, retidos contra sua vontade ou retidos mais de uma vez também apresentam risco significativamente maior de abandono da escola antes da conclusão dos estudos. À medida que os alunos crescem, o potencial para ganhos escolares parece ser bastante reduzido pelo declínio no *status* social associado à repetição de um ano de escola. Assim, outros meios de ajuda (aulas particulares, programas de reforço e cursos de verão, encaminhamento para educação especial) são as melhores escolhas para alunos do ensino médio com problemas de rendimento escolar.

Nunca se deve presumir que repetir um ano na escola solucionará todos os problemas escolares da criança, especialmente

(continua)

> **E quanto à retenção na série?**
>
> nos anos iniciais do ensino fundamental. As crianças que repetem a pré-escola, a 1ª ou a 2ª série também devem ser expostas a uma gama maior de métodos e materiais didáticos para verificar se obtêm benefícios com novas abordagens. Se não mostraram um progresso satisfatório em dois ou três meses do ano repetido, apesar dos esforços intensificados para alcançá-lo, uma intervenção de educação especial deve ser buscada sem mais demora. Observe que os serviços de educação especial para crianças pequenas podem ser oferecidos sem a identificação formal de uma dificuldade específica. As mudanças realizadas na lei federal promulgada em 1997 possibilitaram oferecer este apoio a *qualquer* criança de 3 a 9 anos que esteja experienciando dificuldades físicas, cognitivas, de comunicação, sociais ou emocionais persistentes. Até os 9 anos, a criança é referida como "desenvolvimentalmente atrasada", independente da natureza da dificuldade, e lhe são oferecidos serviços de educação especial.

está três anos atrasado provavelmente precisará ser colocado com alguém que possa ler os textos em voz alta ou receber materiais escritos em um nível de leitura mais baixo.

É importante então discutir sistemas de monitoramento contínuo com os professores de seu filho. A avaliação baseada no currículo (explicada no Capítulo 8) oferece aos professores um método simples para verificar o desenvolvimento das habilidades por meio do uso de materiais comuns da sala de aula. Relatórios semanais de progresso podem ajudar pais e professores a acompanhar tanto as habilidades acadêmicas quanto o comportamento em sala de aula (uma questão igualmente importante para os professores). Você também pode se manter atualizado sobre o progresso de seu filho usando gráficos de habilidades escolares oferecidos em nosso Apêndice B. Esteja especialmente alerta para atrasos em áreas cruciais para uma educação superior (problemas de ortografia são menos preocupantes do que problemas com o sequenciamento das ideias em composições escritas, por exemplo).

Se o seu filho não estiver fazendo progresso nas habilidades básicas, solicite uma reunião com seu professor de educação especial para discutir uma intervenção. Às vezes, um simples ajuste no programa da criança (que ofereça mais prática com uma nova habilidade, por exemplo), trará uma melhora. Em outras ocasiões, mudanças mais incisivas (tais como a colocação em uma classe menor ou mais estruturada) podem ser necessárias. O ponto importante é abordar a questão logo, de modo que seu filho não se torne desnecessariamente desanimado ou frustrado.

Comunicar-se com os professores sobre o modo como seu filho aprende

Embora os departamentos de educação especial geralmente coletem muitos dados sobre o modo como aprende uma criança com dificuldade de aprendizagem, somente algumas dessas informações são repassadas para os professores de classes regulares. Como resultado, você não pode supor que esses professores saibam que métodos e materiais de ensino estão mais propensos a funcionar com seu filho, a menos que você lhes diga. As informações mais úteis para os professores incluem:

- como a dificuldade da criança poderia afetar seu desempenho nas diferentes matérias (a criança tem dificuldade em

Relatório semanal de progresso

Nome do Aluno: _____ Assunto: _____ Semana de: _____

Excelente   **S**atisfatório   **P**recisa melhorar

Acompanhamento escolar

___ Atenção
___ Participação
___ Desempenho nas tarefas
___ Desempenho nas avaliações

Hábitos de cidadania e trabalho

Hábitos:
___ Prestar atenção
___ Finalizar tarefas
___ Esforçar-se

Comportamento:
___ Cooperação
___ Interação com os colegas

Comentários do professor:

Comentários dos pais:

Assinatura do professor _____

Assinatura dos pais _____

problemas de matemática enunciados com palavras; escreve foneticamente; fica cansada e perde a concentração durante longos períodos de leitura).
- áreas de força ou interesse particular (a criança tem talento para a música; adora computadores; relaciona-se bem com os outros).
- métodos de ensino ou manejo que têm sucesso comprovado (a criança precisa que os pontos principais da lição sejam resumidos de antemão; tem melhor desempenho quando se senta nas primeiras fileiras; responde a intervenções de comportamento positivo).
- acomodações ou políticas especiais de notas que foram aprovadas (os estudantes podem realizar seus testes em uma sala de recursos, usar uma calculadora para salvar os fatos matemáticos, receber ajuda com as anotações).

Muitos pais marcam uma reunião com os professores para discutir essas preocupações – ou oferecê-las por escrito – no início de cada ano letivo enquanto as crianças estão no ensino fundamental. Essa prática não só reduz as chances de seu filho ser ensinado de forma inadequada, mas também pode ajudar a afastar as atitudes negativas que alguns professores têm em relação aos estudantes com dificuldades de aprendizagem. Como explica um pai: "Os professores também têm ego e poucos gostam de trabalhar com alunos que não progridem. Qualquer coisa que você faça para ajudar um professor a trabalhar mais efetivamente com seu filho compensará em termos de maior aceitação e aprovação".

Reforçar habilidades básicas em casa

Muitos estudantes com problemas de aprendizagem veem as habilidades básicas como uma série de obstáculos escolares que devem ser ultrapassados – não como um caminho para o conhecimento ou ferramentas que podem ajudá-los em situações da vida real. Como não veem a relevância de tais habilidades, seu nível de compromisso com a aprendizagem permanece baixo. Entretanto, quando as crianças são encorajadas a aplicar suas habilidades na vida diária, tanto a motivação quanto o desempenho com frequência são beneficiados. A experiência não apenas torna a aprendizagem mais relevante, mas também pode realmente melhorar a capacidade da criança para lidar com novas informações. Um número crescente de pesquisas sugere que o desenvolvimento em diferentes áreas do cérebro pode ser estimulado por exercícios mentais. Alguns especialistas acreditam, por exemplo, que viver em um ambiente rico em linguagem promove conexões neurais nas partes do cérebro conectadas com a linguagem.

Os pais estão em uma posição bem melhor do que os professores para ajudar as crianças a colocarem as habilidades básicas em um contexto prático. Algumas das atitudes mais úteis que os pais podem ter envolvem os seguintes aspectos:

Conversar com as crianças. Embora isso seja óbvio, muitos nunca pensam nisso: a primeira experiência de uma criança com a linguagem é pela fala, e aquelas que não aprendem a lidar de forma competente com a linguagem nesse nível raramente se tornam habilidosas na leitura e na escrita. Conversar com as crianças também pode ajudá-las a expressar as ideias e a colocá-las em uma ordem lógica.

Ler para as crianças... e ajudá-las a encontrar por conta própria materiais de leitura apropriados. Ler para as crianças aumenta o vocabulário, incentiva o interesse pelos livros e estimula o raciocínio – e as crianças adoram o "tempo de qualidade" que ler com o pai ou a mãe proporciona. Além de ler para as crianças, mostre-lhes que a leitura é uma ferramenta que elas podem usar para se entreter ou obter informações úteis (tente pedir às crianças para ajudá-lo a buscar informações – qualquer coisa desde como assar um peru até quem fez mais gols no último campeonato de futebol – na internet). Assinar revistas que enfatizem áreas de interesse das crianças é outra boa maneira de mantê-los lendo (até mesmo um adolescente louco por basquete pode arranjar tempo para uma publicação especializada em esportes). Para mais sugestões sobre leituras com as crianças, ver quadro nas páginas 197-199.

Brincar com jogos. Jogos com palavras, como palavras cruzadas e caça-palavras, ajudam a construir habilidades de vocabulário, enquanto Batalha Naval e xadrez estimulam as crianças a planejar e a desenvolver estratégias lógicas. Quase qualquer espécie de jogo é melhor para o desenvolvimento individual do que a TV.

Deixar que as crianças lidem com dinheiro. A mesada pode ser uma preciosa ferramenta para a matemática, se você deixa claro quando será entregue e o que espera que ela cubra. No Capítulo 11 vamos discutir diretrizes para ajudar as crianças com dificuldades de aprendizagem a lidar com o dinheiro sensatamente.

Encorajar a correspondência. Trocar cartas com correspondentes, escrever para órgãos públicos ou para jornais sobre questões de importância, até mesmo escrever cartas para celebridades ajudam os estudantes a aprender a colocar as ideias no papel. Um pai com grande conhecimento de informática menciona que o correio eletrônico (*e-mail*) pode ter resgatado a arte de escrever cartas da sucata da história (as crianças adoram essa forma de correspondência porque não precisam esperar muito tempo pela resposta).

Mostrar às crianças como você usa suas próprias habilidades básicas. Envolver as crianças no trabalho pode lhes proporcionar um *insight* fundamental sobre o uso das habilidades básicas em uma tarefa. Colocá-las como auxiliares na cozinha, nas compras e em outras atividades também pode lhes mostrar como você usa as habilidades básicas na vida diária (pedir que o ajudem a calcular o consumo de combustível do automóvel ou a adaptar uma receita para seis pessoas originalmente planejada para quatro porções).

Lembre-se de que o progresso nas habilidades básicas para as crianças com dificuldades nem sempre é algo livre de obstáculos. Muitas crianças desenvolvem habilidades em surtos de atividade de aprendizagem separados por períodos de relativa estagnação. Quando esse for o caso, é importante não deixar que o desânimo domine você ou seu filho. Pense nesses platôs como oportunidades para consolidar as habilidades aplicando-as de novas maneiras. Também é vital não deixar que o fraco desempenho em leitura, escrita ou aritmética interfira no desenvolvimento intelectual de uma criança em outras áreas. As crianças que não leem bem, por exemplo, podem ser expostas à literatura por outros meios (escutando enquanto um ator lê *Frankenstein* de Mary Shelley em um CD, durante uma longa viagem noturna de automóvel) e podem demonstrar excelência em quase qualquer matéria, desde que aprendam métodos alternativos para a coleta de informações. Lembre-se de que nossos cérebros continuam se desenvolvendo até o início da idade adulta. Possivelmente, a maior tragédia na educação é que, a cada ano, muitas crianças param de aprender porque os adultos desistem e deixam de ensiná-las.

TIRE PROVEITO DA TECNOLOGIA

Como um aluno disse: "Se você tem uma dificuldade, esta é a era na qual se pode tê-la". Ele estava referindo-se à gama de apoios tecnológicos que se tornaram disponíveis aos estudantes com dificuldades de aprendizagem e outras necessidades especiais nos últimos anos. Entre esses apoios, estão principalmente os computadores pessoais, que hoje incluem uma variedade de programas úteis até mesmo nos pacotes mais básicos (ver "O que o computador pode fazer por meu filho?", nas páginas 200-203). Alguns dos dispositivos mais úteis, porém, são bem menos onerosos e complicados. A seguir, apresentamos uma lista de alguns dispositivos eletrônicos familiares, com descrições de como podem ser usados para ajudar as crianças com dificuldades de aprendizagem. (No Apêndice C,

Diretrizes para ler com o seu filho

Uma das melhores maneiras para se tornar mais proficiente na leitura é praticar, praticar e praticar. Entretanto, é improvável que as crianças sejam motivadas a persistir na leitura se tudo for o tempo todo trabalho. Há várias coisas que os pais podem fazer para ajudar os filhos a obter o máximo do processo da leitura:

Leia para o seu filho e escute o seu filho ler para você. A maioria das crianças acha o processo de ouvir um pai ou mãe ler para eles uma prazerosa experiência de ligação. As crianças também gostam de exibir novas habilidades para seus entes queridos, e o *feedback* positivo que recebem as ajuda a se manterem motivadas. Não limite suas atividades de leitura às matérias escolares – as crianças terão atitudes mais positivas em relação à leitura se vocês também lerem juntos histórias interessantes (como os livros sobre as aventuras de Harry Potter, por exemplo).

Monitore o material de leitura em termos da sua dificuldade. Processar um texto requer esforço, e os alunos perdem sua motivação rapidamente quando o material de leitura é difícil demais. As pesquisas mostram que é improvável que os alunos persistam se não conseguirem ler 95% do texto fluentemente (ou seja, sem parar para perguntar o significado de uma palavra). Se seu filho está tropeçando em cinco (ou mais) palavras a cada cem, o texto está muito difícil para ele. Procure um livro mais fácil ou – se o texto está sendo adotado pela escola – considere maneiras alternativas de cobrir o material (como pedir ao professor para fornecer um texto simplificado ou fazer uma gravação em áudio do livro).

Observe que a motivação dos leitores que "brigam" com o texto é, às vezes, solapada pelo fato de o material que lhes foi dado não ser apropriado para a sua idade: por exemplo, um aluno de 7ª série que está três anos atrasado na leitura ficará entediado e constrangido pela maioria dos textos de 4ª série. Para lidar com esse problema, busque materiais de alto interesse e fácil leitura que usem uma linguagem simplificada para discutir tópicos de interesse para alunos mais velhos e adultos. Estes livros se parecem com livros "de adulto"; são menores e têm uma impressão menor do que os livros destinados para crianças menores, e as ilustrações mostram crianças mais velhas ou adultos. Há editores especializados em materiais de leitura de alto interesse e leitura fácil. Sua biblioteca, livraria ou departamento de educação especial locais devem poder ajudá-lo a encontrar esses tipos de publicações. Resenhas também estão disponíveis *online*. Além de romances clássicos reescritos em um vocabulário mais fácil e frases mais simples, você vai encontrar em uma redação "facilitada" revistas de esportes e notícias, jornais, coletâneas de leitura (como os maiores heróis do mundo ou os maiores desastres naturais do mundo) e muito mais. Ler esses materiais é divertido e as crianças ficam encantadas de ver como elas estão ficando "sabidas".

Corrija da maneira certa os erros de leitura. Muitos pais temem que interromper uma criança para corrigi-la possa distraí-la, fazer com que a criança dependa demais do pai ou da mãe para ajudá-la, solape a sua compreensão ou prejudique a autoestima da criança. No entanto, as pesquisas mostram que os alunos que recebem *feedback* imediato nos erros da leitura oral tanto reduzem seus erros quanto melhoram sua compreensão.

Quando seu filho tropeça em uma palavra, pare e sugira "tente dizer isso de outra maneira". Se a criança não conseguir, encoraje-a a expressar a palavra, perguntando: "O que lhe parece o som desta sílaba ou letra?". (Pule este passo para crianças que têm habilidades de decodificação

(continua)

Diretrizes para ler com o seu filho

muito deficientes.) Se a criança continuar a falhar por mais de três segundos, explique o significado e a pronúncia da palavra e vá em frente. Os alunos que recebem esse tipo de *feedback* tendem a se lembrar dois ou três dias depois as palavras que inicialmente não reconheceram sozinhos.

Você pode preparar seu filho para ler uma passagem apresentando previamente as palavras mais difíceis. Ou se o vocabulário tende a se repetir a cada página, seu filho pode preferir que você leia um capítulo e depois ele próprio ler o capítulo seguinte. Você também pode fazer essa alternância página por página. Algumas crianças gostam de "imitar" sua leitura ouvindo você ler uma página e depois a relendo em voz alta para você; como a criança ficou familiarizada com o vocabulário e com a mensagem, vai ficar encantada com a rapidez em que ela consegue agora ler a passagem.

Ajude seu filho a se concentrar. Ler em voz alta os textos escolares de uma criança pode não ser a melhor maneira de lhe apresentar o material. Alguns alunos com dificuldades de aprendizagem acham que a sua capacidade de concentração desaparece rapidamente durante longos períodos de leitura e podem precisar de ajuda para separar os pontos mais importantes em suas lições. Os estudos mostram que a maioria dos estudantes se desempenha melhor quando os conceitos essenciais são ensinados em profundidade e o material menos importante é resumido (ou totalmente omitido). Em vez de iniciar diretamente a leitura de um novo capítulo de estudos sociais, por exemplo,

- *Consulte o professor* para descobrir qual é o material mais importante a ser enfatizado e o que pode ser resumido brevemente ou omitido.
- *Examine previamente o texto,* indicando como as introduções, subtítulos, sentenças tópicas e ilustrações do capítulo podem ser usadas com este fim. ("Este capítulo é sobre a construção do Canal Erie. Aqui estão fotos de algumas das pessoas às quais vamos conhecer. As pessoas fazem uma 'gozação' do canal, chamando-o de 'trincheira do Clinton'. Vamos descobrir por que...")
- *Chame a atenção da criança para os materiais mais importantes enquanto prossegue na leitura.* Tente numerar os pontos importantes ("Então, três maneiras em que o Canal Erie melhorou a vida em Nova York foram..."). O material que não é essencial para o entendimento do tópico principal pode ser resumido brevemente ou omitido.
- *Insira perguntas ou lembretes que encorajem seu filho a parar e pensar.* Tais lembretes devem ocorrer pelo menos um por página. ("Onde o canal começa e onde ele termina? Como as pessoas viajavam no canal? Você acha que o canal foi uma boa ideia? Por quê?"). Tente encorajar seu filho a ler uma página silenciosamente, depois peça-lhe para responder três perguntas sobre o material (tanto questões de fatos quanto questões de ideias).

Melhore a compreensão. Muitas crianças com dificuldades – incluindo algumas que leem fluentemente – têm dificuldade para lembrar o que leram porque não o entenderam completamente. A maioria das estratégias descritas neste quadro ajuda a melhorar a compreensão (os alunos devem atingir certo nível de fluência antes de poderem aplicar sua capacidade mental para questões de compreensão; portanto, é importante que os materiais de leitura oferecidos às crianças sejam apropriados aos seus níveis de leitura.) Dois outros meios de melhorar a compreensão são os seguintes:

- Amplie os horizontes do seu filho: As pesquisas têm mostrado que a capacidade para entender e lembrar novas

(continua)

> **Diretrizes para ler com o seu filho**
>
> informações é influenciada pela origem cultural, o vocabulário e o conhecimento interior que uma criança traz para o processo de leitura e escrita. Basicamente, quanto mais uma criança sabe, mais fácil ela achará aprender. Por isso, as crianças que têm pais que leem com elas e as encorajam a experimentar novas atividades (qualquer coisa desde uma visita a um museu até uma viagem ao exterior) têm uma clara vantagem na escola e na vida. Além de ler livros relacionados aos interesses de seus filhos, tente alguns que introduzam novos temas que seu filho pode gostar. (Certifique-se de explicar as palavras do vocabulário com as quais ele não esteja familiarizado). Fazer juntos uma pesquisa na internet sobre tópicos do interesse dele é outra maneira maravilhosa de aumentar o conhecimento e a motivação para aprender do seu filho.
>
> - *Converse com o seu filho sobre o que leram*: Os estudos têm mostrado que quando os alunos discutem questões relacionadas a um novo texto *antes* de ler, a compreensão melhora. (As perguntas motivam as crianças a encontrar as respostas.) Discutir o texto *depois* de ler reforça importantes conceitos e informações. (Simplesmente parar depois de cada parágrafo ou página para reafirmar a ideia principal pode operar maravilhas.) Fragmentar longos períodos de leitura com perguntas e discussão pode também ajudar a manter as crianças envolvidas. Da próxima vez que você ler uma história em voz alta, tente parar e pedir a criança para prever o que vai acontecer em seguida – ou lhe diga como a história deve terminar – para colocar a criança no processo da narração da história. Depois prossiga a leitura e compare os finais ou os desenvolvimentos.
>
> Enfatize a leitura em suas atividades diárias. Envolva seu filho em atividades de leitura na "vida real", como ajudá-lo a encontrar informações na internet (busca por horários de cinema ou ofertas de compras, por exemplo), a procurar placas específicas na estrada (ou rótulos específicos no supermercado) e ajudá-lo a seguir instruções escritas (como ao experimentar uma nova receita, montar uma bicicleta ou montar uma estante de livros para o quarto da criança). Sempre que você puder relacionar as informações obtidas por meio da leitura a resultados positivos ("Ótimo – os casacos de inverno estão em liquidação no centro – vamos lá!"), as atitudes de seu filho com relação à leitura serão enfatizadas.

um especialista em tecnologia adaptativa discute esse tema em mais detalhes.)

Calculadoras

As pesquisas têm mostrado consistentemente que o uso de calculadoras nas escolas de ensino fundamental aumenta a aquisição de habilidades, melhora as atitudes em relação à matemática e liberta as crianças para raciocinar de modo mais inteligente sobre conceitos matemáticos. Por isso, muitos especialistas atualmente insistem que *todas* as crianças aprendam a usar calculadoras nas aulas de matemática (embora os professores tenham resistido a essa recomendação). Para as crianças com dificuldades de aprendizagem, o uso de calculadoras é ainda mais importante. O fácil acesso aos fatos da adição, da subtração e da multiplicação por meio de uma calculadora permite que esses estudantes se mantenham em dia com o currículo e concentrem sua energia mental em estratégias para a resolução de problemas. Ver os números corretos saltarem repetidas vezes no visor também ajuda essas crianças a aprenderem os fatos bási-

O que o computador pode fazer por meu filho?

O pai de uma menina de 11 anos com sérias dificuldades de processamento da linguagem senta-se diante do teclado para nos mostrar de que forma sua família tem conseguido usar o computador pessoal como apoio à sua educação. "Minha filha estava com vontade de ler *Little women*", explica ele. "Esse é um livro excelente para sua idade, mas ela teria muita dificuldade em lê-lo sozinha. Assim, entramos na internet (*click, click*) e encontramos *Little women* na biblioteca de uma universidade. Depois (*click*) baixamos o livro na memória do nosso computador – pudemos fazer isso porque não é um material protegido por direitos autorais. Agora, chamo o texto na minha tela (*click*)... aqui está o Capítulo Um. Muito bem, agora escolhemos uma voz (*click*), e o computador começa a ler o texto em voz alta." O computador realmente começa a ler o clássico de Louisa Mary Alcott em um barítono agradável, salientando cada palavra na tela à medida que o texto avança. "Se você gosta mais de uma voz feminina, pode fazer isso", diz nosso guia, clicando novamente seu *mouse*. O computador agora tem a voz de uma mulher. "Você quer uma leitura mais lenta? Podemos fazer isso também (*click, click, click*). Está vendo? Estamos prontos e nem mesmo precisamos ir até a livraria ou a biblioteca."

Bem-vindos ao admirável mundo novo dos computadores. A tecnologia demonstrada anteriormente foi incluída em um pacote de informática razoavelmente simples. O custo desses pacotes em uma indústria altamente competitiva tem caído incessantemente, colocando os computadores ao alcance do orçamento de um maior número de famílias americanas. Contudo, antes de você comprar é importante entender as aplicações educacionais dos computadores e determinar quais podem ser úteis para seu filho (se alguma puder ser).

A utilidade dos computadores na educação se encaixa em três categorias básicas: *podem ser usados para exercícios e prática, para instrução ou como ferramentas*. Todas as três podem ter valor para crianças com dificuldades de aprendizagem, mas os aplicativos devem ser escolhidos com cuidado, observando-se as necessidades específicas de cada criança. Cada um desses usos é discutido mais detalhadamente a seguir:

Exercícios e prática. As crianças com dificuldades de aprendizagem com frequência precisam de exercícios e prática extras para o domínio de novas habilidades. Programas de computador semelhantes a jogos podem tornar os exercícios de matemática ou de vocabulário muito mais divertidos, aumentando, assim, o tempo que os estudantes se dispõem a passar nessas tarefas. O lado negativo é que algumas crianças podem achar os gráficos desses programas muito confusos, superestimulantes ou causadores de distração para serem considerados úteis. Programas com um ritmo rápido serão inapropriados para a velocidade e o tempo de reação do processamento de informações de alguns estudantes. Além disso, o uso do teclado e de *joysticks* requer um nível razoavelmente alto de destreza manual.

Instrução. Você pode encontrar programas instrutivos que ensinam uma ampla série de temas em vários níveis. Como a criança controla a velocidade em que a informação é introduzida (as lições podem ser interrompidas e repetidas a qualquer momento), estes programas podem ajudar os alunos com dificuldades de aprendizagem a dominar novos materiais dentro do seu próprio ritmo. Alguns programas usam gráficos sofisticados e efeitos sonoros para introduzir novas habilidades e conceitos de maneiras criativas. Os estudantes gostam particularmente de programas de simulação, que usam uma abordagem "você está ali" para o tema (o computador simula um teste de estrada para ajudar o aluno a aprender a dirigir, por exemplo, ou permite que os estudantes decidam

(continua)

O que o computador pode fazer por meu filho?

os movimentos em uma importante batalha histórica). Os melhores desses programas ensinam mais do que o conteúdo: também ajudam os alunos a aprender habilidades e estratégias importantes de resolução de problemas, como formação e testagem de uma hipótese, planejamento prévio, avaliação de riscos, análise de sugestões, interpretação de orientações e uso de mapas. Entretanto, nem todos os programas são bem projetados e criteriosos em termos educacionais – muitos oferecem mais brilho do que substância. A confiança em excesso na instrução computadorizada também é um problema em algumas escolas. Se o seu filho estiver usando um computador na sala de aula, certifique-se de que essa instrução está sendo usada para reforçar o que um professor ensinou, e não como um substituto do ensino profissional.

Ferramentas. Os computadores podem ser usados como ferramentas para a comunicação; para encontrar, organizar e armazenar informações e para solucionar muitos tipos de problemas. Dados os tipos certos de aplicativos, por exemplo, você pode usar um computador para obter acesso a materiais de uma biblioteca e pesquisar um relatório, organizar e arquivar suas anotações, escrever um relatório e ilustrá-lo com gráficos, mapas e ilustrações (programas gráficos sofisticados tornam possível até mesmo a animação). Em muitas universidades, você pode entregar seus textos eletronicamente aos professores, em vez de em papel. Quando tiver acabado de fazer isso, você pode enviar um e-mail a seus amigos, pagar suas contas e jogar uma partida de xadrez ou gamão, tudo sem deixar seu teclado. Como já vimos, os computadores podem ser usados de muitas maneiras para ajudar os alunos com dificuldades de aprendizagem na leitura. Existem também programas de escrita ativados por voz que permitem ditar para o computador (desenvolvidos originalmente para executivos ocupados, esses programas foram rapidamente adaptados para o uso na educação especial). Os magos do mundo dos *microchips* parecem criar todos os dias aplicativos adicionais.

De todas essas ferramentas, sem dúvida, a mais útil para os estudantes é um processador de textos – na verdade, alguns pais dizem que vale a pena comprar um computador apenas pela capacidade de processamento de textos. Bons programas de processamento de textos oferecem um leque de vantagens às crianças com dificuldades de aprendizagem. Facilitando a manipulação de textos, eles facilitam o pensamento criativo, a organização de ideias, a criação de esboços, a escrita de rascunhos, a realização de melhorias e correções. Os programas modernos vêm equipados com corretores ortográficos e com um *thesaurus* (que ajuda os alunos no desenvolvimento de seu vocabulário). Alguns programas chegam mesmo a aconselhar os estudantes em termos de gramática e estilo – por exemplo, o computador pode indicar as sentenças muito longas, ou que determinadas palavras já foram usadas excessivamente. Todas essas características reduzem muito a angústia envolvida na colocação de ideias no papel e, portanto, podem melhorar a qualidade geral do trabalho do estudante. (Naturalmente, o professor ainda é necessário para os alunos aprenderem os princípios básicos de organização e de boa escrita!)

Se você estiver convencido de que um computador pode ajudar seu filho, é importante pesquisar esse investimento com cuidado. Os preços e os tipos de equipamento incluídos nos diferentes pacotes variam, e nem todos os sistemas atenderão às suas necessidades. Seguem-se algumas perguntas importantes que devem ser feitas quando se está considerando a compra de um computador pessoal:

- *O sistema fará tudo o que eu quero que ele faça?* Tente pensar previamente em tudo o que a família fará com o computador. Se você estiver interessado em

(continua)

O que o computador pode fazer por meu filho?

computadores que podem ler em voz alta, por exemplo, precisará de uma máquina equipada com um tipo específico de placa de som. Para escanear os livros e as folhas de exercício de seus filhos você precisa ter também um *software* de reconhecimento ótico de caracteres (OCR). (Antes de comprar o computador, ouça-o "falar"; a qualidade da voz varia consideravelmente.) Os alunos interessados em criar gráficos no computador geralmente desejam monitores coloridos de alta resolução e impressoras de máxima qualidade. As famílias interessadas em correio eletrônico e em outros serviços *online* precisarão ter acesso à internet. Os vendedores de equipamentos de informática podem mostrar diferentes opções e ajudá-lo a separar a necessidade da futilidade.

Decida também se você quer um computador de mesa ou um computador portátil. Os portáteis (*notebooks* ou *netbooks*) economizam espaço e oferecem a vantagem da portabilidade. Os de mesa podem ser equipados com monitores melhores e em geral são mais baratos.

- *A memória fornecida é adequada? Pode ser expandida?* A capacidade de memória afeta a velocidade com a qual o processamento de texto e outros programas rodam. Comprar um sistema expansível possibilitará atualizá-lo para lidar com novos programas e aplicativos.
- *Que equipamento está incluído no sistema?* Será que o preço do pacote inclui tudo o que meu filho precisa? Alto-falantes? Uma impressora, um modem? Pode-se acrescentar um *scanner*, uma copiadora e/ou um fax posteriormente? Descubra qual é o custo para atualizar ou acrescentar componentes e pesquise no mercado os melhores preços. Às vezes, as companhias com alto volume de vendas que anunciam em revistas de informática oferecem bons negócios. (Os equipamentos mais baratos podem ser encontrados *online*.)
- *Que aplicativos estão incluídos?* Para tornarem os pacotes mais atraentes, os revendedores às vezes entregam programas com as máquinas. Se esses forem os programas que você realmente deseja, é possível economizar bastante. Os programas de processamento de textos em geral precisam ser comprados separadamente e devem ser investigados com cuidado – alguns são muito mais fáceis de usar do que outros. Para aprender mais sobre os processadores de texto e outros aplicativos, verifique sua biblioteca e bancas de jornais e procure revistas que examinam aplicativos criados para uso doméstico (muitas críticas estão disponíveis *online*). Professores e pais com conhecimento de informática estão entre as melhores fontes de recomendações e comentários sobre aplicativos. As organizações associadas a grupos de apoio para dificuldades de aprendizagem são também um grande recurso para informações sobre aplicações em educação especial. Se o seu filho está usando um programa de processamento de texto na escola, usar o mesmo em casa vai reduzir a confusão e os "*bugs*" ao transferir o material de uma máquina para outra.
- *Quem eu chamarei quando as coisas derem errado?* Mais cedo ou mais tarde, algo dará errado. Se você tiver um amigo ou parente com conhecimentos de informática, muito bem. Se não, esqueça a venda pela internet. Compre o seu sistema em um revendedor local conhecido, que tenha uma equipe acessível e bem-informada.

Observe que, quando o uso de um computador for considerado essencial para o desenvolvimento educacional de uma

(continua)

> **O que o computador pode fazer por meu filho?**
>
> criança, o sistema escolar deve fornecer o computador e o *software* apropriado para uso da criança na escola. Os estudantes com graves ou múltiplas dificuldades são aqueles mais propensos a se qualificar para esse tipo de auxílio (uma criança cujas dificuldades de aprendizagem são aumentadas por graves problemas de fala, por exemplo, pode precisar de um computador para se comunicar). O acesso a computadores na escola também pode ser negociado para situações específicas (por exemplo, um aluno com dificuldades de aprendizagem pode receber permissão para fazer anotações em um computador na sala de aula, ou realizar seus testes no laboratório de informática da escola). Se os estudantes pretendem realizar o trabalho em CDs, levando-os e trazendo-os para a escola, é importante garantir que seu computador doméstico seja compatível com o sistema usado na escola.
>
> Todavia, esteja consciente de que os sistemas de verificação da escola podem levá-lo ao âmago de uma controvérsia acalorada no mundo da informática. A Apple (fabricante dos sistemas Macintosh) comercializou por muitos anos com sucesso seus produtos para as escolas. Os computadores pessoais da IBM (PCs) e seus primos compatíveis, contudo, capturaram de um modo quase invencível o mercado doméstico. Como resultado, existem alguns bons programas didáticos que só podem ser operados em sistemas da Apple, e alguns programas populares de processamento de textos e administração de dados que operam apenas em máquinas compatíveis com as da IBM.
>
> Se você é novato no mundo dos computadores, os veteranos sugerem que primeiro escolha os *programas* que melhor atendam às suas necessidades, depois procure qualidade em uma máquina que opere o *software* selecionado. (Ver o Apêndice C para mais discussão sobre a tecnologia específica que pode ser útil para seu filho.)

cos de matemática (quando fazem cálculos por conta própria, esses estudantes com frequência cometem muitos erros). Para usarem calculadoras com o máximo de vantagens, eles devem aprender a empregá-las para solucionar cada etapa de um problema complexo – não para chegar direto à conclusão final (por exemplo, os alunos usariam a calculadora apenas para recuperar fatos da adição, da subtração e da multiplicação, mas na verdade fazem o processo de uma longa divisão manualmente).

Os estudantes com dificuldades documentadas podem receber permissão para o uso de calculadoras nos testes, incluindo muitos testes de aproveitamento padronizados (certifique-se de que esta modificação está registrada no PEI do aluno). Atualmente, em alguns testes – inclusive a seção de matemática do SAT e os níveis I e II do teste de raciocínio SAT – todos os estudantes são encorajados a usar calculadoras científicas ou gráficas. Os estudantes que realizam esses exames devem aprender a usar calculadoras científicas e/ou gráficas em seus cursos avançados de matemática.

Observe que alguns estudantes consideram o uso de um diagrama com fatos da matemática mais fácil do que o uso de uma calculadora para recuperarem informações básicas de matemática. "Folhas de cola" também podem ser necessárias para dar acesso às fórmulas, teoremas ou equações aos estudantes incapazes de memorizá-los. Como ocorre com as calculadoras, o uso adequado desses materiais libera os alunos para desenvolverem um melhor entendimento dos conceitos da matemática.

Relógios de pulso

Alguns dos relógios eletrônicos mais modernos têm calculadoras embutidas ("Quando você prende uma calculadora no pulso das crianças, é muito mais difícil elas a perderem", comenta uma mãe). Alguns relógios podem ser programados para "recordar" números telefônicos e têm calendários como alarmes que "bipam" lembretes em momentos pré-estabelecidos (úteis para estudantes que têm dificuldade em se manter em dia com essas informações). No entanto, esses relógios nem sempre são fáceis de programar, e seus botões minúsculos podem ser difíceis de serem manipulados por crianças pequenas e alunos com problemas de coordenação motora fina. Algumas crianças também acham difícil dizer a hora em relógios digitais – por exemplo, estudantes com problemas para entender sequências numéricas provavelmente se sairão melhor com um relógio "antiquado" com ponteiros. (Os professores acrescentam que os relógios com ponteiros de segundos geralmente são também melhores para ajudar as crianças a entenderem como é medida a passagem do tempo. O consenso parece ser que os relógios programáveis funcionam melhor para crianças mais velhas e adolescentes.

Os relógios de pulso também são ótimos para ajudar as crianças a distinguir a direita da esquerda; lembrar que o relógio é usado no pulso esquerdo (ou direito) é um truque que muitas pessoas continuam usando até a idade adulta. "Não invista, porém, muito dinheiro em um relógio até ter certeza de que seu filho pode ser responsável por sua guarda", alerta a mãe de um menino que conseguiu perder quatro relógios de pulso em um ano. "Mesmo assim, recomendo que se compre um relógio resistente a choques e que seja à prova d'água. Desse modo, as crianças podem usá-lo na ginástica, na natação e no chuveiro... Quanto menos elas precisarem tirar o relógio, menor a chance de perdê-lo por aí".

Gravadores digitais

Os gravadores de voz podem ser ferramentas úteis para alunos com muitos tipos de problemas de aprendizagem. Por exemplo, as crianças podem gravar as aulas em vez de fazer anotações. Podem usar os gravadores para realizar atribuições (um estudante que tem dificuldade para escrever pode responder algumas questões das lições de casa oralmente e entregar uma fita ao professor, em vez de papel). Os gravadores também podem ser usados como uma ferramenta de pré-escrita. Algumas vezes, os estudantes que se sentem paralisados diante do pensamento de escrever um texto consideram mais fácil começar ditando seus pensamentos em um gravador; depois, a fita é reproduzida e as ideias são transcritas.

Os estudantes que aprendem melhor pela audição também podem usar o gravador como um dispositivo de ajuda. As crianças que têm problemas para entender o que leem, por exemplo, podem melhorar sua compreensão se lerem o material do texto em voz alta para um gravador, depois voltarem a fita e escutá-la. Os gravadores também podem ser usados para ajudar os estudantes a revisar o material de classe e se preparar para os testes. Dite (ou faça a criança ditar) uma pergunta para o gravador, depois conte lentamente até cinco antes de gravar a resposta. Quando a gravação estiver completa, o aluno pode ouvir cada pergunta, pressionar o botão *stop* e escrever a resposta, reativando o gravador para ver se a resposta está certa.

Para alunos com dificuldades de leitura, os gravadores podem ser usados para registrar capítulos de livros e outros materiais impressos – tarefa que alguns pais fazem para as crianças regularmente. Deve-se compreender, contudo, que a simples transferência do material para a fita pode não ser o suficiente para ajudar essas crianças a aprender. A maioria das crianças com dificuldades de aprendizagem também precisa de ajuda para organizar informações e selecionar o material mais importante. Os especialistas recomendam o uso das seguintes diretrizes na preparação de fitas para crianças:

- Leia em um ritmo confortável e em um tom de voz natural.
- Ofereça uma curta organização prévia ou "pré-leitura" do que virá ("Este capítulo

diz respeito aos primeiros exploradores europeus que chegaram à América do Sul. Os exploradores sobre os quais aprenderemos são...").
- Não grave os capítulos literalmente. Em vez disso, leia as seções fundamentais e resuma as seções menos importantes.
- Insira questões e lembretes que estimulem o ouvinte a parar e pensar sobre o que foi lido ("Por que os reis e as rainhas da Europa estavam interessados na América do Sul? Qual era a sua visão das pessoas que já viviam lá?").
- Resuma o material mais importante ("O ponto principal deste capítulo é..." "As três consequências mais importantes da exploração europeia foram...").

Os pais de estudantes que são leitores fracos também podem verificar os materiais gravados por profissionais. Organizações que gravam materiais para os cegos (como a Recording for the Blind, em Princeton, New Jersey; a American Printing House for the Blind, em Louisville, KY, e a National Library Service for the Blind, situada na Biblioteca do Congresso, em Washington, DC)* podem oferecer livros-texto, jornais e revistas em fita, bem como livros populares de não ficção, romances e revistas. (Se o livro ainda não está gravado, pode haver um período de espera de oito meses – por isso, planeje antecipadamente.) Os editores comerciais também produzem livros em CDs e MP3s, muitos deles lidos com talento por atores profissionais (os livros de Harry Potter gravados por Jim Dale são um verdadeiro prazer). Apropriadamente, os computadores equipados e a última geração de leitores de *e-book* podem também ler os textos em voz alta – incluindo livros, revistas, jornais e textos da internet.

E-books

O uso de *e-books* (textos destinados a ser lidos nos computadores ou por leitores de *e-book*) provavelmente vai aumentar não apenas nas casas, mas também nas escolas. Nas "classes sem papel", os alunos só precisam levar um *notebook* nos quais seus textos e livros de exercícios foram baixados. Os alunos podem usar o mesmo computador para fazer suas lições e fazer as referências tanto aos seus textos assinados quanto às informações na internet. Isso parece ficção científica? Algumas escolas já estão experimentando esse sistema.

Enquanto isso, há várias maneiras em que os alunos podem se beneficiar dos leitores de *e-books*. Alguns leitores podem alterar o tamanho e a cor do texto, tornando as palavras mais fáceis de ler. Há também máquinas equipadas com vozes que podem ler em voz alta qualquer texto baixado nelas – incluindo textos da internet. (Embora ainda sejam um pouco robóticas, estas vozes das máquinas estão se tornando cada vez mais sofisticadas e agradáveis de ouvir.) Entretanto, antes de comprar um leitor de *e-book*, certifique-se de que pode acessar com ele os textos que você quer (você pode descobrir, por exemplo, que embora possa facilmente baixar os atuais *best-sellers*, poucos livros didáticos estão disponíveis). Pergunte também se o equipamento pode acessar jornais e outros periódicos e a internet; estes têm o maior potencial para ajudar os estudantes na escola.

Telefones celulares e PDAs (Personal Digital Assistants)

Até mesmo o mais simples dos telefones celulares permite que os alunos armazenem e organizem informações como números de telefone, endereços, anotações e eventos como datas para a entrega de trabalhos e aniversários dos amigos. A função de câmera pode ser usada para criar símbolos de memória (uma foto do gato, por exemplo, pode ser usada como um lembrete para alimentá-lo). A última geração de *smartphones* coloca toda a internet no bolso de um aluno e pode também incluir características como dispositivos de posicionamento global e miniteclados para o envio ou o armazenamento de textos.

---

* N. de R.: No Brasil, ver o site da Fundação Dorina Nowill, http://www.fundacaodorina.org.br.

Tenha cuidado, no entanto, com o considerável potencial dos PDAs e dos telefones celulares para criar distrações (uma razão por que muitas escolas não permitem que os alunos os carreguem consigo). Na hora de fazer a lição de casa, é melhor colocar esses dispositivos fora do alcance – embora um tempo para enviar e-mails para os amigos ou brincar com os jogos possa ser permitido como recompensa por terminar uma lição.

Corretores ortográficos eletrônicos

Esses aparelhinhos inteligentes foram criados originalmente para aficionados em palavras cruzadas, mas conquistaram rapidamente o grande mercado. Quando os alunos digitam uma palavra no pequeno aparelho, que cabe na palma da mão, uma lista de palavras corretamente grafadas, semelhante àquela que foi digitada, aparece em uma pequena tela. As máquinas também podem reconhecer fragmentos de palavras (se um aluno digitar as três ou quatro primeiras letras, por exemplo, a máquina começará a apresentar possíveis opções para palavras). A maioria das crianças irá lhe dizer que isso é mil vezes melhor do que folhear um dicionário. Os corretores ortográficos eletrônicos podem ser muito úteis para alunos que escrevem foneticamente (a ortografia das crianças com problemas de processamento auditivo pode ser muito irregular para o reconhecimento pela máquina). Os estudantes também podem ser capazes de reconhecer a palavra que desejam quando a veem. Os pais dizem que esses corretores ortográficos são uma boa compra para crianças menores; como elas se ligam aos computadores, os programas de processamento de textos assumem a tarefa de correção dos erros ortográficos.

Notebooks e *netbooks*

Criados para pessoas que se locomovem muito, estes gerenciadores de dados em miniatura variam desde agendas eletrônicas e calendários de bolso até minicomputadores que podem fazer tudo o que seus parentes maiores fazem. Os *notebooks* operam com baterias recarregáveis; podem ser levados para as aulas, para a casa de um amigo ou até nas férias. Os novos *netbooks* oferecem todas as características de um *notebook* em um tamanho menor do que alguns livros didáticos. Os computadores portáteis são ferramentas maravilhosas para os estudantes do ensino médio com muitos tipos de dificuldades de aprendizagem e são essenciais para os estudantes universitários. Como ocorre com a maioria dos aparelhos eletrônicos, seus preços continuam caindo e os *netbooks* estão se tornando uma visão mais familiar nas salas de aula das escolas públicas.

Observe que nenhum desses dispositivos – inclusive os computadores pessoais – pode ocupar o lugar do bom ensino. Não existe substituto para o calor e a habilidade humanos, por exemplo, no que se refere ao planejamento das aulas, à seleção de materiais didáticos apropriados e à oferta de incentivo. Na melhor das hipóteses, a tecnologia *pode* reduzir as penalidades por se ter uma dificuldade e ajudar os estudantes a adaptar as tarefas para que se ajustem aos seus melhores estilos de aprendizagem. Como diz um aluno universitário: "Desde que eu possa trabalhar com um computador, posso eliminar 80% da minha dificuldade de aprendizagem. Meu trabalho escrito é horrível. Minha vida seria perfeita se pelo menos a máquina pudesse me ajudar a encontrar garotas e achar as coisas que perdi dentro de meu quarto".

EVITE AS ARMADILHAS NAS LIÇÕES DE CASA

Sejamos claros sobre um aspecto, já de início – *nenhum* pai ou mãe deveria passar a noite inteira ajudando uma criança a fazer suas lições de casa. A mãe e o pai precisam de algum tempo para eles mesmos, um para o outro e para seus outros filhos. No entanto, os pais de crianças com dificuldades de aprendizagem com frequência se percebem colados à mesa da cozinha, noite após noite, ajudando crianças frustradas e chorosas a completarem pilhas de exercícios de compreensão da leitura, listas de vocabulário, problemas de matemática... Depois, há aquelas noites especiais em que grandes projetos, como resenhas de livros e trabalhos de conclusão do período precisam ser entregues (geralmente tornadas ainda mais memoráveis pelo fato de que a criança as adiou e deixou tudo para o último minuto). "Lembro-me de uma noite em que meu marido e eu ficamos acordados até as três da manhã ajudando nosso filho a terminar um texto sobre a Guerra Civil", diz uma mãe amargamente. "Em qualquer momento daquela noite, você podia ver cada um de nós tendo um ataque histérico."

Como os pais se envolvem nesse tipo de situação caótica? É fácil explicar: os pais amam seus filhos e não querem que eles fracassem. Contudo, o envolvimento em excesso com as lições de casa rapidamente se torna contraproducente. Em primeiro lugar, quando você se senta regularmente e faz as lições de casa com seu filho, começa a se perguntar de quem é a responsabilidade pelo trabalho. Algumas crianças tornam-se peritas em explorar a confusão nessa área. Muitos pais, por exemplo, já ouviram uma criança choramingar: "Vou *rodar* neste teste, mamãe, porque você não está me *ajudando*!". "Isso realmente liga a maquininha de se sentir culpado", diz uma mãe. "Antes que eu me dê conta, já estou achando que as notas da minha filha *realmente* dependem de mim!" A verdade, é claro, é que a realização satisfatória das lições de casa é obrigação da criança, não dos pais. A presença de uma dificuldade de aprendizagem não altera esse fato básico (esta mãe finalmente aprendeu a responder à manipulação de sua filha dizendo: "O teste de ortografia não é um problema para mim, amorzinho; eu já passei da 5ª série!").

Um segundo problema é que os alunos que recebem muita "ajuda" podem ficar cada vez mais convencidos de que não podem andar com os próprios pés. À medida que a sua autoestima começa a decair, essas crianças tornam-se cada vez mais dependentes dos adultos (que, em geral, respondem generosamente à sua óbvia carência, reforçando assim um padrão desaconselhável). Os jovens que se tornaram dependentes de um excessivo apoio escolar podem realmente entrar em pânico diante da ideia de que precisam enfrentar qualquer coisa sozinhos. Eles apresentam alto risco de fracasso na universidade ou em qualquer emprego – se, na verdade, encontrarem coragem para tentar uma faculdade ou se candidatar a um emprego.

Um terceiro problema é que os pais nem sempre são bons professores – e, mesmo quando são, as crianças normalmente prefeririam que agissem como pais, não como mestres. O fundamental é que a maioria das mães e dos pais está muito envolvida emocionalmente com os filhos para poder ensiná-los de forma efetiva. Os pais com frequência encaram os contratempos como algo pessoal. Eles se frustram e se sentem desapontados (e demonstram isso) quando tentam explicar algo e a criança não entende. Às vezes seus temores pelo futuro dos filhos os leva a aumentar a pressão, insistindo em que as crianças se corrijam, tentem mais, reservem mais tempo aos estudos... (os pais que conquistaram eles próprios grandes objetivos em suas vidas estão mais propensos a exibir esse tipo de resposta; observamos que os pais geralmente são menos pacientes do que as mães quando a criança possui pouca atenção e esquecimento). É claro que tudo é pelo seu bem (dizem os pais), mas as crianças raramente veem as coisas assim. O que elas mais desejam de seus pais é apoio emocional e ajuda para a estruturação de um ambiente no qual possam funcionar com sucesso. Se o que elas obtêm é tensão crônica e insatisfação com tudo o que se relaciona à escola, podem reagir desenvolvendo uma antipatia por aprender, um distanciamento emocional dos pais e/ou uma rebeldia contra a autoridade deles.

O que, então, pais e mães preocupados e interessados devem fazer? Os especialistas (incluindo pais experientes) oferecem as seguintes orientações para que possamos auxiliar adequadamente as crianças com suas lições de casa.

Certifique-se de que a lição de casa pode ser feita

Se a criança estiver lutando a noite toda com uma ou duas tarefas, a solução não é necessariamente oferecer mais ajuda. Poderia ser mais adequado discutir o problema com o professor (ou professores) da criança e ver o que pode ser feito para modificar tarefas e/ou reduzir a carga total de trabalho. "Os professores podem sequer *saber* que uma criança leva 20 minutos ou mais para resolver um determinado problema de matemática, ou que a leitura combinada de várias matérias se tornou demasiado volumosa", diz uma mãe. "Não existe um limite para a quantidade de trabalho que qualquer criança pode fazer em uma noite."

Quanto tempo é razoável para um aluno ficar fazendo as lições de casa? Um professor de educação especial sugere que uma hora por dia é o máximo que as crianças da 1ª à 3ª série podem manejar. Os estudantes da 3ª à 6ª série deveriam ser capazes de trabalhar de 60 a 90 minutos por dia (um pouco mais, quando estão trabalhando em um projeto especial). Os estudantes da 7ª à 9ª série podem trabalhar em suas lições de casa por duas a três horas por noite, e alunos motivados do ensino médio podem trabalhar durante três a quatro horas (o nível de esforço investido por estudantes típicos mais ambiciosos).

Formas de modificar as tarefas distribuídas a estudantes que já têm muitas lições incluem reduzir o número de problemas a serem resolvidos ou de perguntas a serem respondidas (por exemplo, fazer 10 problemas selecionados de matemática para cada unidade do livro, em vez de todos os 25), reduzir a leitura ao essencial e/ou oferecer outros meios para acompanhar o texto (como pedir que os professores destaquem as áreas mais importantes ou que coloquem os alunos com um "companheiro de leitura"); oferecer estratégias alternativas (ditar ou ilustrar uma história, em vez de escrevê-la); e eliminar completamente alguns tipos de trabalho (por exemplo, dispensar um aluno de responder às perguntas no final dos capítulos de estudos sociais, de modo que mais tempo possa ser dedicado à matemática). O professor de educação especial de seu filho pode ajudá-lo a negociar tais ajustes com os professores regulares. *Lembre-se de que a finalidade da lição de casa é praticar ou reforçar o que foi aprendido em aula.* As lições de casa não devem ser dadas para introduzir informações novas e importantes ou para cobrir conteúdos que os alunos perderam. (As pesquisas sugerem que 75% ou mais da lição de casa deve envolver a prática e o reforço de habilidades ou conceitos que o aluno já conhece. Desde que 25% ou menos da lição de casa apresente um desafio, os alunos vão persistir na tarefa e o pensamento será estimulado.)

Reserve um horário regular para as lições de casa

Ter um horário previsível para a realização das lições de casa apresenta várias vantagens. Em primeiro lugar, a maioria das crianças com dificuldades encontra segurança na rotina (elas não gostam muito de surpresas, e muitas consideram inquietantes as mudanças no horário). Em segundo lugar, um período diário para a realização das lições transmite às crianças que as tarefas são consideradas importantes, não opcionais. Em terceiro lugar, tal prática dá aos pais algum controle sobre a quantidade de tempo que dedicarão ao apoio escolar dos filhos. "Meus filhos sabiam que eu estaria disponível entre sete e nove da noite", explica uma mãe. "Depois disso, eles podiam continuar trabalhando, mas eu já terminara o meu período." Os pais experientes acrescentam que uma boa ideia é envolver as crianças em decisões sobre o horário mais adequado para a realização das lições. Isso evita que se crie a impressão de que os pais não estão sendo justos ou estão sendo arbitrários ao impor regras e restrições.

Seja específico sobre os tipos de ajuda que você oferecerá

Muitas crianças estarão dispostas a deixá-lo fazer tanto do trabalho delas quanto você desejar fazer, e algumas são especialistas em fazer com que seus pais ofereçam muito mais ajuda do que haviam planejado. Contudo, geralmente é melhor que os pais estabeleçam alguns limites claros sobre o que farão ou não; isso faz com que as crianças compreendam e enfrentem suas próprias responsabilidades. Os melhores tipos de ajuda são aqueles que deixam a parte de "pensar" das lições de casa aos estudantes. Papéis apropriados para os pais incluem os seguintes:

Ajudar na organização. Isso inclui verificação de calendários e cadernetas de tarefas, elaboração de listas de coisas a fazer, repetição e revisão das instruções e a garantia de que as tarefas tenham sido entendidas. Os estudantes também podem precisar de ajuda para atribuir prioridade às tarefas e para dividir trabalhos complexos (como escrever uma pesquisa) em etapas ou estágios. Em geral, é melhor incentivar as crianças a fazerem o trabalho mais difícil primeiro – quando seu nível de energia está mais alto – e terminar cada tarefa antes de passar para a próxima (em vez de pular de uma tarefa para outra – o que as crianças às vezes fazem quando estão frustradas).

Ajudar na administração do tempo e na persistência na tarefa. As crianças com dificuldades de aprendizagem, com frequência, têm dificuldade para estimar o tempo que uma tarefa levará, de modo que precisam de ajuda para planejar o seu tempo de estudo (normalmente, o tempo necessário para completar as tarefas ou se preparar para um teste é subestimado, de modo que o trabalho tende a se acumular no final do dia, da semana ou do semestre). Para crianças com um fraco alcance da atenção, pode ser necessário realizar as lições de casa em curtas sessões, com pequenos intervalos entre elas. *Feedback* frequente também pode ser necessário para que as crianças se atenham às tarefas – mas não deixe que a criança o prenda em um envolvimento contínuo. Algumas crianças acham que música suave ou "ruído branco" (como o zumbido de um ventilador ou do ar condicionado) ajudam em sua concentração; você pode ver se seu filho aprecia fitas disponíveis no comércio de sons da natureza (pássaros, ondas do mar, vento nas árvores, chuva caindo...). Algumas crianças também acham que o movimento rítmico ou repetitivo as ajuda a concentrar a atenção. Se você sente vontade de arrancar os cabelos com o som do lápis batucando na mesa ou dos pés batendo o tempo todo no chão enquanto seu filho trabalha, veja se mascar chicletes ou apertar uma bola macia oferece os mesmos benefícios.

Ler em voz alta. A tarefa de ler materiais em voz alta para o estudante ou para um gravador em geral é função dos pais – e muitos gostam disso. Garanta, porém, que os alunos façam o máximo possível da leitura sozinhos; eles não podem aprender tal habilidade sem prática. Se você não gostar desse tipo de atividade ou não tiver tempo para realizá-la consistentemente, existem outros modos de atender às necessidades da criança: peça que os professores a coloquem com um colega que servirá de parceiro de leitura ou contrate um aluno do ensino médio para ler para a criança, por exemplo. Você também pode descobrir que um membro da família (como um dos avós), um membro da igreja ou membros de organizações de serviços da comunidade local se dispõem realizar o trabalho de gravar materiais escritos em áudio.

Servir de secretário ou escriba. Às vezes os estudantes que têm dificuldade para colocar as palavras no papel sentem-se mais tranquilos para explicar o que sabem se puderem ditar para alguém. Como ocorre com a leitura, é importante encorajar as crianças a escrever tanto quanto puderem por conta própria (os estudantes geralmente conseguem fazer isso com tarefas curtas, mas podem precisar de ajuda com longos projetos escritos, como relatórios). Ao ajudar nessa função, é importante registrar fielmente as palavras da criança – pode ser muito tentador fazer "melhorias" enquanto a transcrição é feita. Observe que um problema comum das crianças com fracas habilidades de escrita é alinhar os números corretamente nos problemas de matemática; isso às vezes leva à confusão e a erros desnecessários. Alguns pais abordam esse problema escrevendo os problemas de matemática para as crianças em números grandes. Tente também copiar os problemas de matemática em um papel pautado virado de lado, para criar colunas verticais, ou em papel quadriculado.

Rever e corrigir o trabalho escrito. Os estudantes com dificuldades de aprendizagem são notoriamente fracos na verificação do seu próprio trabalho. Algumas vezes isso se deve às suas dificuldades (estudantes com problemas de percepção visual, por exemplo, podem ser incapazes de identificar erros de ortografia); outras vezes é porque, quando uma tarefa difícil ou cansativa é realizada, os alunos não desejam vê-la nunca mais! Porém, ao ajudar seus filhos a verificar o seu trabalho, os pais oferecem tanto um "controle de qualidade" quanto comunicam a seus filhos a mensagem de que esperam que estes atendam a altos padrões de desempenho. Apenas se certifique de que esses padrões podem ser atingidos e de que as crianças não serão desnecessariamente penalizadas por fazer melhorias. Você pode se oferecer para digitar uma composição corrigida, por exemplo, em vez de pedir que uma criança a copie (para muitos alunos com dificuldades, copiar é uma tarefa que envolve a geração de todo um novo conjunto de erros).

Os estudantes com dificuldades de aprendizagem também podem precisar, de tempos em tempos, que alguém revise ou interprete informações que não conseguiram entender em livros ou palestras, mas os pais nem sempre são as melhores pessoas para fazer isso. "Eu precisava ter uma paciência de santa para trabalhar com meu filho", confessa uma mãe, "e metade do tempo eu também não entendia suas lições de casa. Geralmente falava com um de seus professores quando ele tinha problemas para entender algo". Essa política sensata também ajuda os professores a imaginar materiais e métodos que funcionarão melhor para as crianças e aqueles que lhes trarão problemas. Se os professores forem incapazes de dar às crianças a atenção individual que elas necessitam na escola, pode ser preferível encontrar um professor particular competente a comprometer todo o tempo que você e seu filho têm juntos com o trabalho escolar ou não deixar qualquer tempo livre para você. Mesmo quando as crianças têm dificuldades de aprendizagem, não devemos permitir que o trabalho escolar consuma toda a energia da família.

Busque companheiros de estudo

Companheiros de estudo (essas parcerias geralmente são formadas pelos professores) podem ajudar de diversas maneiras as crianças com dificuldades de aprendizagem. Os companheiros podem ajudar as crianças a registrar suas tarefas em uma caderneta ou em um calendário, a copiar o material da lousa para os cadernos corretamente, a compartilhar anotações da aula ou do laboratório e ajudar nos exercícios, com perguntas e respostas mútuas, na preparação para os testes. Além de oferecerem ajuda direta, os companheiros de estudo servem como modelos positivos na sala de aula. Boas escolhas para companheiros são aqueles alunos bem-organizados, que possuem boas habilidades sociais e uma firme compreensão da matéria. Também é melhor se o companheiro for voluntário para essa tarefa (geralmente, não existe escassez de voluntários nas classes em que os professores reconhecem e elogiam esforços de cooperação). Os companheiros que trabalham por imposição com um aluno com problemas de aprendizagem podem se ressentir demais das exigências que lhes são feitas em termos de paciência e compreensão. As crianças com dificuldades de aprendizagem também podem se beneficiar do trabalho com monitores, que são estudantes mais velhos. Um aluno de 5ª ou 6ª série, por exemplo, pode oferecer instrução individualizada muito útil para um aluno de 4ª série que está tendo dificuldade em exercícios com longas divisões (os educadores sabem que esse tipo de relacionamento em geral também é bom para o estudante mais velho; ensinar o ajuda a consolidar e a expandir seu próprio conhecimento).

Com a permissão do professor, as crianças também podem formar equipes para abordar tarefas como pesquisas; tal prática ajuda a manter a participação de estudantes que têm dificuldades com o trabalho inde-

Sarah

Sarah, uma estudante universitária de 21 anos, tem um déficit de processamento auditivo. Ela começou a estudar flauta na 4ª série.

É engraçado: tenho muita dificuldade para recordar coisas que as pessoas me dizem, mas lembrar a música não é problema. Sempre adorei música. Durante alguns anos, a música foi a única coisa que me fazia ir à escola. Por exemplo, quando estava no final do ensino fundamental, eu ia muito mal nos estudos. Não quero dizer apenas em matemática ou inglês; ia terrivelmente mal *em tudo*. Estava infeliz e desmotivada, exceto na banda e no coro. Eu me esforçava por causa de meus professores de música, e eles me encorajavam muito. Quando estava na 8ª série, a diretora da banda do ensino médio fez um teste com todas as crianças que queriam participar na banda no ano seguinte. Parece que, além de mim, mais uma centena de outras crianças queriam tocar flauta, e todos tivemos que apresentar solos. A diretora me escolheu para a segunda fileira na banda do ensino médio! Esse sucesso aumentou enormemente a minha autoestima. Meu medo do ensino médio diminuiu bastante ao saber que um lugar tão bom esperava por mim na banda...

No ensino médio, a música transformou completamente minha vida. Envolvi-me totalmente com a banda pequena, com a banda de paradas e com a orquestra de concertos; participei de três grupos diferentes de coral e cantei e atuei em peças teatrais musicais. Ganhei prêmios por talento musical – quando a nossa banda de concertos foi convidada a tocar no Epcot Center, na Disney World, cheguei até mesmo a fazer uma apresentação solo. O mais incrível, porém, é como o sucesso na música se transferiu para meus outros estudos. Em certo ponto, percebi que tinha sucesso na música *porque havia me esforçado para isso* – e que trabalhar duro podia fazer diferença em minhas outras matérias. Comecei a me aplicar e minhas notas subiram. Quando terminei o ensino médio, a universidade que era minha primeira escolha me concedeu uma bolsa de estudos.

A música também fez coisas maravilhosas por mim socialmente. Acho que 85% das pessoas com as quais eu me identificava e com as quais ainda estou em contato são amigos que conheci por meio do teatro ou da banda. Olhando para trás é fácil ver que, sem a música, minha carreira no ensino médio teria sido nula. A música me deu amigos e professores que me apoiaram e acreditaram em mim. Ela me ensinou o valor do esforço e da autodisciplina, além de me dar autoconfiança. Acho que eu seria uma pessoa muito diferente agora se a minha família e a minha escola não tivessem apoiado o meu amor pela música como fizeram.

Reproduzido com a permissão de Sarah DeWan Litchfield, patologista da fala e da linguagem, Amherst, VA.

pendente, além de ajudar a reduzir grandes projetos a proporções manejáveis. Tome cuidado, porém, para que as crianças não se coloquem à margem do grupo, apenas usufruindo das vantagens do trabalho de alunos bons e esforçados. Nos melhores empreendimentos cooperativos, cada participante tem responsabilidades bem-definidas.

Observe que o desagrado com relação às lições de casa com frequência está relacionado a questões emocionais. As lições de casa são um campo conveniente de batalhas, por exemplo, para um aluno que pretende desafiar a autoridade dos pais. Se este parece ser o caso, os pais precisam abandonar a luta pelo poder – insistir nisso apenas piora a situação. "*Recuse-se* a brigar por causa das lições de casa", aconselha um professor. "Se o seu filho estiver evitando fazer as lições, fale com os professores sobre suas preocupações e deixe-os trabalhar com a criança por algum tempo. Continue manifestando apoio e disposição para ajudar se o seu auxílio for solicitado. Uma vez que a pressão tenha fim, a maior parte dos estudantes percebe que ir bem na escola é de seu próprio interesse." Se o conflito sobre as lições de casa fizer parte de um padrão maior de rebeldia, que inclui desafio às autoridades escolares – ou se um aluno se tornou retraído e apático tanto em relação às atividades não escolares quanto às lições da escola –, a situação é mais séria. Essas circunstâncias sinalizam uma crise emocional e exigem a pronta intervenção de um profissional de saúde mental.

DÊ UM TEMPO A SI MESMO

Muitos pais conscienciosos, que permaneceram conosco até este ponto, provavelmente estão sentindo um pouco de pânico agora. "Meu Deus!", alguns estarão pensando, "Como vou verificar as habilidades básicas de meu filho, arranjar um cantinho para seus estudos, gravar em fita seus livros-texto, encontrar um professor particular, dar uma olhada prévia no currículo, manter um emprego e também cuidar de meus outros filhos?". Relaxe. Você não fará todas essas coisas hoje nem provavelmente ainda este ano – e seu filho ainda poderá se tornar um ser humano esplêndido se você jamais fizer tudo isso. O que oferecemos neste capítulo são sugestões para que os pais possam ajudar os filhos na escola *à medida que surgirem as oportunidades.* Não aconselharíamos ninguém a correr e tentar fazer tudo isso imediatamente.

Em vez disso, desejamos aqui alertar os pais sobre os perigos de enfatizar em excesso o desempenho escolar. Na cultura atual, orientada para o sucesso, esse é um problema enfrentado por muitas famílias. Embora qualquer criança possa sofrer com tanta pressão pelo desempenho, existem alguns riscos especiais para os alunos com dificuldades de aprendizagem.

O maior perigo da "visão de túnel" escolar é que as crianças precisem passar um tempo longo demais e despender muito esforço naquilo que fazem mal, a ponto de não terem energia para fazer aquilo que fazem bem. Muitas crianças com dificuldades de aprendizagem descobrem que suas áreas de sucesso – as áreas de atividade ou esforço que lhes dão mais satisfação e mais confiança em si – estão fora do campo da escola. Essas crianças podem ser extraordinariamente criativas e capazes de se expressar pela arte, pela música ou pelo teatro, por exemplo. Algumas são muito sensíveis aos sentimentos dos outros e demonstram fortes habilidades de liderança ou compromisso com suas comunidades. Elas podem ser artesãs habilidosas, talentosas com máquinas, atletas brilhantes, negociantes empreendedores... a lista do que essas crianças *podem* fazer é inesgotável. Contudo, se os adultos enfatizarem demais o que as crianças *não podem* fazer (ler, escrever ou realizar exercícios de aritmética), elas podem não encontrar as oportunidades que precisam para explorar essas outras áreas. Mesmo quando as oportunidades lhes são oferecidas, as crianças cujas vidas têm sido dominadas pela dificuldade podem não ter coragem e autoconfiança para se arriscar a tentar algo novo.

Outra consequência importante da ênfase escolar excessiva é que as crianças acabam levando vidas sem um equilíbrio. Todas as crianças precisam se exercitar (as crianças com TDAH precisam de mais exercícios do que a maioria), precisam de tempo para estar com amigos e de tempo para "fazer o que bem entendem" e repousar. Contudo, as crianças que não conseguem jamais esquecer que estão indo mal na escola podem estar carentes em qualquer uma ou em todas essas áreas. Será que deveríamos realmente ficar surpresos quando essas crianças exibem ataques explosivos ou se rebelam contra a rigidez da autoridade? Observe que a pressão para um ótimo desempenho na escola não vem apenas dos pais. Os professores e os orientadores educacionais também lançam alertas extremos sobre encontrar um emprego ou cursar uma faculdade – e as crianças ambiciosas, que são competitivas por natureza, ocasionalmente conseguem, elas mesmas, exercer grande pressão sobre si mesmas. Os pais podem ter que ajudar crianças como essas a aprender como relaxar, levar as coisas de um modo mais leve e aproveitar a vida.

Uma terceira consideração é que a ênfase demasiada no desempenho escolar pode começar a distorcer os relacionamentos entre adultos e crianças. Quando a preocupação com a escola domina o tempo que os pais e as crianças passam juntos, estas podem começar a ver seus pais como chefes exigentes, em vez de fontes de carinho, de aceitação e de apoio. Portanto, é importante distinguir entre incentivo para o rendimento escolar ("Eu sei que você pode fazer isso") e o comportamento que parece ser de estímulo, mas carrega em si uma mensagem subjacente pesada ("Eu sei que você pode fazer isso e se, não fizer, todos ficaremos muito aborrecidos e desapontados"). Na Parte IV, discutiremos em mais detalhes como o comportamento dos pais influencia a motivação e a aprendizagem. O ponto a ser mantido em mente aqui é que, se você faz uma lista do que as crianças com dificuldades de aprendizagem precisam mais de suas famílias, a ajuda com o trabalho escolar não estaria sequer entre as 10 coisas mais importantes. *Não* permita

que a sua preocupação com o desempenho escolar evite que você brinque com seu filho, fale com ele, desfrute dos momentos de lazer e compartilhe atividades que não têm qualquer valor "acadêmico". Esses são os momentos que tornam as recordações significativas – não as horas que você passa ajudando seu filho a procurar palavras em um dicionário.

Na verdade, o que tudo isso quer dizer é que os pais de crianças com dificuldades de aprendizagem com frequência devem fazer escolhas. Deve-se permitir que a criança vá ao cinema ou insistir em que termine a sua lição de história? Contratar um professor de piano ou um tutor de matemática? Será que um adolescente pode lidar com a química se passa três horas por dia jogando futebol? Se não, deveria desistir da química ou do futebol? Às vezes, as escolhas são difíceis: será que um estudante que apresenta notas cada vez mais baixas, por exemplo, deve ser matriculado nos cursos de verão da escola ou deve abandonar o currículo de preparação para o vestibular? Embora alguns pais se sintam despreparados para tomar tais decisões, eles geralmente são as pessoas mais qualificadas para isso, porque escolhas como essas precisam ser tomadas levando-se em consideração a criança como um todo. Os professores e as autoridades escolares podem tomar para si a tarefa de pressionar para o desempenho escolar. A mãe e o pai é que normalmente sabem o quanto a música significa para a criança, o quanto o futebol aumentou sua autoconfiança e autoestima, o quanto a criança precisa de alívio do estresse vivido na escola. Na realidade, esse potencial jamais deveria ser nutrido à custa da segurança e do bem-estar emocional de uma criança. O que as crianças mais precisam é de pais que tomem decisões humanas em seu benefício – e que as ensinem a estabelecer prioridades saudáveis e a tomar decisões sensatas para si mesmas à medida que crescem.

A diretora de um grupo de apoio a pais e profissionais em Nova York (ela mesma mãe de uma universitária bem-sucedida com dificuldades de aprendizagem) acrescenta que as pessoas jovens não são as únicas a sentir pressão em nossa sociedade competitiva. Os pais também podem ser pegos na armadilha de expectativas irracionalmente altas para si mesmos. "O perfeccionismo é uma armadilha terrível", diz ela. "Esperar de nós mesmos que sejamos pais perfeitos é ruim para nós e também para nossos filhos, porque pais perfeitos supostamente produzem filhos perfeitos. Às vezes eu acho que o melhor que podemos fazer por nossos filhos é relaxar e aceitar a nós mesmos. Meus filhos já me viram 'entrar pelo cano' um milhão de vezes – e estou contente, porque é isso que lhes diz que eles não precisam detestar a si mesmos, se tentarem algo e não obtiverem sucesso."

O que mais essa especialista aprendeu, a partir do trabalho com centenas de pais ao longo dos anos? "Mantenha seu senso de humor!", diz ela. "As mães que mais têm sucesso são aquelas que sabem rir. Certamente, essa tem sido a minha própria experiência. Os primeiros anos do ensino médio da minha filha foram um pesadelo – não apenas ela estava sendo reprovada em várias matérias e convivendo com más companhias, mas seu pai nos deixou naquela época e eu terminei no hospital para fazer uma grande cirurgia! Somos muito mais fortes como indivíduos e como uma família por termos sobrevivido a tudo isso, mas parte da razão da nossa sobrevivência é que, mesmo nos piores momentos, ainda conseguíamos rir um pouco."

PARTE IV
Uma vida com qualidade

10
Crescimento social e emocional

Embora os pais compreensivelmente se preocupem muito com o desempenho escolar, as pesquisas mostram que "aprender com os livros" em geral tem menos a ver com as conquistas na vida do que atributos pessoais como otimismo, ambição, adaptabilidade, disposição para trabalhar duro e persistência diante das dificuldades. Essas qualidades fazem a diferença entre as pessoas medianas e entre aquelas com desempenho excepcional e, com frequência, caracterizam indivíduos extremamente flexíveis, que superam repetidas vezes seus déficits e circunstâncias opressivas.

A competência social também tem um impacto sobre o nível de conforto com o qual um indivíduo funciona no mundo real. A capacidade para formar e manter relacionamentos não apenas melhora a qualidade de vida, mas também é uma pedra fundamental na construção da autoestima. Entre os adolescentes, por exemplo, a conexão com um grupo de companheiros é parte essencial do estabelecimento da identidade. É tão importante ter amigos nessa idade que especialistas em educação infantil veem os adolescentes "solitários" como apresentando riscos bastante altos de perturbação emocional. De maneira significativa, os adolescentes e os adultos com dificuldades de aprendizagem citam normalmente a vida social como a área na qual mais desejam ser ajudados. Nas pesquisas, esta preocupação frequentemente é mais importante do que encontrar oportunidades educacionais ou emprego.

Isso não pretende sugerir que o trabalho escolar não seja importante; o sucesso educacional realmente afeta as escolhas profissionais e as perspectivas de formação superior dos estudantes. Não existe dúvida, porém, de que o desenvolvimento social e emocional é igualmente importante para o sucesso e o bem-estar de um indivíduo. Também não restam dúvidas de que a influência mais poderosa sobre o crescimento social e emocional de um jovem é a família. Grande parte dos sentimentos das crianças sobre si mesmas e sobre as outras pessoas é formada muito antes de ingressarem na escola. À medida que crescem, as atitudes e as expectativas dos pais e de outros membros da família continuam tendo um imenso efeito sobre a maneira como as crianças interagem com os outros, abordam tarefas difíceis e veem suas próprias capacidades. Para um exemplo do impacto que a família pode ter sobre o desempenho escolar, não precisamos ir além da geração atual de imigrantes asiáticos para os Estados Unidos. Em parte devido a um forte sistema de apoio familiar, que salienta o valor do trabalho duro e da educação, muitas crianças que enfrentaram tremendas dificuldades para chegar a este país, viveram grande parte de suas vidas na pobreza e ingressaram na escola sem falar inglês, agora são as melhores de suas classes no ensino médio e nas universidades em toda a nação.

É importante que os pais reconheçam o papel crucial que exercem para que as crianças desenvolvam aptidões para a vida e a aprendizagem. Também é importante que os pais de crianças com dificuldades de aprendizagem compreendam que os problemas de processamento de informações podem afetar o crescimento social e emocional. Frequentemente, as dificuldades de aprendizagem têm tanto impacto sobre a vida em casa e na comunidade como no desempenho na escola. Um especialista sugere que tais problemas deveriam ser chamados, na verdade, de "déficits de vida", em vista da abrangência do seu efeito. Contudo, os pais nem sempre conectam comportamentos "problema", como maus modos à mesa, dificuldade para completar tarefas, incapacidade crônica para ser pontual ou uma tendência para agir como "louco" na casa da vovó, com as irregularidades neurológicas que causam problemas com a escrita ou a leitura. Como resultado, algumas crianças com dificuldades de aprendizagem são punidas por preguiça, descuido e desobediência em casa e na escola. Acusações e repetidas discussões familiares naturalmente ajudam a corroer a autoestima dessas crianças e aumentam sua carga de raiva e ansiedade.

Mesmo quando a ligação entre as dificuldades de aprendizagem e os problemas emocionais está clara e as famílias estão ansiosas por oferecer apoio, os pais podem não ter certeza de como ajudar as crianças a lidarem com muitos dos desafios da vida. Encontrar auxílio apropriado para leitura, escrita e aritmética pode parecer simples, comparado a imaginar como ajudar uma criança que tem problemas com a linguagem a aprender como conversar ou ensinar um adolescente sem qualquer senso de direção a dirigir um automóvel. Alguns pais se percebem mantendo as crianças com dificuldades de aprendizagem próximas à casa, em um esforço para protegê-las do fracasso, da mágoa ou da rejeição. Entretanto, essas boas intenções podem sair pela culatra, à medida que crianças superprotegidas tendem a permanecer imaturas e, muitas vezes, não confiar em sua própria capacidade para sobreviver independentemente.

Administrar o impacto que uma dificuldade de aprendizagem tem sobre a dinâmica familiar também é um desafio para os pais. Como lidar, por exemplo, com diferenças de opinião com o cônjuge em relação ao gasto das economias em professores particulares ou sobre a aprendizagem em uma escola particular? Com irmãos que se ressentem do fato de a criança com dificuldades de aprendizagem ter menos tarefas domésticas, enquanto absorve *todo* o tempo livre da mãe para ajudá-la com suas lições? Ou com o avô que insiste em que o que a criança precisa é de "um pouco menos de mimo e muito mais disciplina"? Quando e como aplicar a disciplina pode se tornar uma questão familiar problemática, com a mãe e o pai em lados opostos (praticamente a única coisa sobre a qual a família concorda é que nenhuma forma conhecida de disciplina parece funcionar). Como uma mãe expõe: "As dificuldades de aprendizagem são realmente uma questão familiar. O estresse e o desgaste emocional têm um efeito dominó. De um modo ou de outro, o problema afeta a todos".

Obviamente, uma discussão sobre as dificuldades de aprendizagem não pode terminar com uma discussão sobre as necessidades da criança na escola. Nesta seção, portanto, observaremos alguns dos fatores não escolares que contribuem para a qualidade de vida. Neste capítulo discutiremos os estágios do desenvolvimento e falaremos sobre como as dificuldades de aprendizagem podem influenciar o crescimento social e emocional. No Capítulo 11, discutiremos algumas estratégias para ajudarmos as crianças a manterem sua autoestima, a desenvolverem um senso de responsabilidade e a formarem relacionamentos saudáveis, tanto dentro quanto fora da família. No Capítulo 12, examinaremos as habilidades necessárias para a vida independente e falaremos sobre a ajuda para que os adultos jovens façam a transição da escola e da casa para o mundo do trabalho ou da educação superior. Ao longo do caminho, acreditamos que você descobrirá que muitos dos problemas que afligem as crianças com dificuldades de aprendizagem e suas famílias podem ser evitados. Embora conviver com essas crianças possa jamais ser livre de estresse, um pouco de compreensão pode fazer muito no sentido de se encontrar soluções que preservem a sanidade e a dignidade de todos.

DIFICULDADES DE APRENDIZAGEM E DESENVOLVIMENTO DA CRIANÇA

A caminho da maturidade, todas as crianças passam por uma série de estágios razoavelmente previsíveis, cada um com seu próprio conjunto de necessidades e comportamentos característicos. Contudo, as crianças com dificuldades de aprendizagem nem sempre passam por esses estágios no mesmo ritmo que seus companheiros típicos. Assim como as habilidades cognitivas, verbais e motoras geralmente são atrasadas entre essas crianças, podem também ocorrer retardos no desenvolvimento emocional e nas habilidades sociais. Como consequência, o pensamento e o comportamento de crianças com dificuldades de aprendizagem podem, ocasionalmente, parecer muito infantis ou se assemelhar aos de crianças mais jovens (fazendo com que pais exasperados questionem "Por que você não age de acordo com sua idade?").

Além disso, muitas crianças com dificuldades de aprendizagem parecem vir ao mundo com intensas personalidades, que desafiam os pais ao máximo (alguém já disse que as crianças com dificuldades de aprendizagem são exatamente como as outras crianças – apenas em dose excessiva). Elas podem ter energia *extra,* sensibilidade *extra* em relação àquilo que as cerca, mudanças *extras* de humor ou insistência *extra* em fazer as coisas à sua maneira. Consequentemente, seu comportamento em determinado estágio do desenvolvimento pode parecer amplificado. Embora quase todas as crianças passem por um estágio do "não", por volta dos dois anos e meio, por exemplo, o "não" da criança hiperativa pode parecer resistir a todas as formas de persuasão ou ser acompanhado de ataques de raiva que duram uma hora ou mais.

É importante entender que não se pode pretender que as crianças se apressem nos estágios básicos do desenvolvimento. Muito estresse pode ser gerado quando as expectativas cognitivas e sociais estão muito além dos níveis de amadurecimento desenvolvimental da criança. É igualmente importante entender que alguns elementos da personalidade são difíceis de modificar. Embora o ambiente tenha uma enorme influência sobre a personalidade, atualmente, os cientistas acreditam que muitos aspectos do nosso temperamento são geneticamente programados. Os traços listados nas p. 222-223 são aqueles mais propensos a ser herdados e a persistir de alguma forma durante toda a vida. Embora o ambiente possa influenciar até certo ponto esses traços, eles sempre estarão subjacentes à personalidade de uma pessoa, tanto de maneiras óbvias quanto não tão óbvias. (Em outras palavras, uma criança muito tímida pode aprender boas habilidades sociais e até se divertir em festas, mas é improvável que se torne um extrovertido que busca estar em meio a grandes multidões.) Os pais que não respeitam as diferenças de temperamento terminam às vezes rotulando uma criança cuja abordagem à vida é diferente da sua como "errada" ou ruim – atitude esta que pode criar tensão no relacionamento entre pais e filhos. Falaremos mais sobre o temperamento no Capítulo 11. Por enquanto, lembre-se de que muitos conflitos e brigas podem ser evitados aprendendo-se a trabalhar *com* o temperamento básico de uma criança, em vez de lutar contra ele.

O amadurecimento também é afetado por circunstâncias pessoais. A. H. Maslow, um psicólogo que estudou a motivação, observou que, à medida que crescem, os seres humanos tentam satisfazer suas necessidades em uma ordem particular; sua hierarquia *das* necessidades humanas é apresentada no quadro da página seguinte. Maslow acreditava que todas as necessidades de um indivíduo devem ser atendidas em um nível antes que ele possa ter sucesso no nível seguinte (Maslow também observou que, se várias necessidades estiverem presentes ao mesmo tempo, as pessoas dedicarão sua energia primeiro à satisfação das necessidades mais básicas). Em outras palavras, embora todos precisem de afeto e de aceitação, as crianças que não possuem um teto, segurança ou estabilidade familiar têm mais

Chad

Quando Greta casou-se novamente, foi grande a sua alegria ao ver o quanto seu filho de 8 anos, Chad, se relacionava bem com seu padrasto. Greta casou-se muito jovem com o pai de Chad. Ele abandonou os estudos no ensino médio e era um "rebelde", que a abandonou logo depois do nascimento do menino. Mike era um tipo de homem totalmente diferente: responsável e gentil. A família vivia em uma fazenda e Chad seguia Mike em todos os lugares, pedindo para ajudar no trabalho.

Nos dois anos seguintes, porém, o relacionamento de Mike e Chad mudou. "Eu digo a Chad que preciso de ajuda, mas ele não me obedece", queixava-se Mike. "Não posso confiar nele." Intimamente, Greta achava que o perfeccionismo de Mike contribuía para o problema. "Vá com calma com ele", sugeria ela. "Ele é apenas uma criança e já tem trabalho suficiente na escola." As notas de Chad poderiam ser muito melhores, e a professora da 4ª série estava sempre chamando sua atenção. "Já lhe dou as tarefas mais fáceis para fazer", dizia Mike. "Ele está simplesmente fazendo corpo mole!"

Greta ficava magoada por Mike ser tão rude com Chad, mas Mike também se sentia ferido. "Ultimamente, Chad me evita", ele confidenciou a Greta mais tarde. "Tento lhe dar tempo, mostrar-lhe como fazer as coisas, mas parece que ele não quer nada comigo." Quando Greta insistiu em que Chad passasse mais tempo com seu pai, este apenas respondeu: "Ele não é meu pai" e se retirou para seu quarto para jogar videogame.

Ao final do ano letivo, a professora de Chad disse que ele fizera tão pouco progresso que deveria passar por um teste para dificuldade de aprendizagem. Ele foi avaliado durante o verão. Os resultados mostraram que o menino tinha problemas com o processamento da linguagem que interferiam tanto na leitura quanto na compreensão de instruções verbais. Com ajuda, seu desempenho na escola melhorou na 5ª série, mas as relações em casa estavam ainda mais tensas. Mike se irritava cada vez mais com "a irresponsabilidade e o descuido" do menino, enquanto a mãe de Chad se sentia obrigada a defendê-lo. Eles discutiam sobre o que se deveria esperar que ele fizesse na fazenda e como puni-lo caso não fizesse o que deveria. Quando Mike perdeu a paciência e disse a Chad que este poderia dormir no estábulo se as suas tarefas não estivessem concluídas até a hora do jantar, Greta respondeu fazendo as malas e levando o filho para o apartamento de sua irmã.

Nem Mike nem Greta perceberam que a dificuldade de aprendizagem de Chad explicava muito de seu problema com as tarefas. Ele não conseguia se lembrar da lista de tarefas que Mike lhe dava, nem seguir todas as instruções sobre como realizá-las (se lhe fosse *mostrado* como fazer algo, Chad geralmente fazia bem, mas o estilo de ensino de Mike baseava-se em longas e detalhadas explicações). Consciente de estar desapontando seu pai adotivo tão querido, Chad lidou com seu crescente senso de inadequação se retraindo e mascarando seus sentimentos com uma atitude hostil. Como se presumia que uma dificuldade de aprendizagem era um problema exclusivamente *educacional*, todos na família sofreram. Felizmente, essa crise na família levou seus membros a obterem aconselhamento, o que os ajudou a identificarem essas questões. A lição permanece: pode ser arriscado abordar as dificuldades de aprendizagem na escola, mas ignorá-las em casa.

dificuldade para conquistá-los do que aquelas que os têm com segurança. Do mesmo modo, se os adolescentes são incapazes de obter aceitação em um grupo de pares, sua capacidade para desenvolver autorrespeito e estabelecer objetivos para si mesmos pode ser comprometida. A hierarquia de Maslow nos lembra de que preocupações como segurança, estabilidade e aceitação não são meramente "questões da primeira infância" ou "temas da adolescência". Essas necessidades ainda são importantes durante toda a nossa vida. Sempre que circunstâncias ou déficits interferem na obtenção de satisfação das necessidades básicas, o progresso social e emocional pode ser retardado.

Com essas ideias gerais em mente, examinaremos agora como as crianças se comportam nos diferentes estágios do seu desenvolvimento.

A CRIANÇA PRÉ-ESCOLAR

Uma parcela impressionante do desenvolvimento social e emocional ocorre durante os três primeiros anos de vida. É durante esse período decisivo, por exemplo, que as crianças descobrem se é seguro ou não explorar seu ambiente e confiar em outras pessoas. A qualidade dos relacionamentos de uma criança nesse estágio pode ter um impacto significativo sobre a sua perspectiva emocional. Em geral, as crianças que têm relacionamentos seguros e estáveis com os adultos por elas responsáveis são mais

A hierarquia de Maslow

O psicólogo A. H. Maslow classificou os desejos humanos de acordo com sua importância. Os indivíduos que são incapazes de satisfazer suas necessidades básicas (na base da pirâmide) têm muita dificuldade para atingir objetivos de "ordem superior". Os princípios de Maslow são, às vezes, usados para explicar por que as crianças em desvantagem econômica são com frequência menos autoconfiantes e bem-sucedidas do que as crianças mais privilegiadas.

Genes e personalidade

Os pesquisadores descobriram que há cinco aspectos do temperamento humano que são substancialmente influenciados pela hereditariedade: **abertura** (capacidade para apreciar novas experiências e ideias); **consciência** (capacidade para se disciplinar, para planejar seu próprio comportamento e para se dedicar a atingir seus objetivos); **extroversão** (a extensão em que a pessoa busca a estimulação por parte de outras pessoas, experiencia autoconfiança e emoções positivas); **afabilidade** (a extensão em que a pessoa é cooperativa ou hostil); e **neuroticismo** (refere-se à facilidade com que uma pessoa experiencia emoções negativas). Estes traços são, com frequência, referidos pelo acrônimo *OCEAN* (*openness, conscientiousness, extraversion, agreeableness, neuroticism*). Onde estamos no contínuo do OCEAN é com frequência evidente desde o nascimento (por exemplo, alguns bebês parecem adorar estar em companhia de outras pessoas, enquanto outros rejeitam a presença de estranhos), e estes traços persistem de alguma forma durante toda a nossa vida. A seguir exploramos alguns comportamentos relacionados à personalidade frequentemente observados em crianças pequenas. Embora seja possível até certo ponto modificar estes comportamentos, os pais sensatos aprendem a trabalhar *com* estas características, em vez de contra elas.

Intensidade: Crianças muito ativas dedicam 110% de sua energia a tudo o que fazem; mesmo quando bebês, elas jamais choramingam – berram alto o suficiente para despertar os vizinhos. Suas reações emocionais são dramáticas; são intensas em relação a tudo o que gostam (e a tudo o que não gostam). As crianças menos ativas parecem mais reservadas. Os pais podem ter de aprender a "ler" suas expressões faciais sutis e sua linguagem corporal para julgarem como elas estão se sentindo (por exemplo, uma sutil tensão muscular pode ser o único sinal de que estão muito perturbadas).

Persistência: Uma vez engajadas em uma atividade, ideia ou emoção, as crianças persistentes levam-na aos limites – e ainda assim têm problemas para abandoná-la. Essas crianças não aceitam "não" como resposta e não têm medo de se afirmar. As crianças menos persistentes podem ser mais facilmente redirecionadas; elas também se "desligam" com mais facilidade quando as coisas não saem como desejam, e podem precisar de incentivo extra para prosseguirem em tarefas difíceis.

Sensibilidade ao ambiente: Algumas crianças são muito sensíveis a ruídos, odores, luminosidade e texturas. Elas ficam facilmente perturbadas em situações ruidosas, de multidões ou de grande agitação e podem ser muito exigentes em relação à comida ou ao conforto de suas roupas. Podem ser também extraordinariamente sensíveis ao estado de espírito de outras pessoas (elas podem saber como você está se sentindo antes de você mesmo saber). Crianças menos sensíveis comem qualquer coisa e dormem mesmo com o estouro de rojões, mas habitue-se a lhes dizer quando você estiver ficando zangado ou estressado (elas podem não perceber que você está rangendo os dentes).

Adaptabilidade: Crianças de lenta adaptação não gostam de mudanças. Elas se sentem perturbadas por variações em seus horários e com frequência têm dificuldades com transições (tanto mudanças de uma atividade para outra quanto mudanças no ambiente). Elas realmente detestam surpresas (*não* espere que essas crianças se sintam felizes se ganham um pirulito de cereja quando esperavam um de uva). Têm uma maior necessidade de rotina do que crianças mais flexíveis, as quais mudam de atividades e de contextos com relativa facilidade.

Distração: As crianças "distraídas" são, na verdade, ultraperceptivas; elas são muito atentas a detalhes em seus ambientes e

(continua)

> **Genes e personalidade**
>
> normalmente veem coisas que os outros não percebem (quem mais perceberia que aquela pequena mancha no teto tem o formato do Estado do Texas?). Entretanto, podem ser tão interessadas por aquilo que as cerca que acabam tendo problemas para concluir as tarefas. As crianças com menor capacidade de distração geralmente conseguem focalizar melhor sua atenção (também podem trabalhar tão intensamente em suas lições que ignoram por completo o sol se pondo através de sua janela).
>
> *Regularidade:* Crianças muito regulares têm fome e sono em intervalos previsíveis; mesmo quando bebês, é fácil ajustá-las aos horários. Outras crianças parecem funcionar por um tipo diferente de relógio, pois nunca sabemos quando irão dormir ou quando querem comer. As crianças irregulares podem resistir a todas as tentativas de estabelecer rotinas; as queixas mais frequentes de seus pais é que elas *não* dormem a noite inteira (a mãe de um adolescente irregular diz: "Tenha esperança. Às vezes eles aprendem a se divertir sozinhos às duas da madrugada e não querem mais despertar você").
>
> *Nível de atividade:* Nem mesmo quando dormem, as crianças muito ativas ficam quietas; elas rolam por toda a cama, amontoam as cobertas ou jogam-nas no chão. Em geral, são curiosas e "estão por toda a parte"; mudam rapidamente de uma atividade para outra e não param até caírem de cansaço. Quando precisam ficar sentadas (na hora do jantar ou na igreja) elas se remexem, batucam com os dedos e batem os pés. Crianças com menos energia podem se sentar mais tranquilamente, absortas com um livro ou jogo. Como são menos exploradoras por natureza, os pais podem ter de fazer um esforço para expor essas crianças a novas atividades e a áreas de interesse.
>
> *Humor:* Algumas crianças são alegres e otimistas por natureza; elas buscam o melhor de cada coisa e geralmente expressam satisfação com sua sorte na vida. Para outras, contudo, a vida é uma questão mais séria. Estas crianças "bisonhas" tendem a se concentrar nas falhas e nos problemas de cada situação, e podem desafiar a paciência dos pais com suas críticas. Todavia, existe um lado positivo em cada personalidade "negativa". Estas crianças são naturalmente analíticas (definitivamente a companhia que você quer ao seu lado quando vai testar um carro usado) e podem ser excelentes na mediação de todos os tipos de problemas.

propensas a serem atentas, motivadas e a responder aos desafios. Mesmo aos 3 ou 4 anos, essas crianças afortunadas parecem ter expectativas otimistas e certa autoconfiança. As crianças que não têm cuidados e carinho suficientes dos adultos, por outro lado, são mais propensas a serem passivas, facilmente desencorajadas, retraídas e/ou temerosas de novas situações. As pesquisas indicam que essas atitudes precoces podem ser muito persistentes, permanecendo durante todos os anos de escola e até mesmo na idade adulta.

A capacidade para brincar cooperativamente com os outros se desenvolve em geral por volta dos 3 anos (antes disso, as crianças tendem a brincar *próximas* umas às outras, em vez de *com* as outras). A partir dessa idade, os relacionamentos com companheiros (bem como os relacionamentos com adultos) apresentam à criança em crescimento oportunidades para aprender e praticar habilidades sociais e da linguagem. Uma vez que as crianças receptivas, entusiásticas e extrovertidas são atrativas para as outras crianças, com frequência elas têm mais oportunidades sociais do que aquelas mais tímidas ou passivas. Na época em que ingressam na escola, as crianças socialmente privilegiadas têm uma vantagem significativa sobre as crianças cujas habilidades sociais e de linguagem estão menos desenvolvidas. As crianças que se comunicam bem sentem-se à vontade com seus companheiros etários e com os adultos e confiam em suas próprias capacidades, sendo, em geral, bons alunos e, ocasionalmente, distanciando-se bastante de companheiros com maior inteligência de um ponto de vista acadêmico.

Os pré-escolares que têm dificuldades de aprendizagem não se beneficiam menos que outros do apoio carinhoso de seus pais e de oportunidades apropriadas para interagirem com os companheiros. As crianças com tais vantagens normalmente são mais flexíveis e capazes de compensar seus déficits do que aquelas socialmente isoladas ou cujo sistema familiar é distante, rígido ou caótico. Todavia, a criação de uma criança com sistema nervoso imaturo ou de desenvolvimento desigual pode ser difícil, e às vezes os pais podem enfrentar problemas específicos. Quando bebês, por exemplo, essas crianças são irritáveis e difíceis de confortar. Elas podem desafiar todos os esforços para colocá-las em horários para comer e dormir e podem reagir a tentativas

Eden

Eden é uma menina de 7 anos, de inteligência mediana, proveniente de uma família de classe média. Cada criança de sua família herdou um déficit no processamento da linguagem que resulta em sérios atrasos na leitura. A família de Eden lhe dá apoio, compreende a sua dificuldade e tem esperanças quanto ao seu futuro. Os pais formaram um relacionamento cooperativo com os professores de Eden na escola, e a menina está fazendo um progresso constante. Em seu desenho da família, Eden mostra o pai presenteando a mãe, grávida, com flores, enquanto ela joga bola com a irmã mais velha. Seu autorretrato (à esquerda, no alto) mostra uma menininha feliz. Ao receber sentenças incompletas para concluir, as respostas de Eden refletiram satisfação com sua família e alta autoestima: "Os meninos acham que eu sou... *bonita*"; "Meu pai jamais... *grita*"; "Eu sei que consigo... *ler*"; "Minha família é... *importante para mim*"; "As pessoas são sempre... *gentis*"; "As outras crianças... *brincam comigo*".

de brincadeiras ou aconchego com gritos ou se retraindo. Tais comportamentos fazem com que os pais se sintam impotentes, incompetentes e rejeitados. Como consequência, eles nem sempre se "apegam" a esses bebês com tanto sucesso quanto aos seus outros filhos. Na verdade, a mãe e o pai podem não conseguir evitar um ressentimento ativo pelo bebê que os mantém acordados noite após noite e que se recusa a reagir aos seus esforços para aliviá-lo de seu desconforto.

As crianças com dificuldades de aprendizagem podem continuar difíceis quando começam a caminhar. A dificuldade para processar informações verbais ou visuais faz com que lhes seja mais difícil seguir instruções, recordar regras ou brincar; atrasos para aprender a falar, a se vestir ou a se alimentar sozinhas também podem desapontar e frustrar os pais. As crianças hiperativas com frequência parecem completamente descontroladas antes de ingressarem na escola. Muitas parecem incapazes de evitar o caos quando levadas para fora de casa: os pais olham impotentes enquanto elas põem abaixo as prateleiras de supermercados; o piquenique da empresa torna-se uma vergonha, enquanto a criança sobe na mesa e pisoteia a comida de todos; os móveis e os tapetes da avó apresentam novos danos após cada visita. Mesmo quando os pais saem sozinhos, podem passar o tempo todo preocupados com o tipo de catástrofe que a babá estará enfrentando em casa.

Muitas vezes, os pais de crianças hiperativas sentem-se gradativamente mais isolados dos amigos e de outros membros da família – que podem oferecer muitos conselhos sobre a educação infantil, sem compreenderem plenamente a realidade da situação. Se os pais discordam sobre a maneira como a criança deve ser "tratada" ou culpam um ao outro por seu comportamento, a tensão pode prejudicar o casamento e a estabilidade familiar, bem como o relacionamento entre pais e filhos.

Infelizmente, em circunstâncias como essas, os pais e os filhos se distanciam cada vez mais. As pesquisas demonstram que os pais de crianças com dificuldades de aprendizagem comumente apresentam sentimentos mais negativos sobre essas crianças do que sobre seus outros filhos e se comportam em relação a elas de uma forma mais rígida ou distante. Às vezes, o afeto parental é transferido para um filho mais bem-sucedido ou menos problemático, tornando a criança portadora de déficits efetivamente a "ovelha negra" do grupo familiar. Como ilustram os desenhos apresentados nas páginas 224 e 226, os sentimentos dos pais por seus filhos influenciam diretamente o modo como estes se sentem em relação a si mesmos. As crianças rotuladas de "a doida da família" ou "o problemático da família" geralmente terminam com autoconceitos fracos e baixas opiniões sobre suas próprias habilidades.

Alguns pré-escolares com dificuldades de aprendizagem também estão em desvantagem no que se refere ao estabelecimento de relacionamentos com os colegas. As crianças que começam a andar e estão amadurecendo lentamente, por exemplo, podem permanecer no estágio de "é meu!" mais tempo que o habitual, tornando-se impopulares com os colegas que estão aprendendo a se revezar, cooperar e compartilhar. As crianças que mais parecem furacões humanos geralmente não são mais bem recebidas na pré-escola ou no *playground* do que na mesa de jantar da família. Os pré-escolares que têm problemas de processamento de informações verbais ou visuais podem ter muita dificuldade para entender as regras até mesmo dos jogos mais simples e podem mostrar impaciência com atividades das quais outras crianças gostam. Uma criança com problemas de processamento auditivo, por exemplo, tende a ser inquieta e perturbadora durante a "hora da história" e pode se frustrar a ponto de chorar em jogos como "Estátua". À medida que jogos e atividades lúdicas selecionados pelos outros se tornam mais complexos e baseados na linguagem, as crianças com dificuldades de aprendizagem ocasionalmente são deixadas para trás. Assim, quando entram na escola, muitas estão em dupla desvantagem; elas

Rebecca

Rebecca tem a mesma idade que Eden e o mesmo tipo de dificuldade de aprendizagem. Sua mãe e seu pai são médicos, e seu irmão mais velho é um aluno que tem apenas notas máximas. Eles estão irritados com o fraco desempenho escolar da menina e exigiram que a escola "desse um jeito" na filha que os decepcionou. Sua insatisfação e falta de respeito pelos professores de Rebecca já afetaram a menina, que se sente ambivalente quanto a investir energia em seu trabalho escolar. No desenho da família de Rebecca, os gatos são mais animados que as pessoas. Os pais e o irmão da menina estão juntos, mas ela está isolada, olhando da soleira da porta. Seu autorretrato, no cantinho, está furiosamente rasurado. Em resposta a perguntas sobre o seu desenho, Rebecca afirmou: "Sou muito burra"; "Estou triste, porque minha mãe e meu pai gritam e berram"; "Meu irmão é mau comigo" e "Minha mãe e meu pai desejariam que eu desaparecesse na vida real e no desenho".

Fonte: Smith, C. R., *op. cit.*

não apenas têm problemas com as tarefas escolares, mas também não aprenderam a interagir com sucesso com as outras crianças. Mesmo quando as crianças vêm de famílias que lhes dão muito carinho e apoio, a combinação de fraco amadurecimento escolar e relacionamentos malsucedidos com os companheiros pode testar as defesas emocionais da criança até o limite. A menos que oportunidades sociais apropriadas lhe sejam oferecidas, juntamente com auxílio escolar, o resultado pode ser um colapso total da autoconfiança.

O ALUNO DE EDUCAÇÃO INFANTIL

Durante os primeiros anos de escolarização, as amizades exercem um papel cada vez mais importante na percepção de sucesso e bem-estar das crianças. Na escola, assuntos relativos a quem se senta próximo de quem na hora do almoço, quem é convidado para festas de aniversário e quem é escolhido como o melhor amigo geralmente têm pelo menos tanta importância quanto a leitura, a escrita e a aritmética. Os relacionamentos sociais no ensino fundamental tornam-se cada vez mais regidos por "regras" não escritas, e de acordo com tais regras é esperado se a pessoa deseja "fazer parte" de algo. Códigos rígidos podem ser desenvolvidos para o comportamento, a linguagem (uso de gírias) e o vestuário. Essa é uma idade em que os modismos perpassam a escola com uma regularidade previsível. Inicialmente, um estilo de corte de cabelo ou um tipo de sapato identificam os líderes e outros elementos "da turma"; quando todos os outros já aderiram à moda, outra é adotada ou inventada.

Ao longo de todos esses anos, amizades com companheiros do mesmo sexo são normalmente preferidas. As pesquisas demonstram que crianças mais jovens e mais velhas têm expectativas um pouco diferentes quanto à amizade – tanto as meninas quanto os meninos. Crianças de 6 a 8 anos, por exemplo, dizem que um amigo é alguém com quem se pode brincar e dividir as coisas, enquanto crianças de 9 a 11 anos valorizam, com uma ênfase crescente, a capacidade do amigo para ajudar o outro e ser legal e confiável. À medida que terminam o ensino fundamental, um elemento importante nas amizades das meninas é tentar se *parecerem* umas com as outras. Os meninos, por sua vez, procuram amigos que gostam de passatempos similares – garotos com quem "andar por aí".

As crianças no início do ensino fundamental tornam-se muito astutas no sentido de "ler" as exigências e os valores de diferentes grupos com os quais interagem. Uma aluna de 5ª série, por exemplo, pode não só reconhecer que os colegas e os adultos têm diferentes atitudes sobre roupas, entretenimento e notas escolares, mas também é capaz de distinguir as variações de atitude entre diversos grupos diferentes de colegas (o que "arrasa" em termos de moda na própria escola, por exemplo, pode ser diferente do que "arrasa" na escola da prima ou no acampamento de verão). O desejo de se conformar aos padrões do grupo escolhido torna-se geralmente mais forte à medida que a criança cresce. Ao final da 4ª série, a maioria das crianças escolhe suas roupas e passatempos com a opinião de outras crianças – não de seu pais – tendo o maior peso em suas mentes. A ânsia de possuir "tudo o que os outros garotos" têm pode parecer bastante maníaca nesse ponto. Alguns pais preocupados relatam solicitações praticamente diárias por objetos populares de coleção, pelo último estilo de uma determinada marca de tênis ou *jeans*, pela mais recente novidade da eletrônica e/ou por itens que se relacionam a alguma atividade em alta no momento. Mesmo o que entra na lancheira escolar pode ser aceito ou rejeitado com base nos gostos e nas preferências dos companheiros!

Obviamente, as crianças que parecem ser "diferentes", as que não têm talento para esportes e jogos populares, ou cujo comportamento é errático ou imprevisível, estão em desvantagem no ambiente da escola de ensino fundamental. Muitas crianças com dificuldades de aprendizagem se encaixam nessas categorias. As crianças imaturas, ou que têm déficits de percepção visual, por exemplo, com frequência são *socialmente imperceptivas;* elas não captam os "indicadores" em seus ambientes tão facilmente quanto as outras crianças. Elas não apenas não conseguem captar as sutilezas mais sutis da 5ª série, como também podem não ter qualquer conhecimento do fato de que a aparência influencia a popularidade. Estas crianças também podem ter dificuldades para reconhecer o efeito que o seu comportamento tem sobre os outros. Por exemplo, uma criança com déficits na percepção visual que está descrevendo a trama de um programa de televisão com detalhes enfadonhos, pode ignorar as expressões faciais e a linguagem corporal que indicam que a sua audiência está começando a se entediar ou de que os outros gostariam de ter uma chance de falar. Presas em sua própria excitação, essas crianças falam sem parar e, então, ficam a imaginar por que ninguém quer se sentar ao seu lado no ônibus escolar. O fracasso frequente na observação das convenções sociais pode levar uma criança a ser chamada de "careta", antipática ou "esquisita". Entretanto, entre as crianças com dificuldades de aprendizagem, o problema é, com maior frequência, a ignorância do que convenções sociais prevalecentes são, ou a dificuldade em relação a como aplicar corretamente as habilidades sociais. A crianças que entendem o valor de compartilhar, por exemplo, podem ter dificuldades durante seu período de leitura, em vez de quando estão no ônibus escolar. Ou podem se achar à margem do *playground* porque não entendem que as crianças negociam quem vai brincar com quem bem antes do recreio.

Algumas crianças compreendem as regras sociais, mas, ainda assim, têm uma grande dificuldade para segui-las. Por exemplo, as crianças pouco organizadas podem colocar em risco as amizades por sua incapacidade de recordar nomes e números telefônicos, por atrasos frequentes (atrapalhando, desse modo, as atividades em grupo) ou pelo fracasso em devolver coisas tomadas emprestadas ("Seu boné está comigo? Ih, como ele é?"). As crianças impulsivas (uma característica comum do transtorno de déficit de atenção/hiperatividade) exasperam os outros, falando e agindo sem pensar nas consequências. Elas se intrometem com observações embaraçosas, tentam irromper em atividades que já estão em andamento e pegam o que querem sem consideração pela pessoa a quem o objeto pertence ou de quem seria a vez de usá-lo (podem perceber, posteriormente, que ofenderam alguém, mas o arrependimento honesto não evita que se intrometam e perturbem repetidas vezes depois disso). As pessoas jovens também podem afastar companheiros com sua rigidez e necessidade para fazer tudo de uma determinada maneira (a sua própria) ou com sua imaturidade emocional (podem ser tão intolerantes quanto às perdas, por exemplo, que trapaceiam ou jogam longe o tabuleiro de damas para não permitir que alguém os vença). Assim, não nos surpreende que essas crianças sejam evitadas e, às vezes, desprezadas; eventualmente, muitas já esperam a rejeição. A frustração por sua incapacidade de relacionar-se positivamente com os companheiros pode ter um efeito corrosivo sobre sua autoestima. Em algumas ocasiões, atitudes hostis ("Eu o rejeitarei, antes que você tenha uma chance de me rejeitar") são adotadas para mascarar sentimentos de inadequação pessoal.

As crianças com dificuldades de processamento da linguagem também se deparam com vários problemas sociais. Elas não apenas têm dificuldades para acompanhar e participar de conversas sociais (um problema que normalmente piora em situações de grupo), mas também parecem não possuir humor, porque não apreciam jogos de palavras e não reconhecem o ponto alto das piadas. Elas cometem gafes sociais constrangedoras, porque escolhem as palavras erradas ou entendem mal explicações e instruções. (A criança que não entende que as regras da "Dança da Cadeira" exigem que se sente *depois* de a música ter parado pode se sentir o alvo das risadas da festa de aniversário, quer isso seja verdade ou não.) Aprender as regras dos jogos pode ser tão problemático que as crianças evitam completamente participar dessas atividades – o que, é claro, as priva de valiosas oportunidades sociais. (Crianças "desastradas", com fraca coordenação muscular e crianças com sérios déficits perceptuais também podem se perceber deixadas de fora de esportes e jogos.) Com frequência, as crianças com déficits de linguagem enfrentam esses problemas adotando o papel de seguidores passivos da multidão. Elas descobrem que podem obter certa aceitação permanecendo atentamente à margem das atividades, copiando o comportamento dos outros. O preço de tal aceitação, porém, pode ser a sensação de que não é bom ser ela mesma ou lutar por posições de liderança.

Em virtude da sua sensibilidade a questões de *status* social, as crianças das primeiras séries escolares podem exibir uma relutância crescente em participar de classes de educação especial à medida que crescem. Para escaparem do estigma de um "rótulo" de alunos de educação especial, os alunos de séries mais avançadas do ensino fundamental tentam às vezes se recusar totalmente a participar destes programas, e muitos deles tentam esconder seus déficits dos colegas. Segundo as pesquisas, os estudantes verbalizam várias preocupações sobre "falar em público", desde se arriscarem ao ridículo por parte de colegas mal-informados até porem em risco o seu sucesso com o sexo oposto. Preocupações desse tipo precisam ser consideradas seriamente. A maneira como os professores estão lidando com as aulas pode estar contribuindo para o problema, e uma abordagem mais sensível na escola pode melhorar o nível de conforto da criança. É igualmente importante, no entanto, penetrar no entendimento e nas atitudes da própria criança. Será que elas acham que precisam de educação especial porque são "burras", ruins, geneticamente defeituosas ou de alguma outra forma "erradas"? Com frequência, isso acontece quando os alunos não possuem informações sobre as suas dificuldades de aprendizagem. Os alunos que têm um entendimento completo sobre seus pontos fortes e fracos têm uma maior probabilidade de expressar sua própria autoconfiança e suas habilidades para superar estereótipos negativos. A pesquisa revela que os alunos do ensino médio e superior mais bem-sucedidos são aqueles que aceitaram seus déficits, sabem como compensá-los e aprenderam a identificar situações em que podem prosperar. Ajudar as crianças a entender seus próprios padrões de aprendizagem e capacitá-las para lidar com eles é, portanto, uma estratégia melhor do que cooperar com os esforços para ocultar ou negar os déficits.

Observe que tanto as crianças quanto os adultos com dificuldades de aprendizagem em geral são um pouco egocêntricos. Sua preocupação consigo mesmos e com seus próprios interesses é interpretada como uma irritante falta de sensibilidade ou fracasso em apreciar as necessidades e preocupações dos outros. É importante recordar, contudo, que os pensadores literais ou concretos não generalizam ou tão facilmente transferem informações de um conjunto de circunstâncias para outro. Assim como as crianças às vezes têm dificuldade para ver que os princípios numéricos básicos podem ser aplicados a problemas verbais de matemática, elas podem ter problemas para se colocar no lugar de outras pessoas. Portanto, pode ser necessário *explicar-lhes* o que os outros estão pensando e sentindo – mesmo quando você acha que isso seria óbvio. Por exemplo, um aluno de 4ª série poderia ser capaz de demonstrar muita consideração e compaixão quando você lhe diz, "Cindy está se sentindo muito triste agora porque sua avó morreu". Porém, deixe de lhe dar essa informação e ele pode tentar contar a Cindy a última piada do momento na hora em que ela retorna do funeral! Esta é uma área em que o entendimento do processo de pensamento da criança pode melhorar significativamente as relações familiares. Se aqueles que estão próximos à criança têm o hábito de falar como se sentem e que tipo de comportamento é esperado, todos podem ficar impressionados em como a criança de repente pareceu tão sensível e prestativa.

O ADOLESCENTE

Durante a adolescência, os jovens típicos experienciam um "salto cognitivo" que lhes torna mais fácil compreender o mundo que os cerca. Por exemplo, é durante essa época que a maioria dos jovens se torna capaz de distinguir que o que vemos nem sempre é o que é, que o que lhes foi dito nem sempre é verdade, e que diferentes pessoas às vezes veem as coisas de maneiras diferentes. Em vista disso, os adolescentes em geral passam grande parte do seu tempo comparando seus próprios pensamentos, sentimentos e experiências com os dos outros. Este processo finalmente os conduz à formulação de visões e opiniões independentes.

Os pais – que são todos muito conscientes de que seus valores e julgamentos estão sendo escrutinizados e questionados – com frequência acham que seus filhos adolescentes estão se afastando deles. Entretanto, os adolescentes típicos, não querem tanto terminar quanto renegociar seus relacionamentos com suas famílias, mas colocar esses relacionamentos em uma base mais adulta. Com frequência os adolescentes parecem mais ansiosos para reivindicar os privilégios dos adultos do que as responsabilidades destes (que eles ainda não entendem totalmente). Entretanto, o que os adolescentes mais anseiam é o respeito por sua identidade individual emergente.

No entanto, o caminho para uma identidade adulta pode ser acidentado. Ao longo dele, os adolescentes precisam resolver algumas questões desenvolvimentais importantes. Na agenda do adolescente aparecem tarefas como:

- aprender a aceitar a transformação do próprio corpo,
- sentir-se à vontade com sua própria sexualidade e aprender a expressá-la de uma maneira segura e responsável,
- aprender a se sentir menos emocionalmente dependente dos pais mediante o desenvolvimento de relacionamentos mais próximos com companheiros de ambos os sexos,
- escolher um caminho educacional e de carreira e se preparar para uma independência econômica e
- desenvolver um código de ética ou conjunto de valores pelos quais se guiar na vida.

Esta é uma lista de tarefas difíceis, e estes objetivos raramente são atingidos sem certa *angústia* e conflito interno. Caracteristicamente, os adolescentes são bastante autoconscientes e autocentrados, cautelosos com relação aos adultos (aos quais julgam duramente, tendo descoberto apenas recentemente que podemos ser falíveis, hipócritas ou de algum modo imperfeitos) e comprometidos com o conceito de serem eles próprios "especiais". A maioria dos adolescentes – incluindo aqueles que sinceramente amam e respeitam seus pais – também desenvolvem uma paixão pela privacidade e um desejo de manter separados os mundos da família e dos amigos. A afiliação a um grupo torna-se uma questão de importância urgente nesta fase. Os amigos proporcionam ao frequentemente inseguro adolescente um *status* social, um lugar ao qual "pertencer" fora da família e um sistema de apoio de transição que ajuda o jovem a enfrentar aquelas questões tão importantes, que dizem respeito a "Quem sou eu e para onde vou?". Os estudos sugerem que os adolescentes que não desenvolvem vínculos estreitos com um grupo de companheiros têm dificuldades para responder satisfatoriamente a tais questões. Em geral, essas pessoas permanecem inadequadamente dependentes do apoio e da autoridade de seus pais, ou terminam se separando precocemente de suas famílias, sem um "compasso interno" confiável para guiá-las. Por isso, fortes relacionamentos com os companheiros exercem um papel crucial, permitindo que os adolescentes se tornem adultos responsáveis e dotados de autorrespeito.

Naturalmente, o anseio por "fazer parte" também tem suas desvantagens. Uma vez que suas necessidades por encontrar aceitação entre os companheiros é tão forte, os adolescentes são extremamente vulneráveis à pressão social. Para conquistarem "popularidade", até mesmo crianças ajuizadas podem às vezes se engajar em um comportamento tolo, perigoso ou ilegal. De longe, a razão mais comum que os jovens citam para o uso de álcool e drogas, por exemplo, é um desejo de se "encaixar no grupo"; até mesmo os jovens que compreendem e temem as consequências do abuso de drogas e álcool (acidentes com veículos, detenção, dependência...) podem temer muito mais ser ridicularizados ou rejeitados pelos amigos. O desejo de adquirir o *status* de ter um namorado ou uma namorada – bem como o anseio por ter o romance e a paixão glorificados pelo cinema e pela televisão – também estimula uma ampla experimentação sexual entre os adolescentes. Pesquisas recentes indicam que quase metade dos adolescentes (tanto meninos como meninas) tornam-se sexualmente ativos nos anos do ensino médio. Infelizmente, muitos desses jovens não se protegem contra a gravidez e as doenças sexualmente transmissíveis. Consequentemente, 3 em cada 10 adolescentes engravidam antes dos 20 anos; 80% destas adolescentes são solteiras e suas gestações

Martin

Martin é um padeiro industrial de 44 anos. Seu transtorno de déficit de atenção/hiperatividade (TDAH) foi identificado um ano atrás. Os especialistas estimam que até 50% dos indivíduos com TDAH sem diagnóstico abusam de álcool e/ou de outras drogas em algum ponto de suas vidas.

Desde o início, tive muitos problemas na escola – fui reprovado na 1ª série. Depois, tive problemas para manter minha atenção naquilo que lia e não conseguia fazer anotações... Eu me saía realmente bem em alguns testes de respostas curtas, mas dissertações e trabalhos escritos eram outra história. De modo algum poderia cursar uma universidade... Quando terminei o ensino médio, achei que jamais seria alguma coisa na vida.

Eu era também uma criança zangada – tinha muito mau humor e brigava demais. Sempre achava que outras crianças estavam rindo de mim. Depois, quando tentava me aproximar das meninas, tentava criar uma intimidade rápido demais e, é claro, era sempre rejeitado. Mas não entendia que eu mesmo contribuía para o meu problema. Simplesmente achava que todos me odiavam, e isso ajudou a alimentar essa raiva terrível que eu sentia o tempo todo.

No último ano do ensino médio, descobri o álcool e as drogas e senti que meus problemas haviam terminado. Gostava de álcool e *adorava* a maconha – ela me acalmava. De repente, comecei a fazer festa o tempo todo. O único problema é que o álcool me deixava completamente maluco. Estava sempre me envolvendo com problemas. Não conseguia um emprego fixo – ficava sempre furioso com meus chefes e era demitido. Vivia mudando de emprego, trabalhando em linhas de montagem, operando empilhadeiras, realizando manutenção – o que pudesse conseguir. À noite, ia a bares e me envolvia em brigas... Ou pagava bebida para todos, como se tentasse comprar amigos.

Nesses anos, aconteceu uma coisa boa: conheci minha esposa. Ela era enfermeira no asilo em que eu trabalhava como guarda de segurança. Claire foi um verdadeiro milagre na minha vida. Ela sempre acreditou em mim, mesmo quando eu só lhe dava preocupações. Ela costumava dizer: "Marty, tem algo acontecendo com você e não entendemos o que é, ainda"; ela sentia que havia algo por trás de toda aquela inquietação e raiva. Porém, naquela época, jamais tínhamos ouvido falar no TDAH – assim, naturalmente, jamais nos ocorreu que eu poderia ter esse problema.

Enquanto isso, as drogas e o álcool dominavam a minha vida. Eu fumava maconha todos os dias – fumava no emprego sempre que podia. À noite, bebia e brigava com Claire para poder ter uma desculpa para sair de casa e correr para os bares. Em um determinado ponto, a situação ficou tão ruim que pensei que ficaria louco. Fui a um psiquiatra, o qual disse que eu era esquizofrênico paranoide. Ele me deu drogas antipsicóticas, que tornaram tudo ainda pior (especialmente quando as misturei com maconha e álcool). Terminei trancafiado em uma ala psiquiátrica por três dias. Os médicos disseram à minha mulher: "Nós cuidaremos dele. Vá viver sua vida...". Ela não aceitou isso, graças a Deus – tirou-me de lá e foi buscar outra opinião. Este terapeuta disse: "Marty, é melhor você frequentar os Alcoólicos Anônimos; se não for, não faz sentido voltar aqui".

Parei de beber com os AA em 1984, mas levei quase três anos mais para abandonar a maconha. É difícil explicar o quanto eu amava a erva; ela me relaxava e fazia parecer que tudo estava bem... Mas, no final, a maconha me transformou e eu me sentia ainda *mais* excitado e nervoso, mas não conseguia largá-la. Inscrevi-me em um centro de tratamento para obter ajuda para minha dependência de drogas em 1987 e,

(continua)

com o apoio dos AA, não usei mais drogas nem bebidas desde então.

Depois disso, minha vida melhorou de muitas maneiras. Consegui um trabalho fixo e arranjei um emprego em uma padaria. Minha mãe havia me ensinado a fazer pão quando eu era menino, e meu sonho sempre foi ter minha própria padaria. Mas ainda era desorganizado – a casa estava sempre uma bagunça e eu tinha dificuldade para me lembrar onde deveria estar e para chegar no horário para qualquer coisa. Eu também tinha dificuldade para lidar com dinheiro. Então, a tia de minha esposa leu um livro sobre TDAH e disse: "Marty, isso aqui é o seu retrato". Li o livro e era como se estivessem contando minha história! Encontrei uma psiquiatra especializada em TDAH. Ela me recomendou um medicamento.

No início, senti medo – preocupava-me em tornar-me dependente do medicamento, assim como fora dependente do álcool e da maconha. Mas a médica disse que me monitoraria atentamente, e então decidi tentar. Levou algum tempo para descobrir um medicamento que funcionasse sem efeitos colaterais, mas que diferença faz o remédio certo! É como dar uma melhorada no meu cérebro! Consigo me organizar. Anoto meus compromissos e chego na hora nos lugares. Recolho minhas coisas e as guardo. Consigo ficar sentado quieto. Consigo escutar. Consigo ler! E, até agora, não tive nenhum desejo de abusar do medicamento – eu o tomo exatamente como indicado.

O melhor de tudo é que comecei meu próprio negócio. É em meio período agora – eu asso pães italianos em casa e os mando para restaurantes –, mas minha lista de clientes está crescendo. Estamos economizando para um dia poder tornar realidade meu sonho de ter minha própria padaria. Claire e eu acabamos de celebrar nosso 23º aniversário, e parece que tudo está finalmente entrando nos eixos. Claire diz que adora chegar em casa e sentir o cheiro do pão assando. Ela também diz que, quando estou fazendo pães, eu sorrio o tempo todo.

são não intencionais. Metade dos jovens sexualmente ativos contrai uma doença sexualmente transmitida aos 25 anos: o papilomavírus humano, tricomoníase e clamídia – um vírus que com frequência não produz sintomas, mas pode danificar o sistema reprodutor e aumentar as chances de contrair AIDS – atualmente infecta adolescentes em números epidêmicos. Ainda mais trágico, os adolescentes tornaram-se o grupo de mais rápido crescimento nos Estados Unidos em risco para a AIDS, com metade das novas infecções pelo HIV ocorrendo nesta faixa etária.

Os adolescentes que possuem sistemas de apoio familiar estáveis estão mais propensos a negociar com sucesso os riscos da adolescência. Por isso, é extremamente importante que os pais se esforcem por apreciar os temores e as preocupações dos adolescentes, que mantenham abertas as linhas de comunicação e que declarem seus próprios sistemas de valores tanto por atos quanto por palavras. Os adolescentes realmente continuam recorrendo aos seus pais para a obtenção de orientação, segurança e afeto, mesmo quando seu comportamento sugere o contrário. Os jovens também recorrem a seus pais para obter informações. Fatos detalhados sobre sexo (incluindo riscos de doenças sexualmente transmissíveis, gravidez e abuso sexual) e sobre uso de drogas e álcool precisam ser oferecidos de uma forma sensível e sem críticas. Evitar tal responsabilidade é, em suma, deixar a educação de um jovem sobre essas questões a cargo de outros jovens e dos meios de comunicação. Uma leitura recomendada para os pais que desejam aprender mais sobre questões da adolescência e como abordá-las é *Your child's emotional health: adolescence,* de autoria de Jack Maguire e preparado pelo Philadelphia Child Guidance Center (disponível em livro de bolso pela editora Macmillan). Este guia de fácil leitura inclui sugestões para a discussão de temas delicados com adolescentes e também apresenta sinais de alerta de crises perigosas da adolescência que exigem intervenção, incluindo abuso de substâncias, abuso sexual, transtornos alimentares e depressão (fazer um esforço para aprender sobre o desenvolvimento da criança em qualquer estágio é um bom investimento na saúde mental da sua família. Você pode sentir alívio ao descobrir o quanto o comportamento "estranho" é normal!).

Para o jovem com dificuldades de aprendizagem, os riscos da adolescência podem ser significativamente ampliados. Adolescentes com amadurecimento lento, por exemplo, podem ser pegos em situações de risco para as quais não têm o conhecimento cognitivo, a maturidade emocional ou o bom senso básico para administrar. Uma menina imatura, por exemplo, pode não compreender que os meninos podem interpretar toques corporais amistosos como convites sexuais. Um garoto que ainda não chegou ao estágio de raciocínio moral maduro pode ser incapaz de recusar o convite de um amigo para fazer "racha" com um carro "emprestado" (que chato e injusto ter de abreviar a noite, porque os policiais os levam presos!). Os jovens particularmente ingênuos ou alheios às convenções sociais podem até mesmo se tornar vítimas de humor cruel ou abuso. Uma mãe recorda uma ocasião em que sua filha de 16 anos se vestiu com capricho para um "encontro", apenas para ser levada de carro até um estacionamento e ouvir como deveria realizar sexo oral. "Felizmente, ela possuía autoconfiança suficiente para dizer 'não'", relata a mãe, "mas se sentiu humilhada e desiludida, porque achava que o garoto realmente gostava dela". Muito frequentemente o jovem com dificuldades de aprendizagem é envolvido em um roubo ou em algum outro ato ilegal instigado pela "gangue". Ansioso por ser aceito e incluído, ele vai em frente, apenas para se ver como o único que é preso. (Uma vez preso, ele não entende seus direitos e por isso acaba se incriminando e termina pagando um alto preço pela piada de mau gosto de seus "amigos".)

Muitas vezes, os adolescentes com dificuldades de aprendizagem tornam-se participantes relativamente cooperativos em seu próprio detrimento. Aqueles que ainda não estabeleceram relacionamentos bem-sucedidos com os companheiros, por exemplo, podem agora ser levados a comportamentos extremos para encontrar um lugar entre outros adolescentes. É relativamente fácil obter um ingresso para a aceitação em uma cultura de drogas ou na multidão de uma festa (como um jovem cita: "Um amigo com erva é um amigo sem reservas"). O uso habitual de álcool e outras drogas também pode embotar a dor da solidão e oferecer uma fuga de outras realidades incômodas. A busca por "amor" pode levar à promiscuidade sexual entre adolescentes com baixa autoestima; algumas meninas desse grupo realmente esperam ficar grávidas, acreditando que um bebê oferecerá o foco para uma existência sem sentido e preencherá seus anseios por alguém para amar e para ser seu. Existem também adolescentes que buscam emoções e excitação como um meio de escapar de vidas monótonas e desagradáveis; eles são atraídos para comportamentos de risco (como direção imprudente, jogo e furtos em lojas) e parecem fazer o possível para gerar crises em seus relacionamentos e assuntos pessoais. Os especialistas especulam que atividades arriscadas ou de outro modo altamente estimulantes são particularmente gratificantes para alguns indivíduos com transtorno de déficit de atenção/hiperatividade, porque ajudam a focalizar a atenção de um modo que não ocorre com a experiência comum. Infelizmente, os indivíduos que não aprendem a canalizar sua necessidade de excitação de forma produtiva em geral enfrentam problemas com a lei. Os rapazes com transtorno de déficit de atenção/hiperatividade e outros problemas de aprendizagem são significativamente super-representados na população carcerária e no sistema de justiça juvenil – um fato cada vez mais reconhecido por autoridades que esperam melhorar os métodos de prevenção de crime e de reabilitação.

Como ocorre com adolescentes típicos, os jovens com dificuldades de aprendizagem enfrentam melhor os desafios da adolescência quando têm pais informados e incentivadores que servem de modelos de comportamento responsável. No entanto, os pais cujas crenças, valores e hábitos pessoais estão sob frequente ataque por parte dos adolescentes nem sempre consideram fácil apoiá-los! (Pode ser ainda mais difícil ser compreensivo, quando as crianças também estão faltando às responsabilidades familiares e se saindo mal na escola.) Além disso, muitos pais e mães sentem-se ameaçados pelos repetidos ataques dos adolescentes à sua autoridade. Em um esforço para readquirirem o controle, alguns pais tornam-se rígidos e didáticos e "proclamam leis" – uma estratégia que geralmente só consegue o aumento do nível de conflito. Os adolescentes que estão em conflito com suas famílias e não conseguem encontrar apoio entre seus companheiros estão em risco muito elevado de ter uma perturbação emocional. Isso ajuda a explicar por que as pesquisas encontram taxas maiores que as normais de depressão, ansiedade e conduta antissocial e hostil entre adolescentes com dificuldades de aprendizagem, bem como taxas mais altas de fracasso para completarem a escolarização. Adolescentes distantes da família, que se saem mal nos estudos, estão entre aqueles mais propensos a abandonar a escola. Infelizmente, um número muito alto de adolescentes com dificuldades de aprendizagem (incluindo alguns que jamais foram identificados) se encaixa nesse triste perfil.

Até mesmo os adolescentes que têm um bom apoio familiar e evitam esses extremos emocionais podem desenvolver estratégias defensivas para mascarar a vergonha de não serem iguais aos outros. Por exemplo, uma criança que se sente "por fora" na escola pode reagir da seguinte maneira:

- tornando-se irritada e agressiva ("Saia daí, idiota! Esta é a minha cadeira!");
- perturbando ou tornando-se o palhaço da classe ("É claro que eu não estou arrotando de propósito, professora...");
- afirmando que a escola é muito "chata" ("Álgebra é uma coisa tão idiota, quem é que vai precisar dela um dia?");
- deslocando a responsabilidade ou adotando o papel de vítima ("Ninguém nunca me dá uma chance... eles não sabem ensinar... esta família é 'um saco'... Não é culpa *minha*!");
- tornando-se manipuladores ("Faça isso para mim apenas desta vez! Eu realmente preciso da sua ajuda, por favor!"); e/ou
- criando desvios de atenção ("Olhe, Mamãe! Pintei meu cabelo de azul!").

As crianças criativas podem também usar verbalmente suas capacidades intelectuais ou o desempenho em áreas de relativa força para distrair a atenção de um déficit ("Eu sou um artista! Não preciso ler. Preciso me *expressar*..."). Essas posturas de autoproteção realmente ajudam os jovens a lidar com a dor do fracasso ou com a rejeição, mas eles podem, no final, tornar-se autoderrotistas. Todavia, as crianças não estão propensas a desistir desses comportamentos, a menos que recebam ferramentas alternativas e estratégias que abordem suas necessidades (por isso a insistência, as adulações e as ameaças raramente são efetivas). Lembre-se de que os adolescentes não podem assumir responsabilidade sem aprender as habilidades (habilidades de comunicação, de raciocínio, de organização...) que são as bases do comportamento responsável. Com a mesma frequência que precisam de ajuda especial em leitura ou matemática, os adolescentes com dificuldades de aprendizagem podem precisar de oportunidades para o crescimento social e emocional ajustadas para suas necessidades especiais.

O JOVEM ADULTO

Sair de casa e ingressar no mundo mais amplo da faculdade ou de uma profissão podem ser difíceis e estressantes para qualquer jovem, e não nos surpreende que às vezes seja ainda mais difícil para o jovem adulto com dificuldades de aprendizagem realizar com sucesso essa transição. Problemas contínuos com as habilidades escolares, organização, comportamento responsável e estabelecimento de uma rede de apoio pessoal podem prejudicar as tentativas de atingir independência econômica e emocional. A autoimagem ruim com frequência exacerba o problema. Os estudos revelam que jovens adultos com dificuldades de aprendizagem geralmente têm menores expectativas para o futuro do que seus companheiros típicos. Eles estão menos propensos que os outros a completar uma faculdade e mais propensos a viver mais tempo na casa de seus pais. Muitos começam a trabalhar assim que terminam o ensino médio; com frequência encontram empregos em tempo parcial e com salário baixo, e mudam muito de emprego. Os indivíduos com déficits de linguagem sérios e déficits de atenção/hiperatividade, em geral, estão em risco mais elevado de desempenho educacional inferior e de subemprego.

Ainda assim, muitas pessoas jovens com dificuldades de aprendizagem realmente conseguem ser bem-sucedidas em empregos difíceis e em instituições de ensino superior. Estudos sobre esses adultos produtivos revelam um número de fatores que parecem relacionar-se com um desempenho efetivamente bom. Entre os mais importantes estão os seguintes:

Autoconsciência. Os estudantes com dificuldades de aprendizagem com maiores chances de sucesso na universidade são aqueles que reconhecem seus pontos fortes e compreendem e aceitam seus pontos fracos. Com base nisso, estabelecem objetivos realistas, buscam acomodações apropriadas e identificam situações nas quais tendem a ter um bom desempenho. A compreensão realista dos déficits também está ligada ao sucesso ocupacional. Os adultos que possuem este *insight* escolhem profissões apropriadas e são criativos na modificação de tarefas ou no desenvolvimento de outras estratégias de compensação no emprego.

Uma forte ética profissional. Os adultos bem-sucedidos com dificuldades de aprendizagem geralmente admitem com sinceridade: "Tive de me esforçar mais que as outras pessoas para chegar onde estou hoje". Essas pessoas são caracteristicamente ambiciosas, direcionadas ao objetivo, determinadas e criativas em relação à superação de obstáculos. Elas aceitam a necessidade de empregar mais tempo e esforço do que as outras pessoas para terminar algumas tarefas (podem não gostar de ser portadores de déficits, mas superaram o ressentimento e a autocomiseração).

Uma personalidade positiva. As características pessoais de otimismo, adaptabilidade, curiosidade e tenacidade estão fortemente associadas tanto à conquista escolar quanto ao sucesso no emprego. As pesquisas revelam que a autoconfiança (definida como a crença na própria capacidade para causar mudança) também tem um imenso impacto sobre o desempenho. Os indivíduos com uma forte ética profissional e uma atitude de "posso fazer isso" prosperam, apesar de terem graves déficits e educação limitada. Embora alguns aspectos da personalidade sejam inatos, a autoconfiança e as atitudes sobre o trabalho são, com maior frequência, aprendidas com os pais e com outras pessoas que servem de modelo.

Uma rede de apoio efetiva. O apoio e a orientação dos familiares e de outras pessoas significativas (professores, orientadores, namorado/namorada, mentores no emprego) são, em geral, citados por adultos jovens com dificuldades de aprendizagem como essenciais para o seu sucesso. As famílias são muito importantes, no sentido de ajudarem as pessoas jovens a desenvolver visões do seu futuro, estabelecer objetivos razoáveis e fazer planos específicos para a conquista de tais objetivos. Tanto os familiares quanto os amigos oferecem conselhos e apoio emocional quando os adultos jovens encontram obstáculos ou se sentem desanimados. Normalmente, a disponibilidade desse tipo de apoio separa os indivíduos que "dão a volta

Jeff

A autoconfiança (definida como a crença na própria capacidade para influenciar os eventos), a persistência e a disposição para trabalhar são contribuições importantes para o sucesso entre pessoas jovens com dificuldades de aprendizagem. Aqui, Jeff (o adulto disléxico que você conheceu no Capítulo 8) descreve como conseguiu ingressar na universidade:

Nos últimos anos do ensino médio, a ideia de entrar na universidade parecia completamente além de meu alcance. Todo mundo demonstrava uma atitude semelhante a "Bem, você é um garoto inteligente, mas, sabe, a universidade simplesmente não é para você". Mas isso não me parecia certo. Talvez porque meu pai seja reitor de uma universidade, mas não creio que essa fosse a única razão. Eu simplesmente tinha ideias sobre o que queria fazer da minha vida, e eles iriam exigir que, de um modo ou de outro, eu usasse minha mente. Entretanto, eu não tinha habilidades acadêmicas e, mesmo depois de cinco anos no ensino médio, não conseguia escrever direito. Não tinha qualquer ideia de onde deveria colocar um ponto ou para que serviam as vírgulas. Até compreendia o que lia, mas escrever era realmente problemático... Assim, meu último ano terminava e decidi, de repente, telefonar para o novo diretor de um internato para alunos com dificuldades de aprendizagem que eu havia frequentado na 7ª e 8ª séries. Apresentei-me e lhe disse que havia estudado naquela escola e não tinha qualquer plano bom para o próximo ano. E ele disse: "Bem, venha até aqui e conversaremos sobre isso". Então, entrei em um ônibus, passei o fim de semana nessa escola e trocamos algumas ideias. O plano que formulamos foi o de que eu trabalharia na escola como zelador e eles me pagariam um pequeno salário, mais cama e comida e aulas com os professores dali, para que eu pudesse fazer alguns cursos na universidade comunitária local.

Em meu primeiro semestre na universidade, fiz duas cadeiras. Esta foi uma experiência incrível, porque realmente comecei a sentir que "Olha só, eu consigo fazer coisas acadêmicas". Jamais havia sentido essa confiança no ensino médio. Acho que a minha escola não tinha uma ideia muito boa dos seus objetivos, muito menos do que precisavam fazer com alguém portador de déficits. Não havia um plano e, quando viram que eu não fazia progresso, simplesmente me deixaram fazer o que bem entendesse. Desse modo, o ensino médio foi mais ou menos um tempo perdido. Entretanto, meus dois anos na universidade comunitária foram ótimos. Eles mudaram o modo com que eu percebia a mim mesmo como um pensador. Cursei a cadeira de redação básica – como um curso de escrita pré-universitário – e realmente gostei disso.

Falávamos sobre estrutura – coisas como introdução, parágrafos de argumentação e conclusão. Descobri que desde que eu tivesse um *sistema* de escrita, poderia fazer isso. Outra coisa boa que aprendi foi que, se tivesse alguém revisando meus trabalhos, eu obtinha crédito pelo que dizia e não tinha um número horroroso de pontos deduzidos por erros de ortografia em cada palavra (isso ocorreu antes do uso da informática para mim, de modo que eu precisava datilografar tudo, o que era um processo extremamente complicado). Comecei a obter notas A e B+ e aprendi que podia pensar, o que me tornou mais confiante. Também gostava de trabalhar no internato. No ano seguinte, eles me ofereceram uma posição de supervisor do dormitório; eu vivia com 30 garotos. Todos eles tinham uma ou outra dificuldade de aprendizagem e alguns haviam sido demasiado protegidos por seus ambientes – bem, todos tinham baixa autoestima, mas alguns eram completamente incapazes de lidar com tarefas básicas, como fazer a cama, calçar

(continua)

> o sapato no pé certo ou tomar banho sozinhos. Assim, isso foi um desafio, mas me senti bem porque podia me identificar com esses meninos e com a incrível satisfação que eles obtinham ao aprender a fazer as coisas sozinhos...
>
> Então, um dos professores da universidade que havia trabalhado muito comigo sugeriu: "Sabe, você deveria tentar cursar uma faculdade regular". Enviamos algumas cartas e me inscrevi em algumas universidades bem-conceituadas. Muitas delas pareciam algo além do que eu poderia conseguir, mas enviei meus dados assim mesmo e fui a uma entrevista, o que provou ser muito útil. Quer dizer, muitos alunos de ensino médio têm muita gente à sua volta dizendo como fazer para ingressar em uma universidade, mas eu não tinha a menor ideia. Esse entrevistador me deu muitas dicas sobre o processo, o que foi muito bom. Ainda assim, não consegui ingressar nessa pequena universidade, que era seletiva demais, mas era a da minha preferência.
>
> Quando recebi uma carta de recusa ao meu ingresso, telefonei para o Reitor de Admissões e disse apenas: "Eu gostaria de ir até aí amanhã e de revisar meu formulário de ingresso com o senhor". E, para a minha total surpresa, ele respondeu: "Muito bem, qual é o melhor horário para você?". Assim, me encontrei com ele e lhe expliquei com a maior simplicidade que havia me esforçado muito para ter a oportunidade de simplesmente me sentar à sua frente – mais do que qualquer outro aluno que ele estaria aceitando naquele ano – e que, não importava o seu grau de exigência na seleção de seus alunos, alguém sempre iria desistir. Então, o que ele tinha a perder? A pior coisa que poderia acontecer seria eu também desistir...
>
> Então, mais ou menos no meio do verão, recebi uma carta daquela universidade. Eles estavam me chamando para a matrícula.
>
> Entrevista realizada por Jennifer Kagan.

por cima" nos contratempos ou nas derrotas daqueles que desistem.

Uma experiência escolar positiva. As pesquisas demonstram que a satisfação com a experiência do indivíduo do ensino médio está relacionada às expectativas para o futuro e ao entusiasmo com a educação superior. Os estudantes que obtiveram algum sucesso no ensino médio tendem a se ver como competentes e no controle de seus próprios destinos. A conquista escolar, as atividades extracurriculares e as interações sociais contribuem para a satisfação na escola (um aluno que tem o papel principal na peça da escola, uma posição no diretório estudantil e muitos amigos, por exemplo, pode achar que tem sucesso, apesar de suas notas serem sofríveis). Entretanto, como mostra a história de Jeff, o trabalho árduo pode transcender as situações escolares desastrosas.

Até mesmo uma olhada superficial nesta lista torna óbvio que as pessoas jovens portadoras de déficits, mas que crescem em famílias que lhes mostram valores positivos, apoiam a individualidade e a autonomia infantil e defendem adequadamente seus direitos, têm uma imensa chance de sucesso. As pesquisas indicam que elas conseguem ter sucesso mesmo quando as forças destrutivas da pobreza, da discriminação, as más condições de saúde e as oportunidades educacionais limitadas estão presentes. Ocasionalmente, indivíduos sem apoio da família conseguem encontrar mentores e modelos em outro local (pessoas jovens com características pessoais de otimismo têm uma capacidade particularmente boa de atrair pessoas que desejam ajudá-las). Entretanto, os indivíduos que não se sentem amados ou aceitos e que não possuem defensores e orientadores efetivos, com frequência continuam enfrentando duras batalhas em muitos aspectos de sua vida adulta.

Infelizmente, às vezes os jovens adultos com dificuldades de aprendizagem têm tantos problemas com os relacionamentos pessoais quanto com a educação superior ou o emprego. Alguns se sentem tão inferiores e temem tanto a rejeição que se isolam e se retraem socialmente. Outros saltam de um relacionamento para outro, mas sua imaturidade, insegurança e instabilidade emocional fazem com que percam um parceiro após o outro, e o amor e a aceitação por que tanto anseiam permanecem sempre além de seu alcance. A queixa mais comum expressa por esse grupo é a de solidão; mesmo aquelas pessoas que mantêm um emprego estável dizem que precisam de ajuda para aprender a conhecer as pessoas e a fazer amigos. Encontrar atividades apropriadas de lazer e ajudar os indivíduos com dificuldades de aprendizagem a aprender habilidades sociais e de "namoro", portanto, é importante para ajudá-los a fazer um ajuste promissor à vida adulta.

É claro que a experiência de sucesso em casa e na comunidade é tão importante para o futuro de uma criança quanto a experiência de sucesso na escola. Felizmente, os pais não exigem diplomas universitários ou históricos escolares para oferecerem o que seus filhos mais precisam deles. Como veremos no próximo capítulo, o bom senso e os instintos parentais são as melhores qualificações para os pais ajudarem seus filhos a atingirem uma maturidade saudável e feliz. Lembre-se de que as crianças com dificuldades de aprendizagem são, em primeiro lugar, *crianças*. Elas precisam daquilo de que todas as crianças precisam: amor, compreensão, aceitação, responsabilidade e disciplina. O mais importante é não deixar que os déficits da criança interfiram na capacidade da família para oferecer essas coisas efetivamente.

11

Estratégias para a promoção do sucesso pessoal

Embora a qualidade da escolarização possa determinar o grau de habilidade adquirido pela criança em leitura, escrita e matemática, são as famílias que oferecem a autoconfiança, a determinação e a criatividade que as crianças precisam para colocar suas habilidades em uso efetivo. O lar de uma criança é também o laboratório no qual ela aprende (ou deixa de aprender) habilidades básicas de sobrevivência, tais como o modo de estabelecer objetivos e fazer planos, a maneira de avaliar opções e tomar decisões e como solucionar problemas e resolver conflitos. A competência nessas áreas pode, finalmente, ter um maior impacto sobre o sucesso de um jovem na vida do que a sua capacidade para ler ou escrever.

Os pais, portanto, são os professores mais importantes de uma criança. Embora esta seja uma boa notícia (os pais podem ajudar os jovens a superar os efeitos negativos da fraca escolarização), alguns pais podem cogitar se não é também uma má notícia. Muitas mães e pais consideram as responsabilidades da maternidade e da paternidade um grande desafio (se não realmente assustadoras) e se preocupam com a possibilidade de não conseguirem realizar com sucesso essa tarefa. Não é difícil entender tal insegurança. Afinal, ninguém nos ensinou na escola como criar os filhos. A maior parte de nós sequer tem uma velha e sábia tia ou avó nas proximidades para nos ajudarem na superação dos obstáculos (uma vantagem geralmente desfrutada pelas gerações anteriores). Por isso, passamos por grande parte de nossas vidas de pais como aprendizes na prática – um papel que pode apresentar alguns sérios desafios à nossa própria autoconfiança. Não há nada como passar uma noite com um bebê que não para de chorar para fazer com que nos sintamos completamente incompetentes (embora levar um adolescente que recém perfurou o nariz para a colocação de um *piercing* e raspou a cabeça à casa da sogra para a ceia de Natal provavelmente venha logo depois disso). Não importa quantos livros sobre educação infantil tenhamos lido, as crianças têm um modo de apresentar novas situações que nos faz sentir que não temos qualquer ideia do que estamos fazendo.

As mães e os pais de crianças que não crescem "de acordo com os manuais" normalmente se sentem ainda mais inseguros de suas capacidades como pais. Observamos que o garoto do vizinho dá melhores cambalhotas que o nosso filho e começamos a imaginar o que fizemos de errado. Quando os déficits de uma criança se revelam mais sérios – por exemplo, a criança ainda está lutando para decifrar o alfabeto na 2ª série, ou não é "capaz de ir para uma universidade", de acordo com o orientador pedagógico – os pais geralmente presumem que são responsáveis por isso e sofrem com uma enorme culpa. Em uma cultura orientada para o sucesso, onde muitos pais usam os feitos de seus filhos como medalhas de mérito ("Johnny foi eleito capitão do time!"; "Ótimo! A Susie ganhou uma bolsa de estudos para a Universidade de Princeton!"), os pais de crianças com dificuldades de aprendizagem ocasionalmente se sentem fracassados ou cidadãos de segunda categoria. As sugestões bem-intencionadas (e frequentemente conflitantes) que esses pais recebem de outras pessoas servem apenas para alimentar a fogueira da dúvida e da confusão.

Antes de discutirmos sobre formas de ajudar as crianças a manterem sua autoestima, gostaríamos de oferecer um lembrete aos pais que podem estar lutando para manter sua própria autoestima. As dificuldades de aprendizagem são problemas fisiológicos que podem ocorrer em qualquer tipo de família. Elas não são um reflexo de seu estilo de vida, de sua inteligência, de sua habilidade como pai ou mãe, ou de seu valor como ser humano. Portanto, não existe qualquer razão para deixar que qualquer um o leve a sentir vergonha de si mesmo ou de seu filho. Quanto àqueles que oferecem conselhos não solicitados ou tentam envolvê-lo em competições para ver quem é melhor pai ou mãe, tente perdoá-los por sua arrogância e ignorância. Se não ficarem na defensiva e continuarem sua busca por soluções criativas, você e sua família poderão descobrir oportunidades para o crescimento pessoal com as quais as crianças medianas jamais sonharam. Como diz uma mãe: "Os filhos de minha irmã têm boas notas na escola e às vezes sinto inveja por tanto vir tão facilmente para eles. Sei, porém, que seus filhos não sabem metade do que os meus filhos sabem sobre coragem, e acho que minha irmã às vezes tem inveja do relacionamento íntimo que Chris e eu temos um com o outro".

Renovados por essa constatação da realidade, vejamos agora o que os pais podem fazer para que as crianças com dificuldades de aprendizagem cresçam se sentindo vencedoras.

ACREDITE NO SEU FILHO

As atitudes dos pais em relação às capacidades dos filhos têm um efeito poderoso sobre a maneira como as crianças veem a si mesmas. Aquelas que se veem como essencialmente capazes e responsáveis em geral têm pais que também as veem assim. As pesquisas demonstram, contudo, que as crianças com dificuldades de aprendizagem algumas vezes têm pais que as veem como frágeis, desamparadas, inseguras ou, até, incompetentes. Não nos surpreende que muitas dessas crianças pareçam compreender a vida como se esta fosse uma guerra que já perderam.

Não é difícil imaginar como os pais chegam a essas atitudes prejudiciais. Na época em que seus problemas são identificados, muitas crianças com dificuldades de aprendizagem já estabeleceram uma visão derrotista tanto na escola quanto em casa. Existem crianças que parecem não conseguir fazer nada certo: além de trazerem para casa notas decepcionantes, elas derramam suco de laranja sobre si mesmas no café da manhã, se esquecem de alimentar seus bichinhos de estimação durante dias a fio e perdem três mochilas em um mês. Depois que a família já perdeu o horário para seus compromissos pela centésima vez porque a "criança-problema" não consegue encontrar sua jaqueta (ou seus óculos, ou seus sapatos), até mesmo os pais mais pacientes podem explodir com mensagens do tipo: "Seu abobalhado! Por que você tem sempre de fazer *tudo* errado?".

Quando a dificuldade de aprendizagem da criança é identificada, os pais podem sentir remorso por essas acusações anteriores, mas não necessariamente ajustam sua percepção básica sobre a criança. Alguns aceitam a dificuldade de aprendizagem como desculpa para um mau desempenho e irresponsabilidade continuados. As expectativas anteriores para as realizações podem ser rebaixadas, e a quantidade de trabalho que a criança deveria realizar em casa ou na escola pode ser reduzida. As crianças absorvem muito rapidamente a impressão de que são incapazes de mudar ou de que são desamparadas. Cercados por baixas expectativas, os jovens rapidamente entram em um padrão de baixas realizações e podem até mesmo parar de tentar fazer coisas que conseguem fazer muito bem.

Às vezes, os pais que têm temores sobre a capacidade da criança para lidar com um mundo que pode ser insensível a pessoas com necessidades especiais aniquilam a autoconfiança de seus filhos com excesso de benevolência. Mães muito protetoras, por exemplo, às vezes interferem tanto na vida de seus filhos que estes jamais têm oportunidade para se defenderem ou cuidarem de si sozinhos. Nos mais tristes desses casos, a mãe pode começar a construir sua identidade em termos de ser a defensora do filho. Ela pode "precisar ser necessária", a tal ponto que resiste ativamente aos esforços dos outros para ajudarem a criança a ser mais autossuficiente – tal resistência com frequência assume a forma de uma rejeição repetida aos profissionais ou a descoberta de "erros" destes, no sentido de que não entendem o que a criança realmente precisa. Nessa distorção patológica de um pai ou mãe genuinamente preocupado (que em geral recebe muito bem o auxílio profissional), as crianças tendem a desenvolver baixas opiniões sobre suas próprias capacidades e a se tornar cada vez mais dependentes. Muitas vezes, crianças como essas se transformam em adultos passivos, sem amigos e praticamente incapazes de arranjar um emprego.

Obviamente, é importante evitar que os problemas da criança transformem-se em um bicho de sete cabeças e permanecer positivamente focalizado em suas *capacidades*. A seguir, oferecemos algumas sugestões para ajudá-lo a manter uma perspectiva otimista.

Desenvolva um vocabulário mais positivo

Que palavras você usa quando descreve seu filho? Ao lidar com um jovem com dificuldades de aprendizagem, palavras como *difícil, teimoso, desagradável, pavoroso e impossível* algumas vezes estão entre aquelas selecionadas. Palavras negativas como essas podem magoar as crianças, mesmo que jamais sejam ditas em voz alta. As palavras influenciam a percepção e, quando usamos palavras como essas, nós nos tornamos incapazes de ver nossos filhos sob um prisma melhor. A educadora Mary Sheedy Kurcinka – ela própria mãe de um menino "que gritava durante 45 minutos porque a sua torrada fora cortada em triângulos quando ele esperava retângulos" – observa que mudar as palavras que usamos nos ajuda a pensar em nossos filhos mais positivamente. Ela sugere que comecemos pensando em nossas crianças "difíceis" como "impetuosas", prosseguindo depois para a seleção de novas palavras para tantos traços quantos possamos encontrar relativos a tal qualidade. Algumas alternativas sugeridas no livro de Kurcinka, *Raising your spirited child,* são as seguintes:

Em vez de dizer que a criança...	Tente dizer que ela...
é uma selvagem	é energética
é exigente	tem padrões elevados
é teimosa	é persistente
é ansiosa	é cautelosa
é "enjoada"	é seletiva
é explosiva	é ativa
é barulhenta	é entusiasmada
é briguenta	é assertiva
é dispersiva	é perceptiva

Quanto mais rótulos negativos você puder substituir por rótulos neutros ou positivos, mais fácil será para você apreciar o espírito e a individualidade do seu filho.

Enquanto estiver trabalhando em seu vocabulário, dê uma boa olhada também nas palavras que seus filhos estão usando. Os irmãos podem ser maus uns com os outros, quando estão zangados, e as crianças com dificuldades de aprendizagem criam o hábito de usar palavras que as desmerecem para descrever a si mesmas. Os pais precisam tomar a dianteira, ensinando às crianças que dizer nomes feios e palavras ofensivas são um modo inaceitável de expressar sentimentos. Quando as crianças menosprezam a si mesmas, é importante confrontá-las e corrigi-las gentilmente, oferecendo visões positivas para substituir aquelas negativas ("Eu sei que você está desapontado com sua nota no ditado, mas você não é burro. Ditado é difícil para você. Estou orgulhosa do quanto você estudou. Você é um batalhador!").

Busque os pontos positivos

A própria palavra *déficit* chama a atenção sobre o que a criança não pode fazer. É fácil esquecer que as crianças com dificuldades de aprendizagem são, em sua maioria, indivíduos interessantes e singulares com muitas qualidades. Sua energia e entusiasmo são encantadores (ainda que um pouco exaustivos). Muitas mostram-se talentosas em artes plásticas, na música e em outros empreendimentos criativos. Algumas que têm dificuldade com a leitura e a escrita tornam-se imensamente boas na oratória e conseguem conversar sobre praticamente qualquer coisa. (Estes "vendedores naturais" se destacam na política e às vezes se tornam empresários de sucesso.) A compaixão que algumas crianças com dificuldades de aprendizagem desenvolvem por pessoas "diferentes" ou que enfrentam problemas é impressionante; estes jovens com frequência são atraídos para o serviço voluntário e para profissões de ajuda, nos quais sua sensibilidade é algo precioso. Em virtude do seu modo ligeiramente diferente de ver o mundo, muitas pessoas jovens com dificuldades de aprendizagem também têm um senso de humor encantador e original.

Falando para uma filial de Massachusetts do Children and Adults With Attention Deficit Disorder (CHADD, um grupo de apoio norte-americano a crianças e adultos com transtorno de déficit de atenção), Dr. Edward Hallowell, coautor do conhecido livro *Driven to distraction: recognizing and coping with attention deficit disorder from childhood through adulthood* ("Tendência à Distração: Reconhecendo e Enfrentando o Transtorno do Déficit de Atenção da Infância à Idade Adulta), explicou que existem benefícios ocultos também neste tipo de problema:

> As pessoas com TDA são altamente imaginativas e intuitivas. Elas têm um "dom" para as coisas, um modo de ver bem no âmago das coisas, enquanto outros têm de usar um raciocínio metódico... Esse é o homem ou mulher que realiza negócios de milhões em um piscar de olhos e os perde no dia seguinte. Esta é a criança que, tendo sido repreendida por ter dito algo inconveniente, é depois elogiada por ter dito impensadamente algo brilhante... É importante que os outros sejam sensíveis a esse "sexto sentido" que muitas pessoas com TDA possuem e o incentivem. Se o ambiente insiste em um pensamento racional, linear e no "bom" comportamento dessas pessoas todo o tempo, elas podem jamais desenvolver seu estilo cognitivo ao ponto de serem capazes de usá-lo para obter vantagens.*

Uma mãe sugere: "Tente se sentar e fazer uma lista de 10 coisas que você *gosta* em seu filho. Eu faço isso quando me sinto desanimada, e isso ajuda a manter as coisas em perspectiva". Além de manter seu próprio pensamento positivo, essa mãe encontrou uma boa maneira de promover a autoestima de seu filho. O que os pais valorizam em seus filhos geralmente vem a ser valorizado pelas próprias crianças. Ao pensar sobre o que gosta em seu filho, a mãe lhe dá uma lista nova e frequentemente atualizada de razões para ver a si mesmo como um grande sujeito.

Aprenda a colocar o fracasso em perspectiva

O inventor Thomas Edison fez mais ou menos mil lâmpadas que *não* funcionaram

---

* Nossos agradecimentos a Carson Graves e ao Concord Special Education Advisory Council em Massachussets por permitir a colocação dos comentários do Dr. Hallowell na internet.

antes daquela que deu certo. Quando indagado sobre como era fracassar tantas vezes, Edison supostamente respondeu: "Eu não fracassei mil vezes; a lâmpada foi uma invenção com mil etapas". Como a maioria dos cientistas, ele sabia que descobrir o que não funciona pode ajudar a descobrir o que funciona. O progresso é em geral uma questão de tentativa e erro, e as pessoas que temem cometer erros limitam suas oportunidades de avanço.

Infelizmente, muitas vezes, as crianças aprendem na escola a temer o fracasso e a encará-lo como algo pessoal. Em muitas classes, a aprendizagem não é apresentada como uma questão de interesse ou de exploração, mas como um campeonato no qual os alunos devem provar o seu valor. Aos vitoriosos, os louros, isto é, a estima dos professores e dos outros alunos, a aceitação por universidades e o oferecimento de bolsas de estudo. O fracasso restringe as opções das crianças e reduz seu *status*. Os alunos raramente são encorajados a analisar os fracassos e a aprender com eles.

Para que as crianças aprendam que o fracasso pode ser educativo, elas devem aprender isso em casa. A fim de ajudá-las, os pais devem examinar suas próprias atitudes sobre cometer erros. Como você reage quando uma criança fracassa em uma tarefa ou lição? Você desmerece a criança ("O que há de errado com você, Johnny? Já lhe dissemos um milhão de vezes que o lixo deve ser tirado às sextas-feiras e você se esqueceu novamente!") ou assume uma posição neutra, ajudando a criança a retroceder e a descobrir o que deu errado ("Você parece estar tendo problema para recordar essa tarefa. Vamos ver como podemos contornar esse problema."). As crianças que normalmente recebem o primeiro tipo de tratamento aprenderão a ver a si mesmas como fracassados incompetentes. A segunda abordagem elimina a penalidade emocional e encoraja as crianças a verem a si mesmas como pessoas que resolvem os problemas criativamente – isso faz a diferença.

Saliente a educação

"Meus pais nunca disseram algo como '*Se* você for para a faculdade'", diz uma aluna do segundo ano de psicologia. "Era sempre '*Quando* você for para a faculdade.' Eles diziam isso mesmo quando minhas notas eram ruins. Quando descobrimos que eu tinha uma dificuldade de aprendizagem, eles mudaram para 'Teremos que procurar atentamente a universidade *certa*'. Não ir para a universidade jamais foi considerado".

Os pais dessa jovem ajudaram-na a manter suas expectativas elevadas – fato que quase certamente ajudou a selar o seu sucesso. As pesquisas indicam que as atitudes dos pais sobre a educação têm um imenso impacto sobre as expectativas dos estudantes. Um estudo determinou que o prognóstico mais significativo do *status* ocupacional adulto eram as atitudes dos pais com relação à escola. (O *status* ocupacional e os rendimentos estão estreitamente ligados ao número de anos de escolarização. Os pais que encorajam as crianças a terminarem o ensino médio e a prosseguirem, frequentando programas educacionais após essa etapa, as ajudam a conseguir melhores empregos.)

Embora os pais com educação universitária estejam entre aqueles mais propensos a encorajar seus filhos a buscarem a educação superior, muitos professores, médicos e advogados se lembram de pais que trabalharam arduamente em empregos não especializados para que seus filhos pudessem buscar os estudos universitários. "Minha mãe mal conseguia falar inglês, mas verificava minha lição de casa todas as noites", recorda uma assistente social. "Não tenho certeza do quanto ela entendia, mas certamente ela me passou a ideia de que as lições de casa eram importantes." Estudantes como esta sempre têm uma vantagem sobre aqueles cujos pais são indiferentes ao desempenho escolar. É o respeito, o interesse e o entusiasmo que os pais transmitem com relação à educação – não o nível de conquista educacional deles – que realiza essa tarefa.

Para estudantes com dificuldades de aprendizagem, as altas expectativas devem ser associadas a um cuidadoso planejamento, baseado em uma sólida compreensão dos pontos fortes e das necessidades especiais das crianças. Como veremos na próxima seção, a autoestima desaba quando apresentamos às crianças expectativas que elas são reconhecidamente incapazes de atender. Os pais também devem reconhecer a diferença entre ter muitas esperanças e tentar impor sua vontade às crianças. Um homem de negócios da terceira geração que insiste em que seu filho leve adiante a tradição da família (mesmo que o menino sonhe com uma carreira artística) está interferindo no crescimento dessa criança e colocando em risco o relacionamento entre pai e filho. As pessoas jovens geralmente empregam seus maiores esforços em objetivos que elas mesmas estabelecem. Assim, um pai e uma mãe sensatos combinam o entusiasmo pela educação com uma certa quantidade de perceptividade quanto a qual deveria ser o objetivo máximo de tal educação. (Para uma discussão mais profunda sobre universidade e planejamento sobre uma profissão, veja o Capítulo 12, no qual discutimos em mais detalhes a preparação para a vida após o ensino médio.)

ESTABELEÇA EXPECTATIVAS REALISTAS

Nenhum pai ou mãe pediria intencionalmente a um filho para fazer o impossível. Sabemos, por exemplo, que os bebês não conseguem andar de bicicleta e que os alunos de 1ª série não leem textos de física avançada. Todavia, quando a personalidade, o estágio de desenvolvimento e/ou as capacidades de aprendizagem de uma criança são mal-compreendidos, os pais podem, inadvertidamente, estabelecer expectativas quase tão irracionais quanto estes exemplos. As crianças com dificuldades de aprendizagem são especialmente vulneráveis a esse tipo de confiança mal-alocada. Uma vez que parecem "normais" e são capazes em muitas áreas, é fácil esquecer que elas não conseguem fazer tudo o que as outras crianças de sua idade conseguem fazer.

Expectativas irreais preparam as crianças para o fracasso – e, quando elas fracassam, podem sofrer de uma culpa imensa por decepcionar seus pais. (Como as crianças presumem que os adultos sabem o que estão fazendo, elas quase sempre culpam a si mesmas nessas situações.) Se decepcionam muito seus pais, as crianças muitas vezes tendem a ver a si mesmas como essencialmente ineptas e inúteis. Portanto, para proteger sua autoestima, é essencial que os adultos mantenham o que requerem delas em harmonia com o que são capazes de fazer. O importante é que as crianças não *sabem* o suficiente para dizer: "Perdão, Mamãe e Papai, mas eu não tenho capacidade cognitiva suficiente para realizar tal solicitação neste estágio do meu desenvolvimento". Elas acreditam que somos sensatos o suficiente para fazer esse julgamento em seu lugar.

Existem três áreas nas quais é de especial importância que os pais conheçam seus filhos suficientemente bem para alinharem suas expectativas à capacidade das crianças: temperamento, desenvolvimento moral e estilo de aprendizagem.

Temperamento

Alguns aspectos do temperamento têm um componente genético e, por isso, são mais resistentes a mudanças do que outros traços de personalidade (para uma descrição desses traços, ver as p. 222-223). Os pais que não entendem isso podem superestimar a capacidade da criança para se ajustar a diferentes circunstâncias e ambientes. Por exemplo, a mãe e o pai podem estar ansiosos para mostrar a todos seu talentoso filho de 5 anos na reunião familiar, apenas para ficar desapontados quando Johnny choraminga e se afasta das pessoas que não reconhece. Enquanto o menino se percebe cada vez mais pressionado e irritável, os pais podem insistir para que ele não seja tão chorão e birrento. Forçados a levar cedo para casa seu filho em rápida deterioração, ouvimos a mãe murmurando: "Você arruinou o dia para todos nós, quando esperávamos tanto por isso!". Além de ser testado além de seus limites pela exposição excessiva a rostos novos, Johnny sabe agora que sua incapacidade para se relacionar bem com os outros fez sua mãe se sentir infeliz – um duplo fracasso emocional.

Se essa criança naturalmente reticente nasceu em uma família de pessoas extrovertidas e sociáveis, variações desse cenário podem se repetir muitas vezes ao longo dos anos. Finalmente, Johnny pode muito bem se convencer de que a sua incapacidade para se socializar de maneira confortável significa que há algo seriamente errado com ele. Embora possa superar em grande parte o seu medo de novas situações ao ingressar no ensino médio, se aceitar os rótulos dados por sua família (Johnny é um solitário, Johnny é antissocial), poderá até mesmo deixar de tentar fazer amigos. Essa criança termina pagando um alto preço pelo fracasso de seus pais em reconhecer e respeitar sua personalidade básica.

Os pesquisadores têm descoberto que, quando o temperamento de uma criança é

Norman

Stella Chess, uma psicóloga que fez um trabalho pioneiro sobre a persistência do temperamento no correr do tempo, certa vez descreveu um paciente infeliz, Norman. Chess acompanhou Norman desde os 4,6 anos em virtude de seus persistentes "problemas de comportamento". Na pré-escola, Norman era ativo e extremamente dispersivo. Embora seu comportamento estivesse dentro do normal, os pais dele estavam preocupados de que a sua dificuldade em persistir nas tarefas exibisse uma ausência de caráter e de autodisciplina. O pai de Norman – um profissional bem-sucedido – era particularmente crítico e expressava abertamente, diante da criança, sua opinião desfavorável sobre suas habilidades.

Quando ingressou na escola, a curta duração da atenção de Norman com frequência interferia na finalização de suas tarefas. Quando Norman não conseguiu ser o melhor aluno da classe, seu pai se tornou cada vez mais crítico do desempenho do menino, o que ele continuava a atribuir a uma fraqueza de caráter e ausência de força de vontade. Norman queria agradar seu pai e se esforçava muito para se aplicar em suas tarefas escolares, mas o estresse de tentar manter um comportamento tão incompatível com seu temperamento básico causou estragos. Os problemas de Norman começaram a aumentar: ele começou a apresentar enurese noturna, dificuldade para dormir, onicofagia e tiques faciais.

A mãe de Norman finalmente conseguiu entender suas dificuldades, mas nenhuma discussão conseguia convencer o pai de Norman que o temperamento de seu filho era normal; ele continuava a insistir que Norman era irresponsável e estava condenado ao fracasso. Foi providenciada terapia para Norman durante seus anos de escola, mas então ele já parecia se enxergar como um caso perdido; fez pouco esforço para cooperar com o processo terapêutico. Quando Chess viu Norman aos 17 anos, ele havia abandonados os estudos e tinha algumas ideias vagas sobre "se encontrar", mas nenhum plano real. Chess notou que Norman estava também extraordinariamente autodepreciativo – ele lhe disse que era preguiçoso, não conseguia levar nada até o fim e merecia a opinião desfavorável que o pai tinha dele. Infelizmente, as previsões equivocadas do pai sobre o futuro de seu filho pareciam ter-se tornado uma profecia autorrealizável.

Adaptado de A. Thomas e S. Chess. *Temperament and Development* (NY: Bruner/Mazel, 1977).

muito diferente do temperamento dos pais, o nível de estresse e conflito no ambiente doméstico com frequência aumenta. Na história de Norman, o resultado é trágico. Como a vida de Norman poderia ter sido diferente, se seu pai tivesse sido capaz de aceitar as diferenças entre o filho e ele mesmo, em vez de rejeitar o menino e considerá-lo um fracassado!

Os pais sensíveis às necessidades de temperamento de seus filhos podem estabelecer expectativas reais e ajudar a administrar o seu ambiente, de modo que as crianças não sejam indevidamente pressionadas. Os pais de Johnny, por exemplo, poderiam alertar os parentes de que o menino precisaria de tempo para se acostumar a eles na reunião da família (crianças como esta às vezes precisam ser defendidas de abraços exageradamente entusiasmados). Eles também poderiam decidir não sujeitá-lo a um dia inteiro de festividades – ou encontrar um local confortável para ele, ficando mais afastados até que Johnny estivesse pronto para se aproximar da multidão. Desse modo, eles teriam preparado o filho para o sucesso, em vez de prepará-lo para o fracasso e a frustração.

A consciência das características de temperamento também ajuda os pais a apreciarem seus filhos como seres humanos singulares, especialmente se forem capazes de reconhecer os aspectos positivos de seus traços de temperamento. (O lado bom da "timidez" de Johnny, por exemplo, poderia ser o fato de ele fazer julgamentos ponderados sobre as pessoas e escolher suas companhias de modo sensato – qualidades de caráter que a maioria dos pais valorizaria.) Para ajudar as crianças a extraírem o máximo do seu temperamento, também é importante entender que as personalidades nem sempre correspondem aos papéis culturais tradicionais. Por exemplo, se a timidez fosse vista como aceitável para as meninas, mas como uma marca de covardia nos meninos, metade das pessoas tímidas no mundo seria condenada (e se sentiria culpada) desnecessariamente.

Desenvolvimento moral

A capacidade das crianças para julgar o que é certo e o que é errado se desenvolve em estágios. As mães e os pais que não entendem o desenvolvimento moral tentam às vezes colocar em prática regras que estão além da compreensão das crianças e/ou punir crianças que não entendem o que fizeram de errado. A interpretação incorreta dos motivos das crianças também pode convencer os pais de que elas pecam ou são más, quando, na verdade, seu comportamento é normal e inocente.

Vejamos como se desenvolve a moralidade de uma criança. Os especialistas concordam que as crianças com menos de dois anos não têm um senso real do certo ou do errado; os princípios que as controlam são mais ou menos do tipo "Se parece bom, faça". Nesse estágio de seu desenvolvimento, elas não são capazes de entender "regras". Punir crianças que recém começaram a caminhar por um comportamento considerado inaceitável (como tocar seus genitais ou quebrar objetos frágeis) é, portanto, inútil e cruel. Uma estratégia mais apropriada é distrair a criança do comportamento que você não aprecia ou eliminar as tentações (se oferecer um brinquedo não evita que a criança brinque com os botões de um aparelho, remova o bebê – ou o aparelho – para outro aposento da casa).

À medida que crescem, as crianças aprendem que alguns comportamentos são aceitáveis e outros não. Entretanto, as crianças com menos de 7 ou 8 anos não têm a capacidade de raciocínio para entender *por que* um determinado comportamento é certo ou errado; seu código moral é tomado totalmente dos pais e de outras autoridades. Isso tende a resultar em uma visão radical do mundo e em uma interpretação muito rígida das regras – por exemplo, uma criança de 5 anos dirá que mentir é sempre errado. Sugerir que às vezes é necessário dizer uma "mentirinha" para evitar magoar alguém só a confundirá. É necessário explicar claramente as regras e as expectativas a essas crianças; sem as informações oferecidas por adultos, elas não têm qualquer ideia de como se comportar. (As crianças que não receberam uma orientação consistente dos adultos irão se comportar de um modo inconsistente.) A disciplina apropriada nesse grupo etário é, em geral, mais uma questão de educação do que de punição. Dar "sermões" a crianças que recém ingressaram na escola é ineficaz, mas elas realmente entendem as consequências concretas estreitamente ligadas aos eventos. ("Essas canetas são da loja. Você não pode levar as coisas da loja, a menos que pague por elas. Vamos devolver imediatamente as canetinhas.")

Mais ou menos quando ingressam na 3ª série, as crianças começam a usar seu próprio julgamento em vez de se basearem inteiramente na orientação dos adultos. Enquanto para as crianças menores "ser bom" é antes de tudo uma questão de agradar os adultos, as crianças de 8 anos em diante também consideram as regras e os padrões estabelecidos por seus pares. Esta lealdade dividida às vezes faz com que se defrontem com dilemas éticos ("Mamãe disse que eu deveria convidar a Emily para minha festa de aniversário porque ela mora na casa ao lado, mas meus amigos da escola acham Emily 'um saco'"). Discutir problemas como esses dá aos pais oportunidades de compartilhar valores. Embora as crianças de menos de 12 anos lidem mal com conceitos abstratos e prefiram soluções simples, elas são capazes de entender que a escolha "certa" pode depender das circunstâncias. As crianças desta idade com frequência precisam ser encorajadas a tomar suas próprias decisões sempre que possível. Os pais que arbitrariamente impõem seus próprios julgamentos ("Você tem que convidar Emily ou não haverá festa!") roubam das crianças as oportunidades de praticar pensar e agir de maneira madura.

As crianças no início do ensino fundamental testam as regras. Como a maioria ainda não raciocina logicamente, recompensas e consequências concretas continuam sendo os melhores meios de modificar o seu comportamento. Quando é necessário disciplinar essas crianças, convém dar uma explicação da punição (mesmo que não entendam totalmente o seu julgamento, elas precisam saber que você tem uma razão para fazer o que está fazendo, e que não está agindo por capricho). Você pode lhes submeter a análises longas e a observações filosóficas, mas, no entanto, explicações curtas e diretas funcionam melhor. Em qualquer estágio do desenvolvimento, é importante distinguir entre criticar o *comportamento* de uma criança e criticar a *criança*. O comportamento crítico ("Bater não é certo. Bater machuca as pessoas!") estabelece limites, mas criticar ou envergonhar a criança ("Você é um menino mau! Por que é tão maldoso?") é uma forma de assassinato do caráter que pode deixar cicatrizes duradouras.

A partir da 6ª série, a maioria dos jovens entende que as regras surgem de consentimento mútuo e envolvem certa quantidade de concessões mútuas. Elas não pensam mais exclusivamente em termos de bons garotos e maus garotos, e entendem que a verdadeira justiça leva em conta a mitigação dos fatores. (Este *insight* às vezes lhes dá um incentivo para tentar usar desculpas; estes são os jovens que falam: "Realmente, Sra. Jones, eu escrevi a resenha do livro, mas meu cachorro a comeu!".) Como resultado, os adolescentes querem *negociar* regras e consequências. Os pais não precisam ser inflexíveis em resposta a esses desafios; os especialistas acham que alguma quantidade de debate e negociação é característica de sistemas familiares saudáveis em que as gerações respeitam umas às outras. Durante os anos da adolescência, os jovens também começam a desenvolver uma "consciência social". À medida que amadurecem intelectualmente, os adolescentes começam a apreciar ideias abstratas como altruísmo, fraternidade e patriotismo, e estes conceitos reforçam o seu desejo de se tornarem bons cidadãos.

No entanto, os pais devem observar que o julgamento moral dos adolescentes ainda não está plenamente desenvolvido.

Matthew

Entender o nível de raciocínio moral de uma pessoa jovem pode ser fundamental para uma intervenção efetiva:

Matthew, de 13 anos, tinha um temperamento explosivo. Quando as coisas não saíam como ele queria, normalmente ele virava mesas e cadeiras e, certa vez, atirou um cesto de lixo pela janela. Infelizmente, Matthew sentia-se com frequência infeliz na 8ª série. Sua dificuldade em manter a atenção e seus problemas com a linguagem escrita demoraram a ser reconhecidos; aquele ano era a primeira experiência de Matthew com as aulas de educação especial. Ele se ressentia de estar separado dos amigos, alguns dos quais riam dele por ter de ir a uma aula de leitura com "retardados e bobalhões". Sua atitude para com a professora especial e com os outros alunos do seu grupo de leitura era, na melhor das hipóteses, hostil. Em seus dias ruins, o comportamento de Matthew era tão agressivo e perturbador que o professor não tinha escolha senão mandá-lo ao gabinete da diretora.

A diretora da escola fez muitos esforços para argumentar racionalmente com Matthew. Ela apontou que o comportamento do menino interferia no direito de aprender dos outros alunos e também prejudicava sua própria educação. Nenhuma dessas conversas teve muito impacto. A mãe de Matthew também tentou conversar com ele. Ela era uma mulher religiosa e deixou claro que seus ataques destrutivos violavam os ensinamentos de sua fé, bem como as regras da escola. Matthew amava sua mãe e desejava agradá-la, mas as palavras dela não o ajudaram a lidar com a raiva que continuava se acumulando dentro do seu corpo pequeno e magricelo. Uma detenção na escola também não funcionou – na verdade, ser forçado a permanecer após a aula e não poder jogar bola com seus amigos fizeram com que ficasse com *mais* raiva ainda. A caminho de uma detenção recente, Matthew deliberadamente "varreu" os livros de três alunos de suas carteiras e derramou "acidentalmente" o café da professora.

Em um último esforço para evitar a suspensão, o menino foi encaminhado a um orientador pedagógico. O orientador reconheceu que os apelos generalizados aos instintos de Matthew para a boa cidadania não estavam funcionando para modificar o seu comportamento. Matthew era imaturo em diversos aspectos (por exemplo, seus programas favoritos de televisão eram desenhos animados); isso sugeria a necessidade de uma abordagem mais concreta do manejo de sua raiva. O orientador pedagógico lhe propôs um trato: se Matthew pudesse vir à sua sala para conversar quando ficasse zangado, em vez de perturbar a classe, uma estrela vermelha seria colocada na capa de sua pasta. Quando Matthew conquistou cinco estrelas, o orientador o levou para comer uma pizza na hora do almoço. Quando obteve 10 estrelas, Matthew ganhou dois ingressos para um filme de sua escolha.

O sistema funcionou. Quando conseguiu seus ingressos para o cinema, Matthew já havia criado um relacionamento de confiança com o orientador e começou a aprender como expressar a sua raiva em vez de atacar a propriedade da escola. Quando ele se colocou adequadamente na classe, sua professora de recursos especiais conseguiu ajudá-lo a entender suas dificuldades de aprendizagem. Matthew se tornou menos hostil quando entendeu que uma pessoa pode ter uma dificuldade de aprendizagem e ainda assim ser inteligente. Começou a se dedicar e suas habilidades na escola melhoraram. O fundamental para atingir esses resultados positivos foi a percepção do orientador do nível de desenvolvimento moral de Matthew. Embora a maioria das crianças de 13 anos de idade esteja começando

(continua)

> a desenvolver uma "consciência social", o desenvolvimento de Matthew estava um pouco atrasado. Ele pensava mais ou menos como um aluno de 5ª ou 6ª série, e as crianças dessa idade são motivadas por recompensas tangíveis. Por isso, o sistema de pontuação do orientador foi bem-sucedido quando as tentativas de raciocinar "maduramente" com Matthew falharam.

Por exemplo, o respeito dos adolescentes pela lei ainda é em parte baseado no medo de ser descoberto e punido; eles podem ser tentados a infringir as regras se o risco de serem surpreendidos for pequeno. Só no final da adolescência esses jovens entendem totalmente que as leis preservam a sociedade, e que cumpri-las é necessário para manter a ordem social. (Os jovens que se sentem vitimizados pela ordem social estabelecida não serão extremamente motivados por essa consideração.) Por isso, os pais sensatos continuam a proporcionar estrutura aos filhos adolescentes e a ajudá-los a pensar nas consequências de suas ações. Como os erros tendem a gerar suas próprias consequências nesta idade (o furto em lojas pode fazer com que você seja preso; o sexo inseguro pode resultar em doenças ou em uma gravidez indesejada), as ameaças de punição podem ser supérfluas. Quando os pais agem como conselheiros em vez de como policiais, os adolescentes com frequência acham mais fácil enxergar que o comportamento responsável visa o seu melhor interesse.

Estilo de aprendizagem

No Capítulo 9, discutimos como as preferências de aprendizagem afetam o desempenho dos alunos na escola. Como os pais também têm muito a ensinar, o *insight* sobre como as crianças aprendem é tão importante em casa como na escola. Entretanto, como disse uma mãe: "É incrivelmente fácil esquecer as dificuldades de aprendizagem quando estamos tentando fazer a criança arrumar o seu quarto. Embora eu saiba que meu filho não aceita bem as ordens verbais, às vezes ainda lhe digo para fazer as coisas e fico zangada quando ele se esquece de fazê-las".

Muito frequentemente, os pais não consideram de modo algum como o estilo de aprendizagem de uma criança pode afetar o seu comportamento em casa. Quando isso acontece, as expectativas para a criança podem ser irrealistas; em geral ocorre um atrito familiar quando a criança falha em seu desempenho. Para evitar essa situação desagradável, os pais podem querer ter em mente algumas diretrizes básicas ao tentar ensinar tarefas às crianças com dificuldades de aprendizagem:

Eles demoram mais tempo para aprender. A tarefa que seu filho típico de 5 anos de idade aprendeu depois de uma explicação pode demorar mais tempo para seu filho de 8 anos com dificuldades de aprendizagem dominar. Alguns conseguem cumprir as tarefas apenas por curtos períodos de tempo, o que retarda seu índice de aprendizagem. Além disso, a maioria dessas crianças precisa praticar muitas vezes uma nova habilidade antes de se sentir à vontade com ela. Os pais que esperam resultados rápidos de crianças com dificuldades de aprendizagem ficam com frequência desapontados. Por outro lado, se você planeja investir duas ou três semanas para ensinar seu filho a pôr a mesa, você pode provavelmente confiar nos resultados dos quais você e seu filho irão se orgulhar.

Você tem de lhes mostrar como fazer, além de lhes dizer como fazer. Muitas crianças com déficits de aprendizagem têm dificuldade para seguir instruções verbais. Alguns processam mal a linguagem, outros têm dificuldade para visualizar as informações; não importa quantas vezes você explique uma sequência de eventos, eles terão dificuldade para "retratá-la". Quase todas as crianças com dificuldades de aprendizagem têm um melhor desempenho quando as novas habilidades lhes são demonstradas, além de explicadas. No quadro que se segue, um renomado educador especial sugere uma sequência de ensino que em geral é muito bem-sucedida.

Você precisa fragmentar grandes tarefas em pequenas tarefas. Nenhuma criança recebe bem uma ordem para "arrumar o seu quarto", mas a maioria consegue lidar com ela sem muita supervisão. No entanto, para uma criança que tem dificuldade em sequenciar ou visualizar como fica um quarto arrumado, uma tarefa como esta apresenta muitas escolhas confusas. Juntar os brinquedos ou separar as roupas? Cuidar do lixo ou arrumar a cama? Sem ajuda, as crianças não conseguem criar estratégias eficientes, e assim a tarefa demora um tempo enorme. Para ajudar as crianças a realizar uma tarefa complexa como esta, fragmente-a em uma série de tarefas mais simples (colocar as roupas sujas no cesto, juntar e jogar fora o lixo, colocar os brinquedos e os livros nas prateleiras, e assim por diante). As crianças mais velhas podem receber uma lista para seguir; as menores (e aquelas com dificuldade de atenção) podem precisar checar os resultados com você depois que cada subtarefa tenha sido completada.

Você deve ensinar as estratégias de memória. Uma queixa frequentemente ouvida de pais de crianças com dificuldades de aprendizagem é que as crianças são esquecidas;

O ensino de novas tarefas a alunos com dificuldades de aprendizagem

Pais! Perguntem a si mesmos: "Quantas coisas eu faço por meu filho todos os dias... tarefas que eu completo por hábito... tarefas que estão dentro das habilidades do meu filho?" Você ainda resolve dificuldades para seu filho de 14 anos? Continua a proibir seu filho de 16 anos de dirigir?

Se faz isso, considere esta simples abordagem sequencial para ensinar a criança com dificuldades de aprendizagem. Este método de quatro etapas pode ser aplicado a quase qualquer tarefa comum. Vamos usar como exemplo ensinar Jimmy a arrumar sua cama.

ETAPA 1: Arrume-a para ele.
Arrume a cama enquanto Jimmy observa você. Aponte meticulosamente as etapas da tarefa enquanto realiza cada passo. Encoraje-o a fazer perguntas. Continue a fazer isso diariamente até que ele esteja pronto para a Etapa 2.

ETAPA 2: Arrume-a com ele.
Pouco a pouco integre Jimmy no processo. Faça com que ele ajude você nos vários passos da tarefa. Elogie e encoraje seu envolvimento crescente. Continue este passo diariamente até que ele esteja pronto para a Etapa 3.

ETAPA 3: Observe-o arrumando a cama.
Durante alguns dias, observe Jimmy enquanto ele arruma sua cama. Encoraje-o e aponte com delicadeza quaisquer erros que ele possa cometer. (Isso vai evitar a formação de maus hábitos.)

ETAPA 4: Faça-o arrumar sua cama.
Agora que a tarefa foi dominada, exija que Jimmy arrume sua cama todos os dias. Faça disso uma rotina. Com frequência os pais fazem um grande esforço para ensinar uma habilidade a seus filhos e depois não lhes permitem usar essa habilidade. Não caia no velho hábito improdutivo de arrumar a cama de Jimmy por ele!

Fonte: Richard D. LaVoie, M.A., M.Ed., produtor executivo, How Difficult Can This Be? The F.A.T. City Workshop.

elas se esquecem da hora, das tarefas e de onde suas roupas e pertences foram deixados ou vistos pela última vez. (Nesta página, temos um bilhete de uma criança que espera que a Fada do Dente possa ignorar o fato de que ela não sabe onde colocou seu dente perdido!) A questão aqui não é o descuido; a maioria das crianças com déficits de aprendizagem tem dificuldade para inserir alguns tipos de informações em seus bancos de memória. Por isso, é importante ensinar-lhes estratégias para estimular a memória, como escrever os compromissos em um calendário, colocar as listas diárias das coisas a fazer em um quadro de avisos, guardar imediatamente os pertences e/ou usar um relógio de pulso com um alarme que avise os próximos compromissos. Entretanto, mesmo usando estas técnicas, a criança com dificuldades de aprendizagem pode continuar sendo o membro menos organizado da família. Às vezes, o mais sensato é aceitarmos nossos "espíritos livres" da maneira como eles são – e desenvolvermos estratégias familiares para compensar sua desorganização, como lhe permitir um tempo amplo para se aprontar para os eventos.

Recompensar a intenção, não a perfeição. As crianças com dificuldades de aprendiza-

Bilhete para a Fada do Dente

> Dear toothfairy
> I lost my tooth can you still give me money
> from you toothless kid

Reproduzido por permissão de Lee Anne Hoffman, Syracuse, NY, 1996.

gem ficam com frequência frustradas com sua própria incapacidade para atingir resultados perfeitos. Ajude-as a ver que o importante é o progresso – não a perfeição. Quando as crianças realizam uma tarefa de forma parcialmente correta, elogie o que foi feito antes de lhes mostrar o que não foi feito. As crianças que entendem que estão chegando a algum lugar têm uma probabilidade muito menor de ficar "de saco cheio" e desistir.

DÊ RESPONSABILIDADE À CRIANÇA

As pesquisas indicam que dar responsabilidade às crianças é extremamente importante para seu desenvolvimento geral. Muitos estudos descobriram que as crianças que realizam um trabalho útil em sua casa e nos arredores adquirem tanto habilidades quanto autoestima. Por exemplo, um estudo de longo prazo que acompanhou um grupo de indivíduos com problemas de aprendizagem na ilha de Kauai, no Havaí, descobriu que aqueles que realizavam um trabalho útil (em geral crianças acima dos 8 anos e adolescentes) tinham uma maior probabilidade de se tornar adultos dedicados e competentes. O trabalho dos jovens envolvia tipicamente ajudar os pais em casa e auxiliar os vizinhos ou os membros carentes da comunidade mais ampla.

Aprender a assumir a responsabilidade por si mesmo é outro segredo para uma vida independente bem-sucedida. Infelizmente, as pesquisas descobrem que os adultos nem sempre encorajam as crianças com dificuldades de aprendizagem a pensar ou fazer as coisas por si mesmas. Como resultado, muitas crianças se sentem incapazes de influenciar os eventos e se movem passivamente no correr do tempo, em vez de fazerem planos ou tomarem decisões que possam melhorar suas vidas.

Às vezes os pais, com a melhor das intenções, sabotam a iniciativa de seus filhos. Diante de uma criança desorganizada que está lutando com tarefas simples, é natural oferecer ajuda. À medida que as crianças com dificuldades de aprendizagem crescem, ajudá-las a comer, se vestir e chegar ao alto do trepa-trepa flui naturalmente para ajudá-las na lição de casa, no trabalho doméstico, a lidar com o dinheiro, e assim por diante. Quando menos se espera, ajudá-las tornou-se um hábito que nem os pais nem os filhos estão motivados para romper. As crianças desfrutam da atenção (e não se opõem a que os pais façam seu trabalho por elas); os pais querem protegê-las do fracasso – e, além disso, é realmente mais fácil cuidar da sua roupa do que ensiná-las a fazer isso por si mesmas.

Entretanto, um hábito de ajudar pode finalmente se tornar um ciclo destrutivo. Quanto mais os pais fazem, menos as crianças realizam; quanto menos elas realizam, mais convencidos os pais se tornam de que as crianças são basicamente desamparadas e incompetentes. Isso com frequência faz com que os pais se tornem cada vez mais protetores e "úteis" (embora os esforços para apoiar a criança às vezes comece a ter um quê de ressentimento). O envolvimento crescente dos pais continua a impedir as crianças de analisar ou resolver seus próprios problemas. Quando as crianças atingem a adolescência, um padrão de "repreendê-los e ajudá-los" pode ter se tornado estabelecido (os pais repreendem os filhos por suas falhas, depois correm para ajeitar a situação). Os adolescentes se ressentem da interferência dos pais e da sua falta de confiança neles – mas eles nunca aprenderam a cuidar de si, e a esta altura têm realmente dúvidas sobre sua capacidade para fazê-lo. Ninguém enxerga o futuro como promissor.

Embora as crianças com dificuldades de aprendizagem necessitem de defensores enérgicos, é importante evitar fazer por eles o que eles *podem* fazer por si mesmos. Apresentamos a seguir alguns passos pró-ativos que os pais podem dar para ajudar os filhos a se tornarem mais responsáveis e independentes.

Dar tarefas regulares às crianças

Como dissemos na última seção, pode ser mais difícil ensinar as tarefas domésticas às crianças que têm dificuldades de aprendizagem. Entretanto, capacitar as crianças para contribuírem com o trabalho da casa tem várias compensações. Em primeiro lugar, as crianças desfrutam de um estímulo na sua autoestima quando sentem que estão ajudando suas famílias. Elas se sentem mais capazes e mais valiosas para seus entes queridos do que aquelas que estão sempre na extremidade receptora da ajuda. Em segundo lugar, as crianças que contribuem em casa aprendem habilidades que são essenciais para a vida independente. Como as crianças com dificuldades de aprendizagem em geral precisam de mais prática do que as outras para dominar novas habilidades, convém começar ensinando o mais cedo possível, tanto aos meninos quanto às meninas, a cozinhar, limpar, fazer compras e outros aspectos do manejo da casa. Em terceiro lugar, quando as crianças com dificuldades de aprendizagem realizam uma parcela justa do trabalho familiar e se espera que cumpram as mesmas obrigações que seus irmãos e irmãs (por exemplo, pôr a mesa e passear com o cachorro), as relações entre os irmãos melhoram. Uma queixa comum dos irmãos é que a criança com dificuldades de aprendizagem têm menos trabalho a fazer e mais ajuda para fazê-lo – uma percepção que em geral é precisa.

Evidentemente, é razoável designar as tarefas tendo em mente as potencialidades e as necessidades especiais da criança – você provavelmente não gostaria que uma criança com problemas de coordenação motora fina tirasse o pó da sua coleção de estatuetas de porcelana antiga, mas arrancar as ervas daninhas do jardim não seria problema para ela. De vez em quando você pode ter também que modificar as tarefas por uma questão de justiça (por exemplo, a mãe de um garoto de 13 anos com déficits nas habilidades de escrita pode lhe permitir digitar 40 bilhetes de agradecimento em um computador após seu *bar mitzvah*). Outras vezes, no entanto, terá que aceitar que as crianças com dificuldades precisam se esforçar um pouco mais. Um adolescente com dificuldades de coordenação vai demorar mais tempo para separar, lavar e dobrar suas roupas do que a sua irmã, por exemplo, mas isso não significa que você deva fazer essas tarefas por ele. Ele vai ter que saber como cuidar da sua roupa quando morar sozinho e vai se sentir mais autoconfiante se tiver capacidade para fazê-lo.

Deixar as crianças lidarem com dinheiro

A administração do dinheiro é uma dificuldade particularmente comum para os adultos jovens com déficits de aprendizagem. Déficits nas habilidades matemáticas, falta de experiência com o planejamento e temperamentos impulsivos podem conduzir à emissão de cheques sem fundo. Esta habilidade essencial para a vida raramente é bem ensinada na escola. O básico é que a melhor maneira de aprender a lidar com dinheiro é lidando com ele; os jovens que lidam de maneira responsável com suas finanças em geral aprendem a fazê-lo em casa.

Como as outras crianças, uma criança com dificuldades de aprendizagem se beneficia com o recebimento de uma "semanada". (Os especialistas advertem que, para ser uma ferramenta de aprendizagem eficiente, a "semanada" não deve estar ligada às tarefas ou ao desempenho escolar; deve ser uma renda com a qual a criança pode contar.) No entanto, as crianças com dificuldades de aprendizagem podem precisar de mais ajuda do que seus irmãos e irmãs para aprender como gastá-la. Por exemplo, pode não ocorrer a essas crianças comparar preços: a adição e subtração envolvidas na comparação para as compras podem ser demais para elas. (Experimente fazer compras junto com a criança, com uma calculadora na mão, até que a própria criança consiga usar a calculadora.) Aquelas que compram por impulso – que não sabiam que necessitavam de uma varinha mágica roxa brilhante até que a viram – necessitam de encorajamento para olhar em volta e explorar que coisas diferentes seu dinheiro vai comprar. Você pode comentar, por exemplo, que o custo da varinha mágica é mais ou menos o mesmo que o de um pôster, uma embalagem de pregadores para o cabelo ou uma caixa de massa para modelar. Isso proporciona à criança prática para considerar suas opções e tomar decisões.

Envolva as crianças também nos seus próprios gastos. Uma família pediu aos seus filhos para propor como 2.500 reais poderiam ser gastos nas férias familiares: as sugestões – acompanhadas de estimativas de despesas com alimentação, alojamento e diversões, segundo o requerido – variaram desde um fim de semana de *shows* na cidade até duas semanas de acampamento na floresta. Embora os pais às vezes relutem em conversar com os filhos sobre seus ganhos financeiros e as despesas familiares, fazer isso pode ajudar as crianças a desenvolver expectativas realistas e entender a importância de se estabelecer um orçamento. No entanto, a sinceridade financeira não deve ser levada ao ponto de amedrontar as crianças ou sobrecarregá-las com preocupações de adultos. Deixar as crianças saberem quanto é a prestação mensal do carro é ótimo, mas dizer-lhes que estão tendo dificuldade para pagá-la porque o papai está atrasado no pagamento da pensão do filho cria uma ansiedade desnecessária e não acrescenta nada à educação dos filhos.

Quando as crianças adquirem experiência em lidar com dinheiro, confie-lhes quantias maiores. Uma quantia distribuída trimestralmente para a compra de roupas pode ser educativa para as crianças do ensino médio (uma mãe diz que sua filha aprendeu tudo sobre as lojas de descontos quando teve de lidar com um orçamento para suas roupas). Como a maioria dos estudantes desta idade tem algum controle sobre o impulso e pode adiar a gratificação, este é também um bom momento para começar a encorajar a poupança. A maioria deles só fica motivada a economizar depois de identificar um item desejável que está dentro de um alcance razoável. Como alguns jovens não conseguem adiar muito a gratificação, você pode querer começar a discutir as compras que poderiam ser feitas depois de economizar durante apenas algumas semanas. Alguns pais gostam de adicionar incentivos a este ponto – por exemplo, foi dito a um garoto de 14 anos que se ele conseguisse economizar 200 reais para comprar uma bicicleta, o pai completaria o restante.

Considere abrir uma conta bancária e dar um cartão de débito a um aluno do ensino médio (é melhor não permitir que os jovens usem cartão de crédito até que eles se mostrem capazes de planejar um orçamento e se aterem a ele). Os jovens com objetivos de poupanças de longo prazo precisam explorar vários instrumentos financeiros (títulos do governo, certificados de depósito, fundos mútuos e outros tipos de investimentos) para ajudar o seu dinheiro a crescer. É uma boa ideia ter estes instrumentos já explorados *antes* do jovem começar a trabalhar; os pagamentos efetuados em dinheiro em vez de depositados no banco têm uma tendência a evaporar rapidamente, deixando pouco para trás. Alguns pais esperam que os adolescentes que trabalham paguem algumas de suas próprias despesas, como gasolina, seguro do carro e contas de telefone. Se você faz isso, pense em estabelecer contas separadas nos nomes dos filhos para que eles fiquem familiarizados com o pagamento de contas mensais (e, se necessário, com a perda do serviço caso deixem de pagar por ele). Entretanto, cuidado com o "estouro do orçamento" – se os jovens não tiverem algum dinheiro para gastar com suas diversões depois que as contas forem pagas e os objetivos de poupança alcançados, eles perdem rapidamente o interesse em trabalhar.

A maior parte dos jovens com dificuldades de aprendizagem vai precisar ser ensinada a manter seus registros financeiros, e terá de ser várias vezes acompanhada durante o processo de checagem de suas contas antes de poderem lidar sozinhos com esta tarefa. Sessões mensais para o registro contábil podem ser um bom momento para rever os objetivos e os hábitos de gastos. ("Você planejava gastar 80 reais em pizza no mês passado?") Os jovens que recebem esse tipo de orientação tornam-se consumidores conscienciosos e adquirem confiança em suas habilidades para tomar decisões financeiras. Isso não garante que eles nunca irão passar um cheque sem fundo, mas aumentará muito a probabilidade de conseguirem viver dentro dos limites das suas posses.

Ajudar as crianças a "se virarem" sozinhas

Quase todo pai/mãe se lembra da enorme ansiedade que sentiu ao tirar as rodinhas de apoio da bicicleta, colocar um adolescente no volante do carro da família ou ver um filho sair para a sua primeira "viagem solo" de metrô ou de ônibus. Para os pais de crianças com dificuldades de aprendizagem é pior ainda. Além dos temores que todos os pais enfrentam quando começam a "soltar" os filhos, pensamos na facilidade com que as crianças se distraem, como seu senso de direção é insuficiente, como eles ficam confusos com o barulho, e assim por diante. Às vezes ficamos tão apavorados com essas considerações que no fim decidimos não deixá-los "se virarem" sozinhos.

Não há dúvida de que ensinar as crianças com dificuldade de aprendizagem a "se virarem" sozinhas pode ser um desafio. A imaturidade geral e os déficits de habilidades específicas (como déficit de coordenação, tempo de atenção curto, dificuldade para julgar a velocidade e a distância e/ou problemas para ler as placas de sinalização) com frequência retardam a idade em que eles podem andar de bicicleta, dirigir um automóvel ou usar com segurança o transporte público. No entanto, adquirir esse tipo de independência é tão importante para o crescimento e a autoestima que os pais devem fazer todo o esforço para ajudar as crianças a aprender o básico do transporte assim que estiverem prontas.

Como acontece com qualquer outra habilidade, ensinar uma criança com dificuldades a andar de bicicleta ou interpretar um horário de ônibus ou um mapa do metrô requer tempo e paciência. Por exemplo, os pais devem estar preparados para fazer várias viagens experimentais de ônibus para destinos prováveis, responder perguntas e indicar os pontos de referência (pouco a pouco, faça a criança começar a indicar a *você* os pontos de referência). Ensinar a andar de bicicleta pode requerer horas de prática supervisionada. (As crianças mais velhas que se esforçam para aprender esta habilidade podem temer o ridículo e querem praticar fora da visão do público – ou pelo menos longe da vizinhança – até conseguirem se firmar na bicicleta.)

Decidir confiar um carro a um adolescente é uma questão mais complicada, porque dirigir requer tanto habilidade quanto bom senso. As questões de habilidade para aqueles que têm dificuldades de aprendizagem incluem dificuldade para ler os sinais, confusão entre a esquerda e a direita, dificuldade para coordenar os movimentos da mão e do pé, e problemas para calcular a velocidade e a distância. Situações que requerem a integração de várias dessas habilidades rapidamente (como olhar para a esquerda e depois para a direita ao se aproximar de um cruzamento, ou verificar os sinais da rua e julgar a velocidade do tráfego que se aproxima antes de virar à esquerda) podem ser particularmente desafiadoras. Os jovens com transtorno de déficit de atenção/hiperatividade (TDAH) apresentam algumas preocupações adicionais. Esses adolescentes em geral têm dificuldade para manter sua atenção no caminho; eles são facilmente distraídos pela música que está tocando no rádio, pelo avião que está passando por cima deles, pela loira que passa na calçada, etc. Quando o controle do impulso é insuficiente, esses adolescentes podem também ser tentados a dirigir muito depressa e muito agressivamente – dirigir muito próximo do veículo da frente, "costurar" no trânsito e "cortar" os outros motoristas – colocando a si mesmos e aos outros em risco de acidentes. Quando problemas como estes são graves, é melhor adiar ensinar os adolescentes a dirigir (esteja preparado para objeções vigorosas por parte de seu filho de 18 anos). A coordenação e o bom senso podem melhorar quando o sistema nervoso amadurece (embora alguns indivíduos com dificuldades de aprendizagem graves nunca se tornem bons motoristas). É importante se certificar de que os adolescentes e os jovens adultos que não dirigem saibam como fazer um uso eficiente das formas disponíveis de transporte público e privado para que não se sintam "presos" em casa.

Os jovens com déficits leves a moderados podem em geral aprender a dirigir com sucesso, após uma instrução e um apoio apropriados. No quadro a seguir, os pais dão algumas "dicas" úteis para colocar tais adolescentes atrás do volante.

É claro que antes de dar permissão aos jovens para se locomoverem sozinhos por qualquer meio, você deve se certificar de que eles sabem como se conduzir com segurança entre estranhos. Alguns jovens com dificuldades de aprendizagem são muito

Dicas para ensinar os adolescentes a dirigir

- Invista na instrução de direção profissional. Certifique-se de que o instrutor entende a natureza das dificuldades do jovem e a melhor maneira de abordá-las.
- Proíba o uso de rádio até que o básico da direção tenha sido dominado. (Se os jovens são do tipo que se distraem com facilidade, mantenha o rádio fora do carro permanentemente.)
- Cole no painel de instrumentos flechas indicando esquerda e direita.
- Passe um tempo extra estudando a seção dos sinais da estrada no manual do motorista (muitos podem ser identificados pela forma e/ou pela cor e não precisam ser lidos).
- Dirija com seu filho pelos arredores e nos caminhos mais utilizados (para ir às casas dos amigos, ao *shopping*, etc.), indicando os pontos de referência, as tabuletas de sinalização e as áreas onde é necessária uma atenção extra (como nos cruzamentos ou em um sinal parcialmente oculto por árvores).
- Se os jovens têm de dirigir para algum lugar novo (como para uma entrevista de trabalho ou para pegar um novo amigo), estude a rota em um mapa e/ou faça algumas "corridas de treinamento" para que eles possam se familiarizar com as ruas e dirigir com confiança mais tarde.
- Considere comprar um GPS (*Global Positioning System*) se seu carro ainda não está equipado com um.
- Não *presuma* que os jovens entendem os significados dos mostradores e indicadores do painel, a manutenção do carro ("Checar o óleo? Eu achei que o carro andava só com gasolina"), como ler um mapa de ruas ou o que fazer na eventualidade de uma emergência ou de um acidente. Reserve um tempo para examinar cada uma dessas coisas antes do seu adolescente assumir o volante do carro.

Lembre-se de que passar em um exame de direção não faz do jovem um bom motorista. Os pais precisam deixar claras as *suas* próprias regras e padrões para dirigir em segurança, e andar com os filhos dirigindo até se certificarem de que estas regras foram entendidas e estão sendo regularmente observadas. Como acrescenta uma mãe: "Ter amigos no carro pode ser uma enorme distração para os motoristas adolescentes. Não permitimos que nossos filhos levem passageiros no carro até que tenham vários meses de experiência na direção e estejamos certos de que eles sabem como permanecer alertas e dirigir defensivamente".

ingênuos e afetivos – um traço encantador em casa, mas potencialmente perigoso para uma criança entregue a si mesma. Antecipe e discuta situações e abordagens suspeitas e explique exatamente o que devem fazer caso se sintam de algum modo ameaçados. Se você tem dúvidas sobre a maturidade de seu filho, pode querer encorajar um tipo de liberdade mais limitado (como permitir que a criança visite determinadas lojas do *shopping* sozinha, enquanto você espera por ela na praça de alimentação). Estes passos intermediários rumo à independência ajudam a construir a autoconfiança e ao mesmo tempo protegem a segurança da criança.

Encorajar a tomada de decisão

Muitos jovens com dificuldades de aprendizagem não entendem que a tomada de decisão envolve muitos passos, tais como estabelecer prioridades, identificar e examinar as opções, pesquisar e descartar alternativas e testar várias soluções para ver qual funciona melhor. As crianças que não têm consciência deste processo em geral fazem escolhas por impulso ou por suposição. Quando essas estratégias produzem maus resultados, as crianças frequentemente concluem que são desafortunadas, incompetentes ou ambos. Finalmente, podem desistir de tentar influenciar os eventos e adotam uma abordagem passiva da vida.

Para evitar essa situação, é importante ensinar às crianças estratégias para as tomadas de decisão. Infelizmente, muitas escolas *desencorajam* ativamente a tomada de decisões (nas classes autoritárias, por exemplo, o que é valorizado e premiado é a aquiescência passiva). Os alunos com dificuldades de aprendizagem são às vezes percebidos como menos competentes ainda do que seus pares para a tomada de decisões. Com frequência essas crianças não são sequer encorajadas a participar das discussões (como as revisões do PEI) que têm uma influência direta em seus futuros.

Para ajudar as crianças a aprenderem as habilidades de tomada de decisão é importante encorajá-las a fazer suas próprias escolhas, começando com escolhas pequenas e ir aos poucos aumentando. Muito frequentemente, quando as crianças nos perguntam o que achamos que elas devem fazer, cometemos o erro fatal de lhes dizer (às vezes até lhes dizemos antes que nos perguntem). Em vez disso, tente ajudar as crianças a pensarem em suas alternativas. Expressar confiança na iniciativa da criança é vital ("A suéter e a jaqueta parecem ótimos! A jaqueta é mais quente. Você já checou a previsão do tempo?"). Para decisões maiores, as crianças precisam ser encorajadas a fazer coisas como ponderar as possibilidades, escrever as prioridades, pesquisar as alternativas e fazer listas dos prós e dos contras. ("Vamos fazer uma lista das coisas que você mais quer em uma universidade e listá-las segundo a sua importância. OK, agora podemos comparar essa lista com estes livros e decidir que *campi* visitar.") Quanto mais os jovens estiverem envolvidos neste processo à medida que forem crescendo, maiores as chances de tomarem decisões adequadas quando estiverem por sua própria conta.

A parte mais difícil de ensinar os filhos sobre as decisões é que às vezes temos de deixá-los arcar com as consequências das más decisões. Como nos recorda a história de Julie (página 260), a experiência é por vezes o único professor que um jovem está disposto a respeitar. Embora a tentação de impedir os jovens de cometer erros seja grande, pode ser mais sensato (se a situação não for perigosa) deixar que eles façam suas próprias escolhas. Um aspecto importante de assumir a responsabilidade é a obrigação de "dar conta" dela; os jovens que são protegidos das consequências de suas escolhas raramente aprendem a ser responsáveis por suas ações.

MELHORE AS HABILIDADES SOCIAIS E AS OPORTUNIDADES

As pesquisas indicam que conquistar a aceitação social pode ser ainda mais importante para a autoestima das crianças do que con-

Julie

No verão anterior ao seu ingresso no ensino médio, Julie anunciou que não precisava mais de educação especial. Disse que a leitura já não era um grande problema para ela – e suas habilidades de leitura na verdade haviam melhorado consideravelmente nos cinco anos em que ela recebeu ajuda de educação especial. No entanto, Julie ainda tinha dificuldades de organização e carecia de habilidades de estudo. Isso comprometia o seu trabalho escrito; as redações e relatórios de Julie não eram bem pesquisados e mostravam pouca evidência de pensamento lógico. Por isso, havia-lhe sido recomendado que continuasse a receber ajuda na sala de recursos por um período à noite na 9ª série.

Julie ficou cada vez mais inflexível em sua decisão de abandonar a sala de recursos à medida que se aproximava o primeiro dia de aula. Seus pais achavam que sabiam o que estava acontecendo. Nos últimos dois anos, Julie havia se tornado cada vez mais sensível ao fato de ser de algum modo "diferente". Havia sido difícil para ela fazer amigos nos anos anteriores e ela responsabilizava por isso seu rótulo de educação especial (embora seus pais achassem que a timidez de Julie provavelmente contribuísse mais para o seu isolamento social do que o fato de ela necessitar de ajuda com as habilidades básicas). Era óbvio que Julie queria iniciar a 9ª série sem rótulos. Livrando-se do rótulo da educação especial ela esperava se colocar em uma situação de igualdade em relação aos seus pares.

Os pais de Julie ficaram frustrados com sua obstinação. Apontaram todos os aspectos em que a educação especial a havia ajudado no passado: ela não só recebeu instrução em leitura e escrita, mas além disso, quando necessário, a professora de recursos a ajudou a negociar um tempo extra para a realização das provas e das atribuições. Ela queria desistir disso? Estes argumentos lógicos só deixaram Julie zangada. "Vocês não acham que eu seja capaz de me virar sozinha!" ela acusou seus pais entre lágrimas. "Vocês não têm fé em mim!" Perplexos e inseguros sobre que atitude tomar, os pais de Julie telefonaram para sua professora de recursos dos anos anteriores e lhe explicaram a situação. "Acho que vocês devem tentar experimentar as coisas à sua maneira durante um ano", sugeriu a professora. "Digam-lhe para dar o máximo de si, e em junho vocês avaliam a situação."

"Aquela 9ª série foi difícil", recorda a mãe de Julie. "Julie estava sobrecarregada de lições todas as noites. Suas notas do primeiro semestre foram horríveis; ela foi mal em história e em inglês. Houve uma semana que ela teve três relatórios de pesquisa para fazer, e não fez nada senão chorar. Ela não tinha *tempo* para ter vida social. Tudo o que fazia era estudar, estudar, estudar." No fim do ano, Julie havia tirado B em matemática e espanhol, D em inglês e F em história. "Ela sabia que foram os ensaios e os relatórios de pesquisa que a haviam prejudicado em inglês e história", disse sua mãe. "Ela não havia se saído mal nos testes de respostas curtas."

Julie enfrentou a história de novo no curso de verão e passou com um C (todos os testes foram de múltipla escolha). Ela não fez objeções a um período de recursos no 1º ano do ensino médio, e o utilizou para trabalhar as suas habilidades de pesquisa e de composições escritas. "A coisa mais difícil por qual já passei foi assistir a Julie ir mal na 9ª série", recorda sua mãe, "mas deixá-la tentar fazer as coisas à sua maneira foi a coisa certa a fazer. Ela percebeu o tipo de ajuda de que necessita, e eu também aprendi algo. Aprendi que tinha uma filha corajosa que não desistia facilmente das coisas. Sua determinação e disposição para o trabalho ganharam o nosso respeito. No 1º ano do ensino médio, essas coisas realmente compensaram; com um mínimo de ajuda, ela terminou o ano com As e Bs."

seguir boas notas na escola. A capacidade para fazer amigos e suportar o fim de um relacionamento é também um dos segredos de ter uma adaptação bem-sucedida na vida adulta. Por isso, entre as coisas mais importantes que os pais podem fazer para os filhos com dificuldades de aprendizagem é ajudá-los a aprender e praticar as habilidades sociais. Os pais também podem apoiar o desenvolvimento dos filhos aprendendo a identificar os ambientes em que os jovens têm maior probabilidade de serem bem-sucedidos, e de acordo com eles estruturar as oportunidades sociais.

O que queremos dizer quando falamos de habilidades sociais? Grande parte é uma questão de simples boas maneiras: ser pontual, jogar limpo, respeitar os direitos e as propriedades dos outros, e considerar os sentimentos dos outros. Adaptar-se aos padrões do grupo nestes aspectos proporciona uma base importante para as interações sociais. Entretanto, os estudos realizados com crianças em idade escolar acham que outros fatores também influenciam a popularidade pessoal. Entre eles:

Aparência. As crianças que são percebidas como relaxadas ou fora de moda têm maior probabilidade de serem excluídas do que as crianças que são bem-arrumadas e limpas, e que se vestem como seus pares. Por isso é uma boa ideia ensinar bons hábitos de asseio e ajudar os jovens a manter seus guarda-roupas atualizados. Como as crianças com dificuldades de aprendizagem são com frequência lentas na captação da moda, você pode ter de aprimorar sua própria percepção do que é o "quente" na escola. (Outras crianças, como irmãos e companheiros da vizinhança, são bons consultores neste aspecto.)

Atitudes. Os jovens que são "engraçados", empreendedores, otimistas e entusiasmados são em geral considerados mais atrativos do que aqueles que parecem tristes ou desamparados. Embora não se possa mudar o temperamento básico de uma criança (algumas crianças são naturalmente mais "chamativas" do que outras), encorajá-la a manter uma perspectiva positiva na vida vai melhorar também a sua perspectiva social. Observe que as crianças em idade escolar são atraídas por outras que lhes fazem se sentir bem consigo mesmas, e as crianças que expressam interesse nos outros são vistas como mais amigáveis do que aquelas que são retraídas. Encorajar seu filho a observar e fazer comentários positivos sobre o que as outras crianças estão fazendo ("Você 'arrasou' no projeto de ciências" ou "Amei sua escultura em artes") pode ajudar a estimular a aceitação.

Capacidade para expressar pensamentos e emoções. Os estudos descobriram que as crianças escolhem os amigos baseadas em parte na capacidade dos companheiros para expressarem atenção e admiração, serem úteis quando necessário e poder contar com eles para resolver desacordos. As crianças que carecem da capacidade para expressar com palavras suas necessidades e sentimentos têm maior probabilidade de ter problemas com essas habilidades, e podem, inclusive, se tornar indesejadas ao se intrometerem ou explodirem quando as coisas não saem à sua maneira. Por isso é importante encorajar os jovens a usar a linguagem para pedir o que querem, resolver conflitos e expressar sentimentos. Aprender a expressar a raiva adequadamente pode ser um grande desafio. Pedir às crianças para "dar um tempo" até esfriar os ânimos e providenciar um meio seguro de liberar a raiva fisicamente (como socar um saco de areia ou chutar uma grande bola) são com frequência medidas úteis – algumas crianças precisam fazer isso antes de conseguirem falar. A educadora Mary Sheedy Kurcinka declara que um "grito de Tarzan" (terminado com uma batida no próprio peito) pode descarregar muita tensão sem causar uma ofensa específica. Quando as crianças tiverem se acalmado, ajude-as a encontrar palavras para descrever o que estão sentindo. Uma abordagem divertida ("Até que ponto você está furioso? O bastante para morder um urso?") às vezes ajuda as crianças a pôr as coisas em perspectiva. No entanto, tome cuidado para não menosprezar as emoções das crianças. Aquelas cujos sentimentos não são levados a sério aprendem a reprimir suas emoções – um hábito que pode conduzir à depressão.

Quando as crianças se aproximam da adolescência, as habilidades para planejar e tomar decisões tornam-se uma parte importante do *kit* de ferramentas sociais (afinal, não há motivo para você sugerir a um grupo de crianças que se reúnam se você não consegue decidir onde ir ou o que fazer). Os adolescentes também precisam aprender a ser adequadamente assertivos e a lidar com o estresse. O Quadro de Habilidades Sociais (p. 262) lista 50 habilidades sociais que foram identificadas como sendo importantes durante a adolescência. Além de facilitarem os relacionamentos sociais, tais habilidades ajudam o comportamento responsável na escola e no local de trabalho, assim como permanecem importantes durante a vida adulta.

Como não se pode contar que as crianças com dificuldades de aprendizagem aprendam o comportamento social correto apenas pela observação, pode ser necessária uma abordagem direta do ensino das habilidades sociais e um reforço repetido para ajudá-las a aprender a agir adequadamente. A dramatização (*role-playing*) e o ensaio ("Vamos imaginar que estamos na casa da vovó e ela lhe ofereceu aquele suco que você detesta. Eu sou a vovó. O que você diz?") e jogos de "e-se" ("E se você estivesse na casa do seu melhor amigo e ele lhe oferecesse uma bebida alcoólica?") são todos maneiras úteis de ajudar as crianças a praticar a rea-

---

21 perguntas que ajudam as crianças a estabelecer objetivos

Fazer às crianças as perguntas que se seguem pode ajudá-la a assumir uma maior responsabilidade em relação aos seus futuros:

- O que você gostaria de fazer, ter ou realizar?
- O que você deseja que aconteça?
- O que você gostaria de conseguir fazer melhor?
- O que você gostaria de ter mais tempo para fazer? Mais dinheiro para fazer?
- O que você mais gostaria de tirar da sua vida?
- Quais são suas ambições?
- O que o deixou furioso recentemente?
- O que o deixa tenso ou ansioso?
- De quê você se queixa?
- Que mal-entendidos precisam ser esclarecidos?
- Que mudanças para pior ou melhor você percebe?
- Quem você gostaria de conhecer melhor?
- O que você gostaria de conseguir que os outros fizessem?
- Com quem você gostaria de se dar melhor?
- Que mudanças você terá que fazer?
- O que demora demais?
- O que é complicado demais?
- Que bloqueios ou empecilhos existem na sua vida?
- De que maneiras você é ineficiente?
- O que deixa você esgotado?
- O que você gostaria de organizar melhor?

Uma vez que um objetivo foi identificado (por exemplo, "Eu gostaria de ter uma bicicleta"), as crianças podem precisar de ajuda para examinar as alternativas e fazer planos realistas ("Vamos descobrir quanto custam as bicicletas e ver durante quanto tempo você teria de economizar sua mesada. Vamos conversar sobre como você poderia ganhar algum dinheiro extra para economizar mais rápido."). Não imponha muita coisa! A maioria das crianças funciona melhor quando se concentra em um objetivo de cada vez.

Adaptado de J. Canfield d H.C. Wells, *100 Ways to Enhance Self-Concept in the Classroom*, 2. ed. (Boston: Allyn & Bacon, 1994).

ção a diferentes tipos de situações sociais. Até estilos pessoais relativamente rígidos podem ser modificados com paciência. (Por exemplo, se a sua filha tende a fazer rodeios antes de chegar ao ponto principal, peça-lhe para chegar à conclusão da história antes de lhe dar todos os detalhes; finalmente, ela fará isso também com seus amigos.) Perceber e premiar o bom comportamento desempenha um papel vital na estruturação de novas habilidades ("Você se comportou maravilhosamente ficando quieta durante toda a missa! Deve estar pronta para gastar sua energia – que tal um passeio no parque?").

Para realizar um trabalho realmente eficaz de educação social, é necessário fazer um esforço para entender o sistema de valores dos pares na escola – se você não entende, não vai saber para que situações sociais deve preparar o seu filho. Por exemplo, uma mãe ficou chocada em saber, por exemplo, que alguns jovens estavam sexual-

---

Habilidades sociais

Grupo I. Início das habilidades sociais
1. Ouvir
2. Iniciar uma conversa
3. Travar uma conversa
4. Fazer uma pergunta
5. Dizer obrigado
6. Apresentar-se
7. Apresentar outras pessoas
8. Fazer um elogio

Grupo II. Habilidades sociais avançadas
9. Pedir ajuda
10. Participar
11. Dar instruções
12. Seguir instruções
13. Pedir desculpas
14. Convencer os outros

Grupo III. Habilidades para lidar com os sentimentos
15. Conhecer seus sentimentos
16. Expressar seus sentimentos
17. Entender os sentimentos dos outros
18. Lidar com a raiva de outra pessoa
19. Expressar afeição
20. Lidar com o medo
21. Gratificar-se

Grupo IV. Habilidades alternativas à agressão
22. Pedir permissão
23. Compartilhar algo
24. Ajudar os outros
25. Negociar
26. Usar o autocontrole
27. Defender os seus direitos
28. Reagir às provocações
29. Evitar problemas com os outros
30. Manter-se afastado de brigas

Grupo V. Habilidades para lidar com o estresse
31. Fazer uma queixa
32. Reagir a uma queixa
33. Ter espírito esportivo depois de um jogo
34. Lidar com o constrangimento
35. Lidar com ser deixado de fora
36. Defender um amigo
37. Reagir à persuasão
38. Reagir ao fracasso
39. Lidar com mensagens contraditórias
40. Lidar com uma acusação
41. Preparar-se para uma conversa difícil
42. Lidar com a pressão do grupo

Grupo VI. Planejamento das habilidades
43. Decidir sobre algo a fazer
44. Decidir o que causou um problema
45. Estabelecer um objetivo
46. Decidir sobre suas habilidades
47. Reunir informações
48. Dispor os problemas por ordem de importância
49. Tomar uma decisão
50. Concentrar-se em uma tarefa

Fonte: A. Goldstein, *The PREPARE Curriculum: Teaching Prosocial Competences* (edição revisada). Champaign, Ill: Research Press, © 1999. Reprodução autorizada.

mente ativos no ensino médio (ela supunha que tivesse de esperar até o ensino médio para lidar com a educação sexual). Outra descobriu que os atletas eram os aristocratas sociais da escola de ensino médio local (a escola tinha uma equipe de tênis, e por isso ela encorajou seu filho bem coordenado de 11 anos de idade a tomar aulas). Entre as melhores fontes para esse tipo de informação estão os jovens alguns anos mais velhos que seu filho; pode valer a pena cultivar um relacionamento respeitoso com um adolescente da vizinhança se você quer saber o que realmente acontece na escola.

Os colegas também podem ajudar os jovens com dificuldades a aprender as habilidades sociais. Algumas escolas do ensino médio reúnem os jovens que têm dificuldades de aprendizagem e outros tipos de dificuldades com "treinadores" voluntários que os introduzem a uma série de atividades; almoçam com eles, respondem perguntas e servem de modelos para um comportamento social adequado. Programas como este oferecem a vantagem de proporcionar orientação aos adolescentes quando e onde eles mais necessitam. Se a sua escola não tem esse tipo de programa, informe-se com o diretor sobre de que maneira contatar organizações de estudantes que promovem serviço e liderança (como a associação dos estudantes ou a National Honor Society) para saber como iniciar um projeto de tutoria dos pares.

O que mais os pais podem fazer para promover o desenvolvimento social? Descrevemos a seguir três importantes estratégias que podem ajudar as crianças a se desenvolver na direção certa.

Desligue o aparelho de TV

Muitas crianças passam mais tempo assistindo à televisão do que fazendo qualquer outra atividade, exceto dormir. Três ou quatro horas por dia assistindo à TV não é algo incomum, e algumas crianças regularmente assistem muito mais que isso. Os especialistas fazem objeções a assistir à televisão em excesso por várias razões. Uma delas é que a televisão introduz as crianças a conteúdo e valores questionáveis. Por exemplo, estima-se que quando terminam o ensino fundamental, as crianças norte-americanas terão testemunhado mais de 8 mil assassinatos e mais de 100 mil outros atos violentos (inclusive estupro e assalto à mão armada) na televisão. Isso tem sido conectado a uma elevação tanto na ansiedade quanto na agressão entre as crianças, assim como a uma indiferença crescente com relação ao sofrimento humano. Grande parte dos socos e chutes que os pais tentam impedir ou punir podem estar ligados ao que as crianças veem na TV (onde o comportamento impulsivo ou violento é às vezes representado como uma maneira de os *bons* indivíduos resolverem os problemas). Embora haja mais diversidade na televisão do que costumava haver, os estereótipos raciais e de gênero ainda são comuns. Há tanto sexo na TV que os adolescentes atualmente relatam que a maior pressão para se tornarem sexualmente ativos vêm da televisão – não de seus pares. Os estudos dizem que as crianças que assistem muita televisão têm também maior probabilidade de fumar e ingerir álcool.

Espere, isso piora. A televisão tem sido relacionada a debilidades na fluência verbal, capacidade de leitura e pensamento criativo. O mau desempenho na escola tem sido associado a assistir à TV pelo menos 10 horas por semana. Um estudo de uma pequena cidade canadense antes e depois de a recepção de TV ter sido disponibilizada encontrou que tanto a fluência na leitura como a participação na comunidade diminuíram depois da introdução da televisão na cidade. A agressão verbal e física aumentou. Acrescente-se a tudo isso o fato de que a criança mediana é bombardeada com mais de 40 mil comerciais por ano (muitos de comidas não saudáveis e outros produtos questionáveis) e o argumento para desligar o aparelho torna-se bastante poderoso.

A "TV educativa" tem algum valor? Os estudos descobriram que a qualidade dos produtos infantis – como *Vila Sésamo* – ajudam as crianças pequenas a aumentar seu vocabulário, na leitura precoce e nas habilidades de leitura na escola. Foi observado que os benefícios (mais leitura de livros e melhores notas em inglês, por exemplo) persistem bem além da graduação na escola. Infelizmente, a programação realmente educacional além dos anos da educação infantil é escassa.

Mesmo que toda a programação fosse aceitável, a televisão ainda interferiria com o desenvolvimento porque rouba das crianças as oportunidades sociais. A razão mais forte para desligar a TV pode ser uma lista breve do que as crianças não estão fazendo quando estão grudadas à tela: elas não estão aprendendo a brincar cooperativamente, não estão aprendendo a tomar decisões ou resolver problemas, não estão tendo conversas e desenvolvendo as habilidades de linguagem, não estão lendo ou se exercitando fisicamente. Portanto, embora as crianças certamente irão objetar, as evidências sugerem que restringir a televisão é do seu melhor interesse. Como veremos brevemente, outros tipos de atividades têm muito mais a lhes oferecer.

Promova a consciência social

As crianças com dificuldades de aprendizagem em geral estão menos a par das questões sociais do que as outras da sua idade. As pesquisas relatam que os eventos atuais e tópicos controversos como abuso de drogas, racismo, assédio sexual, questões ambientais, desabrigados, pobreza e intolerância religiosa não são com frequência discutidos em classe; quando são, os alunos com dificuldades de aprendizagem têm uma maior probabilidade de estar ausentes (obtendo ajuda de educação especial) ou são incapazes de participar porque as informações não são apresentadas de uma forma que eles consigam entender. Como resultado, estes jovens estão em geral desinformados sobre essas questões ou têm opiniões que foram grandemente influenciadas pela mídia.

Esta ausência geral de consciência contribui para a impressão de que as crianças com dificuldades de aprendizagem estão "por fora", e isso pode também conduzir a um comportamento que é visto como desrespeitoso, irresponsável ou simplesmente ofensivo (os esforços para agir como os caras durões da TV, por exemplo, raramente são apreciados pelos professores). Para evitar essa situação, os pais podem ter de fazer um esforço extra para ajudar os filhos a se tornarem mais conscientes do mundo que os cerca. Seguem algumas sugestões:

Mantenha as crianças informadas dos eventos atuais. Discutir o que está acontecendo no país e no mundo ajuda os alunos a desenvolverem sua consciência de questões importantes como direitos civis, liberdade religiosa, desigualdade econômica e segurança ambiental. Pode também ajudar as crianças a apreciar outras culturas além da sua própria. Para ajudar as crianças a ficarem sintonizadas com tais questões, assista os noticiários de TV com elas e peça suas opiniões sobre as questões. Assine jornais e revistas informativas (que são preferidas por alguns alunos porque são ilustradas) e estimule os comentários das crianças sobre eventos de importância local, nacional e global. (Lembre-se de que há revistas informativas de alto interesse e fácil leitura disponíveis para crianças; cheque com a biblioteca da sua escola.) Mesmo que as crianças não leiam elas próprias as notícias, discuti-las com você vai aumentar a sua consciência; e vai também ajudar a desenvolver seu pensamento e suas habilidades de linguagem.

Envolva as crianças em serviço comunitário. Não há melhor maneira de aprender sobre as questões importantes que a nossa comunidade enfrenta do que se tornando um voluntário. O trabalho voluntário não apenas ajuda as crianças a encontrarem um foco fora delas próprias, mas também ser útil aos outros pode proporcionar um grande estímulo à autoestima. Alem disso, as crianças que realizam regularmente trabalho voluntário com frequência adquirem habilidades que as ajudarão mais tarde no trabalho (aprender a ser pontual, a operar computadores e outros equipamentos de escritório, e a lidar com o público pessoalmente e por telefone são benefícios prováveis). Na maioria das comunidades há muitas oportunidades de serviço, que variam desde ajudar em museus até colaborar na cozinha comunitária e ajudar com a educação ambiental e campanhas de ação política. Muitas organizações sem fins lucrativos são receptivas a trabalhadores voluntários confiáveis.

Relacione as questões à conduta pessoal. Os pensadores concretos não aplicarão automaticamente observações gerais sobre questões como sexismo, racismo e tolerância religiosa ao comportamento pessoal. (Por exemplo, um jovem que sabe que o racismo é errado pode ainda repetir impensadamente maledicências raciais que ele se acostumou a ouvir na televisão ou na escola.) Por isso, é necessário tornar a conexão explícita. Por exemplo, quando se fala sobre as preocupações ambientais, por exemplo, enfatize como a criança pode lidar pessoalmente com as questões (como ajudar nos esforços de reciclagem ou de conservação da água). Seja igualmente explícito sobre o comportamento que a criança deve evitar (como espalhar o lixo). Isso promove a consciência social em um nível pessoal.

Quando os jovens se aproximam da adolescência, é particularmente importante relacionar a responsabilidade social e o comportamento sexual. Embora os rituais da abordagem possam ser difíceis de serem dominados por qualquer adolescente, os adolescentes com déficit da percepção social têm uma dificuldade ainda maior de entender como se comportar adequadamente com o sexo oposto. Uma lista de habilidades de sobrevivência sexual é apresentada no quadro a seguir. Estas questões precisam ser discutidas com os jovens antes de eles deixarem o ensino médio (quanto mais cedo melhor; as crianças pré-adolescentes estão com frequência mais abertas a discutir questões sexuais com os pais do que os adolescentes. Para ser

---

Habilidades de sobrevivência sexual

Aprender a se comportar de uma maneira sexualmente responsável é uma parte importante do crescimento. Os pais precisam se certificar de que seus filhos adolescentes sabem como enfrentar o seguinte:

- rejeitar avanços sexuais indesejados de uma maneira adequada à personalidade do jovem e à situação enfrentada (esta habilidade é tão importante para as meninas quanto para os meninos)
- exibir o interesse romântico por alguém de uma maneira respeitosa e não intimidadora
- admitir e respeitar a rejeição de seus avanços românticos ou sexuais por parte de outra pessoa (por exemplo, entender que a frase "Vamos ser amigos" é em geral uma rejeição)
- comunicar as expectativas de relacionamento para um parceiro de maneira aberta e honesta (em vez de se comportar de uma maneira ofensiva ou capciosa)
- obter as expectativas de relacionamento de um parceiro em uma conversa direta (em vez de ficar supondo-as e/ou sendo iludido)
- negociar as atividades do namoro que sejam do agrado mútuo, assim como razoavelmente seguras e responsáveis (por exemplo, que não envolva um alto risco de ser atraído para algum lugar ou se deparar com uma companhia indesejada)
- estabelecer termos de intimidade com um parceiro que sejam fisicamente seguros, responsáveis e respeitosos por ambas as partes (se não a abstenção do sexo, então a prática de sexo seguro)

Adaptado de Philadelphia Child Guidance Center com J. Maguire, *Your Child's Emotional Health: Adolescence*. (New York: Macmillan, 1995).

eficaz é importante ir além de falar sobre o que se deve evitar ("Certifique-se de que os garotos a respeitam e mantenham suas mãos longe de você!"); você também deve falar sobre como evitá-lo ("Imaginemos que ele queira ter um contato físico antes que você esteja pronta para isso; quais são algumas maneiras de se dizer não? E se ele não escutar?"). Esse tipo de preparação pode não apenas reduzir o risco de situações constrangedoras, mas também ajudar a garantir a segurança sexual dos adolescentes.

Encoraje os interesses fora de casa

Estar envolvido com passatempos, atividades extracurriculares, esportes e/ou programas baseados na comunidade, como escotismo, pode aumentar as oportunidades de contato social da criança. Interesses compartilhados também podem proporcionar uma base para uma interação amigável (por exemplo, dois fãs de beisebol ou colecionadores de moedas em geral não têm dificuldade em encontrar algum assunto para conversar, mesmo que suas habilidades de conversa sejam limitadas). Melhorar as oportunidades de interação de qualidade é importante porque as pesquisas sugerem que quanto mais as crianças conhecerem umas às outras, mais vão gostar umas das outras, independentemente de suas diferenças em seus níveis acadêmicos. Participar de esportes e programas recreativos também pode ajudar a desenvolver as habilidades das crianças e estimular sua autoconfiança. Nas páginas 266 e 267 veremos um estudante do ensino médio com dificuldades de aprendizagem descrever os muitos benefícios oriundos de correr com seu time de *tracking* (uma atividade em que ele precisou de mais de um pequeno "encorajamento" para se envolver).

Os estudos mostram que as atividades recreativas podem também facilitar a transição para a idade adulta. Por exemplo, o importante estudo realizado em Kauai, no Havaí, citado anteriormente, descobriu que a maior parte dos indivíduos com dificuldades de aprendizagem que se deram bem na idade adulta sentia prazer nos interesses e *hobbies* que aliviavam o estresse quando as outras coisas nas suas vidas estavam desmoronando. A maioria dessas pessoas participou de programas recreativos cooperativos (como líderes de torcida e programas da Associação Cristã de Moços) quando adolescentes.

Obviamente, pode-se obter muitos ganhos dessas iniciativas além de condicionamento físico e diversão. No entanto, para envolver os jovens com dificuldades de aprendizagem nestas atividades convém observar algumas diretrizes.

Reserve um tempo para preparar a criança para a atividade, e a atividade para a criança. Muitas crianças com dificuldades de aprendizagem temem um pouco as situações novas e ficam ansiosas com relação à sua capacidade para serem bem-sucedidas. Algumas crianças também têm dificuldades para aprender novos procedimentos e regras. Antes de iniciar uma nova atividade, dê ao seu filho o máximo que você puder de uma "visão prévia" do que vai acontecer. (Antes da primeira reunião das Bandeirantes, por exemplo, arranje um encontro com a líder da tropa, visite o local onde são realizadas as reuniões e leia junto com sua filha alguma literatura sobre o assunto.) É também uma boa ideia conversar com os líderes de grupo sobre a dificuldade de aprendizagem da criança para que eles possam ajudá-la a dar o máximo que de si e para que evitem colocá-la em situações constrangedoras. (Por exemplo, mencionar ao treinador que uma criança tem dificuldade para entender as instruções quando há um forte ruído de fundo pode fazer a diferença entre o sucesso e o fracasso de um jogador de hóquei no gelo.)

Escolha as atividades tendo por base o interesse, não a idade. Ter amigos é importante para a autoestima, mas não há regra que diga que todos os seus amigos têm de ter a mesma idade que você. Como as crianças com dificuldades de aprendizagem podem demorar a amadurecer, elas às vezes

Ben

Ben é estudante de antropologia e funcionário dos clubes de fotografia e excursões do Bates College. Seus hobbies incluem pesca com isca artificial, desenho, dança de salão, mountain biking e guitarra (um instrumento que, segundo ele, o ajuda a fazer amigos onde quer que vá).

Quando ingressei no ensino médio, meu pai insistiu para que eu participasse de uma equipe esportiva. Isso fazia parte do seu esquema para eu ficar envolvido na minha nova escola. Lembro-me de me sentir muito irritado sendo obrigado a ocupar o meu tempo segundo os planos de meu pai. Eu era alto, magrelo, não estava na melhor das formas físicas, e certamente não estava nem um pouco interessado na atividade física organizada. Eu me via sendo atingido pelas bolas, esmagado por monstros de 150 quilos sem pescoço, e sendo obrigado a sorrir e suportar tudo mesmo que aquilo estivesse me fazendo mal. Meus interesses estavam mais direcionados para o espectro das artes, onde a minha coordenação poderia ser colocada de uma maneira que não envolvesse machucar meus braços e pernas. Mas para mim era um esporte que eu devia escolher, ou me arriscar a enfrentar a fúria de meu pai, pairando alta e soturna sobre mim.

Consultei minha professora de educação física. Ela me apresentou ao seu sobrinho Joe, um aluno mais adiantado que corria na equipe de *cross-country* desde o ensino médio. Joe me apresentou ao seu treinador, que me pediu para comparecer para o treino no dia seguinte, com *short* e tênis de corrida. Foi assim que começou minha carreira de corredor.

Quando eu apareci para o treino, o treinador me mandou correr oito quilômetros. Na manhã seguinte, quase não conseguia andar. Quando fui caminhando com dificuldade até a escola, os músculos das minhas pernas pareciam estar sendo friccionados por lírios-tocha. Outros membros da equipe perceberam e se solidarizaram com a minha condição. Os membros mais velhos da equipe me encorajaram a continuar correndo e me disseram que aquilo iria melhorar.

À medida que continuei a participar dos treinos, descobri que eu não era tão diferente dos outros corredores. Sim, havia alguns atletas estereotipados na equipe, mas havia também artistas, entusiastas do teatro e matemáticos participando dela por várias razões. Alguns de nós corriam por diversão, outros para condicionamento físico e alguns corriam para obter bolsas de estudo. Todos nós chegávamos machucados ao alto da montanha, quando terminava a corrida.

Com frequência os membros experientes da equipe ajudavam os novos membros. Eles ofereciam encorajamento quando a exaustão se instalava e davam pequenos conselhos sobre aquecimento, redução da fadiga, como livrar-se das cãibras. Eu gostava do fato de que, mesmo não sendo um "astro", você era aceito e respeitado como um membro da equipe. Lembro-me de um corredor que era obeso. Todos os anos ele corria para perder peso. Ele não era nada bom – na verdade, em geral chegava em último lugar – mas sempre ia até o fim. E toda vez que ele cruzava a linha de chegada, seus companheiros de equipe aplaudiam e vibravam.

Quando comecei a entrar em forma, meus tempos começaram diminuir. Passei a ficar mais interessado em como eu estava correndo; consegui estabelecer recordes pessoais e rompê-los. Eu não estava mais correndo porque meu pai disse que eu tinha de correr – estava correndo porque gostava daquilo. Desenvolvi uma rivalidade amistosa com outro calouro, pois competíamos pela mesma vaga na escalação da equipe. E me vi querendo vencer. Dormi bastante na véspera da corrida e comi espaguete no jantar para ter bastante energia.

(continua)

No fim do meu primeiro semestre, consegui entrar na equipe que representava o colégio. Minha mãe havia me prometido que se eu conseguisse vencer o prêmio de excelência nas atividades escolares, ela me daria uma jaqueta como aquelas que eram usadas pelos membros mais velhos da equipe. Nós fomos ao *shopping*, escolhemos a jaqueta e mandamos fazer meu monograma. Em casa, mamãe costurou as brilhantes letras cor de laranja. No dia seguinte eu me senti ótimo indo para a escola com aquela jaqueta, como se eu fosse um membro da grande liga! Olhando para trás, acho que eu devia parecer um pouco engraçado, um calouro magrelo fissurado em arte usando uma enorme jaqueta do time da escola. Mas eu estava orgulhoso por tê-la ganho, e aquela jaqueta ainda me aquece nos dias de outono.

Sei agora que meu pai estava certo em insistir comigo para que eu participasse de uma equipe. Além de ter se tornado uma fonte de confiança e orgulho pessoal, a equipe me proporcionou uma maneira ótima de conhecer pessoas. Minha escola é a mais culturalmente diversificada da nossa cidade. Sua população inclui afro-americanos, latinos, nativos americanos, gente do Oriente Médio e asiáticos. Infelizmente, a escola é muito fragmentada socialmente, e as pessoas de diferentes raças e nacionalidades nem sempre se misturam. Entretanto, quase todos desses grupos correm, e na equipe de corrida havia menos "panelinhas". Devido à minha participação em um esporte, desenvolvi uma base de amigos muito mais ampla.

Por me juntar à equipe também aprendi a ser mais aberto a tentar coisas novas (e talvez a ouvir meu pai). Descobri que se eu quisesse ser parte de alguma coisa, não tinha de esperar ser convidado. Eu não pretendia me juntar a nenhum clube ou atividade quando ingressei no colégio, mas depois que comecei a correr percebi que podia aprender muito com as atividades extracurriculares. Acabei me envolvendo em muitas outras atividades na escola. Entrei no clube de esqui. Ajudei a construir cenários para o clube de teatro e, finalmente, consegui a coragem suficiente para fazer testes para papéis nas peças da escola. Tornei-me o fotógrafo – e finalmente editor de fotos – do livro do ano. Cada uma dessas atividades envolvia um tipo diferente de trabalho em equipe e me deu oportunidades para fazer novos amigos. Essas experiências acrescentaram tanto ao meu prazer e ao meu crescimento nos anos do ensino médio que eu realmente detesto pensar no que seria de mim se meu pai não tivesse insistido tanto para eu me tornar membro de uma equipe.

---

se sentem mais à vontade com pessoas um pouco mais moças – ou mais velhas – do que elas. Por exemplo, um menino de 12 anos que é impulsivo e dispersivo demais para jogar beisebol com outros meninos da 7ª série pode se divertir muito fazendo jardinagem com um grupo de adultos ou trabalhando na montagem de uma ferrovia em miniatura com um vizinho de 10 anos. Um garoto que monta uma coleção de pedras com seu avô se beneficia tanto da atenção especial que recebe quanto desenvolve uma série de conhecimentos com os quais ele pode impressionar seus companheiros. Encorajando atividades que abrangem indivíduos de idades diferentes você pode com frequência melhorar consideravelmente as oportunidades sociais de uma criança.

Evite a competição ferrenha. As atividades cooperativas que enfatizam o prazer, o crescimento individual, a participação e que dão uma contribuição para um esforço compartilhado tendem a ser os melhores estímulos à confiança para as crianças com dificuldades de aprendizagem. Muitas crianças preferem esportes individuais ou recreativos como natação, tênis, golfe, *skate* ou esqui, a esportes em equipe mais competitivos. Se o seu filho quer jogar em um esporte de equipe (em muitas comunidades estas são atividades de *status* elevado, especialmente para os meninos), certifique-se de que o treinador esteja interessado em desenvolver tanto cada um dos jogadores quanto o time como um todo.

Quando se trata de fazer amigos, os pais podem ajudar muito simplesmente criando situações de proximidade – reunindo crianças com interesses similares (combinando passeios ou acampamentos familiares ou envolvendo as crianças em atividades organizadas baseadas em seus talentos ou entusiasmos). Tenha em mente que o que conta é a qualidade – não a quantidade. Muitas crianças com dificuldades de aprendizagem ficam mais à vontade compartilhando uma atividade com um ou dois amigos especiais; grupos maiores podem sobrecarregar suas competências de linguagem receptiva ou expressiva ou produzir muitas distrações. Uma criança que tem alguns poucos companheiros regulares provavelmente se sente bem assim e pode não precisar de mais. *Hobbies* e atividades em grupo vão proporcionar oportunidades maravilhosas para exercícios e estimulação intelectual; portanto, quaisquer que sejam os interesses de seus filhos, busque oportunidades que possam ajudá-los a persistir neles.

SEJA CONSISTENTE NAS REGRAS E NOS LIMITES

Todas as crianças precisam da segurança de um sistema de regras e limites. No entanto, a maneira como as regras são estabelecidas e impostas pode ter um impacto importante tanto sobre os relacionamentos familiares quanto sobre a autoimagem da criança. Vamos dar uma olhada nos três tipos de prática de criação de filhos que são particularmente comuns.

Pais rígidos. Estes pais comunicam padrões elevados para seus filhos e pouco toleram em termos de transgressão. A energia é tipicamente concentrada em corrigir comportamentos negativos. Os padrões são impostos por medidas autoritárias (ameaças ou punições), desacompanhadas de explicação ou discussão. As crianças têm pouca ou nenhuma escolha. A obediência é encarada como uma virtude e valorizada como tal.

Pais assertivos. Estas mães e pais também têm padrões firmes para a obediência, o desempenho na escola e o comportamento responsável em casa. Entretanto, eles explicam as razões para suas regras e se dispõem a ouvir os pontos de vista dos filhos. Os pais reconhecem e recompensam o bom comportamento, mas também punem as transgressões. As crianças têm uma abrangência de escolhas reduzida. A independência e a iniciativa são traços valorizados.

Pais permissivos. Estes pais aceitam muito o comportamento e os impulsos de seus filhos. Com frequência são calorosos e afetivos, mas não insistem em padrões ou limites; as regras são raramente impostas. A liberdade é valorizada. As crianças recebem muitas escolhas, mas pouco apoio ou orientação para fazê-las.

As pesquisas indicam que os pais assertivos são aqueles com maior probabilidade de inspirar confiança e respeito, e de ter filhos responsáveis, autossuficientes, cooperativos, confiantes e criativos. Os mais rígidos são mais prováveis de inspirar medo e ressentimento; seus filhos são com frequência retraídos, desconfiados e descontentes. Os filhos de pais muito permissivos tendem a ser os menos controlados e autossuficientes de todos. A falta de estrutura e de exemplos eficazes frequentemente os conduz a serem irresponsáveis, desorganizados e deslocados.

Os estudos realizados com crianças com dificuldades de aprendizagem indicam que seus problemas podem piorar se elas têm pais com estilos excessivamente rígidos ou demasiado permissivos. Por exemplo, os pais superprotetores têm sido associados com hiperatividade e atrasos no desenvolvimento da criança. Os pais que são inflexíveis sobre seus padrões frequentemente preparam seus filhos com diferenças desenvolvimentais para o fracasso; segue-se a perda da autoconfiança e da motivação. Em contraste, os pais autoritários dão aos filhos com dificuldades de aprendizagem quatro das coisas que eles mais necessitam: um modelo forte, crença em suas habilidades para lidar com os problemas com a orientação do adulto, estrutura e encorajamento. A seguir, temos algumas sugestões de especialistas para aqueles que gostariam de tornar seus estilos parentais mais produtivos.

Mantenham as regras a um mínimo

Regras em demasia criam uma atmosfera familiar repressiva. Os pais terminam agindo como oficiais de condicional – sempre vigilantes às transgressões – e seus filhos se tornam temerosos ou dissimulados (dependendo de suas idades e personalidades). Seja como for, as crianças se sentem desvalorizadas. Não dê ordens em situações em que uma negociação poderia resolver, ou para tarefas que se autoimpõem (por exemplo, você realmente não precisa dizer aos seus filhos para cuidar de suas roupas; eles cuidarão delas quando virem que não têm mais roupa limpa para vestir). Só imponha a lei quando se tratar de questões importantes, como insistir que seus filhos o mantenham informado sobre onde estão e/ou telefonem para lhe dizer quando vão se atrasar. Regras como essas mostram às crianças que seus pais as valorizam e se preocupam com elas.

Lembre-se também de que o objetivo das regras é regular o comportamento – não os pensamentos ou os sentimentos. As tentativas de ditar questões de gosto ou opinião pessoal são em geral insensatas. Dizer às crianças o que devem vestir ou quem devem ter como amigos, por exemplo, só deriva em conflito desnecessário e põe em risco seu relacionamento com seu filho. Portanto, mesmo que você deteste o rabo de cavalo de seu filho, tente conviver com ele. (Um orientador educacional experiente refere-se a isso como "escolher as batalhas que você vai perder". "Se você der aos filhos espaço para se rebelar com itens seguros como moda e cabelo", explica ele, "ficará em uma posição muito melhor para impor padrões sobre itens mais importantes, como drogas".)

Procure educar e negociar em vez de impor

Educar as crianças sobre padrões e negociar soluções mutuamente aceitáveis para os problemas pode ser um meio muito mais efetivo de melhorar o seu comportamento do que o castigo. Considere o caso de uma menina de 5 anos que arranca um brinquedo das mãos de seu irmãozinho bebê e o esconde. Podemos gritar com Susie ou puni-la por seu comportamento agressivo, mas em vez disso vamos lhe perguntar o que aconteceu. Ah! Parece que a boneca que Susie arrebatou do irmãozinho era dela e ela não gostou do fato de ele estar mordendo a cabeça dela. Se ouvíssemos Susie, poderíamos perceber que ela havia sido mais agressiva do que pretendia e está apavorada de poder ter machucado o bebê. Evidentemente, há pouco a ser ganho em mandar a garotinha ficar de castigo em seu quarto; o que ela necessita é uma estratégia para lidar com esse tipo de situação no futuro ("Agora que o bebê consegue engatinhar, é melhor não deixar seus brinquedos no chão. Talvez precisemos de uma prateleira especial para colocar suas coisas. Se você estiver se sentindo zangada com o bebê, venha me contar e eu vou ajudá-la a resolver o problema").

À medida que as crianças vão ficando mais velhas, torna-se cada vez mais importante envolvê-las no estabelecimento de padrões e regras. As tentativas de controlá-las com ordens arbitrárias ("Você vai fazer isso porque eu estou mandando!") comunica tanto uma falta de fé no julgamento da criança quanto torna a rebelião sua única opção para expressar sua individualidade. Mesmo quando suas opiniões parecem estranhas, é essencial escutar as crianças. Aquelas que se sentem respeitadas e entendidas têm uma maior probabilidade de confiar nas opiniões de seus pais. Assim, você pode descobrir que as crianças se tornam muito mais abertas e flexíveis quando têm o direito de se expressar.

No entanto, aprenda a reconhecer o ponto em que a negociação começa a deteriorar em uma luta de poder. Quando as discussões degeneram em acusações e atitudes de desprezo, ninguém consegue ganhar. Se você ou seu filho está "perdendo", declarar uma trégua pode ser a salvação da pátria. Às vezes uma refeição silenciosa, um banho quente ou uma noite de sono podem fazer maravilhas para restaurar a perspectiva de uma pessoa e a sua capacidade para apreciar as melhores qualidades de uma criança. Lembre-se também de que a responsabilidade por fazer e impor as regras está com o adulto (*não* deixe seu filho convencê-lo da ideia de que as questões familiares devem ser decididas "democraticamente"). Se tentativas razoáveis na discussão e na negociação não conseguiram produzir um compromisso viável, é apropriado dizer aos seus filhos: "Obrigado por sua opinião; mas esta é a minha decisão", e pôr um fim na discussão.

Aplique consequências lógicas

Mais cedo ou mais tarde, todas as crianças testam as regras. Ignorar tais violações não é o melhor que você pode fazer por seus filhos; os pais assertivos reagem imediatamente quando as regras são violadas. Após uma discussão breve em que a regra é reexaminada e as crianças têm uma oportunidade razoável para explicar o seu comportamento, a disciplina é aplicada.

Sempre que possível, as consequências das transgressões devem ter uma conexão lógica com o mau comportamento. Se uma criança é cronicamente descuidada com relação a onde deixa sua bicicleta, por exemplo, é lógico que a bicicleta lhe seja retirada durante um certo tempo; provavelmente essa punição será muito mais eficaz do que uma preleção ou uma palmada. (Bater nas crianças raramente consegue algo além de humilhá-las e estimular um desejo de vingança.) Tente explicar as punições de uma maneira que seja respeitosa para com a criança. "Eu estou vendo que você ainda não tem idade suficiente para ser responsável por uma bicicleta, então vamos guardá-la até o próximo mês" – é um comentário que não põe em questão a índole da criança. Em contraste, "Como você pode ser tão descuidado! Seu pai pagou uma fortuna por essa bicicleta, mas você obviamente não liga pra isso!" implica que a criança é uma má pessoa que não merece a generosidade de seus pais.

Quando o comportamento indesejável produz suas próprias consequências desagradáveis, a melhor estratégia é às vezes simplesmente não interferir. Se uma criança se esquece de devolver os livros à biblioteca, por exemplo, uma enorme multa da biblioteca pode ser tudo o que é necessário para encorajá-la a mudar suas maneiras. Se as consequências que as crianças enfrentam não são realmente perigosas, resista ao impulso de poupá-las destas experiências de aprendizagem úteis. Observe também que aplicar as consequências lógicas pode ser um motivador muito mais eficaz do que ficar reclamando. Por exemplo, se as crianças estão tendo dificuldade de se lembrar de colocar as roupas sujas no cesto, não as intimidem por causa disso. Em vez disso, não lave nada que não estiver no cesto; eles vão captar a mensagem.

Falando de modo geral, o melhor momento para determinar as penalidades pela quebra de regras é antes que a transgressão aconteça. Quando você estabelecer uma expectativa (de que as coisas de Johnny serão retiradas da cozinha no sábado, por exemplo), também estabeleça a penalidade pela falha no cumprimento (não serão permitidos os compromissos sociais até que a tarefa tenha sido realizada). Isso ajuda a evitar mal-entendidos e também poupa você de tentar pensar em uma punição justa quando estiver zangada – um momento em que uma prisão com trabalhos forçados pode parecer razoável. Se você discutir as consequências em um momento calmo, as crianças podem às vezes ser surpreendentemente cooperativas. "Quando perguntei ao meu filho de 17 anos qual deveria ser o castigo por se atrasar para o jantar, ele disse, 'Bem, Mamãe, acho que eu deveria fazer meu próprio jantar'", recorda-se uma mãe. "Pareceu-me razoável. Daí em diante, a regra foi que se ele não chegasse em casa nem telefonasse até as 19h30, eu não faria o jantar para ele."

Lembre-se de que quaisquer que sejam as consequências estabelecidas, é você que terá de impô-las. Não determine consequências que sejam mais difíceis para você do que para a criança! Por exemplo, proibir um adolescente de usar o carro durante um mês pode parecer um castigo efetivo – até você perceber que agora tem de levar sua filha para onde ela precisar ir. Do mesmo modo, se determinar tarefas extras o coloca na posição de ficar lembrando incessantemente as crianças de fazê-las e/ou ter de ficar de guarda para ver se as estão fazendo direito, o castigo pode ser mais incômodo do que valeria a pena. Como as regras são inúteis a menos que sejam impostas consistentemente, as melhores consequências são as simples e fáceis de executar. (Impedir sua filha adolescente de sair num sábado à noite por não ter cumprido o horário para chegar em casa pode ser tão eficaz quanto mantê-la presa em casa durante um mês, e você só terá de ouvir suas queixas durante um dia, e não durante um mês inteiro.)

Use o reforço positivo

Uma das ferramentas mais poderosas para mudar o comportamento das crianças é elogiá-las quando fazem a coisa certa e recompensá-las por isso. O *feedback* positivo também estimula a autoestima porque ajuda as crianças a se verem como capazes e responsáveis (a punição frequente tende a enfatizar a ideia de que as crianças são irresponsáveis ou inerentemente más). Levar uma criança para jantar fora para comemorar um bom boletim ou afixar orgulhosamente na geladeira um relatório melhorado em ortografia é em geral um motivador mais eficaz do que ficar importunando-a com a lição de casa. Do mesmo modo, dizer a uma adolescente "Você está elegante hoje!" em geral dá mais resultado do que dizer-lhe a semana toda "Não me diga que você vai sair de casa vestida *desse jeito!*"

Entretanto, as recompensas oferecidas da maneira errada podem realmente minar a motivação das crianças. Por exemplo, as crianças que recebem um *feedback* positivo indiscriminado às vezes se tornam "viciadas em elogios" – o objetivo do desempenho se torna obter atenção e reconhecimento; a satisfação pessoal com a realização declina e o desempenho cai assim que o elogio é retirado. As crianças podem também se ver tão impacientes para receber uma recompensa prometida que têm dificuldade para se concentrar na tarefa que precisam fazer. Por exemplo, uma criança a quem é dito que ganhará pipoca depois que terminar sua lição de matemática pode fazer a lição correndo e realizar um trabalho pior do que realizaria se nenhum incentivo lhe tivesse sido oferecido! As crianças que percebem a recompensa como uma tentativa de coagir sua obediência (e por isso limitar suas escolhas) também podem sofrer uma queda em sua motivação. O elogio vago e não relacionado a um comportamento específico (como "Você foi uma boa menina hoje") pode deixar uma criança se sentindo pouco à vontade e insegura (o que exatamente ela fez que foi "bom", e se ela se esquecer de fazer isso amanhã?).

Para tornar o reforço positivo eficaz, os especialistas aconselham as seguintes diretrizes:

Só use as recompensas quando elas forem necessárias. Oferecer recompensas quando elas não forem necessárias desloca a motivação da satisfação de fazer o certo e a coloca na direção de fazer para ser recompensada. Sempre que possível, deixe que o sucesso seja a sua própria recompensa e *não* ofereça recompensas se o nível de motivação ou satisfação de uma criança com uma realização já estiver elevado. Sem dúvida reconheça as realizações das crianças ("Estou tão orgulhosa de você por ter ido tão bem em matemática!"), mas esteja consciente de que oferecer incentivos adicionais ("Aqui estão 20 reais por ter tirado uma nota tão alta") só pode confundir a questão.

Vincule o elogio e as recompensas a um comportamento específico. As crianças precisam saber exatamente o que fizeram *certo* se você quer que elas o façam novamente. "Eu percebi que você 'deu um tempo' quando começou a ficar zangado – isso foi inteligente!" terá um efeito muito mais poderoso sobre o comportamento do que o comentário mais geral "É bom ver que você e Steve estão se dando melhor ultimamente". Sempre que possível, vincule as recompensas ao tipo particular de esforço que está sendo feito. Se uma criança está se esforçando muito em arte, por exemplo, recompensá-la com livros de arte ou com um generoso suprimento de tintas e pincéis é a maneira mais significativa de expressar a sua aprovação.

Use o incentivo menos poderoso que seja eficaz. A pesquisa mostra que um pouco de encorajamento pode render bastante. Por exemplo, um estudo realizado com alunos do ensino médio descobriu que o elogio funcionava melhor quando era oferecido parcimoniosamente (5 a 10% do tempo); se fosse usado mais frequentemente, os jovens paravam de ouvi-lo. (As crianças pequenas em geral necessitam de um reforço mais frequente do que os adolescentes.) Recompensas excessivas também podem minar a motivação interna e estabelecer um entendimento de que a única razão para atingir um objetivo é ganhar prêmios cada vez maiores.

---

50 Maneiras de dizer "Parabéns!"

Seu esforço está compensando.
Você me fez ganhar o dia.
Como você é inteligente!
Você está no caminho certo.
Você é bom nisso.
Você melhorou muito!
Eu sabia que você ia conseguir.
Uma grande melhora!
Agora você conseguiu.
Maravilha!
Que boa ideia!
Você não esqueceu nada.
Bom começo.
É assim que eu gosto de ver!
Um trabalho pra ninguém botar defeito.
Foi o melhor que você já fez.
Que bom pra você!
Estou orgulhoso de você.
Muito bem!
Muito original.
Maravilha!
Você está indo muito bem.
Você realmente foi ótimo.
Estou impressionado!
Você deve ter se esforçado bastante.

Você aprendeu um bocado.
Você se lembrou!
Eu realmente fico contente com isso.
Boa tentativa.
Uau!
Olhe o que você conseguiu.
Você é um garoto esforçado.
Meus cumprimentos!
Bom trabalho.
Bom raciocínio.
Você conseguiu sozinho!
Um novo recorde!
Você está quase lá.
É isso aí!
Eu não teria feito melhor.
Você está chegando lá!
Aí, garoto!
Você conseguiu!
Fantástico!
Que belo avanço!
Você se superou!
Valeu o esforço!
Que incrível!
Você está realmente se aplicando.
Vamos comemorar!

(Se o esforço para passar em matemática em um determinado ano é feito visando ganhar uma bicicleta nova, por exemplo, qual é o objetivo de continuar a se esforçar bastante em matemática no próximo ano?) Um abraço e um "Parabéns!" são com frequência tudo o que uma criança necessita. (Para algumas maneiras alternativas de dizer "Parabéns!" verifique o quadro apresentado na página 272.)

Reaja prontamente. O elogio e as recompensas só funcionam bem no reforço do comportamento desejável se forem dados assim que o comportamento ocorre. Se você prometeu ao seu filho uma *banana split* se ele melhorar a sua nota em cidadania, não adie o sorvete até a próxima semana – vá com ele tomar o sorvete no dia em que ele chegar em casa ostentando orgulhosamente seu boletim.

Recompense tanto o esforço e a iniciativa quanto a realização. Esforçar-se bastante e ser persistente são tão dignos de elogios quanto um desempenho excelente. Para a criança com dificuldades de aprendizagem, vale a pena especialmente celebrar o esforço; essas crianças com frequência necessitam de um encorajamento extra para "continuar assim" e levar a cabo tarefas difíceis ou frustrantes. Quando uma criança com déficits de atenção demora 30 minutos realizando uma tarefa, ela merece um elogio mesmo que a tarefa não esteja terminada. Lembre-se de que é o *comportamento* que você quer reforçar; as recompensas nunca podem garantir resultados.

Um educador especial acrescenta: "Mostrar um interesse sincero no que uma criança está fazendo é com frequência ainda mais eficaz do que o elogio". Afinal, o presente mais valioso que um pai pode dar a um filho é o *seu tempo*. Pedir a um filho para tocar para você a nova música que ele aprendeu no violino ou para lhe mostrar seu álbum de selos declara claramente: "Estou orgulhoso de quem você é e do que fez".

ENTRE EM SINTONIA COM A DINÂMICA FAMILIAR

A mãe de um garoto de 14 anos com déficit de atenção e dificuldades no processamento da linguagem relata:

> Eu não acho que o estresse de enfrentar uma criança que tem uma dificuldade de aprendizagem pode fazer com que um casal se separe, mas certamente vai abrir algumas rachaduras no relacionamento que já estavam ali. Meu marido e eu brigávamos sobre muitas coisas que tinham a ver tanto com educação quanto com disciplina. Por exemplo, meu marido diz que eu estrago Justin e o ajudo demais com as coisas. Mas eu acho que meu marido é demasiado crítico – ele não tem passado o tempo que eu passo com Justin e não acho que tenha uma ideia realista do que Justin consegue fazer. Nós brigamos sobre Justin ter aulas de piano. Meu marido disse que Justin ia desistir delas (o que realmente aconteceu), mas eu achava que ele merecia a mesma chance que suas irmãs de aprender a tocar. A época mais difícil no nosso casamento foi quando estávamos tentando decidir se deveríamos nos mudar para a cidade. Nós tínhamos a casa dos nossos sonhos no campo e adorávamos todo aquele espaço e o fato de podermos ter animais. Mas o distrito escolar estava na Idade da Pedra no que dizia respeito às dificuldades de aprendizagem – nós tínhamos de brigar por cada coisa que Justin precisava, e parecia que todas as suas professoras o odiavam. Nas escolas da cidade eles tinham muito mais experiência com o tipo de problema de aprendizagem de Justin, mas isso significaria uma casa menor, impostos mais altos, um quintal minúsculo... Mesmo que isso fosse melhor para Justin, será que uma mudança seria justa para as meninas? Nós discutimos sobre isso durante um ano. No fim, acabamos nos mudando, mas mesmo agora nem sempre concordamos que essa tenha sido a coisa certa a fazer.

Essa história destaca alguns estresses que são comuns em famílias de crianças com dificuldades de aprendizagem: a ambivalência sobre o quanto esperar da criança em casa, a frustração com relação à dificuldade de garantir a ajuda adequada na escola e a culpa sobre o impacto do déficit nas crianças não portadoras de dificuldades.

Embora possa não entender, esta mãe está também descrevendo um padrão de interação familiar que é comum: a "criança-problema" formou uma aliança com um dos pais contra o outro. Em geral (mas nem sempre) é a mãe que se torna a protetora do filho, enquanto o pai passa a ser o bandido (aquele cujo papel é o de impor limites e apontar os erros nas políticas domésticas e nos planos educacionais). Às vezes, à medida que o tempo passa, a família se torna cada vez mais encerrada nesses papéis. Por exemplo, se a mãe acha que ela é a única que entende a criança, pode investir cada vez mais do seu tempo e da sua energia na satisfação das necessidades da criança. Quando isso acontece, o pai – que se sente como se ninguém estivesse ouvindo o seu ponto de vista – com frequência reage se tornando cada vez mais exigente e crítico.

As crianças não portadoras de dificuldades em famílias como estas às vezes também adotam papéis, incluindo estes que são vistos frequentemente:

As supercrianças. Estas crianças têm boas notas, sobressaem-se nos esportes ou em outras atividades extracurriculares e, em geral, se esforçam para fazer tudo certo – quase como se estivessem tentando compensar os problemas e as falhas de seus irmãos.

Os criadores de caso. Estas crianças mantêm os pais envolvidos com eles, criando um problema após o outro. Se a atenção for desviada para as outras crianças, podem reagir produzindo algum tipo de crise.

Os mediadores. Estas crianças são incrivelmente sensíveis aos sentimentos das outras pessoas e investem muita energia tentando apaziguar as discussões e aliviar os problemas para que os membros da família estressada se sintam melhor.

Os palhaços. Eles nos mantêm rindo com suas palhaçadas ou nos distraem de nossas preocupações sendo em geral cativantes e adoráveis.

Cada um destes papéis representa um lance para um local de importância na família. Até certo ponto, estas crianças estão todas tentando competir com a criança portadora de dificuldades, cujo papel na família está sendo disfuncional.

Embora papéis como esses raramente sejam muito confortáveis, com o tempo uma família pode se tornar tão habituada a eles que a mudança significa uma ameaça importante ao sistema familiar e às identidades dos indivíduos dentro dela. Se um membro da família tenta mudar – o pai tenta dar mais apoio à mãe, por exemplo – outros membros da família podem exibir uma considerável resistência ou até mesmo iniciar táticas de oposição a isso. (Se o pai torna-se mais suportivo, a mãe não consegue mais ser a única "salvadora" da criança; se ela não está disposta a desistir deste papel, pode sair dele provocando desacordos e discussões. Do mesmo modo, uma criança que teme perder a atenção exclusiva da mãe pode tentar reconquistá-la aparentando estar desamparada e com mais déficits.) Essas reações são tentativas instintivas de proteger o que é familiar; com frequência, os membros da família que estão seguindo estes roteiros têm pouca consciência do que estão fazendo. O problema com padrões deste tipo é que eles dão pouco espaço ao crescimento individual. Os membros da família, capturados em seus papéis, também não estão dispostos a trabalhar juntos para resolver os problemas – na verdade, se a família se tornou organizada em torno de um problema, seus membros podem brigar para mantê-la como está.

A consciência é o primeiro passo para lidar com este e com outros padrões prejudiciais que ocorrem nas famílias com "crianças-problema". Antes de discutirmos a prevenção, vamos dar uma olhada em algumas outras armadilhas familiares comuns:

Fazer a criança portadora de dificuldades de bode expiatório. Isso ocorre quando uma família se concentra na disfunção de uma criança como um meio de evitar outras questões dolorosas. Praticamente tudo o que acontece de errado na família é atribuído à criança "difícil". Por exemplo, o fato de todas as crianças de uma família estarem indo mal na escola pode ser atribuído à presença de um adolescente hiperativo "descontrolado"; os fatos de o pai ser abusivo e de a mãe beber demais permanecem enterrados em segurança. (Se estes segredos são descobertos, o alcoolismo e a raiva podem ser atribuídos também ao adolescente.) Este padrão confere uma quantidade espetacular de culpa às crianças portadoras de dificuldades, que muitas vezes passam a acreditar que elas são realmente responsáveis por todos os problemas da família.

Entregar-se à negação. Neste cenário, um ou mais membros da família se recusam a aceitar a existência de um déficit, e então pressionam o resto da família a fingir que concorda. A pessoa que lidera o grupo é em geral o pai ou a mãe ("Não há nada de errado com meu filho! Esses professores simplesmente não sabem como lidar com um menino ousado!") ou um avô ou avó ("Por favor, não comente com ninguém sobre esta avaliação; não quero que as pessoas achem que ela é retardada. Seja como for, tenho certeza de que esta avaliação está errada – é óbvio que Carly é perfeitamente normal!"). Se o indivíduo que está em negação detém uma posição poderosa na família, a ajuda à criança pode ser bloqueada ou adiada. Alternativamente, a dificuldade de aprendizagem pode ser reconhecida em alguns ambientes familiares, mas não em outros ("Não diga à tia Ellen..."). A negação está com frequência enraizada na culpa e no medo ("Todos vão achar que é culpa minha... Não consigo suportar dar à minha sogra mais um motivo para ficar contra mim"). As preocupações sobre o *status* social também podem desempenhar um papel importante. No entanto, cooperar com a negação protege os egos dos adultos à custa das crianças. Isso muitas vezes convence as crianças de que ter dificuldades de aprendizagem é algo ruim ou vergonhoso.

Ignorar os interesses dos irmãos. A principal queixa dos irmãos e irmãs de crianças com dificuldades de aprendizagem é que a mãe e o pai esperam mais dos irmãos, embora lhes deem menos tempo e atenção. Mesmo quando os pais fazem um enorme esforço para serem justos, desigualdades inevitáveis podem gerar ressentimento e criar tensão nos relacionamentos entre os irmãos, como descreve Eli (p. 276). Os irmãos de crianças com dificuldades de aprendizagem também podem experienciar muita ambivalência. Por exemplo, uma garota pode se sentir protetora de um irmão portador de dificuldades, mas também se sentir constrangida com o seu comportamento quando os amigos os visitam, e pode temer a rejeição dos pares por causa disso. Um menino pode se tornar um aluno de destaque, mas depois se sentir culpado por ter sucesso onde o irmão portador de dificuldades não consegue tê-lo. As crianças pequenas podem temer "pegar" um déficit de aprendizagem ou tentar copiar o comportamento "diferente" para obter atenção (este último problema pode ser inconscientemente possibilitado pelos professores, que às vezes esperam menos dos irmãos de crianças com dificuldades de aprendizagem).

Quando os déficits de aprendizagem são graves, as crianças sem dificuldades podem se preocupar com a possibilidade de terem de ficar responsáveis pelos irmãos depois da morte dos pais. Todos esses estresses podem cobrar o seu preço; os estudos encontraram que até 25% dos irmãos de crianças portadoras de dificuldades experienciam problemas emocionais importantes. Se os irmãos não têm meios seguros de resolver suas rivalidades, os ciúmes podem culminar em uma cruel guerra familiar aberta. O risco do estresse emocional é maior quando os pais estão tão intensamente concentrados em um filho portador de dificuldades que as preocupações dos irmãos são ignoradas ou desvalorizadas ("Como você pode se quei-

Eli

Ser o filho caçula não é fácil – especialmente em uma família de dois meninos. Minhas lembranças estão repletas de competição e ciúmes. De algumas maneiras, os déficits de aprendizagem do meu irmão mais velho tornaram nosso relacionamento ainda mais complicado e difícil.

Admito que quando me disseram que meu irmão tinha déficits de aprendizagem eu fiquei excitado. Ele é dois anos mais velho do que eu e sempre esteve à frente de mim em quase tudo. Agora *eu* ia ser melhor do que ele em algumas coisas! Quando eu ficava zangado com meu irmão (o que era bastante frequente), às vezes me sentia como se o estivesse ridicularizando por sua desvantagem. Eu nunca lhe disse: "Sou mais inteligente do que você na escola! Você tem uma lesão no cérebro e eu não tenho!"; eu sabia que isso seria um golpe baixo. Mas eu pensava isso, e acho que ele sabia que eu pensava.

Mas às vezes eu tinha dificuldade para acreditar em seu déficit. Eu não conseguia ver nada de "diferente" no meu irmão. Na minha escola havia muitos alunos com déficits, e ele não se parecia nem agia como nenhum deles. Ele não tinha feições diferentes, não fazia ruídos estranhos, não necessitava de uma cadeira de rodas nem andava curvado. Parecia quase tão normal quanto pode ser um irmão mais velho.

Eu buscava sinais do seu déficit. Ele estava demorando muito tempo para aprender seus horários, mas eu conhecia muitos garotos que eram ruins em matemática. E ninguém se desculpava por eles! Comecei a ponderar se ter um déficit de aprendizagem não era mais uma vantagem do que uma desvantagem. Meu irmão podia usar uma calculadora para os testes de matemática (o que me parecia uma escandalosa trapaça) e tinha um tempo extra para fazer alguns trabalhos e provas. Ele nunca teve de estudar um idioma no ensino médio. Olhe, eu tive algumas dificuldades com estudos sociais e espanhol, mas ninguém estava me dando nenhuma folga! A certa altura do ensino médio, meu irmão e eu assistíamos a mesma aula de matemática (eu estava um ano à frente em matemática, e ele estava um ano atrás. Eu me esforçava bastante e conseguia tirar 90; ele só conseguia 70. Meus pais pareciam igualmente satisfeitos com essas notas (como a dificuldade de aprendizagem tornava a matemática especialmente difícil para ele, estavam felizes por meu irmão ter sido aprovado). Eles esperavam que cada um de nós fizesse o máximo e talvez essa fosse a maneira mais justa de encarar isso, mas certamente não parecia o certo pra mim na época.

Quando meu irmão conseguiu tempo extra para fazer o teste para o ingresso na faculdade, eu pensei. "Estas dificuldades de aprendizagem com certeza são úteis!" Parecia que eu ia ter de me esforçar o dobro para entrar na faculdade. Um dia, quando eu estava mergulhado na minha lição de casa, lembro-me de ter dito à minha mãe que eu queria ter um déficit de aprendizagem para poder ter todos os tipos de ajuda e desculpas se eu falhasse. (Ninguém ficava contente comigo quando eu trazia pra casa um C em um teste!) Ela me disse que eu devia ser grato pelo fato de poder ser bem-sucedido em todas as matérias se eu me esforçasse – pouco consolo para um garoto que achava que tinha muita coisa para fazer.

Hoje consigo pensar nas dificuldades de aprendizagem do meu irmão com um pouco mais de complacência. Não deve ter sido fácil para ele frequentar a mesma classe que um irmão caçula arrogante. Olhando para trás, vejo que ele lidou com aquela situação com uma dignidade assombrosa. Percebo também que eu realmente tenho mais opções do que ele. Quando olho para o meu catálogo na faculdade, por exemplo, minhas escolhas são ilimitadas e não há empecilhos entre mim e minha

(continua)

> escolha de carreira. Meu irmão tem muitos talentos, e por isso eu sei que ele vai ser bem-sucedido, mas imagino se ele terá que explicar seus déficits de aprendizagem aos seus empregadores. Isso vai ser muito mais difícil do que explicá-los aos professores na escola. Sei por experiência própria como é difícil fazer as pessoas acreditarem em algo que elas não conseguem ver. Não importa o quanto minha mãe tenha me explicado sobre os déficits de aprendizagem, o tempo e a atenção extras que meu irmão conseguia sempre me pareciam injustos. Eu nunca tive 100% de certeza de que ele não estava apenas fazendo todo mundo de bobo e se aproveitando da situação.

xar de estar atrasado para um tolo jogo de futebol quando seu irmão tornou a prender seu dedo na porta do carro!").

O que pode ser feito para evitar essas armadilhas? Com frequência o segredo disso está em uma comunicação familiar efetiva. No entanto, um esforço pode ter de ser feito para quebrar hábitos contraproducentes. Seguem-se quatro estratégias que podem ajudar as famílias a se encaminharem na direção certa.

Evitar o jogo da culpa

Quando estamos nos sentindo frustrados ou zangados devido a um problema, com frequência começamos a olhar em volta buscando a quem culpar. Afinal, se conseguimos descobrir quem é o culpado pelo problema, podemos exigir que ele o resolva! Nas famílias de crianças com dificuldades de aprendizagem, com frequência vemos a culpa espalhada em toda parte. O pai culpa a escola e os professores incompetentes que conduziram mal a educação de seu filho. A mãe culpa os genes do pai ("Basta olhar para a família dele!"). A irmã mais velha culpa o irmão por complicar a vida dela e seus pais por negligenciarem as necessidades dela. A criança com dificuldades de aprendizagem culpa todos por julgá-la mal, e a ela própria por tornar sua família infeliz.

Evidentemente, este tipo de comportamento pode ser muito nocivo. Mas um revés ainda maior no jogo da culpa é que ele inibe a ação. Como o problema é sempre culpa do *outro*, ninguém assume a responsabilidade de resolvê-lo. Descrevendo este estado como "a paralisia da análise", uma mãe recorda:

> Quando estava na 8ª série, meu filho trouxe para casa um bilhete que dizia que ele estava indo mal em ciências porque havia entregue menos da metade de suas lições de casa. Eu fiquei horrorizada! Ciências era a sua matéria preferida – como isso pôde acontecer? Talvez tivesse sido culpa minha; naquele ano estávamos encorajando Jay a assumir mais responsabilidade por si mesmo e eu supervisionei suas lições menos do que o habitual. Ou talvez a professora de ciências fosse desorganizada e tivesse se esquecido de verificar que Jay havia feito suas lições de casa. Certamente, a professora de recursos devia ser a maior responsável pela situação e não ter deixado que as coisas chegassem tão longe! Ou talvez a questão fosse simplesmente que Jay havia começado a passar muito tempo no telefone conversando com garotas... Depois de vários dias de aflição, percebi que analisar o problema não nos estava aproximando nem um pouco de uma solução. Jay precisava fazer suas lições de casa atrasadas e aprender a acompanhar melhor suas atribuições – tudo o mais era uma distração.

Quando uma família adquiriu o hábito da culpa, pode requerer um esforço considerável realocar as energias em caminhos mais construtivos. Convém começar reconhecendo que quando uma família tem um problema, todos têm interesse em resolvê-lo, independentemente da origem do problema. Em vez de perguntar quem *deve* resolver uma dificuldade, tente perguntar quem *pode* contribuir com algo que possa ajudar. Isso ajuda os membros da família a mudar o foco da sua atenção e os encoraja a trabalhar juntos de uma maneira cooperativa.

Não torne as dificuldades de aprendizagem um segredo

"Minha mãe dizia que eu não devo falar com os vizinhos sobre minha necessidade de ajuda em leitura", recorda um adulto disléxico. "Era como se eu tivesse um segredo terrível. Também não dizíamos nada aos meus avós nem aos meus primos. Eu achava que se qualquer um descobrisse que eu estava obtendo ajuda de educação especial, isso envergonharia toda a minha família. Mesmo agora ainda não me sinto inteiramente à vontade para falar sobre isso."

Nenhuma criança deve se sentir envergonhada ou culpada por ter uma dificuldade de aprendizagem, mas quando os pais tentam esconder essas condições dos amigos ou dos familiares, as crianças quase sempre se sentem envergonhadas. A maioria das crianças assume que o que não pode ser comentado é doloroso, desonroso ou ambos. Por isso, a melhor política é falar aberta e honestamente sobre a dificuldade de aprendizagem, enfatizando os aspectos positivos da situação. Um reconhecimento direto ("Johnny tem uma dificuldade de aprendizagem e está obtendo uma ajuda extra em leitura. Estamos muito orgulhosos de como ele está se esforçando!") diz tanto a quem está ouvindo quanto a Johnny que suas boas qualidades são admiradas e que a sua dificuldade de aprendizagem não é uma coisa tão importante.

Quando você adota essa abordagem aberta, pode ter de aprender a lidar com um ocasional indivíduo insensível ("Uma dificuldade de aprendizagem? Que coisa horrível! O filho do meu vizinho também tem isso; ele abandonou a escola e agora está preso"). Uma mãe aconselha: "Tente não ficar defensivo quando está diante de uma situação desse tipo. Em geral, eu digo, 'Ah, estou vendo que você não sabe muita coisa a respeito das dificuldades de aprendizagem', e sorrio. Se a pessoa quiser realmente saber mais, ela pode me perguntar. Caso contrário, mudamos de assunto. Seja como for, nós comunicamos o fato de que não nos sentimos envergonhados e saímos das questões pessoais do meu filho".

Às vezes os pais serão honestos sobre a dificuldade de aprendizagem de seu filho com todo mundo, exceto com a criança. Por trás desta política está em geral o temor de que dizer toda a verdade à criança sobre suas dificuldades será algo extremamente prejudicial para o seu ego. Na verdade, manter as crianças no escuro pode causar muito mais dano. As crianças que não têm conhecimento das suas dificuldades de aprendizagem em geral supõem que são "burras" (o que mais explicaria elas estarem tendo tanta dificuldade na escola?). Sem informações precisas, estas crianças também não conseguem criar estratégias compensatórias eficientes, o que intensifica efetivamente suas desvantagens. Não tenha medo de falar com as crianças sobre as dificuldades de aprendizagem: a notícia de que elas são diferentes dificilmente lhes chega como uma surpresa, e saber *por que* são diferentes com frequência é um alívio para elas ("Você quer dizer que eu não sou retardado?" é uma reação comum). As crianças vão extrair de você as indicações de até que ponto a notícia é realmente ruim. Se você conversar com ela chorando e dizendo de vez em quando "Pobre, pobre filhinho", elas provavelmente vão ficar preocupadas. Se a sua abordagem for de aceitação e otimista ("É bom sabermos disso; agora podemos encontrar maneiras melhores de ensiná-lo"), elas muito provavelmente compartilharão a sua atitude positiva.

Lembre-se de que há uma diferença entre falar francamente sobre as dificuldades de aprendizagem e *ficar fixado* nelas.

Os educadores às vezes encontram pais que estão tão preocupados com os problemas de seu filho na escola que falam obsessivamente sobre as dificuldades de aprendizagem, ignorando os muitos encantos e virtudes das crianças. Estes monólogos desequilibrados podem amedrontar as crianças ou fazer com que se sintam humilhadas ou culpadas por causarem tanta preocupação. Se você está apavorado e preocupado, é melhor falar com os profissionais sem seu filho estar presente. Adie conversar com a criança até que tenha se informado bastante sobre o seu perfil de aprendizagem para falar com conhecimento tanto sobre seus pontos fortes quanto sobre seus pontos fracos.

Dê oportunidades iguais aos irmãos

As crianças com dificuldades de aprendizagem com frequência precisam de mais tempo, mais atenção, mais ajuda e mais encorajamento do que seus irmãos. Se forem necessários tutores, escola privada ou equipamento especial, a criança portadora de dificuldades pode também requerer uma parcela maior dos recursos financeiros da família. Esta situação é até certo ponto inevitável, e por isso é necessário que todas as crianças da família a aceitem. A questão é, será que elas a aceitarão tranquilamente – ou com ciúme e ressentimento?

Os irmãos quase certamente vão reagir com ressentimento se não lhes forem apresentadas razões para as diferenças no tratamento. Por isso é importante explicar as dificuldades de aprendizagem a todas as crianças da família. No entanto, evite tornar a criança portadora de dificuldades de aprendizagem um objeto de pena: "A coitada da Mary não é tão boa quanto você em leitura" convida os irmãos de Mary a encará-la com superioridade – uma atitude que você não pode esperar que Mary tolere com serenidade. (Comparar as crianças quase sempre cria ciúme e rivalidade.) "Mary tem uma dificuldade de aprendizagem que lhe dificulta entender as palavras impressas" dá um tom mais neutro à discussão.

À medida que as crianças vão ficando mais velhas, elas normalmente fazem muitas perguntas sobre as desigualdades percebidas ("Por que você escreve os problemas de matemática de Danny para ele? Por que você digita os trabalhos de Danny e não digita os meus?"). Estas ocasiões são boas oportunidades de ensino. Proporcionar respostas diretas às perguntas ("Devido ao seu déficit de aprendizagem, Danny tem dificuldade com as letras impressas pequenas... Ele tem dificuldade para controlar um lápis; no próximo ano ele vai aprender a digitar") funciona melhor do que se colocar na defensiva ("Você sabe que eu amo vocês dois! Não fiz bolo pra você na semana passada?"). Tente evitar atribuir pontos – isso convida as crianças a manterem listas e se tornarem manipuladoras. As crianças que constantemente reclamam "Isso não é justo!" em geral o fazem porque em algum lugar há uma compensação para elas. Se você parar de recompensar esse comportamento ("Está bem, vou comprar um pra você também!"), a lamúria finalmente acaba.

Os irmãos também têm menor probabilidade de se ressentirem se os pais os ajudarem a entender que ser justo não significa necessariamente tratar todos os filhos da mesma maneira. Uma visão mais madura é que ser justo significa todos obterem aquilo que mais *necessitam*, e é raro que pessoas diferentes necessitem exatamente das mesmas coisas. Por exemplo, a irmã de Dan, Sue, necessita de reconhecimento e encorajamento para suas realizações nas corridas, e por isso seus pais fazem um esforço para comparecer a todos os eventos e ajudam a organizar o jantar dos prêmios de atletismo na escola. O irmão de Dan, John, tem paixão por música e está tendo aulas de piano. Dan precisa de ajuda para ter um melhor desempenho na escola, e então a família investe em um computador principalmente para o seu uso. Embora o tempo e o dinheiro que estão sendo gastos com os filhos possam não ser exatamente iguais, estes pais estão sendo justos.

Os irmãos que acham que a mãe e o pai estão sintonizados para o que é mais importante para eles têm uma menor probabilidade de se queixarem sobre o que as outras crianças da família recebem – mas isso significa que os pais devem aprender a reconhecer e honrar as prioridades de seus filhos. Talvez a agonia de sua filha de 11 anos que não sabe se deve usar um *short* ou um vestido longo para o baile de fim de ano da escola lhe pareça insignificante em comparação com o fato de que o seu irmão está sendo suspenso; no entanto, se tal decisão é importante para *ela*, merece a sua atenção respeitosa. Se você dedicar o fim de semana a ajudá-la a encontrar o vestido perfeito, ela provavelmente não vai se importar se você passar o mês seguinte tentando solucionar os problemas escolares do seu outro filho.

Como mencionamos anteriormente, as percepções dos irmãos de que as crianças com dificuldades "se livram fácil" quando se trata das tarefas domésticas é uma causa frequente de ressentimento e, portanto, é necessário que se faça um esforço para envolver as crianças igualmente nas tarefas. Os pais às vezes ponderam se essa política é realmente justa para a criança portadora de dificuldades. É razoável pedir para ela lavar pratos e levar o lixo para fora mesmo que demore mais a fazer isso do que para fazer sua lição de casa? É claro que sim. O fato é que os indivíduos com dificuldades de aprendizagem com frequência têm de se esforçar mais para cumprir todas as suas obrigações, e aqueles que são bem-sucedidos finalmente aceitam isso. Quando você isenta as crianças das responsabilidades em uma tentativa de "igualar" seus encargos, você estabelece expectativas irrealistas para o futuro. (Os empregadores do seu filho *não* vão dizer: "Ei, tire a tarde de folga, companheiro. Eu sei que você tem um monte de roupa pra lavar".) É claro que se as crianças estiverem realmente inundadas de tarefas da escola você pode sempre lhes fazer um favor ("Eu vou passear com o cachorro em seu lugar, querido, para que você possa continuar fazendo esse bom trabalho"), mas seja igualmente sensível quando seu filho sem dificuldades tiver um prazo restrito para terminar o seu trabalho. (Às vezes as crianças criam suas próprias maneiras de ajustar as cargas de trabalho. Uma mãe recentemente ouviu sem querer seu filho se oferecer para lavar a roupa da sua irmã se ela corrigisse sua ortografia e digitasse sua resenha do livro.)

Uma advertência final: se os pais derem aos irmãos demasiada responsabilidade pelo cuidado da criança com dificuldades, pode se desenvolver um ressentimento considerável. As meninas mais velhas em uma família são as mais prováveis de ser transformadas em cuidadoras, mas os meninos também podem ser recrutados ou impelidos a "cuidar do seu irmão" quando eles saem. "Minha mãe não tem ideia de como é constrangedor ter este garoto hiperativo por perto quando estou com meus amigos", recorda uma estudante universitária. "Algumas vezes ela me fez levá-lo ao cinema; ele foi e voltou até a banca da pipoca umas dez vezes, perturbando toda a fila. Depois disso, quando meus amigos iam ao cinema, eu simplesmente dizia que não podia ir." Embora seja razoável pedir aos irmãos mais velhos para ajudarem com o cuidado da criança, é importante limitar o número de horas em que esse cuidado é esperado, e dar aos filhos mais velhos algumas escolhas sobre como proporcionar essa ajuda (a adolescente citada antes disse que não se importava de levar seu irmão ao parque uma ou duas vezes por semana; ela só não queria que o garoto incomodasse seus amigos). Se a quantidade de cuidado da criança que você necessita começa a limitar as possibilidades de os irmãos cuidarem de seus próprios interesses ou se interfere significativamente em seus relacionamentos sociais, considere contratar uma babá. Este às vezes é o melhor investimento que você pode fazer para conseguir boas relações familiares.

Observe que alguns pais de crianças com dificuldades de aprendizagem estabelecem expectativas irrealisticamente elevadas para o desempenho de seus filhos sem dificuldades. Como não têm déficits, espera-se que estes irmãos tenham um desempenho perfeito e satisfaçam todas as expectativas e os sonhos que a criança com dificuldades não vai poder satisfazer. Embora essa pressão possa não criar hostilidade entre os irmãos, pode prejudicar seriamente a autoestima das crianças sem dificuldades. Lembre-se de que cada criança da família merece uma chance de explorar seus próprios interesses e de cometer uma boa parcela de erros e de seguir caminhos equivocados. As crianças nunca devem ser pressionadas a se realizar para compensar as falhas percebidas de um irmão, reparar o *status* social de uma família ou elevar o senso de autovalor sucumbido de seus pais.

Aprenda a ouvir

Os pais são com frequência muito melhor para falar com os filhos do que para ouvir o que eles têm a dizer. Do mesmo modo, quando maridos e mulheres discutem os problemas, cada um está às vezes tão inclinado a atingir seus objetivos que não faz um real esforço para ouvir os pontos de vista do outro. O problema é que as pessoas que não se sentem ouvidas raramente se sentem entendidas ou respeitadas. Aquelas que não se sentem ouvidas durante um período extenso de tempo têm um número limitado de opções: elas podem parar de tentar se comunicar e se retrair (com frequência em silêncio, alimentando uma lista crescente de rancores e ressentimentos); elas podem se tornar mais agressivas na colocação das suas opiniões; ou podem fugir desta situação frustrante. Os orientadores pedagógicos às vezes enxergam essas três reações ocorrendo em famílias com problemas (pai e filho lançam ataques crescentes um ao outro todas as noites, a mãe escapa para o quarto, e o irmão do garoto sai de casa para encontrar com os amigos.) Uma vez que estes hábitos ficam arraigados, torna-se muito difícil para a família lidar com os problemas, pois as dificuldades tendem a aumentar (o irmão começa a abusar de drogas; a mãe fica cronicamente deprimida). Finalmente, pode ser necessária ajuda profissional para restaurar a saúde e a estabilidade da família.

Quando as famílias buscam ajuda, as habilidades de escuta estão com frequência entre as primeiras coisas que os membros da família são encorajados a aprender. Aprender a ouvir pode ajudar também a evitar problemas. Seguem-se três sugestões para os pais que querem ajudar a manter os membros da família em um contato próximo e respeitoso:

Reserve um tempo para se reunir com sua família. Nas gerações anteriores, as famílias não precisavam criar um tempo para conversar; elas se reuniam em torno da mesa para uma refeição pelo menos uma vez por dia, e o mais frequente era todos passarem a noite em casa. Atualmente não é incomum encontrar os membros da família saindo para várias direções diferentes à noite; o jantar pode ser comido em turnos na frente da TV. O resultado é que menos conversas e menos informações estão sendo compartilhadas. Os menores feitos e triunfos do dia a dia podem não ser comunicados. Somente as questões relativamente urgentes podem fazer os membros da família procurarem a atenção um do outro, dando à conversa um tom frenético.

Se você não consegue se lembrar dos nomes dos amigos de seus filhos... se não sabe quem são seus professores preferidos ou aqueles que eles menos gostam, ou quais são seus grupos musicais favoritos... se a maioria da sua conversa parece recair na categoria "Mãe, eu preciso de uma cartolina e de uma capa de relatório para amanhã", vocês precisam de mais tempo para se reunir. As reuniões bem-sucedidas envolvem quatro passos, descritos no quadro da página 282. Para as crianças com dificuldades de aprendizagem, as reuniões regulares são especialmente importantes. Essas sessões lhes proporcionam oportunidades para praticar suas habilidades de linguagem em um ambiente seguro e suportivo (essencial para o desenvolvimento da confiança linguística) e também um fórum para a resolução de problemas.

Aprimore suas habilidades de escuta. Escutar envolve mais do que ficar em silêncio para que o seu parceiro ou seu filho possa

> ### Reúnam-se
>
> As reuniões são um método de se manter atualizado com o que está acontecendo nas vidas de seus filhos sem fazer com que eles se sintam como se fossem vítimas de uma inquisição. Os objetivos são aprender mais sobre as experiências de seus filhos, ajudá-los a explorar os sentimentos, a identificar os problemas e a estabelecer objetivos. Uma reunião bem-sucedida consiste em quatro passos:
>
> 1. ***Proporcione uma oportunidade para um encontro relaxado*** (uma caminhada depois do jantar, um café da manhã prolongado no domingo, ou algo similar). Você precisam de um tempo sem interrupções ou sem se sentirem pressionados porque têm de fazer outras coisas.
> 2. ***Faça perguntas específicas*** ("Qual é a sua matéria preferida este ano?" funciona melhor do que a pergunta mais geral "Então, como estão indo as coisas na escola?"). Evite perguntas que impliquem críticas ou julgamentos; este não é o momento de perguntar se as notas de matemática da criança estão melhorando. Para extrair o máximo do seu tempo, mantenha as perguntas concentradas em uma área – não tente cobrir a escola, os encontros e os objetivos de carreira em um único almoço.
> 3. ***Mantenha a criança falando, sendo um bom ouvinte.*** Às vezes um aceno de cabeça e um simpático "Hum-hum" são tudo o que é necessário para manter a conversa fluindo. Em outros momentos você pode precisar oferecer um *feedback* suportivo ("Aposto que isso deixou você louco"; "Parece que isso realmente excita você"; "Como você se sentiu quando ela disse isso?").
> 4. ***Confirme o que você ouviu.*** Isso envolve retornar os pensamentos e sentimentos da criança de volta para eles em suas próprias palavras ("Parece que o que Raquel disse para Nícolas o fez ponderar se Raquel é realmente sua amiga"). Neste estágio, deixar as crianças perceberem que você escutou e entendeu o que elas disseram é muito mais importante do que analisar seus problemas ou oferecer conselhos. Indique que você está disposto a ajudar a resolver os problemas, mas não insista. Esta abordagem tática comunica respeito pelas habilidades de resolução de problemas da própria criança e aumenta a probabilidade de ela querer conversar coisas com você novamente.

ter a palavra. Um bom ouvinte também faz um esforço para entender os sentimentos e as opiniões de quem está falando e deixa que ele perceba que foi compreendido. Isso é bastante fácil de fazer quando você está de acordo com as opiniões que estão sendo expressadas; no meio de uma discussão, no entanto, pode ser muito mais difícil. Na página 283, temos a descrição de um exercício fácil que pode ser usado em ocasiões de conflito. Experimente-o e veja se melhora o nível de cooperação entre os membros da sua família.

Escute também os sentimentos. As crianças que conseguem falar sobre como se sentem em geral são mais resilientes do que aquelas que mantêm suas emoções guardadas. Elas também tem menos probabilidade de recorrer a comportamentos inapropriados como um meio de se expressar (por exemplo, um garoto que consegue dizer à sua irmã como ele está zangado é menos provável que cometa uma agressão física). Entretanto, muitas crianças crescem com a ideia de que algumas emoções são ruins e não devem ser expressadas. A raiva e o medo estão entre os sentimentos mais prováveis de serem julgados inaceitáveis. Os pais que reagem às explosões emocionais com frases como "Pare de fazer uma cena!" ou "Pare de agir como um bebê!" em geral são os arquitetos da crença de que ficar furioso ou com medo é errado.

Para evitar esta cilada, encoraje as crianças a expressar suas emoções. Por exemplo, quando seu filho chega em casa e se refere ao seu professor com uma série de adjetivos impublicáveis, tente se sintonizar tanto com os sentimentos dele quanto com o comportamento inadequado. Dizer "Eu não gosto dessa linguagem, mas consigo perceber que você está realmente furioso – o que aconteceu?" lhe dá espaço para continuar falando. Dizer-lhe "Eu não tolero xingamentos! Vá imediatamente para o seu quarto!" pode lhe fazer sentir que tanto a raiva quanto o xingamento são errados. Do mesmo modo, dizer "Não seja tolo! Não há motivo para ter medo!" à criança que está ansiosa com relação a ir a uma festa e dormir fora de casa é um convite para que ela trancar suas emoções (não apenas esse tipo de "encorajamento" não a tranquilizou, mas seus sentimentos foram rotulados como errados). Pedir-lhe para se sentar e falar sobre o que a está preocupando vai ajudar sua filha a enfrentar seus medos – o primeiro passo para superá-los.

Quando as crianças falam sobre os problemas, elas não querem necessariamente que os adultos os "resolvam". O que as crianças em geral mais necessitam é de um ouvinte atento que lhes permitam pôr para fora seus sentimentos. Uma vez descarregados os sentimentos intensos, as

---

Exercício de escuta: Três "Sims"

Este exercício é especialmente útil quando se tenta resolver um desacordo.

As regras básicas são que cada um deve ter um tempo de até cinco minutos para falar sem ser interrompido. No fim deste período, o ouvinte deve resumir os pontos principais do que ele ouviu em um *mínimo* de três sentenças, e cada uma delas será confirmada com um "sim" se estiver correta. O ouvinte deve continuar tentando até que receba três "sims". Então é a vez de o ouvinte falar.

Imaginemos que uma mãe está discutindo com seu filho adolescente sobre como ele ajuda pouco na casa. Eles atingiram um impasse e concordaram em usar os três sims. O garoto fala primeiro. Depois que ele termina, a mãe tenta resumir o argumento do seu filho. Assim:

"Você acha que eu não avalio quanto tempo é necessário para se manter no topo nos trabalhos escolares e nos esportes."

"Sim."

"Você acha que já faz mais na casa do que a maioria dos garotos que você conhece."

"Sim."

"Você acha eu eu sou a mãe mais perversa do planeta."

"Espere um minuto! Eu nunca disse isso!"

"OK. Você acha que eu tenho mania de limpeza e que as minhas expectativas são irrealistas."

"Sim."

Agora é a vez da mãe falar, e a vez do garoto ouvir e responder.

As famílias que experimentam este exercício com frequência dizem que escutar com atenção para obter três "sims" pode inicialmente ser um desafio, mas que o esforço compensa. Uma vez que todos se sentem ouvidos e entendidos, os ânimos em geral se esfriam e a resolução dos problemas normalmente se torna muito mais fácil.

perspectivas das crianças com frequência melhoram a ponto de elas conseguirem uma vez mais enfrentar sozinhas os desafios da vida. "Eu me lembro de um dia em que meu filho chegou em casa furioso como um marimbondo", recorda uma mãe. "Ele explodiu assim que passou pela porta – seu professor de inglês foi injusto, a ajudante do almoço era uma idiota, ele odiava a garota que se sentava atrás dele na aula de estudos sociais; e assim desfiou um rosário de queixas... Depois de cerca de 20 minutos ele se acalmou. Finalmente, ele disse, 'Obrigado, mamãe; eu gostei de conversar essas coisas com você', e foi para fora de casa com sua bola de basquete. Durante todo o episódio eu não disse uma palavra!" Mesmo assim, esta mãe se comunicou muito bem com seu filho. Evitando lhe dar conselhos, ela disse que acreditava nele. Escutando seus sentimentos, ela lhe disse que se importava com ele.

BUSQUE APOIO EXTERNO QUANDO FOR NECESSÁRIO

A independência é uma virtude muito admirada. Embora atualmente poucos de nós plantemos nossa própria comida ou construamos nossas próprias casas, muitos de nós acreditamos que devemos ser capazes de cuidar dos nossos filhos sem ajuda. Por isso, alguns pais relutam muito em buscar ajuda externa para os problemas familiares. Estes adultos às vezes acham tão vergonhoso admitir que não conseguem lidar com seus próprios problemas que negam a existência deles ou se convencem de que "é apenas uma fase – algum dia ele vai superar esse comportamento".

Entretanto, os especialistas advertem que a capacidade de recorrer a outras pessoas em busca de ajuda e apoio é uma força que pode contribuir significativamente para a qualidade de vida tanto dos adultos quanto das crianças. Por exemplo, vários estudos têm mostrado que os indivíduos com dificuldades de aprendizagem que constroem redes de apoio são mais felizes e mais bem-sucedidos do que aqueles que tentam ir em frente sozinhos. Para os pais, encontrar o apoio apropriado pode fazer a diferença entre ficarem paralisados em hábitos improdutivos (ou contraproducentes) e lidar efetivamente com as questões familiares. Falando de modo geral, há três tipos de apoio disponíveis para as crianças com dificuldades de aprendizagem e suas famílias:

Serviços públicos

Os Estados proporcionam vários serviços para as famílias de crianças com dificuldades, além daqueles proporcionados pelos distritos escolares. Por exemplo, os Estados usam recursos federais do IDEA para apoiar avaliações e serviços desenvolvimentais gratuitos para bebês, crianças pequenas e pré-escolares que estão em risco de atrasos desenvolvimentais substanciais. As idades e os critérios de elegibilidade variam de Estado para Estado. Os serviços de intervenção precoce ajudam as crianças com o desenvolvimento social ou emocional, a comunicação e/ou problemas com as habilidades cognitivas antes de elas ingressarem na escola. Terapias física, ocupacional e fonoaudiológica também podem ser proporcionadas aos pré-escolares que delas necessitem.

As agências responsáveis pela triagem das crianças e pela provisão de serviços variam de lugar para lugar. Estas informações devem estar disponíveis no seu distrito escolar ou no departamento de educação do Estado.

Em algumas circunstâncias, as famílias conseguem obter apoio federal para tecnologia adaptativa para uma criança portadora de dificuldades. Por exemplo, nos Estados Unidos, conforme o Technology-Related Assistance for Individuals with Disabilities Act – também conhecido como Tech Act – pode ser proporcionado apoio para dispositivos que melhoram a independência pessoal (como dispositivos que melhoram a comunicação), equipamentos médicos e/ou equipamentos que possibilitem a um indivíduo participar mais plenamente na escola ou no trabalho (como leitores eletrônicos e computadores). Também pode ser proporcionado treinamento no uso da tecnologia adaptativa. De modo geral, o apoio financeiro é reservado a indivíduos com déficits graves que não dispõem dos recursos financeiros para adquirir os equipamentos, mas as informações sobre os usos da tecnologia adaptativa estão disponíveis para todos.

Ainda usando exemplos de programas dos Estados Unidos, serviços de planejamento de carreira e treinamento no emprego estão disponíveis para adultos jovens com dificuldades de aprendizagem pelo Rehabilitation Act Federal (também conhecido como Rehab Act) e por programas estaduais coordenados. O propósito do Rehab Act é maximizar as opções de emprego para indivíduos portadores de déficits e ajudá-los a se tornarem economicamente independentes. Programas individualizados são facilitados por um conselheiro de reabilitação vocacional; exploração de carreira, aconselhamento vocacional, desenvolvimento de habilidades, oportunidades de trabalho e estudo, e ajuda na aprendizagem das habilidades da vida independente podem todos ser proporcionados. Em algumas circunstâncias, o pagamento da educação superior também pode ser conseguido através do Rehab Act. O National Rehabilitation Information Center é um centro que pode informar os contatos das agências que administram os programas de reabilitação naquele país. Excelentes serviços de orientação para a reabilitação também estão disponíveis no Higher Education and Adult Training for People with Handicaps (HEATH) Resource Center (www.heath.gwu.edu).

Em algumas comunidades, os programas de treinamento de pais e informativos subvencionados com recursos federais estão disponíveis para as famílias qualificadas. (Ajuda com as habilidades parentais também pode estar disponível em escolas e outras agências locais: os pais podem entrar em contato com o seu distrito escolar e departamento de serviços sociais para obter informações.) Estes programas estão destinados a ajudá-los a aprender como apoiar o desenvolvimento saudável da criança, lidar de maneira eficiente com a disciplina e ter acesso aos serviços comunitários que a família necessita. Existem mais de 100 Parent Training and Information Centers (PTIs) e Community Parent Resource Centers (CPRCs) que utilizam recursos federais do IDEA para proporcionar treinamento em questões de defesa e educação especial especificamente para pais de crianças portadoras de déficits.

Observe que as crianças identificadas como econômica ou educacionalmente desfavorecidas (isso inclui muitas crianças com dificuldades de aprendizagem, tanto nas áreas urbanas quanto rurais) podem ser elegíveis para uma série muito mais ampla de serviços de apoio do que aqueles listados aqui proporcionados por agências federais, estaduais e locais. O departamento de serviços para o aluno do seu distrito escolar e o departamento local de serviços sociais são bons lugares para você começar a buscar informações. Os serviços que proporcionam apoio às crianças desde o nascimento até os 5 anos – assim como às suas famílias – são particularmente importantes. Muitos especialistas acham que essa assistência nesta fase crítica pode evitar muitos problemas futuros.

Grupos de apoio de pais

Os grupos de apoio de pais podem ser divisões de organizações nacionais como a Learning Disabilities Association of America – LDA (www.Idanatl.org), Children and Adults with Attention Deficit/Hyperactivity Disorder (CHADD) (www.chad.org) e a

International Dyslexia Association (www.interdys.org), ou podem ser organizações independentes. Um enfoque primário destes grupos é apresentar as famílias de crianças com dificuldades umas às outras com o propósito de compartilharem informações e proporcionarem apoio mútuo. Alguns grupos oferecem muito mais. Por exemplo, os grupos de apoio podem proporcionar o seguinte:

- palestrantes e folhetos informativos;
- centros de recursos com biblioteca de livros e vídeos de interesse para pais e filhos;
- acesso a computadores e aulas de informática;
- aulas para os pais;
- orientação profissional;
- "acampamentos" escolares de verão;
- cooperativas de babás e/ou cuidados de apoio;
- atividades sociais e recreativas;
- orientação legal;
- ajuda com defesa na escola;
- informações e encaminhamentos a outros serviços na comunidade (tudo desde serviços de reabilitação vocacional até dentistas especializados em crianças hiperativas).

Alguns grupos também estão envolvidos em ativismo político e trabalho com legisladores e profissionais da educação para melhorar os serviços para crianças e adultos com dificuldades de aprendizagem, nos níveis local, estadual e nacional. O departamento de educação especial do seu distrito escolar deve ser capaz de orientá-lo para os grupos de apoio em sua área. Para informações sobre como ter acesso às organizações mencionadas (e a várias outras organizações de apoio especializado), consulte o Apêndice D. Muitas informações e alguma assistência (por exemplo, boletins informativos e outras publicações, encaminhamentos, informações sobre conferências) podem ser encontradas nos *websites* destes grupos.

Aconselhamento individual, conjugal e familiar

Há momentos em que os indivíduos e as famílias necessitam de mais assistência do que podem proporcionar os grupos de autoajuda e os sistemas de apoio público. As situações descritas na lista da página 287, por exemplo, requerem avaliação imediata por parte de um profissional de saúde mental ou outro conselheiro qualificado (como um conselheiro para abuso de álcool ou substância, conselheiro conjugal ou clérigo adequadamente treinado). As famílias não precisam esperar até que as questões se tornem tão urgentes para terem a assistência do aconselhamento; aqueles que buscam ajuda para uma tensão emocional leve a moderada podem com frequência evitar que estas tensões explodam em problemas mais sérios. Entre as coisas que as famílias podem aprender com um conselheiro profissional estão habilidades de comunicação, técnicas para a redução do estresse e métodos para a resolução de conflitos. O aconselhamento também pode ajudar os indivíduos a resolver sentimentos persistentes de raiva, culpa, ansiedade e/ou desamparo. Os conselheiros familiares podem ajudar os pais a identificar hábitos improdutivos ou destrutivos, criar sistemas de regras que funcionem e melhorar os métodos de disciplina. Examinando esta lista de benefícios potenciais, fica óbvio que há muito poucas famílias que *não* se beneficiariam de ajuda profissional em algum ponto de suas vidas!

O principal defeito do aconselhamento é que ele pode ser caro. Entretanto, muitas políticas de seguro saúde oferecem benefícios que cobrem alguns tipos de aconselhamento, e na maioria das comunidades há clínicas de saúde mental e outras agências de aconselhamento que têm programas a custos flexíveis baseados na renda familiar. Segundo as pesquisas, muitos problemas podem ser tratados com sucesso com uma terapia de curto prazo; o aconselhamento não mais envolve automaticamente um compromisso de muitos meses ou anos. As famílias

> **Quando buscar ajuda**
>
> É importante reconhecer quando os problemas familiares pioraram além da capacidade dos pais para enfrentá-los. É improvável que as situações que se seguem melhorem sozinhas, pois requerem uma avaliação imediata por parte de um profissional adequadamente qualificado:
>
> - Os pais ficaram paralisados em papéis opostos e não conseguem entrar em acordo sobre os métodos do manejo familiar ou os membros da família perderam a capacidade para se comunicarem sem brigar.
> - Uma criança ignora ou viola persistentemente todas as regras familiares e/ou não respeita os direitos dos outros.
> - Você não consegue manter o controle do seu próprio comportamento nas confrontações com seu filho.
> - Um criança exibe sintomas de depressão grave ou fala em suicídio.
> - Uma criança torna-se excessiva ou irracionalmente temerosa de determinadas pessoas, lugares ou situações.
> - Uma criança desenvolveu um transtorno do sono ou alimentar, ou outros problemas de saúde relacionados ao estresse.
> - Você desconfia que um filho está abusando ou está viciado em drogas (incluindo álcool).
> - Seu filho é incapaz de parar de atormentar ou abusar de animais ou de outra criança, quer dentro ou fora do ambiente familiar.
> - O desempenho escolar de uma criança está deteriorando irreversivelmente.
> - Uma criança é incapaz de romper um padrão de comportamento ilegal ou antissocial (por exemplo, mentiras, roubos, vandalismo, falta às aulas).
> - Uma criança está repetidamente ausente de casa ou da escola sem explicação, ou tentou fugir de casa.
> - Você está com medo do seu filho.
>
> Também convém buscar ajuda se você acha que há algo muito errado, mas não sabe exatamente qual é o problema. Estas intuições são com frequência cuidadosas, e um conselheiro profissional poderá ajudá-lo a identificar as questões que precisam ser tratadas.
>
> Adaptado do Philadelphia Child Guidance Center com *Your Child's Emotional Health*, de Jack Maguire.

que estão enfrentando problemas e não possuem cobertura de seguro saúde não devem, portanto, supor que o aconselhamento está fora do seu alcance. O aconselhamento gratuito ou de baixo custo também pode estar disponível em uma universidade ou hospital local; mediante sua sinagoga, paróquia, igreja ou diocese; ou na escola de seu filho.

Dois fatores importantes contribuem significativamente para o sucesso de uma experiência de aconselhamento: a disposição dos membros da família para participar e a vontade de encontrar um bom "ajuste" entre a família e o conselheiro. O primeiro fator se aplica mesmo quando o aconselhamento está sendo buscado por um indivíduo. Como qualquer conselheiro profissional vai lhe dizer, é muito difícil tratar uma criança se os pais se recusam a se envolver. Os adolescentes ou adultos que estão enfrentando problemas emocionais ou abuso de substância também têm muita dificuldade de tratar estas questões sozinhos; o apoio dos membros da família às vezes faz a diferença entre o tratamento bem-sucedido e o fracasso. Como discutimos anteriormente neste capítulo, as dificuldades de uma pessoa podem finalmente envolver outros membros da família em padrões de comportamento ineficientes ou destrutivos. Por isso, lidar com problemas individuais pode requerer que todos façam algumas mudanças. Se muita negatividade foi criada dentro da família, alguns membros podem inicialmente se negar a se envolver no aconselhamento ("Não *me* peça para desperdiçar o meu tempo com um psiquiatra! Eu não tenho nenhum problema – foi *ele* que estragou tudo!"). Se este é o caso, vá em frente e inicie com quem estiver disposto a participar. Você pode descobrir que aqueles que inicialmente se negaram a ir vão ficar interessados em se juntar a vocês quando virem os outros aprendendo estratégias de enfrentamento melhoradas.

Encontrar o conselheiro certo pode às vezes ser um desafio. Em primeiro lugar, há vários tipos diferentes de profissionais trabalhando no campo da saúde mental, incluindo psiquiatras, psicólogos e assistentes sociais. Alguns trabalham principalmente com indivíduos, alguns trabalham com crianças e famílias, e alguns trabalham com grupos. Além disso, há uma série desconcertante de especialidades terapêuticas: terapia psicanalítica, terapia dos sistemas, terapia psicodinâmica, terapia comportamental e terapia cognitiva – para citar apenas algumas (muitos conselheiros familiares se baseiam em mais de um tipo). Entretanto, o tipo de profissional ou de corrente terapêutica que você escolher vai finalmente ser menos importante do que encontrar um conselheiro com o qual você se sinta à vontade para se comunicar, e em quem sinta que pode confiar. Se você sai regularmente do consultório de um conselheiro se sentindo desmoralizada, em vez de esperançosa, está no lugar errado, não importa quantas credenciais ele tenha exibidas na parede. Você pode ter de entrevistar mais de um conselheiro antes de encontrar alguém que "sinta" ser o certo. Em geral, esse será um profissional que

- pareça estar genuinamente interessado em você e em seu filho,
- escute de maneira respeitosa suas opiniões sobre a situação da sua família,
- exiba conhecimento dos tipos de estresse enfrentados pelas crianças com dificuldades de aprendizagem e suas famílias,
- escute e responda perguntas e
- ofereça um plano de intervenção coerente para tratar das suas preocupações.

Os pais do seu grupo de apoio local podem ser capazes de recomendar conselheiros que trabalharam com sucesso com seus filhos com dificuldades de aprendizagem e suas famílias na sua comunidade. O orientador pedagógico da escola ou o pediatra de seu filho podem também encaminhá-lo a profissionais competentes. Seja qual for o caminho que você escolher, não se sinta constrangido em estar buscando ajuda. Certamente não há nenhuma vergonha em querer proporcionar um futuro mais brilhante para seu filho, ou em querer melhorar suas próprias habilidades parentais.

O aconselhamento familiar com frequência melhora a capacidade dos pais para apoiar e nutrir um ao outro, além de ajudá-los a cuidar de seus filhos. Capacitar a mãe e o pai para atuarem juntos de maneira mais produtiva é, na verdade, uma das melhores maneiras de lidar com as preocupações dos filhos. Quando os pais estão divididos, as crianças muitas vezes investem muita energia em estratégias manipulativas destinadas a colocar o pai ou a mãe do seu lado. Estes esquemas requerem tanto esforço que as crianças nunca aprendem maneiras mais apropriadas e eficientes de satisfazer as suas necessidades. Por exemplo, o menino que sabe que a mãe vai correr para salvá-lo se ele parecer bastante desamparado e patético (não importa o que diga o pai) não está aprendendo ferramentas que vão lhe servir bem no futuro. Do mesmo modo, a garota que conta com o pai para defendê-la sempre que ela briga com a mãe por causa da lição de casa ou das regras estabelecidas pode finalmente vir a se sentir dependente do apoio masculino (e desenvolver maneiras questionáveis de obtê-lo). Quando os pais constituem uma frente unida, estratégias manipulativas como estas se tornam ineficazes. Quando estes maus hábitos tiverem sido rompidos, métodos mais bem sucedidos para se lidar com os desafios da vida poderão ser ensinados.

Por isso, os pais que realmente querem ajudar seus filhos precisam encontrar a coragem para enfrentar suas próprias diferenças e examinar seus próprios papéis no sistema familiar. Este processo pode requerer que você confronte questões de controle ou lembranças dolorosas de seus próprios anos quando mais jovem. No entanto, aqueles que estão dispostos a correr o risco podem se surpreender com os benefícios acarretados. "Eu nunca pensei que algum dia diria que estou grata pelos problemas de minha filha", disse uma mãe que buscou aconselhamento familiar quando sua filha rebelde de 16 anos se recusou a voltar para a escola, "mas ajudar Sandy obrigou todos da família a crescer. Como enfrentamos essa crise juntos, nossa família está mais próxima e mais forte do que jamais esteve antes".

Albert Einstein disse certa vez: "No meio da dificuldade está a oportunidade". Os pais que continuam buscando essas oportunidades nos períodos difíceis ensinam aos seus filhos o valor do pensamento positivo e da persistência. Como vimos neste capítulo, essas são qualidades que ajudam a apoiar a realização e a autoestima. No próximo, capítulo veremos como um terceiro elemento – o planejamento – pode ajudar os jovens a maximizar suas oportunidades e enfrentar o futuro com confiança e entusiasmo.

12
Ansiedade em relação ao futuro

Em muitas famílias, a ansiedade se acumula à medida que a criança se aproxima de seu 16º aniversário. Nesse ponto, muitas questões que antes eram hipotéticas agora começam a tornar-se reais e urgentes. O que a criança fará depois do ensino médio? Como ganhará a vida? Será que ela possui interesses acadêmicos ou o potencial intelectual para ir à universidade? Será que está suficientemente madura para viver longe de casa?

Os pais de alunos com dificuldades de aprendizagem enfrentam essas questões com uma grande preocupação. Além de terem habilidades escolares insuficientes, nossos adolescentes parecem às vezes não possuir maturidade e motivação. Eles podem chegar ao final do ensino médio sem ter considerado seriamente o que desejam fazer no futuro. Os pais que se preocupam cada vez mais com o modo como seu filho sobreviverá depois de terminada essa etapa encaram tal fracasso em antecipar o futuro como falta de ambição. Com maior frequência, contudo, a responsável por isso é a falta de experiência com o planejamento e a tomada de decisões. Os alunos que têm dificuldades na escola (e que têm muitas das decisões que lhes dizem respeito tomadas por outros) com frequência desenvolvem uma mentalidade de sobrevivência; o que é importante para eles é passar por cada dia sem humilhações ou desastres. Após alguns anos, esses alunos tornam-se "debilitados em relação ao futuro" – o conceito de o próximo ano ou de dois anos à frente tem pouco significado real para eles.

Um apoio adicional e um planejamento cuidadoso podem ser necessários para ajudar pessoas jovens com problemas de processamento de informações a fazerem uma transição tranquila para o mundo profissional ou para a educação superior. Reconhecendo esse fato, a lei federal norte-americana exige que os distritos escolares desenvolvam um Plano de Transição Individualizado (Individualized Transition Plan – ITP) para os estudantes com dificuldades de aprendizagem antes dos 16 anos de idade. Entretanto, as pesquisas indicam que os planos de transição desenvolvidos em muitas escolas de ensino médio oferecem muito pouco, e tarde demais. Como resultado, vários estudantes com dificuldades de aprendizagem deixam a escola sem habilidades profissionalmente produtivas ou sem um plano coerente e realista para o futuro.

As famílias precisam assumir a liderança no processo de planejamento da transição, em vez de deixarem essa importante questão inteiramente a cargo da equipe da escola da criança. As autoridades concordam que 16 anos é muito tarde para iniciar o planejamento da transição; a maioria recomenda que isso seja iniciado na 9ª série ou até antes. Além disso, embora os serviços de transição estejam melhorando em muitas áreas, as crianças com dificuldades de

O que é um Plano de Transição Individualizado?

A lei federal norte-americana requer que sejam oferecidos aos alunos que recebem educação especial *serviços de transição* para ajudá-los na passagem da escola para o mundo do trabalho ou para a educação superior e para conseguirem viver de forma independente. Tais serviços – que devem ser individualizados segundo os interesses e as necessidades de cada aluno – devem ser explicitados em um Plano de Transição Individualizado (ITP – Individualized Transmission Plan). A lei requer que um ITP seja adicionado ao PEI do aluno no final do seu 16º ano de vida; entretanto, não há objeção legal para prepará-lo um ano antes. Muitos especialistas acham conveniente iniciar um ITP quando o estudante faz a transição para a segunda etapa do ensino médio. Como o PEI, o ITP é atualizado anualmente.

O ITP apresenta um currículo de transição que satisfaz as necessidades do aluno em várias áreas importantes, incluindo exploração de carreira, treinamento vocacional e aprendizado em serviço, habilidades para a vida na comunidade, habilidades de comunicação e tomada de decisões, desenvolvimento da autoestima, habilidades de manejo do tempo e de estudo, preparação acadêmica, uso apropriado das acomodações e muito mais. As questões mais importantes que as equipes enfrentam incluem as seguintes:

- Quais são os interesses e objetivos do estudante para o futuro? São necessárias avaliações adicionais (como inventários de interesses pessoais) para ajudar a identificar os pontos fortes vocacionais e educacionais do aluno?
- Que cursos de experiência no estudo e no trabalho são necessários para ajudar o aluno a se preparar para atingir os objetivos estabelecidos? Há relacionamentos que devem ser construídos com os representantes do negócio ou da indústria específicos que possam ser úteis para o programa atual do aluno e para sua educação futura ou oportunidades de emprego?
- Quais são os objetivos para a vida independente, relacionamentos pessoais e sociais e participação na comunidade? O estudante necessita de ajuda para aprender as habilidades funcionais (como administração do dinheiro, compras ou uso de transporte público) ou habilidades sociais e interpessoais (como aceitar críticas, saber como pedir ajuda, explorar como desenvolver interesses extracurriculares e passatempos)?
- O estudante necessita de ajuda com as habilidades organizacionais, de estudo ou de realização de testes?
- O estudante necessita de ajuda para entender seus direitos e desenvolver habilidades de autodefesa? Ele consegue falar por si com relação às acomodações e aos serviços necessários?
- O estudante está fazendo um uso adequado do *software* ou da tecnologia de ajuda? Como a disponibilidade continuada dessa tecnologia pode ser garantida depois que ele deixar a escola?
- Que agências ou organizações fora do distrito escolar vão lhe proporcionar serviços de apoio depois que o estudante terminar o ensino médio? (Se forem identificadas agências de fora, os representantes destas organizações precisam ser incluídos no desenvolvimento do ITP.)

Para completar o ITP, a equipe precisa desenvolver uma declaração dos objetivos mensuráveis e uma descrição dos serviços específicos (incluindo cursos de estudo) necessários para ajudar o estudante a atingir esses objetivos. As declarações de serviço devem definir cada programa ou atividade, incluindo quem vai proporcionar cada

(continua)

O que é um Plano de Transição Individualizado?

serviço e as datas em que cada serviço vai iniciar e terminar. Não basta simplesmente dizer, por exemplo, que "Jim quer ser um professor de educação física". Uma declaração mais apropriada seria que "Jim irá se encontrar com o orientador pedagógico do ensino médio e escolher o currículo preparatório para a universidade; Jim receberá instrução em estudo e em habilidades de realização de testes de seu professor de educação especial em três sessões de 45 minutos por semana; Jim realizará um estágio de verão em atletismo recreativo".

Se os déficits do estudante foram tão graves que seja improvável sua obtenção de um diploma padrão de ensino médio, é muito importante conectar o estudante com agências da comunidade que possam continuar a proporcionar apoio depois que o jovem adulto deixar a escola, como a agência de reabilitação do Estado (que pode proporcionar entrevistas e treinamento no emprego, estágio no emprego e colocação em empregos supervisionados na comunidade). Cabe ao distrito escolar a responsabilidade de ajudar as famílias a identificarem estas agências e envolvê-las no planejamento da transição. Se você acha que há organizações que devem ser envolvidas no planejamento da transição do seu filho, notifique o distrito escolar antes da reunião do ITP.

Antes de cada estudante portador de dificuldades deixar a escola, o distrito escolar deve lhe fornecer um Resumo de Desempenho (Summary of Performance – SOP). O SOP descreve os níveis de desempenho acadêmico do aluno, seu desempenho funcional (habilidades sociais e de vida independente) e recomendações para ajudar o aluno a atingir os objetivos pós-secundários, incluindo as acomodações e os apoios necessários. É importante ter certeza de que o SOP inclui todas as informações necessárias para ajudar o aluno a ter acesso a apoios, serviços ou adaptações que possam ser necessários depois do ensino médio. Por exemplo, dependendo das necessidades do aluno, o SOP deve incluir a documentação de um déficit consistente com as exigências de

- instituições pós-secundárias, como universidades e provedores de educação vocacional. (Verifique com o departamento de déficits de qualquer escola que seu filho esteja considerando sobre *exatamente* que documentação é necessária para qualificá-lo para adaptações e/ou serviços de apoio.)
- agências comunitárias como a agência de reabilitação do Estado e a Administração da Segurança Social. (Se é esperado que o aluno tenha acesso aos serviços de alguma agência depois do ensino médio, estas agências devem estar envolvidas no planejamento dos serviços de transição.)
- a Seção 504 do Rehabilitation Act of 1973, que impede a discriminação contra pessoas qualificadas com déficits em programas ou atividades que recebam ou se beneficiem de assistência financeira federal, incluindo muitas faculdades e universidades.
- o Americans with Disabilities Act (ADA), que impede a discriminação tanto em instituições públicas quanto privadas, tais como bibliotecas, restaurantes, teatros, transportes e lojas, assim como no local de trabalho.

Embora não seja requerido que o distrito escolar realize novas avaliações para completar um Resumo de Desempenho, as informações contidas no SOP devem estar atualizadas. Se o estudante não foi submetido a uma avaliação completa há dois anos ou mais, converse com a equipe da transição sobre a realização de uma nova avaliação antes que o jovem saia da escola.

aprendizagem ainda são, frequentemente, prejudicadas no ensino médio e no processo de orientação profissional. Os orientadores pedagógicos às vezes são extremamente ignorantes sobre as necessidades especiais de indivíduos com dificuldades de aprendizagem e sobre os programas e serviços disponíveis para ajudá-los. Por isso, o monitoramento e defensoria são mais importantes que nunca à medida que a criança se aproxima da conclusão de seus estudos, a fim de se garantir que os estudantes estejam explorando uma ampla gama de opções e recebendo a ajuda que têm direito. Outro objetivo importante no ensino médio é colocar a criança mais ativamente nos processos de planejamento e defensoria. O IDEA requer que os alunos participem do desenvolvimento de seus Planos de Transição Individualizados, e os alunos devem começar frequentando todos os encontros do PEI no ensino médio, caso isso ainda não esteja acontecendo.

Neste capítulo, discutiremos as três questões mais importantes que as famílias devem enfrentar a fim de ajudar os jovens adultos com dificuldades de aprendizagem a enfrentar o futuro com confiança. Concluímos o capítulo com um mapa do planejamento para a transição, que sugere objetivos e atividades apropriadas para o final do ensino fundamental e para cada série do ensino médio.

QUESTÃO 1: O ALUNO TEM UM PLANO PARA A CONTINUAÇÃO DE SUA EDUCAÇÃO OU TREINAMENTO PROFISSIONAL ESPECÍFICO DEPOIS DO ENSINO MÉDIO?

As pesquisas deixam claro que os jovens adultos que saem da escola sem as habilidades necessárias para um emprego terão muita dificuldade para encontrar um trabalho significativo. Alguns não serão capazes sequer de encontrar um emprego fixo. Os indivíduos que não terminam o ensino médio enfrentam o pior prognóstico econômico: não apenas esses desistentes enfrentam taxas de desemprego até 150% mais elevadas do que aqueles que se formaram, mas também aqueles que chegam a trabalhar ganham, em geral, um terço a menos que aqueles que concluíram o ensino médio. Um estudo recente descobriu que menos de 25% dos desistentes do ensino médio com dificuldades de aprendizagem ganhavam o suficiente para pagar todas as suas despesas no período de um a quatro anos após saírem da escola. Esses jovens estavam frequentemente limitados a empregos com salário mínimo, que oferecem pouco em termos de benefícios ou oportunidades para promoção. As perspectivas de emprego são particularmente sombrias para os desistentes das áreas urbanas, onde as habilidades técnicas ou burocráticas são cada vez mais exigidas para o primeiro emprego. As mulheres jovens sem habilidades em geral se saem ainda pior que os homens jovens no que se refere à aquisição de independência econômica. Estudos revelam que as mulheres com dificuldades de aprendizagem que abandonam a escola normalmente ocupam os degraus mais baixos na escada ocupacional, estão mais propensas a ter empregos de meio período ou temporários sem benefícios e ganham salários ainda mais baixos do que suas contrapartes masculinas.

Entretanto, quando os estudantes completam o ensino médio e buscam a educação superior, o quadro melhora consideravelmente. Os estudos revelam que as taxas de emprego das pessoas com dificuldades de aprendizagem que completam programas de educação vocacional se comparam favoravelmente àquelas de formandos com treinamento para o emprego não portadores de déficits. Um estudo com egressos do ensino médio com dificuldades de aprendizagem descobriu que mais de 80% estavam empregados em posições profissionais ou administrativas. Obviamente, é muito importante encorajar os jovens a examinarem suas opções de carreira e obterem o máximo de educação possível, a fim de se prepararem para os empregos de sua escolha. Aqueles que abandonaram a escola precisam ser encorajados a explorar outros meios para melhorarem suas habilidades e credenciais para poderem melhorar suas oportunidades de emprego (ver o quadro da página 295).

Para muitos pais, a questão fundamental neste ponto é se a opção da faculdade é realista para seus filhos. A boa notícia é que pessoas jovens com dificuldades de aprendizagem estão comparecendo às universidades em números recordes, graças, em parte, a uma explosão de programas e serviços visando a apoiá-los (a lei federal norte-americana exige que todas as instituições de ensino superior façam "adaptações razoáveis" para estudantes com dificuldades de aprendizagem; a faixa de serviços adicionais disponíveis varia de escola para escola). Algumas autoridades acham que o número de alunos com dificuldades de aprendizagem nos *campi* universitários seria ainda maior se estes jovens tivessem recebido uma orientação melhor no ensino médio. Como muitos orientadores educacionais tem pouco conhecimento dos programas universitários para estudantes com dificuldades de aprendizagem, esses alunos nem sempre são incentivados a considerar a educação superior ou a se candidatar para cursos preparatórias para a universidade. Os alunos que têm históricos escolares com altos e baixos e/ou pontuações irregulares em testes padronizados também podem presumir que nenhuma universidade os aceitará, de modo que não exploram as opções para o nível superior. Para que os pais avaliem melhor o potencial das crianças para o sucesso na universidade, os especialistas sugerem a aplicação das seguintes diretrizes:

Os estudantes que têm dificuldades de aprendizagem de leves a moderadas e inteligência mediana ou acima da média devem ser encorajados a considerar a universidade. Os estudantes mais propensos a terem sucesso são aqueles que podem funcionar efetivamente nas aulas regulares do ensino médio com adaptações apropriadas, que têm boas habilidades de autodefesa e não têm problemas sérios de atenção, de organização ou interpessoais. Recebendo a preparação escolar apropriada no ensino médio, tendo uma disposição para exibir um esforço sustentado, e habilidade para compensar os pontos fracos da aprendizagem, alunos como esses geralmente se saem bem na universidade com uma ajuda mínima. A maioria, contudo, necessitará de algumas modificações e adaptações para ter um desempenho bem-sucedido. As adaptações típicas usadas por esses estudantes com dificuldades de aprendizagem na universidade são tempo adicional para a realização dos testes e um lugar tranquilo para realizá-los, ajuda nas anotações, uso de livros em áudio, cargas dos cursos reduzidas, prioridade na matrícula, assentos preferenciais e acesso a um centro de escrita para ajuda no planejamento e na preparação de trabalhos longos. As universidades com programas de aprendizagem experiencial (que encorajam a aprendizagem por meio de treinamento no emprego e estágios) também expandem as oportunidades para os estudantes com dificuldades obterem sucesso.

Estudantes motivados com déficits de moderados a graves também podem ter sucesso na universidade, mas precisarão de um auxílio maior. É importante pesquisar com cuidado as opções educacionais e identificar instituições que possam oferecer o tipo de ajuda que esses estudantes necessitarão. (Por exemplo, atendimento individual, auxílio com habilidades de estudo, ajuda com a defesa de seus direitos e conselheiros especialmente treinados para o planejamento acadêmico e a orientação quanto à carreira podem ser necessários.) Atualmente existem diversos guias de universidades publicados especialmente para estudantes com dificuldades de aprendizagem; estes são bons lugares para se começar a investigar os serviços e os

Voltando à escola

As taxas de desistência no ensino médio para alunos com dificuldades de aprendizagem são alarmantemente altas, aproximando-se de 40% nos Estados Unidos. Estes jovens com frequência saem da escola antes da metade do ensino médio – ponto em que se inicia o planejamento para a transição na maioria das escolas – e muitos não possuem habilidades básicas (leitura, escrita e aritmética) e habilidades específicas para o emprego. É importante encorajar os indivíduos que saíram da escola antes da conclusão dos estudos a explorarem as opções para melhorar suas habilidades e continuar sua educação. A verdade é que um diploma de ensino médio está rapidamente se tornando uma exigência mínima para quase qualquer tipo de emprego: atualmente, apenas 5% das oportunidades de emprego são para trabalho não especializado. Dois terços dos empregos disponíveis requerem alguma educação pós-secundária. O sucesso tanto nos empregos de colarinho branco quanto nos de colarinho azul* requerem cada vez mais não apenas alfabetização, mas também a capacidade para lidar com a habilidades básicas em informática e para interpretar e integrar muitos tipos diferentes de informações. As habilidades básicas em informática também são atualmente requeridas para o primeiro emprego em muitos campos. Seguem-se algumas sugestões que podem melhorar consideravelmente as perspectivas de emprego.

General Educational Development Test *(Teste de Desenvolvimento Educacional Geral – GED)*. O programa GED, patrocinado pelo American Council on Education, dá aos adultos uma segunda chance de obtenção de um certificado de conclusão do ensino médio. Nos últimos anos, o número de candidatos ao GED com dificuldades de aprendizagem quadruplicou. Adaptações especiais para a realização do teste (incluindo maior tempo para a realização, ajuda com a leitura e métodos alternativos de registro) são permitidas para indivíduos com dificuldades de aprendizagem documentadas. É possível encontrar informações no *website* do GED (www.acenet.edu) ou no *website* do National Institute for Literacy (www.literacydirectory.org). Mais de 17 milhões de pessoas conseguiram desta maneira sua equivalência do ensino médio. A maioria das faculdades aceitam o GED em vez do diploma do ensino médio, assim como os empregadores que o requerem. Bill Cosby e Michael J. Fox são duas celebridades que conseguiram seus diplomas de ensino médio por intermédio do GED.

Programas de alfabetização para adultos. Os programas que ensinam os adultos a lerem melhor – individualmente ou em pequenas turmas – existem em muitas comunidades. A maioria é gratuita. Nos Estados Unidos, o Serviço de Alfabetização Nacional, gratuito, conecta os interessados a um serviço bilíngue durante as 24 horas do dia (em inglês e espanhol), que oferece informações sobre programas de alfabetização e outras oportunidades educacionais. A ProLiteracy (www.proliteracy.com) é uma organização que apoia o desenvolvimento de programas de alfabetização de adultos nos níveis nacional e internacional. Mais de 100 mil adultos recebem instrução anualmente – entrem em contato com eles para se informar sobre as oportunidades na sua comunidade.

Cursos de educação para adultos. Cursos noturnos de digitação, de informática e de outras matérias ocupacionais são oferecidos por muitos distritos escolares, bem

(continua)

---

*N. de R.: Em inglês, *blue-collar* refere-se ao trabalho que envolve o uso da força física ou de habilidades manuais.

> ### Voltando à escola
>
> como por algumas faculdades comunitárias e universidades. A maioria recebe iniciantes de todas as idades.
>
> ***Universidades comunitárias.*** A maioria das universidades públicas oferece cursos sobre habilidades básicas tanto de escrita quanto de estudos, que podem ser preciosos para adultos que esperam ingressar em uma universidade. Algumas dessas instituições também têm procedimentos alternativos de admissão para adultos que não têm diplomas de ensino médio e oferecem amplos serviços de apoio para estudantes com dificuldades de aprendizagem. Também podem estar disponíveis excelentes programas de preparação vocacional e serviços de colocação profissional. Para mais informações, entre em contato com o coordenador dos serviços para dificuldades de aprendizagem da escola superior da sua comunidade. Em algumas circunstâncias, a agência pública de serviços de reabilitação pode oferecer bolsas de estudo a alunos portadores de déficits (ver a seguir).
>
> ***Treinamento para o emprego por agências estatais de serviços de reabilitação.*** O Rehabilitation Act of 1973 (Rehab Act) exigia que cada Estado americano estabelecesse serviços de auxílio a indivíduos portadores de déficits, para que estes se tornassem mais independentes e habilitados para o emprego. Tal provisão continua oferecendo apoio federal para esses serviços. Os indivíduos elegíveis podem receber aconselhamento profissional, estágios e/ou apoio financeiro para a educação (cursos técnicos, comerciais ou universitários). O auxílio com as habilidades de vida independente (por exemplo, planejar e viver de acordo com o orçamento) também está disponível. Para informações sobre serviços e sobre a habilitação para os mesmos, entre em contato com a agência de reabilitação ocupacional de seu Estado.
>
> Observe que o estudante com dificuldades de aprendizagem que passa tranquilamente pelo ensino médio, seguidos por quatro anos, em média, da universidade, é a exceção, não a regra. É cada vez mais comum os estudantes combinarem trabalho em tempo parcial e estudo em tempo parcial. "Paradas" periódicas devido aos estresses da educação formal também devem ser esperadas. É importante que tanto os pais quanto os estudantes evitem o desânimo se os objetivos educacionais não estiverem sendo cumpridos "no tempo certo". Levar mais tempo para concluir o ensino médio ou a universidade não deve ser visto como um fracasso, desde que os estudantes se disponham a continuar tentando. Assumir a educação formal em pequenas doses é uma estratégia sensata para muitas pessoas com dificuldades de aprendizagem; às vezes esta abordagem é o melhor caminho para um diploma ou uma colação de grau.

programas de apoio disponíveis nas diferentes instituições. (Se estes guias não estiverem disponíveis no setor de orientação educacional da sua escola, verifique na biblioteca pública, nas livrarias locais e na internet.) Os estudantes com déficits múltiplos ou graves também poderão investigar outros meios de moderar a pressão acadêmica, como comparecer à universidade apenas em meio período. (Consulte as fontes de auxílio financeiro antes de tomar esta decisão; algumas se aplicam apenas a estudantes em período integral.) Observe que estes estudantes também podem necessitar de apoio extra ou tempo extra no ensino médio para cumprirem as exigências de ingresso na universidade. (Os estudantes com dificuldades têm o direito legal nos Estados Unidos de permanecer na escola pública até receberem um diploma padrão ou atingirem os 22 anos.)

A universidade provavelmente não atenderá às necessidades de jovens que têm uma inteligência significativamente abaixo da média, problemas interpessoais importantes e/ou déficits de linguagem, processa-

mento cognitivo ou de atenção muito sérios. A universidade também não é a melhor escolha para o aluno que desenvolveu uma forte aversão à educação formal. (Isso pode parecer óbvio, mas, às vezes, os pais ficam tão fixados na universidade como um objetivo que não consideram os sentimentos de seus filhos sobre a questão. Os jovens obrigados a frequentar uma universidade raramente têm sucesso, não importa o seu potencial intelectual.) O planejamento após o ensino médio para estas pessoas precisa se concentrar na construção de habilidades sociais e ocupacionais funcionais e/ou na provisão de apoio à saúde mental. Os pais podem precisar ser assertivos para garantir que a orientação e os serviços apropriados sejam oferecidos a esses jovens, tanto no ensino médio quanto depois. As pessoas com graves dificuldades de aprendizagem – que com frequência são incapazes de viver e trabalhar por conta própria imediatamente após o ensino médio, mas que podem ser percebidas como não tendo "déficits" suficientes para os programas que servem os adultos portadores de déficits na comunidade – estão entre aquelas mais propensas a não serem contempladas pelo sistema de educação e pelos serviços sociais. Para esses estudantes, permanecer no ensino médio até os 22 anos pode ser uma opção melhor do que correr para se formar, pois podem continuar a dispor de educação especial, treinamento vocacional e serviços de aconselhamento. Quando os serviços das agências comunitárias forem necessários (para ajuda na obtenção de assistência financeira para tecnologia ou colocação em emprego supervisionado, por exemplo), cabe à equipe do ITP do aluno garantir o envolvimento dessas agências; por isso, os pais devem ser o mais minuciosos e explícitos possível sobre suas opiniões sobre as necessidades imediatas e de longo prazo do jovem nas reuniões do ITP.

Planejamento universitário

Se a universidade foi identificada como uma meta, é importante ter certeza de que isso está relacionado no PEI do seu filho e que o jovem está matriculado no mais rigoroso programa acadêmico que ele possa acompanhar no ensino médio. Segundo a lei federal norte-americana, as universidades não podem se recusar a admitir um estudante porque este tem déficits, mas não têm obrigação de admitir estudantes que não realizaram um programa preparatório adequado para a universidade, ou cujas notas e pontuações nos testes não satisfaçam seus critérios (ver o quadro nas páginas 298-299). Também convém começar a explorar desde cedo as opções das universidades. O sucesso depende de encontrar uma boa correspondência entre a universidade e o estudante, e tal processo é demorado. Uma busca completa entre as universidades normalmente envolve examinar os guias das instituições; obter informações sobre universidades específicas; investigar as exigências para admissão, os programas acadêmicos, os serviços especiais e as opções de auxílio financeiro; e realizar uma visita pessoal às universidades preferidas. O pai de dois universitários (um dos quais tem dificuldades de aprendizagem) aconselha:

> Comece a pesquisa no início do ensino médio e evite visitar uma universidade durante as férias de verão. Você não consegue saber muito sobre uma instituição passeando por prédios vazios. Visite-a quando as aulas estiverem em andamento e tente conseguir que seu filho possa assistir a uma aula introdutória em uma área de interesse acadêmico. Indague também sobre a possibilidade de visitas noturnas. Nossos filhos acharam que passar uma noite no dormitório da universidade e conversar informalmente com os estudantes deu-lhes uma ideia muito melhor do que se passava ali do que o passeio típico pelo campus. Por exemplo, em uma universidade pequena que possuía excelentes programas acadêmicos, nosso filho mais velho descobriu que a atividade de recreação mais popular entre os estudantes era fumar maconha. Esse não era um padrão social ao qual ele desejava aderir; nós continuamos procurando. Ele estava começando o 2º ano do ensino médio quando encontrou o campus dos

E quanto aos exames de admissão para a universidade?

As universidades não prescindem das exigências básicas de admissão para estudantes que têm dificuldades de aprendizagem. As pessoas interessadas em universidades que exigem as pontuações no SAT ou no ACT (exames de admissão à universidade nos Estados Unidos) devem, portanto, planejar a realização desses testes. Os estudantes com déficits documentados *têm* direito a adaptações especiais nos testes, incluindo um tempo maior e a realização das provas em locais alternados para minimizar as distrações, o uso de um computador para as respostas escritas, pausas frequentes, a administração do teste em vários dias, etc. As adaptações solicitadas devem corresponder àquelas que o estudante usa nos testes escolares padronizados. Observe que a administração especial dos testes deve ser providenciada de antemão; o aluno não pode simplesmente aparecer e pedir adaptações especiais no dia do teste. O SAT requer dados de avaliação atualizados para serem submetidos em apoio a cada adaptação solicitada (as avaliações devem ter sido realizadas dentro dos últimos cinco anos). O ACT também pode solicitar a documentação se ela for necessária para a verificação do déficit e das necessidades de adaptação. As informações sobre adaptações para o teste e instruções para a documentação dos déficits para os exames de SAT e ACT devem estar disponíveis no setor de orientação vocacional das escolas de ensino médio americanas, ou podem ser solicitadas aos órgãos responsáveis.

A solicitação de adaptações é conveniente se seu filho as utiliza regularmente na escola: a Universidade Bard encontra um aumento aproximado de 32 pontos na parte verbal e um aumento de 26 pontos na parte de matemática do teste do SAT quando os estudantes recebem um tempo adicional (o tempo adicional para os estudantes sem déficits não mostra uma melhora similar nas pontuações). O relatório da pontuação no teste enviado às universidades não indica que foram usadas acomodações.

Quanto mais familiarizados os jovens estiverem com o formato do exame e as estratégias de realização dos testes (como saber quando é uma boa ideia adivinhar uma resposta e quando é melhor pular uma questão difícil e ir em frente), melhor eles se sairão nos testes. Guias comerciais de estudo, programas de informática e cursos de preparação para o teste estão amplamente disponíveis para os jovens que querem aprimorar suas habilidades de realização de testes. Os estudantes que pretendem cursar uma universidade devem planejar a realização dos testes exigidos mais que uma vez, se possível; as pontuações com frequência são mais altas na segunda ou na terceira vez. (As universidades geralmente usam as pontuações mais altas alcançadas, não importando quando o teste foi realizado.)

Os estudantes podem achar que um ou outro exame se ajusta melhor a eles. Alguns jovens com dificuldades de aprendizagem gostam do ACT, por exemplo, porque é um teste mais direto do conhecimento em inglês, matemática e ciências (os estudantes dizem que ele contém menos questões "capciosas" do que o do SAT, que enfatiza a leitura e a capacidade de *raciocínio* matemático). Todavia, as passagens de leitura relativamente longas do ACT podem ser problemáticas para os jovens com problemas de compreensão da leitura. Como muitas universidades norte-americanas aceitam qualquer um dos dois testes, os alunos podem desejar realizar ambos e entregar o melhor conjunto de pontuações.

As famílias devem estar conscientes de que nem todas as universidades requerem testes de admissão. Quase 300 instituições com cursos de dois e quatro anos – Bard, Bates, City University of New York, Wake Forest University, Smith College e a maioria das universidades comunitárias, por exemplo – tornou opcional a apresentação das pontua-

(continua)

> **E quanto aos exames de admissão para a universidade?**
>
> ções dos testes. Estas instituições acham que o GPA do estudante no ensino médio e os testes de desempenho na área temática (como os exames e os testes temáticos do Advanced Placement da Universidade Bard) são melhores prognosticadores do sucesso na universidade. Candidatar-se às instituições que não requeiram testes de admissão pode melhorar as chances dos estudantes que têm boas notas e outras credenciais, mas consistentemente se desempenham mal nos exames padronizados.

seus sonhos, e o impacto dessa visita foi incrível: da noite para o dia a sua motivação para ter um bom desempenho na escola aumentou significativamente. Ele se esforçou mais do que nunca em todas as matérias e também reservou bastante tempo e esforço para se preparar para o teste do SAT. Seu esforço fantástico compensou: ele se candidatou à decisão inicial e foi aceito. No fim, identificar o lugar em que ele queria estar teve uma enorme influência no seu sucesso.

Se o seu filho causar uma impressão bem melhor pessoalmente do que no papel (como acontece com frequência com os jovens que têm dificuldades de aprendizagem), tente também conseguir-lhe uma entrevista no *campus*. Isso dará ao seu filho a chance de impressionar um encarregado pela admissão com sua inteligência e motivação, bem como uma oportunidade para explicar por que aquela nota em matemática ou em língua estrangeira é tão baixa. Se for necessário um apoio especial para dificuldades de aprendizagem, também é importante falar com a pessoa encarregada pelo oferecimento desses serviços durante a sua visita. O quadro das páginas 300-301 lista algumas questões decisivas para as quais devem ser encontradas respostas antes da escolha de uma instituição.

Se os jovens estão interessados na educação superior, mas ainda não estão prontos para sair de casa ou para frequentar a universidade em período integral, as faculdades comunitárias oferecem excelentes opções. Muitas têm políticas abertas de admissões e oferecem serviços extensivos para estudantes com dificuldades de aprendizagem. A maioria delas está acostumada a acomodar alunos em meio período, e os alunos que tiverem um bom desempenho terão opções para uma transferência para instituições com cursos de quatro anos. No entanto, investigar o apoio específico para estudantes com dificuldades de aprendizagem nas faculdades comunitárias é tão importante quanto investigar outras instituições. Como alerta Barbara Cordoni, uma coordenadora experiente de serviços de apoio de educação especial para estudantes universitários (e também mãe de dois filhos com dificuldades de aprendizagem), em seu livro *Living with a Learning Disability*: "Não o mande, eu repito, *não* o mande para uma universidade comunitária perto de casa para que ele 'sinta como é a coisa', a menos que essa universidade tenha um programa de apoio para DAs (dificuldades de aprendizagem). A maior dificuldade que enfrentamos em minha universidade é com aqueles estudantes que entram em universidades comunitárias sem programas de apoio e não se saem bem. Eles ingressam na universidade com notas ruins e, no final do primeiro ano, supostamente devem escolher sua carreira. Entretanto, a maioria das escolhas exige uma média mínima que o aluno pode simplesmente não ter atingido em razão daquelas notas [ruins] da faculdade comunitária que entram no cômputo da média". O ponto a salientar, portanto, é que não importa onde cursem o básico, os alunos com dificuldades de aprendizagem devem começar tendo acesso a todo o apoio de que necessitam e receber

Questões fundamentais para os candidatos à universidade

Além das perguntas habituais que os estudantes fazem sobre as universidades (sobre exigências para a admissão, programas acadêmicos, estágios, recreação e oportunidades sociais, por exemplo), os estudantes com dificuldades de aprendizagem têm indagações adicionais a fazer aos administradores das universidades. Na maioria dos casos, você poderá obter informações mais precisas com o coordenador do serviço para estudantes com dificuldade das universidades.

Que programas especiais e serviços de apoio existem aqui para os estudantes com dificuldades de aprendizagem? Embora as universidades precisem, por força da lei, oferecer "adaptações razoáveis" para os indivíduos portadores de déficits, algumas fazem um pouco mais do que isso. Pergunte especificamente sobre os tipos de auxílio que mais provavelmente você necessitará. Que arranjos são feitos para alunos que precisam de ajuda com as anotações, por exemplo? A ajuda para a escrita dos trabalhos está disponível e em que base (classe especial, professor individual ou laboratório de redação)? Se um livro não estiver disponível em áudio na biblioteca, será que a universidade encontrará alguém para gravá-lo? E quanto tempo isso levaria? A tutoria está disonível em diferentes áreas de conteúdo (matemática, química, espanhol...)?

Os serviços de apoio e/ou tutela estão incluídos na mensalidade ou têm um custo adicional? De acordo com a lei norte-americana, a universidade não pode cobrar pela provisão de acomodações razoáveis (como o acesso a livros gravados ou a ajuda de alguém para tomar notas), mas pode haver taxas para serviços especiais como tutoria ou orientação por parte de um especialista em dificuldades de aprendizagem.

Há quanto tempo existe o seu programa de apoio para as dificuldades de aprendizagem? Os estudantes que buscam serviços abrangentes devem procurar uma universidade com uma história estabelecida em relação à sua oferta.

Quantos estudantes com dificuldades de aprendizagem receberam serviços aqui nos últimos anos? Que porcentagem desses alunos chegou a se graduar? Números muito baixos podem indicar um baixo nível de apoio para os estudantes com dificuldades de aprendizagem.

Que documentação eu devo apresentar para a obtenção dos serviços? A documentação geralmente deve estar baseada na avaliação por parte de um profissional qualificado e descrever os tipos específicos de dificuldades de aprendizagem, bem como as acomodações recomendadas. (Uma carta do diretor da sua escola de ensino fundamental afirmando que você é "disléxico", por exemplo, não serve para este fim.) Muitas universidades aceitam um PEI ou um SOP. Outras podem exigir uma avaliação psicoeducacional recente, que inclua os resultados das avaliações e uma descrição detalhada dos pontos fortes e fracos em termos de aprendizagem.

Qual é o procedimento para negociar adaptações e modificações com instrutores? Os estudantes ficam por conta própria, ou está disponível um auxílio para a defesa de seus direitos? Se houver um conflito com um professor, qual o procedimento para resolvê-lo?

Qual é o número mínimo de créditos por semestre necessário para ser considerado um estudante em período integral? A limitação da carga horária é uma das chaves para o sucesso na universidade, mas alguns tipos de auxílio financeiro estão disponíveis apenas para os estudantes em período integral.

Estão disponíveis cursos de redação básica e habilidades de estudo? Eles contam em termos de crédito acadêmico?

(continua)

> ### Questões fundamentais para os candidatos à universidade
>
> *Qual o tamanho médio das classes nas minhas áreas de interesse acadêmico?* Qual é o formato habitual dessas classes (aulas expositivas, laboratório, discussão)? Que tipo de testes são aplicados com mais frequência? Eles correspondem ao meu estilo de aprendizagem?
>
> *A universidade (ou o curso proposto) tem uma exigência de ciências, matemática ou uma língua estrangeira?* Se essas disciplinas representam um problema, é possível substituí-las por outras (como estudos internacionais, Língua de Sinais Americana, ética da ciência, saúde e economia mundial ou cursos de informática) para satisfazer essas exigências? Observe que as faculdades e as universidades *não* são obrigadas a abandonar ou alterar essas exigências para acomodar estudantes com dificuldades de aprendizagem. Elas podem recusar-se a fazer isso, se a mudança das exigências vier a alterar a natureza do programa ou significar um relaxamento nos padrões acadêmicos.
>
> *O que está disponível em termos de programas de trabalho-estudo e estágios?* O crédito acadêmico pode ser garantido por estas experiências? Muitos jovens com dificuldades de aprendizagem aprendem melhor fazendo, e por isso se beneficiam de programas que vão além da sala de aula.
>
> *A tutoria e o aconselhamento acadêmico e vocacional são administrados pelo centro de apoio para dificuldades de aprendizagem ou pelos departamentos acadêmicos e gabinetes de orientação geral aos estudantes?* Qual é a experiência dos orientadores pedagógicos e dos tutores com estudantes com dificuldades de aprendizagem?
>
> *Que tipo de apoio técnico está disponível? É fácil ter acesso a um computador?* Você precisa caminhar quase dois quilômetros até a biblioteca para usar um computador ou há computadores espalhados por todo o *campus*? (Algumas universidades norte-americanas atualmente proporcionam um *notebook* para qualquer aluno que necessite de um.) Onde eu posso encontrar *softwares* especiais (como programas ativados por voz ou programas de produção textual com predição de palavras)?
>
> *Que opções estão disponíveis para a aprovação?* Há alguma cadeira que pode ser cursada na base de aprovado/reprovado?
>
> *Se o ruído e as distrações são um problema, que opções de moradia estão disponíveis?* Existem dormitórios ou andares do dormitório onde música em alto volume e festas não são permitidos após um determinado horário ou simplesmente não são permitidos? Existe a possibilidade de se obter um quarto individual? Esses quartos individuais são mais caros?

orientação informada para que possam estabelecer seus objetivos efetivamente e não assumam mais do que podem fazer. Como tantos destes estudantes universitários têm problemas com a administração do tempo (além de ser muito mais divertido sair com os amigos ou navegar na internet do que escrever um ensaio para uma classe em que se está indo mal), entrar em contato com uma pessoa de apoio com quem o aluno possa se reunir semanalmente para planejar como dominar a carga de trabalho e administrar o estresse pode também fazer maravilhas pelo desempenho do estudante.

Alguns alunos temem que ser honestos sobre suas dificuldades de aprendizagem quando se candidatam a uma vaga em uma universidade possa conduzir a preconceitos por parte dos comitês de admissão e prejudicar as suas chances de ingresso na faculdade de sua escolha. Isso é improvável, já que a discriminação contra indivíduos com dificuldades de aprendizagem é proibida por lei federal norte-americana. Entretanto, revelar uma dificuldade de aprendizagem pode explicar discrepâncias ou notas baixas no histórico escolar do ensino médio que, de outro modo, dificilmente poderiam ser entendidas. Por isso, achamos que ser honesto sobre uma dificuldade de aprendizagem oferece mais vantagens do que desvantagens. (A nossa experiência é que os estudantes que hesitam em revelar seus déficits geralmente esperam "começar do zero" na universidade e se sair bem sem nenhuma ajuda especial. Embora o seu desejo de parecer "normal" seja compreensível, estas esperanças são também ingênuas. Cargas de trabalho mais pesadas e um conteúdo mais difícil nas disciplinas tornam o apoio apropriado mais importante que nunca na universidade – outra razão pela qual a honestidade é, normalmente, a melhor política.)

Planejamento da carreira

Se os estudantes não pretendem cursar uma faculdade, o foco se desloca para o planejamento e a preparação para uma carreira. Em certo sentido, isso pode ser mais difícil do que localizar o programa universitário mais adequado. Embora as oportunidades de treinamento para uma carreira pública ou privada sejam abundantes, poucos instrutores em programas de educação vocacional têm conhecimentos sobre as dificuldades de aprendizagem. (Muitos não têm conhecimentos profundos sobre a *educação;* sua experiência se relaciona principalmente à habilidade ou à ocupação que ensinam). Pouca coisa, em termos de apoio formal, pode estar disponível para o aluno que precisa de ajuda para ler diagramas ou manuais, realizar anotações ou exames cronometrados com lápis e papel, que podem ser exigidos para esses cursos. Os programas de educação vocacional planejados para as populações de educação especial muitas vezes visam às necessidades de indivíduos com inteligência limitada ou daqueles com uma história de cábula de aulas ou delinquência juvenil – necessidades estas bastante diferentes daquelas de um jovem com problemas de processamento de informações. Encontrar um programa apropriado pode ser complicado pelo fato de que os jovens não têm ideia do que desejam fazer, ou têm ideias irrealistas (a criança pode sonhar em se tornar um jogador de basquete ou repórter de jornal, por exemplo, apesar de não possuir habilidades atléticas ou de escrita). Além disso, as habilidades de organização, hábitos de trabalho ou as habilidades interpessoais desses jovens também podem ser tão escassas que os pais ficam imaginando se existe *algum* local de trabalho onde o filho possa se encaixar bem.

Como a preparação para o emprego envolve o desenvolvimento em muitas áreas, o planejamento da carreira deve ser visto como um processo de longo prazo, começando já no início do ensino médio. A preparação completa para a carreira geralmente envolve diversas fases, discutidas a seguir (observe que estas atividades também são apropriadas para alunos que esperam estudar em uma universidade).

O conhecimento e a exploração da carreira a seguir

A noção que vários estudantes têm do mundo do trabalho é muito estreita ou adquirida em grande parte da mídia do entretenimento. Alguns jovens sequer realmente entendem o que seus pais fazem em seus empregos! Por isso, o planejamento da carreira começa com o desenvolvimento da consciência dos jovens sobre a grande variedade de coisas que as pessoas fazem para ganhar a vida. Programas formais de exploração de carreiras (que envolvem visitas a vários locais de trabalho na comunidade e eventos como "feiras das profissões", nas quais representantes de várias profissões e ocupações fazem apresentações) geralmente estão disponíveis no ensino médio para ajudar neste processo. As famílias também podem ajudar muito a melhorar a consciência quanto à carreira. Leve seus filhos ao seu local de trabalho e fale sobre o que você faz lá. Dirija a atenção de seus filhos para algumas das diferentes coisas que outras pessoas fazem para ganhar a vida (no consultório do médico, por exemplo, além do médico a criança pode ver um ou mais enfermeiros ou assistentes do médico, uma recepcionista, secretárias que marcam consultas e lidam com fichários de pacientes, uma pessoa que realiza a contabilidade e faz cobranças e técnicos de laboratório ou de raio X). Encoraje seus filhos a "entrevistarem" pessoas na sua comunidade que realizam trabalhos que eles acham interessantes. O bibliotecário local também pode ajudá-lo a encontrar livros apropriados para a idade sobre diferentes áreas profissionais.

À medida que os interesses dos jovens por uma carreira se desenvolvem, busque oportunidades para a experiência na prática. Programas de contrato experimental de trabalho, de aprendizado na prática, estágios, trabalho voluntário e empregos de verão ou em meio período podem ajudar os alunos a desenvolver expectativas realistas sobre o que é necessário para ter sucesso nas áreas de seu interesse. As pesquisas também têm demonstrado que os alunos que obtêm esse tipo de experiência estão mais propensos a desenvolver bons hábitos de trabalho e a se tornarem empregados responsáveis na vida adulta. Além disso, quanto mais prática em serviço os estudantes obtiverem em suas áreas de talento e interesse, mais confiantes se tornam de que suas habilidades e esforço podem ajudá-los a progredir no trabalho, particularmente se não se sentirem constrangidos em solicitar acomodações quando necessário.

Lembre-se de que é típico das pessoas jovens – com e sem déficits – mudarem frequentemente de ideia durante a adolescência sobre o que desejam fazer. Se você puder prever que isso poderá acontecer, não se sentirá desapontado ou frustrado quando sua filha abandonar a ideia de tornar-se uma astrônoma (depois de todo o trabalho que você teve para lhe conseguir um emprego durante o verão no planetário) ou decidir, no meio do curso de digitação, que o que ela mais gosta é da carreira de vendas. Não desanime; os especialistas afirmam que nenhuma experiência de educação ou emprego é realmente tempo perdido. Mesmo que seu filho mude seus planos de carreira várias vezes, a experiência acumulada ajudará a expandir sua compreensão sobre as expectativas dos empregadores, melhorará suas habilidades e a sua capacidade para trabalhar com pessoas e, por fim, melhorará suas chances de obter um emprego.

Avaliação e orientação vocacionais

Se os alunos chegaram ao ensino médio sem ter desenvolvido alguma ideia sobre a profissão que desejam seguir (tal fato não é raro entre os estudantes com dificuldades de aprendizagem, cujo tempo e atenção podem ter sido ocupados até então com a sobrevivência escolar básica), uma avaliação vocacional formal e/ou uma orientação vocacional podem ajudá-los a centralizar seus interesses. As avaliações vocacionais também tentam medir as aptidões do aluno para diferentes ocupações. Se você optar pela avaliação ocupacional, é importante garantir que seu filho esteja recebendo uma avaliação multidisciplinar coordenada por um psicólogo ou orientador com conhecimentos sobre as dificuldades de aprendizagem. Essa avaliação deve envolver entrevistas, atividades práticas e observação em contextos de trabalho simulados, bem como testes que meçam as aptidões, os interesses, a destreza e o desempenho escolar do estudante. As avaliações vocacionais devem estar disponíveis no seu distrito escolar; se você achar que seu filho pode se beneficiar de uma delas, peça para que seja incluída no Plano de Transição Individualizado. Para os jovens que abandonaram a escola, as avaliações e o aconselhamento vocacionais podem estar disponíveis por meio da agência de reabilitação vocacional, das universidades públicas locais ou escolas vocacionais e técnicas, das organizações comunitárias sem fins lucrativos que servem a pessoas portadoras de déficits ou de agências e provedores particulares. Como o custo e a qualidade dos serviços podem variar muito, é importante investigar exatamente o que uma avaliação vocacional incluirá, as credenciais dos profissionais envolvidos e a faixa de serviços que a agência pode oferecer. Busque uma agência que funcione em estreita ligação com os empregadores locais. Os orientadores vocacionais devem estar atualizados sobre a economia local e sobre as "profissões em alta", com forte demanda em sua região do país.

Preparação para a profissão

A preparação para a profissão inclui tanto as habilidades específicas necessárias para a execução de determinado tipo de trabalho quanto o desenvolvimento de habilidades de busca de emprego, como a preparação de um currículo, leitura e resposta a anúncios classificados, preenchimento de pedidos de emprego e comparecimento a entrevistas. Os jovens de 16 anos que já escolheram uma área de interesse profissional geralmente podem se beneficiar de programas de educação vocacional no ensino médio. (Observe que muitas dessas classes exigem boas habilidades de leitura e/ou matemática, e que os instrutores podem ter pouca experiência no trabalho com estudantes com dificuldades de aprendizagem. Portanto, vale a pena se reunir previamente com os instrutores desses programas para examinar os textos e os métodos de instrução e discutir as acomodações que seu filho pode necessitar.) As escolas de ensino médio também devem ser capazes de oferecer orientação no processo de busca de emprego (por meio dos departamentos de educação especial, de orientação ou de educação vocacional), mas pode ser que os pais precisem solicitar esse auxílio. Certifique-se de que etapas específicas na preparação da carreira – como preparação de um currículo ou conclusão de um determinado programa de aprendizagem prática – estão incluídas entre os objetivos declarados por escrito do Plano de Transição Individualizado (ITP).

Alguns jovens com dificuldades de aprendizagem evitam a educação vocacional no ensino médio porque não se sentem à vontade nessas classes (às quais às vezes têm a reputação de serem pouco mais que programas para meninos de rua ou arruaceiros), porque não possuem as habilidades necessárias para competir nelas ou porque ainda não estão certos do que desejam fazer. Como consequência, o desafio para muitas famílias é encontrar treinamento apropriado para o emprego *depois* do ensino médio (vários anos depois, em alguns casos). Muitas vezes, os jovens com dificuldades de aprendizagem de leves a moderadas podem obter benefícios trabalhando como aprendizes em indústrias ou com o treinamento para uma profissão oferecido pelos militares, pelas universidades públicas e pelas escolas de comércio, técnicas ou administrativas.[*] Entretanto, aqueles com déficits mais profundos – ou que são complicados por habilidades sociais muito fracas, sérios déficits de atenção e/ou problemas mentais – precisam de maior estrutura, apoio e supervisão do que essas fontes tradicionais de educação vocacional podem oferecer. Os programas de transição (que se destinam a ajudar os indivíduos com dificuldades a fazer a transição da vida na casa dos pais para a vida independente) são escolhas apropriadas para alguns destes jovens adultos. Os programas de transição podem ser residenciais ou externos; alguns oferecem um componente acadêmico, enquanto outros enfatizam principalmente o desenvolvimento de habilidades de autocuidado e de emprego. Existem programas de transição particulares, públicos e mantidos por associações beneficentes.

Contudo, os pais experientes alertam para o fato de que programas de transição

---

[*] Nos Estados Unidos, os estudantes podem frequentar classes na faculdade local, na universidade e em escolas administrativas e técnicas para a obtenção de créditos, embora ainda matriculados no ensino médio.

Dale

Dale Brown fundou a Association of Learning Disabled Adults (Associação de Adultos com Dificuldades de Aprendizagem) e foi a primeira presidente da National Network of Learning Disabled Adults (Rede Nacional de Adultos com Dificuldades de Aprendizagem). Ela escreve e fala frequentemente sobre as dificuldades de aprendizagem e aconselha sobre questões legislativas relacionadas às dificuldades de aprendizagem. Seus próprios déficits de percepção só foram reconhecidos na universidade. Aqui Dale recorda o seu primeiro emprego:

No primeiro dia de meu último ano no ensino médio, candidatei-me ansiosamente para alguns empregos. O gerente de uma lanchonete me contratou. Eu estava muito excitada. O salário mínimo me parecia uma fortuna! Em meu primeiro dia de trabalho, minha primeira impressão foi de ruído e brilho. As caixas registradoras faziam um barulho alto, pratos caíam no chão. As vasilhas de inox tiniam. Pam, uma mulher esguia e jovem, me explicou o sistema.

"Primeiro, você recebe o pedido", disse ela, entregando-me um bloco verde. "Olhe como eu faço". Pam aproximou-se de um cliente e disse: "Os senhores querem pedir agora?". O cliente disse-lhe o que desejava e ela anotou. "Um hambúrguer!", gritou ela para o cozinheiro.

"Agora precisamos fazer salada de atum", ela disse. "Aqui está a concha. Você coloca a alface em um prato, assim, depois coloca o atum em cima. Depois coloca o tomate aqui".

Tivemos que nos inclinar perto do balcão para evitar que um homem carregando bandejas colidisse conosco. "Você pode me mostrar novamente como fazer a salada de atum?", perguntei. "Não posso fazer outra até que alguém peça", disse Pam. "Agora limpamos os balcões, colocando os pratos aqui..." Ela passou todo o dia falando comigo e me ensinando, detalhe por detalhe. Eu tentava ouvir, mas as outras conversas, o chiado da grelha e o ruído da água escorrendo me distraíam. "Como é que se toma o pedido mesmo?", perguntei. "*É fácil*", respondeu Pam. "Simplesmente escreva o que eles pedem e olhe os preços!".

No dia seguinte, fiquei encarregada da minha própria seção. Um homem e uma mulher esperavam ansiosamente. O homem pediu um hambúrguer e uma coca-cola. A mulher pediu salada de atum e cerveja preta. Anotei o pedido, mas não sabia os preços;

"Quanto é um hambúrguer?", perguntei a Pam. "Oitenta e cinco centavos".

"E uma coca-cola?".
"Grande ou pequena?"
"Não perguntei".
"É melhor descobrir. Olhe o menu da próxima vez. Ele tem todos os preços".

Fui fazer a salada de atum. Não conseguia encontrar a concha. Os pratos haviam desaparecido. Tive que interromper Pam novamente... Além disso, eu não conseguia fazer com que a alface ficasse plana no prato nem conseguia fazer uma bola de atum. Finalmente, coloquei uma colherada de atum sobre a alface, esperando que fosse suficiente. Dei à mulher a sua salada e peguei as bebidas, usando os primeiros copos de papel que encontrei. Eu não conseguia perceber facilmente a diferença entre um copo grande e um pequeno e, ainda por cima, esquecera de perguntar qual deles meus clientes queriam.

"Onde está meu hambúrguer?", perguntou o homem.

Eu esquecera de dizer à cozinheira! "Sinto muito", disse-lhe eu, e gritei: "Um hambúrguer!". Enquanto eu o servia, dois outros clientes entraram. Eles queriam cachorros-quentes e chá.

"Onde está nossa conta?", perguntou o primeiro cliente. Eu a entreguei a ele.

"E quanto devemos pagar?", perguntou ele. Peguei sua conta e vi que havia me

(continua)

esquecido de colocar os preços! Fui assaltada pelo pânico. Quanto era a coca-cola? Inventei um preço, depois me concentrei em somar tudo direitinho.

"Onde estão nossos cachorros-quentes?", perguntou meu segundo cliente. "Você cobrou as cocas acima do preço!", disse meu primeiro cliente.

"Desculpe-me", disse eu. Aproximei-me da caixa registradora. Já havia me esquecido de como operá-la.

"Pam", eu disse, "mostre-me como operar a caixa registradora". "Já lhe mostrei ontem."

"Desculpe-me; você precisa me mostrar novamente". Pam registrou meu pedido, sem me explicar o que fazia. Então, eu lhe disse: "Espere! Eu cobrei a mais pelas cocas!".

Ela me olhou furiosa. "Agora precisamos fazer um *estorno!*" Ela ligou um pequeno microfone. "Sr. Connors, por favor, compareça ao balcão... Dale, você não tem outros pedidos esperando?"

Eu assenti. Mas perdera o meu talão de pedidos. Verifiquei em meu bloco, em meus bolsos, no chão – teria de perguntar novamente aos clientes o que eles desejavam. Mas quais eram os meus clientes? Eu não conseguia lembrar dos seus rostos! Como é que Pam fazia isso? Ela se movia por ali, fácil e de maneira eficiente, tomando pedidos, preparando a comida e registrando os pagamentos. Devo ter parecido tão perdida quanto me sentia, porque o Sr. Connors veio e me olhou com simpatia. "Você logo entra no ritmo", disse ele. "Não se preocupe; é apenas o seu segundo dia."

Porém mais dias se passaram em um turbilhão de confusão e erros. Os outros empregados, inicialmente gentis, rapidamente se tornaram impacientes com todas as minhas perguntas. Eu não conseguia memorizar os preços – mesmo depois de levar o menu para casa – e continuava esquecendo o lugar das coisas. Preparar a comida era difícil, mesmo depois de me mostrarem várias vezes (por exemplo, para fazer uma coca você misturava xarope e *seltzer*, mas eu não conseguia ver qualquer diferença entre a torneira do xarope e a da *seltzer*, na máquina. Eu sempre tinha que derramar um pouco de líquido no copo para ver qual era qual). Jamais conseguia entender a sequência da elaboração de um pedido. Não estava claro para mim se eu deveria começar pelos itens cozidos e trabalhar no resto enquanto cozinhavam (e ninguém explicava isso), de modo que sempre dava aos meus clientes o que haviam pedido em momentos diferentes.

Eu tinha dificuldade em trabalhar no espaço confinado entre o balcão e a área de preparação dos alimentos. Frequentemente esbarrava nos outros funcionários e deixava cair as coisas – certa vez, deixei cair uma bandeja cheia de copos. E, em razão de minha dificuldade para recordar rostos, confundia muitas vezes os pedidos das pessoas (às vezes, eu escrevia lembretes em meu bloco de pedidos. Uma cliente riu, quando encontrou "cabelos louros, olhos azuis" escrito em seu pedido). Aos poucos, dominei a caixa registradora, embora tivesse uma tendência para apertar os números errados e terminasse com um total de 13,80 dólares, em vez de 1,38. A tabela de cálculo de impostos que usávamos era tão pequena que às vezes eu "chutava" um valor ou o esquecia completamente.

Minha tarefa favorita era ir até o depósito pegar gelo. As outras garçonetes detestavam essa tarefa, mas eu me oferecia para fazer isso. Descia as escadas com dois baldes. Depois eu me sentava sobre uma caixa por alguns instantes e me acalmava. Então, enchia os baldes e os levava para cima.

Como eu era alegre, confiável em termos de pontualidade e tinha toda a disposição para tentar corrigir meus erros, meu chefe gostou de mim e me manteve no emprego, apesar de todos os meus problemas. Às vezes ele brincava comigo por causa de todos os estornos que precisava fazer por minha causa, mas era muito paciente. Minhas colegas, por outro lado, precisavam suportar a maioria das minhas perguntas e corrigir muitos de meus erros.

(continua)

> Embora eu me encarregasse de muitas tarefas das quais elas não gostavam, achavam difícil me aguentar e, sem dúvida, ficaram contentes quando uma mudança no horário do meu ônibus me obrigou a pedir demissão.
> Depois disso, tive muitos empregos. Fui vendedora em uma loja de departamentos durante o período de Natal. Você não pode imaginar os problemas! Na universidade, acordava às 6 da manhã para limpar as cozinhas do dormitório. Eu adorava esse trabalho, porque trabalhava sozinha, em meu próprio ritmo. Depois, trabalhei em uma cafeteria e servia refeições, lavava pratos e ajudava os cozinheiros. Em cada um desses empregos eu me saía melhor que no último.
>
> Adaptado de *Learning to Work: A Story by a Learning Disabled Person*, 1996, de Dale S. Brown. Reprodução autorizada.

de boa qualidade normalmente têm listas de espera; portanto, é uma boa ideia começar sua busca de um programa de transição tão logo você reconheça que poderá vir a precisar de um. O departamento de educação especial do seu distrito escolar, a agência de reabilitação ocupacional do seu Estado e as agências comunitárias de saúde mental estão entre os melhores locais para você buscar informações sobre programas de transição. A publicação da HEATH, *Young adults with learning disabilities and other special needs*, atualizada pela última vez em 1995, também lista vários programas de transição estabelecidos nos Estados Unidos. Esta publicação vai alertá-lo para os vários modelos de serviço que ajudam a transição dos jovens adultos para a vida independente. Você pode acessar uma cópia, conteúdo em inglês, no site www.heath.gwu.edu

Colocação no emprego

A maior parte das instituições educacionais após o ensino médio (tanto universidades quanto escolas vocacionais) oferece aos seus alunos alguma ajuda na busca e na colocação em um emprego. Os serviços podem incluir ajuda na preparação de um currículo, a prática nas habilidades de entrevista para o emprego e na colocação em empregos temporários, posições de aprendizagem na prática e estágios, bem como os encaminhamentos a empregadores interessados em candidatos com determinados tipos de treinamento. As agências que servem aos indivíduos portadores de déficits podem com frequência colocar adultos jovens que têm dificuldade em encontrar emprego no mercado competitivo de trabalho em vagas especiais, como aprendizes, ou em posições de emprego protegido (empregos que oferecem uma estrutura adicional e supervisão para empregados portadores de déficits) na comunidade. Entretanto, as famílias podem descobrir que a maioria dos empregos protegidos foi criada primeiramente para atender às necessidades de indivíduos com déficits físicos ou que sofrem de retardo mental. O treinamento no emprego (nos Estados Unidos, um serviço no qual um instrutor pago pelo governo trabalha individualmente com um novo empregado em seu local de trabalho, até que as habilidades essenciais para a função tenham sido dominadas) pode ser o melhor modo de ajudar um jovem adulto com dificuldade de aprendizagem a se manter firmemente no caminho do progresso profissional. Para informações sobre colocações especiais e treinamento no emprego, entre em contato com a agência de reabilitação vocacional do seu Estado.

Observe que trabalhar por conta própria é uma possibilidade de carreira que não deve ser desprezada. Muitos indivíduos com dificuldades de aprendizagem prosperam operando seus próprios serviços ou negócios. O apelo do mundo empresarial é que permite às pessoas dinâmicas maximizar suas habilidades e criatividade ao mesmo tempo em que delegam a outros as tarefas organizacionais – bem como aquelas envolvendo matemática, leitura e/ou escrita. Se o seu filho sonha em se tornar seu próprio patrão, você pode considerar a ideia de iniciar um negócio próprio. Garanta, porém, que seu filho compreende que as pessoas criativas realmente precisam de experiência nos negócios e de uma formação empresarial básica (bem como sócios ou empregados que possam lidar com tarefas como cobranças, marcação de horários, contabilidade, inventário, relatórios e contratos), a fim de obterem sucesso. Um alto nível de motivação e interesse sincero pelo tipo de trabalho que está sendo considerado também são úteis para se manter um pequeno negócio.

As pesquisas mostram que números substanciais de indivíduos com dificuldades de aprendizagem não atingem a independência econômica até estarem com mais ou menos 20 e poucos anos, e que a sua história em relação à educação e ao emprego é comumente caracterizada por muitos enganos e falsos começos. Embora possa ser frustrante e às vezes assustador ver um jovem sem rumo na vida, os pais devem se lembrar de que muitas dessas pessoas aprendem melhor pela tentativa e erro; elas simplesmente não sabem do que gostam ou podem fazer até tentarem. Como nos faz lembrar a história de Dale, os jovens com dificuldades de aprendizagem realmente *se saem* melhor em tarefas difíceis para eles caso se disponham a manter o esforço aplicado. (Essa história também nos lembra de que um semblante alegre e bons hábitos de trabalho podem ajudar a compensar muitos problemas.) Assim, em vez de enxergar os empregos abandonados ou os programas educacionais incompletos como fracassos e desanimar, tente vê-los como passos necessários no processo de crescimento. Os pais que mantêm essa perspectiva conseguem ajudar melhor seus filhos a manterem a motivação de que precisam para continuar tentando até encontrarem um nicho no qual se sintam verdadeiramente confortáveis.

QUESTÃO 2: SEU FILHO COMPREENDE SEUS DIREITOS LEGAIS E SE DEFENDE SOZINHO ADEQUADAMENTE?

Ao longo de todo este livro, muitas vezes nos referimos ao Individuals with Disabilities Education Act (IDEA), o pacote de regulamentações federais que protege os direitos de estudantes com dificuldades nas escolas públicas norte-americanas. É importante que os adultos jovens com dificuldades de aprendizagem (e suas famílias) compreendam que, assim que concluem o ensino médio, as proteções do IDEA não mais se aplicam. As universidades, as escolas vocacionais e outras instituições pós-ensino médio *não* têm a obrigação de oferecer programas de educação especial para pessoas portadoras de déficits. As instituições de ensino superior não são obrigadas a ajustar os critérios de admissão ou modificar os padrões acadêmicos para esses alunos. Os empregadores não podem ser obrigados a mudar as descrições básicas das funções para acomodarem indivíduos com déficits, nem podem dispensá-los de lições ou atividades de treinamento essenciais para a sua função, mesmo que essas tarefas sejam difíceis para eles.

Entretanto, os empregadores e as instituições de ensino superior não podem *excluir* pessoas qualificadas como portadoras de déficits ou operar programas de modo a tornar excepcionalmente difícil para esses indivíduos realizarem suas funções ou obterem uma educação. Nos Estados Unidos, as pessoas com déficits (incluindo as dificuldades de aprendizagem) são protegidas contra esse tipo de discriminação pela legislação sobre os direitos civis. É vital que os jovens compreendam o que podem esperar sob a lei dos direitos civis e como obter as modificações e adaptações que a lei exige em contextos de educação superior ou de emprego.

Para começar, estas pessoas devem reconhecer que, ao deixarem a escola, ocorre uma mudança significativa em termos de responsabilidade. De acordo com o IDEA, as escolas são responsáveis pela identificação de crianças que precisam de ajuda, bem como pelo início dos serviços. De acordo a lei dos direitos civis, contudo, o auxílio é oferecido *apenas* aos indivíduos que revelam seus déficits e *pedem* ajuda. (Documentação sobre o déficit também pode ser exigida). Sendo assim, as pessoas jovens que não possuem entendimento com relação aos seus déficits – ou não possuem a confiança para explicar o que precisam e pedir auxílio – se arriscam a perder o apoio ao qual estão legalmente habilitadas. Como as escolas tradicionalmente têm feito um trabalho fraco no sentido de educar os estudantes sobre seus direitos e obrigações legais, os pais devem assumir a liderança na preparação das crianças para que defendam a si mesmas adequadamente, tanto na universidade quanto no local de trabalho.

Os jovens com dificuldades de aprendizagem precisam se familiarizar com as provisões de dois pacotes particulares de legislação federal: o Rehabilitation Act, de 1973, e o Americans with Disabilities Act (ADA), de 1990, mais recentemente emendado em 2008. Ambos são atos relativos aos direitos civis que exigem que as organizações ofereçam oportunidades iguais para pessoas portadoras de déficits. Ambos são atos de direitos civis que requerem que as organizações proporcionem oportunidades iguais às pessoas com déficits. A Seção 504 do Rehabilitation Act (com frequência referida simplesmente como Seção 504) se aplica sobretudo às instituições educacionais. Especificamente, a Seção 504 estabelece:

> Nenhuma pessoa de outro modo qualificada com um déficit nos Estados Unidos... deverá, unicamente em razão do... déficit, ter negados os benefícios, ser excluída da participação ou estar sujeita a discriminação em qualquer programa ou atividade que receba assistência federal.

A Seção 504 define amplamente uma "pessoa portadora de um déficit" como "qualquer pessoa que (i) tenha um déficit físico ou mental que limita substancialmente uma ou mais atividades importantes em sua vida; (ii) que tenha um registro desse déficit; ou (iii) que seja considerada como tendo esse déficit" (uma vez que a aprendizagem é uma "atividade importante da vida", esta descrição cobre, como determinado, as dificuldades de aprendizagem). De acordo com a Seção 504, as universidades que recebem fundos federais *não* podem fazer qualquer dos seguintes itens:

- limitar o número de estudantes com déficits admitidos,
- realizar investigações pré-admissão sobre um estudante ter ou não um déficit,
- usar testes de admissão ou outros critérios de seleção que não fazem provisões para indivíduos portadores de déficits,
- excluir estudantes qualificados com déficits de qualquer curso educacional,
- limitar os critérios de habilitação para bolsas de estudo, auxílio financeiro, *fellowships* ou estágios com base em um déficit ou
- usar métodos de avaliação que afetem adversamente as pessoas com déficits.

Além disso, a Seção 504 exige que as instituições que recebem fundos federais ofereçam serviços e adaptações que permitam aos indivíduos portadores de déficits aproveitar todas as vantagens dos programas disponíveis. As universidades têm alguma flexibilidade na determinação de como atender às necessidades de cada estudante. (Se um estudante com dificuldade de aprendizagem precisa usar um computador, por exemplo, a universidade pode atender a tal necessidade proporcionando-lhe acesso a um centro de informática durante determinado horário; ela não precisa fornecer um computador pessoal para uso do estudante.) Observe que as universidades *não* precisam fazer adaptações que reduziriam os padrões acadêmicos ou alterariam os elementos essenciais de um programa (por exemplo, uma universidade pode exigir legalmente que os estudantes tenham uma média "C" para serem aceitos para um curso de graduação, ou insistir no domínio de uma língua estrangeira para os participantes de um programa de estudos internacionais). Entretanto, se um estudante portador de um déficit conseguir satisfazer os padrões da instituição ou realizar as tarefas essenciais do programa usando modificações para compensar seu problema a Seção

---

Dez sugestões para empregados com dificuldades de aprendizagem

Estas dicas são sugeridas por Dale Brown.

1. Esteja preparado para passar um tempo extra aprendendo sua função, mesmo que você não receba horas extras. Leve informações – como listas de preços – para casa para serem memorizadas. Pratique o preenchimento de formulários. Se você estiver trabalhando em uma cadeia de restaurantes, vá a um restaurante diferente dentro dessa cadeia e observe os funcionários. Se você for mais lento, disponha-se a levar mais tempo para terminar sua parcela justa de trabalho.
2. Peça tanto auxílio quanto precisar. Embora outros funcionários e/ou supervisores possam se mostrar impacientes, isso é melhor do que cometer erros.
3. Por outro lado, jamais peça auxílio se não precisar dele.
4. Na maior parte das funções, fazer direito é mais importante do que fazer rápido. Esforce-se por fazer sua parte corretamente, mesmo que as pessoas o pressionem para ir mais rápido.
5. Tire vantagem de seus primeiros dias no novo emprego. Durante este "período de lua de mel", você pode fazer perguntas. Tente encontrar alguém para observar até que você possa fazer o seu serviço corretamente. Repita as informações. Diga: "Por favor, ouça enquanto eu lhe digo o que estou fazendo, para que eu possa ter certeza de que entendi". Não deixe que o interrompam e lhe digam o que fazer. Tenha certeza de que a outra pessoa o escuta. Algumas pessoas gostam de ajudar as outras; tente encontrá-las.
6. Ofereça-se para realizar tarefas com as quais você pode lidar, mas que outros consideram "chatas" ou difíceis. Depois, você poderá pedir que outros o ajudem com tarefas que você não consegue realizar.
7. Desenvolva maneiras de recordar fatos importantes. Todos têm uma técnica particular. Anote todas as coisas o que considera importante, ou diga-as em voz alta quando estiver sozinho. Ou, ainda, peça que os amigos ou parentes o ajudem a memorizar.
8. Quando cometer erros, peça desculpas e corrija-os imediatamente.
9. Seja pontual. Se você tiver problemas para chegar no horário, tente chegar uma ou duas horas mais cedo.
10. Esforce-se e *pareça* estar se esforçando. Às vezes, quando cometemos erro após erro, é tentador agirmos com indiferença ou como se estivéssemos fazendo isso de propósito. Este comportamento não ajuda em nada. Torne óbvio o seu esforço. Isso significa:

- Demonstrar que está prestando atenção. Olhe todos nos olhos e concorde com a cabeça de vez em quando, enquanto os outros falam. Responda ao que lhe disserem.
- Observar o seu trabalho enquanto o realiza. Não deixe que seus olhos e sua mente vagueiem quando você estiver trabalhando. Ande com um objetivo claro, de um lugar para o outro.
- Trabalhar sempre, exceto durante os intervalos ou o horário de almoço.
- Quando melhorar, informá-lo aos seus supervisores e colegas de trabalho. Diga: "Obrigado por me ajudar. Como você pode ver, desta vez eu fiz direito".

Reimpresso com a permissão de Dale S. Brown, 1966.

504 afirma que as modificações devem ser providenciadas.

A Seção 504 também proíbe a discriminação em práticas de emprego por parte de empregadores que recebem fundos federais (principalmente contratadores federais e o próprio governo federal). Contudo, os direitos de um número muito maior de trabalhadores são protegidos pelo ADA. Tal legislação abrangente proíbe qualquer organização com mais de 15 empregados de discriminar pessoas com déficits nas áreas de acesso, de contratação ou de promoção, e também exige que os empregadores façam "adaptações razoáveis" para ajudar os trabalhadores com déficits em seus empregos. (As organizações religiosas são excluídas desta legislação.) As provisões da ADA também se aplicam a instituições de ensino superior e, desse modo, elas expandem e reforçam os direitos de estudantes enunciados pela Seção 504. Entre as provisões do ADA estão as seguintes:

- Uma pessoa qualificada não pode ser excluída de um programa ou emprego por ter um déficit.
- Devem ser feitas modificações razoáveis nas políticas, nas práticas e nos procedimentos para evitar a discriminação.
- O emprego e a participação no programa devem ocorrer no contexto mais integrado possível.
- Exames e cursos devem estar acessíveis.
- Preços adicionais para cobrir o custo das adaptações não podem ser impostos unicamente sobre pessoas portadoras de déficits.
- Não pode haver perseguição ou retaliação contra indivíduos que estão tendo acesso aos seus direitos sob a proteção da lei.

O ADA também exige que as organizações recrutem ativamente indivíduos com déficits para vagas em aberto; que modifiquem os exames de qualificação, os procedimentos de entrevista e/ou as políticas de treinamento que restrinjam desnecessariamente os direitos desses candidatos; que ofereçam uma tecnologia que permita aos empregados com déficits serem plenamente funcionais dentro do contexto de emprego. Sob a proteção do ADA, portanto, seria razoável para um trabalhador portador de déficit solicitar adaptações como as seguintes:

- Orientações por escrito do trabalho a ser executado.
- Acesso a processadores de texto com corretores ortográficos para as tarefas escritas.
- Acesso a calculadoras para auxílio em tarefas que envolvam matemática.
- Ambientes de trabalho que minimizem as distrações.
- Auxílio com a leitura de manuais técnicos ou de treinamento.

Embora essas leis já existam há algum tempo, os jovens com dificuldades de aprendizagem não devem presumir que seus professores e supervisores no emprego entenderão as provisões da Seção 504 e do ADA e as sigam automaticamente. As pesquisas revelam que muitos empregadores e educadores em instituições de ensino superior têm um entendimento muito limitado dessa legislação. Alguns não sabem que a lei de direitos civis cobre indivíduos com dificuldades de aprendizagem, bem como pessoas com problemas mais visíveis (tais como déficits de visão ou de audição, ou mobilidade física limitada); outros não sabem praticamente nada sobre o impacto das dificuldades de aprendizagem. (Alguns anos atrás, um juiz de Iowa determinou que um queixoso não podia ter uma dificuldade de aprendizagem, porque ele possuía uma licença de motorista, inteligência normal e era capaz de responder às perguntas no tribunal!) Por isso, além de conhecer os seus direitos, os jovens devem estar preparados para educar os professores e os administradores sobre as dificuldades de aprendizagem e sobre a lei sempre que solicitarem que sejam feitas adaptações. (De modo geral, o momento para solicitar adaptações é no início de um emprego, *antes* que as coisas deem errado. Isso evita problemas que podem surgir quando a revelação for "reativa" a uma atribuição arruinada. Isso também evita o uso de um déficit para justificar um mau desempenho.) Os jovens desprovidos de autoconfiança ou que não possuem informações suficientes sobre seus déficits, ou que têm estilos pessoais menos assertivos, estão em desvantagem nessas situações. Alguns deles terão mais sucesso em programas nos quais as necessidades de indivíduos com déficits já são razoavelmente bem-compreendidas (por exemplo, em universidades que possuem programas de apoio estabelecidos para dificuldades de aprendizagem).

Assertivos ou não, todos os indivíduos com dificuldades de aprendizagem precisam saber a quem podem recorrer para ajuda com a defesa e/ou a resolução de disputas, quando precisarem. As universidades têm o dever de apontar encarregados da Seção 504 que lidarão com as queixas. Sob os termos do ADA, os empregadores e as instituições educacionais também devem estabelecer um procedimento de inquérito para indivíduos que acreditam que seus direitos foram violados e devem tornar disponíveis as informações sobre tal procedimento a todos que as peçam. Todavia, iniciar um processo formal de queixa deve ser considerado uma ação de último recurso. A maioria das disputas pode ser resolvida pela negociação, mas os pais precisam estar atentos, já que as pessoas jovens às vezes precisam de amparo da família, de orientadores pedagógicos, da equipe de apoio para necessidades especiais, de agências da comunidade e/ou de representantes legais para obterem uma audiência justa.

Também deve ser reconhecido que existem situações limítrofes, nas quais a lei não é inteiramente clara sobre os direitos de um indivíduo com dificuldades de aprendizagem. Por exemplo, será que um estudante com déficits relativamente leves se qualifica para apoio, dada a linguagem da lei (que se refere a prejuízos "substanciais")? Será que os empregadores devem fornecer equipamentos caros para acomodar indivíduos com déficits se fazê-lo reduz significativamente as margens de lucro? Quanto auxílio com a escrita pode ser oferecido a um estudante graduado com uma dissertação de Ph.D., dado que escrever a dissertação é uma exigência estabelecida? Será que um indivíduo qualificado de outro modo pode ter negada a promoção para um cargo de supervisor, com base na sua incapacidade para ler ou escrever os relatórios necessários? Questões como estas estão sendo abordadas nos tribunais dos Estados Unidos, onde novos casos envolvendo indivíduos com dificuldades de aprendizagem são julgados anualmente. Enquanto os tribunais lutam para interpretar as sutilezas da lei, os indivíduos devem continuar negociando o que precisam da melhor forma possível. Isso geralmente envolve lutar por relacionamentos cooperativos mutuamente respeitosos (ao contrário de adotar a posição de adversário e fazer exigências grosseiras). As pessoas jovens que são percebidas como esforçadas e sinceras são as mais propensas a obter o apoio que solicitam. Porém, se a negociação educada fracassar, as famílias não deverão hesitar em iniciar procedimentos formais para proteger os direitos legais de um jovem na sala de aula ou no emprego.

Observe que muitos indivíduos temem que a revelação de suas dificuldades de aprendizagem no local de trabalho ou em instituições de ensino superior levem à estigmatização e à rejeição social e/ou profissional. Esses temores não são completamente irreais. Os mitos sobre as dificuldades de aprendizagem são abundantes, e indivíduos ignorantes às vezes presumem que pessoas com déficit são incompetentes e irresponsáveis. Os jovens que desejam manter seus déficits em segredo obviamente têm o direito de fazer isso. (The Family Educational Rights and Privacy Act, às vezes referido como FERPA ou Emenda de Buckley, protege o sigilo dos registros escolares. As informações sobre suas dificuldades de aprendizagem ou participação em programas de educação especial não podem ser reveladas a terceiros sem consentimento por escrito do aluno.) Em tais circunstâncias, porém, adaptações e modificações especiais não podem ser esperadas. Boas habilidades de compensação e trabalho árduo (incluindo muitas horas de esforço extra não remunerado) provavelmente serão necessários para o indivíduo que deseja ser bem-sucedido.

Tente envolver os professores e os orientadores pedagógicos no processo de preparação para que os estudantes se defendam sozinhos após deixarem a escola. O melhor modo de fazer isso é incluindo o desenvolvimento de habilidades de autodefesa no Programa de Educação Individualizada (PEI) e/ou no Plano de Transição Individualizado (ITP) do aluno, que deve ser adicionado ao PEI até os 16 anos de idade. Durante todo o ensino médio, os estudantes também devem praticar a autodefesa, sempre que possível negociando com os professores as modificações em seu próprio programa (os pais e os professores de educação especial podem oferecer apoio, se necessário).

QUESTÃO 3: O JOVEM ADULTO ESTÁ PRONTO PARA SAIR DE CASA?

A preocupação sobre a maturidade dos filhos para viver por conta própria não está limitada aos pais de filhos com dificuldades de aprendizagem. A maior parte dos pais sente alguma ansiedade quando um dos filhos se prepara para sair de casa, indo para a universidade ou para o seu primeiro apartamento. As preocupações vão desde simples pensamentos sobre a saúde e o bem-estar do filho ou da filha ("Será que ela vai fazer refeições equilibradas?", "Será que ele não vai esquecer de calçar as botas quando nevar?") até sérias dúvidas sobre a maturidade do filho ("Será que ele aguenta a pressão dos companheiros?", "Será que ela é suficientemente esperta para andar com segurança em meio a estranhos?"). Apreensões sobre o nosso próprio bem-estar também podem surgir quando um filho sai de casa ("Será que eu o estou perdendo?", "Como ficarei solitária sem ela!"). Para muitos pais (mães especialmente), a saída dos filhos adultos marca o final de uma fase significativa de suas vidas e deixa a incerteza: "O que vou fazer agora?".

Para pais de crianças com dificuldades de aprendizagem, todas estas emoções podem ser particularmente intensas. Como nossos filhos às vezes adquirem tarde as habilidades de apoio à independência, eles podem estar menos prontos que a maioria para sair do ninho aos 17 ou 18 anos. Além disso, podemos descobrir que nos tornamos muito envolvidos emocionalmente com esses filhos. Já que os pais atuam com tanta frequência como defensores, mentores, professores, treinadores e animadores de torcida para crianças com dificuldades de aprendizagem (e, ocasionalmente, também como seus melhores amigos), o envolvimento com esses filhos pode se tornar muito profundo. Desse modo, a separação pode ser um processo doloroso e difícil tanto para os pais quanto para o filho. Esse processo pode ser complicado pelo fato de os jovens adultos com déficits de aprendizagem às vezes precisarem de um tempo adicional para se tornarem econômica e emocionalmente autossuficientes. Quando os filhos adultos continuam procurando o pai ou a mãe para terem muitas de suas necessidades emocionais satisfeitas, os pais sentem suas emoções indo e vindo entre "Como este garoto vai sobreviver sem mim?" e "Chegou a hora deste menino viver a sua vida!".

Na avaliação da maturidade para a independência de uma criança é importante determinar realisticamente o amadurecimento geral, bem como suas habilidades acadêmicas e ocupacionais. A lista de verificação apresentada no quadro da página 315 mostra alguns indicadores importantes de maturidade. Embora poucos jovens apresentem um bom desempenho em todas estas áreas aos 18 anos (na verdade, muitos de nós continuamos lutando com algumas dessas habilidades na idade adulta), dificuldades em muitas áreas sugerem que a pessoa ainda precisa de um ambiente protegido, não importando a sua idade. Dar aos filhos mais um ou dois anos para crescerem e melhorarem sua capacidade para enfrentar os desafios da vida diária faz muito mais sentido do que atirá-los a um emprego ou programa educacional para o qual não estão preparados. Quando se tornam mais capazes de cuidar de si e se comunicar com os outros, em geral aumenta o seu orgulho por sua própria competência e sua autoestima. Este crescimento na confiança finalmente vai ajudar o sucesso em tudo o que fazem. Algumas habilidades na lista de verificação tendem a melhorar à medida que a criança vai ficando mais velha, amplia a sua experiência e completa estágios do desenvolvimento que estavam atrasados. Para outras habilidades (ir às compras e preparar refeições, por exemplo), o jovem precisará de instrução explícita. Lembre-se de que a melhor coisa que os pais podem fazer por um filho é pouco a pouco reduzir o seu apoio, para que ele assuma o controle das coisas e comece a assumir responsabilidades. Nenhum empregador ficará satisfeito com um empregado que não confia em seus próprios julgamentos e necessita de orientação contínua.

Todavia, determinar quando um adulto jovem deve receber este apoio contínuo pode ser um problema difícil. Embora as pesquisas indiquem que muitas pessoas jovens com dificuldades de aprendizagem continuem vivendo com os pais quando entram na casa dos 20 anos, usando o apoio dos pais e ao mesmo tempo completando a sua educação e/ou se preparando para um emprego, esta não é a melhor opção para todas as famílias. Os pais podem estar inseguros quanto à sua capacidade para oferecer aos filhos a orientação de que estes precisam, ou podem eles próprios precisar de um alívio das responsabilidades de criar um filho. Os filhos podem *querer* sair de casa e experimentar suas asas (este é um desejo natural para as pessoas que chegam ao final da adolescência). As crianças que se tornaram demasiadamente dependentes dos pais podem precisar sair de casa para desenvolver alguma confiança em suas capacidades para cuidar de si mesmas. Estas são apenas algumas das considerações que podem levar os pais a buscarem um ambiente com apoio fora de casa.

Para os jovens que têm uma preparação escolar adequada, a universidade pode proporcionar o contexto de transição de que precisam se o programa for cuidadosamente selecionado. (Os jovens imaturos precisam de mais estrutura e supervisão do que outros, e o apoio, tanto social quanto acadêmico, é com frequência necessário. Esse tipo de apoio é encontrado, na maioria das vezes, nas universidades com programas bem-estabelecidos para alunos com dificuldades de aprendizagem.) Para os jovens que não estão prontos para a universidade, os pais podem desejar considerar opções como internatos (algumas escolas se especializam em auxiliar adolescentes mais velhos que desejam melhorar suas habilidades acadêmicas e, finalmente, cursar uma universidade; outras se concentram mais nas habilidades ocupacionais ou de vida independente) e programas de transição residencial (incluindo locais de vida em grupo). Situações em que o jovem vive com um outro parente – como os avós ou um irmão mais velho – ou se muda para um apartamento, mas continua recebendo alguma forma de auxílio financeiro e ajuda dos pais (com compras e pagamento de contas, por exemplo), também podem atender à necessidade do adulto jovem por maior independência, oferecendo ao mesmo tempo um apoio contínuo. Os pais experientes aconselham o emprego de diversos arranjos como estes quando um jovem adulto estiver pronto para viver por conta própria. É importante evitar o desânimo durante este extenso período de separação (a grande maioria das pessoas jovens com dificuldades de aprendizagem *realmente* se torna capaz de cuidar de si mesma) e ser persistente na busca de colocações que respeitem a dignidade de seu filho e seu *status* como um adulto emergente, oferecendo ao mesmo tempo uma proteção adequada.

E se parecer que seu filho jamais será capaz de se tornar plenamente independente? Pode ser que os déficits de uma

Seu filho está pronto para sair de casa?

A lista a seguir apresenta alguns indicadores importantes de maturidade. Os jovens cujas habilidades de autocuidado são boas na maior parte dessas áreas provavelmente estão prontos para a vida independente (observe que, mesmo os jovens mais preparados, não começarão funcionando bem em *todas* as áreas). Entretanto, aqueles que não possuem habilidade em muitas áreas podem precisar viver na casa dos pais ou em outro ambiente supervisionado até apresentarem uma melhora em suas habilidades.

Jovens maduros
- conseguem estabelecer objetivos razoáveis de curto prazo e fazer planos para atingi-los (conseguem planejar um encontro social ou fazer uma lista realista de prioridades para o dia, por exemplo)
- conseguem aderir a seus princípios e suportar a pressão dos pares
- têm um razoável controle dos impulsos; conseguem adiar a gratificação quando apropriado (por exemplo, na maior parte do tempo conseguem equilibrar "o que eu quero fazer" e "o que eu preciso fazer").
- compreendem seus próprios recursos e limitações; conseguem identificar situações/contextos/modificações que lhes possibilitam dar o melhor de si
- conseguem lidar com as finanças pessoais no dia a dia (fazem depósitos, pagam contas, mantêm uma contabilidade simples, gastam dentro do seu orçamento)
- conseguem cumprir horários (levantam-se e vão para a cama em horários razoáveis; vão trabalhar, fazem suas refeições ou comparecem às aulas com pontualidade)
- desenvolveram "métodos para melhorar a memória" para poder lidar com compromissos, tarefas, lições e outras obrigações
- conseguem fazer compras e preparar refeições simples
- têm bons hábitos de saúde e cuidado pessoal: vestem-se apropriadamente para o clima, sabem como manter limpos a si mesmos, suas roupas e seus espaços de vida; são confiáveis no cumprimento das ordens médicas (incluindo tomar medicamentos no horário); compreendem as consequências do abuso de drogas e álcool e a importância da prática do sexo seguro
- conseguem dirigir ou usar o transporte público com segurança
- conseguem monitorar seu próprio comportamento (geralmente, estão conscientes do impacto que o seu comportamento tem sobre os outros; conseguem identificar quando seu comportamento foi irresponsável, inapropriado ou ofensivo)
- são responsáveis por suas próprias ações; têm orgulho de seus sucessos e se responsabilizam por seus erros
- conseguem reagir apropriadamente às emergências (sabem o que fazer no caso de ferimentos ou de uma emergência médica, de incêndio, falta de luz, etc.)
- conseguem pedir ajuda e localizar fontes apropriadas de apoio quando necessário, e conseguem aceitar supervisão e críticas construtivas
- conseguem obedecer a instruções e trabalhar independentemente por períodos razoáveis de tempo (não têm uma necessidade excessiva de elogios, monitoramento ou outras formas de atenção)
- em geral interagem com cortesia na relação com supervisores, professores, colegas de trabalho e prestadores de serviços
- conseguem iniciar e manter relacionamentos sociais apropriados com seus pares
- conhecem e praticam métodos saudáveis de redução do estresse (como exercícios, conversas sobre seus problemas com outros, meditação, passatempos, esportes e outras atividades de lazer).

criança sejam muito graves ou complicados por problemas de saúde mental. Uma vez que estes adultos podem considerar difícil trabalhar de um modo constante, ou encontrar empregos que ofereçam benefícios de cuidados de saúde, é extremamente urgente que os pais os ajudem a obter qualquer ajuda governamental disponível. Os indivíduos com déficits documentados podem estar habilitados para benefícios da previdência social. Observe que os rendimentos ou o estado empregatício dos pais não afetam necessariamente a capacidade de credenciamento para assistência federal (os rendimentos dos pais não são considerados para candidatos aos auxílios da previdência social norte-americana após os 18 anos, por exemplo). Os receptores desses benefícios podem trabalhar e ter rendimentos dentro de certos limites, bem como receber algum dinheiro de suas famílias. Em alguns Estados norte-americanos, os indivíduos que recebem rendimentos da previdência social por dificuldades de aprendizagem estão automaticamente habilitados para benefícios adicionais, como atendimento gratuito à saúde (Medicaid) e cupons de alimentação do governo; em outros Estados existe a necessidade de uma solicitação em separado para estes e outros serviços (tais como aconselhamento sobre emprego, apoio para a educação e moradia com subsídios). O escritório regional da previdência social e o departamento estadual de serviços sociais de onde você mora são os locais para se começar uma busca de informações sobre o apoio disponível para adultos com déficits em sua comunidade.

Os pais também podem planejar para que as provisões possam continuar sendo providenciadas para um filho portador de déficits depois que eles tiverem falecido. O quadro das páginas 317-318 apresenta algumas opções de planejamento sobre a transmissão de bens. Observe que se um filho recebe benefícios do governo (ou existe a possibilidade de vir a necessitar desses recursos no futuro), é muito importante transmitir seus bens de modo a não afetar a continuação desses benefícios. No momento da elaboração de um testamento deve ser buscada a orientação de um especialista no planejamento de transmissão de bens para pessoas portadoras de déficits. (O National Center for Children and Youth with Disabilities (NICHCY) produziu uma excelente publicação para pais que cobre este e outros aspectos das provisões a longo prazo para o apoio a um filho adulto. Você consegue obter uma cópia gratuita do número "Estate Planning" (Planejamento da Transmissão de Bens) do *News Digest* no *site* www.nichcy.org/informationresources/documents).

Em última análise, a nossa capacidade para oferecer apoio apropriado aos nossos filhos e filhas, à medida que fazem a transição para a idade adulta, depende da nossa capacidade para encontrar o apoio – e a coragem – necessário para ingressarmos em uma nova fase de nossas próprias vidas. Não podemos fazer muito no sentido de ajudar nossos filhos a sair do ninho, se achamos que não temos muito mais o que fazer depois que eles saíram de casa! Da mesma forma, se temermos abandonar o controle, se temermos enfrentar dificuldades em nossas próprias vidas, se nos sentimos ansiosos por ficarmos sozinhos ou se estamos inseguros sobre o nosso valor se ninguém mais "precisa" de nós, podemos descobrir que estamos nos agarrando um pouco demais aos nossos filhos, e por um tempo demasiado longo.

Como é muito fácil confundirmos as necessidades legítimas de um filho portador de déficits com as necessidades de uma mãe ou pai que tem dificuldade para se desprender do filho, é importante que os pais pensem e façam um esforço para planejarem sua própria transição para o futuro à medida que os filhos crescem. Que novas oportunidades surgirão do alívio de suas responsabilidades pela criação dos filhos? Que obstáculos existem à sua felicidade, e como você pode vir a superá-los? Que tipo de apoio você necessitará para conquistar seus objetivos e lidar com novos desafios? Onde você pode encontrar este apoio?

Os pais que buscam respostas para perguntas como essas estarão em melhor

Planejamento do testamento para um filho portador de déficits

Os pais que desejam oferecer moradia, cuidados de saúde ou educação para um filho no futuro, ou que esperam oferecer apoio a longo prazo para um filho portador de déficits, precisam planejar cuidadosamente seus testamentos. Se um filho estiver recebendo benefícios governamentais – ou previsivelmente precisará deles no futuro –, é importante repassar seus bens de um modo que não afete sua elegibilidade continuada a tais benefícios no futuro. O nível de maturidade de um indivíduo e a sua capacidade para lidar com dinheiro também devem ser considerados. Na preparação do testamento, os pais têm quatro opções básicas, apresentadas a seguir:

Deserdar o filho. Nenhum estado norte-americano exige que os pais deixem dinheiro para um filho, portador de déficits ou não. Se seus bens forem limitados e as necessidades de seu filho forem grandes, pode ser mais sensato deserdá-lo para que ele possa obter benefícios federais e estaduais após sua morte. Em vez de deserdá-lo completamente, você pode deixar para ele um presente com valor modesto, mas sentimental, como os móveis do seu quarto. O valor deste presente será suficientemente pequeno para não afetar os benefícios governamentais, mas indicará o seu amor e a sua preocupação.

Fazer uma doação explícita a seu filho. Por exemplo, você pode fazer constar em seu testamento: "Deixo determinada quantia em dinheiro para meu filho Tom" ou "Deixo a metade da minha herança para minha filha Susan". Se não houver previsão de seu filho vir a precisar de benefícios do governo, este pode ser o curso mais desejável. Contudo, se você questiona a competência ou a capacidade de seu filho para lidar com a responsabilidade financeira, uma doação direta não é uma boa escolha. Talvez um depósito em custódia seja o melhor modo de cuidar do futuro de seu filho.

Deixar uma doação vinculada a uma obrigação moral para outro filho. Suponha que os pais tenham dois filhos: James (que apresenta graves dificuldades de aprendizagem) e Mary. Os pais deixam todos os seus bens para Mary. Contudo, também instruem a filha antes de sua morte para que metade deste dinheiro seja usado em benefício de James, como Mary julgar melhor. O dinheiro foi deixado para ela, de modo que James não perderá os benefícios que recebe do governo e porque há a confiança de que Mary pensará nos meios apropriados de ajudar seu irmão (como levá-lo em viagens de férias ou pagar por cuidados de saúde não cobertos por seus benefícios). Este arranjo é uma obrigação *moral,* porque não tem força legal, de posse do dinheiro, Mary pode fazer o que desejar com ele. Existe algum risco, porém, de que os desejos dos pais sejam ignorados. (Mesmo que Mary seja honesta, circunstâncias imprevistas podem lhe dificultar executar o plano de seus pais. Se um dos filhos dela adoecer seriamente, por exemplo, ela pode sentir uma obrigação maior de salvar seu filho do que de dar apoio ao irmão. Ou, ainda, o dinheiro pode ser perdido em um processo de divórcio de Mary.) De qualquer modo, doações com obrigações morais podem ser uma opção razoável se os pais tiverem uma quantia modesta de dinheiro para distribuir e não esperam oferecer cuidados vitalícios para um filho com dificuldades. Busque a opinião e a aprovação do irmão moralmente obrigado antes de levar este plano adiante.

Estabelecer um Fundo para Necessidades Especiais. A finalidade do Fundo para Necessidades Especiais é administrar os recursos de modo a fornecer rendimentos limitados por um longo período de tempo, preservando a elegibilidade de uma pessoa aos benefícios do governo. Os bens são administrados por um fiduciário, que recebe autoridade para determinar como e quando os fundos serão distribuídos ao beneficiário. Existem duas

(continua)

> ## Planejamento do testamento para um filho portador de déficits
>
> espécies de fundos: o *fundo testamentário*, que entra em efeito quando os pais morrem, e o *fundo intervivos*, que é ativado quando os pais ainda vivem (estes podem servir como fiduciários em vida). Cada uma das opções oferece vantagens e desvantagens distintas, que devem ser discutidas com um advogado experiente no planejamento de transmissão de bens para pessoas portadoras de déficits. Os serviços de um planejador financeiro também podem ser necessários para que as famílias examinem melhor seus recursos e determinem como distribuir seu patrimônio para a formação de um fundo. Mais uma vez é essencial encontrar um profissional familiarizado com os Fundos para Necessidades Especiais, os quais são bastante diferentes dos Fundos Familiares em Vida e de outros instrumentos modernos de planejamento da transmissão de bens. Embora de preparação mais difícil, os Fundos para Necessidades Especiais são considerados o modo mais seguro de atender às necessidades a longo prazo de um filho portador de déficits.
>
> Todas as considerações anteriores devem levar em conta a melhor maneira de maximizar os bens que você tem para viver, embora garantindo o futuro de seu filho. Você vai precisar buscar conselho financeiro e legal sobre os investimentos seguros, pagamentos de impostos para aposentadoria, anuidades e políticas de seguro, e também preparar um testamento. Os especialistas aconselham que, além da preparação de um testamento, os pais devem redigir uma *Carta de Intenções* que resuma os seus desejos para o futuro do filho em áreas como moradia, educação, orientação religiosa, emprego, ambiente social, manejo comportamental e cuidados médicos. Tais informações o ajudarão a orientar os defensores de seu filho quando você não estiver mais aqui. Esta carta (escreva-a *agora* e a atualize periodicamente) não tem valor legal, mas pode proporcionar às pessoas que talvez não conheçam bem o seu filho informações preciosas quanto à sua história, os seus valores, a sua personalidade, os seus objetivos e as suas necessidades.
>
> Adaptado de "Estate Planning", *NICHCY News Digest*, uma publicação do National Dissemination Center for Children and Youth with Disabilities, www.nichcy.org/informationresources/documents.

posição para lidar com as emoções de perda que, inevitavelmente, acompanham a saída de casa de um filho. Estes pais também ensinam, por exemplo, que o crescimento é um processo vitalício. Entre as muitas lições que ensinamos aos nossos filhos, esta é provavelmente a mais importante. Todas as pessoas jovens – não apenas aquelas com dificuldades de aprendizagem – precisam saber que não existe um limite de tempo para a aprendizagem ou para as conquistas. Se ainda não conquistamos nossos objetivos aos 18 anos (ou aos 30 ou 50), temos não apenas uma segunda chance, mas uma terceira, uma quarta, uma quinta, ou seja, tantas quantas forem necessárias.

À medida que nossos filhos abrem suas asas e se preparam para voar, devemos olhar para nossos próprios trajetos e praticar o que pregamos. Devemos confiar em que jamais é tarde demais para aprender, pedir ajuda ou buscar nossos sonhos. E, à medida que formos avançando, devemos nos lembrar deste provérbio chinês, bem como ensiná-lo a nossos filhos:

Não tenha medo de crescer lentamente;
tenha medo apenas da ausência de movimento.

Roteiro para o planejamento da transição

6ª à 9ª Séries

- *Beneficie-se dos programas e das atividades de exploração de carreiras.* Exponha os estudantes ao máximo de diferentes opções de carreiras. Melhore a conscientização sobre as profissões visitando diferentes locais de trabalho e encorajando as crianças a conversarem com pessoas com diferentes ocupações sobre o que elas fazem.
- *Faça uma lista sobre as qualidades pessoais e interesses do estudante.* Use-a para fazer algumas escolhas preliminares sobre uma futura profissão (um estudante extrovertido, que gosta de estar com pessoas e tem boas habilidades de matemática pode ser encorajado a pensar em várias carreiras empresariais, por exemplo).
- *Identifique o tipo de preparação educacional necessária para as opções preferenciais.* Seu filho precisará cursar uma universidade? Precisará de educação vocacional? De treinamento na prática? De uma combinação dessas abordagens?
- *Faça uma lista das dificuldades que deverão ser enfrentadas.* O aluno interessado em se tornar um policial precisará fazer alguns cursos de nível universitário. Um pretenso futuro proprietário de loja precisará de alguma experiência com vendas, além de uma formação empresarial básica. Comece a descartar opções claramente inapropriadas (o adolescente que, com frequência, inverte números e letras, por exemplo, provavelmente não seria um bom operador de computadores).
- *Reúna-se com o orientador vocacional para discutir a melhor seleção de cursos durante o ensino médio.* Os estudantes que pretendem ir para a universidade devem frequentar o máximo possível de aulas preparatórias usando adaptações quando necessário. As pesquisas indicam que a capacidade para ter um bom desempenho nas aulas regulares do ensino médio é um forte prognóstico de sucesso na universidade. A instrução em habilidades de estudo, administração do tempo e preparação para os testes também deve ser buscada agora, se já não foi providenciada. Os estudantes que não planejam frequentar a universidade precisam se informar sobre as opções de educação profissional. Observe que muitos cursos de educação vocacional exigem habilidades funcionais relativamente altas em leitura e matemática; se as habilidades dos estudantes nessas áreas estiverem abaixo do nível de 5ª ou 6ª série, a instrução para a recuperação precisa ser oferecida no ensino médio. Tanto os estudantes que estão em programas de preparação para a universidade quanto em programas de educação ocupacional precisam ter noções de informática.
- *Promova a independência e a tomada de decisões em casa.* Comece gradualmente a diminuir o nível de orientação e supervisão que esteve oferecendo em áreas como lições de casa e recreação e encoraje seu filho a confiar mais na sua própria iniciativa. (Continue este processo durante todo o ensino médio.) Viver fora de casa por curtos períodos – visitas familiares fora da cidade, viagens com grupos de jovens ou ida a acampamentos – pode ajudar a aumentar a confiança e a autossuficiência dos adolescentes.

(continua)

Roteiro para o planejamento da transição

1º ano do ensino médio

- ***Desenvolva um Plano de Transição Individualizado por escrito.*** A lei federal requer que as escolas iniciem Planos de Transição Individualizados para alunos portadores de déficits até os 16 anos de idade, mas não há regra que diga que um ITP não possa ser escrito mais cedo. Fazer isso pode ajudar a melhorar tanto o foco do aluno quanto o do pessoal da escola em questões importantes relacionadas à preparação para a universidade e ao desenvolvimento de habilidades para o emprego e para a vida independente. É importante que os alunos participem no desenvolvimento do ITP. A função da equipe de transição é ajudar os estudantes a descobrirem como atingir os seus próprios objetivos, e não lhes dizer o que devem fazer. Se o estudante não comparece à reunião do ITP, a escola deve tomar outras medidas para garantir que as preferências e os interesses da criança sejam considerados.

- ***Aprimore as habilidades de defesa dos próprios direitos.*** Os estudantes precisam desenvolver uma compreensão sobre as dificuldades de aprendizagem em geral e sobre a natureza de seus próprios déficits em particular (um modo de fazer isso é pedir ao professor de educação especial ou ao psicólogo da escola que examine a avaliação mais recente junto com o aluno, explicando seus pontos fortes e fracos em uma linguagem acessível, sem jargões técnicos). Os adolescentes devem aprender a descrever seus métodos preferidos de trabalho, suas dificuldades de aprendizagem específicas e os contextos, os métodos de instrução e as adaptações que lhes possibilitam um melhor rendimento. Os estudantes devem começar agora a participar dos encontros do PEI e das sessões de planejamento escolar com orientadores, se já não estiverem fazendo isso.

- ***Explore as oportunidades de recreação.*** Busque atividades de lazer na escola e na comunidade que coloquem seus filhos em contato com outros jovens que tenham interesses similares. Espetáculos esportivos, trabalho voluntário na comunidade, atividades da igreja, esportes recreativos, aulas de artesanato e de exercícios e clubes de interesse especial (como jardinagem, boliche ou observação de pássaros) podem proporcionar uma base para relacionamentos gratificantes e também para ajudar os jovens a fazerem uso produtivo do seu tempo livre. *Observe que quanto mais desenvolvidos se tornarem os interesses dos estudantes, mais fácil será para eles fazer amigos depois que saírem da escola.* Por exemplo, um jovem que é um jogador de xadrez competente, canta no coro da igreja, conhece a sua posição nas campanhas para as eleições políticas e é um fã de futebol tem uma base para conhecer pessoas em quase todo lugar que for.

- ***Busque maneiras de adquirir experiência profissional.*** As pesquisas mostram que a experiência profissional durante o ensino médio está estreitamente associada a um futuro sucesso no emprego. Estágios e oportunidades de aprendizagem na prática, trabalho voluntário e empregos temporários ou de meio período são boas maneiras de se obter experiência profissional. Tais atividades podem ajudar os estudantes a explorar seus interesses de carreira, desenvolver expectativas realistas de emprego, melhorar suas habilidades e aumentar seus níveis de autoestima, responsabilidade e independência. No entanto, os estudantes com cargas horárias pesadas devem ter o cuidado de evitar uma sobrecarga ainda maior. (Para eles, empregos

(continua)

Roteiro para o planejamento da transição

temporários durante as férias são, com frequência, a melhor opção.)
- *Continue a aprimorar as opções de carreira.* Durante todo o ensino médio (e durante a universidade), os estudantes mudam de ideia várias vezes sobre a carreira que desejam seguir. Isso é normal, e uma contínua exploração sobre as profissões deve ser incentivada. O currículo do ensino médio precisa ser planejado de modo a preservar a maior gama possível de opções (se os estudantes tiverem o potencial individual para cursar uma universidade, por exemplo, cursos preparatórios para a universidade deverão ser realizados mesmo que seu filho atualmente não planeje ir para a universidade).

2º ano do ensino médio
- *Aprimore ou revise os objetivos com base na experiência ocupacional e escolar.* O adolescente que pensou que estava interessado em medicina pode mudar de ideia após trabalhar durante um mês como voluntário no hospital local. O aluno que esperava ser um treinador de atletismo para o ensino médio pode ser desencorajado por notas baixas nas aulas preparatórias para a universidade. À medida que os interesses e as aptidões dos adolescentes tornam-se mais claros, os objetivos precisam ser redefinidos e os planos ajustados.
- *Comece a explorar oportunidades de educação após o ensino médio.* À medida que os objetivos dos estudantes vão se tornando mais centralizados, comece a colher informações sobre instituições que oferecem treinamento nas profissões de interesse (cursos universitários com 2 a 4 anos de duração, programas de aprendizagem na prática, escolas de comércio, trabalho dentro de uma corporação e na força militar podem ser opções). Identifique as exigências para a admissão, incluindo os testes que possam ser necessários (tais como os exames do SAT e do ACT para o ingresso na universidade). Examine as seleções de matérias para o ensino médio com o orientador vocacional da escola com base nestas exigências e faça os ajustes necessários.
- *Aprenda sobre os direitos dos indivíduos portadores de dificuldades.* Muitos professores e empregadores – e muitos estudantes – não entendem totalmente quais adaptações para as pessoas com déficits na escola pública, no local de trabalho e nas instituições de ensino superior são requeridas pela lei federal. Os estudantes precisam aprender como o Individual with Disabilities Education Act (IDEA) e as leis dos direitos civis (particularmente a Seção 504 do Rehabilitation Act e o Americans with Disabilities Act) se aplicam a eles.
- *Pratique habilidades de autodefesa.* Os estudantes devem, tanto quanto possível, assumir o processo de explicação de suas dificuldades de aprendizagem e a negociação de adaptações ou modificações com seus professores e empregadores (os pais e os professores especiais podem oferecer um apoio, se necessário). Os adultos jovens com maior sucesso na universidade e em seus empregos são aqueles que conseguem articular claramente seus próprios interesses, capacidades e necessidades.
- *Aumente o nível de responsabilidade do seu filho por seu autocuidado em casa.* Seu filho já aprendeu a controlar seus compromissos e a tomar medicamentos sem precisar ser lembrado? A cuidar de suas próprias roupas? A usar transportes públicos? A fazer um orçamento para suas despesas? Se ainda não, agora é o momento de começar a incentivá-lo a assumir essas e outras

(continua)

Roteiro para o planejamento da transição

tarefas essenciais para a vida independente. As pesquisas indicam que este é um dos aspectos mais negligenciados no planejamento da transição.

3º ano do ensino médio

- *Busque avaliação vocacional e oportunidades de educação.* Os estudantes que ainda não identificaram objetivos quanto a uma carreira podem se beneficiar de uma avaliação vocacional formal (que pode ajudar a localizar interesses e talentos ocupacionais) e/ou do auxílio de um orientador vocacional. Pergunte se tais serviços podem ser incluídos no ITP do estudante. Os estudantes que visaram uma área de interesse profissional podem ser elegíveis para começar agora a frequentar cursos técnicos ou outros cursos vocacionais. Como poucos professores de educação vocacional estão informados sobre as necessidades dos estudantes com dificuldades de aprendizagem, cheque antecipadamente com cuidado estes cursos e discuta com os instrutores as adaptações de que um estudante pode necessitar.

- *Prepare uma "lista curta" de universidades ou outras instituições educacionais.* Os estudantes devem começar a reduzir suas escolhas de universidades ou de outras instituições pós-secundárias, usando critérios como tamanho, localização, custo, qualidade dos programas nas áreas de interesse, atmosfera social e disponibilidade de serviços de apoio para alunos com dificuldades de aprendizagem. Guias sobre as universidades (disponíveis em livrarias, bibliotecas públicas e em muitos departamentos de orientação vocacional de escolas de ensino médio) podem ser muito úteis neste processo; existem, atualmente, guias publicados especificamente para candidatos à universidade com dificul-

dades de aprendizagem. Você pode querer procurar universidades que valorizem a "aprendizagem experiencial" (programas de trabalho e estudo, estágios, programas cooperativos), além da tradicional "aprendizagem pelos livros". Use a internet para explorar ou escreva solicitando catálogos e formulários de inscrição e faça planos para visitar e obter entrevistas nas instituições de primeira escolha. Visitas noturnas, que incluem visitas a uma ou mais classes, uma chance de conversar informalmente com os estudantes e uma oportunidade para observar a vida social no *campus* também são altamente recomendadas.

- *Faça os testes do SAT e do ACT (se o estudante está se candidatando a universidades que os exijam).* Os testes de aptidão acadêmica preliminares para a universidade são administrados no começo do ensino médio (os resultados destes testes não são comunicados às universidades, mas suas pontuações realmente determinam a elegibilidade para bolsas de estudo em algumas instituições). Se resultados nos testes preliminares forem menos que satisfatórios, faça planos para melhorar as estratégias de realização de testes, pela consulta a livros de revisão das matérias, programas de informática, aulas ou tutoria. Muitos estudantes realizam exames vestibulares tanto durante o ensino médio quanto ao final deste. Testes modificados estão disponíveis para estudantes com dificuldades de aprendizagem, mas os testes que fogem ao padrão devem ser solicitados com antecedência e a documentação sobre o déficit providenciada. Portanto, é recomendada uma cuidadosa atenção aos dias e horários dos testes.

- *Comece a montar um arquivo pessoal para a transição.* Para conseguir adap-

(continua)

Roteiro para o planejamento da transição

tações após a conclusão do ensino médio (na universidade ou no local de trabalho), os jovens adultos terão de solicitá-las – isso *não* lhes será oferecido automaticamente – e em alguns casos documentar sua habilitação (isto é, provar a existência de uma dificuldade de aprendizagem). As famílias devem começar a reunir essa documentação agora. Os conteúdos desse arquivo devem incluir os resultados mais recentes de testes diagnósticos e relatórios de avaliações, prontuários médicos (se aplicável), uma cópia do PEI mais recente do aluno (que deve incluir uma descrição de todas as modificações e adaptações usadas ou permitidas) e uma cópia do Plano de Transição Individualizado do estudante. Transcrições do ensino médio, pontuações no ACT ou no SAT, avaliações para emprego, prêmios, cartas de recomendação e informações sobre atividades extracurriculares e outros interesses externos também podem ser úteis para os orientadores que tentam ajudar os estudantes a selecionar um programa apropriado. Se a avaliação mais recente do aluno tiver mais de dois anos, peça ao distrito escolar para realizar uma nova avaliação no último ano letivo do aluno. Algumas instituições não concedem adaptações sem uma avaliação atualizada.

- ***Explore oportunidades durante as férias.*** Algumas universidades (e alguns internatos para estudantes com dificuldades de aprendizagem) oferecem programas de férias que combinam a melhora nas habilidades acadêmicas com uma introdução à vida fora de casa. Para uma lista atualizada de programas pré-universitários para estudantes com dificuldades de aprendizagem, entre em contato com a Clearinghouse on Postsecondary Education for Individuals with Disabilities do HEATH Resource Center, nos Estados Unidos (www.heath.gwu.edu), ou com o órgão responsável em sua cidade. Os estudantes que não frequentam programas escolares de férias devem buscar empregos ou estágios de verão em áreas, se possível, relacionados aos seus interesses em termos de carreira.

Cursos técnicos de nível médio

- ***Os estudantes que irão cursar a universidade precisam o mais cedo possível começar a escrever ensaios com pedido de vaga em uma universidade, conseguir cartas de recomendação e preencher formulários para sua inscrição.*** Preste muita atenção aos prazos. Uma boa ideia é os estudantes pedirem a seus orientadores para verem se falta algo e se tudo está correto, duas a quatro semanas antes do prazo final (a clareza e limpeza também contam). O uso do Formulário Comum de Inscrição, disponibilizado por algumas universidades norte-americanas, pode permitir ao aluno economizar muito tempo na escrita do ensaio.

- ***Investigue escolas técnicas e de comércio que oferecem instrução em áreas de interesse.*** Embora algumas dessas instituições ofereçam excelente treinamento, a educação para uma profissão ligada ao comércio também é uma área repleta de aproveitadores sem qualificações, e por isso se torna necessária uma cuidadosa verificação. Pergunte à sua agência de reabilitação vocacional local sobre quaisquer programas que você esteja considerando seriamente. Previna-se contra "orientadores" que, na verdade, são vendedores disfarçados (eles recrutam alunos com base numa comissão, em vez de terem como base a capacidade ou aptidão), contra promoções caracterizadas por "teste de talentos" ou instrutores que

(continua)

Roteiro para o planejamento da transição

são celebridades, e contra anúncios de "emprego fácil" (os alunos respondem a um anúncio de emprego, apenas para descobrirem que certos cursos de "qualificação" devem ser realizados para a garantia de contratação; ou podem ouvir que o curso gratuito ou com desconto para o qual se inscreveram está lotado, mas são elegíveis para outras pessoas). Pergunte sobre a duração e o custo do treinamento e como o currículo lida com as necessidades específicas dos empregadores locais – não há muito sentido em preparar enfermeiras práticas ou programadores de computador se o mercado de trabalho local tem um excesso desses profissionais. Os instrutores têm experiência em trabalhar com estudantes que têm dificuldades de aprendizagem? Se for necessária tutoria em matemática, leitura ou escrita, ela está disponível? Leia atentamente todos os contratos (ou peça a um advogado que os leia) antes de assinar.

- *Quem procura emprego precisa preparar um currículo, obter cartas de recomendação, praticar habilidades de entrevista para o emprego e aprender como preencher os formulários de pedido de emprego.* Esses objetivos devem ser incluídos nos ITPs dos alunos. Um resumo das informações tipicamente exigidas nos formulários de pedido de emprego (incluindo datas de empregos anteriores e nomes e endereços para referências) deve ser preparado e levado junto quando os estudantes visitarem prováveis empregadores, já que muitos desejarão o preenchimento dos formulários de pedido de emprego no local.
- *Identifique fontes de apoio financeiro.* Os orientadores do ensino médio podem auxiliar com os formulários de crédito educativo para a universidade. Se as famílias pretendem explorar os recursos disponíveis pelo sistema de reabilitação ocupacional do Estado ou da previdência social, devem ser marcadas o quanto antes entrevistas de admissão para o estabelecimento da elegibilidade.
- *Identifique as opções para os jovens que ainda não estão prontos para o trabalho ou para a educação superior.* Para os estudantes que não possuem as habilidades ou a maturidade para frequentar uma universidade ou manter um emprego, um programa de transição pode ser a resposta. Os programas de transição vão desde internatos que oferecem um ano extra de educação secundária para estudantes que desejam melhorar suas chances de ingresso na universidade até arranjos de vida em grupo que ajudam os jovens adultos com graves dificuldades de aprendizagem a aprender habilidades de autocuidado, sociais e de emprego. Alguns programas de transição são privados e requerem o pagamento de mensalidades; outros são financiados por recursos públicos ou organizações de caridade – o departamento de educação especial do seu distrito escolar, grupos de apoio locais e a agência de reabilitação ocupacional de seu Estado são bons locais para começar a busca por informações. Lembre-se também de que os estudantes têm o direito de permanecer em uma escola pública até os 22 anos. Os jovens geralmente não saem pulando de alegria diante desta opção, mas a disposição para cursar um ano ou dois a mais de ensino médio pode ocasionalmente fazer a diferença entre sair da escola com um certificado de educação especial ou outro diploma não padronizado.
- *Reveja o SOP (Resumo de Desempenho) do aluno.* O distrito escolar deve proporcionar a cada aluno de educação especial um Certificado de Desempe-

(continua)

Roteiro para o planejamento da transição

nho quando ele completa a graduação, que delineia os níveis de desempenho, os achados da avaliação e as necessidades especiais do aluno. Certifique-se de que as informações incluídas no SOP correspondem às exigências das instituições e/ou agências com as quais o aluno espera lidar no futuro

Após o ensino médio
- *Continue monitorando o progresso do seu filho.* Os jovens com dificuldades de aprendizagem com frequência têm dificuldade para se adaptar a novos ambientes. A maior liberdade e responsabilidade que vêm com a conclusão do ensino médio podem tornar a transição para a universidade ou para o local de trabalho particularmente conturbada. Embora seja importante evitar ser superprotetor (os estudantes devem experimentar suas asas e cometer alguns erros, para poderem aprender), esteja alerta para sinais de estresse excessivo, ansiedade ou depressão. Estes são sinais de que algumas mudanças precisam ser feitas ou um apoio adicional precisa oferecido.
- *Ajude os jovens adultos a construir uma rede de apoio pessoal.* Os jovens com dificuldades de aprendizagem que fazem uma transição bem-sucedida para a vida independente com frequência utilizam a orientação e o encorajamento de mentores ou "treinadores". Por isso, é importante insistir para que os jovens façam conexões positivas com professores, tutores, conselheiros, orientadores pedagógicos e supervisores em seu local de trabalho, e que se beneficiem do auxílio disponível por meio dessas pessoas. Os pais e outros membros da família podem ser mentores efetivos (e com frequência continuam coordenando diferentes aspectos dos programas dos filhos por vários anos depois do ensino médio), mas é importante que os jovens explorem fontes de apoio também fora de casa.
- *Seja amorosamente receptivo e encorajador.* Nos estudos realizados, os jovens com dificuldades de aprendizagem frequentemente dizem que o apoio emocional e o encorajamento dos membros da família foram indispensáveis para que mantivessem a motivação, especialmente quando as coisas não iam bem ou suas vidas não seguiam como o planejado. A estrada para o sucesso para um jovem com dificuldades de aprendizagem com frequência parece mais uma trilha em ziguezague (interrompida aqui e ali por abismos, atoleiros e alagados) do que uma via direta até o topo. A tarefa mais importante dos pais, à medida que os filhos seguem este curso, é evitar que os jovens desanimem, que percam a fé em si mesmos e desistam. Desta forma, os pais podem deixar de ser os guardiões físicos de seus filhos para se tornarem protetores de suas esperanças e sonhos.

Apêndice A

Instrumentos comuns de avaliação

Dra. Michelle Storie

Seguem-se breves descrições dos mais usados instrumentos de avaliação, memória e aprendizagem, habilidades cognitivas e funcionamento socioemocional. Embora as especificidades dos testes variem, há alguns pontos comuns entre eles.

Em geral, se um teste contém um instrumento de compreensão verbal, as tarefas vão consistir em definir palavras, apresentar sinônimos para os termos, responder perguntas de compreensão ou perguntas que avaliem a base geral do conhecimento, ou a recordação do conteúdo de uma história. As tarefas não verbais vão avaliar as habilidades visuais e especiais de uma criança e podem envolver a cópia de desenhos, blocos para formar um padrão, identificação dos itens que vêm a seguir em um padrão e a indicação dos desenhos que estão relacionados um com o outro. Os problemas de velocidade de processamento são cronometrados e podem envolver copiar tarefas ou identificar se um símbolo está apresentado em outra série de símbolos. As tarefas de memória apresentam à criança listas de palavras ou imagens para memorizar. Muitos testes de memória envolvem um componente adiado, em que a criança será solicitada a se lembrar da informação depois de passado um período de tempo.

Certifique-se de perguntar à equipe da escola que testes estão sendo usados com seu filho. Se você pedir para ver exemplos das tarefas que foram mais difíceis para seu filho (assim como daquelas em que ele teve um desempenho excelente), poderá obter uma melhor percepção dos seus pontos fortes e fracos.

INSTRUMENTOS DE AVALIAÇÃO

Baterias de desempenho geral utilizadas para propósitos de triagem

Woodcock-Johnson, Terceira Edição (WJ-III/NU)
(idades 2-90+ anos)
O WJ-III/NU é um teste de desempenho abrangente que avalia a capacidade para ler letras e palavras isoladas, a capacidade para ler palavras sem sentido que seguem os padrões estruturais e fonéticos do inglês, a compreensão de leitura, o conhecimento de sinônimos e antônimos, a capacidade de cálculo, a capacidade para resolver problemas matemáticos práticos, o entendimento conceitual da matemática, a ortografia, a pontuação, o uso de letras maiúsculas, a expressão escrita e os conhecimentos em ciências, estudos sociais e humanidades. As dificuldades de leitura das crianças que não reconhecem as palavras rapidamente, mas conseguem pronunciá-las se lhes for dado tempo, podem não ser evidenciadas no WJ-III/NU porque a criança pode demorar o tempo que for necessário durante o teste para descobrir uma palavra. Além disso, pouca informação é obtida sobre a fluência da leitura porque o examinador escuta apenas como uma criança lê palavras isoladas, não sentenças ou parágrafos, e o subteste de Fluência na Leitura é realizado no papel, com os alunos respondendo perguntas sobre sentenças breves. Muitos alunos mais velhos conseguem ler as sentenças facilmente, o que não reflete sua real capacidade de fluência na leitura apropriada para sua idade. No WJ-III, a tarefa de compreensão da leitura é diferente das exigências de compreensão da vida real (a criança é solicitada a colocar a palavra que falta em uma sentença que é lida silenciosamente). A capacidade de escrita também é julgada por informações limitadas (a qualidade das sentenças que são produzidas, em vez da qualidade dos parágrafos).

Wechsler Individual Achievement Test (*Teste de Desempenho Individual de Wechsler*, Terceira Edição – WIAT-III)
(idades 4-85 anos)
O WIAT-III avalia o desempenho em todas as áreas especificadas na definição da lei federal das dificuldades de aprendizagem: expressão oral (enquanto olham para figuras, as crianças nomeiam palavras, produzem o máximo de palavras que conseguem em uma categoria em um período de 60 segundos, e repetem sentenças); compreensão da escuta (as crianças identificam a figura que corresponde a uma palavra apresentada oralmente e respondem em voz alta perguntas sobre as passagens apresentadas oralmente); habilidades da leitura precoce (as crianças nomeiam letras, identificam palavras rimadas, juntam fonemas e reconhecem palavras); habilidades básicas de leitura (as crianças leem palavras conhecidas e palavras absurdas em listas de palavras separadas); compreensão da leitura (as crianças leem passagens e respondem a perguntas formuladas oralmente); fluência na leitura (as crianças leem passagens e sua velocidade e acurácia são cronometradas); expressão escrita (as crianças escrevem letras em um período de 30 segundos, produzem as palavras com a ortografia ditada, criam sentenças usando termos diferentes, combinam sentenças e escrevem um breve ensaio em um período de 10 minutos); cálculo matemático (as crianças realizam problemas matemáticos); fluência matemática (as crianças completam problemas de adição, subtração e multiplicação em períodos de 60 segundos); e resolução de problemas matemáticos (as crianças respondem perguntas práticas envolvendo raciocínio matemático). A compreensão da leitura se assemelha mais ao que os alunos são solicitados a fazer em sala de aula (os alunos leem passagens e respondem perguntas relacionadas à compreensão) do que alguns dos outros instrumentos de avaliação mais amplos.

Kaufman Test of Educational Achievement (*Teste de Desempenho Educacional de Kaufman*, Segunda Edição – K-TEA-II)
(idades 4 anos, 6 meses-25 anos para o formulário abrangente; 4 anos, 6 meses-90 anos para o formulário resumido)
A bateria abrangente do K-TEA-II mede a decodificação de letras e de palavras isoladas, ortografia, compreensão da leitura (as crianças respondem a perguntas oralmente depois de ler silenciosamente passagens curtas), cálculo matemático e a capacidade para responder perguntas conceituais e de raciocínio matemático. Os subtestes foram destinados a cobrir seções impostas pela legislação norte-americana. Há também um formulário resumido que só avalia leitura (tanto a decodificação quanto a compreensão), matemática e escrita. As baterias abrangente e resumida apresentam formulários alternados, para que o progresso e/ou a resposta às intervenções

possam ser determinados. O K-TEA-II também mede a consciência fonológica e tem um subteste de compreensão da escuta que envolve o aluno escutar parágrafos e depois responder perguntas. No subteste de compreensão da leitura os alunos devem ler as passagens e as perguntas de compreensão independentemente, um componente que difere de outros instrumentos de testagem.

Peabody Individual Achievement Test (*Teste de Desempenho Individual Peabody*, Revisado – PIAT-R/NU)
(Idades 5-22 anos, 11 meses)
O PIAT-R/NU mede o conhecimento de informações gerais, decodificação de palavras individuais, compreensão da leitura (as crianças escolhem quais de quatro figuras descrevem o conteúdo de uma sentença que leram), matemática (as crianças escolhem quais de quatro sentenças é a correta), ortografia (as crianças escolhem a ortografia correta entre quatro opções) e expressão escrita (as crianças copiam letras, escrevem palavras ditadas, compõem uma história). Devido ao formato de múltipla escolha de três subtestes, o PIAT-R/NU é atrativo para o uso com estudantes com dificuldades de fala e de habilidade motora fina. No entanto, as pontuações obtidas no formato de múltipla escolha podem ser enganosas, pois não são comparáveis com as tarefas realizadas em sala de aula que requerem que os alunos produzam as informações, além de simplesmente as reconhecerem. Além disso, o subteste de escrita deve ser usado com cautela devido à sua baixa confiabilidade.

Wide Range Achievement Test (*Teste de Desempenho de Amplo Alcance*, Quarta Edição, – WRAT-4)
(idades 5-94 anos)
O WRAT-4 mede a capacidade para ler letras e palavras individuais, soletrar palavras ditadas e realizar cálculos matemáticos. Há também um subteste de compreensão de sentenças, que usa sentenças a serem completadas para determinar se o aluno entende o significado de uma sentença. O teste tem dois formulários, para que o progresso e a resposta à intervenção possam ser medidos. Em contrate com os testes que permitem um tempo ilimitado para decodificar as palavras, o WRAT-4 permite apenas 10 segundos. Por isso, este teste pode identificar as crianças com dificuldades de leitura que demoram muito para reconhecer ou pronunciar palavras. Uma desvantagem do WRAT-4 é a ausência de subtestes completos de compreensão de leitura e conceitos matemáticos.

Woodcock Reading Mastery Tests (*Teste de Domínio da Leitura de Woodcock*, Revisado – WRMT-R/NU)
(idades 7-75+ anos)
O WRMT-R/NU mede a identificação de palavras, pronúncia de palavras absurdas que seguem os padrões estruturais e fonéticos do inglês, compreensão das palavras (a criança completa antônimos, sinônimos e analogias) e compreensão de leitura (a criança lê uma palavra silenciosamente e fornece a palavra-chave que está faltando). O formulário G do teste também inclui um subteste que mede a capacidade da criança para identificar letras apresentadas em tipos de letras comuns e incomuns e um subteste que mede a capacidade para associar símbolos visuais abstratos a palavras familiares e depois "traduzir" as sentenças criadas a partir destes símbolos. As críticas anteriormente mencionadas para o WJ-III/NU com relação aos procedimentos de compreensão da leitura também cabem aqui. O WRMT-R/NU impõe um limite de tempo de 5 segundos para a decodificação das palavras na lista de palavras. Os pontos fracos das crianças que são codificadoras lentas, porém precisas, estarão, portanto, refletidos na pontuação do teste. Os dois formulários do teste permitem a avaliação do progresso ou da resposta às intervenções.

Testes de desempenho diagnóstico usados para o planejamento do ensino

Gray Oral Reading Test (*Teste de Leitura Oral de Gray*, Quarta Edição – GORT-4)
(idades 6-18 anos, 11 meses)
O GORT-4 mede a velocidade e a precisão de uma criança ao ler parágrafos em voz alta e sua capacidade para responder a perguntas de compreensão sobre tais parágrafos. Ele mede a fluência da leitura, pois as passagens são cronometradas. Um dos pontos fracos do teste é que as questões são de múltipla escolha, o que pode não refletir as expectativas de compreensão da leitura na sala de aula. Além disso, a medida proporciona informações sobre a leitura em circunstâncias de tempo marcado, e por isso os alunos com índices de leitura mais lentos vão ter um desempenho inferior neste teste do que nas medidas de capacidade de leitura sem tempo marcado.

The Comprehensive Test of Phonological Processing (*Teste Abrangente de Processamento Fonológico* – CTOPP)
(idades 5-24 anos, 11 meses)

O **CTOPP** mede as habilidades fonológicas, que são um precursor da fluência na leitura. O teste avalia a consciência fonológica (a capacidade para reconhecer que as palavras são fragmentadas em fonemas ou sons individuais), memória fonológica (a capacidade para guardar as informações fonológicas na memória) e nomeação rápida (a recuperação de informações fonológicas da memória e a capacidade para seguir uma sequência de maneira rápida e fluida). O teste pode proporcionar boas informações sobre as atividades de ensino que podem desenvolver as habilidades de consciência fonológica.

Test of Word Reading Efficiency (*Teste de Eficiência na Leitura de Palavras* – TOWRE)
(idades 6-24 anos, 11 meses)

O **TOWRE** mede a precisão e a fluência da leitura. Os alunos são solicitados a ler uma lista de palavras conhecidas e uma lista de palavras absurdas o mais rapidamente que puderem em um período de 45 segundos. Como em outras medidas de teste, há dois formulários, o que permite que a instrução seja determinada. O teste é muito breve, mas pode proporcionar informações que podem orientar a instrução e as intervenções especiais. Devido ao componente do tempo, os alunos com índices de leitura mais lento podem ter um desempenho inferior neste teste do que em medidas de desempenho na leitura sem tempo marcado.

Test of Written Language (*Teste de Leitura e Escrita* – TWS-4)
(idades 1-12)

No Teste TWS-4 são identificados os níveis de dificuldades de leitura, escrita e soletração de palavras. Existem duas formas de identificação do problema. É necessário uma análise dos padrões de escrita para determinar quais os tipos de erros ortográficos mais comuns.

Test of Written Language (*Teste de Linguagem Escrita*, Quarta Edição – TOWL-4)
(idades 9-17 anos, 11 meses)

O **TOWL-4** mede os pontos fortes e fracos na linguagem escrita, fazendo o aluno escrever uma história em resposta a uma figura. São medidos o desenvolvimento da história, o nível de vocabulário, a precisão da estrutura gramatical, a ortografia, a pontuação e o uso de letras maiúsculas. Além disso, a criança é solicitada a escrever sentenças usando palavras específicas, escrever as palavras corretamente, pontuar e usar maiúsculas quando necessário, reescrever sentenças ilógicas e combinar várias sentenças em uma. O desempenho na seção deste teste que não requer escrever uma história pode ser confundido pelo mau desempenho em leitura, pois a criança tem que ler os itens independentemente. Acresce o fato de que as figuras sobre as quais o aluno tem de escrever histórias podem não ser do seu interesse. Há duas versões deste teste, o que permite medir o progresso e a resposta à intervenção.

Key Math 3 Diagnostic Assessment (*Avaliação Diagnóstica dos 3 Principais Aspectos da Matemática*)
(idades 4 anos, 6 meses-21 anos, 11 meses)

O **Key Math 3 Diagnostic Assessment** avalia o conhecimento do aluno nos conceitos matemáticos básicos (conhecimento de números, frações, decimais, percentagens, formas geométricas e princípios), operações (adição, subtração, multiplicação, divisão, cálculo mental) e aplicações (medição, tempo, dinheiro, estimativa, dados interpretativos e resolução de problemas). O teste não tem marcação de tempo e por isso os alunos que requerem tempo adicional para o processamento das informações matemáticas têm um tempo ilimitado para isso. No entanto, devido a esse formato, a fluência em matemática não é medida. Dois formatos do teste são fornecidos, para que possa ser medido o progresso a partir da intervenção.

Dynamic Indicators of Basic Early Literacy Skills (*Indicadores Dinâmicos das Habilidades Básicas Iniciais da Alfabetização* – DIBELS)
(da educação infantil a 6ª série)

O **DIBELS** é uma maneira rápida de medir as habilidades precoces de alfabetização, que têm sido consideradas prognósticos de habilidade de leitura posterior. Estas incluem consciência fonológica, conhecimento do alfabeto, fluência na leitura, vocabulário e compreensão. As medidas de consciência fonológica envolvem um aluno identificar e prover o som inicial em uma palavra e gerar sons diferentes em palavras. O conhecimento do alfabeto é determinado por fazer os alunos identificarem as letras e misturarem os sons para criar palavras absurdas. A fluência na leitura é avaliada fazendo os alunos lerem uma passagem durante 1 minuto e computando o número de erros cometidos. Embora o teste pretenda medir a compreensão da leitura, a maneira de fazê-lo é solicitar aos alunos que reproduzam com suas próprias palavras a passagem lida e o número de palavras repetidas na reprodução é contado. O número de palavras reproduzidas pode não refletir um entendimento sólido da história; por isso, o uso do DIBELS como medida de compreensão da leitura é questionável. Há também uma tarefa de uso das palavras que proporciona uma medida do vocabulário e da linguagem oral. Um dos benefícios desta medida é a existência de muitas versões deste teste, e ela se destina a monitorar o progresso. A natureza breve o torna ideal para ser repetido em uma base frequente para determinar se os alunos respondem à intervenção.

Informal Reading Inventories (*Inventários Informais de Leitura*)
(varia da 1ª série ao ensino técnico)
Estes inventários de leitura solicitam ao aluno que leia em voz alta listas de palavras e passagens de dificuldade crescente. O índice e a precisão da leitura da criança são medidos e os erros de leitura analisados. Após cada passagem, são formuladas perguntas de compreensão que requerem a identificação da ideia principal da passagem, os fatos, a sequência dos eventos, as definições do vocabulário, a capacidade para extrair inferências da passagem e a capacidade de pensamento crítico. As pontuações podem ser usadas para indicar o nível de leitura independente da criança (a criança é capaz de ler este material sem ajuda e com boa compreensão), o nível de instrução (o material é desafiador, mas não explicitamente difícil) e o nível de frustração (a criança tem dificuldade para reconhecer as palavras ou compreender grande parte do que é lido). Além disso, alguns inventários medem a compreensão depois de os alunos lerem silenciosamente ou ouvirem o material que está sendo lido para eles. Contrastar a compreensão oral com a leitura silenciosa e a compreensão da escuta é útil em termos de sugerir intervenções em sala de aula. (Os pais devem ser advertidos de que as pontuações do nível da série não são necessariamente precisas.) Os exemplos incluem o Inventário de Leitura Analítica, Inventário de Leitura e Linguagem de Bader, Inventário de Leitura Básica, Inventário de Leitura em Sala de Aula, Inventário de Leitura Abrangente, Inventário de Leitura Informal, Inventário de Leitura Qualitativa – 4 e o Inventário de Leitura Crítica.

AVALIAÇÕES DA MEMÓRIA E DA APRENDIZAGEM

Test of Memory and Learning (*Teste de Memória e Aprendizagem*, Segunda Edição – TOMAL-2)
(idades 5-59 anos, 11 meses)
O TOMAL-2 mede a memória das informações apresentadas tanto no formato verbal quanto no visual. Para as tarefas verbais, uma criança é solicitada a recordar uma lista de palavras, repetir com as próprias palavras histórias lidas em voz alta, lembrar pares de palavras e recordar uma lista de objetos apresentados tanto visual quanto verbalmente. Para as tarefas não verbais, a criança é solicitada a recordar faces, identificar desenhos quando itens de aparência similar são apresentados, lembrar os desenhos em ordem e recordar pontos em uma grade. O teste também inclui um índice de recordação adiada, que supostamente avalia uma retenção de informações mais adiada. Entretanto, os subtestes de recordação adiada só medem as informações apresentadas verbalmente e são administrados depois de apenas 30 minutos da apresentação inicial, e por isso as tarefas não imitam de maneira muito realista a aprendizagem em sala de aula. A medida também apresenta informações relacionadas à capacidade de se concentrar e manter a atenção nas tarefas do teste, à capacidade de recordar as informações apresentadas em sequência e ao aumento da aprendizagem com a repetição das informações. Medidas adicionais buscam saber se um aluno recorda informações associadas ou relacionadas melhor do que aqueles que não recebem dicas para lembrar (recordação associativa *versus* recordação livre). Pode proporcionar boas informações com relação às estratégias de ensino a serem usadas na sala de aula e sobre o modo como um aluno pode estudar de maneira mais eficiente. Embora a medida tenha sido planejada para crianças de 5 anos de idade, as tarefas podem ser difíceis para um aluno de 5 e possivelmente 6 anos entender, confundindo os resultados do teste.

Wide Range Assessment of Memory and Learning (*Avaliação de Amplo Alcance da Memória e da Aprendizagem*, Segunda Edição – WRAML-2)
(idades 5-90 anos)
O WRAML-2 avalia a memória das informações verbais e não verbais, e também tem uma seção que mede a atenção e a concentração. Os subtestes incluem memória da história (lembrar uma história lida em voz alta pelo examinador),

aprendizagem verbal (recordar uma lista de palavras), memória do desenho (reproduzir um desenho usando lápis e papel), memória de figuras (recordar objetos que mudaram dentro de uma figura), memória de trabalho espacial (*finger windows*) (lembrar uma sequência de batidas do lápis entre diferentes aberturas em um cartão) e sequenciação de números e letras (recordar uma série de letras e números). O WRAML-2 pode proporcionar informações sobre as habilidades da memória de trabalho e também tem uma seção que visa ao reconhecimento de informações em oposição à recordação direta (gerando a própria informação). Há também uma medida adiada, que proporciona informações sobre o declínio rápido da memória, que ocorre 15 minutos depois da apresentação inicial das tarefas do teste. Do mesmo modo que o TOMAL-2, este adiamento do tempo não reflete as expectativas da sala de aula. Há também uma forma de avaliação da memória, mas para uma investigação completa das habilidades da memória a avaliação do teste completo é melhor. Mais uma vez, deve-se ter cautela na administração deste teste para alunos menores, pois o teste é longo e pode ser difícil de entender.

Children's Memory Scale (*Escala de Memória das Crianças* – CMS)
(idades 5-16 anos)
Similar aos outros testes de memória, a **CMS** avalia a memória verbal e visual, além da atenção e da concentração. Os alunos são solicitados a lembrar as localizações de pontos, recordar histórias, lembrar pares de palavras, recordar séries de números e lembrar sequências. Um aspecto singular deste teste é a sua provisão de tarefas de memória de adiamento curto e longo. Os alunos recebem várias oportunidades de voltar à informação originalmente apresentada, o que pode proporcionar *insights* adicionais sobre a retenção das informações. Pode não ser benéfico aplicar este teste a alunos mais jovens pelas mesmas razões que as outras avaliações da memória. Similarmente, as tarefas de recordação adiada ocorrem dentro dos 30 minutos seguintes à apresentação inicial das informações, limitando a avaliação da memória de longo prazo.

Wechsler Memory Scale (*Escala da Memória de Wechsler* – WMS-IV)
(idades 16-90 anos, 11 meses)
A **WMS-IV** proporciona uma avaliação da memória e da aprendizagem do adulto, similar aos outros testes. O teste dá informações com relação à memória auditiva (recordar pares de palavras e histórias), memória visual (reproduzir desenhos, lembrar as ambientações do desenho), memória de trabalho visual (recordar a sobreposição do ponto entre duas figuras de estímulo diferentes, identificar as sequências de símbolos), memória imediata e memória adiada. Como acontece com as outras medidas de teste, as tarefas de memória adiada são administradas dentro dos 30 minutos seguintes ao tempo inicial da apresentação.

AVALIAÇÕES NEUROPSICOLÓGICAS

Conners' Continuous Performance Task (*Tarefa de Desempenho Contínuo de Conners* – CPT-II)
(idades 6 anos-adultos)
O **CPT-II** é uma tarefa computadorizada que mede a atenção. Há uma tarefa de prática breve para garantir que a criança entende o que está sendo solicitado a fazer. Os alunos são solicitados a pressionar a barra de espaço do computador ou o *mouse* sempre que aparecer na tela outra letra que não o X. O teste mede o tempo de reação, a perseverança, a consistência na resposta e o número de erros cometidos. O teste completo demora 14 minutos para ser administrado. Como a confiabilidade das informações é limitada ao teste, os resultados devem ser interpretados com cautela. Além disso, a natureza da tarefa pode ser encarada como tediosa para alguns participantes, o que pode resultar em achados imprecisos.

NEPSY-II
(idades 3-16 anos, 11 meses)
O **NEPSY-II** é uma bateria neuropsicológica que avalia o funcionamento executivo e a atenção (por exemplo, apontar as cores quando nomeadas no vídeo, depois apontar a cor oposta para seção do conjunto de respostas, nomear os itens o mais rapidamente possível enquanto a resposta modificada depende de o objeto estar sombreado ou uniforme), habilidades de linguagem (por exemplo, nomear uma série de letras, cores e números o mais rapidamente possível; determinar a capacidade para entender instruções cada vez mais complexas, capacidade para processar informações fonológicas), habilidades de memória (capacidade para lembrar nomes, rostos e histórias), processamento de informações visuoespaciais (velocidade do desempenho de várias tare-

fas motoras, capacidade para imitar movimentos da mão, acurácia e velocidade para completar labirintos) e habilidades da percepção social (capacidade nos testes de reconhecer o estado emocional de pessoas em fotos, capacidade para entender o fato de que os outros têm suas próprias crenças e como as emoções se relacionam ao contexto social). O NEPSY-II está diretamente relacionado à maneira como uma criança está se desempenhando na educação infantil ou na escola e contém 32 tarefas diferentes, embora nem todo subteste necessite ser administrado. Para avaliar completamente todas as áreas de testagem, o teste pode demorar muito tempo para ser concluído (em torno de 3 horas). Pontuações adicionais proporcionam informações sobre o tempo de realização do teste, tendência para responder aos itens de uma forma similar, recordação adiada *versus* imediata e recordação livre comparada à recordação sugerida.

AVALIAÇÕES DE INTELIGÊNCIA

Wechsler Intelligence Scale for Children (*Escala de Inteligência de Wechsler para Crianças* – WISC-IV)
(idades 6-16 anos, 11 meses)
A **WISC-IV** é uma das mais comuns medidas de inteligência administradas. Ela avalia quatro componentes do funcionamento cognitivo: compreensão verbal (proporcionar definições, responder a questões de compreensão, nomear similaridades entre dois conceitos), raciocínio não verbal (criar projetos com blocos, completar padrões, identificar representações não verbais relacionadas), memória de trabalho (apresentar dígitos para frente e para trás, recordar séries de números e letras em uma ordem especificada) e velocidade de processamento (completar uma tarefa codificada, identificando os símbolos em uma série). A pontuação integral do QI é uma pontuação composta, representando o desempenho em todos os quatro domínios. Nessa avaliação, uma criança tem oportunidades para demonstrar seus pontos fortes e fracos em várias áreas: interpretação e resolução de problemas com palavras ou imagens visuais, velocidade do processamento das informações, planejamento e organização, atenção e memória de curto e longo prazo. A WISC-IV avalia adequadamente o processamento verbal e visual das informações. Os alunos com índices de processamento mais lentos podem ter dificuldade nesta avaliação, pois vários dos subtestes são com tempo marcado. Há também fortes exigências de linguagem, mesmo entre alguns dos subtestes não verbais, e alguns itens do teste têm um viés cultural. Em consequência disso, deve-se ter cautela ao administrar este teste a alunos de outras culturas e/ou alunos com dificuldades de linguagem.

Wechsler Preschool and Primary Scale of Intelligence (*Escala de Inteligência de Wechsler para Crianças de Pré-Escola e do Curso Elementar*, Terceira Edição – WPPSI-III)
(idades 2 anos, 6 meses-7 anos, 3 meses)
A **WPPSI-III** é uma versão mais fácil do WISC-IV, destinada a crianças menores. Os subtestes são mais breves e mais parecidos com jogos, para captar a atenção dos examinados mais jovens. O teste avalia a compreensão verbal (definir os termos do vocabulário, responder perguntas de conhecimento geral, descrever objetos/conceitos a partir de sugestões), raciocínio não verbal (criar projetos com blocos, identificar o próximo item em um padrão e formar grupos com conceitos organizacionais comuns) e velocidade do processamento (copiar um código unindo símbolos e formas, identificar se um símbolo aparece em um grupo de formas). Este último componente é avaliado em alunos de 4 anos de idade e mais velhos. As crianças de 6 e 7 anos de idade geralmente obtêm uma pontuação mais alta na WISC-IV. Entretanto, as crianças de 6 e 7 anos que estão intelectualmente abaixo da média têm mais de uma oportunidade para demonstrar sua série de habilidades para a resolução de problemas no WPPSI-III do que na WISC-IV. Do mesmo modo que a WISC-IV, a pontuação total na escala de um aluno com uma velocidade de processamento lenta pode ser artificialmente mais baixa devido às restrições de tempo de alguns subtestes.

Wechsler Adult Intelligence Scale (*Escala de Inteligência de Wechsler para Adultos* – WAIS-IV)
(idades 16-90 anos, 11 meses)
A **WAIS-IV**, destinada a adolescentes mais velhos e adultos, é uma versão mais desafiadora da WISC-IV. Ela também seque a estrutura da WISC-IV e da WPPSI-III, avaliando a compreensão verbal (definir palavras do vocabulário, responder questões de compreensão e proporcionar respostas para questões que avaliam o achado geral das informações), raciocínio não verbal (criar projetos a partir de blocos, ver um quebra-cabeça completado e selecionar três opções que reconstroem o quebra-cabeça quando combinadas, olhar para

uma matriz e identificar que itens vêm a seguir), velocidade do processamento (completar uma correspondência de símbolos e números codificados, identificar se um símbolo está presente em um conjunto de símbolos) e memória de trabalho (repetir uma sequência de dígitos para frente e para trás), resolver problemas aritméticos sem lápis e papel). Mais uma vez, do mesmo modo que na WISC-IV, há fortes exigências de tempo em muitos subtestes, motivo pelo qual o teste pode não proporcionar um reflexo preciso do desempenho para os alunos com índices de processamento mais lentos.

Stanford-Binet Intelligence Scale (*Escala de Inteligência de Stanford-Binet*, **Quinta Edição – SB5**)
(idades 2-85+ anos)
A **SB5** é outra avaliação popular do funcionamento cognitivo, com uma decomposição diferente das habilidades. A SB5 avalia o raciocínio fluido (identificar que itens vêm depois em um padrão ou matriz, identificar absurdos em figuras ou declarações, categorizar objetos comuns, resolver analogias verbais), raciocínio quantitativo (resolver problemas de matemática), conhecimento (responder perguntas que pertençam à base geral das informações), definição de termos do vocabulário, processamento visuoespacial (identificar termos direcionais, incluindo instruções essenciais, responder questões envolvendo a direcionalidade, criar projetos contendo padrões de forma) e habilidades da memória de trabalho (utilizar blocos de dois formatos diferentes, repetir sentenças, repetir as últimas palavras em múltiplas questões). A SB5 é uma boa medida para ser usada com crianças que tem processadores de informação lentos porque contém apenas um subteste com tempo marcado. Entretanto, esta ausência de tempo marcado pode tornar a sessão do teste extremamente demorada. A SB5 contém vários manipuladores, o que prende o interesse dos alunos, e as atividades do teste são variadas e estão sempre mudando. As exigências de linguagem também são minimizadas neste teste. Deve ser notado que este teste é menos confiável para crianças muito pequenas e para aquelas com poucas habilidades cognitivas.

Differential Ability Scales (*Escalas de Habilidade Diferencial*, **Segunda Edição – DAS-II**)
(idades 2 anos, 6 meses-17 anos, 11 meses)
As **DAS-II** proporcionam mais uma avaliação do raciocínio verbal e visual, além de avaliar a memória de trabalho, a velocidade de processamento e a prontidão para a escola em alunos menores. Os subtestes requerem que os alunos copiem desenhos, identifiquem que item vem a seguir em uma matriz, copiem padrões de blocos (raciocínio não verbal), nomeiem objetos, manipulem sons, correspondam figuras com um elemento comum, definam palavras, entendam instruções orais (raciocínio verbal), recordem dígitos para frente e para trás, recordem desenhos e figuras e realizem operações mentais simples (memória de trabalho); também avalia o conhecimento de conceitos pré-numéricos e numéricos (prontidão). As DAS-II são, em geral, consideradas uma medida mais válida do ponto de vista cultural do que os outros testes de inteligência. Elas contêm vários manipuladores e, em consequência, são um teste mais atrativo para as crianças.

Woodcock Johnson Tests of Cognitive Ability (*Testes de Capacidade Cognitiva de Woodcock Johnson* – **WJ-III**)
(idades 2-90+ anos)
Os **Testes de Capacidade Cognitiva de WJ-III** avaliam a capacidade cognitiva nas seguintes áreas: compreensão e conhecimento, recuperação a longo prazo, processamento visual, processamento auditivo, raciocínio fluido, velocidade de processamento e memória de curto prazo. Os Testes de Capacidade Cognitiva de WJ-III examinam a capacidade de raciocínio fluido (habilidade de resolução de problemas) mais detalhadamente do que a WISC-IV. A seção de compreensão verbal envolve mais do que o aluno definir palavras (como na WISC-IV); contém seções que avaliam sinônimos, antônimos e analogias. O teste também avalia as seguintes áreas: Eficiência, Informações Gerais, Fluência na Recuperação, Velocidade de Decisão, Planejamento, Raciocínio Fluido, Conhecimento Abrangente, Pensamento Visuoespacial, Velocidade de Processamento, Memória de Curto Prazo e Conhecimento Amplo da Atenção. Os resultados dos testes devem ser interpretados com cautela para as crianças de pré-escola, pois outras avaliações podem proporcionar resultados mais confiáveis e válidos.

Kaufman Assessment Battery for Children (*Bateria de Avaliação de Kaufman para Crianças* – **KABC-II**)
(idades 3-18 anos)
A **KABC-II** avalia a capacidade para a resolução de problemas usando várias tarefas que requerem processamento sequencial (disposição dos

estímulos em ordem serial) ou processamento simultâneo (problemas espaciais e organizacionais que requerem o processamento de muitos estímulos ao mesmo tempo). Tarefas adicionais avaliam o planejamento, a aprendizagem e a base geral do conhecimento. Os subtestes de Processamento Mental Composto minimizam a confiança na capacidade verbal ou nas informações previamente aprendidas. A KABC-II não deve ser o principal instrumento usado para avaliar a inteligência por várias razões: ela confere muito peso ao processamento simultâneo; não é suficientemente desafiadora para avaliar de maneira válida as crianças bem-dotadas; não tabula as habilidades de linguagem (um prognosticador importante do desempenho) no Processamento Mental Composto; e pode produzir uma discrepância significativa entre o processamento mental e as pontuações de desempenho inteiramente causadas pela construção do teste, mais que os padrões de aprendizagem da criança. No entanto, a medida tem uma carga cultural menor do que os outros testes, pois os subtestes foram criados para minimizar as sugestões verbais e a linguagem, e o teste contém um conteúdo cultural limitado. Uma pontuação não verbal pode ser computada para alunos cujas habilidades verbais estão significativamente adiadas.

AVALIAÇÕES DE AJUSTAMENTO SOCIAL E EMOCIONAL

Comportamento adaptativo

Vineland Adaptive Behavior Scales (*Escalas do Comportamento Adaptativo de Vineland, Segunda Edição – Vineland-II*)
Edição do Professor (idades 3-21 anos, 11 meses)
As **Vineland-II** avaliam a competência social entrevistando um pai/mãe ou fazem um professor completar uma escala de avaliação com relação ao comportamento do aluno. O comportamento adaptativo é avaliado em quatro áreas: comunicação falada e escrita, habilidades da vida diária e comportamento na comunidade, sensibilidade/socialização com as outras pessoas e habilidades de coordenação motora grossa e fina. Também proporciona uma pontuação na seção de Comportamento Mal-Adaptativo. O Formulário Expandido do Vineland tem números de itens suficientes para ajudar no planejamento de uma intervenção específica.

Scales of Independent Behavior, Revised (*Escalas de Comportamento Independente, Revisadas – SIB-R*)
(idades bebês-80+ anos)
As **SIB-R** são um instrumento de entrevista que faz ao pai/mãe perguntas muito específicas sobre o desenvolvimento da criança em várias áreas: habilidades motoras grossas e finas, interação social, compreensão da linguagem, expressão da linguagem, alimentação, uso do banheiro, ato de vestir, cuidado pessoal, habilidades domésticas, tempo e pontualidade, dinheiro e valor, habilidades de trabalho e funcionamento em casa e na comunidade. O teste contém um formulário curto e um formulário do desenvolvimento inicial. Uma pontuação de apoio prevê a quantidade de apoio necessário tendo por base as avaliações do comportamento adaptativo. Além disso, um formulário de recomendação de plano individual permite que os indivíduos planejem e monitorem os apoios e as necessidades.

AAMR Adaptive Behavior Scale-School (*Escala Escolar do Comportamento Adaptativo AAMR, Segunda Edição – ABS-S:2*)
(idades 3-21 anos)
A **ABS-S:2** é uma escala de avaliação preenchida por um professor. O teste está dividido em duas seções: habilidades de enfrentamento importantes para o funcionamento independente e transtornos da personalidade e do comportamento. O teste avalia o comportamento e o ajustamento social das crianças.

Questionários comportamentais

Behavior Assessment System for Children (*Sistema de Avaliação Comportamental para Crianças, Segunda Edição – BASC-2*)
Teacher & Parent Rating Scale (*Escala para Professores & Pais*) **(idades 2-21 anos)**
Self-Report Rating Scale (*Escala de Avaliação do Autorrelato*) **(idades 8-25 anos)**
A **BASC-2** é um conjunto de escalas de avaliação que examinam o funcionamento social e emocional dos estudantes. Há três versões do teste: uma escala de avaliação dos pais, uma escala de avaliação do professor e uma escala de avaliação do autorrelato do aluno. A medida avalia o comportamento (nível de atividade, agressão, tendência para seguir regras), a emoção (exibição de sintomas ansiosos e depressivos, relatos de problemas físicos), a aprendizagem e o escopo

da atenção, as habilidades sociais, a exibição de comportamentos atípicos e as habilidades adaptativas (adaptabilidade, liderança, habilidades de comunicação e habilidades de estudo). Na escala de autorrelato, medidas adicionais examinam as relações interpessoais, a autoestima e as relações com os pais. Os indivíduos respondem a declarações Verdadeiro/Falso e a declarações da incidência na frequência da ocorrência ("Nunca", "Às Vezes", "Frequentemente" ou "Quase Sempre"). O teste inclui índices de validade para checar se os alunos, os professores e os pais estão respondendo com honestidade e consistência. Há também um componente de observação e uma entrevista para reunir informações sobre o aluno, que podem ser conduzidos além das escalas de avaliação. Os resultados podem ser úteis na identificação de comportamento problemático e dificuldades que podem estar interferindo no sucesso acadêmico.

Child Behavior Checklist (*Lista de Verificação do Comportamento da Criança* – CBCL)
Formulário para Educação Infantil (idades 1 ano, 6 meses-5 anos)
Formulários para a Idade Escolar (idades 6-18 anos)
Formulários para Adultos (idades 18-59 anos)
A **CBCL** contém uma lista de problemas comportamentais que são avaliados pelos pais como não verdadeiro, um pouco verdadeiro ou muito verdadeiro. As crianças são comparadas com outras da mesma idade em áreas como ansiedade, depressão, falta de comunicação, comportamento obsessivo-compulsivo e comportamento delinquente. Também estão disponíveis formulários do autorrelato e do relato do professor. Como acontece com qualquer lista de verificação do comportamento, ela é útil para se obter dados tanto dos pais quanto de vários professores. O comportamento, avaliado por tais escalas, está no olhar do observador – ou seja, cada pai e professor pode encarar o aluno diferentemente. Por isso, a melhor perspectiva sobre as tendências comportamentais usuais é conseguida comparando-se vários pontos de vista. As observações e uma entrevista clínica para as crianças e os adolescentes também fazem parte do processo de coleta de informações. Há seis escalas que se relacionam aos transtornos listados no Diagnostic Statistic Manual (problemas de ansiedade, transtorno do déficit de atenção/hiperatividade, problemas de conteúdo, problemas desafiadores opositores, problemas somáticos e problemas afetivos), que podem dar uma boa ideia das dificuldades de saúde mental que uma criança pode estar experienciando.

Conners' Teacher & Parent Rating Scale (*Escala de Avaliação de Professores & Pais de Conners, Revisada*)
(idades 3-17 anos)
Conners-Well's Adolescent Self-Report Scale (*Escala de Autorrelato do Adolescente de Conners-Well*)
(idades 12-17 anos)
As **Escalas de Conners** são listas de verificação em que os pais e os professores avaliam vários problemas de comportamento em uma escala de quatro pontos. As características comportamentais incluem opositores, problemas cognitivos, desatenção, hiperatividade, ansiedade, perfeccionismo, timidez, problemas sociais e preocupações psicossomáticas. Além disso, todas as escalas de avaliação produzem um índice de TDAH, que identifica os sintomas deste transtorno, e uma Lista de Verificação dos Sintomas do DSM-IV, que podem identificar outros transtornos que podem estar interferindo no funcionamento bem-sucedido. Estão disponíveis formulários longos e curtos destas escalas. Como muitos itens da escala da hiperatividade envolvem comportamentos inadequados e importunos, esta escala pode não identificar uma criança bem socializada com um déficit de atenção.

Personality Inventory for Children (*Inventário da Personalidade para Crianças*, Segunda Edição – PIC-2)
(idades 5-19 anos)
O **PIC 2** usa um formato verdadeiro/falso e pede aos pais para avaliarem 275 itens que pertencem ao ajustamento, desempenho, inteligência, habilidades desenvolvimentais, queixas psicossomáticas, depressão, relações familiares, delinquência, retraimento, ansiedade, psicose, hiperatividade e habilidades sociais da criança. Um resumo comportamental mais curto pode também ser completado.

Avaliações projetivas

Roberts Apperception Test for Children (*Teste de Percepção para Crianças de Roberts*, Segunda Edição – RATC-2)
(idades 6-15 anos)
Thematic Apperception Test (*Teste de Percepção Temática* – TAT)
Children's Apperception Test (*Teste de Percepção das Crianças* – CAT) **(idades 3-10 anos)**

Sentence Completions (*Preenchimento de Sentenças*)
Human Figure Drawings (*Desenhos da Figura Humana*)
Kinetic Family Drawings (*Desenhos da Família Cinética*)
Os testes projetivos são destinados a avaliar as emoções que a criança projeta nas histórias contadas em resposta a figuras ou cartões de "percepção", as palavras usadas para preencher os espaços em branco nas sentenças (como "As mães devem _____") ou os desenhos realizados sobre a família e a classe. A validade é pequena porque a avaliação das respostas das crianças envolve muita interpretação subjetiva por parte do examinador. (Quando os resultados destas medidas forem compartilhados com você, peça para ver as respostas do seu filho para você poder acrescentar suas próprias interpretações.)

Avaliações de autoconceito

Piers-Harris Children's Self-Concept Scale (*Escala de Autoconceito das Crianças de Piers-Harris*), Segunda Edição – Piers-Harris 2) (idades 7-18 anos)
Multidimensional Self-Concept Scale (*Escala de Autoconceito Multidimensional*) (idades 9-19 anos)
Tennessee Self-Concept Scale (*Escala de Autoconceito do Tennessee*, Segunda Edição – TSCS-2) (idades 7-90 anos)
Coopersmith Self-Esteem Inventory (*Inventário da Autoestima de Coopersmith*) (idades 8-15 anos)
Self-Esteem Index (*Índice de Autoestima*) (idades 7-18 anos)
As avaliações de autoconceito em geral solicitam que as crianças leiam uma declaração (como, por exemplo, "Sou uma pessoa infeliz") e indiquem se concordam ou discordam dessa declaração. Às vezes são preenchidas sentenças abertas, e a criança pode ser solicitada a listar seus pontos fortes e fracos. Embora informações úteis possam ser derivadas destas escalas, a intenção positiva e negativa é óbvia para as crianças, e elas com frequência vão responder da maneira como acham que os outros esperam que elas respondam. Isso ocorre na escala de Piers-Harris 2, pois dois índices de validade são incluídos, um examinando a tendência para responder aleatoriamente e o outro avaliando a resposta tendenciosa. As pontuações na escala de Piers-Harris 2 podem ser derivadas para a autoestima geral ou subáreas da autoestima, como aparência, habilidades esportivas, inteligência, habilidades acadêmicas ou habilidades sociais.

AVALIAÇÕES DESENVOLVIMENTAIS

Testes de desenvolvimento da linguagem

Peabody Picture Vocabulary Test (*Teste de Vocabulário por Imagens Peabody*, Quarta Edição – PPVT-4)
(idades 2 anos, 6 meses-90+ anos)
O **PPVT-4** avalia o vocabulário fazendo o aluno apontar para a imagem correta (entre quatro) que descreva uma palavra ditada. As crianças que têm uma compreensão visual pobre das imagens, ou que tendem a responder impulsivamente, podem obter pontuações baixas no PPVT-4, apesar das habilidades de linguagem adequadas. Como o PPVT-4 avalia apenas um aspecto do desenvolvimento da linguagem, ele deve ser utilizado juntamente com testes que avaliam outros aspectos da capacidade da linguagem, como compreensão da estrutura gramatical e habilidades da comunicação oral. Há dois formulários para que o progresso e/ou a resposta à intervenção possam ser confirmados.

Clinical Evaluation of Language Fundamentals (*Avaliação Clínica das Bases da Linguagem*, Quarta Edição – CELF-4)
(idades 5-21 anos)
O **CELF-4** avalia as habilidades gerais da linguagem, incluindo entendimento receptivo, linguagem expressiva, estrutura da linguagem, conteúdo da linguagem e memória de trabalho. O teste também proporciona informações sobre o impacto das habilidades de linguagem do aluno no desempenho em sala de aula e no funcionamento social.

Goldman-Fristoe Test of Articulation (*Teste de Articulação de Goldman-Fristoe*, Segunda Edição – GFTA-2)
(idades 2-21 anos)
O **GFTA-2** avalia a produção do som da fala usando os formatos espontâneo e imitativo para as palavras e nas conversas. No início, no meio ou

no fim das palavras, 39 sons e misturas de consoantes são usados para identificar as dificuldades de articulação. O teste avalia a capacidade para produzir os sons nas palavras, não na conversa, e por isso as pontuações podem não refletir com precisão as dificuldades da criança na fala conversacional.

Test of Auditory Comprehension of Language (*Teste da Compreensão Auditiva da Linguagem*, **Terceira Edição – TACL-3**)
(idades 3-9 anos, 11 meses)
O **TACL-3** testa a compreensão auditiva, fazendo a criança apontar para a figura correta (entre três escolhas) quando o examinador dita palavras isoladas, palavras com modificadores, sentenças curtas que variam na forma gramatical e sentenças complexas. Como no PPVT-4, a discriminação perceptual fraca na análise das figuras e a impulsividade podem reduzir a pontuação de uma criança, mesmo que a compreensão da linguagem seja boa. O TACL-3 deve ser suplementado com tarefas que avaliam as habilidades da linguagem expressiva da criança.

Test of Language Development: Primary (*Teste de Desenvolvimento da Linguagem: Primário*, **Quarta Edição – TOLD:P-4**)
(idades 4-8 anos, 11 meses)
O **TOLD:P-4** avalia as habilidades semânticas da criança pequena (vocabulário imagético e vocabulário oral), sintaxe (entendimento da estrutura da sentença, repetição de sentenças ditadas e uso de formas gramaticais apropriadas) e fonologia (discriminação e articulação da palavra) através dos canais receptivo e expressivo.

Test of Language Development: Intermediate (*Teste de Desenvolvimento da Linguagem: Intermediário*, **Quarta Edição – TOLD: I-4**)
(idades 8-17 anos)
O **TOLD: I-4** avalia a capacidade semântica e a sintaxe mediante a combinação de sentenças, vocabulário oral, ordenação das palavras dentro das sentenças, entendimento de relacionamentos abstratos, reconhecimento de sentenças gramaticais e identificação de significados múltiplos das palavras.

Test of Adolescent and Adult Language (*Teste da Linguagem de Adolescentes e Adultos*, **Quarta Edição – TOAL-4**)
(idades 12-24 anos, 11 meses)
O **TOAL-4** ajuda a determinar as áreas de relativa força e debilidade nas habilidades de linguagem mediante várias tarefas: nomear uma palavra que corresponda a uma definição, colocar uma palavra no fim de uma sentença que faça sentido, completar uma analogia, escrever palavras com os mesmos significados que outras palavras, combinar duas sentenças em uma enquanto escreve e ditar sentenças, incluindo a pontuação apropriada. O teste produz pontuações em três áreas: Linguagem Falada, Linguagem Escrita e Linguagem Geral.

Test of Language Competence (*Teste de Competência na Linguagem*, **Edição Expandida – TLC**)
(idades 5-18 anos)
O **TLC** avalia semântica sofisticada, sintaxe e habilidade conversacional mediante várias tarefas: o aluno lê uma sentença que poderia significar mais de uma coisa e identifica os dois significados; o aluno lê duas declarações relacionadas e depois escolhe as inferências apropriadas; o aluno cria uma sentença com três palavras dadas e uma figura; o aluno deve explicar o significado das sentenças com metáforas.

Testes de desenvolvimento visuoperceptual e motor

Bender Visual-Motor Gestalt Test (*Teste Gestáltico Visuomotor de Bender* – **Bender-Gestalt II**)
(idades 3+ anos)
O **Bender-Gestalt II** avalia a capacidade visuomotora apresentando 14 figuras geométricas para a criança copiar, uma de cada vez. Os produtos são pontuados para distorções da forma, rotações, dificuldades de integração e perseverança (por exemplo, linhas extras ou pontos demais). Como a maioria das crianças de 9 anos de idade pode reproduzir perfeitamente todos os desenhos, além dos 8 anos o teste só é útil para distinguir se a maturidade perceptual-motora está abaixo daquela de uma criança de 8 anos de idade. Um componente da avaliação da memória visuomotora também está incluído. Testes adicionais avaliam as habilidades motoras e perceptuais para ajudar a identificar os déficits visuomotores.

Beery Muktenica Developmental Test of Visual-Motor Integration (*Teste Desenvolvimental da*

Integração Visuomotora de Beery Muktenica, Quinta Edição – VMI 5)
(idades 2–100 anos)
O **VMI 5** avalia a capacidade perceptual motora fazendo a criança copiar até 27 formas geométricas em um bloco de desenho. Há formulários longos e curtos do teste. O VMI tende a produzir pontuações mais altas do que o Bender-Gestalt II, talvez porque o desempenho é facilitado pelos desenhos do VMI que estão sendo apresentados dentro de um espaço estruturado, com a criança copiando os desenhos em áreas adjacentes. A percepção visual suplementar e as tarefas de coordenação motora podem também ser incluídas para identificar a causa de dificuldades no VMI 5.

Test of Visual Perceptual Skills (*Teste das Habilidades Visuoperceptuais*, Terceira Edição – TVPS-3)
(idades 4-18 anos)
O **TVPS-3** avalia a capacidade da criança para extrair sentido do que vê (habilidades visuais/perceptuais), com tarefas que avaliam a discriminação visual (a capacidade para diferenciar um item de outro), memória visual (a capacidade para guardar na memória, por um breve período, informações não verbais), relacionamentos visuais/espaciais, constância da forma, memória visual/sequencial (a capacidade para recordar uma sequência de informações não verbais), figura/campo visual e fechamento visual. Os itens são apresentados em formato de múltipla escolha e as crianças podem responder apontando ou usando palavras, o que torna o teste apropriado para estudantes com dificuldades de fala/linguagem ou motoras. O teste pode ser aplicado individualmente ou a um grupo.

Developmental Test of Visual Perceptions (*Teste Desenvolvimental de Percepções Visuais*, Segunda Edição – DTVP-2)
(idades 4-9 anos)
No **DTVP-2**, os subtestes examinam a coordenação olho-mão, relações espaciais, figura-campo, cópia de informações sem um componente acadêmico, velocidade visual motora, fechamento visual e constância da forma. Ele lhe permite examinar a percepção visual "pura" sem habilidades de resposta motora e integração visuomotora.

Motor-Free Visual Perception Test (*Teste de Percepção Visual Sem o Aspecto Motor* – MVPT-3)
(idades 4-70 anos)
O **MVPT-3** avalia a percepção visual fazendo a criança selecionar a figura correta durante cinco tipos de tarefas: relacionamentos espaciais, discriminação visual, relacionamentos figura-campo, fechamento visual e memória visual. O MVPT-3 tem uma validade questionável, mas pode produzir algumas informações valiosas quando usado em combinação com uma avaliação de cópia como aquelas descritas anteriormente.

Peabody Developmental Motor Scales (*Escalas Motoras Desenvolvimentais Peabody*, Segunda Edição – PDMS-2)
(idades nascimento-5 anos)
O **PDMS-2** avalia o desenvolvimento motor fino e motor grosso em crianças pequenas. Os subtestes avaliam as habilidades motoras que se desenvolvem no início da vida, incluindo reflexos, controle do corpo, locomoção, manipulação de objetos e coordenação mão-olho. O teste ajuda a identificar áreas a serem remediadas.

Bruininks-Oseretsky Test of Motor Proficiency (*Teste de Proficiência Motora de Bruininks-Oseretsky*, Segunda Edição – BOT-2)
(idades 4-21 anos)
O **BOT-2** avalia o funcionamento motor grosso e fino em subtestes que determinam velocidade, equilíbrio, coordenação dos membros, força muscular, velocidade da resposta motora, coordenação do olho e dos movimentos da mão, precisão dos movimentos do olho e da mão e destreza da mão e dos dedos na corrida. As informações são compiladas com relação ao controle motor fino, coordenação da mão, coordenação corporal, força e funcionamento motor geral.

Apêndice B

Desenvolvimento das habilidades de leitura, escrita, matemática e das estratégias de aprendizagem

Esta seção descreve a sequência em que as crianças tipicamente adquirem habilidades de leitura, escrita, matemática, pensamento e memória. Atrasos significativos em qualquer destas áreas devem ser investigados imediatamente, para que as necessidades de seu filho possam ser tratadas apropriadamente na escola. Observe que as crianças que não estão satisfazendo as expectativas da série estão correndo um risco maior de ter um mau desempenho nos testes padronizados, o que pode afetar as decisões sobre sua aprovação (e, finalmente, sobre sua graduação). Peça à escola para mantê-lo informado sobre o progresso individual de seu filho e sobre onde ele se situa em relação aos padrões de desempenho no nível da sua série.

DESENVOLVIMENTO DAS HABILIDADES DE LEITURA

Educação infantil

Decodificação. Uma criança de educação infantil consegue tipicamente cantar a canção do alfabeto; apontar e nomear letras do alfabeto em caixa-alta e caixa-baixa; reconhecer algumas palavras comumente vistas (por exemplo, *pare*, McDonald's, Vila Sésamo, seu próprio nome). As crianças começaram a associar as letras com seus sons, associar palavras simples com as figuras correspondentes e construir rimas. Há uma consciência crescente sobre se as palavras se iniciam ou terminam com o mesmo som; do desenvolvimento de uma capacidade de fragmentar as palavras faladas em sílabas e fundir um som ditado com uma raiz para compor uma palavra (d-*og*); e há o reconhecimento de que a leitura se dá da esquerda para a direita e de cima para baixo em uma página. As crianças têm um tempo mais fácil para "decifrar o código" quando introduzidas a algumas letras de cada vez, especialmente sons "sustentáveis" (sons que podem ser prolongados... *sss, mmmm... versus* "consoantes oclusivas"... *t* ou *b*... que não persistem tempo suficiente para serem facilmente processadas). As crianças também respondem melhor quando trabalham com unidades sonoras maiores em padrões "linguísticos" (rimas: v-aca, m-aca); estes não requerem que a criança fragmente, recorde e organize todos os sons em uma palavra, evitam a confusão de vogais e requerem menos habilidade de fusão.

Compreensão. As crianças conseguem interpretar histórias ilustradas; reconhecem, comparam e contrastam fatos em uma história; têm consciência da sequência do tempo em uma história e preveem seu resultado; reconhecem poesia; distinguem a realidade da fantasia.

1ª Série

Decodificação. A maioria das crianças consegue identificar sons de consoantes e o som ouvido no meio de uma palavra ditada; ler vogais longas e curtas e alguns grupos vocálicos (por exemplo, *ee, ea*) e dígrafos (por exemplo, *ch, lh, nh*). Aumento da capacidade para fragmentar as palavras ditadas em sons individuais; consegue ler famílias de palavras (por exemplo, g-ato, p-ato, r-ato). Desenvolvimento do vocabulário visualizado; começa a dividir as palavras em sílabas, reconhecendo as sugestões gramaticais, os prefixos (*in, des*), os sufixos (*ly, er*), as palavras raízes (*big, slow*), os padrões de ortografia irregulares (*ight, kn*) e os tipos de sílabas (*it, ite*). As crianças precisam ver uma palavra aproximadamente 35 vezes antes que ela seja automaticamente reconhecida. Elas aprendem palavras concretas (por exemplo, *mesa versus sobre*) e palavras que são foneticamente regulares e apresentadas em contexto mais rápido. Têm consciência das palavras raízes, das terminações, das palavras compostas e das contrações; tipicamente, examinam a palavra duas vezes antes de lê-la. No decorrer do ano os alunos progridem da leitura de uma média de cinco palavras por minuto para 40 a 60 palavras por minuto. Até 10 erros por minuto são comuns.

Compreensão. As crianças conseguem reconhecer a ideia principal e a causa/efeito em uma história; tiram conclusões; seguem instruções escritas simples; têm consciência do autor, do título, do índice e da ordem alfabética; reconhecem uma atividade; interpretam mapas e globos.

2ª Série

Decodificação. As crianças exibem um domínio crescente das habilidades fonéticas mais difíceis (por exemplo, *kn, wr, gh, ck, lk, ir, ur, oi, au, ao*); pronunciam palavras não familiares baseadas nos sons individuais das letras, nos padrões familiares de ortografia (por exemplo, *tion*), palavras raízes, terminações. Conseguem identificar palavras a partir de sugestões contextuais; experienciam menos confusão com letras reversíveis (*b-d*); leem palavras novas por analogia (*cup-pup, mother-brother*); acham fácil substituir uma consoante por outra em uma palavra. Variam a altura, a ênfase e o volume quando leem em voz alta; têm consciência das regras de silabação, prefixos e sufixos, trocam o *y* pelo *i* ou *f/fe* para *v* antes de adicionar a terminação; são mais estáveis nas fixações visuais (letras adicionais dentro da vista enquanto a fixação em uma palavra não está "dançando" ou confusa). O índice de leitura aumenta para 80 a 100 palavras por minuto.

Compreensão. Os alunos comparam e avaliam as informações; reconhecem o personagem, o local, o motivo e a resolução de uma história; fazem previsões; usam a biblioteca para propósitos de pesquisa simples; interpretam gráficos; usam dicionários.

3ª Série

Decodificação. Aumento do vocabulário visualizado (pouca pronúncia letra-por-letra é requerida); o foco da leitura se desloca da decodificação para a compreensão; extensão rápida do vocabulário visualizado e das habilidades de análise da palavra (por exemplo, *igh, eight*). Os alunos interpretam homófonos (por exemplo, *way, weigh*) e homógrafos (por exemplo, *grizzly bear, bear arms*); usa as habilidades de compreensão para ler partes das palavras com pronúncias inconsistentes (por exemplo, s-*aid*, m-*aid*; l-*ove*, st-*ove*). As inversões das letras e das palavras em geral desaparecem (*saw-was*); a velocidade da leitura aumenta com o desenvolvimento das habilidades de leitura silenciosa. É comum subvocalizar durante a leitura silenciosa.

Compreensão. As crianças leem seletivamente para localizar as informações; distinguem a ficção da não ficção, o fato da opinião, sinônimos e antônimos; recordam o conhecimento anterior e o relacionam a conteúdo novo; reconhecem o viés e o propósito do autor; usam o índice, os títulos, os subtítulos, as notas marginais; usam enciclopédias, listas telefônicas; interpretam diagramas; leem tanto para adquirir conhecimento quanto para recreação. Quando a compreensão se fragmenta, as crianças empregam estratégias como ler mais devagar, examinar adiante para esclarecimento, observar os recursos visuais, procurar as novas palavras do vocabulário, conectar o que é lido com um conhecimento anterior, dizer com outras palavras e pensar sobre o que acabou de ser lido, gravar na cabeça o que acabou de ser lido. A maioria dos alunos consegue seguir as estratégias de autoquestionamento exemplificadas para auxiliar a compreensão (por exemplo, CAPS para as perguntas básicas: *What are the characters? What is the aim or purpose? What problem occurs in the story? How is the problem solved?*).

4ª Série

Decodificação. Os alunos começam a desenvolver estilos e índices de leitura para diferentes propósitos (por exemplo, passar os olhos); aumentar a velocidade da leitura silenciosa; expandir o vocabulário; necessitar de apenas uma fixação visual por palavra (demora cerca de ¼ de segundo). A velocidade de leitura atinge 100 a 180 palavras por minuto.

Compreensão. Os alunos aprendem a localizar e usar as referências; reconhecem o enredo e a ideia principal inserida; entendem expressões com muitos significados. Conseguem reproduzir com as próprias palavras ou resumir uma história ou artigo; selecionar, avaliar e organizar os materiais de estudo; discriminar as diferentes formas de escrita (por exemplo, conto folclórico, ficção científica, biografia); apreciar o ponto de vista do autor; uma considerável leitura independente é esperada na escola; consegue ler jornal e um cardápio de restaurante.

5ª Série

Compreensão. A maioria das crianças consegue fazer generalizações; reconhecer o tema. Os alunos aprendem a usar a página do *copyright*, o prefácio, as referências cruzadas; tornam-se familiarizados com mais formas literárias (por exemplo, autobiografia, fábula, lenda); raciocinam usando silogismos (por exemplo, se a = b e b = c, então a = c); conseguem ler muitas revistas populares. Os erros de leitura são reduzidos a um ou dois por minuto.

Da 6ª à 9ª série

Leitura. Conseguem ler muitos livros de nível adulto. A velocidade média da leitura permanece em cerca de 140 a 150 palavras por minuto. Os leitores altamente hábeis conseguem ler até 300 palavras por minuto.
Compreensão. Os alunos entendem cada vez mais os paradoxos, apreciam os elementos de estilo (por exemplo, imagens/prefigurações/ *flashback*/simbolismo/ironia/humor); reconhecem escrita e propaganda tendenciosas; usam apêndices, atlas, almanaques e fontes de referência apropriadas; reconhecem figuras de linguagem como prosopopeia (por exemplo, *O jardim olhava as crianças sem dizer nada*), hipérbole (exagero intencional, por exemplo, *Esperei uma eternidade*), onomatopeia (palavras que imitam sons, por exemplo, *cuco*). Conseguem acompanhar independentemente estratégias de questionamento internalizadas para auxiliar a compreensão (por exemplo, RAM; *read the passage, ask the "wh" questions, mark the answers as I come across them in the passage*).

DESENVOLVIMENTO DAS HABILIDADES DA ESCRITA

Educação infantil

As crianças desenvolvem a capacidade para segurar e usar lápis usando três dedos; traçam/copiam/ escrevem letras, seu nome e palavras visualizadas simples; escrevem as letras de memória/ escrevem "histórias" curtas usando traços para as palavras ou ortografias inventadas. Formar letras com rabiscos verticais e horizontais (*T, L, F*) é mais fácil do que escrever aquelas que contêm diagonais (*K*) ou curvas que encontram linhas (*R*).

1ª Série

Os alunos tipicamente usam ortografias tradicionais e também inventadas; trabalham na cópia de letras e palavras; escrevem sentenças simples; começam a escrever poemas curtos, convites e composições. As crianças tentam usar palavras que descrevem o que elas veem, ouvem e sentem, bem como coisas que olham como agem e o que sentem; escrevem com letra maiúscula a primeira palavra de uma frase, primeiros e últimos nomes, nomes de ruas, de cidades, da escola; acrescentam um ponto no fim das sentenças; escrevem da esquerda para a direita e permanecem razoavelmente próximas da linha. As letras variam em tamanho, espaçamento, alinhamento, proporção, inclinação, pressão do lápis e forma. Inversões de letras e inversões na sequência de letras de uma palavra são comuns. As crianças conseguem ditar uma história simples bem melhor do que escrevê-las.

2ª Série

A maioria dos alunos escreve as letras de forma legível e usa o tamanho apropriado; entende como a escrita deve ser apresentada (por exemplo, margens); e consegue combinar sentenças curtas em parágrafos. A ortografia e a expressão gramatical continuam a melhorar. Os alunos usam palavras com significados similares e opostos na escrita; alfabetizam; colocam em letras maiúsculas as palavras importantes nos títulos dos livros, em nomes próprios, Sr./Sra./Srta.;

colocam ponto de interrogação no fim de uma pergunta; acrescem vírgulas após a saudação e o fechamento de uma carta; acrescentam vírgula entre o mês/ano e cidade/estado; evitam unir sequências com *e*; começam a usar letra cursiva; começam a desenvolver habilidades de revisão. As inversões de números são resolvidas antes das inversões de letras.

3ª Série

As crianças usam tanto a escrita de imprensa quanto a cursiva; escrevem palavras curtas expressando uma ideia; sequenciam bem as ideias e usam um vocabulário expandido; identificam e usam varias formas de sentença (por exemplo, declarativa, interrogativa e exclamativa); combinam sentenças curtas e sentenças mais longas; usam sentenças iniciais e finais interessantes; evitam as sentenças contínuas; usam sinônimos; distinguem o significado e a ortografia de homônimos; usam o prefixo *un* e o sufixo *less*; iniciam com letras maiúsculas os nomes dos feriados e a primeira palavra de uma linha/*Caro/Prezado/Atenciosamente*; colocam pontos após as abreviações e iniciais; acrescentam vírgulas em uma lista; fazem recuo no início de um parágrafo; escrevem muitas palavras do vocabulário visualizado (incluindo palavras irregulares como *eight*). A maioria dos alunos não faz muito planejamento; conseguem revisar seu próprio trabalho e o trabalho dos outros; copiam com precisão do livro ou da lousa; conseguem preencher formulários simples. As inversões de letras desaparecem. O número médio de palavras escritas sobre uma figura é 85.

4ª Série

A maioria das crianças escreve em letra cursiva; desenvolve parágrafos interessantes e tem certa clareza do processo da escrita (rascunham primeiro, escrevem, revisam); escolhem palavras que fazem um apelo aos sentidos ou que explicam precisamente uma questão; escrevem com iniciais em maiúsculas os nomes de cidades, estados, organizações; hifenizam para dividir a palavra no final de uma linha, usam o ponto de exclamação, dois pontos, aspas, vírgula após a citação em uma sentença, ponto final após esquema de tópicos ou numerais romanos; usam sentenças de comando; evitam fragmentos de sentença; selecionam os títulos apropriados; fazem esboços simples; escrevem e contam histórias que têm personagens e enredo, incluindo informações relacionadas ao tempo, local, ação, objetivos, motivos, sentimentos, pensamentos dos personagens, relacionamentos e um final. A maioria consegue escrever corretamente cerca de 80% do seu vocabulário visualizado.

5ª Série

Os alunos começam a variar seus tipos de sentenças, incluindo o imperativo. Os sujeitos e os verbos concordam; as ideias são apresentadas com clareza em mais de um parágrafo. A maioria consegue se ater ao tópico; usam sujeitos e predicados compostos, antônimos, prefixos, sufixos, contrações, palavras compostas, palavras com imagens sensoriais, rima e ritmo; e têm maior precisão na escolha das palavras. Os alunos usam o dicionário para buscar definições, sílabas, pronúncia; iniciam com letra maiúscula os nomes de ruas, locais, pessoas, países, oceanos, marcas comerciais, itens iniciais em uma série, títulos com um nome (por exemplo, Presidente Lula); usam aspas ou sublinham os títulos; classificam as palavras por classes gramaticais; usam subtítulos nos esquemas gerais; escrevem a partir de esquemas gerais; escrevem diálogos; reconhecem as sentenças principais; gostam de escrever e receber cartas e *e-mails*; gostam de escrever diários.

Da 6ª à 9ª série

Os alunos tipicamente planejam e revisam usando anotações; desenvolvem uma sofisticação crescente nas ideias e na expressão, incluindo temas como moralidade e causalidade; escolhem palavras e expressões precisas, efetivas e apropriadas. Cada vez mais revisam para melhorar o estilo e o efeito; evitam a verbosidade e a repetição desnecessária; usam sentenças complexas; evitam a ambiguidade e as omissões; desenvolvem parágrafos com detalhes, razões, exemplos, comparações; checam a precisão das declarações; usam transições lógicas entre as sentenças, as ideias e os acontecimentos; conectam as ideias com palavras de transição que indicam relacionamentos (*no entanto, contudo, embora, primeiro, finalmente, mais importante*); desenvolvem parágrafos com sentenças referentes ao ponto principal; adicionam introduções e conclusões; checam o raciocínio; elaboram ideias; e são criativos. Tipicamente conseguem revisar criticamente o trabalho e fazer modificações que afetam o significado (reorganizar, melhorar os inícios e os fins, retirar os detalhes insignificantes). As histórias são verossímeis, mesmo que fantasiosas; o estilo próprio está em desenvolvimento (tom, escolha do vocabulário, formas de sentenças diferentes); podem começar a usar gracejos nas palavras e metáforas. Os alunos aprendem a usar várias fontes para preparar um relatório; fazer uma bibliografia; usar letra maiúscula no início da primeira palavra de uma citação e adjetivos de raça e nacionalidade; pontuar apropriadamente; usar notas de rodapé; aprender as habilidades de tomar anotações; pontuar. O número médio de palavras escritas sobre uma figura aumenta para 200. Um estilo de escrita à mão pessoal já foi desenvolvido na maioria dos alunos, especialmente nas meninas, que persiste pela vida afora. Em média, as crianças escrevem 70 caracteres por minuto.

DESENVOLVIMENTO DAS HABILIDADES MATEMÁTICAS

Educação infantil

As crianças tipicamente correspondem, escolhem e nomeiam os objetos por tamanho, cor e forma; contam e adicionam até nove objetos (mesmo adicionando um conjunto de dois objetos e um conjunto de um, a criança vai recontar todos os objetos); reconhecem que a última "palavra" do número contado indica o número total de itens do conjunto; avalia os objetos pela quantidade, pelas dimensões e pelo tamanho (por exemplo, mais/menos, mais comprido/mais curto, alto/mais alto, maior/igual); recitam e reconhecem os números de 1 a 20; escrevem os números de 1 a 10; entendem os conceitos de adição e subtração; conhecem os símbolos +, –, =; reconhecem o todo *versus* a metade; entendem os ordinais (primeiro, quinto); aprendem os conceitos iniciais de peso e tempo (por exemplo, antes/depois; entendem que o almoço é às 12:00; dizem o tempo correspondente à hora), de dinheiro (conhecem o valor de centavos e de real) e de temperatura (mais quente/mais frio); têm consciência das localizações (por exemplo, em cima/embaixo, esquerda/direita, mais perto/mais longe); interpretam mapas, gráficos e contagens simples.

1ª Série

Os alunos aprendem a contar/ler/escrever/ordenar números até 99; começam a aprender os fatos da adição e da subtração; a "contagem" (com os dedos, de objetos) acelera a memorização dos fatos dos números. As crianças realizam problemas simples de adição e subtração (por exemplo, 23+11); entendem a multiplicação como uma adição repetida; contam de 2 em 2, de 5 em 5 e de 10 em 10; identificam números ímpares e pares; estimam respostas; entendem ½, ⅓, ¼; raciocinam de maneira flexível sobre o fato de que as coisas podem ter uma aparência diferente, mas serem iguais (2+4 e 3+3) ou parecem iguais mas são diferentes (o 4 em ¼, 40, 400); adquirem o conhecimento elementar do calendário (por exemplo, contam quantos dias faltam para o seu aniversário), do tempo (contam o tempo de meia em meia hora; entendem horários; leem relógios digitais), das medidas (xícara, quilo, litro, centímetro, quilo) e de dinheiro (sabem o valor de 50 centavos, comparam preços); resolvem problemas simples de números; leem gráficos de barras e tabelas. A adição com objetos é bem superior à adição com numerais.

2ª Série

As crianças conseguem identificar e escrever números até 999; somam e subtraem números de dois e três dígitos com e sem reagrupamento (por exemplo, 223+88, 124–16); multiplicam por 2, 3, 4 e 5; contam de 3 em 3, 5 em 5, 10 em 10, 100 em 100; conseguem somar mentalmente iniciando com o número de um conjunto (5) e continuando a contar quantos números há no segundo conjunto (5+3... 6, 7, 8); leem e escrevem numerais romanos até XII; contam dinheiro e fazem troco até R$10,00; reconhecem os dias da semana, os meses e as estações do ano em um calendário; contam o tempo de cinco em cinco minutos em um relógio com ponteiros; aprendem as medidas básicas (metro, litro, quilo); reconhecem equivalentes (por exemplo, dois quartos = metade; quatro quartos = 1 inteiro); dividem a área em 2/3, 3/4; fazem gráficos de dados simples.

3ª Série

Os alunos entendem a notação posicional até milhares; subtraem mentalmente contando a partir do número do conjunto menor, ou contando a partir do número do conjunto maior; adicionam e subtraem números de quatro dígitos (por exemplo 1017-978); aprendem fatos de multiplicação até 9x9; resolvem problemas simples de multiplicação e divisão (642 x ou ÷ 2); relacionam a multiplicação à adição repetida e a divisão à subtração repetida; aprendem numerais romanos mais difíceis. Os alunos são introduzidos às frações (conseguem somar, estimar e ordenar frações simples; entendem números mistos; leem frações de um metro) e à geometria (conseguem identificar hexágono, pentágono; entendem diâmetro, raio, volume, área); conseguem entender os decimais; começam a aprender os números negativos, probabilidade, percentagem, proporção; conseguem resolver problemas mais difíceis de de números. Metade das crianças "conta" e metade lembra fatos numéricos.

4ª Série

As crianças aprendem a somar colunas de três ou mais números; multiplicam números de três dígitos por números de dois dígitos (248 x 34); realizam divisão simples (44 ÷ 22); reduzem frações a números mais baixos; somam e subtraem frações com denominadores diferentes (3/4 + 2/3); somam e subtraem decimais; convertem decimais em porcentagens; contam e fazem troco para até R$20,00; estimam o tempo (conseguem medir o tempo em horas, minutos e segundos); calculam a área de retângulos; identificam linhas paralelas, perpendiculares e de intersecção; calculam peso em toneladas, comprimento em metros, volume em centímetro cúbicos. As crianças conseguem ignorar informações irrelevantes no enunciado de problemas e interpretam problemas em que a linguagem implica um decréscimo (sugere subtração), mas a verdade é o contrário (o aluno precisa somar).

5ª Série

No fim do ano a maioria das crianças consegue multiplicar números de três dígitos (962 x 334); fazer problemas de divisão mais difíceis (102 ÷ 32); somar, subtrair e multiplicar números mistos; dividir um número inteiro por uma fração; representar as frações como decimais, proporções, percentagens; somar, subtrair e multiplicar

com decimais; dividir um decimal por um número inteiro; entender o uso de equações, fórmulas, calcular produtos e quocientes. Os alunos começam a aprender sobre expoentes, fatores, bases, fatores principais, números compostos, números inteiros; entendem percentagens, proporções; entendem média, mediana, moda; medem a área e a circunferência de círculos, perímetros e áreas de triângulos e paralelogramas; realizam conversões métricas; usam compasso, transferidor; leem desenhos em escala. A recuperação do fato matemático torna-se equivalente à dos adultos, o que facilita o cálculo mental.

Da 6ª à 9ª série

Os alunos dominam a ordem das operações em problemas complexos; aprendem a multiplicar e dividir duas frações; somam, subtraem, multiplicam dividem decimais até milhares, convertem decimais em frações, percentagens e proporções, entendem números reais, racionais e irracionais e diferentes bases de número; calculam raízes quadradas e cúbicas; calculam percentagens e proporções; calculam desconto, impostos sobre vendas, gorjeta de restaurante; entendem margem de lucro, comissão, juro simples, juro composto, aumento e redução da percentagem; entendem ângulos (complementares, suplementares, adjacentes, retos, congruentes...); calculam o volume de um cilindro; calculam a área de um círculo; entendem figuras equiláteras, isósceles, escalenas e obtusas; organizam conjuntos de dados; coordenadas de gráficos, transformações, reflexões, rotações e equações com duas variáveis; resolvem equações por substituição; começam a aprender sobre probabilidade condicional, permutações, notação fatorial, frequência relativa, curva normal, teorema de Pitágoras, entendimento aprofundado de habilidades e conceitos previamente ensinados.

DESENVOLVIMENTO DAS ESTRATÉGIAS DE APRENDIZAGEM E MEMÓRIA

Educação infantil

A atenção das crianças da educação infantil é mais atraída para objetos familiares do que para objetos novos; os atributos de cor e forma atraem a atenção e melhoram a recordação, assim como o manuseio de objetos tridimensionais. Apontar as características importantes também aumenta a atenção e a recordação. A maioria lida melhor com o reconhecimento do que com a recordação (apontar uma *vaca versus nomear este animal*); consegue realizar uma única atividade durante cerca de 7 minutos. As crianças podem estabelecer um objetivo a ser lembrado, mas não sabem como lembrar, a menos que instruído nesse sentido; não evocam espontaneamente as informações para auxiliar a recordação; conseguem prestar atenção às categorias para melhorar a recordação (*animais, alimentos*), mas só quando direcionadas a fazê-lo; tendem a ignorar sugestões óbvias que estimulariam a recordação. A maioria consegue distinguir o material mais importante em uma história apropriada para sua idade; reconhece que o ruído, o desinteresse e uma mente inclinada a vaguear prejudicam a atenção e a aprendizagem; reconhece que buscar uma informação não é suficiente para recordá-la (é preciso "trabalhar" nisso). As crianças se recordam muito melhor se instruídas a verbalizar o que está sendo observado e entender que quanto mais informações tiverem de ser lembradas, mais difícil será a tarefa; a maioria consegue gerar uma estratégia para ajudar a recordar, mas raramente a aplicam; tendem a resgatar a informação por meio de estratégias simples como sugestões de associação (*"Estou com fome; parei no gabinete do diretor quando vim para a escola; será que eu deixei o meu almoço lá?"*).

1ª Série

A maioria dos alunos precisa literalmente ver ou que lhes sejam mostradas as semelhanças entre objetos e informações novos e antigos para que as informações antigas os ajudem a entender e armazenar as novas; podem ser guiados a usar uma estratégia de memória (por exemplo, repetição), mas não vão buscar a melhor estratégia por si mesmos; têm amplitudes de memória imediata de cerca de sete itens (isso aumenta com o uso de uma estratégia de memória). A atenção e a recordação aumentam extremamente quando os professores exemplificam uma tarefa e os alunos repetem as indicações verbais (*"para somar, primeiro eu... depois..."*); quando os alunos são instruídos a repetir e nomear a informação em voz alta a memorização melhora. A repetição ajuda a recordação; as crianças conseguem gerar imagens para ajudar a recordação, mas são ineficientes em usá-las para memorizar a informação. A maioria reconhece que lembrar é mais fácil quanto mais familiar for uma tarefa, quanto maior o tempo disponível para estudar, e quando apontar ou responder "sim-não" é requerido (*versus* a recordação verbal ou escrita); entende que a categorização ajuda a recordação de material aleatório. As crianças tendem a se enxergar como pessoas que se lembram bem e nunca se esquecem (daí que o uso de estratégias para ajudar a aprendizagem não lhes vêm automaticamente à mente); uma criança pode ser ajudada a lembrar se lhe for dada uma "dica" no momento da memorização e esta for novamente dada no momento da recordação (por exemplo, *"Para lembrar onde a Amazônia está, vamos desenhar uma floresta no mapa do Brasil"*). O encorajamento da autoverbalização (falar consigo mesmo durante uma tarefa) aumenta bastante o sucesso, até mesmo no comportamento (*"Não vou passar pela carteira do Carlinhos porque ele vai me empurrar e me criar problemas"*).

2ª Série

As crianças tornam-se mais seletivas e meticulosas ao cuidar dos aspectos relevantes de uma tarefa sem precisar ser guiadas; raciocinam e recordam de maneira mais eficaz porque a informação é interpretada em relação a informações similares aprendidas no passado (quanto mais os materiais novos puderem ser vinculados a informações familiares, mais memoráveis eles se tornam); usam diferentes estratégias em problemas sucessivos do mesmo tipo (a menos que elas sejam inconsistentes). A capacidade de recordação imediata começa a melhorar devido a um aumento na base de conhecimento; o processamento da informação torna-se mais rápido; e nós vemos aumentar o uso das estratégias. As crianças espontaneamente repetem a informação para se lembrarem dela, mas precisam de uma lista a partir da qual trabalhar (por exemplo, fatos numéricos; presentes a serem comprados); a categorização ajuda mais do que a repetição quando se aprende listas de informação. A maioria das crianças não julga se as instruções foram entendidas (precisam tentar realizar a tarefa para ver se ela foi entendida). Elas começam a prestar atenção ao contexto para aumentar o entendimento, mas não conseguem autogerar imagens para ajudá-las com a recordação – elas necessitam de sugestões visuais (conseguem se lembrar de levar o tênis para a escola se estes forem deixados ao lado da porta, mas não vão se lembrar se forem para a cama e simplesmente "imaginarem" levar o tênis no dia seguinte).

3ª Série

O nível de atividade tipicamente declina nas crianças ativas, sendo com frequência substituído por bater com os dedos ou com o lápis, ficar se mexendo de um lado para o outro, balançar a cadeira e reclamar uma atenção intermitente. As crianças têm mais conhecimento passado a ser conectado com novas informações; começam a descobrir estratégias de memória sem precisar que elas sejam exemplificadas ou sugeridas pelo professor. Os alunos começam a pensar categoricamente sobre as informações, o que então aumenta a recordação ("*Que equipamento esportivo eu devo me lembrar de levar nas férias? Que livros?*"); a tendência é usar as associações funcionais como os auxílios da memória (por exemplo, associar o traje de banho com lembrar de levar a toalha de praia); podem autogerar imagens para representar um enredo, aumentando a recordação; podem usar recursos mnemônicos criados pelo professor para aumentar a recordação.

4ª Série

A memória melhora quando uma criança fica mais capaz de realizar inferências profundas sobre o significado e a elaboração do significado (*descrever, interpretar, diferenciar, questionar, formular hipóteses, comparar e contrastar, fazer julgamentos, analisar, explicar, prever, avaliar, generalizar*), quando há uma sensação melhorada de como organizar as informações e quando a criança estudou o bastante para se lembrar – uma maior consciência de que se pode recordar melhor itens não relacionados se os itens estão ligados a uma história, mediante opostos ou mediante a categorização (memorizar os países sul-americanos como um grupo, e depois os países da América Central); há o reconhecimento crescente de que é mais fácil recordar as informações se elas forem traduzidas em suas próprias palavras e de que as informações que são demasiado semelhantes serão confusas e menos memoráveis (memorizar *uma* palavra em um par homônimo até que ela fique bem conhecida; depois partir para a outra palavra); a criança tem a capacidade para decidir sobre estratégias múltiplas a serem lembradas, confiar mais em si mesma do que em um lembrete externo (como a mamãe); reconhece que as habilidades de memorização variam de pessoa para pessoa e de situação para situação; reconhece que não se tem uma memória igualmente boa em todas as situações (fatos matemáticos *versus* histórias).

5ª Série

A maioria dos alunos consegue detectar inconsistências no texto e erros em seu próprio trabalho; estudam mais tempo quando o trabalho é mais difícil; consideram diferentes perspectivas sobre uma questão; usam estratégias de memórias de sua própria criação sem lembretes. Estratégias mais sofisticadas substituem estratégias mais antigas, mas as antigas também persistem (por exemplo, contar nos dedos ao mesmo tempo em que usa fatos numéricos memorizados). As crianças verbalizam (repetem) as informações mesmo quando elas não estão visíveis (por exemplo, a lista de crianças que vai à festa de aniversário); tendem a repetir um item de cada vez em vez de um pequeno grupo de itens; precisam que lhes deem recursos mnemônicos, técnicas de questionamento e lhes digam que usem autoinstrução verbal se isso ainda não se tornou automático; a maioria reconhece a quantidade de estudo necessário para ter um bom desempenho.

Da 6ª à 9ª série

Cada vez mais, os alunos conseguem estabelecer um objetivo, tomar decisões sobre aonde ir, evitar prestar atenção às distrações, experimentar novas estratégias quando as antigas não funcionam; pedir esclarecimento; ter uma visão geral do material de leitura a partir dos títulos, textos explicativos e sumários; reler o material quando ele não tiver sido entendido; localizar fontes de informação relacionadas para um projeto; usar o índice e o índice remissivo; escolher os detalhes relevantes em vez de os irrelevantes nas passagens; sublinhar e fazer anotações; manter uma mente aberta sobre as informações adicionais que podem modificar a solução de um problema. As estratégias de aprendizagem tornam-se mais automáticas e elaboradas; os alunos descobrem novas estratégias de aprendizagem devido às suas habilidades conceptuais crescentes e experimentam novas estratégias quando as antigas já não funcionam mais. À medida que as estratégias se tornam mais automáticas e tranquilas de usar, a energia cognitiva fica liberada para o entendimento e o armazenamento das informações. A percepção internalizada dos estudantes sobre a estrutura da história ajuda a compreensão; repetir os termos várias vezes e agrupá-los ajuda a recordação. Os alunos elaboram espontaneamente as informações, o que aumenta a memória... quanto mais ricas as associações, mais maneiras de ativar a memória estarão disponíveis.

As imagens mentais atingem sua eficácia máxima na ajuda à recordação. A maioria dos alunos ainda não reconhece as inconsistências em um texto a menos que seja anteriormente advertido da sua existência. Eles vão reduzir a velocidade da leitura e voltar atrás se o material não estiver claro, e se tornam melhores em evitar que a atenção seja atraída para aspectos irrelevantes das tarefas. Os alunos usam suas palavras para descrever o texto e reorganizá-lo enquanto fazem anotações, o que ajuda a compreensão e a recordação; os alunos começam a registrar as tentativas passadas de resolução de problemas para se lembrarem do que funcionou e do que não funcionou; a maioria entende que a categorização é superior a outras estratégias de memória (como repetição, nomeação de itens) e têm um quadro mais realista e preciso das habilidades e limitações da sua própria memória. Os alunos se tornam mais conscientes e sensíveis à necessidade de memorizar (por exemplo, estudar mais tempo e arrolar uma estratégia de memória); eles podem buscar exaustivamente em suas lembranças e avaliar e reorganizar as informações para auxiliar a memória.

Os jovens começam a se tornar "espertos" sobre o que um professor quer e planejam seu tempo e estratégia de estudo de acordo com isso (por exemplo, estudar os detalhes ou apenas as ideias principais: *"Vou precisar recordar para escrever uma redação?"* ou *"O reconhecimento é suficiente para uma prova de múltipla escolha?"*); eles estudam o material difícil de maneira diferente; fragmentam as tarefas grandes; aceitam ou rejeitam as informações, dependendo de como ela se ajusta ao que eles já sabem; reconhecem quando as anotações são úteis e quando não valem a pena; pensam em todas as alternativas antes de escolher uma resposta. A maioria consegue seguir instruções para técnicas de autoquestionamento para ajudar na compreensão e na recordação; autoavalia o desempenho e realiza uma ação corretiva (*"Acabou o meu tempo porque eu fiz primeiro as questões difíceis, em vez de as mais fáceis"*); se beneficia da "autoverbalização" silenciosa que acompanha o aluno durante toda a tarefa, passo a passo (*"Será que eu determinei a ideia principal... usei as principais sentenças... coloquei minhas conclusões... corrigi a ortografia e a pontuação...?"*).

A sofisticação se desenvolve para a construção de recursos mnemônicos ou associações inteligentes para aumentar a memória (*"Mamãe me disse para comprar PERA no supermercado: **p**ipoca, **e**rvilha, **r**isolis e **a**bacate"*).

A memória para os detalhes desaparece com o tempo, permanecendo apenas "vestígios vagos"; no entanto, as crianças reconhecem as similaridades entre estes vestígios vagos e novas ideias que encontram, e por isso resolvem seus problemas em níveis mais elevados.

Apêndice C

Uso das tecnologias assistivas

Dr. Jitka Sinecka

Muitas pessoas ficam confusas com a palavra tecnologia. Quando elas escutam "tecnologia assistiva", primeiro pensam em computadores. As tecnologias assistivas certamente incluem os computadores, mas o termo se refere a uma série enorme de acomodações e adaptações que permitem às pessoas portadoras de incapacidades funcionar com maior facilidade e independência. Estas incluem itens não muito técnicos e de baixo custo, como canetas marca-texto coloridas, notas autoadesivas, Wiki Stix, um fichário de escritório que pode funcionar como uma prancha inclinada para um teclado ou uma poltrona confortável em um canto quieto com boa iluminação. Como ilustra a história de Simone apresentada na página 349, a geladeira de sua casa se torna uma tecnologia assistiva quando é usada como um quadro de avisos para ajudar um aluno a se lembrar do que precisa fazer.

No entanto, os computadores são uma parte importante da tecnologia assistiva, porque abrem muitas possibilidades excitantes de comunicação, escrita e leitura, busca de informações, organização de ideias ou controle do próprio ambiente. O seu valor para as pessoas com necessidades especiais está refletido pelos meios crescentes que temos para operá-los: além do *mouse*, de *track balls*, telas de toque e teclados alternativos, há computadores que respondem a comandos de voz, indicações de cabeça, piscar de olhos e/ou movimento de quase qualquer parte funcional do corpo. Os computadores podem ajudar a comunicação convertendo texto em fala ou fala em texto; conseguem ajudar na alfabetização e no acesso de informações escaneando-as e lendo o texto em voz alta; permitem ajudar os indivíduos com a organização das tarefas e dos horários, e até mesmo com a recreação.

Muitas tecnologias assistivas têm sido desenvolvidas para pessoas com dificuldades de aprendizagem. Embora seja impossível produzir uma lista completa, este apêndice vai lhe dar ideias sobre que tipos de apoio buscar para as áreas em que as crianças com dificuldades de aprendizagem têm maior probabilidade de necessitar de ajuda. No fim deste apêndice você vai encontrar uma lista de recursos que vai ajudá-lo a se manter atualizado com este campo de evolução rápida.

ALFABETIZAÇÃO

A escrita como um ato físico

Há dois tipos de escrita: a escrita como uma atividade física e a escrita como um processo criativo. Há também o aspecto da escrita que requer ideias organizadoras que resultam em um trabalho ou em uma lição de casa escrita. Para ajudar com o aspecto motor da escrita, apoios de baixa tecnologia como borrachas que envolvem e engrossam os lápis, papel com linhas em alto relevo que ajudam os estudantes a manter reta a escrita à mão, lápis de formatos interessantes que desenvolvem o entusiasmo pela escrita ou um lápis com um pequeno suporte que não necessita ser segurado pela mão, todos podem ser valiosos. Ferramentas mais avançadas incluem vários teclados. Os teclados portáteis são muito leves e funcionam durante centenas de horas com baterias. Depois de digitar, eles podem ser conectados a um computador para transferir o texto para um programa de processamento de palavras. Os teclados com produção de fala podem dizer em voz alta toda letra que é digitada e/ou pronunciar palavras ou sentenças inteiras à medida que são completadas. Isso ajuda os alunos a reconhecer e corrigir rapidamente os erros de ortografia e gramática. Estes

Simone

Simone, de 10 anos, é uma criança brilhante e interessada que tem muitos amigos. Ela vai bem na escola quando se organiza, mas necessita de muita ajuda para estruturar seus pensamentos e ideias, que com frequência estão todos em outro lugar. Simone se lembra do que aprende, mas não consegue distinguir o que é importante do que não é. Em casa ela com frequência fica tão imersa em seus pensamentos que se esquece de escovar os dentes à noite ou de alimentar o peixe que ela tanto quis de presente no seu décimo aniversário. As demandas aumentadas para o trabalho escrito independente na 5ª série deixaram Simone em apuros e tirando notas muito mais baixas do que seus pais e professores sabiam que ela era capaz de tirar. No meio deste ano escolar infeliz, um especialista em aprendizagem recomendou que os professores e a família de Simone considerassem algumas estratégias para lidar com esta questão.

Uma ideia era usar um programa de computador para ajudar Simone a organizar seus pensamentos. Quando Simone escreve suas redações e prepara as lições, agora consegue "acionar" ou lançar todas as suas ideias na página do computador; mais tarde, pode vinculá-las a material relacionado quando necessário, sem temer "perder" seus pontos fundamentais. O programa também lhe permite organizar seus pensamentos em subgrupos, colocá-los dentro de bolhas menores e maiores, adicionar notas às bolhas e conectar ideias às figuras e aos *links* da internet. Usando este programa, que também guia os alunos durante todo o processo da escrita, Simone rapidamente começou a produzir um trabalho escrito acima da média da sua série.

Os professores de Simone agora a ajudam com seu trabalho em classe fragmentando-lhe as tarefas e lhe dando as instruções passo a passo. Simone checa os itens em uma lista de verificação simples à medida que cada tarefa é realizada. Isso a impede de ficar "perdida" nos detalhes de um projeto e a ajuda a terminar o seu trabalho dentro do tempo estabelecido.

Em casa, Simone usa novas ferramentas de agendamento, como figuras magnéticas que podem ser facilmente deslocadas na geladeira para lembrá-la de suas responsabilidades diárias. Simone agora vê figuras de escovação de dentes no espelho do banheiro quando ela se levanta e antes de ir para cama, e não se esquece. Recentemente, Simone começou a usar um *smartphone* para ajudá-la a planejar, organizar, armazenar e lembrá-la do seu calendário, da lista de tarefas, dos dados de contato e de outras informações. Seu nível de conforto aumentado com estas ferramentas está refletido em uma maior confiança e em um desempenho melhorado tanto em casa quanto na escola.

---

programas podem ter também corretores ortográficos tanto visuais quanto auditivos (quando uma palavra é escrita errada, aparece na tela uma lista de palavras plausíveis de onde a palavra deve ser selecionada) e previsão de palavras personalizável (uma vez acostumado com o vocabulário do seu filho, o computador supõe e completa a palavra que seu filho está digitando a partir das primeiras letras).

Os teclados com teclas grandes, coloridas, ou configurações alternativas do teclado, como "abcd...", podem ajudar a distinguir as letras, os números e outras teclas de função no teclado. Os teclados exibidos na tela, usados com uma janela de toque na tela, podem eliminar a necessidade de digitar e podem também permitir às pessoas com necessidades especiais digitar com o mais leve movimento de uma sobrancelha ou de outra parte do corpo), enquanto uma câmera conectada ao computador observa estes minúsculos movimentos. Você pode também descobrir programas de fala-para-o-texto que digitam as palavras enquanto você as fala em um microfone. Observe que estes programas com frequência requerem algum treinamento para que o computador entenda a pronúncia, os padrões de fala e o estilo de escrita do usuário individual.

A escrita como um processo criativo e de aprendizagem

Para organizar as ideias com o objetivo de fazer uma redação, os organizadores gráficos e os programas esquematizados permitem ao autor "depositar" informações desorganizadas em uma página, depois acrescentar notas e parágrafos curtos que criam uma base para a estruturação de um projeto. Tais programas oferecem instruções passo a passo: eles começam com a coleta de informações e fatos conhecidos; vão em frente para realizar nova pesquisa para expandir as ideias; depois guiam o aluno durante a digitação da sua redação, que é, mais tarde, checada pelo computador para os erros de ortografia e de gramática. O resultado final pode ser impresso ou publicado *online*.

O *software* de previsão de palavras ajuda o processo da escrita a fluir mais facilmente "prevendo" a partir das primeiras letras que palavra o usuário pretende digitar. As previsões são baseadas na maneira como as sentenças em inglês são criadas, e, portanto, depois de um substantivo vem um verbo e assim por diante. Também prevê baseado na ortografia, no significado e na gramática, bem como no uso frequente/recente. Quando uma palavra é digitada, surge uma lista de escolhas; o aluno então escolhe a palavra correta. Seu filho pode ouvir como soa cada palavra apontando-a com o cursor do *mouse* ou usando as flechas, o que é muito útil para as crianças que reconhecem uma palavra quando a ouvem, mas não sabe necessariamente reconhecê-la quando ela está escrita. Uma característica excelente de muitos destes programas é que eles detectam palavras comumente escritas erradas, de forma que quando uma criança começa a digitar *b-l-*, a palavra *balão* surge na tela porque é assim que a criança frequentemente a escreve.

Algumas novas tecnologias estendem ainda mais as possibilidades da escrita. Uma caneta de computador baseada no papel, por exemplo, registra e vincula o áudio ao que uma pessoa escreve usando a caneta e o papel especiais. Seu filho pode fazer anotações, por exemplo, ao mesmo tempo em que está gravando o que o professor fala. Pode depois ouvir qualquer parte da aula tocando a caneta nas anotações correspondentes. Outra característica desta caneta é que qualquer coisa que seja escrita no papel especial pode ser enviada para uma tela e aparece como um texto digitado que pode ser posteriormente editado. Ela também tem muitas características divertidas, como apresentar calendários falantes, resolver problemas de matemática em uma calculadora falante, e até mesmo tocar música em um papel especial que foi baseado em um teclado de piano ou em uma bateria.

A mecânica da escrita

Qualquer programa de processamento de palavras provavelmente tem nele embutidos corretores de ortografia e gramática e um *thesaurus*. Os corretores de ortografia o alertam sublinhando em cores uma palavra que não foi corretamente escrita. Quando você clica na palavra com o botão direito do *mouse*, várias opções são oferecidas em relação a como escrever a palavra. O corretor de gramática proporciona alertas quando uma sentença não está gramaticalmente correta sublinhando a frase em outra cor. Um clique com o botão direito do *mouse* sugere a escrita alternativa. O *thesaurus* busca a definição de qualquer palavra e sugere seu uso nas sentenças, oferecendo também sinônimos e antônimos. Os programas de abreviação permitem ao usuário criar, armazenar e reutilizar abreviações para palavras ou expressões frequentemente usadas. Isso pode economizar a digitação do usuário e garantir a ortografia apropriada das palavras e das expressões que foram codificadas como abreviações. Por exemplo, digitar *Sir* indicaria ao computador digitar *Siracusa*.

Para conseguir ajuda remedial com a ortografia, busque programas que iluminem uma palavra para o aluno; quando a palavra desaparece da tela, o aluno digita a palavra que ele recordou ter visto. A palavra aparece rapidamente na tela por cada vez menos tempo à medida que o programa continua. Há também programas que pronunciam lentamente a palavra e acrescentam cada letra sucessiva para criar uma palavra corretamente escrita. Então, é requerido que o aluno acompanhe apenas a voz do computador para digitar cada letra sucessiva. Quando a palavra desaparece, o estudante a digita usando a memória. Outros programas jogam jogos verbais com você: por exemplo, a primeira, ou a primeira e a última letras de uma palavra de três letras aparecem na tela, e um aluno é conduzido a preencher a lacuna depois que o computador diz a palavra em voz alta. O aluno vê *r_t* e digita um *a* e um *o* para *rato*, ou vê *v_* e digita *oz* quando escuta *voz*.

Leitura

Tecnologias simples para ajudar com a leitura incluem posicionar um livro em uma estante ou em uma placa inclinada para facilitar a visão, e cortar um retângulo do papel preto para separar a única linha da página que está sendo lida (ou um parágrafo se a peça cortada é maior) para eliminar os elementos de distração na página e ajudar os alunos a se concentrarem em uma área de impressão de cada vez. As notas adesivas e os marca-textos ajudam as crianças a encontrarem e anotarem informações e vocabulário importantes. As publicações gravadas permitem aos usuários ouvirem o texto; as gravações são disponíveis em vários formatos, tais como *downloads* em CDs e MP3. Você pode se inscrever em uma biblioteca ou em um serviço *online* para escolher entre centenas de títulos disponíveis. Unidades especiais em *playback* permitem aos usuários buscar e marcar as páginas e capítulos. Um novo produto no mercado da tecnologia, Kindle 2, é um painel fino que lê em voz alta qualquer jornal, revista ou livro que possa ser baixado da internet; em muitos casos, o processo de *download* demora menos de um minuto. O texto na tela pode ser aumentado para facilitar a leitura. Todas essas tecnologias dão ao estudante acesso a materiais de leitura de alto nível que eles podem achar difícil ler sozinhos.

Uma caneta de leitura que se parece com uma caneta comum, mas tem inseridos dentro dela um escâner e um mecanismo computadorizado, pode escanear uma palavra desconhecida, pronunciá-la em voz alta e buscar sua definição em um vasto dicionário interno. Os *softwares* atuais podem fazer milagres como ler em voz alta e destacar cada palavra que seu filho digite. Dessa maneira, o escritor obtém tanto *feedback* visual quanto auditivo enquanto prossegue a sua leitura. Outros programas – chamados sintetizadores da fala ou leitores de tela – conseguem exibir e ler em voz alta qualquer texto em uma tela de computador, incluindo texto digitado pelo usuário, texto escaneado de páginas impressas (por exemplo, livros, cartas) ou texto que aparece na internet. A leitura também pode ser divertida com livros eletrônicos que são acessíveis *online*. Esses livros leem o texto em voz alta a partir de uma página da *web* destinada a parecer um livro real (você pode até ouvir as viradas das páginas). Atores com vozes atrativas leem as histórias, o que ajuda a manter o interesse. No fim, você pode testar sua compreensão e o que aprendeu neste capítulo.

Alguns *softwares* são especificamente destinados às crianças com dificuldades de leitura e outras dificuldades relacionadas à alfabetização. Por exemplo, Wynn Literacy, Read & Write Gold e Kurzweil 3000, todos leem em voz alta qualquer tipo de texto em uma tela de computador e a destacam simultaneamente. Também recebem "anotações de voz" e incluem ferramentas de processamento de palavras que ajudam com esses aspectos de escrita, como esboçar redações, planejar parágrafos, editar documentos e ortografia. Outras características incluem "dicionários falados" e diretrizes para encontrar fatos e organizá-los para uma lição. Programas que destacam as palavras enquanto elas são lidas em voz alta pelo computador podem ajudar os alunos a aprender a reconhecer a palavra inteira e melhorar a fluência da leitura. Busque também programas que introduzem leituras em diferentes níveis (desde a educação infantil até o fim do ensino médio), e que oferecem múltiplos formatos (como um livro tradicional em papel, um CD e um *software* que apresenta uma versão eletrônica do livro com ilustrações e testes). Você também consegue encontrar livros *online* que checam a compreensão no final de cada página ou capítulo, formulando perguntas de múltipla escolha. Em alguns deles, a interação é encorajada por uma voz que lê e faz as perguntas, assim como divertidos recursos de som e animação.

Escuta

Algumas crianças se beneficiam mais de escutar informações do que de vê-las ou escrevê-las. Para elas, os gravadores são muito úteis e têm um preço acessível. O aluno pode escutar uma aula ou um texto gravado sempre que necessário para lembrá-lo. Nos equipamentos modernos é possível reduzir ou acelerar a velocidade da fita sem distorcer a voz de quem está falando. Para alunos que têm dificuldade para se abstrair de ruídos de fundo ou que são processadores auditivos lentos, os dispositivos de ajuda na escuta podem transmitir a voz do professor diretamente ao ouvido do usuário. Estas unidades consistem em um transmissor sem fio com microfone usado por quem está falando e um receptor com fones de ouvido usado por quem está ouvindo.

Matemática

As soluções da tecnologia para matemática proporcionam apoio visual e de áudio para que os usuários possam configurar e calcular problemas matemáticos básicos. Começando com soluções de baixa tecnologia, experimente usar um papel quadriculado colocado obliquamente para ajudar as crianças a manterem seus problemas de matemática alinhados, ou coloque uma folha de papel ou cartolina sob a linha que está sendo trabalhada para evitar que os olhos da criança se desviem da linha. As folhas de trabalho eletrônicas são *softwares* que ajudam o usuário a organizar, alinhar e trabalhar nos problemas de matemática em uma tela de computador. Os números que aparecem na tela também podem ser ouvidos em voz alta por meio de um sintetizador de fala. Isso pode ser útil para os alunos que tem dificuldade para alinhar os problemas de matemática com lápis e papel. As "calculadoras falantes" também têm incorporados sintetizadores de fala que leem em voz alta os números, os símbolos e as teclas da operação pressionadas pelo usuário; elas também vocalizam as respostas para cada problema (na classe podem ser usados fones de ouvido para evitar distrair a atenção dos colegas). Este *feedback* auditivo pode ajudar um aluno a aprender fatos matemáticos e checar as respostas dos problemas antes de elas serem transferidas para o papel.

Alguns *softwares* ensinam conceitos matemáticos básicos na forma de jogos. Por exemplo, o aluno participa de uma corrida de cavalos ou de carros, tentando resolver problemas matemáticos (escolhidos de acordo com o tópico e a série) o mais rápido possível. Para cada resposta certa, o cavalo ou o carro avança, enquanto os outros cavalos/carros tentam alcançá-lo. O aluno corre contra seus próprios cinco melhores resultados, que são estabelecidos durante o primeiro jogo. Há também programas que são muito visuais e ensinam matemática por meio de figuras ou música. Um programa pergunta "Quantos você vê?" enquanto exibe três maçãs e dá uma escolha do número 2 ou 3, ou pede à criança para escolher maçãs e peras e depois contá-las. Quando um programa lhe ensina uma canção sobre o número 4 e usa a repetição, a música e as figuras, fica mais fácil se lembrar!

Organização, atenção e memória

Ferramentas de tecnologia assistiva, como os *smartphones* e os Assistentes Digitais Pessoais (Personal Digital Assistants – PDAs), podem ajudar seu filho a planejar, organizar e manter o controle do seu calendário, horário, lista de tarefas, informações de contato e anotações variadas. Alguns destes dispositivos podem transferir informações para um computador. Estas máquinas que cabem na mão com frequência incluem alarmes, de forma que quando estiver na hora de comparecer a um compromisso, por exemplo, o alarme toca e mostra uma mensagem para lembrá-lo do compromisso. (Os computadores também podem ser programados para que um lembrete apareça na tela do seu computador.) Entrando, com as anotações apropriadas em um PDA, você pode programar lembretes de qualquer coisa, desde quando comprar um cartão para o aniversário do seu melhor amigo até quando passear com seu cachorro.

Antes de comprar

Antes de você comprar qualquer dispositivo ou *software* especial, certifique-se de que ainda não tem nada similar em sua casa. Você pode não ter conhecimento da extensão em que o *hardware* e os *softwares* do computador que você já tem podem incluir características e funções que podem melhorar o desempenho acadêmico do seu filho. Por exemplo, o Microsoft Word tem uma opção para mudar o contraste entre o texto e o fundo. Ele proporciona um fundo azul com impressão em branco, amarelo ou amarelo claro. Isso permite que algumas crianças se concentrem mais. Muitos computadores vêm com programas de texto-para-fala que leem qualquer texto em voz alta, e também programas de fala-para-texto que lhe permitem ditar o que você quer digitar em um microfone enquanto o computador o converte em texto. Muitos computadores também têm um teclado na tela que pode ser navegado via um botão ou uma janela de toque na tela. Você pode também, em geral, aumentar ou diminuir qualquer coisa na tela. Os computadores Macintosh permitem ajustar as opções de teclado, cor e *mouse* às suas necessidades (por exemplo, o computador pode ser instruído a ler qualquer coisa que você mova com o *mouse*, como os comandos de tarefas). Livros podem ser baixados na maioria dos computadores, e você também pode baixar programas gratuitos e fantásticos, como o Dasher, que lhe permite digitar com um leve movimento de um olho ou qualquer parte do seu corpo em qualquer língua que você possa imaginar.

Se você necessita de um *hardware* ou *software* além daqueles tipicamente disponíveis em um computador doméstico, a regra é *experimentá-lo antes de comprar*. Muitas companhias e vendedores estão dispostos a demonstrar seus produtos e a experimentá-los com seu filho; vá até o *website* da companhia e busque informações sobre experiências gratuitas de seus produtos. Você pode também conseguir fazer um "*test-drive*" das tecnologias do centro de tecnologia assistiva da sua escola, da sua biblioteca local ou de uma divisão local de grupos de apoio para pais e profissionais, como a Learning Disabilities Association of America.

Também convém pensar nas tecnologias assistivas como um *continuum*: comece com soluções de baixa tecnologia (ou sem nenhuma tecnologia!) e só passe para dispositivos mais sofisticados e de alta tecnologia se eles se tornarem necessários. Isso pode lhe poupar centenas – se não milhares – de reais.

Lista selecionada de recursos de tecnologia assistiva

Companhias, produtores, vendedores

- Don Johnston, Inc., http://www.donjohnston.com/ Produtor de *softwares* e *hardwares* de escrita, leitura, fonética e tecnologia assistiva.
- Enablemart, http://www.enablemart.com/ Grande variedade de produtos para crianças e adultos com necessidades especiais, incluindo produtos para visão, audição, aprendizagem, controles ambientais, teclados e equipamentos para computador.
- Enabling Devices, http://www.enablingdevices.com/ Dedicado a desenvolver dispositivos de aprendizagem e tecnologia assistiva para ajudar pessoas de todas as idades. Concentra-se em brinquedos adaptados, mobilidade, itens sensoriais, comunicadores, comutadores, auxílios para computador, etc.
- Mayer-Johnson, http://www.mayer-johnson.com/ Produtor de *boardmaker* e dispositivos de comunicação e organizacionais relacionados, baseados em figuras. Tem *links* para outras agências, associações e organizações.
- AbleData, http://www.abledata.com/ Compila tecnologia assistiva em 20 categorias de necessidades especiais, incluindo dificuldades de aprendizagem, e as compara. Inclui bases de dados localizáveis de mais de 23 mil produtos.
- Alliance for Technology Access, http://www.ataccess.org/ Uma rede nacional de centros de recursos, criadores de produtos, vendedores, provedores de serviços e indivíduos baseados na comunidade. Proporciona informações e serviços de apoio para adultos e crianças com necessidades especiais e trabalha para aumentar o seu uso da tecnologia.
- Assistive Technology, Inc., http://www.assistivetech.com/ Especializado em rastreamento pelo olho e em soluções de comunicação.
- Center for Applied Special Technology (CAST), http://www.cast.org/ Uma estrutura para preparar currículos que permite que todos os indivíduos adquiram conhecimento, habilidades e entusiasmo pela aprendizagem (planejamento universal para a aprendizagem).
- Center for Universal Design, http://design.ncsu.edu/cud/ Um centro nacional de informações, assistência técnica e pesquisa que avalia, desenvolve e promove projetos acessíveis e universais em habitação, instalações comerciais e públicas, ambientes externos e produtos mediante inovação do *design*, pesquisa, educação e assistência para o *design*.
- Closing the Gap, http://www.closingthegap.com/ Proporciona aos pais e educadores as informações e o treinamento necessários para localizar, comparar e implementar tecnologia assistiva. Proporciona as últimas informações e treinamentos disponíveis para indivíduos com necessidades especiais e para aqueles que trabalham com eles mediante uma conferência internacional anual sobre TA, revista e *website* que incluem bancos de dados localizáveis e milhares de produtos disponíveis no mercado.
- Edutopia, http://www.edutopia.org/ Recursos e ideias inovadores sobre o que funciona na educação pública, incluindo, entre outros tópicos, a integração da tecnologia. O planejamento da tecnologia deve apoiar quatro componentes fundamentais da aprendizagem: envolvimento ativo, participação em grupos, interação frequente e *feedback* e conexão com especialistas do mundo real.

- National Public Website on Assistive Technology, http://www.assistivetech.net/ Proporciona acesso a informações sobre dispositivos e serviços de TA, bem como a outros recursos de comunicação para pessoas com necessidades especiais e para o público em geral, além de bancos de dados localizáveis e informações *online* sobre tecnologias assistivas, ambientes adaptativos e recursos da comunidade.
- Trace Center, University of Wisconsin-Madison, http://trace.wisc.edu/
- Wisconsin Assistive Technology Initiative (WATI), http://wati.org/ Projeto fundado pelo Estado para ajudar as escolas a melhorarem seus services de tecnologia assistiva. Inclui um pacote de avaliação abrangente, recursos, informações de bibliotecas de empréstimo e *links* relacionados.

Serviços de TA (Tecnologia Assistiva)

- Quality Indicators for Assistive Technology Services, http://www.qiat.org/ Orienta o desenvolvimento e a prestação de serviços de tecnologia assistivos de qualidade, de uma maneira que proporciona aos usuários um portal para indicadores de qualidade, matrizes, recursos compartilhados e um banco de dados localizáveis.

Guias para os pais e as famílias

- Parents, Let's Unite for Kids (PLUK), http://www.pluk.org/ATI.html/ Ajuda os pais a aprenderem mais sobre a tecnologia assistiva e como ela pode ajudar seus filhos. Este guia inclui dicas para os primeiros passos, ideias sobre onde buscar dinheiro e sugestões sobre o que fazer quando se candidatar a financiamento. Sugere locais para entrar em contato para mais informações ou para encontrar *softwares* e equipamentos.
- STAR Center, http://www.starcenter.tn.org/ Um centro modelo para demonstração, recursos e treinamento dedicado a garantir que todos os indivíduos com necessidades especiais maximizem seu potencial para independência e atinjam seus objetivos pessoais de emprego, aprendizagem efetiva e vida independente mediante tecnologia assistiva, auxílios assistivos e serviços de apoio.
- Family Center on Technology and Disability, http://www.fctd.info/resources/ Organizações e programas de apoio que trabalham com famílias de crianças e jovens com necessidades especiais mediante uma série de informações e serviços sobre tecnologias assistivas.
- Project KITE. Pacer Center, http://pacer.org/stc/kite/index/htm/ Proporciona um currículo de treinamento para pais e professores de crianças pequenas com necessidades especiais que costuma promover a inclusão mediante o uso de tecnologia.
- Let's Play Projects, Center for Assistive Technology, http://www.letsplay.buffalo.edu/ Estes projetos proporcionam ideias e estratégias para promover brincadeiras mediante um melhor acesso a materiais para brincar, e usa a tecnologia assistiva para dar este acesso às crianças.
- Council for Exceptional Children, Division for Early Childhood, http://www.dec-sped.org/ Os profissionais e os pais buscam o Conselho para informações, recursos, defesa e a oportunidade de um trabalho em rede. Os membros têm acesso a cinco publicações, uma conferência internacional, eventos de treinamento regionais, uma rede de política e defesa e listas de correio eletrônico.
- Schwab Learning, http://www.schwablearning.org/ Serve as famílias proporcionando informações, orientação e apoio relacionados às necessidades emocionais, sociais, práticas e acadêmicas de crianças com dificuldades de aprendizagem e atenção e seus pais.

Acessibilidade ao computador

- Apple Accessibility, http://www.apple.com/accessibility;
- Microsoft Accessibility, http://www.microsoft.com/enable/

Recursos legais sobre a TA

- IDEA Legislation Information, http://www2.ed.gov/policy/speced/guid/idea/idea2004.html
- U.S. Department of Justice Americans with Disabilities Act (ADA), http://www.ada.gov/adahom1.htm

Financiamento

O financiamento é com frequência uma questão muito importante para as famílias, pois a tecnologia assistiva pode ser muito cara. Se a TA é necessária para o uso na escola, o distrito escolar deve pagar por ela, mas ela pertence à escola e a criança às vezes não pode levá-la para casa. Os pais que não podem se permitir comprar as tecnologias necessárias para o uso em casa podem conseguir apoio do Medicaid, de seguros-saúde privados, agências de portadores de necessidades especiais ou organizações filantrópicas. Outra maneira de as famílias obterem programas de tecnologia assistiva é buscar *sharewares* (programas coletivos). *Sharewares* são *softwares* gratuitos ou vendidos por um preço mínimo. Vários *websites* coletam informações deste tipo de *software* e listam os produtos disponíveis, incluindo teclados na tela que podem se apresentar em vários tamanhos, *layouts* de letras ou cores; programas de digitação com predição de palavras; configuração de *mouses* alternativos; leitores de texto-para-fala; e programas que tornam os *websites* mais acessíveis, ampliando-os, vendo-os apenas como texto ou lendo-os em voz alta. Dois recursos valiosos para *softwares* baratos são o One Stop for Free Assistive Technology (http://www.onlineconferencingsystems.com) e o Assistive Ware (http://www.assistiveware.com).

Apêndice D

Lista de referências para a obtenção de recursos

ORGANIZAÇÕES PARA DIFICULDADES DE APRENDIZAGEM

Attention Deficit Information Network (AD-IN)
475 Hillside Avenue, Needham, MA 02104
Telefone: (617) 455-9895
Site: www.addinfonetwork.com
E-mail: adin@gis.net
Oferece apoio e informações a famílias de crianças com transtorno de déficit de atenção (TDA), adultos com TDA e profissionais mediante uma rede de divisões com grupos de apoio do AD-IN em todo o país. Recursos comunitários para programas de treinamento e palestrantes sobre TDA. Apresenta conferências e *workshops* para pais e profissionais sobre temas atuais, pesquisa e tratamentos para TDA.

Children and Adults with Attention-Deficit/Hyperactivity Disorder (CHADD)
8181 Professional Place, Suite 150, Landover, MD 20785
Telefone: (301) 306-7070
Site: www.chadd.org
Serve a crianças e adultos com TDAH e suas famílias por meio de educação, defesa, publicações, grupos de apoio e conferências anuais e regionais. Ajuda os pais a localizar as divisões locais do CHADD e também administra o National Resource Center on ADHD (800-233-4050; www.help4adhd.org), uma instituição para informações científicas sobre o TDAH, e o fórum educacional Parent-to-Parent (parent2parent@chadd.org).

International Dyslexia Association
40 York Road, 4th Floor, Baltimore, MD 21204
Telefone: (410) 296-0232
Site: www.interdys.org
E-mail: info@interdys.org
A principal organização para a alfabetização que lida com questões acadêmicas na remediação das dificuldades de leitura. Oferece informações gratuitas, serviços de encaminhamento para avaliação e tutoria, além de uma excelente livraria *online*. Patrocina uma conferência anual e distribui publicações relacionadas à dislexia. Seus membros incluem pais, pesquisadores e outros profissionais.

LDonline
WETA Public Television
2775 S. Quincy Street, Arlington, VA 22206
Site: www.ldonline.org
Um serviço educacional nacional da WETA-TV, a unidade da PBS em Washington, D.C. Proporciona informações e conselhos sobre as dificuldades de aprendizagem e o TDAH. O site apresenta centenas de artigos úteis, multimídia, colunas mensais de especialistas reconhecidos, ensaios em primeira pessoa, escritos e trabalhos artísticos de crianças, um guia de recursos abrangente, fóruns muito ativos e um diretório de referência de páginas amarelas de profissionais, escolas e produtos.

Learning Disabilities Association of America (LDA)
4156 Library Road, Pittsburgh, PA 15234-1349
Telefone: (412) 341-1515
Site: www.ldanatl.org
Oferece informações e recursos relacionados à defesa. Conduz uma conferência anual para pais

e profissionais. Possui numerosas afiliadas estaduais e locais.

Learning Disabilities Association of Canada (LDAC)
250 City Centre, #616, Ottawa, ON KIR 6K7
Telefone: (613) 238-5721
Site: www.ldac-taac.ca
E-mail: information@ldac-taac.ca
Conduz programas e oferece informações para crianças e adultos com dificuldades de aprendizagem no Canadá. Patrocina o fórum "youth2youth.ca", onde os indivíduos podem fazer perguntas e compartilhar informações e preocupações.

National Center for Learning Disabilities (NCLD)
381 Park Avenue, Suite 1401, New York, NY 10016
Telefone: (212) 545-7510 ou (888) 575-7373
Site: www.ncld.org
Mantém um amplo *website* informativo; oferece muitas publicações gratuitas; proporciona serviços de encaminhamento por meio de um Resource Locator. Conduz reuniões de cúpula educacionais e programas em todo o país. Afiliação aberta a pais e profissionais.

OUTRAS ORGANIZAÇÕES IMPORTANTES

American College Test (ACT): Act Universal Testing Special Testing
301 ACT Drive, PO Box 4028, Iowa City, IA 52243-4028
Telefone: (319) 337-1332
Site: www.act.org
Proporciona informações sobre o ACT e processos de adaptações.

The College Board: Services for Students with Disabilities
PO Box 6226 Princeton, NJ 08541-6226
Telefone: (609) 771-7137
Site: www.collegeboard.com
E-mail: ssd@info-collegeboard.org
Proporciona informações sobre o SAT e adaptações especiais disponíveis a alunos com dificuldades. Também oferece programas e serviços relacionados a admissões em universidades, orientação, avaliação, ajuda financeira, matrícula e ensino e aprendizagem.

Educational Resource Information Center (ERIC)
ERIC Project
c/o Computer Sciences Corporation
655 15th Street, NW, Suite 500, Washington, DC 20005
Site: www.eric.ed.gov
Uma biblioteca digital *online* de pesquisa e informações educacionais patrocinada pelo Institute of Education Sciences (IES) do U.S. Department of Education. Proporciona acesso *online* a publicações de pesquisa em educação.

Educational Testing Service (ETS)
Rosedale Road, Princeton, NJ 08541
Telefone: (609) 921-9000
Site: www.ets.org
Informações sobre adaptações especiais disponíveis para alunos com necessidades especiais no Graduate Record Exam (GRE) e no Graduate Management Admission Test (GMAT).

Family and Advocates Partnership for Education (FAPE)
PACER Center
8161 Normandale Boulevard, Minneapolis, MN 55437-1044
Telefone: (952) 838-9000
Site: www.fape.org
E-mail: fape@fape.org
Vincula famílias, advogados e autoadvogados para proporcionar informações sobre o Individuals with Disabilities Education Act e outras legislações pertinentes.

HEATH Resource Center: Clearinghouse on Postsecondary Education for Individuals with Disabilities (Higher Education and Adult Training for People with Handicaps)
2134 G Street NW, Washinton, DC 20052-0001
Telefone: (800) 544-3284
Site: www.heath.gwu.edu
E-mail: askHEATH@gwu.edu
Instituição *online* sobre educação pós-secundária para indivíduos com necessidades especiais. O Resource Center oferece informações sobre serviços de apoio, políticas, procedimentos, adaptações e acesso a faculdades ou *campus* universitários, escolas técnicas e profissionais e outras entidades de treinamento pós-secundárias. Informações também disponíveis sobre auxílio financeiro, bolsas de estudo ou outros programas pós-secundários. Muitas publicações excelentes, incluindo *Getting Ready for College*.

National Association of Private Special Education Centers (NAPSEC)
1522 K Street NW, Suite 1032, Washington, DC 20005-1202
Telefone: (202) 408-3338
Site: www.napsec.org
E-mail: napsec@aol.com
Proporciona informações sobre serviços privados de intervenção precoce, escolas, centros residenciais terapêuticos, programas para vida adulta e serviços de reabilitação vocacional. Publica *online* a revista *Exceptional Parent*.

National Dissemination Center for Children with Disabilities (NICHCY)
1825 Connecticut Avenue, NW, Suite 700, Washington, DC 20009
Telefone: (800) 695-0285
Site: www.nichcy.org
E-mail: nichcy@aed.org
Instituição que proporciona informações sobre uma ampla variedade de questões relacionadas a necessidades especiais para crianças e jovens de até 22 anos. Excelentes publicações gratuitas sobre leis, recursos e pesquisas.

Parents Helping Parents (PHP)
Sobrato Center for Nonprofits – San Jose
1400 Parkmoor Avenue, Suite 100, San Jose, CA 95126
Telefone: (408) 727-5775
Site: www.php.com
Proporciona fontes de encaminhamento, *workshops*, sessões de treinamento e reuniões de apoio para pais de crianças com uma ampla série de necessidades especiais. Conta com uma biblioteca de recursos.

Technical Assistance ALLIANCE for Parents Centers (the ALLIANCE)
8161 Normandale Boulevard, Minneapolis, MN 55437-1044
Telefone: (952) 383-9000 ou (888) 248-0822
Site: www.taalliance.org
E-mail: alliance@taalliance.org
Projeto visa melhorar o rendimento de pessoas com dificuldades dos 0 aos 26 anos, proporcionando aos pais e/ou responsáveis auxílio e treinamento.

ACAMPAMENTOS DE VERÃO

American Camp Association (ACA)
5000 State Road, 67 N. Martinsdale, IN 46151-7902
Telefone: (765) 342-8456 ou (800) 428-CAMP
Site: www.ACAcamps.org
E-mail: parents@ACAcamps.org
Oferece listas de acampamentos de verão para crianças com necessidades especiais. A CampParents.org é um recurso abrangente de acampamentos de verão para as famílias, oferecendo conselhos sobre a seleção de acampamentos, a prontidão e o desenvolvimento de crianças e jovens.

LIVROS GRAVADOS EM ÁUDIO

Bookshare
480 California Avenue, Suite 201, Palo Alto, CA 94306-1609
Telefone: (650) 644-3404
Site: www.bookshare.org
Biblioteca *online* de livros digitais para pessoas com dificuldades com material impresso, apoiada pelo U.S. Department of Education; oferece *downloads* de livros, manuais e jornais. Os usuários leem o material usando tecnologia adaptativa, normalmente um *software* que lê o livro em voz alta (texto-para-fala) e/ou exibe o texto do livro em uma tela de computador.

Library of Congress: National Library Service for the Blind and Physical Handicapped (NLS)
1291 Taylor Street NW, Washington, DC 20011
Telefone: (202) 707-5100 ou (888) 657-7323
Site: www.loc.gov/nls
E-mail: NLS@loc.gov
Proporciona livros, revistas e outros recursos digitais, gratuitamente, para jovens e adultos com necessidades especiais.

Recording for the Blind & Dyslexic (RFB&D)
20 Rozel Road, Princeton, NJ 08540
Telefone: (800) 221-4792
Site: www.rfbd.org
E-mail: custserv@rfbd.org

Proporciona livros educacionais gravados em áudio gratuitamente para empréstimo. Mais de 109 mil títulos escaneados.

ÓRGÃOS GOVERNAMENTAIS

Federal Student Aid Information
U.S. Department of Education
400 Maryland Avenue SW, Washington, DC 20202
Telefone: (800) 872-5327
Site: www.ed.gov
Proporciona informações para os alunos sobre programas de empréstimo para financiar a educação superior.

Office for Civil Rights (OCR)
U.S. Department of Education
Office for Civil Rights, Customer Service Team
400 Maryland Avenue SW, Washington, DC 20202-1100
Telefone: (800) 421-3481
Site: www.ed.gov
Mantém escritórios para investigar e processar as queixas de discriminação formal dos direitos civis (queixas tanto da Seção 504 quanto da ADA).

Office of Disability Employment Policy (ODEP)
U.S. Department of Labor
200 Constitution Avenue, Washington, DC 20210
Telefone: (866) 633-7365
Site: www.dol.gov/odep
Proporciona informações e assistência a questões de emprego para indivíduos com necessidades especiais.

Social Security Administration
Office of Public Inquiries
Windsor Park Building, 6401 Security Boulevard, Baltimore, MD 21235
Telefone: (800) 772-1213
Site: www.ssaonline.us
Proporciona informações sobre os benefícios do SSI e como as crianças que satisfazem às exigências de elegibilidade para necessidades especiais podem ter acesso ao apoio do SSI.

U.S. Department of Education
400 Maryland Avenue S.W. Washington, DC 20202-1100
Telefone: (800) 421-3481
Site: www.ed.gov
Oferece informações sobre iniciativas educacionais e empréstimos. Publicações gratuitas.

EMPREGO

ADA Information Line
U.S. Department of Justice, Civil Rights Division
Disability Rights Section
950 Pennsylvania Avenue, NW, Washington, DC 20530
Telefone: (800) 514-0301
Site: www.ada.gov/infoline.htm
Responde questões sobre o Americans with Disabilities Act (ADA) e dá orientação para serviços legais, técnicos e informativos relacionados.

Job Accommodation Network (JAN)
West Virginia University, PO Box 6080, Morgantown, WV 26506-6080
Telefone: (800) 526-7234
Site: www.jan.wvu.edu
E-mail: jan@an.wvu.edu
Serviço proporcionado pelo U.S. Department of Labor's Office of Disability Employment Policy para facilitar o emprego e a retenção dos trabalhadores com necessidades especiais. Oferece aos provedores de emprego, às pessoas com necessidades especiais e às suas famílias informações sobre adaptações no emprego, empreendedorismo e temas relacionados.

EDUCAÇÃO PARA ADULTOS

Attention Deficit Disorder Association (ADDA)
PO Box 7557, Wilmington, DE 19803-9997
Telefone: (800) 939-1019
Site: www.add.org
E-mail: info@add.org

Dedicado a prover informações, recursos e oportunidades na internet para adultos com transtorno de déficit de atenção/hiperatividade (TDAH), suas famílias e os profissionais que os atendem. Fonte para informações e recursos exclusivamente para e sobre a comunidade adulta com TDAH.

Commission on Adult Basic Education (COABE)
PO Box 620, Syracuse, New York 13206
Telefone: (888) 442-6223
Site: www.coabe.org
E-mail: info@coabe.org
Promove programas de educação e alfabetização para adultos, incluindo Adult Basic Education, Adult Secondary Education, English for Speakers of Other Languages, Family Literacy, Skills Development e Workforce Development. Oferece informações sobre programas estaduais, federais e privados que ajudam adultos insuficientemente educados e/ou com necessidades especiais a funcionar de maneira mais eficiente na sociedade.

The General Educational Development Testing Service (GEDTS)
American Council on Education
1 Dupont Circle, Washington, DC 20036-1193
Telefone: (202) 939-9300
Site: www.acenet.edu
E-mail: ged@ace.nche.edu
Administra o General Education Degree GED Test (exame supletivo para o ensino médio) e oferece informações sobre adaptações e acomodações relacionadas a necessidades especiais.

National Rehabilitation Information Center (NARIC)
8201 Corporate Drive, Suite 600, Landover, MD 20785
Telefone: (800) 346-2742
Site: www.naric.com
E-mail: naricinfo@heitechservices.com
Recursos extensivos sobre educação e treinamento no emprego para adultos com necessidades especiais e sobre a obtenção e o uso de tecnologia adaptativa.

ProLiteracy
1320 Jamesville Avenue, Syracuse, NY 13210
Telefone: (315) 422-9121 ou (888) 528-2224
Site: www.proliteracy.org
E-mail: info@proliteracy.org
Vincula os adultos que buscam instrução em alfabetização aos recursos locais. Voluntários nas divisões locais proporcionam tutoria para mais de 100 mil adultos por ano.

VIDA INDEPENDENTE

National Council of Independent Living
1710 Rhode Island Avenue NW, 5th Floor, Washington, DC 20036
Telefone: (202) 207-0334 ou (877) 525-3400
Site: www.ncil.org
E-mail: ncil@ncil.org
Trabalha em uma série ampla de questões sobre os direitos dos portadores de necessidades especiais para proporcionar-lhes a oportunidade de escolher onde e como receberão serviços de assistência pessoal em seus lares e comunidades. Fonte de encaminhamento para instituições locais e regionais de vida independente.

Índice

A

abandono da escola no ensino médio, 293-296
abordagem auditiva da aprendizagem, 180-181
abordagem multissensorial da aprendizagem, 143, 180-181, 185-186
abordagem tática da aprendizagem, 181
abordagem visual da aprendizagem, 35-36, 180-181
abuso de droga, *ver* abuso de substância
abuso de substância, 16-17, 79-81, 157-158, 262
    em adolescentes, 230, 232-234
    gravidez e, 22-23
    transtorno de déficit de atenção/hiperatividade e, 231-232
acampamentos de verão, 358
aconselhamento, 286-289
    conjugal, 286-289
    familiar, 43-44, 286-289
    professional, 303-304
ACT, *ver* American College Test
açúcar, 21-22
ADA Information Line, 359-360
adaptações, *ver* modificações e adaptações
Adderall, 29-30
administração do dinheiro, 196, 253-255
adolescentes
    assistir televisão e, 262
    depressão em, 79-81
    desenvolvimento moral em, 247-249
    desenvolvimento social e emocional em, 229-235
    relacionamentos com os pares e, 217, 229-230, 232-234
agências de serviços de reabilitação do Estado, 295-296
alergias, 21
alfabetização, 348-351
American College Test (ACT), 96, 148, 151
    fontes de informação sobre, 297-299, 357
    voltar a fazer, 322-323
Americans with Disabilities Act (ADA), 292-293, 308-311
amigos, 267-268, *ver também* relacionamentos entre os pares
ansiedade, 79
antidepressivos, 157-158
aparência, 259
apoio
    acadêmico, 113-116
    emocional, 118-123
    para adultos jovens, 235, 235, 237
    para pais e famílias, 99-100, 284-289
    social, 116-118
aprendizagem pela memória, 187-191
aprendizes impulsivos, 113-114
aritmética, *ver* matemática
Assistentes Digitais Pessoais (PDAs), 205-206
assistentes sociais, 159-160
atitude positiva, 235, 242-243
atividade sexual, 79-81, 230, 232-234, 261-262, 264-265
    habilidades de sobrevivência para, 264-265
atividades recreativas, 264-268, 319-321
atrasos desenvolvimentais, 67-71, 84
atribuições, mantendo o acompanhamento das, 179
Attention Deficit Information Network (AD-IN), 356
audiências de processo, 102, 169-170
audiólogos, 159-160
autoconfiança, 81-83, 111-113, 235-237
    declínio da, 81-83
autoconsciência, 235
autodefesa, 151-153, 308-313, 319-322
autodeterminação, 151, 153
autoemprego, 306-308
avaliação baseada no currículo (ABC [*curriculum--based measurement* – CBM]), 92-93, 166-167, 191, 193
Avaliação Educacional Independente, 101-102
avaliação multidisciplinar, 303-304
avaliação vocacional, 303-304
avaliação, *ver* medidas de avaliação; testes, nas avaliações das dificuldades de aprendizagem
avaliações da memória e da aprendizagem, 330-332
avaliações das dificuldades de aprendizagem, 67-68, 70-71, 84-104
    avaliações nas, 88-90
    critérios para as dificuldades de aprendizagem nas, 84-85
    documentação das, 96-98
    elementos das, 85
    fatores que afetam a qualidade das, 85-87
    informações coletadas nas, 93-95
    informações sobre os direitos legais, 88-89
    lidando com os resultados das, 98-102
    nas escolas públicas, 88-90
    preparação da criança para, 95-96
    privadas, 89-90
    segundas opiniões nas, 101-104

testes usados nas, 90-93, *ver também* medidas de avaliação; testes
visitas domiciliares nas, 85-87
avaliações desenvolvimentais, 336-338
avaliações neuropsicológicas, 331-332

B

bebês prematuros, 22-23
bode expiatório, 274-275

C

calculadoras, 187-188, 199, 203
canhotos, 21-22
capacidade artística, 105-106, 176
Chess, Stella, 245-246
Children and Adults with Attention Deficit Disorder (CHADD), 134, 242, 285, 356
clonodina, 157-158
College Board, Services for Students with Disabilities, 357
colocação no emprego, 305, 307-308
companheiros de estudo, 165-166, 179, 210-212
competição, 163-165, 267-268
comportamento
    antissocial, 80-81
    criminoso, 16-17, 233-234
    de busca de emoções, 80-81, 233-234
    escapista, 79-81
computadores, 187
    aplicações do, 200-203
    déficits na percepção visual e, 50-51
    dificuldades no processamento da linguagem e, 57-59
    notebooks, 206-207
confiabilidade dos testes, 90-91
confiança, *ver* autoconfiança
confidencialidade dos registros escolares, 312-313
consciência
    da carreira, 302-303
    social, 247
consentimento dos pais, 85, 98-99, 135, 169
consistência, 267-274
córtex cerebral, 25-26
    déficits na coordenação motora fina e, 59-61
    déficits na percepção visual e, 47-51
    déficits no processamento da linguagem e, 55-57
crédito, *ver* planejamento do Estado
crianças do ensino fundamental:
    desenvolvimento moral das, 246-247
    desenvolvimento social e emocional das, 226-229
crianças pré-escolares:
    desenvolvimento moral em, 246-247
    desenvolvimento social e emocional nas, 221-227
    escolas particulares, 132, 145n, 160-161
critérios de discrepância grave:
    fórmulas para, 86-88
    interpretações diferentes dos, 86-87
critérios dos ambientes menos restritivos, 98, 127-128
    interpretação dos, 130
culpa, 99, 277-278
cultura predominante, 131, 162-163
currículo
    baseado nos problemas, 187-188, 190
    do processo da escrita, 186-187
    falhas no, 113-114
    mantendo-se informado sobre, 184-187
    sequência do, 339-347
Cylert, 155-158

D

defasagem no amadurecimento, 27
defesa, 133-135, 292-293, *ver também* autodefesa
déficits auditivos, 106, 136, 139
déficits de atenção, 15-16, 38-39, 109-110
    estilo de aprendizagem afetado por, 183
    sem hiperatividade, 40, *ver também* transtorno de déficit de atenção/hiperatividade
déficits de memória, 27-28, 70-71, 74-75
déficits do processamento auditivo, 54-55, 140-141, 143, 205-206, 211, 226-227
déficits múltiplos, 62-63
déficits na coordenação motora fina, 15-16, 38-39, 59-63, 109-110, 187, 199, 203
    acompanhados de outros déficits, 62
    escrita à mão e, 187
    lista de verificação para, 60
déficits na coordenação muscular, *ver* déficits na coordenação motora fina
déficits na percepção visual, 15-16, 27-28, 38-39, 44-51, 53, 62-63, 109-110
    apoio social e, 116-117
    em pré-escolares, 225
    escrita à mão e, 187
    lição de casa e, 209-210
    lista de verificação para, 46-47
    método fônico *versus* método da palavra inteira e, 113-114, 116, 185-186
    problemas comportamentais e emocionais nos, 77-78
déficits no processamento da linguagem, 15-16, 21-22, 38-39, 51, 53-59, 62-63, 109-110, 127
    com outros déficits, 62
    desempenho inconsistente e, 70-73
    em adultos jovens, 234-235
    hereditariedade nos, 30-31
    instrução das habilidades básicas e, 146-147
    lista de verificação para, 52-53
    método fônico *versus* palavra inteira e, 185-186
    nas crianças do ensino fundamental, 228-229
    problemas comportamentais e emocionais nos, 77-78
depressão, 79-81, 156-158, *ver também* ansiedade; problemas emocionais; desenvolvimento social e emocional
desajeito, 16-17, 47
desamparo aprendido, 81-82

desatenção, 16, 41-42, *ver também* déficits de atenção
descontos, 253-255
desempenho
    inconsistente, 70-72, 74
    insuficiente, 75-77
desenvolvimento da aprendizagem e das estratégias de memória, 345-347
desenvolvimento da linguagem, testes de, 336-337
desenvolvimento das habilidades da escrita, 341-343
desenvolvimento das habilidades de leitura, 185-187, 339-341
desenvolvimento das habilidades matemáticas, 343-344
desenvolvimento infantil, *ver* desenvolvimento social e emocional
desenvolvimento moral, 246-249
desenvolvimento social e emocional, 217-238
    déficits no processamento da linguagem e, 55-57
    nas crianças da educação infantil, 221-227
    nas crianças do ensino fundamental, 226-229
    nos adolescentes, 229-235
    nos adultos jovens, 234-238
desequilíbrios neuroquímicos, 20, 22, 27-31
desvios-padrão, 86-88
Dexedrina, 155-158
diagramas de escopo e sequenciais, 184-185, 339-347
dieta, *ver* nutrição
dificuldades da língua (inglês), 90-91, 136, 139
dificuldades de aprendizagem, mitos sobre, 21-22
dificuldades na conversa, 16
digitação, 187
direção, senso falho de, 47-49
direitos legais, 67-70, 88-89, 296-297
    interpretações diferentes dos, 85-86
    na universidade, 293-294, 297, 301-302, 308-311
    no emprego, 308-313
    para os serviços familiares, 284-285
dirigir automóvel, 255-257
disciplina, 154-155, 267-274
dislexia, 21, 107, 109, 166, 168-169, *ver também* dificuldades no processamento da linguagem; dificuldades de leitura
distrações, 144, 163-164
distratibilidade, 222-223
documentação
    das avaliações das dificuldades de aprendizagem, 96-98
    para a universidade e para o local de trabalho, 308-309, 322-324
doenças sexualmente transmitidas, 230, 232-233

E

E-books, 205-206
educação de adultos, 295-296, 359-360
educação especial, *ver também* Programa de Educação Individualizada; avaliações das dificuldades de aprendizagem
    contenção do custo e, 86-87
    desenvolvimento social e emocional e, 228-229
    evolução da, 129-131, 133
    falhas da, 127-129
    frequência em tempo integral na, 160-161
    para o transtorno de déficit de atenção/hiperatividade, 43
    para os déficits de processamento da linguagem, 57
educação infantil, 68-70
educação vocacional, 303-305, 307, 319
educadores vocacionais, 159-160
Education for All Handicapped Children Act, 129-130 *ver também* Individuals with Disabilities Education Act
Educational Resource Information Center (ERIC), 357
Educational Testing Service (ETS), 357
egocentrismo, 229
Emenda Buckley (Family Educational Rights and Privacy Act), 312-313
emoções
    capacidade para expressar, 259-260
    escutando as, 282-284
emprego
    abrigado, 305-307
    adquirindo experiência no, 320-321
    dez sugestões para o sucesso no, 309-310
    direitos legais no, 308-328
    discriminação no, 309-311
ensino
    em casa, 160-163
    experimental, 93
escola, 174-214
    estilos de aprendizagem na, 180-185
    fracasso em corresponder aos padrões do PAA por parte da, 189-190
    habilidades organizacionais e, 175-180
    impacto da experiência positiva no sucesso posterior, 235, 237
    influências ambientais na, 35-37
    mudança de, 189-190
    permanecendo informada sobre o currículo, 184-187
    problemas comportamentais e emocionais na, 78-79
    usos da tecnologia na, 159, 196, 198-207
escolas de comércio, 323-324
escolas técnicas, 323-324
escrita à mão, 29-30, 187, *ver também* escrita
escrita, *ver também* escrita à mão
    como um ato físico, 348-350
    como um processo criativo e de aprendizagem, 348-351
    déficits na coordenação motora fina e, 59-62
    déficits na percepção visual e, 45-49

ênfase excessiva na mecânica da, 186-187
mecânica da, 350-351
modificações e adaptações para o ensino, 147, 150
na avaliação baseada no currículo, 166-167
escuta, 280-284, 351
espaço de trabalho, organização, 176-178
especialistas
   em aprendizagem, 159-160
   em leitura, 159
   em matemática, 159
esquerda/direita, problemas na distinção, 47-49
estabelecimento de objetivos, 260
estigma, 102-104, 131, 160
estilos de aprendizagem, 113-114, 180-185, *ver também* habilidades metacognitivas
   expectativas realistas para, 249-252
   modos sensoriais nos, 180-181
estimulantes, 29, 155-158
estímulos visuais, 178
estratégias de aprendizagem, desenvolvimento da memória e, 344-347
estratégias de memória, 250-252, 344-347
estudos com animais
   do desamparo aprendido, 81
   sobre as influências ambientais, 33-34
ética no trabalho, 235
eventos atuais, 263-264
exames de admissão para a universidade, 297-299, *ver também* testes preliminares de aptidão para a universidade, ACT, SAT
   fontes de informação sobre, 298-299
   modificações e adaptações nos, 148, 151
   repetição do exame e adaptações, 322-323
exercício mental, 195
expectativas realistas, 244-252
exploração da carreira, 302-303, 319
expulsão, da escola, 155

F

faculdades comunitárias, 295-296, 299
falhas no desenvolvimento cerebral, 20, 22, 25-29
famílias, 273-284, *ver também* pais
   apoio para as, 284-289
   bode expiatório nas, 274-275
   culpa nas, 277-278
   dando aos irmãos um "tempo justo" nas, 278-281
   escuta nas, 280-284
   negação nas, 275
   negligência dos interesses dos irmãos nas, 275-277
   papéis nas, 274-275
   segredos nas, 278-279
Family and Advocates Partnership for Education (FAPE), 357
Family Educational Rights and Privacy Act (Emenda de Buckley), 312-313
fatores biológicos, 20, 22
fisioterapeutas, 159-160

flexibilidade, 165-166
folhas de acesso, 199, 203
fonoaudiólogos, 159
Formulário Comum de Inscrição, 323-324
fracasso, perspectiva de, 242-244
Fundo para Necessidades Especiais, 317-318

G

gênero, 40
gravidez
   fatores de risco de lesão cerebral para o feto, 22-23
   na adolescência, 230, 232-234
grupos de apoio, 43-44, 285-286

H

habilidades acadêmicas básicas, 190-198
   comunicação entre pais e professores sobre, 192-195
   monitoramento do progresso nas, 191, 193
   ordem normal do ensino, 339-347
   Programa de Educação Individualizada e, 146-147, 150, 164-166
   reforço em casa, 195-198
habilidades
   compensatórias, 146-147
   de estudo, 114-115, *ver também* habilidades metacognitivas
   de manejo do tempo, 114-115, 177-178, 209-210, 301-302
   de memória, 115
   de planejamento, 16, 50, 259-260
   de resolução de problemas, 115
   de tomada de decisão, 115, 257-258, 319-320
   metacognitivas, 113-115, 149-152 *ver também* estilos de aprendizagem
   organizacionais, 16, 50, 114-115, 142-143, 175-180, 209, 352
   para a realização de testes, 114-115
habilidades sociais, 30-31, 33-34, 116-118, 154
   a televisão como um entrave para, 262-263
   estratégias para a melhora, 257-268
   percepção social nas, 262-265
   tipos de, 261
hemisfério cerebral
   direito, 25-26, 47-51
   esquerdo, 25-26
hereditariedade
   nas dificuldades de aprendizagem, 20, 22, 30-33
   no temperamento, 219-223, 244-246
hiperatividade, 16, 41-42, *ver também* transtorno de déficit de atenção/hiperatividade
   déficits de atenção sem, 40
   em adultos jovens, 234-235
   em crianças de pré-escola, 225
   mitos e, 21-22
hipoatividade, 29
histórias de caso

Alexander (planejamento motor pobre e estilo explicitamente analítico), 77-78
Ben (atividades extracurriculares), 266-267
Casey (déficits na percepção visual), 97
Cassandra (sentimentos de vergonha), 18
Chad (ensino e estilos de aprendizagem incompatíveis), 219-220
Dale (estresses no trabalho), 305-307
David (talento artístico), 176
Eden (autoconceito), 224-225
Eli (dificuldade de aprendizagem do irmão), 275-277
Jason (sucesso nos negócios), 58-59
Jeff (autoconfiança), 236-237
Jeff (comportamento arrogante), 166-169
Jessica (avaliação das dificuldades de aprendizagem), 87
Jimmy (fatores hereditários), 31-33
Joe (problemas emocionais), 79-81
Julie (tomada de decisão), 257-258
Marcele (ensino deficiente), 36-37
Maria (avaliação das dificuldades de aprendizagem), 92
Martin (abuso de substância), 231-232
Matthew (desenvolvimento moral), 248-249
Nick (professor não solidário), 118-119
Norman (rejeição dos pais), 245-246
Quando Nathan colore (déficits na coordenação motora fina), 61
Rachel (pergunte à criança), 94
Rebecca (preocupações familiares), 226
Sarah (talento musical), 211
Simone (organização do pensamento), 349
Teddy (lesão cerebral), 23-24
hobbies, *ver* atividades recreativas
hostilidade, 79
humor, 222-223
  senso de, 228-229, 242

I

imaturidade social, 16
imipramina, 157-158
impontualidade, 49-50, 228
impulso, dificuldades no controle do, 16-17, 41-42, 228, *ver também* transtorno de déficit de atenção/hiperatividade
independência, 319-320
Individuals with Disabilities Education Act (IDEA), 71-73, 84-85, 88-89, 129-131, 161, 163, 308-309
inflexibilidade, 16
influências ambientais, 31-37
  em casa, 32-36
  na escola, 35-37
inquirição, 281-282
instituições residenciais, 160-161
instruções, dificuldade para seguir as, 16
inteligência, 106-107, 109
  tipos múltiplos de, 107-109

inteligências múltiplas, 107-109
intensidade, 222
International Dyslexia Association, 285-286, 356-357
intérpretes, 136, 139
intervalo, 259-260
irmãos, 241-242
  dando um "tempo justo" aos, 278-281
  negligência aos interesses dos, 275-277
  tarefas e, 253

J

justiça, 131-134

L

lar
  competência para sair, 313-316, 318
  influências do ambiente no, 32-36
  provisão de apoio apropriado no, 139-144
  reforço das habilidades básicas no, 195-198
LDonline, 356-357
Learning Disabilities Association of America (LDA), 98-99, 133-135, 142, 285, 356-357
lei federal, *ver* direitos legais
Lei Pública 77-111, *ver* Education for All Handicapped Children Act
leitura, 111-113, 196, 199, 350-351
  déficits na percepção visual e, 45-49
  déficits no processamento da linguagem e, 52-53, 57-61
  diretrizes para os pais para a ajuda com, 196-197, 199
  habilidades de compreensão e, 21-22, 185-186, 196-199
  habilidades de fluência e, 185-186
  método da palavra inteira na, 113-114, 116, 185-187
  método fônico na, 94-95, 113-114, 146-147, 185-186
  modificações e adaptações para o ensino da, 150-151
  na avaliação baseada no currículo, 166-167
  para crianças, 195-197, 209-210
lesões cerebrais, 20, 22-25
lição de casa, 165-166
  acompanhamento da, 179-180
  evitação de armadilhas, 206-212
  excessiva, 127-128
  modificações e adaptações na, 149-151
  padrões razoáveis para, 207-208
  proporcionando assistência com, 139-141, 209-212
  questões emocionais nas, 210-212
  tempo regular para, 208-209
limites de tempo, 95, 165-166
limites, consistência nos, 267-274
livros gravados em áudio, 358-359
livros, acompanhamento dos, 179
lobos frontais, 26, 41-42
luto e perda, 100-102

M

manutenção de registros, 96-98
matemática
    de memória, 187-191
    déficits na percepção visual e, 45-49
    déficits no processamento da linguagem e, 52-53
    na avaliação baseada no currículo, 166-167
    soluções tecnológicas na, 352
mediadores, 274
medicação, 29-31, 43-44, 154-158
    efeitos colaterais da, 106, 155-158
Medicaid, 316
medidas de aprendizagem, memória e, 330-332
medidas de avaliação, 326-338, *ver também* testes, nas avaliações das dificuldades de aprendizagem
medo, 99, *ver também* ansiedade
mentores, 165-166, 210-212
metas/objetivos
    específicos, 157-158
    mensuráveis, 157-158, *ver também* Programa de Educação Individualizada
    realistas, 156-158
metilfenidato, *ver* Ritalina
método de leitura da palavra inteira, 113-114, 116, 185-187
método fônico, 94-95, 113-114, 146-147, 185-186
modelo de abandono do serviço, 131, 160-161
modelo de ingresso no serviço, 131, 160
modificação do comportamento, 29-31
modificações e adaptações, 147, 150-151, 297-299
    documentação, 159
    exemplos, 148-151
monitoramento do progresso, 136, 139-140, 166-167, 191, 193, 195
música, 177-178

N

National Institute for Literacy, 293-295
negação, 99, 275
negociação, 269-270
neurotransmissores, 27-29
nível de atividade, 222-223
No Child Left Behind Act (2001), 151-153, 189-191
nutrição, 22-23, 41-42

O

organizações para as dificuldades de aprendizagem, 356-358
orgulho, 271-272
    50 exemplos de, 272-273
orientadores pedagógicos, 268-269, 290-294, 319
ortografia, 47-50, 55-56, 166-167

P

pais, *ver também* famílias
    apoio para, 99-100, 284-289
    autoritários, 268, 270
    compartilhamento pelos, 130-131, 133, 135-136, 140-141
    ênfase exagerada no desempenho acadêmico, 212-214
    grupos de apoio para, 43-44, 285-286
    instintos dos, 82-83
    permissivos, 268-269
    professores e, 137, 139-140, 192-195
    rígidos, 268-269
Parent's Notice of Procedural Safeguards, 88-89, 170-171
pemolina, *ver* Cylert
percepção social, 262-265
perda do interesse na aprendizagem, 72, 74-76
perfeccionismo, 251-252
perseverança, 175
persistência, 222
personalidade, *ver* temperamento
planejamento da carreira, 301-302
planejamento da transição, 290-293, 319-320, *ver também* Plano de Transição Individualizado
planejamento do Estado, 317-318
Plano de Transição Individualizado, 290-293, 297, 304, 312-313, 319-322, *ver também* planejamento da transição
pobreza, 35
políticas de inclusão, 131-134
potencial de aprendizagem, 106-107, 109
preparação para a carreira, 301-305, 307
problemas de comportamento
    ajuda do Programa de Educação Individualizada para, 153-154
    como um sinal de advertência, 78-81
problemas de saúde, 106-107
problemas emocionais, 78-81, *ver também* comportamento antissocial; ansiedade; depressão
processadores de textos, 186-187, 200-203
processamento das informações
    déficits no, 27-28, 140-141, 143
    estilos de, 25-26, 114-115, 180-185
    velocidade no, 27-28, 183-184
processamento global, 26, 182-183
professores
    expectativas para, 120-122
    não solidários, 118-119
    orientação efetiva proporcionada por, 163-164
    pais e, 137, 139-140, 192-195
    Programa de Educação Individualizada e, 139-140
Programa de Educação Individualizada, 146
    critérios das dificuldades de aprendizagem e, 84-85
    no Plano de Transição Individualizado, 290-291
    obtenção de informações sobre, 88-89
Programa da Educação Individualizada (PEI), 145-173, 312-313, *ver também* educação especial
    abordagem organizada da aprendizagem no, 164-165

acompanhamento do conteúdo da classe no, 147, 150-151
atmosfera não competitiva no, 163-165
audiências de processo e, 102, 169-170
consentimento dos pais necessário para, 98-99, 135, 169
documento do, 146, 159
ensino das estratégias educacionais apropriadas no, 148, 151, 153
feedback positivo no, 166, 168
flexibilidade no ensino no, 165-166
habilidades básicas focadas no, 146-147, 150, 164-166
limitação da distração no, 163-164
monitoramento do progresso do aluno no, 136, 139-140, 166-167
obtenção de colocação no, 166, 168-170
orientação efetiva no, 163-164
preparação, 135-136, 139
problemas de comportamento tratados no, 153-154
reações iniciais ao, 98-99
resistência do aluno ao, 136, 139
serviços especiais no, 159-160
tamanho da classe no, 163-164
tipos de classes disponíveis no, 160-161, 163
Programa de Educação Individualizada (PEI)
reuniões do, 135
comparecimento do aluno às, 151, 153
decisões a serem tomadas nas, 145-146
lidando com as necessidades específicas nas, 154-159
preparação para, 145-146, 170-173
programas de alfabetização de adultos, 295
programas de enriquecimento, 68-70, 164-165, 188, 190
programas de transição, 305, 307
ProLiteracy, 293-295, 360
prontidão para a escola, 68-70
psicólogos, 159
questionários comportamentais, 334

R

raiva
como um sinal de advertência, 79
diante do diagnóstico da dificuldade de aprendizagem, 99-101
recompensas, *ver* reforço positivo
Recording for the Blind and Dyslexic, 205, 358-359
"rede" neural, 55-57
reestruturação da tarefa, 178-179
reforço positivo, 153-154
diretrizes para, 270-274
registros digitais, 203-205
regras, consistência nas, 267-274
Rehabilitation Act of 1973 (Rehab Act), 284-285, 295-296
Seção 504 do, 292-293, 309-312
relacionamentos com os pares
adolescentes e, 217, 229-230, 232-234

crianças do ensino fundamental e do ensino médio e, 118, 227
desenvolvimento moral e, 246-247
entendimento do, 261-262
pré-escolares e, 225
relacionamentos espaciais, 47-50
relatórios de progresso semanais, 191-194
relógios de pulso, 203-204
repetência, 192-193
resgate, 270
responsabilidade, 251-258
pela tomada de decisão, 257-258
pelas tarefas, 252-253
pelo transporte, 255-257
retardo mental, 84, 88, 106-107
revisores ortográficos eletrônicos, 205-206
Ritalina, 29, 154-158
Role-playing, 260
rotina, 177-178

S

salas de recursos, 160-161
SAT, *ver* Scholastic Aptitude Test, 148, 199, 203, 299, 321-323
fontes de informação sobre, 298-299
Seção 504, 309-312, *ver também* Rehabilitation Act of 1973
seguro-saúde
aconselhamento e, 286-287
avaliações das dificuldades de aprendizagem e, 89-90
sensibilidade ao ambiente, 222
sentimentos, *ver* emoções
serviço comunitário, 263-264
serviços de planejamento da carreira, 284-285
Serviços Educacionais Suplementares (SES), 189-190
serviços públicos, 284-285
sinais de advertência, 67-68
atrasos desenvolvimentais, 67-71
declínio da confiança e da autoestima, 81-83
desempenho inconsistente, 70-72, 74
desempenho insuficiente inesperado, 75-77
perda do interesse na aprendizagem, 72, 74-76
problemas comportamentais ou emocionais, 78-81
síndrome de Tourette, 156-158
sociabilidade, 183-184
Strattera, 157-158
sucesso, definição do, 175
suicídio, 16-17, 79-81
Sumário de Desempenho (SOP), 292-293, 324-325
superproteção, 241
suspensão da escola, 155

T

talento musical, 211
tarefas escolares
acompanhamento das, 178-180
perda do orgulho nas, 75-76

queixas sobre a dificuldade das, 75
tarefas, 151-152, 270-271
    divisão apropriada das, 280-281
    responsabilidade pelas, 252-253
Technology-Related Assistance for Individuals with Disabilities Act (Tech Act), 284-285
técnicas de motivação, 95
tecnologia
    apoio federal para, 284-285
    assistiva, 43, 159, 348-355
    déficits no processamento da linguagem e, 57-59
    descrição dos tipos, 196, 198-347
tédio, 75-76
telefones celulares, 205-206
televisão, 262-263
temperamento, 219-221
    áreas resistentes à mudança, 222-223
    expectativas realistas para, 244-247
terapeutas ocupacionais, 159-160
Teste General Educational Development (GED), 295
testes (ou medidas) de inteligência (QI), 90, 107-108, 332-334
    limitações dos, 106-107, 109
    na fórmula de discrepância grave, 86-88
testes de desempenho, 90
    descrição da especificidade, 327-331
    em fórmulas de discrepância grave, 86-88
testes
    confiabilidade dos, 90-91
    culturalmente tendenciosos, 90-92
    de percepção visual, 337-338
    medição da avaliação, 326-338
    modificações e adaptações nos, 148-151, 153, 297-299
    nas avaliações das dificuldades de aprendizagem, 90-93
    padronizados, 151-154
    preliminares de aptidão para a universidade, 322-323, *ver também* exames de admissão para a universidade
    validade dos, 90-91
toxinas, exposição a, 22-23
transporte, 255-257
transtorno de déficit de atenção/hiperatividade (TDAH), 40-45, 62-63, 84, 212-213, *ver também* déficits de atenção
    abuso de substância e, 231-232
    apoio emocional e, 118-120
    apoio social e, 116-117
    apoio tecnológico e, 43
    com outras necessidades especiais, 62
    critérios diagnósticos para, 42-43
    desequilíbrios neuroquímicos no, 27-31
    dirigir automóvel e, 255-257
    em adolescentes, 233-234
    hereditariedade no, 30-31
    importância da identificação precoce, 43-45
    lado positivo do, 242
    lista de verificação para, 41-42
    medicação para, 29-31, 43-44, 154-158
    nas crianças do ensino fundamental, 228
    problemas comportamentais e emocionais no, 78-79
transtornos
    convulsivos, 23-24, 25, 106
    da fala, 52
treinamento no emprego, 284-285, 292-308
tutoria, 132

U

Projeto Universal para a Aprendizagem (PUA), 142-144
universidade, 293-302
    apoio social na, 314-315
    aulas preparatórias para, 319
    direitos legais na, 293-294, 297, 301-302, 308-311
    ênfase na, 243
    fatores que contribuem para o sucesso na, 294-297
    passos finais na candidatura para, 323-324
    preparação de lista breve, 321-323
    procedimentos de ressentimento na, 311-312
    programas de verão na, 323-324
    questões fundamentais para os candidatos, 300-301

V

validade dos testes, 90-91
visitas domiciliares, 85-87
vocabulário positivo, 241-242